有料有趣的朝代史

两晋

4

风云再起

王光波 编著

浙江工商大学出版社
ZHEJIANG GONGSHANG UNIVERSITY PRESS

·杭州·

图书在版编目（CIP）数据

　　两晋 / 王光波编著 . —杭州：浙江工商大学出版
社，2022.1（2022.5 重印）
　　（有料更有趣的朝代史 / 胡岳雷主编）
　　ISBN 978-7-5178-3896-8

　　Ⅰ . ①两… Ⅱ . ①王… Ⅲ . ①中国历史—晋代—通俗
读物 Ⅳ . ① K237.09

　　中国版本图书馆 CIP 数据核字（2020）第 094175 号

两　晋
LIANG JIN

王光波　编著

责任编辑	陈力杨　张晶晶
责任校对	李远东
封面设计	吕丽梅
责任印制	包建辉
出版发行	浙江工商大学出版社
	（杭州市教工路 198 号　邮政编码 310012）
	（E-mail: zjgsupress@163.com）
	（网址：http: // www.zjgsupress.com）
	电话：0571-88904980，88831806（传真）
排　　版	北京东方视点数据技术有限公司
印　　刷	唐山富达印务有限公司
开　　本	787mm × 1092mm　1/32
印　　张	28
字　　数	473 千
版 印 次	2022 年 1 月第 1 版　2022 年 5 月第 2 次印刷
书　　号	ISBN 978-7-5178-3896-8
定　　价	198.00 元（全四册）

目　录

第一章

谁家天下：老王家的人笑了

乱成一锅粥了

　　王敦见自己身体一日不如一日，他就叫来自己的记室参军郭璞来为自己算上一卦。郭璞在当时是有名的算命大师，他在建康的时候，曾经给一家人寻找墓地。恰巧明帝司马绍也微服去墓地相看。明帝也略通相术，看完了之后就对那家的人说，郭璞怎么能让你家的墓地建在了龙角？这是阴宅之法，这种葬法只会让家族遭到灭族之灾。这家人说郭璞当时说这不是葬在龙角，而是葬在龙耳上，而且三年之内必能招来天子。明帝一听会招来天子，大惊失色，失口问是不是说这里要出天子？那人就回答是要招到天子的询问罢了。听到这话明帝才放心了下来，对郭璞的术数也暗暗称奇。

　　郭璞在并州的时候，曾对卜栩说过自己祸在江南，经常说："杀我者山宗。"当时大家都不理解郭璞说这话是什么意思。郭璞与桓彝关系很好，两人之间十分随便，有些时候，郭璞正和他的爱妻爱妾在一起，桓彝也是登门便入，毫不顾忌。郭璞就跟桓彝说你什么时候来都可以，但是你要记住，你来的时候，到我们家哪里找我都行，就是不可以到厕所去找，如果你不听我的话咱俩都会有灾难。结果有一次桓彝喝醉了，就去找郭璞。正好桓彝要上厕所，等桓彝推开厕所门时，只见郭璞浑身一丝不挂，披头散发，嘴里嗑着一口刀，在那里作法事。郭璞一看桓彝进来了，大惊失色，十分懊恼。

之前温峤和庾亮私下也曾让郭璞占卜王敦的生死。郭璞算完后沉默不语。二人又让其算算自己的吉凶，郭璞算完告诉二人都是吉象。温峤和庾亮等郭璞走了之后，一致认为郭璞不回答王敦的卦象，一定是王敦命不久矣。而他又说我们二人卦象是大吉，看来我们和朝廷联合讨伐王敦的事情一定能成功了。

这时候王敦也让郭璞为自己的寿命和进兵建康的事来算上一卦。郭璞本来就不太同意王敦起兵，算完之后直截了当地说不能成功。王敦本来就怀疑郭璞和温峤、庾亮等人关系密切，这时候又见郭璞说自己出兵是凶卦，心中愠怒，坚信郭璞是受温峤、庾亮之托阻挠自己进兵的。王敦强忍着怒火，又让郭璞给他算算寿命，郭璞回答如果起兵东征建康，必定祸不久远。如果兵回武昌，肯定寿不可测。王敦一听郭璞这么说，大怒，又冷冷地问道："汝寿命几何？"郭璞自知不免，答道："命尽今日日中。"王敦立即命人收斩郭璞，绑赴南岗行刑。

郭璞出了王敦的府邸，就问身边的役吏要去哪里受刑，役吏说是南岗头。郭璞说自己肯定要死在两棵并生的柏树之下。等到了南岗，果然有两棵柏树并立。郭璞又说这树上应该有一个大雀巢。役吏找了半天也没有，郭璞就让他仔细找找。果然在枝上有一个雀巢，因为被树叶给挡上了，所以一开始没有找到。以前元帝在位时，郭璞有一次在越城遇到一个人，那人叫了声郭璞的姓名，郭璞就把自己随身带的衣服赠予了那个人。那人坚持不受，郭璞就说尽管拿着，不必多谦，将来自有分晓。而此时，正是那人行刑。郭璞死时年四十九岁。

行刑之人因为感念郭璞旧恩，就替郭璞买了棺材，埋葬在南岗。后来郭璞的儿子郭鳌为临贺太守，才得改葬。郭璞曾注释过《周易》《山海经》《楚辞》《穆天子传》《尔雅》等古籍，有几十万字，都流传后世。郭璞的词赋也被誉为"中兴之冠"。王敦之乱平定后，明帝司马绍为了纪念郭璞，就在玄武湖边建了郭璞的衣冠冢，名为"郭公墩"，并且追赠郭璞为弘农太守。

郭璞死后，王敦似乎清醒了点，当时钱凤见王敦病笃，就问王敦王应能承继大事吗？王敦就说："非常之事，非常人所能为。王应年少，岂堪大事！我死之后，莫若释兵散众，归身朝廷，保全门户，上计也；退还武昌，收兵自守，贡献不废，中计也；及吾尚存，悉众而下，万一侥幸，下计也。"

结果钱凤却认为王敦的下计其实是上策，于是又怂恿王敦起兵。王敦遂命令钱凤、邓岳、周抚率领三万部队，向建康进发。这时王敦的哥哥王含跟王敦说这是家事，自己当亲率兵。于是王敦就任命王含为元帅，统领这支部队。临出发时，钱凤问如果起事成功了，天子该如何处置？王敦瞋目答道，司马绍还没有进行郊祭大典，如何能称作天子？只要保护好东海王司马冲和裴妃就好，其余的不用有什么顾虑。

王含等人率领水路五万人马，很快就到了江宁西岸。镇守石头城的温峤就率领本部兵马移军到水北，并且将石头城通往建康的朱雀桥烧毁，以切断叛军攻进城内的要道。王含的军队不得通过，只能在桥南列营。司马绍本来想亲自率兵征讨，结果听说桥梁被烧毁了，大怒之下把温峤召回来问怎么回事。温峤说如今宿卫寡弱，征召的援军还没有到达。如果被叛军突入，危及社稷，宗庙尚恐不保，陛下何惜一桥呢。明帝这才消了气。

此时王导又给王含写信，劝令退兵。信中大意是近来听说王敦病情加重，还有传言说王敦已经病逝了。钱凤率军反叛，朝中上下都对他十分痛恨。而且我得到驻屯于淮阴的征北将军王邃的书信，说刘遐、苏峻、陶瞻都对朝廷的前景深怀忧虑，坚定了保卫建康的决心。况且这次起兵和上次的情况迥然不同，当年刘隗刁协佞臣在朝，人心不宁，所以朝中有些人是支持的。而如今情况大变。王敦屯兵于湖以后，逐渐失去了人心，将死之时，还将大事委任王应。王应年纪小又缺乏威望，怎么能是丞相之选。自古以来也没有小孩做宰相的。况且禅代之事，岂是人臣所为。先帝中兴，人怀感恩，今上聪明，德施朝野。反叛的举动都是钱凤一人的主意，至于邓岳、周抚等人，朝廷将要委以重任，完全可以放心。所谓"宁忠臣而死，不无赖而生"，不如就此杀掉钱凤，然后归顺朝廷。

王含得了王导的书信也不做答复，王导等了几日不见回信，就又和明帝商量战守事宜。有人说王含、钱凤率领大军前来，台城小而且不很坚固。现在敌人立足未稳，不如御驾亲征，到前线督战，挫败叛军的锐气，方可制胜。明帝也跃跃欲试，但是这时候郗鉴站出来劝明帝切勿冒险。

灭了你不用再怀疑

郗鉴力谏明帝不可以身犯险，郗鉴说现在叛军兵力多，势不可当，只能以智取胜，不能和他硬拼。而且王含等人号令不一，军纪不整，只知道四处掠夺。吏民有鉴于当年王敦为乱的前车，都一心守着建康，何忧叛军不为我们讨平。现在贼寇凭恃他们的蛮力，寄希望于一战。如果咱们能坚壁相持，旷日持久，他们的士气就会衰落，而我们就会士气大振，一战就可以剿灭叛军了。如果现在想着和叛军就决一死战，战场瞬息万变，万一有个差池，纵使有申包胥那样忠义的人一同助我等讨伐叛军，也没有什么用了。所以请陛下万万不可孤注一掷。明帝一听郗鉴的分析，便命令各个守军坚壁自守，不可轻易出战。

王含、钱凤等人屡次出兵挑战，不得交锋，以为明帝是怯懦了，慢慢就松懈了下来。郗鉴瞧准时机，招募了壮士千人，命令段匹磾的弟弟将军段秀、中军司马曹浑、左卫参军陈嵩、钟寅等人于夜间渡水，趁其不备，突入王含的军营。王含等人仓皇迎战，前锋将领何康被段秀所杀，斩首千余级，王含等人只得退却。

而身在姑熟的王敦，听说王含等人的败状，破口大骂。他对身边的参军吕宝说自己得去前线督战了。结果王敦刚要起身，头又一阵眩晕，又倒在了床上，不省人事。王敦知道自己时日无多了，就对自己的舅舅羊鉴和养子王应说自己死后，王应立即即位，先设立朝廷百官，然后办理丧事。没过多久，王敦就病死了，时年五十九岁。王应秘不发丧，将王敦的尸体用席子包裹，外面涂上石蜡，埋在听事堂里，而王应自己与亲信诸葛瑶等人只是纵酒淫乐。

王含、钱凤那边还不知道王敦已死，初战失利后，"凤等至京师，屯于水南。帝亲率六军以御凤，频战破之"。晋廷的形势一片大好。可就在此时，吴兴的沈充率领三吴叛军先于朝廷的援军抵达了建康。之前司马绍曾派吴兴人沈桢去劝说沈充，让他弃暗投明，并且许以司空这样的高官。沈充却摇首拒绝。言毕，沈充就提兵直奔建康，率万余人与王含会合。沈充出兵前，对自己的妻子说若不在车子后面竖上豹尾旗，此行再不还家。豹尾旗意指成为大将。沈充这带来的一万多人的援军，陡然之间，让之前接连战败的叛军恢复了元气。

沈充的司马顾飔建议：今日举大事，偏被天子先扼守住了我军的咽喉，军锋受挫，士气低落，相持日久，肯定要失败。不如破坏堤防，将玄武湖的水放出来，水淹建康。我们乘着水势，纵舟进攻，这就是不战而屈人之兵的上策。如果这计不行，也可以凭借着我军刚到的锐气，与王含的西路军一起，分为十路，同时进攻，我众敌寡，所向无前，尚不失为中策。如果为了转祸为福，把失败变成成功，可以假装召钱凤前来商量军情，杀掉他投降，这就是下策了。沈充犹豫了半天，始终不做回答。顾飏见沈充满腹狐疑，料定他不会有什么作为，注定会失败，便偷偷逃回了吴兴。

会稽四大家族之一的虞氏虞潭，听说沈充叛军北上建康，当即招合宗族和郡中大姓，共一万多人，自称明威将军，率军推进到上虞。明帝封虞潭为冠军将军，兼会稽内史。虞潭受命以后，前来的义众更多，遂派遣长史孔坦领前锋渡过浙江，紧追沈充身后。虞潭则屯军西陵，作为后继。沈充被杀以后，虞潭被征拜为尚书，补右卫将军，加散骑常侍。

兖州刺史刘遐、临淮太守苏峻等人也已率领一万多精兵，抵达建康。明帝司马绍十分高兴，当天深夜就召见二人，表示慰问，并犒赏将士。钱凤见建康来了援军，便与沈充商议要利用刘遐、苏峻部队远来疲惫、立足未稳之际，对台城发起总攻。于是沈充和钱凤便率军从竹格渚渡过了秦淮，护军将军应詹率领建威将军赵胤等人抵抗，初战失利，退入台城，沈充、钱凤部队一直进抵台城南门宣阳门外。

当时叛军正在清理城外的栅栏工事，准备组织攻城之战之时，刘遐和苏峻的军队抄其后路。苏峻亲率其将韩晃与刘遐一起横截叛军，应詹与赵胤等又从城中杀出，沈充、钱凤的军队大败，斩首数千级。王含得知沈充和钱凤大败，赶紧烧毁大营，趁夜逃亡，沈充也烧营而退。

司马绍见叛军都已退走，就回到了建康皇宫，宣布大赦，王敦的党羽不在赦免之列。明帝命温峤都督刘遐所部继续追击王含、钱凤，任命庾亮为都督东征诸军事，假节，都督苏峻所部追击沈充。苏峻请求吴郡四大家族之一的陆氏，吏部郎陆迈一起随军东征。

流民军毕竟是由流民组成的，军纪很是问题。刘遐所部随丹阳尹温峤渡过秦淮以后，刘遐看到南塘之地富庶，便放兵掳掠。温峤见此，便对刘遐说天道助顺，因此王含才被剿灭，你可不能因乱为乱。刘遐赶紧解释道歉。《世说新语·规箴》记载，苏峻的流民军将到吴郡的时候，苏峻密令左右在苏州城的西门放火示威。陆迈知道苏峻的用意，就说吴郡刚刚太平不久，必将又有变乱。如果要制造混乱，那就从我们陆家开始。苏峻一听，这才停了下来。

与此同时，豫州刺史祖约也率兵驱逐了王敦任命的淮南太守任台，明帝加封祖约为镇西将军，使屯寿阳，驻守北境。宣城内史钟雅，本为王敦所任，但心系朝廷，明帝加封他为广武将军，率众屯在青弋。周玘起兵帮助钱凤，钟雅退据泾县，收合士庶，将周玘叛军剿灭，又拜为尚书左丞。前吴郡太守张茂，在王敦第一次叛乱之时被沈充所杀，张茂之妻陆氏便散尽家财，招合张茂的旧部，跟随苏峻军一起进攻沈充，后来沈充败亡，陆氏亲自到建康上书，陈述丈夫的忠义，朝廷追封张茂为太仆。

浔阳太守周光，是周访的幼子，周抚的弟弟。王敦举兵时，周抚率两千人马随钱凤出战，而周光也率一千多人为后继。周光抵达于湖以后，去拜见王敦。当时王敦已死，王应推脱父亲病重，不愿见客。周光就疑惑起来，自忖自己风尘仆仆远来至此，却见不到王敦，想必已经死了吧。于是，他赶紧去见兄长周抚，开口就说王敦已死，兄长难道还要继续与钱凤一块做贼吗？周抚和身边的众人闻言都瞠目结舌。就在当天晚上，前线就传来了沈充、钱凤的败讯。周光遂率兵追击，将钱凤斩首，送到朝廷自赎罪衍。

周抚与邓岳准备一起逃亡，周光虽然给兄长准备了船只和盘缠，但暗中想等邓岳来到之后，逮捕邓岳立功，周光就把这个计划告诉了周抚。周抚闻言大怒。这时，邓岳到了，周抚连忙跑出去，对邓岳大喊让他快走。邓岳返身逃走。周抚取了盘缠，追上邓岳，两人一起投奔了西阳的蛮族头领向蛮。之前邓岳为西阳太守时，曾密谋讨伐这些蛮族，因此，邓岳、周抚到来后，蛮族的人都想杀掉二人。向蛮却说邓府君走投无路，才投奔到我这里，我岂能忍心杀掉他们。于是，两人就避难在蛮中。后来朝廷下诏赦免王敦一党，邓岳和周抚才从蛮中出来，到朝廷请罪。朝廷下诏将二人禁锢。在王导的斡旋下，两人才被招为王导的从事中郎，重新做官。

沈充败归吴兴后，慌不择路，绕道奔窜，以致走错了路，误入自己的旧将周儒的家里。当时晋廷悬赏能够捉拿到沈充的封三千户侯。周儒将沈充骗到内宅，笑着对沈充说："我今日得封三千户侯了。"沈充才知道被周儒所骗，就求他放了自己。周儒哪听得沈充这些话，就把沈充杀掉，将首级送到建康请赏。沈充的儿子沈劲，本来也是要被诛杀的，他被同乡的钱举藏匿得免。后来，沈劲果然将周儒一家诛杀。沈劲因父亲死于不义，一直发誓要立功朝廷，报效国家，一雪家族前耻，后在与慕容恪许昌之战中被俘，不降而被慕容恪所杀。

王含失败后，就逃回了姑熟，想带着王应投奔荆州刺史王舒。王应说不如投奔江州刺史王彬。王含就说王敦生前和王彬关系不怎么样，为何还要投奔他？王应答道正是因为这样，才要投奔江州的。王彬在王敦强盛的时候，尚且不肯阿附，见识高出常人一等。如今王彬见到我们衰败了，必定会心生怜悯，定然不会加害，怎能意外行事呢？

王含不从，于是二人载一扁舟，一起西上投奔王舒。荆州刺史王舒听说两人前来，遣兵出迎，等二人入城后，立即将二人拿下，绑住手脚，投入江中淹死。而江州刺史王彬本来已经提前秘密准备了接应的小船，静待王含父子。但是等了很久，王含、王应二人都没有来，王彬料知二人不是跑了就是已经被杀了，对此深为遗憾。至此王敦的叛党悉数被平定。

打扫屋子要北伐

王敦第二次叛乱平定后，有人觉得王敦滔天作逆，有无君之心，应该效仿春秋时齐景公戮崔杼之尸的例子，刨棺戮尸。于是有司挖开了王敦的坟墓，发掘出王敦的尸首，将王敦的衣冠焚毁，把王敦尸体拉出，让他跪在地上，然后枭首示众，还将王敦和沈充的头颅悬挂在朱雀桥南。尚书令郗鉴听说这件事后，就对明帝司马绍说：前朝诛杀杨骏等逆贼，都是先加官刑，然后听令私家下葬，所谓"王诛加于上，私义行于下"。王敦既然已经伏诛王法，不妨顾全私义，允许王家埋葬，也可以借此展示皇恩浩荡。于是明帝就让人把王敦的首级取下，并让王敦家将王敦的尸首重新埋葬。

对于王敦以前的幕府僚佐，明帝一开始是准备"纲纪除名，参佐禁锢"。纲纪是指综理府事的官员，也就是高级属员。将曾经在王敦手下任职的人全部排斥在朝廷之外，终身禁锢，这一举措，显然打击面过大。因为当时有些人是迫于王敦的淫威，而进入王敦的幕府的，他们内心中并不一定愿意与朝廷为敌。所以温峤就上书明帝，说王敦刚愎不仁，忍行杀戮，亲任小人，疏远君子，朝廷拿他没办法，骨肉亲戚也不能说服他。

在当时的情况下，人人自危。当时是贤人君子都无计可施、韬光养晦的时候。况且在王敦图谋不轨之日，拘录士人，这些人都是没有办法才去的，比如，陆玩、羊曼、刘胤、蔡谟、郭璞等人就曾经说过当年进入王敦幕府后，内心有多痛苦。如果一些人是本心凶悖，那杀了也是罪有应得，如果是被迫进入奸党，则应从宽处理。像陆玩等人忠心耿耿，众所周知，如今却要受到叛党一般的处罚，实在是辜负了这些人的忠心。

郗鉴也劝明帝不要打击太广，但是对被迫成为王敦下属的官员要严厉谴责。因为古代的圣王都重视对臣下的教化，所以古时候对因忠义而死最为推崇。只有昏君才对那些变节之人特意施恩，进行宽恕。虽然大多数都是被王敦所逼迫，但是身居逆乱之朝，却进不能制止他叛逆的阴谋，退又不能脱身远逃，失去了起码的操守，这是要以大义来谴责的。明帝最终听从了温峤、郗鉴的意见。郗鉴又上书称钱凤的母亲已经八十岁了，应该免除处罚，明帝也同意了。

晋太宁三年（公元 325 年）二月，明帝令朝廷大臣商议追赠被王敦所杀的谯王司马承、甘卓、戴渊、周顗、虞望、郭璞、王澄等人的官爵，给这些人平反昭雪。经过商议，明帝下诏追赠谯王司马承为车骑将军，谥号为闵；追赠甘卓为骠骑将军，谥号为敬；追赠戴渊为右光禄大夫、仪同三司，谥号为简；追赠周𫖮为左光禄大夫、仪同三司，谥号为康，祭祀以少牢；追赠虞悝为襄阳太守、虞望为荥阳太守，祭祀以少牢；追赠郭璞为弘农太守。王澄的旧将，佐著作郎的桓稚上书，要求追赠王澄。朝廷研究后，便追赠王澄为荆州刺史，谥号为宪。而对于周札和刁协的追赠问题却有了分歧。

周札在王敦第一次叛乱的时候，曾开石头城门以迎王敦，完全是站在了朝廷的对立面。就给不给周札追赠的问题，王导与郗鉴和卞敦还有一番争论，王导主张给周札追赠，而郗鉴和卞敦都坚决不同意。王导还搬出春秋时，齐桓公即位前，召忽死，管仲不死，又举出西汉刘邦死后，吕后执政，吕后封吕氏为王，周勃、陈平听从吕后的行为，而王陵廷争，坚决不让吕后封吕氏子弟为王的例子，来说明虽然行为不同，但双方都是忠于朝廷的道理。

明帝或许是为了照顾王导的面子，就听从了王导的意见，追赠周札为卫尉，遣使者祠以少牢。至于刁协，明帝虽然没有像他以前给王敦的诏书中，认定刁协为佞臣，但是因为刁协在关键时刻出逃，也就不予追赠。

叛党都已剿灭，明帝论功行赏，封司徒王导为始兴郡公，邑三千户，赐绢九千匹；丹阳尹温峤为建宁县公，尚书卞壶为建兴县公，中书监庾亮为永昌县公，北中郎将刘遐为泉陵县公，奋武将军苏峻为邵陵县公，邑各一千八百户，绢各五千四百匹；尚书令郗鉴为高平县侯，护军将军应詹为观阳县侯，邑各千六百户，绢各四千八百匹；建威将军赵胤为湘南县侯，右将军卞敦为益阳县侯，邑各千六百户，绢各三千二百匹。十月，又加司徒王导为太保、领司徒，太宰、西阳王司马羕领太尉，应詹为使持节、平南将军、都督江州诸军事、江州刺史，刘遐为散骑常侍、监淮北诸军事、北中郎将、徐州刺史、假节，代王邃镇淮阴，庾亮为护军将军。

经历了王敦的两次叛乱，明帝对王氏自然有了戒备之心。虽然当时有人称王彬和安成太守王籍之等是敦之亲族，皆当除名，王导也在其中，明帝也下诏，称司徒王导以大义灭亲，犹将百世宽恕，何况王彬等人是王导的近亲。但是实际上，王导逐渐在朝中让出了一部分政权，庾亮取代王导，为明帝所信任。《太平御览》卷五九三引裴启的《语林》记载的一件事充分说明了这点："明帝函封诏与庾公，信误致与王公。王公开诏，末云：'勿使冶城公知。'导既视，表答曰：'伏读明诏，似不在臣，臣开臣闭，无有见者。'明帝甚愧，数日不能见王公。"

冶城公指的就是王导。明帝写给庾亮的信，却误送给了王导，信的末尾还特别注明，别让王导知道了。王导看后的心情可想而知。不过王导也清楚因为王敦的叛乱使王氏逐渐失去了在朝中的威信，对于明帝疏远自己这点，倒也看得开，遂上表回答说这诏书好像不是给我王导下的，我只能看了又封好，我也什么都没看见。这让明帝有点尴尬了。

《世说新语·尤悔》记载，当时明帝召见王导和温峤二人，并且询问西晋兴亡的原因，王导就详细叙述了司马懿创业之初，诛杀名族，拉帮结派，以及司马昭末年诛杀高贵乡公的故事。明帝听到这里，爬在床上捂着脸说道："真像公所说，国祚如何能长久！"王导抢在温峤之前说，也许是不想让温峤说出其西晋之所以亡国，是因为空谈误国、诸王争权、大族骄恣。而且，王导或许也是在暗示明帝不要像宣帝司马懿那样心狠手辣，诛杀大族。

后来，明帝下诏恢复过去施行的诛杀三族的刑法，惟不及曹魏初年，族诛包括全家男女，西晋惠帝年间，曾有不及妇人之议，到永嘉元年，司马越表除三族之刑，但是并没有完全禁绝。司马睿为丞相时，"朝廷草创，议断不循法律，人立异议，高下无状"，司马睿即位后，曾经讨论过恢复肉刑，在王敦的反对下，才没有施行。此时，晋明帝恢复了三族之刑，也是鉴于王敦再叛的教训，加重对谋反罪行的惩罚。虽然温峤曾提出反对，但明帝并没有采纳。

随后，明帝又对王氏在朝中的职务进行了调整。其实这种调整在太宁二年十月就已经开始了。明帝将王导进位为太保的同时，罢免了王导从弟王邃的职务，改任刘遐为监淮北诸军事、北中郎将、徐州刺史，镇守淮阴；征召王彬为没有实权的光禄勋，又转为度支尚书，任命应詹为使持节、都督江州诸军事、平南将军、江州刺史，彻底将王彬和王邃的军权夺了回来。

对于荆州刺史王舒，就有点棘手了，毕竟王舒将王含、王应沉于江中，是对朝廷有功的。明帝便先封王舒为都督荆州诸军事、平西将军、假节。本来临近荆州的江州刺史是王彬，明帝已经改派应詹为江州刺史了，这当然是有防备王舒的意思。晋太宁三年（公元 325 年）五月，司马绍任命征南大将军陶侃为征西大将军、荆州刺史、都督荆州、湘州、雍州、梁州四州诸军事，直接就把王舒从荆州拿下，改任王舒为安南将军、都督广州诸军事、广州刺史。此时应詹在江州，陶侃在荆州，即使王舒再生叛心，也难有作为了。王舒自己也不大乐意去广州，就称自己有病，推托不愿去岭南上任。王导也在明帝面前做思想工作，于是明帝就改任王舒为湘州刺史、都督湘州诸军事，而让原来的湘州刺史刘颙去了广州。

此时的东晋可谓百废待兴，明帝也正要有所作为的时候，晋太宁三年（公元 325 年）八月，明帝却染了重疾。没过多久，明帝就病逝了，年仅二十七岁，在位不到三年。这时候的东晋王朝也才仅仅建立了八年。明帝在遗诏中说："自古有死，贤圣所同，寿夭穷达，归于一概，亦何足特痛哉！"对于英年早逝，明帝坦然面对，"大耻未雪，百姓涂炭，所以有慨耳"。

在明帝之世，未能北伐规复中原，晋朝仍偏安江左，明帝对此甚为遗憾。明帝还遵从晋朝自宣帝司马懿以来立下的规矩，施行薄葬，"敛以时服""务从简约"。接着，又将五岁的幼子托孤，要求众臣不分内外，齐心协力，辅佐幼主，"百辟卿士，其总己以听于冢宰"。即朝廷的最终决定权由太宰、西阳王司马羕掌握。司马绍托孤时，将庾亮引到自己的御床之上，以示尊崇，又让自己的儿子，未来的皇帝司马衍，要对司马羕给予特殊的待遇，即依照西晋初年，武帝司马炎拜安平献王司马孚的规矩，在大殿之上设置专门的床帐，皇帝亲自迎拜。明帝的这一安排，是考虑到幼主继位，庾亮权力很大，而由皇室元老司马羕加以掣肘，平衡一下权力。但在明帝去世不久，东晋的政权就又回到了"祭由司马，政在世族"的轨道了。

做大事要有谋略

司马衍即位后，是为成帝。就在成帝举行即位大典的时候，司徒王导却借口生病请假。这是因为在明帝的遗诏中，王导没有得到顾命大臣的位置，这让王导内心十分不爽，所以就借故没有去。尚书令卞壸得知后，厉声说王公这种做法难道能被人称为是社稷之臣吗？大行皇帝的灵柩还停在朝堂之上，皇太子还没有继位，这是臣子该称病请假的时候吗？王导一听这话，赶紧坐车去参加成帝的即位大典了。

按照明帝的遗诏，司马羕本该成为顾命大臣之首，但是庾亮并不想让司马羕站在自己的头上，因为庾亮与司马羕的弟弟南顿王司马宗的关系不好。庾亮，字元规，《世说新语》称其"风仪伟长，不轻举止"，相貌出众，而且很注意自己的行为举止，以至于当时的人们都以为他有点作秀的意味。后来，人们看到他的长子庾彬也是如此以后，才知道原来庾亮天性就是如此。

明帝曾经问谢鲲和周顗，觉得庾亮怎么样。谢鲲的回答是："端委庙堂，使百僚准则，臣不如亮；一丘一壑，自谓过之。"而周顗的回答几乎与谢鲲一模一样："萧条方外，亮不如臣；从容廊庙，臣不如亮。"两人都认为，庾亮在政治方面均高过自己。

明帝病重时，其舅虞胤为右卫将军，与左卫将军南顿王司马宗同掌禁卫军权。这两人的私人关系也不错，庾亮就对二人有所猜忌。王导也是出于公心，与庾亮一起向明帝提醒，怕司马宗会与虞胤在明帝死后拥立司马宗的哥哥西阳王司马羕为帝。明帝不信，反而更加信任虞胤、司马宗。而且，有一次庾亮半夜想入见明帝，被南顿王司马宗喝止，说皇家宫廷大门岂是像你们庾家自己的家门一样想进就进的。

明帝弥留之际，庾亮说为了防备日后司马宗、司马羕和虞胤三人有逆谋之心，希望明帝马上处理他们。明帝不纳，反而让人把时任太宰的司马羕、太保王导、尚书令卞壸、车骑将军郗鉴、丹阳尹温峤以及庾亮等人叫在一起，共受遗诏辅政。

于是，庾亮就和王导一起上表，称天子年纪还小，皇太后庾文君应该依照汉朝邓太后临朝承制的例子，请求皇太后庾文君临朝听政。庾文君经过四次假意的推让，"不得已"就接受了群臣的劝进，临朝听政。接着，庾太后就置明帝的遗诏于不顾，任命王导为录尚书事，即"录公"，让王导成了东晋政权中的最终决策者，并与中书令庾亮两人辅佐朝政，直接把司马羕等人架空了。为了安抚司马羕一党，庾太后加封司马宗为骠骑将军，进汝南王司马祐为卫将军，虞胤为大宗正。转瞬之间，司马羕就从首席顾命大臣的位置上被庾亮拉了下来。

庾亮削弱了司马羕一派的权力后，并没有停止在政治上对司马羕的攻击。晋成帝咸和元年（公元 326 年）十月，御史中丞钟雅先上书称南顿王司马宗企图谋反。得到钟雅的奏疏以后，庾亮立即命令右卫将军赵胤派兵前去捉拿，司马宗领兵拒战，被赵胤所杀。接着，被庾氏所控制的东晋朝廷贬司马宗一家为马氏，司马宗的三个儿子，司马绰、司马超、司马演都被废为百姓。

庾太后又下诏，免去太宰西阳王司马羕的职位，降封为弋阳县王，大宗正虞胤也贬为桂阳太守，秩中二千石，后来还多次被调到琅琊、卢陵做太守，以示惩罚。司马羕和司马宗的侄子汝南王司马佑，在事变前几天就去世了，受到此事的牵连，司马佑的儿子司马统也被废黜。

司马宗的亲信卞阐逃奔投靠苏峻，而此时的苏峻也对庾亮擅自废黜司马羕感到不满。此时，庾亮命令苏峻将卞阐送归朝廷处理，但苏峻将其藏匿，拒不交出。这让庾亮耿耿于怀，也为后来更大的叛乱埋下了伏笔。

司马宗被杀、司马羕被废，年仅六岁的成帝司马衍并不知情。司马衍好长时间没看到司马宗露面，有一天，就问庾亮道:"平常那个白头老爷爷怎么不见了,现在在哪里?"庾亮就称南顿王司马宗已经因谋反被杀。司马衍听说后,就哭道:"舅舅你说人家谋反,就杀掉了人家,如果别人说你谋反,那又该怎么办呢?"庾亮一听成帝这么说,也觉变色。一旁的庾太后就拿着一把牙尺,照着成帝的头上打了一下,斥责道:"孩儿怎么能说这样的话呢?"司马衍不敢说了,只能愣愣地看着庾太后和庾亮。

庾亮既已迅速从司马羕手中夺回了执政大权,接下来他要处理的就是已经成为气候的流民帅势力了。明帝时基于巩固皇权、对付王敦的需要,曾经拉拢过诸如苏峻、祖约这些流民帅。而王敦之乱平定后,明帝英年早逝,流民帅像失去了靠山一样,地位十分尴尬。流民帅面前只有两条出路,要么像郗鉴那样暂时放下手中的军权,到建康任职,并在与门阀世族的交往中不断磨合,逐渐合流,成为新兴的世族;要么就据守一方,拥兵自重。而苏峻这个流民帅,还与司马宗等人有些联系。更为重要的是,明帝生前因为重用苏峻,而将他安置了在建康附近的历阳。这无疑让庾亮感到如坐针毡。

除了建康附近的苏峻,对于庾亮来说,让他担心的还有荆州的陶侃和寿春的祖约。陶侃在两晋之交屡立战功,祖约凭恃兄长祖逖的声望,也在寿春站住了脚跟,他们目前都是坐拥强兵。但是明帝去世前,二人都没有被任命为顾命大臣,这让二人对此耿耿于怀,而且都怀疑是庾亮暗中改了诏书，把他们拒之于顾命大臣的门外，他们对庾亮也是有不满的。陶侃倒还罢了，祖约却直接向晋廷伸手要权，请求朝廷授予宰相级别的开府仪同三司，庾亮怎么可能会答应，这更令祖约不满。

不过，这两个人毕竟距离建康稍远，朝廷尚需要他们驻守边境，应对外侮。此时，北方的石勒势力已经延伸到了豫州大部。就在成帝继位的当年四月，石勒进攻汝南，生擒汝南内史祖济。十一月，也就是在庾亮刚刚诛杀司马宗后，石勒部将石聪南下，进攻退守寿阳的祖约。

祖约接二连三地上书朝廷，请求发兵相救，但是，庾亮就是不发兵。不过，这次石聪南下并没有攻破寿春，他继续南下到逡道，并一直进抵到长江北岸的阜陵，杀死、俘虏五千多人，建康大为震动。庾太后下诏以司徒王导为大司马、假黄钺、都督中外诸军事，率军驻守江宁。最终，还是历阳的苏峻派将军韩晃领兵出击，才击退了石聪。

石聪退却以后，朝廷大臣们商议在阜陵附近的涂水上建设大坝，让河水泛滥，以阻止后赵以后可能的南下进攻。因为祖约的驻地寿春在此以北地区，祖约闻讯以后，怒道这显然是要置自己于不顾。后来庾太后专门派出侍中蔡谟，到祖约的军中进行安抚，祖约见到蔡谟以后，是"瞋目攘袂，非毁朝政"。

对于陶侃，庾亮也需要他在荆州应对来自北方的压力。此时，刘曜和石勒都瞄准了荆州与豫州的交界地区——南阳。南阳是北方势力向荆州渗透的跳板，又是南方北上和西进的基点。如果让北方势力占领了南阳，将直接威胁到襄阳。晋咸和元年（公元 326 年）十月，刘曜就派遣黄秀等将进攻东晋顺阳的治所酂，顺阳太守魏该无力抵抗，率众南撤到了襄阳。此时，庾亮更需要陶侃镇守荆州了。

庾亮深知，现在主幼臣强，北有强敌，东晋政权依然是不稳定的，他希望能实现江左政权的中兴。但是，攘外必先安内，错综复杂的朝廷政局已经让庾亮很棘手了，而以苏峻、祖约为首的流民帅，现在也不听朝廷的号令，这让庾亮感觉必须迅速处理这些异己势力，只有这样才能重新树立起朝廷的威信。

一波未平一波又起

晋咸和二年（公元327年）年初，庾亮打算把在历阳的苏峻征召到建康任职，变相解除苏峻的军权。庾亮就去问王导的意见，王导认为苏峻猜忌刻薄，内心险恶，肯定不会奉诏来建康。王导又引用《左传》里的一句话："谚曰：'高下在心，川泽纳污，山薮藏疾，瑾瑜匿瑕。'国君含垢，天之道也。"意思就是劝庾亮不如忍耐一下，包容下苏峻。但是在庾亮看来，苏峻"拥兵近甸，为逋逃薮"，终究是个祸患。"为逋逃薮"，指的就是苏峻藏纳见逼于庾亮的司马宗室诸王。

庾亮见王导不太同意，就又去征求卞壶的意见。庾亮说："苏峻狼子野心，终必为乱。今日征之，纵不顺命，为祸尚浅。若复经年，为恶滋蔓，不可复制。此是晁错劝汉景帝早削七国事也。"卞壶也不同意这时候就和苏峻翻脸，他认

謝安東山攜伎圖　明　郭詡

东山报捷图

为苏峻手握强兵，而且就在建康近畿，一旦有变，很容易出现意外，这件事还是应该经过深思熟虑，不可仓促。

卞壸苦劝庾亮不要轻易行事，庾亮不听。卞壸无奈之下只好给温峤写信，说庾亮征召苏峻的主意已定，这无疑会激发苏峻的叛乱，苏峻到时一定会率领流民攻击建康。王导也是不同意庾亮，和庾亮争论了半天，也仍然改变不了他的看法，只恨当初没把温峤留在朝中，如果温峤也在朝中，三个人一起劝谏，庾亮肯定会听从。温峤得了信，就接二连三地给庾亮写信劝说。但是，此时的庾亮已经完全听不进任何意见了。

庾亮试图征召苏峻进建康之举，"举朝以为不可"，看来不单单是王导、温峤、卞壸三个人反对了。这消息很快也传到了苏峻的耳中。苏峻就派遣司马何仍前往建康，向庾亮表明自己的态度，说如果有北伐的命令，不管远近，都义无反顾地从命，至于去建康做官的事，恕难从命。庾亮一看苏峻不肯放弃手中的军权，于是就让庾太后以朝廷的名义发了封嘉奖苏峻的诏书，直接加封苏峻为大司农，加散骑常侍，位特进，进建康就职，让苏峻的弟弟苏逸代领苏峻的军队。

王导似乎预见了即将到来的危机，他请求朝廷任命王舒为抚军将军、会稽内史。会稽，因为远处滨海，开发较晚，是江南士族力量比较薄弱的地方。所以南渡的世族就避开江南士族势力强盛的三吴地区，会稽就成了南渡世族的后院。现在王导也知道如果一旦建康再出现事变，会稽就是避难所了。但是王舒没明白王导的意思，他上书称会稽与自己的父亲王会的名字一样，不能去那里上任。

王导就说虽然字同，但是发音不同，不算违反礼仪。王舒认为虽然发音不同，但字是一个，还是要求给自己换一个地方。王导无奈之下，就和朝臣商议，把会稽的"会"，改为"邻"，王舒也只得去上任了。卞壶的司马任台也预感到叛乱将要到来，就建议卞壶多准备一些良马，以备不时之需。卞壶却说以顺讨逆，没有不成功的。就算退一万步讲，如果失败，要马又有什么用呢。

庾亮、王导为了防备苏峻的反叛，就以左卫将军褚翜为侍中，典征讨军事，以庾亮弟弟庾怿为左卫将军，以赵胤为右卫将军，加封北中郎将郭默为后将军，兼屯骑校尉，率部保卫建康。提拔卞壶的堂兄卞敦为湘州刺史，和江州刺史温峤一起防备陶侃。郗鉴屯驻京口，庾亮之弟庾冰为吴国内史，控制三吴地区。任命江东大族吴郡顾氏，顾众为义兴太守，加扬威将军，虞潭任命为吴兴太守，加辅国将军，并使虞潭都督三吴、晋陵、宣城、义兴五郡军事。这一次的布置似乎已经很完备了。

自从接到朝廷征召自己入京的诏书以后，苏峻也屡次上书朝廷："明帝曾亲自握着我的手，让我北讨胡虏。现今中原还没有规复，我请求给我一个青州地区的边缘郡县，让我为国家效鹰犬之用。"苏峻引用西汉霍去病的"匈奴未灭，无以家为"的话，来表明自己报效国家的决心。结果庾亮依然拒绝了苏峻的请求。

苏峻现在还不敢公然和朝廷为敌，他见庾亮拒绝了让他外镇的请求，还是做着到建康就任的准备工作。但是建康朝中局势险恶，吉凶难料，所以苏峻还是犹豫不决。苏峻的参军任让就劝他小心为妙。苏峻的下属，阜陵县令匡术也劝苏峻起兵反抗。苏峻想了想自己现在的处境，就决意不听建康的命令了。

庾亮见苏峻已有反叛之心，就派出使者劝说，但是苏峻主意已定。苏峻遂派遣将军徐会北上寿阳，联络祖约，以共同讨伐庾亮。豫州刺史祖约本来就对明帝托孤时，自己没能当上顾命大臣这件事耿耿于怀。祖约的侄子祖智和祖衍也都赞成举兵，祖约就决定联合苏峻。谯国内史桓宣是祖智的下属，曾辅佐祖逖，他对祖智说："如今强胡未灭，应当齐心协力北伐，现在却要与苏峻一起谋反。使君如果想要建立功业，何不与朝廷一起讨伐苏峻，威名自举。"祖智不听。桓宣又派儿子桓戎告诉祖约，让自己去寿春与他见面，祖约知道桓宣是来劝谏的，便不同意。桓宣大怒之下就脱离了祖约的编制。

祖约与苏峻联兵后，遂派遣祖逖的儿子沛国内史祖涣、女婿许柳率兵与苏峻会合。许柳的姐姐是祖逖的妻子，苦苦劝说许柳不要和祖约为逆，但是许柳就是不听。有了祖约相助，苏峻不仅没有了后患，而且又平添了军力，这让苏峻很是自信，改变了原来拥兵自守的策略，改为向建康发起了进攻。

庾亮得知苏峻、祖约叛乱后，便以成帝的名义，下诏命尚书令卞壶兼任右卫将军，邻稽内史王舒为代理扬州刺史、吴兴郡太守、都督三吴诸郡军事。尚书左丞孔坦与司徒司马陶回向王导建议，趁现在苏峻的军队还没有到来，朝廷的部队应该固守当利渡口，使苏峻的军队不能渡过长江。我们兵多，就可以一战击溃叛军了。如果苏峻不南下，我们可以主动兵临历阳城下。如果我们不先发制人，一味退守，等苏峻到了建康城下，我们必定会人心动摇，到时就难以抵抗了。

王导很同意二人的意见，就跟庾亮商量。庾亮却认为，如果率军抵达历阳，一旦苏峻采取围魏救赵，避实击虚的方法，率军直扑建康，建康一座空城是守不了的。因此，庾亮把孔坦、陶回的建议全部否定了，王导对此只能付诸一叹。

苏峻的脑袋热了

晋咸和二年（公元327年）十二月，苏峻命令麾下韩晃、张健等作为先锋，率军渡过长江，占领了长江南岸的姑熟，掠夺了那里的粮草，接着又杀向姑熟南边的于湖，杀掉了于湖县令陶馥，并进行了惨绝人寰的屠城。

义阳王司马望的曾孙、章武王司马休，彭城王司马释的儿子司马雄，就在苏峻的前锋部队过长江后的第二天，从建康叛逃到了苏峻军中。庾亮眼睁睁地看着苏峻不费吹灰之力，兵不血刃地渡过了长江，这时候庾亮才后悔没有听从孔坦、陶回之计。

苏峻公然反叛，成帝遂下诏授予护军将军庾亮节钺，封他为都督征讨诸军事，庾亮以右卫将军赵胤为冠军将军、历阳太守，与左将军司马流一起率军阻止苏峻的前锋部队。另以前射声校尉刘超为左卫将军，派遣弟弟庾翼率数百人驻守在石头城。

温峤听说苏峻反叛的消息后，就写信给庾亮，希望他允许自己率兵保卫建康。庾亮给温峤回信说："我担心西陲过于历阳，足下不能过雷池一步。"这就是不越雷池成语的由来。雷池的位置，有两种说法：一说是在安徽望江县，一说是在湖北黄梅县和安徽宿松县共有的龙感湖。西陲暗指荆州，可见庾亮对于当时镇守荆州的陶侃也是不放心的。郗鉴也请求出兵勤王，但是，庾亮以防备北方为由，同样拒绝了郗鉴的请求。郗鉴无奈之下，就让司马刘矩率领三千人去支援建康。三吴地区也有义兵要前去支援，但均被庾亮拒绝。似乎在庾亮看来，他手中的部队应付苏峻绰绰有余。

晋咸和三年（公元328年）一月，苏峻和祖约的联军主力共计两万多人，从历阳的西南，长江西岸的横江渡口渡过长江，在对面的牛渚登上了长江东岸。牛渚历来为兵家必争之地，但庾亮竟没有在这里设防。苏峻、祖约主力部队顺利渡过牛渚，使得建康的局势更加危急。苏峻部队在牛渚的东北，陵口安营扎寨，晋廷的军队数次挑战，连战连败。前方战败的消息，不断传到建康，弄得建康城内人心大乱，城内的大小官员纷纷将自己的家眷、财物往三吴地区转移。

陶回再次向庾亮建议在陆路设伏兵，可一战而擒之。结果庾亮依然没有听从。不出陶回所料，苏峻在陵口仅仅停留了两天，就趁夜率军由陆路北上，从丹阳经秣陵县直扑建康东面。当时苏峻的军队因为在深夜行军，结果迷失了道路。

他们抓到一位当地人作为向导，才勉强抵达建康。当庾亮知道苏峻的军队这种情况后，才后悔没有听从陶回的意见。

晋咸和三年（公元 328 年）二月，苏峻的主力部队抵达了建康城东北的覆舟山。苏峻屯军覆舟山，直接威胁到了建康东北面。成帝遂下诏任命卞壶为都督大桁东诸军事、假节，又加领军将军、给事中，率兵去防御苏峻、祖约。卞壶率领侍中钟雅、后将军郭默、冠军将军赵胤等与苏峻、祖约联军在西陵交战，结果卞壶大败，死伤数千人。苏峻趁势进攻，卞壶只得率军抵抗。当时卞壶的背上还长着疮，伤口刚刚愈合，他看到晋军渐渐支持不住，遂亲领兵与叛军交战，力战而死，时年四十八岁。卞壶的两个儿子卞眕和卞盱也同时战死。卞壶的夫人裴氏扶着父子三人的尸体痛哭道："父为忠臣，子为孝子，夫何恨乎！"

苏峻突入台城后，庾亮没办法，只得硬着头皮亲自出战，率兵士在宣阳门列阵。"未及成列，士众皆弃甲而走"。庾亮见此，也不敢在建康城多待了，庾亮就带着庾怿、庾条、庾翼逃往寻阳，依附温峤去了。苏峻率领士兵冲入建康台城，王导急忙奔入内宫，抱着成帝登上太极前殿，共登御床，以身体护卫成帝。苏峻为泄愤，就放纵士兵在建康四处抢夺，"裸剥士女，皆以坏席苫草自障，无草者坐地以土自覆，哀号之声，震动内外"。"时官府有布二十万匹，金银五千斤，钱亿万，绢数万匹，他物称是"，苏峻命军士全部搜抢一空。

苏峻完全控制建康后，"称诏大赦"，唯庾亮兄弟不在原宥之列。王导因为德高望重，苏峻没有难为他，而是让他原官入朝，位在苏峻本人之上。苏峻封自己为骠骑将军、录尚书事，加封祖约为侍中、太尉、尚书令，许柳为丹阳尹，祖涣为骁骑将军，还恢复了西阳王司马羕的位号，进位太宰，录尚书事。

庾亮从建康逃走后，"率左右十余人乘小船西奔，乱兵相剥掠，射，误中舵工，应弦而倒，举船上咸失色分散。亮不动容，徐曰：'此手那可使着贼！'众乃安"（《世说新语·雅量》）。庾亮到了寻阳后，温峤把自己在江州的部队分出一部分给了庾亮。温峤、庾亮二人都感到苏峻兵强势大，不能轻举妄动。温峤的堂弟温充建议联合荆州的陶侃，推他为盟主，再进行东征。温峤听后表示同意，但庾亮因为之前有心防备陶侃，对于这事心里没底，但事已至此，也只有联合陶侃这一条出路了。

于是温峤就给陶侃写信，请求陶侃一起出兵讨伐苏峻，并派都护王愆期去说服陶侃。但是陶侃对当年明帝没把自己命为顾命大臣耿耿于怀，还怀疑是庾亮篡改了明帝的遗诏。陶侃就给温峤回信，说："吾疆场外将，不敢越局。"就是说我陶侃只是一个效命疆场的外臣，不敢越界去管朝廷的事。"温峤给陶侃反复写信，劝说多次，王愆期也跑了数趟，陶侃仍然拒绝出兵。温峤见陶侃不愿意南下平叛，就准备自己带兵去讨伐苏峻，并且写信给陶侃说了自己的想法。温峤的参军毛宝知道后，连忙劝阻温峤说，平叛之事，必须与陶侃一道才会成功，赶紧把原信追回，修改原来的书信，就说一定等着和他一起东下。如果追不上那封书信，就重新写一封送过去。温峤也觉有道理，赶忙派人将原来的书信追回，另外写了一封送上。在温峤的一再恳求下，陶侃终于答应出兵，并派都护龚登率军东下。宣城内史桓彝也率军西进至泾县，江夏相周抚也率军前来。

温峤见时机成熟，就发布讨伐苏峻、祖约的檄文，称现在后将军郭默、冠军将军赵胤、奋武将军龚保、江州都护王愆期、西阳太守邓岳、鄱阳内史纪睦、浔阳太守褚诞、宣城内史桓彝、江夏相周抚，这些人都已经集结起来，准备讨伐苏峻、祖约。而苏峻、祖约的叛军不过数千人，郭默在建康时就已经杀了千人，不足畏惧。如能斩杀苏峻、祖约者，赏布万匹，封五等侯。此时，都鉴也设立祭祀道场，杀白马，三军宣誓，讨伐苏峻、祖约，并派遣参军夏侯长等人和温峤联系。

然而陶侃却在这时命令已经东下的都护龚登率军返回。因为陶侃本想杀掉庾亮，这样可以暂时安抚住苏峻。得知陶侃中途反悔的消息以后，温峤十分着急，就再次劝说陶侃，说现在军队只能增加，不能减少，我们已经决定下月中旬一起东下，檄文已经发出，远近都知道了，只等你陶侃军队的到来。但现在你却召回了军队，成败关键在你此举。

温峤又向陶侃分析情形，说如果江州被苏峻拿下，苏峻在此任用自己的人，荆州就外有胡虏的进攻，内有苏峻的威逼，将来的日子也不好过。温峤还用陶侃的儿子陶瞻在建康被苏峻所杀一事，去刺激陶侃。接到温峤的书信后，陶侃的妻子龚氏也一再劝说陶侃要为儿子报仇，于是，陶侃这才下定了东下的决心，当下穿上戎装，登上战船，日夜兼程，即使半路上遇到陶瞻的丧船，陶侃仍然没有停留，一直赶到了寻阳。

晋咸和三年（公元 328 年）五月，陶侃的军队到了寻阳。陶侃到后，他还是想要杀掉庾亮，以稳住苏峻。《世说新语·假谲》记载："陶公自上流来，赴苏峻之难，令诛庾公。谓必戮庾，可以谢峻。庾欲奔窜，则不可；欲会，恐见执，进退无计。温公劝庾诣陶，曰：'卿但遥拜，必无它。我为卿保之。'庾从温言诣陶。至，便拜。陶自起止之，曰：'庾元规何缘拜陶士衡？'毕，又降就下坐。陶又自要起同坐。坐定，庾乃引咎责躬，深相逊谢。陶不觉释然。"

幸亏庾亮能及时在陶侃面前认错，态度谦逊，这才使陶侃对庾亮有了改观。《世说新语·俭啬》还记载："苏峻之乱，庾太尉南奔见陶公。陶公雅相赏重。陶性俭啬。及食，啖薤，庾因留白。陶问：'用此何为？'庾云：'故可种。'于是大叹庾非唯风流，兼有治实。"陶侃和庾亮之间逐渐消去了隔阂。于是，陶侃、庾亮、温峤三人合力，"戎卒四万，旌旗七百余里，钲鼓之声，震于远近"。大军顺流直下，直至石头城。

水波暂时平了

桓彝接到温峤的檄文后，就进屯泾县。结果苏峻派军屯驻于湖，准备进攻桓彝。当时扬州所属的州县大部分都投降了苏峻，桓彝的长史裨惠就建议桓彝，不如假装投降苏峻，暂时缓解眼前的危机。桓彝就说自己受国家重恩，怎能忍垢蒙羞投降叛军。他派遣将军俞纵率兵驻守泾县东北的险要兰石。苏峻派遣将军韩晃领兵进攻，俞纵抵挡不住，手下劝说俞纵撤退，俞纵回答说："我受桓侯厚恩，当以死报答。我不能辜负桓侯，就像桓侯不负国家一样。"遂力战而死。

兰石被韩晃占领。韩晃进围泾县，传话说桓彝如果投降，一定会受到优待。就连桓彝的将士大多也都劝说暂时投降，以图将来。但是桓彝慷慨陈词，坚决不降，终因寡不敌众，城破罹难。

苏峻这边，听从参军贾宁的建议，从于湖退军，集中主力部队固守建康西边的石头城，而且苏峻将八岁的成帝司马衍也扣押在石头城内，司徒王导苦苦劝阻，苏峻不从。为了确保建康的粮食供应，苏峻十分担心三吴地区的局势。苏峻遂又派遣张健、管商、弘徽等人东下晋陵，任命侍中蔡谟担任吴国内史，令尚书张阖持节都督江东的军队，派前陵江将军张恕在吴郡征召军队。结果王导秘密与张阖联络，以太后的诏书，令三吴起兵。张阖出了建康之后，又被陶侃封为征虏将军，让他与振威将军陶回统领丹阳的义军。张阖抵达晋陵后，将其中大部分军粮都运给了郗鉴部队。

陶侃、庾亮、温峤的联军已经抵达建康南面的茄子浦。温峤鉴于己方长于水战、苏峻部队善于陆战的特点，下令擅自上岸者，格杀勿论。恰巧这时苏峻给驻守寿春的祖约送去一万斛粮食，运粮队走到此地，祖约派遣他的司马桓抚率兵接应。温峤的部将毛宝就对部下说："《兵法》有云：'将在外军令有所不从。'此时怎可不上岸杀敌呢？"他的部队当时仅有一千多人，但依然率军偷袭苏峻的这支运粮部队，苏峻的运粮队没有丝毫戒备，毛宝就将这一万斛粮食全部夺取。温峤遂上书荐毛宝为庐江太守。此时，司空郗鉴与平北将军魏该也都各自领兵与陶侃大军会合。

与此同时，三吴地区也起兵响应陶侃诸人。苏峻攻陷建康后，义兴太守顾众就回到了自己的老家吴郡，并成功劝说了在吴郡给苏峻征兵的前陵江将军张恕，让他用征召来的部队去反戈一击。顾众又派遣郎中徐机向吴国内史蔡谟汇报，说已经秘密集合了家兵，准备随时举义，并且与张悫也约定好了。蔡谟就任命顾众为吴国督护、扬威将军，任命顾众的堂弟护军将军参军顾飏为威远将军、前锋督护。王导堂弟、会稽太守王舒，也向所属县下发檄文，共同讨伐苏峻。

前吴国内史、庾亮的弟弟庾冰，见王舒起兵，就找到王舒，王舒任命庾冰为奋武将军，御史中丞谢藻为龙骧将军、监前锋征讨军事，率众一万，前往讨伐苏峻，自己率军驻扎在会稽的西江，作为庾冰、谢藻的后援。

不久，陶侃率水军进至蔡洲，屯于石头城西岸的查浦，温峤屯军于沙门浦。苏峻登上烽火楼，远远看到联军势盛，始有惧色。庾亮立功心切，就派督护王彰进攻苏峻，结果大败而还。庾亮惭愧万分，就把自己的符节送交到陶侃那里。陶侃就派人转告庾亮说："古人三败，君侯始二。当今事急，不宜数尔。"

联军抵达石头城时，都想立即与苏峻决战，陶侃就说："贼众方盛，难与争锋，当以岁月，智计破之。"众人不听，结果"屡战无功"。但也不是没有好消息，祖约的侄子祖涣被毛宝击溃，合肥被晋军攻占。祖约诸将又与石赵通谋，石勒派遣石聪、石堪率军渡过淮水，进攻寿春。祖约不敌，就放弃寿春，逃奔历阳。

祖约的败讯传到历阳时，苏峻心腹路永感觉苗头不对，就劝苏峻尽诛王导等大臣。但是苏峻一直敬重王导，遂不从路永之言。路永见苏峻不用自己的计谋，料定苏峻将要败亡，暗中想脱离苏峻。王导听到消息后，立即派人诱使路永，路永遂带着两个儿子奔逃出石头城，跑到庾亮驻军的白石。

联军和苏峻交战数次，晋军多败。从石头城逃出的朝臣也认为："苏峻狡猾有胆略，其徒骁勇，所向无敌。"温峤怒骂道："诸君真是怯懦，怎么反夸贼人英勇？"温峤遂亲自带兵与苏峻交战，"及累战不胜，峤亦惮之"。而这时候，温峤军的军粮很快就要吃光了，温峤不得不向陶侃借粮。陶侃对温峤等人轻易出兵不听自己号令深感愤怒，就没答应借粮，并想撤兵再做打算。毛宝遂去劝说陶侃，并亲自率兵烧毁了苏峻在句容等地的军粮。

陶侃怒气渐消，重新布置兵力，并分了五万石粮食给温峤军队。当时苏峻的另一部分军队正率军猛攻大业，陶侃本想派兵救援大业，长史殷羡进谏道，兵士不习步战，如果救大业而不胜，大势就去了。不如急攻石头城，大业之围就会自解。陶侃听从了殷羡的建议，亲自率大军进攻石头城。

温峤和冠威将军赵胤得知陶侃逼近石头城后，就率步兵一万多人与苏峻交战，苏峻只率八千人出战迎击，苏峻的儿子苏硕与叛军勇将匡孝两人只率数十骑，冲散了赵胤的军队，晋军再次大败。苏峻看到自己的儿子和大将有如此表现，顿时兴起，对左右说道：匡孝能破贼，难道我的本事不如他吗？说完他就冲入晋军阵中，身后只有数骑亲兵跟随，结果这时候晋军阵中数人朝着苏峻投出利矛，苏峻当场毙命。晋将一拥而上，斩下了苏峻的首级。

苏峻先前派出攻掠的诸将，闻苏峻战死，也都纷纷回撤。赵胤遂率军猛攻龟缩于历阳的祖约，祖约就率家族及亲信数百人北逃，投降了石勒。

石头城内听到苏峻战死的消息，侍中钟雅、右卫将军刘超准备趁乱带着成帝逃出石头城，投靠庾亮。结果事泄，苏逸就派任让捕杀了钟雅、刘超。晋咸和四年（公元329年）三月，联军猛攻石头城。苏峻死后，叛军也没有了之前的战斗力，溃不成军，石头城被联军攻破。成帝被送到了温峤的船上，"群臣见帝，顿首号泣请罪"。苏峻之子苏硕在逃跑途中被晋军杀死，大将韩晃被晋军包围在山上。韩晃身边的人都不敢下山，"晃独出，带两囊箭，却据胡床，弯弓射之，杀伤甚众。箭尽，乃斩之。"

逃奔石勒的祖约也没有好下场。因为祖约背叛晋廷，"勒薄其为人，不见者久之"。后石勒在谋士程遐进言下答应见祖约一面。祖约对石勒不大放心，临到要和石勒相见的那天，就假称自己患病，躲在家里不出来。石勒就派程遐率士卒把祖约全族强行带到了邺城。"约知祸及，大饮至醉"，想要醉死，这样就看不到宗族惨死的情形了，但是石勒的士卒直接把他拉到了刑场。祖氏宗族一百多人，全被斩首，唯独一个庶子祖道重，当时年仅十岁，被人救出，藏在寺庙中得活。二十多年后，石赵灭国后，祖道重才逃回东晋。

由于建康的宫殿在交战中大多被烧毁，成帝与群臣就在原先的建平园里的小房子处理政事。西阳王司马羕因为"附贼",他和两个儿子都被斩首示众。苏峻的司马任让,与陶侃是多年的朋友,陶侃"为其请死"。成帝因为任让之前杀了刘超和钟雅,就对大臣说:这个人不可赦免。任让也被拉出斩首。

叛贼既已被平定,成帝论功行赏,加封陶侃为侍中、太尉,封长沙郡公,郗鉴为侍中、司空,南昌县公,温峤为骠骑将军,始安郡公,卞壶及死难诸臣都追赠官位,给予谥号。而致使苏峻叛乱的庾亮则上书诉罪,"欲阖门投窜山海",准备带着宗族外出建康,去当老百姓,结果,当然被"优诏"拦阻,仍封为豫州刺史,出镇芜湖,江左得以恢复平静。

第二章

兴衰废立：让我们玩点更狠的

我要做老大

　　东晋大兴元年（公元 318 年），汉主刘聪病死，太子刘粲继位。没多久，刘粲就被国丈靳准杀死。石勒得知消息后，就以讨伐靳准为名，率精兵五万五千，进据襄陵北原。刘汉宗室刘曜自立为帝，封石勒为赵公、大司马、大将军，加九锡。不久，靳准为其堂弟靳明所杀。靳明后来派人把传国玉玺送给了刘曜，石勒进攻平阳，靳明从平阳突围，率众归于刘曜。石勒攻入平阳后，就把宫室烧成了灰烬。

　　刘曜不久便把国号从汉改为赵，史称"前赵"。石勒派王修为使，前去奉贺。刘曜刚称帝，也需要得到石勒的支持，就封石勒为太宰，晋爵赵王。石勒以前的一个从官曹平乐，现在是刘曜的属下，他对刘曜说要提防石勒。刘曜当时初登大位，加上匈奴刘氏骨肉相残，以及靳准的屠戮，刘氏宗室所剩无几，而且当时刘曜的军事状况也不太乐观。

听了曹平乐一席话，刘曜忙追还前去加封石勒为赵王的使者，并派人追上王修，把他杀了。

王修的随从逃了回去，向石勒细述了王修被杀的原因，石勒大怒，遂公然与刘曜反目了。于是，石勒的属下一起上书，劝石勒称尊号。石勒便于东晋元帝大兴二年称赵王，改称赵王元年。

石勒称王后，立即减百姓一半的田租，严禁欺侮衣冠华族士人，并在襄国都城内立小学十余所，实行劝学。因为石勒自己是羯族出身，便以羯人为"国人"，严禁国内百姓蔑称羯人为"胡"，违者处斩首。当然，石勒也并非以此为借口而杀人。有一次，一个羯人喝醉了酒，骑马闯入王宫，石勒大怒，怒问王宫的守门人汉人冯翥。惶惧之间，冯翥也忘了忌讳，就直说"那个醉胡乘"如何如何，话音刚落，冯翥忽然意识到自己刚才犯了"国讳"，连忙叩头，以求宽恕。石勒见此，笑着原谅了他。

还有一次，石勒闻知汉人樊垣清贫有操守，便让他为章武内史。樊垣上任前，向石勒请辞，石勒见他衣冠破旧，很惊讶。樊垣顺口就说这是被羯贼抢了。石勒闻言大笑。樊垣忽然意识到自己也犯了忌讳，遂叩头泣谢。石勒不仅原谅了他，还赏赐樊垣车马衣服钱三百万。

当时河北厌次的邵续、段匹䃅，是石勒一直想吞并的对象。大兴三年（公元320年）春，邵续派兵与段匹䃅合力进攻段末杯，大破段末杯，并乘胜追击，将段末杯前来的部队"斩获略尽"。邵续的主力部队与段匹磾一起北上幽州，段匹磾另派弟弟段文鸯深入蓟县。石勒这时候趁着邵续主力北上、后方空虚之机，派遣石虎率大军包围了厌次，另派大将孔苌攻下邵续附近的十一处别营。邵续率众出城迎敌，石虎将邵续诱出城后，设下伏兵，截断了邵续的归路，邵续苦战不胜，结果被石虎生擒。石虎抓获了邵续后，将邵续押到城下，令其劝降厌次守军。但是邵续让城上的侄子邵竺等人坚持固守，并奉段匹磾为主。

段匹磾听说了厌次被围的消息，便舍弃蓟县，火速南下回救。当离厌次还有八十里时，传来了邵续被俘的消息，跟随段匹磾的原邵续的部众，都觉得大势已去，一时奔散。此时，石虎也听到了段匹磾从幽州回师的消息，便率兵挡住了段匹磾回城的道路。段文鸯亲率手下数百亲兵，奋力苦战，杀出一条血路，才保护着段匹磾进入了厌次城中。段匹磾进入城内以后，与邵续的儿子邵缉、邵续的侄子邵竺、邵存等固守厌次城。

石虎见段匹磾入城坚守，就回师襄国，顺便也把邵续带了回去。石勒派徐光责问邵续说为何抗命不降，邵续的回答让他很惭愧。于是命属下张宝将邵续请到宾馆安置，不久任命邵续为从事中郎。并下令，以后凡是攻克敌人，抓获的士大夫都要送归襄国，不得擅自加害。

在石虎大举进攻厌次的时候，原来邵续的部下、现为司马睿尚书吏部郎的刘胤请求司马睿援救邵续。当时司马睿正与王敦较劲，遂无暇顾及。邵续被俘的消息传到建康后，司马睿下诏，任命邵续的儿子邵缉继承邵续的官职和爵位，又任命邵续的侄子邵存为扬武将军、武邑太守。

石虎虽然率大军回到了襄国，但是他留下孔苌率领一部分军队继续围攻厌次。大兴三年（公元 320 年）六月，孔苌攻下了厌次周围十几座营垒。段文鸯趁孔苌得胜以后不设守备，就在深夜率军从城中杀出，大破孔苌。孔苌狼狈而还，厌次之围也暂时解了。但是，石勒不可能就此善罢甘休，他不会让嘴边的肉就此飞走，也不会让驻守在厌次的段匹磾有休养生息的机会。

大兴四年（公元 321 年）春，石虎领大军前来，又把厌次围住。段文鸯登城望见石虎耀武扬威地在城下来回驰马飞奔，不禁大怒，请求段匹磾允许自己出城与石虎一战，但是段匹磾不同意。段文鸯不听，亲自率领数十名壮士，突袭石虎的阵营。段文鸯虽然勇猛，但毕竟手下人少，而石虎却有数万大军，段文鸯左右突击，但他所骑的战马终因筋疲力尽，倒在了地下。石虎看到后要其投降。

段文鸯一听石虎让自己投降，厉声喝骂，并下马步战，激战一天终因力竭而被石虎的手下抓获。看到弟弟被抓，城内的段匹磾也预感到厌次守不住，他计划南逃到江南，投靠司马睿。但是，邵续的弟弟乐安内史邵洎这时候想投降石勒，他准备把元帝派来的使者王英抓了送交给石虎。段匹磾听说后，怒骂其人，又对王英表明了自己的忠心，并把他送回了江东。

段匹磾换了一身晋朝的朝服，手持节杖，抬着棺材，向石虎投降。厌次就这样被石虎攻占，邵续的儿子、侄子都被俘虏，只有邵存溃围南奔，但在逃跑的路途中被土匪所杀。段匹磾被送到襄国后，石勒任命他为冠军将军，段文鸯为左中郎将。段匹磾也不按照礼节去拜见石勒，而是经常穿着晋朝的朝服，手持晋廷的节杖。一年多后，有人要推段匹磾为主，进行叛乱，段匹磾因此受到牵连被杀，段文鸯、邵续等人也随之遇害。同时遇难的还有当年从廪丘逃奔到段文鸯军中的前兖州刺史、刘琨的侄子刘演。

至此，北方东部除辽东的鲜卑慕容廆、宇文部以外，尽归石勒所有，石勒终于要将矛头指向已经和自己决裂的前赵刘曜了，二赵之间的对决一触即发。

当了皇帝埋了祸根

东晋成帝咸和二年（公元 327 年），刘曜使凉州的张骏达归附，石勒大败拓跋纥，双方都各自消除了后患。咸和三年（公元 328 年），正当东晋的联军和苏峻交锋之时，刘曜与石勒也将展开一场殊死决斗。

石勒的原计划还是先拿下河东地区，将其作为进攻关中的跳板。毕竟如果从洛阳西进，将面对易守难攻的潼关。而河东的蒲坂，更是争夺的焦点。因为如果刘曜占据蒲坂，可以配合潼关的防守，将石勒的军队阻挡在外；如果石勒占据了蒲坂，那潼关也就失去了应有的防御作用，河东唾手可得，进军关中指日可待。

咸和三年（公元 328 年）七月，石勒令石虎率领四万大军从轵关出发，向刘曜的河东郡发起进攻。前赵在河东地区的五十余县纷纷叛降石虎。石虎大军随即推进到黄河岸边，开始进攻蒲坂。刘曜深知蒲坂对于关中的重要性，他打算御驾亲征，但是又担心凉州的张骏和仇池的杨难敌趁虚突袭长安，于是，刘曜令河间王刘述征发氐羌部众屯驻在秦州，以防不测。

安顿好后方，刘曜便亲领大军，起倾国之兵从卫关北上渡过黄河，前去支援蒲坂。石虎见刘曜兵多，便向后撤。刘曜率军追击，大败石虎，石虎的副将石瞻战死，后赵阵亡士兵的尸体绵延二百多里，石虎败逃到朝歌。刘曜趁势南下洛阳，挖开洛阳城西北的大堤，用水灌金墉城，另遣别将进攻洛阳东面的荥阳等地，后赵的荥阳太守尹矩、野王太守张进等都纷纷投降了刘曜，襄国大震。

自从谋主张宾死后，石勒最亲信的谋士就是世子石弘的舅舅徐遐。但是徐遐的谋略远不及张宾，石勒也是不满意。这时候刘曜已经进攻到洛阳，石勒决定亲征。但徐遐、郭敖等大臣都一致反对，他们认为刘曜现在气势正盛，难于争锋。况且金墉城内粮食充足，刘曜也难以一时攻下。前赵的大军悬军千里之外，必定不能持久。万万不能轻动，如果有了一点意外则大势去矣。

石勒闻言大怒，喝令徐遐等人退下。这时候石勒忽然想到了自己曾经的记室参军徐光。徐光之前因在工作岗位上消极怠工，而被石勒下了狱，不过，石勒深知徐光的才能。于是石勒下令将徐光释放，问他对自己要亲征的看法。徐光同意亲征，石勒听后大喜。

石勒又亲自到佛图澄的寺庙里去拜访，想听听他的意见。佛图澄就说："寺庙里的铃声说：'秀支替戾冈，仆谷劬秃当。'"这句话是羯语，秀支是指军队，替戾冈是出的意思，仆谷是刘曜的职位，劬秃当是捉的意思。连起来就是如果部队出征，就能够活捉刘曜。佛图澄又让一个小孩斋戒七天，亲自用麻油调和胭脂，在自己的手上研磨，然后推开手掌让小孩看有什么，小孩就说有很多军队，其中一个高大白晢的人被红绳绑着。佛图澄告诉石勒这个人就是刘曜。石勒听后大喜，于是下令亲征，有敢劝谏者斩。

咸和三年（公元328年）十一月，石勒命令在淮河沿岸的石堪、石聪率兵北上，与石勒的主力会合，令豫州刺史桃豹等人率领中原地区的留守部队全部调往洛阳前线，又令石虎从淇县率军进据石门。而石勒本人则亲率步骑四万支援金墉城。十二月，石勒的大军全部在虎牢关集结完毕，共有步兵六万，骑兵两万七千人。

此时的刘曜，因为一直没能攻下金墉城，逐渐懈怠了下来，整日与周围的佞臣喝酒、赌博。刘曜年轻时就酗酒成性，现在更加厉害。臣下有胆敢劝谏的，刘曜便以妖言惑众的理由，一律斩首。等到听到石勒已经率军渡过黄河，石虎屯兵石门时的消息，刘曜才想到派兵增援虎牢关。而此时的石勒早已顺利拿下了虎牢关，接着，石勒命令全军卷铠衔枚，迂回到虎牢关的西南，准备日夜兼程，突袭在洛阳附近的刘曜。守在洛水的刘曜部队与石勒的前锋发生了小规模的战斗，抓获了一些羯人俘虏，刘曜就询问这些俘虏石勒有没有亲自来，他的兵力如何。俘虏回答说："石勒亲征，军容甚盛。"刘曜一听，赶紧命令全军撤掉金墉城之围，将部队在洛阳西面列阵。

石勒率领四万步骑，从洛阳南边的宣阳门进入洛阳城，命中山公石虎率领本部三万步兵，从洛阳城北进攻刘曜的中军，石堪、石聪等各率八千精锐骑兵，从洛阳城的西面攻击刘曜的前锋，而石勒亲统大军，从洛阳西城北边出洛阳城，从背后夹击刘曜部队。

刘曜临战，喝了数斗酒，将要上马的时候，他平常所骑的战马却无故抽筋，无法骑乘，只好又换了一匹小马。等出营的时候，刘曜又喝了一斗酒。刘曜率主力列阵之时，石聪、石堪立即率领骑兵突袭刘曜，前赵大军措手不及，瞬间崩溃。而喝醉了的刘曜任凭小马带着自己往后狂奔。但是因为刘曜身体强壮，小马不堪重负，马腿又卡到石缝中，顺势就将刘曜摔了下来。随后赶到的石勒士兵刀枪并举，刘曜身中十几处创伤，就这样被石堪生擒，送到了石勒帐下，石勒命令将其传示三军。此战后赵共斩首五万多级。

石勒先将刘曜安置在河南丞的府邸，由于刘曜的伤情十分严重，石勒就命令征东将军石邃专门负责护送，带着刘曜一起返回襄国。北苑市的三老孙机请求去见刘曜，石勒就同意了。孙机呈上美酒，对刘曜唱道："仆谷王，关右称帝皇。当持重，保土疆。轻用兵，败洛阳。祚运穷，天所亡。开大分，持一觯。"

石勒将刘曜安置在襄国的永丰城内，又送给他妓妾，派兵严密看管，并派遣刘曜旧将的刘岳、刘震等人去拜见刘曜。石勒为了尽快灭亡前赵，就让刘曜给他的太子刘熙写信劝降，刘曜只在信中让刘熙不要因为自己轻易投降。石勒看到刘曜的信，心里十分不快，没过多久就把刘曜杀了。

数年前，长安人刘终在终南山上拾得一块白玉，白玉上写着："皇亡，皇亡，败赵昌。井水竭，构五梁，咢西小衰困嚣丧。呜呼！呜呼！赤牛奋靷其尽乎！"当时前赵的大臣都以为是石勒灭亡的吉兆，只有中书监刘均解释说这实际上是前赵灭亡的征兆，并指出咢应指咢西之年，即酉年，困是指困敦，嚣是玄嚣，都是酉年的名号，这一年恐怕当有败军杀将之事。而赤牛奋靷，赤是赤奋若，牛是指牵牛，都是丑年的名号，意思是这一年前赵就要灭亡了。后来果如刘均所言。

前赵太子刘熙决定放弃长安，退保陇西的秦州。实际上长安城内尚有数十万部队，尚书胡勋也提出异议，劝刘熙不要出走，刘熙不从，以胡勋扰乱人心为由，将其斩首。刘熙撤走后，前赵的将领蒋英、辛恕拥众十余万，占据了长安，并派出使者向石勒投降。于是，石勒命令驻守在洛阳的石生率领洛阳的部队，占领了长安。陇山的氐王苻洪也归降石勒。

石勒拜苻洪为冠军将军，监六夷军事。羌族头领姚弋仲也从陇上投降石勒，石勒任姚弋仲为安西将军，六夷左都督。接着，石勒命石虎率大军进攻退保上邽的刘熙，石虎率众猛攻，上邽城破，刘熙、前赵的宗室及大臣共三千多人，全部被俘，石虎下令将他们全部杀掉。自刘曜登基称帝至今，前赵仅十一年就灭亡了。

石虎攻克上邽之后，派主簿赵封将缴获的传国玉玺、金玺、太子玉玺送到了襄国，咸和五年（公元330年）二月，后赵群臣认为石勒功业既隆，宜上尊号，于是，以石虎为首奉皇帝印绶，请求石勒即位称帝，石勒不从。经过群臣的力请，石勒同意称赵天王，代行皇帝职权。九月，群臣再次请求石勒即皇帝位，石勒也不推辞了，正式即皇帝位，大赦境内，改元建平，立妻子刘氏为皇后，以太子石弘为大单于。但是就是这个决定让有大功于后赵的石虎不满，为后赵日后的祸乱埋下了伏笔。

谁让你们不让我当老大

中山王石虎自认为有大功于国，本以为石勒即位，大单于的位置一定属于自己，但是，石勒将大单于的位置给了太子石弘的做法让石虎很恼火。

石弘，字大雅，史称其："虚襟爱士，好为文咏，其所亲昵，莫非儒素。"石勒曾对徐光说自己的儿子不像一个将门之后。徐光就说武以开国，静安天下。石勒听了很高兴。徐光趁机对石勒说要除去石虎，石勒点头称是，之后却没有采取什么有效的行动。

程遐也劝说石勒早日对石虎有个安排，石勒认为天下尚未平定，应该要有像中山王这样的重臣，同时怀疑程遐有私心。程遐见石勒怀疑他有私心，不禁涕泣相劝，石勒还是不听。

程遐把这情况告诉了徐光。徐光认为石虎肯定恨透了自己和程遐，恐怕将来非但国危，而且还有家祸。但是为了国家，不能坐视不管。徐光找了个机会，再次劝说石勒除掉石虎。石勒听后也觉得有道理，便让石弘参与朝政处理，并派中常侍严震辅佐太子。除了征伐、刑杀等大事上呈石勒以外，其他事务全部交由石弘处理。自此，石弘和严震的威权超过了尚书令石虎，石虎的府邸门前再也没有了奔走请托的人群，门可罗雀，石虎更为不满了。但是，不剥夺石虎的兵权终究是隔靴搔痒，无济于事。

东晋咸和八年（公元 333 年），石勒病重，召太子石弘和石虎到宫中侍奉。结果石虎假传诏书，命令太子石弘、中常侍严震以及内外群臣、皇亲国戚都不得入宫探视，外面无人知晓石勒的病情。石虎又矫诏命令石勒的儿子、镇守邺城的秦王石宏以及石勒的养子、彭城王石堪返回襄国。

这时石勒的病情稍轻，看到石宏后，不禁大惊。石虎一听大惧，赶紧说石宏是思念父亲的病情暂时回来，现在马上让他回去。几天后，石勒问石虎：石宏回去了没有，石虎回答已经回去了。而实际上，石虎却对石宏假传石勒的旨意，要求他在宫外等待，不让石宏回到邺城。

七月，石勒病死，享年六十，在位十五年。石勒临终前，要石弘兄弟以司马氏为鉴，始终友爱。又叮嘱石虎要学周公、霍光辅佐少主，千万不要做让后世人当作话柄的事。但是这些话在石勒死后都成了空谈。石勒刚刚死去，石虎立即命人将石弘抓住，逼迫他下令逮捕右光禄大夫程遐、中书令徐光，送交廷尉，没过多久，石虎就诛杀了二人。石虎又征召石邃率兵进宫，担任宿卫，把中央控制在自己手中。

石弘这时候被石虎吓得魂不附体，请求让位给石虎。结果石虎拒绝。石弘本来就很柔弱，此时看到石虎拒绝接受，不禁落泪，坚持要求石虎做这个皇帝，说得石虎也不耐烦了。于是石虎逼着石弘继位，并改元为延熙，文武百官进位一等。

石弘加封石虎为丞相、魏王、大单于，加九锡，以魏郡等十三郡为魏国，总摄百揆。石虎假装推辞，很久才接受任命，石虎封郑樱桃为魏王后，长子石邃为魏太子，加封石邃为使持节、侍中、大都督中外诸军事、大将军、录尚书事，次子石宣为使持节、车骑大将军、冀州刺史、河间王，三子石韬为前锋将军、司隶校尉、乐安王，四子石遵为齐王，五子石鉴为代王，六子石苞为乐平王。

石虎得志后，将石勒的旧臣全部解除实权，而将自己的亲信全部安插到朝廷中的关键位置。石虎这些动作，虽然没有颠覆石赵政权，但是也无异于一场政变。率军驻守在淮河北岸的石聪、谯郡太守彭彪因为不愿依附石虎，就都派遣使者投降东晋。石聪原本就是汉人，冒姓石氏。东晋朝廷派遣将军乔球领兵前去迎接，但是还没等东晋的军队到达，石聪和彭彪就被石虎派遣的军队所杀。

皇太后刘氏"有吕后之风"，以前石勒健在时就多次和石勒讨论军国大事，现在眼见石虎为乱，刘氏就让石勒的养

羲之爱鹅图扇

兰亭修禊图　明　文徵明

子、彭城王石堪拿个主意。九月，石堪换了百姓服装，率领亲信偷偷跑出了襄国，袭击兖州。但是却没有按照原计划顺利攻下廪丘。石堪只好向南依附谯城。石虎令将军郭太等人率军追击，在城父抓获了石堪，送回了襄国。石虎将石堪用火活活地烧死。石虎又把南阳王石恢征召到襄国，刘太后的密谋也随之败露。石虎就将刘太后废黜，然后处死，另立石弘的亲生母亲程氏为皇太后。

啃了块硬骨头

咸和八年（公元 333 年）十月，河东王石生、武卫大将军石朗二人起兵反抗石虎，石生自为秦州刺史，派遣使者向东晋投降，氐王苻洪也自为雍州刺史，投降了凉州的张骏。石虎听闻石生、石朗反叛，就将长子石邃留在襄国，亲自率领步骑七万前去平叛。因为实力悬殊，驻守在金墉城的石朗很快就被石虎攻破了城池，自己也被生擒。

石虎将石朗两脚砍掉，然后才砍下了他的人头。平定洛阳后，石虎又率军西征，令石挺为前锋大都督，进攻驻守在长安的石生。石生派遣将军郭权率领关中鲜卑两万人迎击石挺，石生则率领大军作为郭权的后援，驻军蒲坂。郭权在潼关大败石挺，石挺战死，石虎只得暂时退军渑池。

石虎见长安不易力取，就派人与鲜卑人秘密勾结，许以重赏。鲜卑遂反攻石生，石生狼狈逃回长安。石生感到长安也不安全，便留下属下驻守长安，自己则西逃到鸡头山。石虎听说石生逃亡的消息后，立即率部西上攻下了长安。石生部将见大势已去，就杀了石生向石虎投降了。

攻下长安后，石虎派遣将军麻秋率军讨伐苻洪，苻洪率领两万户投降石虎，石虎封他为光烈将军、护氐校尉。石虎见反对势力肃清得差不多了，认为废黜石弘、自立为帝也仅仅是时间问题了。石弘也深知自己在这个位子上坐不稳了，不如主动让位或许还能保全性命。于是，石弘就手捧玉玺，请求石虎接受印绶，即位称帝。但是石虎此时还是不同意，石弘只好流着泪，回到了宫中。

后赵的官员都上奏请求依照尧舜禅让的仪式，让石虎接管政权。石虎不同意禅让。几个月后，石虎派遣部将郭殷手持符节，领兵进宫，宣布废石弘为海阳王。石虎将石勒的三个儿子，石弘、秦王石宏、南阳王石恢及太后程氏全部软禁在崇训宫内，不久就将其全部诛杀，石弘死时年仅二十二岁。

于是，石赵的文武百官请求石虎即位称帝，石虎假意谦虚了一番，说皇帝这个尊号是不敢当的，暂时可以称作"居摄赵天王"。石虎即位后，大赦境内，改元建武。任命夔安为侍中、太尉、代理尚书令，郭殷为司空，韩晞为尚书左仆射，魏概、冯莫、张崇、曹显为尚书，申钟为侍中，郎闿为光禄大夫，王波为中书令，立长子石邃为太子。当时有句谶语："天子当从东北来"，石虎为了迎合这句谶语，就带领皇帝仪仗队前往位于襄国东北的信都，然后又从信都回到了襄国。随后又于晋咸康元年（公元 335 年）将国都从襄国迁到了邺城。

石虎即位后终日沉醉于酒色之中，政事多让太子石邃处理。石虎性格喜怒无常，石邃有时禀报政事处理的情形，石虎听得不耐烦了，便让他自行处理，石邃不向石虎汇报，石虎又怒他为什么不报，并对石邃加以责打。石邃性格也很残暴，他对石虎暗暗不满，想行冒杀父、夺单于位之事。

七月，石邃诈称有病，石虎准备去探望，佛图澄劝他不宜去东宫，石虎也觉有异，便中途折回，派了一名可信的女尚书去视察。石邃见了女尚书便将她刺死。石虎闻讯大怒，就把东宫官李颜等人拉过来查问，才得知石邃要谋害自己。于是石虎便把石邃及妻子，还有东宫官全部杀死，改立石宣为太子。石虎又让三子石韬为太尉，与太子石宣轮流批阅奏章。司徒申钟见此就向石虎进谏，不应让太子管朝政，前面已有石邃之鉴。而两人轮流管事，将来势必引起纷争。石虎不听。

当时鲜卑段部屡次骚扰后赵的边境，咸康四年初还攻占了蓟城。段部不仅与后赵为敌，就是鲜卑慕容部也趁着慕容廆病死的时机派兵攻打。慕容皝继位后，就派遣都尉赵槃前往邺城，与石虎商讨共同讨伐段部，双方约定在段部的首都令支会师。石虎在全国招募了三万名骁勇之士，封为龙腾中郎，用以即将进行的北伐。

石虎亲率大军进屯金台，以桃豹为横海将军，王华为渡辽将军，统帅舟师十万，从漂渝津入渤海北上；以支雄为龙骧大将军，姚弋仲为冠军将军，统领步骑七万为前锋，水陆并进，大举讨伐段部。与此同时，燕王慕容皝从北面发起了对段部的攻击。

慕容皝派遣骑兵攻掠段部令支以北的城池。段部首领段辽率众迎击慕容皝，结果为慕容部所破，战死数千人，段部的五千余户民众和数万牲畜也被慕容部掠夺。段辽的主力因为全部被段兰带到了北线应对慕容皝，这时面对石虎的大军，段辽不敢迎战，他便率领妻子一千余家，放弃了令支，向西北逃往密云山。石虎派遣将军郭太、麻秋等二万轻骑追赶段辽，抓获了段辽的母亲和妻子，斩首三千级。段辽无奈之下，只得派儿子段乞特真给石虎送上降表以及名马，石虎接受了段部的投降。

为了重新建立起北方的统治秩序，石虎在段部的原有土地上，采取了任用段氏旧人、迁出段氏国民等一系列措施。但是此时的慕容皝，却没有按照双方先前的约定，在令支城下与石虎会师，而是在掠夺了段部的财物之后，就扬长而去。石虎这时候才反应过来，原来慕容皝和他结盟不过是利用石赵帮自己消除南顾之忧。石虎之前也没有向慕容皝索要人质，于是他准备趁灭段部的胜势，进一步北伐，将慕容部也顺带一起剿灭，石虎遂率数十万大军北上。

慕容部听说石虎率大军前来，除了首都棘城外，全境皆叛。五月，石虎大军逼近棘城，慕容皝此时想弃掉首都以避后赵的锋芒。大将慕舆根和谋士封奕都认为石赵远来，必然不能持久，不如自守再观情形。这二人的话虽然暂时打消了慕容皝弃城出奔的打算，但是他仍没有把握是否能坚守得住。此时慕容皝的玄菟太守刘佩亲率数百敢死之士，趁石赵军队立足未稳之机，从城内杀出，斩杀俘虏了不少人，这才使得棘城人心稍定。

　　石虎的数十万大军将棘城围住后，就展开了攻城。但是石赵军队猛攻十几天，仍然没有攻下棘城。慕容皝见石赵军队已经疲敝，就令儿子慕容恪于清晨率领二千精锐骑兵突袭石赵军营。石虎军队没有任何准备，全军瞬时溃败，被斩首三万余级，只有游击将军石闵一军未遭损失。石闵本姓冉，因为小时候就很勇猛，深得石虎喜爱，就把他作为养孙，所以改姓为石。石虎这时候见全军皆溃，只有石闵一军保持完整，也对石闵赞赏有加。

　　石虎北伐失利的消息传开以后，朔方鲜卑斛摩头率先发动了叛乱。石虎命令太子石宣率领步骑二万讨伐，将其击败，共斩首四万多级。驻守长安的镇西将军石广，也趁着石虎的惨败，暗自培养自己的势力，结果谋泄被杀。先前投降石虎的鲜卑段部，以及和石赵关系比较紧密的拓跋部，闻听石虎大败的消息后都纷纷向慕容皝靠拢，代王拓跋什翼犍更是娶了慕容皝的妹妹。本来石虎派去迎接段部投降的军队也被慕容皝在半路攻击。石虎本想再集结兵马进行第二次北伐，但是这时候冀州闹了蝗灾，军粮供应十分困难，石虎只能作罢。

　　慕容皝凭借这次大败石虎而声威日盛，东晋朝廷也任命慕容皝为征北大将军、幽州牧，领平州刺史，加散骑常侍，增邑万户。慕容部终于摆脱了石虎的控制，逐渐成为北方的强国。

第三章

权利并立：我要我的世界

新的大哥上台

话分两头花分两枝，既然这中华大地上已经有了两个政权那就必须得用分别讲述的方式才能把这事情给说清楚，这是我们第二次转变视角。暂时把北方的事情放一放，还是回到东晋的小朝廷当中。

东晋王朝终究是一个偏安政权，一直没有什么大的作为，又能指望这些平常养尊处优惯了的亲王大夫们有什么好的作为呢？因为其逃不开自己身为一个豪强士族阶级政权的性质。这种性质决定了东晋王朝的整个架构就是一个用牛拉动的破车，累得牛直叫唤，叫的声音比马大多了，但就是没有马跑得快。

东晋的军事事业和北伐大计也确确实实就是一头累得叫唤的老牛，光声音大但是始终不见成效。另一方面，有时候所谓的北伐也往往就只是为了向朝廷邀功而并不是真心想进行北伐，庸才再加上并不是真心实意让东晋的北伐战争一次次失败，一次次成为他人眼中的笑柄。庾亮的北伐也同样是这样的一个例子。

前文中叙述道庾亮心中一直有个愿望，他一直希望能够带领东晋王朝重新回到北方，回到中原当中。于是咸康五年（公元 339 年）他也确实为这一梦想做出了相当大的努力。当时北方的情况发生了相当大的变化。一代传奇，从奴隶成为帝王的后赵皇帝石勒去世，无疑让庾亮看到了收复北方领土重建华夏的梦想有机会实现。于是庾亮请求解任豫州刺史而改授给征虏将军毛宝，毛宝于是以监扬州江西诸军事、豫州刺史的身份与西阳太守樊峻领一万精兵守邾城。庾亮又派军进攻占据蜀地的成汉，捕成汉荆州刺史李闳和巴郡太守黄植；庾亮及后上书北伐，求领十万兵众进据石城，作为诸军的声援。

这时候庾亮可谓是到达了自己的全盛时期，并且在朝中又得到了王导的支持。但是可以看到，这些所谓的功绩并不是通过北伐得来的。庾亮一个人正在兴头上看不出自己究竟有多少斤两，但不代表别人看不出来，这些门阀士族别的不会，要说给一把热火上马上浇上一盆冷水那可是比谁都拿手。在朝中商议庾亮的提议的时候，郗鉴以物资不够而反对大规模军事行动，而太常蔡谟也认为后赵兵强而且后赵主石虎是优秀将领，认为庾亮不足以对付石虎，建议当时应该据有长江天险防御，反对北伐。应该说这些意见尤其是第二个意见是相当中肯的，因为后边的情况恰恰说明了石虎并不比石勒差。于是移镇石城的计划被下诏阻止。

尽管东晋并没有冒失地进行军事行动，但是他们的一举一动石虎可是看在了眼里，刚刚登基正愁没有谁来给自己树立功绩，东晋的这帮老牛就自己送上门来。于是庾亮的北伐计划非但没能实行反而招致了石虎的主动攻击。庾亮苦心经营的邾城也就此陷落，这样的结果是庾亮根本不可能想到的。

庾亮就是庾亮，他仅仅是依靠着自己外戚的身份从而可以干预朝政，但是他又确实没有雄才大略。从导致苏峻之乱再到这次北伐的失败处处都体现了庾亮的志大才疏。终究只是一书生，对于政治和军事实在是不太清楚怎么操作。虽然庾亮是士门望族，但是恰恰东晋王朝不缺的就是士门望族，所以这就造就了一个矛盾，又希望体现自己的地位，又没有真正的才干，所以做的事情通常只能够导致自身评价的降低。而这次北伐彻底地将庾亮指到了鬼门关。

从庾亮得知邾城被攻陷之后，就一蹶不振，史书上记载他"忧慨发疾"。想必是这次战败对他的内心产生了极大的冲击。而这种时候帮助东晋王朝在江东地区建立基础的王导又去世。失去了这样一个曾经支持过他的人物，想必庾亮内心也是十分悲哀的。在这种心理条件下庾亮的状态越来越不好，在咸康六年（公元 340 年）去世，享年五十二岁，追赠太尉，谥文康。

庾亮去世之后，接替他的是他的弟弟庾翼，庾家的羽翼直到这一刻也还算是丰满的。庾翼曾经帮助过他的哥哥进行那场无疾而终的北伐战争。当时正值庾亮打算北伐，便加封庾翼为辅国将军，并转任南蛮校尉，假节领南郡太守，镇守江陵。当时的江陵可是边防重镇。

本来在三国时期江陵就处在一个兵家必争之地的位置，现在南北分裂，原先的中央枢纽城市一下子变成了东晋的边防重镇，这实在是莫大的讽刺。重镇邾城被后赵军攻陷后，便围困原本庾亮想移镇的石城。这时候庾翼充分发挥了自己的才干，显示出庾家还是有人的。他屡设奇兵，偷偷将粮食军需送入石城支援城内。兵马未至，粮草先行这条铁律在这一刻便又发挥了自己的作用，有了粮饷也就有了希望，这大大增强了守城将士们的战斗意志，后来采取坚守的战略一直等到竟陵太守李阳拒击后赵军，为石城解围。庾翼因为这次出色的表现，完美地协助了石城固守不失因此被加封为都亭侯。

庾亮逝世后，庾翼便接替庾亮获授都督江荆司雍梁益六州诸军事，安西将军、荆州刺史，假节，镇守武昌。庾翼与庾亮有着本质上的差别，这差别就是一个有才一个无才。庾翼在接手重任之后便十分注重当地的政治建设，让当地的士兵得到了充分的训练，军纪严明并且在地方上也抓紧了管理，仅仅用了数年的时间就让官府和地方的人民都获得了充分的发展，生活过得富足殷实，当时几乎是所有在当地的人们都对庾翼大加称赞。

各地的百姓听说这里有这样好的一位地方官员，于是纷纷前往武昌，一时间大有天下归心的架势。而且在这些归心投奔的人当中不光有东晋自己的百姓，甚至连北方后赵黄河以南领地的人民都有归附之心。这在东晋王朝是十分罕见的事情。其中最大的一个案例是在建元元年（公元343年），后赵汝南太守戴开率数千人请降，这可谓是不战而屈人之兵，用仁义感化敌人的最好例子。

在形势一片大好的情况之下，庾翼也像自己的兄长一样动起了北伐的心思。庾翼以平灭成汉和后赵为己任，更派使者联结前燕和前凉预备一起出兵。

建元二年（公元344年），东晋康帝以及庾翼的又一位兄长庾冰先后逝世，这又给了庾翼继续扩大权势的机会。于是庾翼回镇夏口并接管庾冰的部众。不久之后朝廷便下诏庾翼再督江州并加领豫州刺史，庾翼便开始修缮兵器军备，储备粮食，准备开始他的北伐征程。

本来一切都已经准备停当，等着一声令下就可以出兵北方收复失地，谁想到天妒英才，或者说老天根本就不想让庾家能够在历史当中有太大的作为。庾翼在永和元年（公元345年）患上了十分严重的背疽，这病来得十分突然也十分急促，在庾翼病重的时候，只能向朝廷上表次子庾爱之行辅国将军、荆州刺史，代替自己的职位；又表司马朱焘为南蛮校尉，以一千人守巴陵，希望借此来保全庾家已经取得的权势。在做完了这些准备工作之后，七月庚午日，庾翼逝世，享年仅四十一岁。朝廷追赠车骑将军，谥肃侯。

庾冰庾翼的相继逝世，再加上之前庾亮的去世，对庾家来讲可谓是惊天霹雳，因为这些去世的人物恰恰都正值中年，正是有所作为的时候。他们一旦去世，庾家就处在了青黄不接的状态之中，这是作为世家大族最忌讳的事情。

本来士族之所以可以成为士族就是因为他们有无穷无尽的子嗣来继承他们一辈辈所传承下来的事业。一旦没有人继续巩固这些已经得到手的职位，那么这个士族就只能是被称为没落的士族了，事实情况就是如此，经过这接连的去世之后，曾经声名显赫的庾家从此便沉寂在了历史的长河之中。

但是，一个士族的没落往往就意味着另外一个士族的崛起。这是在东晋王朝政治当中最常见的士族更替。由于荆州是东晋重镇，关于庾翼的继承人选在朝臣中引起争论，有人认为诸庾在荆州人情所归，应依庾翼所请，以庾爰之镇守荆州。但时任宰辅的侍中何充认为"荆楚国之西门，户口百万，北带强胡，西邻劲蜀，经略险阻，周旋万里。得贤则中原可定，势弱则社稷同忧……桓温英略过人，有文武识度，西夏之任，无出温者"。

丹杨尹刘惔认为桓温确有奇才，但亦有野心，"不可使居形胜之地，其位号宜常抑之"。因此他劝会稽王司马昱自己出镇荆州，又请以自己为军司，司马昱不听。于是桓温出任安西将军，持节，都督荆、司、雍、益、梁、宁六州诸军事，领护南蛮校尉、荆州刺史。从此，荆楚这一重要地区的管辖权就落到了桓温手里，一代名将终于出山。

枭雄来了

前文提过，庾家的这笔遗产对于东晋王朝来讲是相当重要的。荆襄之地是作为东晋的门户而存在，如果这个地方出了什么差错，那么对东晋来讲是灭顶之灾。所以对于谁能接替庾翼，在这个问题上有过多次的争论，直到最后群臣统一了意见，让桓温出马统领荆楚地区，那么这个桓温到底是何许人呢？

东晋王朝始终是一个建立在士族门阀地主权力之上的朝廷，因此在用人方面才能先放到一边，门第一定是极端重要的。这与在三国时代"唯才是举"的用人策略上有着很大不同，这也就决定了桓温既然能够接替庾家的基业，那么他自己的家世也一定不一般。

这个桓温家世十分显贵，他的父亲桓彝是当年的宣城内史。父亲为官清正，并且有才干，将一个宣城地区治理得井井有条，因此，桓家也就能够在这一地区立足。桓温也因此过了一段让世人都十分羡慕的生活。但是，桓温的父亲毕竟是个清官，家境相对于其他官员来说还是相当清贫的。尽管这样，桓温身上还是有一些官家子弟固有的习气，到了一定的年纪势必会表现出一定的叛逆来，对于桓温来说这种叛逆的表现就是好赌。《世说新语》中曾经记载了这样的一个故事：少年桓温很喜欢赌博，可有一次手气不佳，输了很多钱，桓温家里虽然是做官的，但是家境实在是十分清贫，何况这种事情又不是什么光荣的事情，他又怎么敢去跟自己的父亲要。但是桓温聪明，想到在陈郡有个人叫作袁耽，是个乡里都远近闻名的好赌之人，桓温便想去求助。这个袁耽也同样是那时的名士之一。桓温去找他时，他正在居丧期间，如果不帮助桓温也是理所应当。但是桓温实在是想出出这口恶气，于是就抱着试试看的想法去找他。

袁耽果然就是袁耽，一提到赌就什么事情都忘得一干二净，径直随着桓温去找那个债主去了。那债主根本就不知道自己已经见了真神了还轻蔑地对袁耽说："汝故当不办作袁彦道邪？"结果，几盘下来，袁耽充分发挥了他在这方面的"才干"，一下子从十万钱赢到百万，债主没有丝毫招架之力。桓温见已赚够，翻了盘，就开始欢呼雀跃，旁若无人，心中不平之气一扫而空。袁耽则把筹码潇洒一抛，神气地从怀里掏出丧帽，砸到债主身上，昂头道："汝竟识袁彦道不？"说罢与桓温拂袖狂笑而去，债主叫苦连连。

就这样，桓温几乎是无忧无虑地度过了自己的少年时代，尽管父亲的收入并不多，但好歹也是一方父母官，桓温自己的日子过得也就不算太差。但是，世间的事情总是让人捉摸不透，尤其是在这种乱世什么事情都有可能发生，一下子让桓温知道了人在世上生活的艰辛。

苏峻之乱爆发之后，桓温的父亲作为当地的首要官员自然要进行讨伐，在讨伐的过程当中，桓温的父亲被叛徒出卖被叛军杀死。这对于桓温来讲无异于一道惊天霹雳，从此以后，桓温成了一个在仇恨中生活的少年，无时无刻不在想着为自己的父亲报仇雪恨，这是桓温成长中的一个相当重要的转折点，如果没有发生这么大的变故，恐怕桓温也不能够成长为后来的那个人物。而这苏峻之乱恰恰就是庾家的庾亮所引起来的，所以在这之后桓温接替庾家的祖业也算是冥冥之中自有上天注定。

为父报仇，这是一件说来十分简单，但是要做起来十分艰难的事情，更何况桓温在那时候才仅仅十几岁，但是桓温毕竟不是一般人，他连报仇都有着周密的计划，首先他对自己的仇人展开了十分缜密的调查，在经过了许多细致的调查之后，桓温得知，泾县令江播就曾经参与了杀害桓彝的行动。可是东晋王朝昏庸腐朽，为官做人毫无礼义廉耻只看门第，这个江播在平叛之后竟然得到了朝廷的赦免。桓温自然不能就这样放过他，所以他几次请求官府严惩江播，但是都无音讯。这样的遭遇让桓温明白，自己的命运必须要由自己来主宰，不能够寄托在他人身上，一怒之下，他决定自己行动，对江播展开行动。

这对桓温来说实在是有点难度的，弄不好就会把自己的命也丢了。桓温自己当然也清楚这样的情况，并没有像一般的人一样径直去报仇。这时候桓温开始了"卧薪尝胆"的过程，决定先苦练武功，再寻找机会。他白天拼命练武，刀枪剑戟斧钺钩叉无一不练，晚上就枕着兵器睡觉，天一微微亮就起身继续练习，如此这般过了三年。简直就像电影当中的情节一样，可是世事难料，上天又一次戏弄了桓温，江播病死了。一下子，桓温失去了那个最大的敌人，那个最大的目标，这就相当于此前的三年桓温所做出的一切努力都没用了。

这对桓温来讲是一个不小的打击。于是桓温便把自己的满腔怒火都倾泻到了仇人的孩子身上。他拿上兵器，以自己前来吊丧作为理由，就这样进入了江家灵堂当中。在一片白色之中突然生出了几片血色，那是江播三个儿子倒在血泊之中的样子。冤冤相报何时了，桓温在这一刻已经不是当初那个有着快乐童年的孩子了。

杀人偿命，这在今天看来不管你是有什么理由，总之只要是杀了人就是非法的。但是在东晋王朝这样的事情是不会受到任何惩罚的，尤其是为父报仇而杀人，反而会广受称赞，因为这体现了至孝的品格和高尚的人格，因此在一夜之间，桓温在全国出了名，成了全国百姓口中所议论的大英雄。

这件事后来也传到了晋成帝的耳中，成帝便接见了桓温。成帝与桓温相谈甚欢，有了招婿之心，便把自己的公主赐予桓温，两人喜结良缘，桓温也就摇身一变成了驸马。

这就是桓温的发家史，充满了辛酸，但好歹最后有了一个好的结果。正是因为自己驸马的这个身份，让桓温有机会列入了庾家后继人的争夺之中，并在最终取得了胜利。

虽然，自己有着十分尊贵的身份，而且又有着极大的地方权力，但是自己毕竟是一个空降来的官员，荆楚地区一直是由庾家经营的。桓温如果拿不出真正能够镇住当地官员的东西，恐怕也没办法做到令行禁止，很容易就被当地的地方势力所架空。所以，桓温亟须建立自己在当地的权威，慢慢地，机会已经出现在桓温眼前。

当时在南方，除了东晋政权之外，在原先的蜀汉地区也有一支割据势力，就是李雄所建立的成汉政权，又被称作"后蜀"政权。由于蜀地独特的地理环境，造成了这一地区很容易独立出去。而李家本身也是中原八王之战时期进入中原地区的氐族人。这一地区相对于其他的少数民族政权相对较弱，并且又距东晋较近，更何况东晋如果能够拥有巴蜀地区，这一地区独特的战略地位和丰富的自然资源很容易被利用，并被投入北伐大业中。所以这里便成为桓温为自己建功立业的目标。

对于征蜀之事，朝廷当中有着不同意见，除了少部分人表示赞同之外，更多的人认为蜀地艰阻险远，而桓温人马少，且孤军深入，不宜强攻。但是，将在外君命有所不受，就在朝廷为了这样的一个出兵计划而争吵不休的时候，桓温早就命令自己的部队开拔向着蜀地直接扑去。

当时成汉的掌权者已经是李势，他仗着蜀道险阻，不做战备。桓温长驱深入，至永和三年（公元347年）二月，已经在离成都不远的平原地区上大耀军威了。李势这时候如梦方醒，急命叔父李福、堂兄李权、将军昝坚等领兵迎敌。桓温留参军孙盛和周楚在彭模守住军需，自己则率领步兵直接进攻成都。蜀将李福进攻彭模，被孙盛击退。

桓温遇到了李势的堂兄李权，大显军威，三战三胜。经过一番鏖战，蜀军军心大乱败逃回成都。这时候，成汉政权已经是风雨飘摇了，但是李势还是要做一些"无谓的抵抗"，不得已亲自率众出战。他刚刚出城门不远，就在笮桥与桓温大军接触上了，一场大战又一次开始。

成汉政权的军队虽然在整体实力上赶不上晋军，但李势统率的毕竟是护卫自己的御林军，相当于整只作战力量当中的"特种部队"，这些士兵基本都是世世代代保卫李家的亲信，因此英勇善战，在晋军面前抵抗了很长一阵子。这让桓温在征蜀作战当中第一次吃到了苦头，也差点在这里丧了命。桓温的参军龚护在这场激战中阵亡。桓温便上阵亲自督战，这时候不知道从什么方向忽然射来一箭，差点儿射中他脑门。幸好桓温眼明手快，没有受伤。如果这一箭射中，那么被载入史册的注定不是桓温而是这个射箭之人了。

桓温毕竟没真正地经历过这样的场面，所以这冷不防的一箭让他知道绝对不可以再对成汉的军队粗心大意。"因噎废食"恐怕就是这样一个道理，原本桓温渴望着速胜争功，可现在他发现，事情远远不像他所想的那么容易，于是便勒马不敢前进了，一看到自己的统帅不敢向前，其他的将领和军士也就不敢向前了。

桓温命令鼓手击退阵鼓收兵。但是老天就是成心跟桓温过不去，连这么简单的一件事情也出了差错，而且这差错恐怕连桓温自己都得哭笑不得。鼓手可能也是因为太紧张所以误击进军鼓。这是天意让桓温继续进行他未完成的战斗。于是将军袁乔就拔剑奋勇冲上去，众人也都拼死力战。这就是"塞翁失马焉知非福"。想不到经过这通本来失误的进军鼓一逼，将士们的士气一下子就被激发了出来，个个都变得有如神助。李势看到这样的情况自知不能招架，只得退回成都城。成汉各军立即溃败。

桓温乘势进攻成都，在四面放火烧城门。看到大势已去，成汉的大臣们纷纷劝李势投降。这李势也是平常享荣华富贵惯了，不敢想象自己被晋军杀掉的惨状，于是不得已就派散骑常侍王幼送去降书。桓温在得到降书后，便同意李势归降，而且不加罪责。李势前来投降，随行的还有李福、李权等十余人。桓温以礼相待，派人送他们到建康，仍任命蜀国官员就任原职。又过了一两年，才最终平定了蜀地。

李势到了建康后被封为归义侯。李氏占据蜀地称王共有六世，四十六年。李势在建康则待了十二年才去世。桓温的这次出击可以说是他的处子秀，一路打到成都，灭了成汉，不仅使之并入东晋，而且赢得了老百姓的极力拥戴。万事顺利，桓温此战立了大功，顺理成章被升为征西大将军，并由"男爵"变成"公爵"。一代枭雄从此开始了他真正不平凡的一生。

老虎扑食

　　谈完了桓温发迹，我们的目光又要进行一次转变了。这一次，不是放到北边的那个后赵，而是偏安于西陲的前凉政权。

　　说到前凉政权的来历，就要追溯到晋朝还没南迁之时，国家名义上的帝王还是晋惠帝的时候。当时，晋朝命张轨出任凉州刺史兼护羌校尉。张轨在当地实行了许多行之有效的政策，一时间凉州地区得到了迅速的发展，更阻挡了鲜卑族对中原地区的渗透，成了晋朝在西北地区的一块重要屏障。

　　应该说张轨在这里面是有着很大辛劳的。直到永嘉之乱天下分崩离析又进入了一个大乱世，许多地方官员纷纷独立自保。但是张轨却依然对那个风雨飘摇的朝廷贡使不绝，并遣将北宫纯勤王赴难，一直和中央政府保持着一定的联系。

　　后张轨病死，长子张寔继任凉州刺史，晋愍帝司马邺任命张寔为都督凉州诸军事，凉州刺史，西平公。西晋亡国之后，张氏世守凉州，但是并没有称帝而是长期使用晋愍帝的建兴年号，虽名晋臣及向数国称臣，但实为独立的割据政权，史称"前凉"。

这么一个像是政权却又不是独立政权的地方割据势力一直偏安于西北一隅，在名义上依旧是东晋王朝的臣子，因而也时常得到东晋王朝的册封。并且也时不时地和北方的霸主前赵和后赵打上一仗。到了晋穆帝永和二年，曾经强盛一时的前凉三世领导者张骏去世，他的儿子张重华继位。由此开始了于后赵二代石虎之间的争执。两强在凉州这片荒芜的土地上展开了争夺。

如果将前凉的各位统治者进行一个排名，那么最有作为是张轨，因为他开辟了前凉的基业，排名第二的就是这个张重华，因为他保有了前凉的这片土地。张重华在十六岁时即位，晋廷马上按照惯例为其加封了大都督、太尉、西平公、凉州牧等各种头衔。从名义上讲，这片土地仍然归属于晋朝，毕竟这是在当时的北方少有的一个由汉族领导的独立政权。

张重华接管过来这片土地之后所面对的不是一个良好的形势，国内的政治条件已经到了积重难返的地步，而在国土之外，后赵的暴君石虎正在虎视眈眈地望着这块在西方的肥肉。这一切的一切都表明，张重阳从张骏手中接过来的不是一个能够为其创造无穷财富的希望之地，而是实实在在的一个大麻烦。如果张重阳不能够冲破重重考验，那么等待他的就是身首异处的结局。

张重阳的前任张骏，并不能说他是一个没有才干的君主。在早期的统治过程中他曾经采取了一些与民休息的政策，轻徭薄赋，让人民的生活可以在乱世之中得到一丝安定。当时前凉在北方存在的意义可以说跟三国时代在汉中地区的张鲁是一样的。

在张骏秉政期间，在对外政策方面更是极度扩大版图，建兴十二年（公元 324 年），张骏夺取河南地区并且占据陇西之地，改变了原先晋朝对凉州地区的分界。并且先后击败西域龟兹、鄯善等国，称霸西域，军力强盛。可以说为整个中华文明在西域方面的开疆拓土做出了重大贡献。史称："骏厉操改节，勤修庶政，总御文武，咸得其用，远近嘉咏，刑清国富。"人皆称"积贤君"。

但是和众多以前的帝王一样，一旦取得了一定的功业就会开始洋洋得意好大喜功起来，在他统治的末期，完全放弃了原先在国内实行的那一整套政策。大修宫殿，好大喜功，把原先好好的一个国内环境搞得乌烟瘴气。另外一方面，不断征战也让兵士得不到休息，伴随着几次失败，刚刚积攒下来的一定的国防力量就这样轻易地消失殆尽。面对这样一个君王我们实在是很难判断是明君还是昏君。

面临着这种国内环境，张重华即位的第一件事，就是恢复原先张骏所实行的休养生息的政策。减免苛捐杂税，免去非必要徭役，废除贸易关税，并且撤销一系列为了歌功颂德而毫无用处的宫室园林建设计划，对整个国家的经济体系进行了一次从内到外的变革。

所谓"攘外必先安内"，张重华十分清楚，后赵一定会抓住自己父亲去世的这个时机，趁着前凉国内政局不稳，对前凉开始全面的军事打击。所以，张重华实行的这样一系列的改革政策，就是为了增强国内实力，来为即将到来的战争进行准备。随着各项政策的落实，农民身上的负担减轻了很多，所有的产值都在上升。经济的发展也促进了国防事业的发展，前凉的国防力量也在逐渐恢复。

果然不出张重华所料，当后赵的暴君石虎得知张骏去世的消息之后，立马打上了占据凉州主意，于是石虎册封匈奴人麻秋为后赵的所谓"凉州刺史"与西中郎将王擢，准备对凉州地区动手。这麻秋恐怕是在少数民族之中尤其是在这段历史之中比较重要的一个将领，不知道这个名字如果用古汉语念出来到底是怎么发音，恐怕会跟"麻雀"极为相近。但这只"麻雀"可不是一个好对付的角色。

随着军事行动的不断展开，后赵在一步步地侵袭着前凉外围的土地。随着金城太守张冲的投降，前凉在东方的屏障一下子消失得干干净净，再也没有任何东西可以凭借，也没有任何东西可以阻挡后赵的凶猛进攻。张重华虽然早就料到了会有这一天，但是没想到的是，后赵的军事行动会进展得如此顺利。一时间前凉到了岌岌可危的地步。

气势汹汹的后赵大军已经到了家门口，张重华已经没有时间再去进行多余的考虑了。在一开始，张重华还是希望以持久战为先，利用前凉广阔的土地进行不断的拉锯战。但是显然，刚刚恢复元气的前凉恐怕没有办法接受这种极为消耗元气的战略。于是前凉幕府相司马张耽向张重华提出了主动进攻的建议，并且向张重华推荐谢艾作为此次军事行动的领导者。历史上经常会看到这样的状况，可以说这就是时势造英雄，英雄生乱世。

这是两位年轻人的会面，谢艾对张重华起誓道："昔耿弇不欲以贼遗君父，黄权愿以万人当寇。乞假臣兵七千，为殿下吞王擢、麻秋等。"此情此景，很难不让人联想到当时赵括出兵之时的豪气，但最终所得到的结果也就可想而知。年轻虽然是资本，但是在战场上年轻有时候也是一个重大的缺陷，毕竟说大话谁都会，但是真的要做出来恐怕是十分艰辛的。这对于张重华来说也是一样，刚刚十六岁的他现在也只能够依靠这个年轻人了，不然他又有什么选择呢？

既然事已至此，那么也就相信他好了。但是张重华还是个聪明人，只给了谢艾五千士兵，权且当作试验。这样的君臣关系实在是像一次初次磨合中的汽车，不知道结果会是如何，也不知道前方的道路通向哪里。但是，正如东汉末年孙权坚定地相信周瑜一样，最起码此时此刻这两个年轻人都有着大败大敌的希望。

相传在谢艾出兵之时，有两只枭鸟也就是猫头鹰在他的牙帐中夜鸣。这在古人看来是十分不吉利的征兆，面对这个情况，本来就没有多少信心的凉军彻底成了"凉军"，从里到外都凉透了。谢艾对此却说："枭，邀也，六博得枭者胜。今枭鸣牙中，克敌之兆。"这样一番说明在军士之中收到了一定的效果。本来这种东西将领们必然是不相信的。但是一旦成了一种群体性效应，对于军心的影响是十分大的。

利用轻描淡写的几句话就能缓解这种焦虑，恐怕是在古时应战，优秀将领应该拥有的品格之一。史书中对于这次战斗过程的记载仅有十几个字："于是进战，大破之，斩首五千级。"可以说是干净利落地说明了这场战争的结果，以五千兵马进行奇袭消灭敌人五千，这应该说是相当不错的战绩。

此战过后，后赵军暂时停止攻势，大喜之下的张重华立封谢艾为福禄伯，福禄为地名，是汉时的酒泉郡治，张重华的祖父张寔就被封过福禄县侯，由此也可见谢艾所受的待遇之隆。但是，就在这种时刻，一条铁打不变的中国官场定律出现了。所谓"功高震主"，尤其是在晋风犹在的情况之下，这个主倒不一定是皇帝，哪怕是其他的士族也同样是震不得的。面对这样的一个有着大功的年轻人，平日里只会享乐的贵族看不下去了，于是"诸宠贵恶其贤，共毁谮之，乃出为酒泉太守"。这可以说是中国古代官场的一大毒瘤，在东晋时期尤甚。

虽然，后赵在初次交兵中吃了亏，但是毕竟后赵的国力摆在那，谢艾只不过是赢得了一个小小的首胜而已。那只"麻雀"的大军在补充兵员后便立即开始进攻大夏。大夏也同样属于前凉的门户，后赵攻陷了大夏又让前凉处在了危险的境地。

于是，当初的那帮不知廉耻的士族只得重新让谢艾出山重掌军权。但是这时候谢艾手中的兵力并不是前凉的全部，很明显士族们还是看他不顺眼。以驻守姑臧的中央骑兵部队为核心，七拼八凑的三万步骑，就是谢艾的全部家当。而久经沙场的麻秋，却派出了自己的全部主力三万人。就这样三万对三万，看似平等实则不然，一方是不经战事的前凉军队，而另一方则是经过了不知道多少战役的后赵正规军，相形之下，谢艾明显处在绝对的劣势。

但谢艾十分镇定，他明白越是这种时刻越不应该慌乱，便和后赵大军相互对峙了起来。当后赵军在对峙中渐渐麻痹时，凉将张瑁率领的骑兵别动队猛然出现，一下子就冲进了敌阵当中，"麻雀"的阵形顿时变得大乱。这一点颇有点儿像当初黄忠在定军山一战之中对夏侯渊玩的那套把戏。至此战场形势明朗，后赵军队被前凉军队杀得是节节败退，根本没有办法进行还击，就连逃命都是问题，更别提赢得胜利了。无可奈何的麻秋只能下令撤退，麻秋的主力部队就此大败，一万三千人战死或被俘，剩下的则全部逃散。这样，谢艾便凭借着自己的出色表现完全奠定了自己前凉第一将军的地位，再有没有人敢进献谗言陷害谢艾了。

经过了这场大败，麻秋依然不甘心，毕竟后赵的实力比前凉好了太多，远不是前凉可以想象的。于是在晋穆帝永和三年（公元347年），麻秋以八万之众，围攻枹罕（今甘肃临夏），又一次出现在了前凉君臣的面前。

这个枹罕经过数十年经营，已经变成了一座坚固的要塞城市。在地理位置上也属于前凉的咽喉要道，对于前凉来说这一地区也是不能够轻易放弃的，一场恶战在所难免。于是，滚石檑木，云梯地道，双方进行了一场极其常规的要塞攻防，后赵那些被强拉来的杂牌步兵在坚固城防面前损失惨重，伤亡数万，而凉军同样也是筋疲力尽。但最终还是由于后赵的兵士实在太过强悍，这场战争以枹罕护军李逮率领后卫的七千人投降作为结束，前凉的河南之地再次沦陷。

麻秋攻打下了枹罕之后趁势追击，一下子纠集了将近十二万人的大军开始了灭凉之战，等待他的仍旧是他的老对手——谢艾。但是所谓强弩之末，"麻雀"虽然叫得十分欢快，可他那十二万大军有着相当的水分，大部分都是强行征召上来的农民，并没有经过十分严格的军事训练。更何况麻秋自己是个匈奴人，但是他的士兵之中有着相当一部分是汉人，极端的民族矛盾也让这支军队变得十分虚弱。谢艾仅仅靠着两万人就把这只号称十二万人的军队撕开了个大口子，在敌方阵中到处奔突如入无人之境。麻秋没办法，只得退兵回去了。后赵的暴君石虎面对这个战况叹道："彼有人焉，未可图也！"谢艾是前凉当之无愧的大英雄。

自此，后赵再也没有能力对前凉进行进攻。前凉政权得以在北方保全。这是当时局势当中非常重要的一环。历史上凉州一直充当着这个牵制中原王朝的微妙角色，如今它再一次起了这个作用。这个小小割据政权的存在为以后整个中国的走向增加了太多的变数。而谢艾这个曾经拯救过前凉小朝廷命运的大英雄，等待他的却是被奸佞陷害的命运。

老爹死了，国家乱了

"彼有人焉，未可图也！"这是石虎在进攻前凉的计划失败之后所说的一句话。事实上，后赵根本就不是没有人，但是即便是有人恐怕也被石虎这个暴君给杀掉了。

历史上关于后赵这个暴君行为记载实在太多，那些暴行几乎可以用"罄竹难书"来形容。因为史书都是由胜利者所书写的，所以很难说这些史书上所记载的内容是否真的那么可信。但是，石虎本身得位就不正，所以更加地多疑，这个可以说是一个事实。个性本来就残暴加上多疑，这个人可真真正正地成了一只"老虎"。俗话说虎毒不食子，这石虎可是连自己的亲生儿子都舍得杀。

石虎的儿子石邃面对着父亲总是宠爱其余的两个儿子石宣和石韬的现状，十分不满。这种心情很可以理解，同样都是你的孩子凭什么偏心眼？尤其是这种孩子生在了帝王家就

变得尤其危险。更何况这个石邃本身也不是什么善茬，可能是因为长期缺乏父爱，所以为人十分变态残忍，他将自己的美女侍妾打扮得十分美丽，然后把她们的头砍下来，命人把她们头上的血洗掉，然后把头放入盘中，和自己的门客一起传阅欣赏，再派人把她们身体上的肉烹煮之后给大家品尝。试想招惹了这样的人的下场将是多么地可怕。

随着时间的流逝，这样的不满渐渐转化为满腔的仇恨，更从对自己兄弟的恨转化为对于石虎本人的怨恨。于是，他便开始在暗中筹划着干脆不要这个当皇帝的爹自己当皇帝。当然，儿子始终是敌不过老子，当石虎得知这件事情之后，便把石邃的手下李颜捉来审问，李颜本来就是个被利用的工具，墙边草顺风倒，没怎么让石虎费劲便一五一十地把所有的事情都告诉石虎了。当然，石虎自然不能因为李颜来了个"坦白从宽"就把他给放了，非但没有什么优待，反而把李颜及其家人三十多人斩首处死，如果李颜早知道是这种情况，还不如多撑一会儿，好歹混一个忠心护主的名声，也不会死得如此猥琐难堪，最后还把自己一家子给赔了进去。

治完了李颜，石虎才开始认真考虑怎么对待石邃的问题，毕竟那是自己的亲儿子，石虎再残暴也总有一点恻隐之心，于是刚开始只是把石邃幽禁于东宫。如果这个石邃能够知错悔改，想必石虎后来也不会再把他怎么样了。但这样做显然不符合我们这个叛逆公子的风格，他被幽禁仍然目中无人，最终终于惹怒了自己的父皇，于是石虎一怒之下，下令把石邃和他的妻子杀死，再塞进一口棺材内，同一时间又把石邃的党羽二百多人杀死。之后，这样的事情一再上演，石虎接连杀了自己的几个儿子才肯罢休。

这件案子只是一个例子，为什么要举这个例子，是为了说明石赵王朝的皇室成员普遍都存在这样一种残暴基因。而这种做法得到了石虎儿子们的纷纷效仿。在石虎死后，一场骨肉之间的亲子残杀就这样展开，宛如西晋的八王之乱再次上演。

石虎一直在立谁为太子的问题上犹豫不决，因为基本上他只要立了谁，谁就会马上造反，让石虎苦恼不堪。针对这种状况，时任戎昭将军的张豺进言："陛下再立储宫，皆出自倡贱，是以祸乱相寻。今宜择母贵子孝者立之。"张豺这样说实际上是有着自己的盘算，以前张豺攻破上邽，获得了匈奴汉国刘曜的幼女，仅仅十二岁，并且十分有姿色，从此张豺便认为奇货可居。后来这个女子果然被石虎获得，并且还生了一个儿子被命名为石世，封齐公。如果石世继承了大位，那么刘氏自然就成了皇太后，张豺也就可以以功臣自居。

虽然有着这种险恶用心，但是不得不说张豺还是抓住了石虎怕太子再次造反的心理，当时石世不仅因为出身高贵，更重要的是他当时年仅十岁，石虎根本就不用担心他会对自己的位置构成什么威胁，石虎说："吾欲以纯灰三斛洗吾腹，腹秽恶，故生凶子，年二十余便欲杀公。今世方十岁，比其二十，吾已老矣。"充分地表明了石虎的这种阴暗心理。当时虽有大臣表示立长不能立幼，但是石虎哪里管那一套？于是，石世被立为太子，刘氏就被立为了皇后。

石虎在临终之时，对自己的这个决定有过反复。曾经在病榻上动了重立燕王为太子的心思。可是毕竟已经成了一个将要离开人世的病人，整个权力都已经被刘皇后和张豺给控制了起来，石虎已经不能够再决定后赵未来的命运了。就这样，一代暴君石虎离开了人世。

石虎刚死，皇后刘氏就矫诏以张豺为太保，都督中外诸军事，录尚书事，接着，刘氏和张豺马上派人杀掉最具威胁的燕王石斌。以此为开头，一场腥风血雨即将展开。

原本，刘氏只不过是亡汉的一位公主，根本没有执政的经验。而所谓的皇帝石世年仅十岁，根本没有办法了解这个政权运行的模式。而号称保驾护航的张豺又实实在在是"志大才疏"的典型，再加上刘氏并没有"娘家人"能够镇住场面。这样的政权构成很明显是一个孤儿寡母组合，在被石虎凶悍的儿子们环绕的后赵断无生存下去的可能。首先对这个小朝廷发难的就是石世的一个哥哥——彭城王石遵，率三万禁军行至河内，闻知父皇石虎的死讯，停军不前。

本来石遵是有希望继承皇位的，谁想到半路杀出个石世来，朝中许多大臣对这样的安排也是不满意的，石遵手下的人更是如此。于是众人齐集石遵大营，进劝说："殿下长而且贤，先帝亦有意于殿下矣。但以末年惛惑，为张豺所误。今上白相持未下，京师宿卫空虚，若声张豺之罪，鼓行而讨之，孰不倒戈开门而迎殿下者邪！"石遵听到这些话，一定是感慨莫名，毕竟在他心中一定是早有反意，只是这个话必须让别人说出来才好。石遵便起兵直接杀向了都城邺城。

石遵带领着九万人马，石闵为前锋。张豺见到这样的一个阵势已经吓傻了，急忙命令城中的将士守城，谁想到这些守城的羯兵根本就不听他的指挥，都念叨着："天子儿来奔丧，吾当出迎之，不能为张豺城戍也。"结果纷纷出城倒戈，张豺实在是没办法，便命令手下斩杀掉一些倒戈的士兵，但是根本没有办法阻止这样的势头。这一切都表明，刘氏和石世的组合完全没有继承大位的基础。

刘氏这时候也感到了恐惧，但是她又能有什么办法，现在她只能依靠那个并不能依靠得住的张豺了。于是将张豺召进宫中商量对策，哭着对张豺说："先帝梓宫未殡，而祸难繁兴。今皇嗣冲幼，托之于将军，将军何以匡济邪？加遵重官，可以弭不？"

张豺本身就没什么主意，只能听太后的安排，可是石遵手里有着如此众多的兵马，谁又能在乎官位是高是低？但是，这也的确是孤儿寡母能想出的最后一招了。刘氏便以石遵为丞相、领大司马、大都督中外诸军、录尚书事，加黄钺、九锡，增封十郡，委以阿衡之任。这样的官位已经是无以复加。等到石遵进了城，马上对张豺集团进行了处理，斩张豺于平乐市，夷其三族。并且矫诏说："嗣子幼冲，先帝私恩所授，皇业至重，非所克堪。其以遵嗣位。"石遵还学以前的汉族帝王来了个假惺惺的三立三让，最终篡得了位子。封自己的弟弟石世为谯王，邑万户待以不臣之礼，废刘氏为太妃。随后便把这两个他恨之入骨的人给杀掉了，这个十岁的小皇帝石世，整个的享国时间仅有三十三天。

本以为，这样的局面能够维持下去，结果却仅仅是一个开始。在这之后石冲、石苞等人相继反叛，结果都被打压下去。而这大功偏偏又都是让一个人立的，就是石虎的汉人养孙石闵。功高震主的故事再一次出现，石遵便计划着处理掉这个跟自己本没有什么血缘关系的侄子。但是没想到，这样的举措逼得石闵联合自己的另外一个兄弟石鉴起兵造反。结果，石遵的朝廷也仅仅维持了一百八十三天。

这场闹剧仍旧没有结束，石鉴在得到了梦寐以求的皇位之后，便也开始想起了"功高震主"的古训，开始盘算着消灭掉石闵。而且由于石鉴朝廷当中的两大权臣石闵和李农都是汉人，自然会引起羯族人的不满。于是羯族人、尤骧将军孙伏都等人密结了三千多羯族士兵，埋伏在宫内胡天殿附近，准备趁石闵、李农入宫时袭杀二人。石鉴也在暗中授意支持。可是他们想不到的是，这次行动非但没有杀掉石闵和李农，反而把羯族整个民族给杀了个干干净净。

背叛你，杀了你

　　石闵原本是汉族，本是内黄（今河南内黄县西北）人，父亲是冉瞻，所以石闵本就应该叫作冉闵。那么为什么他后来变成了石虎的养孙了呢？当西晋政权颠覆的时候，中原地区主要反抗力量是"乞活军"。所谓乞活，顾名思义就是为了活下去才造反。这也许是这一时期独特的政治生态，乱世出流民，流民扰乱世，形成恶性循环。朝廷和地方政府也曾试图解决，或将流民迁回原地，或者组织安置。但是乱世纷争，流民太多，遣送起来十分困难。而安置措施也很难到位，特别是少数民族的涌入，地方政权尚且朝夕不保，根本无暇顾及流民。所以当时流民之多、遍布之广，达到了旷世空前的境况。这些流民后来形成的组织就是"乞活军"。

　　冉瞻正是这支流民军队当中的一员，他在年仅十二岁的时候被石勒俘获，石勒就命令石虎把他收为养子。由此，冉瞻一家就改姓了石，儿子冉闵也自然就成了石虎的养孙。

冉闵从小就跟着父亲出生入死，正是由于这种经历，冉闵深知这个世界的险恶。在其后军中的历次拼杀之中，冉闵也取得了丰富的作战经验。所以如今面临着这种危急的情况，冉闵并不在意。更何况李农本身也同样是当时的乞活军中人，所以，历史的重担就一下子压在了这两个汉族人的身上，他们将让羯人知道汉人的反扑是什么。

所以，两方刚刚交战孙伏都等羯人就不支，一下子就被打败，一时间杀喊声传遍了整个宫室，那声音就像是为后赵王朝敲响的丧钟。杀尽宫内三千多羯兵后，把"皇帝"石鉴幽禁在皇宫深处御龙观内，严加监守。这个中原的羯族王朝权力彻底地落到了汉族人手中。

北方地区陷入了新的一轮纷乱，只不过这回到处逃命的是以前的贵族，曾经作威作福的羯人们。一些平日里与羯族人交往很多的官员们也纷纷出逃去找自己的生路。大批的羯人开始撤退，准备回到他们原先居住的地方去。

当然，那些羯族的贵族们怎么可能束手就擒？既然你冉闵想杀我们，那也得看看你冉闵有没有这个本事。于是一时间羯族的各个宗室纷纷起兵勤王。后赵宗室汝阴王石琨、太尉张举以及王朗等数名赵将召集七万大军，黑压压地直奔邺城扑来。在大敌面前，冉闵依然只是泰然自若地在邺城进行防守。

冉闵在这次战斗中再次大发神威，他率一千多骑兵从邺城北门奔出，手执两刃矛，飞驰闯入敌阵，如狼入羊群，一下子把敌阵撕开了个大口子。敌军将士应锋毙命，一次冲荡下来，三千多敌军人头落地，原本这些所谓的七万人的部队也是临时征召上来的，哪里见过这样的阵势，再加上"杀胡令"的心理影响，这些兵士顿时没了士气，于是冉闵大胜。

冉闵、李农后又乘胜集众三万出邺城，前往石渎讨伐后赵大将张贺度。在这个当口，已成笼中之鸟的石鉴妄图再做一次挣扎，他派一个太监暗送密信，召集在外面的羯兵乘着邺城空虚的时候开始进攻。谁想到这也许就是天意，也只得怪石鉴所用非人，误了大事，这个太监直接把密信送给了石闵和李农。这样一来，后赵王朝的最后希望就此破灭了。

冉闵、李农接到这个消息之后连忙率军队驰还邺城。他们杀气腾腾地冲入皇宫，二话不说就把石鉴杀了，又杀光石虎邺城内所有的三十八个孙辈，史书上用"尽殪石氏"来形容。石鉴在位，总共也就一百零三天。

自石勒于晋成帝咸和三年（公元328年）称王，至晋穆帝永和六年（公元350年）石鉴被杀，后赵一共二主四子，仅仅过了二十三年的时间，一场空忙，在最终的这场大屠杀当中，全族成灰。这其中也有例外，只不过最终的结局仍旧是死。石虎小儿子石琨后来在襄国趁乱逃出，和妻妾数人千辛万苦地跑到建康，投奔东晋，但马上被收捕，斩于闹市。所以，石虎十三个儿子，五人为冉闵所杀，七人自相残害，一人为东晋政府斩首，一个不剩。

十六国时期，各个阶层的英雄层出不穷，石虎也应该称得上是当世英雄。但是，其性格过于古怪暴戾，这样的性格特点也影响到了他自己的子孙。他在统治末期在继承人上的重重失误也同样给后赵带来了不小的麻烦。

　　后赵已成了历史，冉闵成了中原王朝的主导者，他究竟能否成功呢？

北方我吃定了

冉闵在拥有了中原地区的主导权之后，伴随着对羯族余人的大肆杀戮开始准备建立自己的王朝了。当然，这其中也缺少不了群臣拥戴，主上拒绝，三拥三拒的老一套做法。

石鉴死后由于国中无主，总不能再去找个羯族人来做皇帝，这个皇帝当然要由冉闵自己来做。为此，冉闵的司徒申钟等人就联名上书，请冉闵称帝。史书上记载："（冉）闵固让李农，（李）农以死固请。"又来进行互相谦让的游戏，对面是全国称颂的大英雄，李农又怎么敢接受这样的假惺惺的谦让呢？于是立马表明了立场支持冉闵成为这个北方地区的汉族朝廷的皇帝。

但是冉闵仍旧假惺惺地表示犹豫："吾属故晋人也，今晋室犹存，请与诸君分割州郡，各称牧、守、公、侯，奉表迎晋天子还都洛阳，何如？"这话实际上是一个试探，因为当时毕竟晋室才是正统，虽然冉闵自己一时掌权，但是他毕竟也就是个刚刚上位的新人而已，正统这东西平时不重要，一旦自己要夺正统了就显示出它的重要性了，因为冉闵毕竟不知道他的这帮手下当中到底还有多少在忠心于那个偏安于江南的小朝廷。所以他在试探，他想知道究竟有多少人能够支持他建立一个新的朝廷。

他们手下们当然知道他的用意，于是尚书胡睦首先发言："陛下圣德应天，宜登大位。晋室衰微，远窜江表，岂能总驭英雄，混壹四海乎？"这话其实并没有错误，因为东晋朝廷并不可能向北方派出一些代表，这基本上属于一种空谈。更何况，如果东晋王朝信以为真，那么恐怕他们自己的位置就成了问题。

经过了这么虚伪的仪式之后，冉闵再也不需要去看别人的眼色了。于是禁不住众人进劝，即皇帝位，国号采用了曹操所使用的大魏，体现了正统性，甚至要比东晋王朝更具正统性，改元永兴。立其子冉智为皇太子，以李农为太宰，封齐王。在称帝之后，冉闵也没忘了向东晋示好，他遣使临江告东晋："胡逆乱中原，今已诛之。若能共讨者，可遣军来也。"但是，冉闵此时已经是皇帝的身份，如果东晋真正按照这句话所说的那就等于变相承认了冉闵的地位，这对于东晋来说，简直要比死还难受，所以东晋对于这句话根本就没有回应，这样冉闵首先就少了来自南方的支持。另外，在其后冉魏的内政外交方面都出了不少的问题。

在内政方面，史书上记载："魏主（冉）闵杀李农及其三子，并尚书令王漠、侍中王衍、中常侍严震、赵升等。"这就更加证明了原先冉闵让位于李农是虚情假意。这对于冉闵来说简直是自断手臂的行为，因为国家刚刚建立，更何况现在并不是一个统一王朝的状态，还没怎么样就如此大加屠戮功臣，这明显是会让自己的统治失分的。

在对外方面，后赵石虎的小儿子石祇逃到了原先襄国的旧都并且称帝，一时间也算是成了一个不大不小的势力。他们心中一直有个重新回到邺城，重新控制中原的美梦。于是他派相国石琨和镇南将军刘国率十万大军进攻邺城。双方战于邯郸，石琨大败，万余军士被杀。刘国等人又与后赵将军张贺度等人联军，在昌城集结准备再次大举攻邺。

冉闵先派王秦等三大将率步骑十二万于黄城屯扎，他本人亲统八万精卒为后继。双方大战于苍亭。后赵大将张贺度虽是沙场老将，但在战场上仍不敌冉闵，十来万人的军队被杀近三万，除主要战将骑快马逃跑外，其余军士皆被冉闵所俘。

虽然这次危机被冉闵给化解掉了，但这仍旧是他个人力量的体现，完全没有展现出一个政权集合起来的实力。而他的敌人也仅仅是早就被打散的后赵，根本没有办法体现出他们的真实实力。但是我们的英雄已经不是当初那个虚心考虑事情的英雄了。他已经犯了所有英雄经常犯的毛病——骄傲。他完全地沉溺在自己过往所取得的胜利之中，根本没有料到真正的大敌已经开始把他列入计划之中了。

这虎视眈眈望着冉魏的不是别人正是前燕。传承到这个时候，前燕的国主已经换成了慕容儁。慕容儁本人具有相当的才干，从小就饱览诗书，充分了解汉文化的传统。因此，在治国策略上不像一个鲜卑人而更像是汉人。由于前燕一直没有称帝，并且在形式上和东晋保持着相当的君臣关系，这让东晋并不像对待其他的少数民族政权那样歧视和防备它，相反，由于冉魏的过早称帝，虽然同是汉族政权，东晋却对这个北方的汉族朝廷没有一点儿的好感。这样就给了前燕伺机灭掉冉魏的机会。

永和六年（公元 350 年），伴随着冉闵在邺城称帝的动作，几乎是在同时慕容儁亦乘机兵分三路向着冉魏的方向扑去，自己亲自率中军出兵卢龙，攻下了蓟城也就是今天的北京，并迁都至蓟。自古以来只要是迁都北京的少数民族基本上都有夺取天下的雄心，但是直到这时候冉魏以及东晋还没有反应过来，天下将要出现另外一次巨变了。

慕容儁毕竟比其他的那些少数民族统治者多吸收了点汉文化，他知道在战争当中民心的重要性。这么一个简单的道理石赵的统治者即便死到临头也没有悟出来。因为慕容儁听从了慕容垂不要坑杀蓟城士卒的劝言，故得中原士民归附。这在十六国的历史上是极为少见的，可见中原地区的百姓已经在内心深处承认了慕容儁是一个"文化汉人"的身份。

在良好的势头之下，其他幽州郡县都被慕容儁轻易地夺取，慕容儁于是开始设置幽州诸郡县的官员。后来慕容儁意图进攻后赵幽州刺史王午和征东将军邓恒所守的鲁口，不过被其将鹿勃早夜袭，虽然最终成功击退对方，不过军队锋锐已因这次突袭而受挫，只得暂缓战事，返回蓟城。不久代郡人赵榼率三百余家叛归后赵，慕容儁于是迁广宁、上谷二郡人到徐无，代郡人到凡城，以防其再次叛归后赵。不过，慕容儁亦南攻冀州，攻下了章武、河间二郡。这样，慕容儁就在北方地区站稳了脚跟，时刻等待着时机开始对冉魏进行征伐。果不其然，机会来了。

正如前文所述，后赵襄国的石祗自永和六年起就被冉闵所围攻。围困百多日后，石祗被迫于永和七年（公元351年）向前燕求援，并许以传国玺作为交换。这对于一直想进入中原的慕容儁来说简直是天大的好消息，而传国玉玺则更是对深习汉族文化的慕容儁来说意义非常。慕容儁欲得传国玺，二话不说就向残存的后赵襄国派了悦绾前去进行营救，其实也就是利用这样的一个机会进入中原。

在慕容儁的帮助之下，原先得意洋洋的冉闵终于被击败，襄国之围解除，但慕容儁并没有获得传国玺。后赵的这着棋下得太差，自己明明已经是很虚弱了，又怎么敢再去招惹出另外的一个敌人来？简直是自寻死路。慕容儁于是杀掉当日前来求援的后赵太尉张举。后又派兵夺取中山和赵郡，进攻鲁口，击败王午派来迎击的军队，干脆就把残存的后赵势力消灭得干干净净。

永和八年（公元 352 年）四月甲子日，慕容儁命慕容恪等人开始攻伐冉魏的战役，并在最终击败冉闵并将其俘虏。一代英雄终于因为自己的自傲而落得个虎落平阳的下场。己卯日，冉闵被押送到蓟城，慕容儁指责冉闵："汝奴仆下才，何自妄称天子？"冉闵却说："天下大乱，尔曹夷狄，人面兽心，尚欲篡逆，我一时英雄，何为不可作帝王邪！"慕容儁听后大怒，鞭打他三百下并将其送到龙城处死。

随后，慕容儁命慕容评等进攻还在冉魏太子手中所控制的都城邺城，冉魏太子冉智与将领蒋干闭城门自守，得晋将戴施率百余人入邺助守，并以传国玺向东晋请粮。东晋这时候才醒悟过来，但是为时已晚了。慕容评于八月庚午日攻下了邺城，并且将冉智等人俘至中山。冉魏亡后，当时拥兵据守州郡的后赵官员都派使者向前燕请降。就这样，北方出现的一个汉族政权如昙花一现一般消失在了历史的长河之中。

攻下邺城后，慕容儁开始为自己的称帝进行准备，他假称冉闵皇后董氏献传国玺予他，并且赐董氏号"奉玺君"。到了十一月丁卯日，慕容儁置百官，次日即位为皇帝，改年号为"元玺"，并且追尊慕容廆为高祖武宣皇帝、慕容皝为太祖文明皇帝。当时东晋使者到了前燕，慕容儁就对他说："汝还白汝天子，我承人之乏，为中国所推，已为帝矣。"

于是，中原地区就成了鲜卑人的天下，但这是终结吗？当然不是，乱世还远远没有结束。

我就是要北伐

叙述完了北方的动荡，现在让我们重新回到南方，时间点依旧是石虎刚刚去世北方大乱的时候，因为我们东晋的大将军桓温还在等待着他的另外一场胜利。

晋永和五年（公元 349 年），石虎病死。由于桓温取得了在西蜀征伐当中的胜利，所以一时间名声大噪。他开始琢磨着怎么才能进一步体现自己的实力。北伐永远是桓温的第一目标。石虎的死讯无疑给桓温打了一针强心剂。于是，桓温开始为即将到来的北伐进行准备。

他从自己的驻地江陵出发在安陆屯兵备战（今湖北安陆），并且派遣诸将经营北方，与此同时向朝廷上书请求北伐。由于东晋王朝的政权性质，自然不能够允许这样一个新立军功的人再次立大功，并且东晋的士族们已经习惯了江南安静的生活，实在不想为了什么北伐给自己找麻烦。与其把钱投给得不偿失的北伐，还不如给自己多买几头牛来得实在。所以面对桓温的上书，朝廷并不加以理睬。

但是，石虎去世毕竟是一个天赐的良机，朝廷不能让自己的人民在后边戳脊梁骨，于是在这年七月，以征北大将军褚裒为征讨大都督、督徐、兖、青、扬、豫五州诸军事，命其北伐后赵。这充分体现出了朝廷"反正就是不能让桓温北伐"的精神。这对于桓温来讲，是一件非常懊恼的事情。

桓温北伐之举虽然多次被搁置。但是他心中还是不能忘怀这个理想，之后，桓温又屡次上表要求北伐，但是朝廷一直认为他想北伐一定是为了自己的私利因此都未曾批准。这在历史上，是一个非常正常不过的现象，许多重要决定，或者是能够改变历史进程的大事，就这样在臣下与朝廷的不断磨合之中给磨没了。但好在桓温不是一般人，既然朝廷愿意跟他磨那么也就只好继续磨下去。

于是，时间一直到了永和七年（公元351年），桓温为了求一次北伐的机会足足地求了两年的时间。在这年年底的时候，桓温再次拜表辄行，并且做出了一定的行动，他亲率大军四五万自江陵顺流而下，一直到了武昌（今湖北鄂城）而止。这样的行为非但没有得到朝廷的鼓励，反而让那些平常习惯平静生活的士大夫们局促不安，他们以为桓温是前来逼宫的。于是，这次类似于兵谏的行为还是失败了。而这失败的原因跟一个人不无关系，这个人就是殷浩。

褚裒北伐失败之后，晋廷又欲以殷浩北伐。殷浩，字深源，从他之后的经历来看他完全配得上这"深源"二字。史书上说他是"弱冠有美名，尤善玄言"，是位谈吐不凡的大清谈家，其实说白了就是耍嘴皮子的。晋朝的时候，这种人很多，大多是饱读诗书的书生，其实并没有什么真本事，只不过有着一张好嘴皮子，加上一个不知道成天在想什么的脑子。

这些所谓的清谈家经常会谈论一些跟社会实际联系十分不紧密的东西。正是因为飘飘在上有清澈的感觉所以才被称为是"清谈"，这样的人物当然是不能够去打仗的。在任何朝代都是如此，但是他偏偏就在这病入膏肓的东晋出现了，于是这种"人才"非但没有被世人嘲笑，反而还获得了一定的名声。更得到了当时官府的青睐。

但是既然是清谈家，就要有一些清谈家的架子才对。他在年轻的时候一直称疾不做官，当时的名流人士却嗟叹："深源不出，奈苍生何！"（谢安不出，大家也说："安石不出，奈苍生何！"）简直就是当时南阳卧龙岗的翻版，架子上是够了，才能上差得可不是一星半点。但就是这样的举动，才能够引起当时统治者的注意。

史书上记载会稽王司马昱"哀求"了多次，才有这个面子把殷浩请出来做官，而且一做就是扬州刺史这样的大官。其实，早在庾翼还在世的时候，他就曾对人讲过："（殷浩）此辈应束之高阁，候天下太平，然后议其任耳。"这番话真实地说出了这种人的用途，安定的时候放着摆摆可以，但是在战场上就不要拿出来吓唬人了，哪怕你拿出来也只是给他人当笑柄而已。

眼看着中原闹了个一团糟，志大才疏的殷浩一下子发现了这个可以让自己成名立万的机会。更是由于不着四六的司马昱支持，他很想一显身手，搏他个青史流芳，便兴冲冲提兵北伐。这时候恰巧赶上桓温带着士兵到了武昌。当时殷浩有着一大串的名头，他为中军将军、假节、都督扬、豫、徐、兖、青五州诸军事。这样的官职简直是一名东晋的军事大员，但是正是这样的军事大员。刚刚听到消息说桓温陈兵而下，一下子就变得十分狂躁，他以为是桓温来造反了，早知道还不如不当这个破官，自己在家胡思乱想多好，现在简直是要把自己的命给搭上。于是马上就提出辞职想马上回老家清谈去，结果这个奇葩经过了吏部尚书王彪的百般安慰之后才战战兢兢地继续留在这个位置上。

与此同时，会稽王司马昱也写信给桓温，极力劝阻他的军事计划。他对桓温说北伐尚非其时，应先"思宁国而后图外"，这意思就是说好好管理好国内的事情不要再想着出去的事情了，那些事情跟你没关系。并且又"好心"地劝桓温说行此"异常之举"，容易引起非议，希望桓温深思熟虑。

桓温毕竟在名义上是东晋的臣子，王爷的话自然他是要听的。桓温虽然手握重兵但是还不敢公开对抗朝廷，见信后便马上率军还镇，并且马上上书解释说，此次率军东来，是要北伐扫灭赵、魏（冉魏），历年多次上疏要求北伐都是想为国家"静乱"，恢复中原，自己并无私心。朝廷还忠实地实行了"巴掌和甜枣"的战略想给桓温太尉的官职，但是桓温本来也就没计较自己能当多大官，于是便请辞回去了。

殷浩终于赢得了本应该属于桓温的北伐机会。永和八年（公元352年），殷浩自寿春率晋军北伐。史书上对这朵奇葩出征的时候是这样描述的："将发，坠马，时咸恶之。"这也就是说出发时飞跨上战马，殷浩就摔了个大马趴，军中上下皆以为是不吉之兆。这跟封建迷信已经没有什么关系了，一个连马都骑得有困难的人怎么能够指望他北伐成功？这样的事情放在哪一个朝代都是不敢想象的事情，但是这里是东晋，一切皆有可能！

这样的人带着这样的一支部队明摆着就是去送死的，而这支部队偏偏又人数众多，起码有七八万之众，这下子他要害的人可就不是他自己一个了，这罪过太大了。他本身根本就没有多少才能，一切的事情几乎都是他自己用那张嘴吹出来的。有时候就是这样，一个人没什么本事但是事还不少，殷浩硬是靠着这一张破嘴一下子逼反了本来降晋的羌酋姚襄（姚弋仲之子，后赵灭亡后，姚氏父子向东晋投降）。

这下子可闯了大祸了，这支军队本来就要比晋国的正规部队彪悍，而这次的倒戈行动又是极其意外的情况之下发生的，这让毫无准备的晋军一下子就面对了如此凶悍的敌人。所以殷浩手下多员大将被杀，士卒亡叛，器械军储也多为姚襄所获。殷浩的这次北伐真正地不知道是伐人家还是伐自己，这让殷浩终于也知道了羞耻，灰溜溜不知如何下台。同样下不来台的还有那个东晋的小朝廷，北伐这点事情前前后后忙活了半天，最后来一个人财两空实在是有负于司马氏先祖。

　　就这样，一场北伐闹剧最终以"名士"殷浩的失败而最终结束。从这场荒唐到极点的战役之中可以看到，东晋王朝已经腐化堕落到了何等令人发指的地步。竟然连北伐这么重要的事情都交给一个只会清谈的清谈家来做，这样的政权又有什么希望！

　　听闻殷浩兵败，桓温感觉到这回朝廷批准自己北伐的机会很大，于是便立刻上疏弹劾，请朝廷废掉殷浩。朝廷没有办法了，毕竟事实摆在那了，殷浩不但让自己蒙羞同时还让整个朝廷蒙羞，朝廷没有必要再陪着这么一个奇葩熬下去了，于是殷浩被免为庶人，徙居信安。从此之后，朝廷内外大权渐归于桓温，朝中已没有人再能阻止桓温北伐。

不能说的秘密

　　殷浩被废，桓温面前没有了北伐的阻碍。扳倒了殷浩，桓温心情轻松，在谈到这些事情的时候他曾对左右说："少时吾与浩共骑竹马，我弃去，浩辄取之，故当出我下也。"这是一种幽默的表达方式，显示出了殷浩只能跟在桓温后头并不能有多少建树的尴尬境地，这样的一番话也引出了一个成语——竹马之友。现在用来形容童年时期的朋友。

　　实际上，东晋王朝利用殷浩也并不是因为不知道殷浩到底有多少才能，而实在是因为桓温"功高震主"，一定要给他树立起一个敌人来牵制他。这种自古就传下来的御人之术，东晋的皇帝们还是非常喜欢用的。但是这样的情况就带来个十分严重的问题——效率问题。

　　当石虎暴亡，北方一片大乱的时候是北伐的最好时机。当时的中国北方四分五裂，羯族、鲜卑、冉魏、姚襄、符健等人相互攻杀，而南方则在东晋的统治之下一直保持着相对平静。在这样的一个时刻，哪怕是再有问题的东晋大臣也看得出这是出兵北方收复失地，光复晋国的最好机会。可是，谁都这么想也具有了麻烦。

当时光禄大夫蔡谟是个明白人，他说："胡灭，诚大庆也，然将贻王室之忧。"这话让旁人十分不解，毕竟这种良好的局面是晋廷南迁以来前所未见的最好局势，蔡谟慢条斯理地回答道："夫能顺天奉时，济六合于草昧，若非上哲，必由英豪。度今诸人，皆不办此。必将经营分表，疲人以逞。才不副意，徒使财殚力竭，终将何所至哉！吾见韩卢、东郭，俱毙而已矣。"这样的看法在当时万马齐喑的东晋可以说是一盏明灯。他清楚地说明了，东晋未来政治的走向。后来果不其然，桓温殷浩相争仅仅是为了争夺一个大功而已，但是他们忽略了北方的不稳定只是暂时的，一旦北方重新统一将对东晋又是一个负担。

桓温和殷浩之间的争夺足足耗费了宝贵的四年时间。在这四年之中，不但耗费了大量的人力物力，与此同时北方的局势已经发生了深刻的变化。等到当桓温能够清除一切障碍独揽大权，全力北伐的时候，前秦和前燕已经在北方有了一定的基础，北伐的难度加大了。

当北方混乱的局势渐渐稳定后，东晋所面临的主要敌人是占据关中的前秦和已经平定了河北挺进到河南的前燕。一时间形成了类似于三国鼎立的态势。前燕的慕容儁在灭掉冉魏之后便不再把东晋放在眼里，自己称帝，已经明显不能把它当作是一个友好的政权看待了。前秦则是由在关中称天王的氐酋苻健所建立的一个小的地方政权，长期盘踞在关中地区。桓温在独揽大权以后，要推进北伐的事业，前燕刚刚灭亡了冉魏，兵势很盛，而前秦由于遭遇之乱，关中有不少人起兵反秦，而在前秦的背后，还有凉州的人马可以策应东晋。于是，桓温选择了前秦作为这次北伐的目标。

东晋永和十年（公元354年），桓温统率步骑兵四万从江陵出发。水军从襄阳入均口，到达南乡，而步兵则从淅川直取武关。桓温又命令梁州刺史司马勋出子午谷攻击前秦，作为偏师，策应主力的进攻。桓温的部队精锐，来势十分凶猛。桓温的部将首先攻取了上洛，生擒前秦荆州刺史郭敬，又攻破了青泥。司马勋攻掠前秦西部边境，而凉州方面的秦州刺史王擢也进攻陈仓呼应桓温的北伐。

这样在战场上就形成了三面夹攻的态势，这样的局势对前秦来讲可以用"岌岌可危"来形容。事已至此，除了英勇迎战以外没有别的办法了。这秦主苻健也不是什么无能的君主，与此相反，他正在年轻有为的时期。面对如此棘手的情况，他并没有慌张。而是沉着地派遣太子苻苌、丞相苻雄、淮南王苻生、平昌王苻菁、北平王苻硕率领五万大军在蓝田迎击桓温。苻健的战略意图十分清楚，就是企图一举击破桓温的主力军。桓温碰上了这样的一个对手可以说是棋逢对手。

晋军和前秦军在蓝田展开了一场大战。这蓝田也是关中兵家必争之地，早在战国的时候这里就是秦楚两国的古战场。大战之时，前秦淮南王符生表现得骁勇异常，单骑突阵，并且在晋军中来回冲杀了十几次，杀伤了很多晋军将士。这样的做法能够吓得住别人但是吓不倒桓温。面对如此战况桓温毫不示弱，亲自督阵，率领晋军力战，最后秦军大败，太子符苌也被流矢射中，负了重伤，最后伤重而死。

与此同时，桓温的弟弟将军桓冲在白鹿原也击败了符雄统帅的部队。这样两支军队都达到了自己先前所制定的战略目标。后来，桓温经过一路转战，一直推进到了灞上，直逼长安城下。有众上万的呼延毒也与桓温取得联系，光复长安似乎指日可待了。听到有本国的队伍来到关中的消息，当地的人民兴奋异常。史书上记载："三辅郡县皆来降。（桓）温抚谕居民，使安都复业，民争持牛酒迎劳，男女夹路观之。"一派大好景象。关中耆老纷纷垂泣，哽咽说："不图今日复睹官军！"似乎一切形势都表明，这次的北伐马上就能获得成功。

然而如此形势下，桓温却出人意料地徘徊灞上，迟迟不去进攻近在咫尺的长安。这个决定后来成了桓温所犯的最大的错误。正是由于桓温的犹豫不决，才让秦军趁机利用其骑兵之机动优势，突袭司马勋于子午谷，司马勋被迫退屯秦岭北麓的女娲堡。而桓冲所率偏师也为秦军击破。只有桓温部将薛珍径自率所部渡灞水，颇有斩获。形势一下子急转直下，本来有利于桓温的局势成了桓温最大的难题。

　　本来桓温打算因地就粮，但是符健抢先一步，尽数割光田间小麦，所谓"坚壁清野"这个成语就是这样由来的。面对局势判断失常的桓温，关中豪杰实在是摸不透他心里究竟在想些什么。就这样随着时间的流逝，疑惑、失望的情绪开始在军中蔓延。刚刚得到的民心也开始涣散，由此导致了关中居民对晋军的粮草支援逐渐停止。两军相持日久，晋军乏粮，身处危地，军心开始动摇。虽然还没有进行主力决战，但是这个状态的晋军又怎么能够夺取最终的胜利？这样的情形就几乎已经决定了败局。

　　晋军缺乏粮草，不能不后退。关中的反秦势力呼延毒也率领部众一万多人随桓温一起撤退。符苌率领秦军在后面不断追击。等晋军退到潼关，又损失了上万人。而符雄也在陈仓击败了司马勋和王擢，司马勋撤退到汉中，王擢退到略阳。这样，桓温对前秦的北伐行动最终失败了，这也就是桓温所进行的第一次北伐战争。

第四章

苻坚称霸：我来、我看到、我证服

名帝名臣齐登场

谈完了桓温的第一次北伐，让我们再来看看桓温没有打倒的对手的情况。桓温的对手，是前秦的创始人苻洪的儿子苻健。

前秦应该说也是一次意外所出现的产物，原本这里是属于后赵的管辖范围。咸和八年（公元333年），后赵主石虎徙关中豪杰及氐、羌于关东，以氐族酋长苻洪为流民都督，率氐、汉各族百姓徙居枋头（今河南卫辉市东北）。由此就形成了前秦的最初地盘。

因为苻洪对石虎多有战功，所以又被封为西平郡公，他的部下也有两千余人赐封关内侯。苻洪就担任了关内侯的领侯将。石虎死后，北方局势大乱，一时间苻洪就如同是失去了信仰，一心期盼着能够让局势赶紧稳定下来，自己好继续享有已经获得的爵位。谁想到石遵即位之后，竟然免去了苻洪都督的官职。有些人看重的是自己手中的实力，而有些人看重的则是那些虚有其表的官职。恰恰苻洪就属于这第二类人。感觉受到了后赵侮辱的苻洪非常气愤，于是他投降晋朝廷，从此在名义上，关中的这块土地应该属于东晋朝廷，但是这个地方的情况跟前凉非常相似，所以也可以看作是一个独立的政权。

苻洪的死也跟当时进攻前凉的那个匈奴名将麻秋有关系。当初麻秋进攻前凉失败之后，开始返回邺城，谁想到半道上被苻洪的部队伏击，麻秋也就因此被擒。这只"麻雀"并不安分，在一次酒宴上轻易地就毒倒了苻洪，苻洪的长子苻健就把麻秋杀掉，苻洪在临终之际对苻健说："所以未入关者，言中州可指时而定。今见困竖子，中原非汝兄弟所能办。关中形胜，吾亡后便可鼓行而西。"这样的安排实际上就确定了未来前秦的战略，即固守关中。

后来苻健也是按照这样的要求去做的，这样的战略达到了一定的效果，任凭北方怎么纷乱，前秦自岿然不动。等到把桓温击退之后，前秦的形势已经相当稳定了。苻健也开始考虑继承人的问题。

原本苻健在桓温北伐之前所定立的太子是苻苌，但是苻苌在战争当中不幸牺牲了，这样谁能成为继承人成为了让苻健十分头疼的事情。后来实在没有办法，苻健相信了一个最不应该相信的东西——谶文。其实也就相当于算命说的话，基本上就是一些摸不着头脑的话让你拿现实中的东西与谶文进行比对。在这次的谶文之中有三羊五眼的话，于是苻健怀疑自己的苻生应谶，于是立苻生为太子。那么为什么苻生能够应谶呢？

其实这个谶文再简单不过，所谓三羊五眼那就是说有一只羊是个独眼龙。而这个苻生自幼就瞎了一只眼。是一个名副其实的独眼龙，也难怪苻健能够选择他作为太子。但是这个儿子可着实不善，除了和谶文相应之外根本没办法把这个人和大位联系到一块。

早在苻生的祖父苻洪活着的时候，就十分不喜欢苻生，曾经有一次苻洪想戏弄一下苻生便当着苻生的面对左右说："吾闻瞎儿一泪，信乎？"左右都说是。结果让苻洪没想到的是幼小的苻生竟拔佩刀，刺瞎眼出血，然后指示苻洪说："此亦一泪也。"苻洪极为惊骇，用鞭子抽打苻生。苻生不觉得痛苦，反而狠狠说："性耐刀槊，不宜鞭捶。"苻洪叱道："汝为尔不已，吾将以汝为奴。"苻生冷笑说："可不如石勒也。"听到这样的回答苻洪便再一次震惊了，他没有想到自己会有一个以石勒为偶像的孙子，于是对苻健说："此儿狂勃，宜早除之，不然，长大必破人家。"但是，家长始终是护犊子的，甭管这个孩子怎么样，好歹是自己的亲生骨肉，苻健又怎么舍得杀了他。可后来的事实证明，一切如苻洪所料，这个孩子果真是暴虐无常。

随着时间的推移，苻健也终于到了寿终正寝的时候，病得越来越严重。苻生如许多暴君一样凶暴嗜酒，苻健在临死前怕不能保全家业，同时可能也是为了仿效自己的父亲于是对苻生说："六夷酋帅及贵戚大臣，如不从命，宜设法早除，毋自贻患！"说完这通话之后三日，苻健病死，年仅三十九岁应当算作是英年早逝。

应当说，早立太子让前秦的权力交接得十分顺利，但是所用非人再怎么顺利对于整个国家来讲也是灾难。光从继位这一件事情上就体现出了苻生的暴虐。父亲刚刚去世，苻生便马不停蹄地继位，忙着在当日就改元寿光，并且立即尊其母强氏为皇太后，立其妻梁氏为皇后，整个是一副等不及要当皇帝的感觉。大臣们实在是看不下去了，于是进谏说："先帝刚晏驾，不应当日改元。"结果苻生勃然大怒，斥退群臣，并且令嬖臣追究出议主是右仆射段纯，立即将他处死。从此，前秦宛如成了后赵，一个暴虐的主子在朝堂之上随意发号施令，让大臣和百姓都苦不堪言。

苻健如果当时没有听信谶文，恐怕这个帝位断不会传到这个暴君手里。对于前秦来说，苻健的另外一个儿子苻坚可以说是最好的选择。更何况苻坚也有着利用谶文来称帝的理由。传说他背后有谶文曰："草付臣又土王咸阳"，"草付"是"苻"；"臣又土"是繁体的"坚"，也就是说，他将来就要在咸阳称王立国了，这条谶文在迷信的古人看来是非常吉利的事，于是就为他取名"苻坚"。如果这条记载是真实的，那么要比那个什么六羊五眼要靠谱得多了。

面对暴君的倒行逆施，朝中人人自危，都希望苻坚取

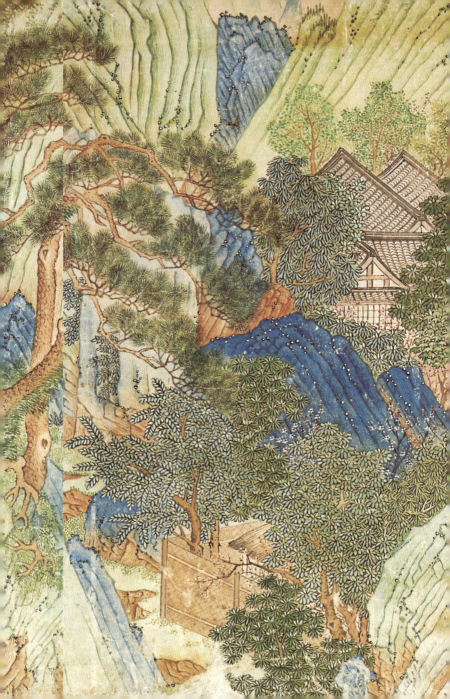

而代之。其中薛伽、权翼私下对苻坚说："今主上昏虐，天下离心。有德者昌，无德受殃，天之道也。神器业重，不可令他人取之，愿君王行汤、武之事，以顺天人之心。"这样的说辞可以说是说出了当时臣子们的心声，本来伴君就如伴虎，谁又希望自己天天陪着一只说不好什么时候就发疯的老虎呢？

苻坚当然想马上把这个暴君给除掉，但是一直没有寻找到好的机会来对付他。毕竟，苻生虽然疯癫但是却并不是傻子。他也十分清楚自己的兄弟可能会对自己不利。于是在一天夜晚对一位侍女说："阿法兄弟亦不可信，明当除之。"同时在同一天晚上苻法也梦到了神仙对他说："且将祸集汝门，惟先觉者可以免之。"

这一切都好像是神话故事一般，但其实有可能这不过是后来写史书的人所杜撰的。后来侍女等苻生熟睡后，便把刚刚苻生对他所说的话秘密报告了苻坚，苻法也把自己梦见的事情告诉了苻坚。所以苻坚兄弟才不得不立即采取行动，于是召集亲兵，分两路冲进苻生的王宫，把睡懵的苻生拉到另外一个房间杀掉。此后，在朝臣的一致拥戴下，苻坚在太极殿登位，号称"大秦天王"，改年号永兴，实行大赦。就这样，在东晋十六国时期难得一见的一位明君就此登上了历史的舞台。但是，这样的明君手中还缺乏一样东西，或者说是一个人物，能够帮助他取得天下的一个人物。这个人便是号称"功盖诸葛第一人"的王猛。

王猛，字景略，太宁三年（公元 325 年）生于青州北海郡剧县（今山东昌乐西）。他被比作诸葛亮，也确实和诸葛亮有许多相近的地方。在乱世之中，他并没有放弃对于整个天下的观察，而是时刻在关中一带等待着一个出山的时机。

桓温第一次北伐的时候，曾经被王猛认为是一个时机。他和桓温曾经见过一面并且相谈甚欢，但是最终由于桓温的失败让王猛看到桓温心中潜藏的那股野心。于是王猛回到山中重新等待着出山的机会。

苻坚由于在小时候就拜汉人为师，因此他的行事作风已经很像是一个汉人了。与其他的少数民族领袖不同，苻坚心中所怀揣的不止是要在中原扎下根去，更是要让自己成为整个天下的霸主。因此他十分清楚一个谋士对于自己图谋天下的重要性。当他向尚书吕婆楼请教除去苻生之计时，吕力荐王猛。苻坚即派吕恳请王猛出山。

当他和王猛相见之后，两人便觉得一见如故。简直就像是当年刘备与诸葛亮隆中对时的感觉。王猛也觉得这是一个可以托付的君王。这样，一代名相再加上一代明君，这两个人的组合势必会在整个天下掀起不小的波澜。

从东山走出来一个人

"旧时王谢堂前燕,飞入寻常百姓家",这是唐朝诗人刘禹锡在回忆过去东晋时期王谢两家繁华世界所写出的诗句。王自然指的就是王导所代表的琅琊王氏,而谢则就是指的陈郡谢氏,同样是当时东晋时期的名门望族。

谢家世代经营豫州,在东晋时期一直是豫州当地的掌权士族。时间一直到了升平二年(公元 358 年),任安西将军、豫州刺史的谢奕去世,谢万成了接续谢家香火的希望,继而各种高官厚禄纷至沓来,谢万开始任西中郎将,持节监司、豫、冀、并四州诸军事,兼任豫州刺史。

这个谢万可以说是在陈郡谢氏当中比较优秀的人物,他还有一个兄弟就是后来名满天下的谢安。谢万的才能和器量皆优异出众,这在当时的士族当中是十分少见的。因为伴随着士族的南迁,士族已经长期生活在安宁的环境之中。不但身体不健康，心理也不健康，在各方面都有点儿毛病。然而史书当中对谢万的评价却是"才气隽秀"，这实属一个比较高的评价了。

不过谢万从各方面似乎都比不上自己的兄弟谢安。但是谢万这个人善于"忽悠"，美其名曰擅长展现自我，在这方面跟那个奇葩殷浩有的一拼，可能都属于待价而沽、懂推销自己的一类人。因此在其早年的时候便享有盛誉。有时候，人过早的成名是好事，因为它能够让你获得更多的机会。但是什么事情都是一把双刃剑，过早成名无形当中提高了人们对于你的期待，因此会把一些超过你自己能力的事情交给你去做。再加上长期的舆论渲染，本人难免就会飘飘然，这个时候也就离犯错误不远了。从谢万的经历来看，正好符合了这些论断。

早年的成名确实给谢万带来了好处。在他成年之后，正好赶上抚军将军司马昱辅政，这个司马昱就是当时提拔殷浩的那个会稽王，他就喜欢这种虚有其名的人物。司马昱听闻了谢万的名气，于是便召他为其从事中郎。后迁吴兴太守。此后就像刚才所叙述的，谢万一下子就继承了谢家的基业，成了当时东晋朝廷当中的股肱之臣。

然而，当时著名的书法家同时也是政治家王羲之就认为以谢万出镇豫州，领导军队北伐的决定是违才易务，曾写信劝说桓温不要以谢万外镇，但是当时已经是权倾天下的桓温并没有接纳王羲之的建议。王羲之当时亦写信给谢万，劝他要与士卒们同甘共苦，但是谢万早就已经被这十分容易就到手的成功冲昏了头脑，长期以来的虚名让谢万十分浮躁，自以为"老子天下第一"，把谁都不放在眼里，这样的士族脾气又怎么可能和士兵们同甘苦共患难呢？

豫州也就是今天的河南地区，是当时抗击北方的重镇，豫州的长官对于北伐能否成功负有十分重要的责任。但是谢万虽然肩负着北伐大任，这种大任没有让他更加谦卑而是更加放纵，对于手下将帅和士兵士气的把握做得相当不够，并且一直对他们不够尊重，导致整个军营当中缺乏官兵一心的气氛。这无疑是对北伐事业的开展相当不利。

谢安见到这种状况十分忧心，毕竟他不能亲眼看着自己的兄弟犯错误出问题。于是不但亲自慰问和勉励谢万的部下，更是亲自要求谢万与手下将帅们多见面对话，不要再表现得那么高傲。然而，当谢万召集众将时却无话可说，无话可说也比后边他说的那句话好，他用如意指着众将说："诸将皆劲卒。"

这句话乍看没什么毛病，不过是夸奖自己的手下罢了。但是这话对士兵说可以，对将帅说却是最大的忌讳，因为这些将帅都是通过浴血奋战才能爬升到如今这种程度。在古代将和卒也就是普通士兵的分野是十分严格的，将就是将，卒就是卒，这两者的社会地位一个天上一个地下，谢万却把这两个概念混淆不分，很难认为他不是故意这样去说，结果本来打气的话让这些将帅们果然打得很有气，只不过这些气都是怨气。

东晋穆帝升平三年（公元 359 年），谢万与北中郎将郗昙兵分两路，开始了自己北伐前燕的战争。谢万先派遣征虏将军刘建在马头建立新城作为继续进攻的前沿阵地，自己则率领部众打算支援洛阳。到了后来郗昙因病而退屯彭城，结果糊涂的谢万却以为对方是前燕兵而撤退，可以想见谢万只不过是个徒有虚名的士族罢了。在仓促退兵之间，他的手下实在是不想在这个糊涂蛋手底下生闷气了，于是便想杀了他，但是由于谢安还在的缘故，这次刺杀计划并没有成功。但是这件事从一个侧面反映了当时谢万不得军心到了什么样的一个地步。

谢万的这次所谓"北伐"连敌人都没碰到，对于战场上的形势可以说是一点儿判断都没有，竟然能够把自己的军队识别成了敌军，而且还仓皇撤退，这在整个中国历史上就没有比这再荒唐的战争了。谢万如果只是逃了不要紧，他的这次"撤退行动"却令许昌、颍川、谯、沛等豫州各郡落入前燕之手，前燕根本就没费什么力气只要跟着谢万的足迹收编郡县就可以了。这种荒唐的失败让谢万刚一回到东晋就被免职。

谢万这么一个荒唐的人物被免职也属理所应当，按说应该对东晋的政治生态不会有大的影响。但是他偏偏姓谢，谢奕去世，谢万被免职，眼看着谢家长期以来经营的基业就要拱手让给别人，这是谢家最大的危急。这个时候所有人的目光几乎都转向了谢安。

谢安和谢万不同，他不像谢万那般张牙舞爪。对于谢安来说也许安然处事才是他的生活态度。他一直竭力避免生活在乱世的纷争之中，受到世间俗事的困扰。

谢安从小受家庭的影响，在德行、学问、风度等方面都有良好的修养。尤其在名气上可以说并不比谢万差。他本身也有着许多属于自己的"传奇故事"。谢安在四岁的时候，桓温的父亲桓彝对他大为赞赏，对谢安的父亲说："此儿风神秀彻，后当不减王东海（即王承，东晋初年名士）。"

谢安从小就有了名望，但他并没有把这种名望看成是让自己成功的阶梯，而仅仅把它们当作是一些虚名而已。他在内心深处是不希望借用家族的名望来抬高自己的。这样的看法跟谢万有着显著的不同。

虽然谢安心里是这样想，但是整个东晋政治生态就是以出身和门第来决定的，所谓树欲静而风不止。东晋朝廷先是征召他入司徒府，接着又任命他为佐著作郎，都被谢安以有病为借口推辞了。后来，拒绝应召的谢安干脆隐居到会稽的东山，与王羲之、许询、支道林等一些名士名僧频繁交游，出则渔弋山水，入则吟咏属文，挟妓乐优游山林，就是不愿当官。谢安越不当官越能够引起人们的好奇。尤其是他们士族之间，更是如此，因为他们都是出生就能当官的人物，所以对于这样的一个"异类"保持了相当的关注。

当时，担任扬州刺史的庾冰也同样仰慕谢安的名声，他采用了轮番轰炸的办法，让谢安不胜其扰。谢安终于经受不住这种精神上的折磨做了官。但是谢安仅仅隔了一个多月就辞职回到了会稽。后来，朝廷又曾多次征召，谢安仍然予以回绝。一次拒绝可以吊起人家的胃口，两次拒绝可以考验出人家是否是真心需要你，多次拒绝就可以说是不给人家面子了。

谢安的接连拒绝激起了不少大臣的不满，他们接连上书指责谢安，朝廷因此做出了对谢安禁锢终身的决定，后来经皇帝下诏才赦免。但是谢安却仍旧不为所动，依然"稳坐钓鱼台"。但是当时世人对谢安还是有着相当高的评价的，以至于时常有人说："谢安石不肯出，将如苍生何？"这意思也就是说谢安如果不出山，我们可怎么活！他的妻子刘氏是名士刘惔的妹妹，眼看着谢氏家族的子弟一个个都出将入相，只有谢安隐退不出，作为妻子自然是对丈夫的状态表示担心。她曾对谢安说："丈夫不如此也？"谢安掩鼻答道："恐不免耳。"

随着谢万的失败，陈郡谢氏一下子在士族中间成了笑柄。本来的名门望族一下子丢掉了自己应该享有的威望抬不起头来。这一切都表明，如果谢安再不出来，谢家将会大权旁落从此再也无缘权力的中央。

恰巧在升平四年（公元360年），桓温趁着谢家失势，邀请谢安担任自己帐下的司马，谢安面对着自己族群的利益，再也没有办法推辞这样的请求了。于是，谢安从东山走了出来，这一出来就再也没有回去。谢安从此开始了他自己的名扬天下的仕途道路。所谓"东山再起"，就是如此。

这次北伐很悲催

就在谢安终于从东山出来的第二年，东晋升平五年（公元 361 年）六月，东晋穆帝病死，年仅十九岁。这不得不说是一个王朝行将末路的征兆。古时候一个王朝的兴衰往往是跟皇帝家族的健康程度有着很大关联的。毕竟在帝制之下，皇帝是国家正统的象征，如果皇帝身体羸弱，那么国家必将会出现很大的事端。尤其是在东晋的政治体制下，皇帝完全被架空，所有的事物几乎都由各大士族家族把持。如果皇帝的身体不好难免就会出现权臣。恰恰东晋就走上了这条道路，而那个权臣就是当初那个好赌的少年——桓温。

由于穆帝死时过于年轻，以至于他根本还没能有后代来继承他的位置，于是，朝臣便拥立晋成帝长子琅琊王司马丕为帝，是为东晋哀帝。一看这个谥号就知道，这位皇帝的命一定也不怎么样。

东晋的皇室虽然一步步地走向衰微，但在另外一方面桓温的势头则是越来越大。在这之前桓温已经经历了两次北伐，虽然都没有什么成效，但是伴随而来的却是桓温一生都在追求的各种名利和各种军权。这个时候的桓温，早就不是当初那个被朝廷克制得相当严重、郁郁不得志的将军，他已经被晋廷加封侍中、大司马、都督中外诸军事、假黄钺，俨然一个摄政王。

晋哀帝兴宁元年（公元363年），前燕军队再一次对洛阳进行进攻，桓温便派兵数千赴援，更是上书朝廷，建议迁都洛阳。迁都在古代是件头等大事，臣下妄议迁都搞不好是会被杀头的。但是，迁都还有一类人最喜欢干，就是权臣。东汉末年，董卓和曹操都是靠着迁都巩固了自己的势力。桓温之所以这样提议，恐怕也是为了宣示自己的地位，根本就不是为了真正的迁都。

时任扬州刺史的王述就认为桓温所谓"迁都洛阳"的提议不过是为了恫吓朝廷，他建议朝廷"但从之，自无所至"，于是晋廷"优诏"答桓温，这样一场迁都闹剧就这么无声无息地消亡了。但是这个事件正像前文所述充分体现了当时桓温在朝中权力已经到达了怎样的地步。

刚才说到，从哀帝的谥号就可以看出这个皇帝一定短命。哀帝统治的时期非常短暂。哀帝的去世其实也很蹊跷，皇帝的寿命与国家的国祚能否长久有着很大的关系。但是这样的规律究竟是自然选择还是人为因素这是很难判断的。但是，史书这么写我们也就姑且相信哀帝确实是因病而死。哀帝死后按照"父死子继，兄终弟及"的传统，他的同母弟司马奕继位，这就是东晋废帝（海西公）。从这个谥号就更能猜出这家伙的命运是多么地坎坷了。

这位晋废帝之所以混了个废的名头，还得说是拜桓温所赐。从第一个被废的皇帝开始，这样的情况几乎成了历朝历代到了它即将灭亡之时的必修课。尤其是曹丕代汉，司马炎代魏之后，在魏晋时期这几乎成了一种传统的做法。一旦朝中出现权臣，则必然他会动这样的一个心思。

桓温如今已经相当于东晋的第二个太阳，如日中天，他当然有着自己登上大位的盘算。这些心思从他平常的言语之中就可窥见。他曾经对亲僚讲："为尔寂寂，将为文景所笑！"这意思很显然是想学曹丕的所作所为。这样的话一说出来让所有在场的人都哑然失笑，桓温倒也不拘束，大声说出了一句千古名言："大丈夫不能流芳百世，亦应骂名千载！"这期间隐藏的霸王之气跟当初曹操的"宁我负人，毋人负我"实在是有些相似之处。

当然，要想篡位桓温现在的实力还不够，虽然桓温已经经历过两次北伐，但是两次北伐都是不成功的例子，只能是让自己的士兵们练练身手。要想让自己的威望建立起来，桓温必须有一个胜利的战绩。对于桓温来说这场仗必须要打，而且必须要打赢，如果打赢了那么桓温登上帝位就仅仅是一个时间问题了。恰巧这个时候前燕的慕容恪于太和二年去世，北方又处在了一种转变的当口，这是天赐的北伐机会。

东晋太和四年（公元 369 年），桓温开始了他的第三次北伐也是他一生当中最后一次大型的北伐行动。可以说他的所有希望都放在了这次北伐上面。桓温是从兖州出发进行北伐，在桓温的幕僚郗超看来："道远，汴水又浅，恐漕运难通。"但是桓温不听。结果最后第三次北伐的失败恰恰就是因为漕运的问题。

这一年的六月，桓温到达了金乡，这时因为赶上了大旱，原本应该通畅的水道断了，这对桓温的继续进军相当不利。于是，桓温派冠军将军毛虎在平地之上完全靠人工凿出了一条长达三百里的运河，引汶水会于清水。为了战争而修建这样长的运河恐怕在世界战争史上都是相当少见的。这条沟渠的修筑为桓温解决了大问题。于是桓温便能乘船从清水进入黄河，舟舰延续几百里。

这个时候，郗超再次向桓温进言。这次他对桓温说："清水入河，无通运理。若寇不战，运道又难，因资无所，实为深虑也。今盛夏，悉力径造邺城，彼伏公威略，必望阵而走，退还幽朔矣。若能决战，呼吸可定。设欲城邺，难为功力。百姓布野，尽为官有。易水以南，必交臂请命。但恐此计轻决，公必务其持重耳。若此计不从，便当顿兵河济，控引粮运，令资储充备，足及来夏，虽如赊迟，终亦济克。若舍此二策而连军西进，进不速决，退必愆乏，贼因此势，日月相引，僵偃秋冬，船道涩滞，且北土早寒，三军裘褐者少，恐不可以涉冬。此大限阂，非惟无食而已。"

这段话有点长，大概的意思就是他认为从清水入黄河，难以通运，如果敌人坚守不战，粮道又被切断，又不能因粮于敌，这样的处境是非常危险的。因此都超为桓温献上了两条计策。其一是速战，因为现在是盛夏，所以有极速进军的条件。所谓速战就是说派大军向邺城极速挺进，因为有这样的声势再加上有桓温的威名，敌人就会望风逃跑。如果出城迎战，则胜负可以立决。如果敌人坚守邺城，那么百姓是散在野外，可以尽为晋军所有，易水以南都会归附晋军。但是此计太急，胜负难料。如果不采纳这条计策，则屯兵河上，掩护漕运，等物资储备完成，明年夏天再进军，虽然时间迟了一点，但是可以保证成功。

除此二策，现在仓促北上，深入而不能与敌迅速决战，退必疲乏。敌人坚守不出，等到了秋冬季节，水浅漕运更难通。北方又非常寒冷，晋军又缺少冬衣，到了那个时候，恐怕不单是一个缺乏粮食的问题了。这样的战略部署可谓是相当精妙，已经想到了所有可能发生的状况，充分体现了都超深远的战略眼光和高超的军事才能。如果桓温能够按照这条计策进行下去可以说是丝毫不费力气的。但是桓温再一次令人捉摸不透地没有采纳这个计划，还是我行我素地按照自己的计划行事。

桓温首先派建威将军檀玄攻克了胡陆，并且生擒了前燕宁东将军慕容忠。前燕又以下邳王慕容厉为征讨大都督，率领步骑兵两万迎战晋军于黄墟，前燕军又大败，慕容厉脱身独逃。前燕高平太守徐翻举郡投降。晋军前锋邓遐、朱序又在林渚击败燕将傅颜。前燕又派乐安王慕容臧率领人马抵挡桓温，慕容臧也接连失利，前燕赶快派散骑常侍李凤向前秦求援。在王猛的支持下，苻坚于是在八月派苟池及邓羌率步骑二万救援前燕。

虽然两军交战在刚开始的时候让桓温尝尽了甜头。但是他粮草方面的缺陷还是被他的敌人看了个一清二楚。当时前燕司徒长史申胤就认为桓温"骄而恃众，怯于应变。大众深入，值可乘之会，反更逍遥中流，不出赴利，欲望持久，坐取全胜"。其实也就是在说要静静地等待桓温的粮草出现问题，而这问题是必定会出现的。结果不出申胤所料，果真就出现了问题。

桓温在早前命袁真攻打谯国和梁国，意图开石门水道以通漕运，但袁真攻取二郡后却不能开通水道，令水路运输受到阻碍。这一下子桓温的后方补给线就断掉了，士兵饿着肚子又怎么能够打仗？孤军深入，仅仅依靠着一条粮道完全是犯了兵家大忌，但是等桓温终于醒悟过来的时候已经为时已晚。战局已经由前燕占据了主动。

这一年九月，前燕开始反击，慕容德率一万兵与刘当驻屯石门，李邦以五千豫州兵继续断绝桓温粮道。慕容宙则以一千兵设计击败晋军，杀伤大量晋兵。桓温见战事不利，又因粮食将竭，更听闻前秦援兵将至，于是在九月丙申日焚毁船只，抛弃辎重，循陆路退军。这一幕简直就像曹孟德当年在赤壁之战之时的翻版。

灰心不已的桓温只留毛穆之为东燕太守。桓温经仓垣南归，当时前燕诸军亦有追击晋军，但慕容垂认为桓温在撤退的时候必然提高警觉，并且以桓温的性格肯定会用精锐殿后，所以应该等待时机等到晋军放松警惕的时候再去进行进攻。于是慕容垂仅仅带了八千骑兵从后缓缓跟随。

数日后，慕容垂见晋军加快速度，于是加速追击，并在襄邑追及桓温。另一方面，慕容德已经领四千骑兵率先在襄邑设伏，于是桓温在襄邑受两军夹击，晋军大败，死了三万兵。苟池所率的前秦兵亦在谯国伏击桓温，杀伤又以万计。十月，桓温收拾散卒，驻屯山阳。叛归东晋的孙元在武阳据守，但都被前燕所擒。这样，桓温生命当中最为关键也最为羞耻的第三次北伐战争宣告结束。

三次北伐，三次失败。而且这三次失败每一次都是在取得了良好的形势之后突然失败的。这不得不说与桓温的个人因素有很大的关系。

经过了这三次北伐之后，桓温明白自己已经没有精力再去沙场上拼搏了。于是他就像暮年的曹操一样，开始选择在政治上给自己宽慰，动起了废帝的心眼。我们的东晋废帝终于要被废了。

慕容垂的悲喜剧

桓温在第三次北伐之后只能悻悻返回晋国去了。但在另一方面，由于慕容垂在枋头大败桓温，因此在国内威名大振。这本来应该是一件好事，但是这只能是再继续一场"功高震主"的悲剧。

在慕容垂取得了相当高的名望之后，最为主要的辅政大臣慕容评对慕容垂是又忌又恨。于是在其后的各项事业上对慕容垂都有所牵制。有一次慕容垂为了给自己的将士一些奖励，便上奏："所募将士忘身立效，将军孙盖等摧锋陷陈，应蒙殊赏。"这原本是一件朝廷的日常事件，本来不可能引起什么争议，但是却被慕容评强行地打压下去。这种做法让慕容垂大为不满，"兔子急了也会咬人"，于是慕容垂就和慕容评互相争斗了起来。

所谓树大招风可能就是慕容垂在大胜之后的处境。如果单单仅有一个慕容评在他身后捣乱还好，最起码也就是臣子和臣子之间的争斗。但是慕容垂偏偏让当朝太后可足浑氏看不上眼，这可就是十分麻烦的事情了。太后与慕容评相谋，想要杀掉慕容垂。这个消息被慕容恪之子慕容楷及慕容垂的舅舅兰建知道后，他们二人便告诉慕容垂说："先发制人，但除评及乐安王臧，无能为矣。"眼看着一场火拼即将爆发，但慕容垂实在是下不去手，于是说："骨肉相残而首乱于国，吾有死而已，不忍为也。"但是，在这样险恶的环境之下，根本就不能体现什么高风亮节。

事情的进展已经不能让慕容垂犹豫了，那曾经通风报信的二人也多次提醒慕容垂："内意已决，不可不早发。"可慕容垂说："必不可弥缝，吾宁避之于外，非所议。"由此，慕容垂便动了出逃的心思。

俗话说，喜怒形于色，慕容垂就是这样的人，他虽然极力想避免让别人能看出他内心的忧虑引起更大的祸端，但是他的情绪是没有办法掩盖的。他的儿子很快就看出了他的异样。世子慕容令对自己的父王说："尊比者如有忧色，岂非以主上幼冲，太傅疾贤，功高望重，愈见猜邪？"慕容垂说："然。吾竭力致命以破强寇，本欲保全家国，岂知功成之后，返令身无所容。汝既知吾心，何以为吾谋？"慕容令说："主上暗弱，委任太傅，一旦祸发，疾于骇机。今欲保族全身，不失大义，莫若逃之龙城，逊辞谢罪，以待主上之察，若周公之居东，庶几可以感寤而得还，此幸之大者也。如其不然，则内抚燕、代，外怀群夷，守肥如之险以自保，亦其次也。"(《资治通鉴·卷第一〇二》)这次对话可以说是对慕容垂一生有决定性影响的一段话。原本慕容垂只是想暂时避避都城的风头，谁想到他这一去再回来就是很久远以后的事情了。

既然决定就要展开行动，于是慕容垂以打猎为由，微服出邺，准备回故都龙城。可是事情往往不是能够由计划决定的。慕容评可不想就这么轻易地放过他。于是派兵追赶，这让慕容垂十分担忧，结果又是他的儿子帮他出了主意，建议他到前秦去寻找安生立命之地。慕容垂一想也只有如此了，便奔赴了前秦，前燕从此失去了一个重要的保障。

前秦的苻坚听闻这个消息之后非常高兴，因为从他心底是盼望着前燕内部能够发生分裂的，并且慕容垂本身也是一名骁勇的猛将，因此对待慕容垂十分热情。但是王猛知道慕容垂这个人胸有大志，如果就这样把一个潜在的敌人留在前秦，恐怕会对前秦不利。于是便劝苻坚杀了他。他对苻坚说："慕容垂，燕之戚属，世雄东夏，宽仁惠下，恩结士庶，燕、赵之间咸有奉戴之意。观其才略，权智无方，兼其诸子明毅有干艺，人之杰也。蛟龙猛兽，非可驯之物，不如除之。"但是苻坚不以为然对王猛说："吾方以义致英豪，建不世之功。且其初至，吾告之至诚，今而害之，人将谓我何。"于是慕容垂就在前秦定居了下来。

慕容垂的投奔让苻坚看到了一个很明显的信号，那就是前燕内部已经出现了分裂，再加上原先前燕在桓温北伐的时候曾经以虎牢关以西的土地都归前秦作为前秦帮助出兵的交换条件。但是在战争胜利之后，前燕并没有兑现这些承诺，这些因素导致了苻坚开始了他在心中已经筹划已久的灭燕计划。而实现这计划的关键就在王猛的身上。

前秦建元六年（公元370年）四月，苻坚派出王猛统帅杨安、张蚝、邓羌等十将，率步骑六万进攻前燕，开始了苻坚统一整个北方的先锋战役。在这次战役当中，苻坚和王猛采取了绞首行动，迅速出兵直接攻向前燕的都城邺城。

在通往邺城的过程之中，王猛的首要对手就是那个心胸狭窄的慕容评。这个人除了在宫内勾心斗角是一绝，其他的一无是处。在两军对峙的过程当中，王猛派出了一支奇袭部队直接插向了慕容评军阵的后方，把慕容评的粮草烧得是干干净净。慕容评所率领的将近十万人都命丧这次战役当中。

王猛的大军长驱直入，马上就到了邺城并且把邺城围得水泄不通，不久之后，苻坚亲自率领大军浩浩荡荡开来。这时候前燕已经是穷途末路了，城内的百姓不得不为自己的生计考虑，于是有人乘夜打开邺城的北门，引秦军入城。前燕皇帝慕容暐以及慕容评、慕容臧等人突围向北逃亡。苻坚遂进入邺城，并且派郭庆率骑兵对慕容暐等进行追击。慕容暐最后只剩下十几个侍从跟随。在逃亡的过程之中，慕容暐的马中了箭，无法再骑。他只得下马行走，一国之主最后竟是这样的下场。最后慕容暐被前秦的军队生擒并被押回邺中。

就这样曾经占据中原的前燕王朝由于内部的分裂最终导致了外敌的入侵而灭亡，享国仅三十三年。

符坚并没有像以前的少数民族君主那样去任意地杀害前朝的皇族和官吏，而是将慕容暐以下所有的人都迁到了长安居住，便于监视。原先燕国有才干的人都可以在前秦继续做官。这回轮到慕容垂不开心了，每天看着自己曾经的仇人们现在亡了国还大摇大摆地继续活着让慕容垂气不打一处来。

这时高弼私下劝他说："大王以命世之姿，遭无妄之运，迍邅妻伏，艰亦至矣。天启嘉会，灵命暂迁，此乃鸿渐之始，龙变之初，深愿仁慈有以慰之。且夫高世之略必怀遗俗之规，方当网漏吞舟，以弘苞养之义；收纳旧臣之胄，以成为山之功，奈何以一怒捐之？窃为大王不取。"这也就是说，慕容垂还有希望重建燕国，所以还是要善待这些旧臣们。这一番发自肺腑之言，慕容垂仔细一想确实很有道理，于是对旧臣们的态度方才转好。原燕国太史黄泓也感叹说："燕必中兴，其在吴王，恨吾年过不见耳。"慕容垂在后来果然成就了一番霸业，不过，那是很久以后的事情了。

枭雄死了，坏事来了

再回头说说桓温。经历了又一次失败的北伐之后，桓温知道自己的岁数一天比一天见长，恐怕未来的时日无多了。因此，他的处境就像晚年的曹操一样，也动起了在政治上夺得头筹的心思。他首先要做的就是要废掉现在的皇帝，换上一个便于控制的人来抬高自己在朝中的名望。

桓温本来是想借着第三次北伐为自己赢得更大的功勋与威名，谁想到在枋头一役当中遭受了他这么多年南征北战当中的最大耻辱。这让桓温的心理受了重大的打击，整天郁郁不欢。在这个时候，他的手下看出了桓温的心思。

于是曾经提过中肯意见的参军郗超再次成了桓温的智囊。这个人测才谋足，称得上是桓温手下的第一谋士。他对桓温说："明公既居重任，天下之责将归于公矣。若不能行废立之事，为伊、霍之举者，不足镇压四海，镇服宇内，岂可不深思哉！"意思就是要让桓温用废立的办法，转移朝廷当中对他打败仗这件事情的非议，从而可以效仿以往的那些权臣达到控制朝廷的目的。

郗超的这个提议可以说是会掉脑袋的事情，但是他之所以敢跟桓温这么说，是因为他实在是太了解桓温的为人了。既然桓温能够说出"既不能流芳百世，不足复遗臭万载邪"这种话来，就一定能做出这样的事情来。桓温早就想这样去做了，他有一次外出经过了权臣王敦的墓大声地说："可人，可人。"这明摆着就是赞扬王敦的所作所为。所以，当听到郗超这样说的时候，可以想见桓温内心是十分高兴的。别看在战场上郗超的提议总是不能够被桓温所采纳，但这回郗超总算是说到了桓温的心坎里面去。桓温便开始准备实行废立之举，开始了这个权臣最后的疯狂。

历史上被权臣所废的废帝普遍都有一个规律，就是这个皇帝一定没有什么雄才大略，是个老实人，一个守成之君。我们的晋废帝后来被称作海西公的司马奕十分清楚自己目前的处境，所以平常的所作所为特别谨慎，根本就没有办法抓到他的辫子，这让桓温十分头疼。毕竟要废掉一个皇帝总需要一定的由头。

桓温与郗超计划出了一个相当下三滥的把戏，他们说海西公有"痿疾"，什么叫"痿疾"？实际上就是说海西公根本就生不出孩子，这还不算，还说海西公使嬖人相龙、计好、朱灵宝等与美人私通，生下二子，将要冒充皇子建储为王，改变皇家血统，倾移皇基。这种诬陷可以说是阴毒之极，如果按照这样的说法，不光海西公自己要被废，就连海西公的儿子也都成了"野种"。这样荒唐的说法自然是不能在朝堂之上言明的，史书上记载："密播此言于民间，时人莫能审其虚实。"这样，桓温就为废掉海西公完成了舆论准备。

太和六年（公元371年）十一月，桓温带领大军利用刚刚所说的荒唐的理由逼褚太后废海西公帝位，立那个只会追求所谓名士的会稽王司马昱为帝。褚太后在逼迫之下最终同意了这个让皇室蒙受屈辱的提议。于是将司马奕降为东海王，原会稽王司马昱即帝位，改年号为咸安，司马昱是为简文帝。

桓温在废掉海西公之后，权势已经达到了顶点。简文帝成为了他铲除异己的工具。于是，桓温对自己的几个老对手都施以颜色，庾家、殷家都受到了不小的冲击。就连谢安在见到桓温的时候也要"遥拜"，桓温俨然已经成了东晋王朝的权力中心。

桓温本以为自己可以就这样慢慢地代晋自立，谁想到半路又出现了变故。咸安二年，刚刚登上帝位的简文帝司马昱驾崩，这让桓温措手不及。原本简文帝已经写好了一份诏书上面的内容就是要让位于桓温，可是让大臣王坦之当着简文帝的面给撕毁了。这个简文帝确实是一个庸人，看到王坦之这样的举动十分惊讶，说："天下，傥来之运，卿何所嫌！"

王坦之回答："天下，宣元之天下，陛下何得专之！"（《晋书·王坦之传》）这样，原先诏书当中关于桓温的内容全部被更改为辅政。简文帝驾崩之后王坦之等人立太子做皇帝，也就是孝武帝。本以为简文帝会禅位给自己的桓温又变得不淡定了，于是他决定亲自到京城去"讨讨说法"。

孝武帝宁康元年（公元373年）三月，桓温决定提军入朝建康。几乎所有的人都认为晋室会被桓温所取代，各个忧心忡忡的。都城之中更是传播着各种传言，说桓温此行是来诛杀王、谢两家的。听说这些传闻之后，王坦之非常惊恐，因为毕竟是自己直接坏了桓温的好事，他怕自己性命难保。谢安却坦然自若。

桓温将至，朝廷命令百官到郊外去迎接。王坦之实在是害怕桓温会找他的麻烦于是便想逃走。可是谢安劝道："晋祚存亡，决于此行。"王坦之虽然害怕，但是好歹还是对晋室忠心耿耿的大臣，听到谢安这样说自己也就"舍命陪君子"了。桓温到了新亭，朝廷的"百官拜于道侧"。桓温于是依次接见百官，简直就像是轮番审讯，史书上记载"有位望者皆战慄生色"，王坦之更是"流汗沾衣，倒执手版"。还是谢安成为全场最为淡定的人物，"从容就席"。

等到众人坐定，谢安语出惊人，没有那么多的谄媚之词，只见他笑着对桓温说："安闻诸侯有道，守在四邻，明公何须壁后置人邪？"桓温听到谢安这样说面子上也就过不去了，毕竟是自己把谢安给请出山的，桓温到底还是对谢安有一些敬佩之意，于是他便笑着回答说："正自不能不尔耳。"说着就命令左右撤去壁后手持利刃的军兵。通过这次会面，桓温已经隐隐地感觉到谢安和王坦之二人的实力，有这样的臣子在保卫着晋廷，自己根本没有办法。便打消了兵变的主意。在建康停留了十四天之后，桓温的旧疾复发，所以只能带兵返回。从此之后，桓温便再也没有踏上建康的土地。

随着时间的流逝，桓温的病一天比一天重，桓温清楚，到了自己跟这个世界说再见的时候了。但是他还是不能够忘怀权力给他的感觉。所以桓温在病重期间，还不忘提醒朝廷给他加九锡，贪恋权力到如此程度也真是难为桓温了。请求到了建康，谢安、王坦之两人不敢直接回绝，便让袁宏起草加桓温九锡的诏命。袁宏是当时的名士，写得一手好文章，这种事情对他来讲太简单了，他首先写了一稿给王坦之看。

王坦之叹其文笔华美，但表示："卿固大才，安可以此示人！"这样前后矛盾的表态实在是让袁宏摸不着头脑，于是又把草诏给谢安看，谢安看了之后也鸡蛋挑骨头地挑出一堆的毛病，改来改去。袁弘慢慢就明白了这二位是根本不想让这诏书发出去。于是便去直接问王坦之到底要怎么样。王坦之说："闻彼病日增，亦当不复支久，自可更小迟回。"这意思就说，把桓温给拖死就好了，这诏书就这么拖着吧。结果，宁康元年（公元373年）阴历七月乙亥日，一代枭雄桓温就这样在等待九锡的美梦当中离开人世，时年六十二岁。东晋朝廷逃过了一劫，这个大功要算在谢安和王坦之身上，但是无论他们再怎样努力，已经改变不了东晋王朝走下坡路的事实了。对东晋来说，一场恶战即将展开。

自信心爆棚

在南方，桓温终于咽下了最后一口气。桓温死后，东晋朝野再也没有人敢说北伐之事。一是因为确实都没有那样的才能，二是北方的局势已经没有办法再让东晋北伐了。前秦灭掉了前燕，这对于东晋来说绝不是一个好消息。北方第一次有了一个足以和东晋分庭抗礼的王朝。而造就这个王朝的不单单是前秦的国主苻坚，还有他的宰相王猛。

王猛自从完成苻坚交给他的进攻前燕的任务之后，便一直忙碌内政的事情。苻坚一直想把相位交给他，但是他却一直请辞不受。最终，还是熬不过苻坚的请求出任前秦的丞相一职。

史书上记载王猛作为宰相施政公平，将一些玩忽职守的官员流放，而且铲除了一些在政府部门当中的闲人。与此同时，王猛还提拔了一些真正有才干的人来参与幕府当中。

"外修兵革，内综儒学，劝课农桑，教以廉耻，无罪而不刑，无才而不任，庶绩咸熙，百揆时叙。"经过了这番整治之后，前秦的国力显著增强，百姓安居乐业，这完完全全都是王猛的功劳。

符坚也对王猛十分满意，并且也十分敬佩。曾经对王猛说："卿夙夜匪懈，忧勤万机，若文王得太公，吾将优游以卒岁。"这意思就是说只要有王猛，我直到死也不会为了国事发愁。并且把王猛比作了姜子牙。能做到这一步对于一个少数民族领袖来说是很困难的。因为王猛是汉人，姜子牙和周文王的故事完完全全也是汉人的故事，符坚身为一个氐族领袖竟然能够这样地夸奖他的大臣，这说明符坚的汉化程度已经相当之高，这也就是为什么只有前秦政权才是让东晋朝廷真正害怕的少数民族政权的原因。

王猛听到符坚这样夸奖他自然也有所推辞，说："不图陛下知臣之过，臣何足以拟古人！"但符坚还是认为"以吾观之，太公岂能过也"。符坚这绝对不是为了收买王猛的心才这样说的，他是从心底敬佩王猛。他经常对太子符宏以及一些皇子说："汝事王公，如事我也。"这很明显是把王猛当成一位朋友看待而并不是臣子。这样的君臣关系恐怕只有刘备和诸葛亮之间的恩情才可相提并论。

由于王猛全部身心扑到了治国上，他不顾自己的健康，更不私肥自己的家庭亲戚，他最后留给子孙的遗产仅是十头耕牛，为众儿孙务农作为衣食之资本。为了国家为了符坚也为了全国的百姓，能够牺牲自己到如此之地步，在当时是十分罕见的。王猛，确实像诸葛亮一般为前秦耗尽了毕生的精力，甚至连自己的生命也都贡献给了前秦。

王猛平时忙于国务，辛苦非常，终于导致积劳成疾，在前秦建元十一年（公元375年）六月病倒了。原本苻坚并不信鬼神那一套说辞，但是为了王猛苻坚也不得不攥住这也许能够救王猛生命的最后一根稻草。为了王猛，苻坚竟然亲自为其祈祷，并且派侍臣遍祷于名山大川。苻坚重视王猛的程度可以略见一番。

皇天不负有心人，苻坚对老天的祈祷，老天应该听得到，于是就又让王猛在这世上多待了一段时间。王猛的病情在这段时间有过转好的迹象。苻坚知道这个消息之后，非常兴奋，于是下令大赦天下。这种事情应该是新皇帝登基或者是皇帝大婚等等国家重要时刻才有可能发生的，为了一个臣子的健康能做到如此地步实在是世所罕见。为了报答苻坚对自己的恩情，王猛上书表示感谢。

在上书当中王猛写道："不图陛下以臣之命而亏天地之德，开辟已来，未之有也。臣闻报德莫如尽言，谨以垂没之命，窃献遗款。伏惟陛下，威烈振乎八荒，声教光乎六合，九州百郡，十居其七，平燕定蜀，有如拾芥。夫善作者不必善成，善始者不必善终，是以古先哲王，知功业之不易，战战兢兢，如临深谷。伏惟陛下，追踪前圣，天下幸甚！"苻坚看到这样言辞恳切的文字不禁痛哭流涕，想必也是对王猛的生命即将终结十分感慨。

到了这年七月，王猛终于还是没能逃过病情的纠缠，病情日益严重岌岌可危。苻坚得知这个消息，急忙去看望王猛询问后事。王猛睁开双眼，望着苻坚说："晋虽僻陋吴、越，乃正朔相承。亲仁善邻，国之宝也。臣没之后，愿不以晋为图。鲜卑、羌虏，我之仇也，终为人患，宜渐除之，以便社稷。"王猛的这句遗言实际上是在为前秦的未来指明方向，他希望苻坚能够克制自己进攻东晋的欲望，而首先把北方的少数民族制服再图南进。王猛为了前秦可谓是鞠躬尽瘁死而后已，足以和诸葛亮相提并论。

在说完这些话之后一代贤相便停止了呼吸。苻坚三次临棺祭奠恸哭，并且对太子苻宏说："天不欲使吾平一六合邪？何夺吾景略之速也！"于是，按照汉朝安葬大司马大将军霍光那样的最高规格，隆重地安葬了王猛，并且按照原蜀汉政权追谥诸葛亮的办法追谥王猛为"武侯"，丧讯发布，整个前秦国上下哭声震野，三日不绝。

如果说前秦以前的事业是由苻坚和王猛共同推进的，那么从此之后苻坚再也没有像王猛这般能够忠心辅佐他的贤相了。从此之后，苻坚必须要靠自己的能力，在这乱世之中开辟出自己的一片天地。王猛在生前已经为苻坚做好了全盘的计划和打算，可是一个人一旦独立了，你就很难帮助他决定到底应该做什么。苻坚在王猛死后并没有贯彻落实王猛的方针，没过多久就开始计划攻打东晋王朝，这完全背离了王猛的临终方略。这是苻坚唯一一次没有按照王猛的话去做，结果就将自己的基业完全葬送掉。

前秦建元十八年（公元 382 年），王猛去世已经过了七年的时间，前秦国力充实，人民安定，一切都让苻坚觉得自己有能力跟所谓的"正朔王朝"较量一番了。于是苻坚在太极殿召见群臣说："自吾承业，垂三十载，四方略定，唯东南一隅，未沾王化。今略计吾士卒，可得九十七万，吾欲自将以讨之，何如？"秘书监硃彤马上说道："陛下返中国士民，使复其桑梓，然后回舆东巡，告成岱宗，此千载一时也！"这让苻坚很是欣喜，满意地说："是吾志也。"但是朝廷之中反对的声音明显更多。尚书左仆射权翼说："昔纣为无道，三仁在朝，武王犹为之旋师。今晋虽微弱，未有大恶。谢安、桓冲皆江表伟人，君臣辑睦，内外同心。以臣观之，未可图也。"听到权翼这么说，其他的大臣也急忙附和。史书上这样记载："于是群臣各言利害，久之不决。"

在这次朝廷的议论上，苻坚说出了一句名言："今以吾之众，投鞭于江，足断其流，又何险之足恃乎！"充分了苻坚内心当中的自信。苻坚根本就没让大臣们讨论这个事情，只不过是想让大臣们附和一下罢了，谁想到却招致了这么多的反对之声。如果这个时候王猛还在，恐怕苻坚就得想想自己的做法是否正确，就有可能回心转意。但是此刻的朝堂之上，没有任何一名臣下能够控制住苻坚。于是苻坚很生气地说："此所谓筑室道旁，无时可成。吾当内断于心耳！"

符坚虽然是这样说，但是听到群臣说的，心里多多少少还是有一些疑虑的。于是在群臣退朝后，符坚又留下弟弟符融商议。他想听听自己的亲人对自己的计划有什么看法，当然符坚是希望符融能够鼓励他几句说几句好听的。

没想到符融也给符坚泼了一盆冷水。他对自己的哥哥说："今伐晋有三难：天道不顺，一也；晋国无衅，二也；我数战兵疲，民有畏敌之心，三也。群臣言晋不可伐者，皆忠臣也，愿陛下听之。"符坚仍然是不为所动："汝亦如此，吾复何望！吾强兵百万，资仗如山；吾虽未为令主，亦非暗劣。乘累捷之势，击垂亡之国，何患不克，岂可复留此残寇，使长为国家之忧哉！"

看到符坚的态度如此坚决，并且严厉，符融只得哭谏说："晋未可灭，昭然甚明。今劳师大举，恐无万全之功。且臣之所忧，不止于此。陛下宠育鲜卑、羌、羯，布满畿甸，此属皆我之深仇。太子独与弱卒数万留守京师，臣惧有不虞之变生于腹心肘掖，不可悔也。臣之顽愚，诚不足采；王景略一时英杰，陛下常比之诸葛武侯，独不记其临没之言乎！"这下子符融搬出了最后的杀手锏——王猛的遗言。但是一个死王猛又怎么能挡得住一个活符坚？符坚心中既然已经下了决定那就无法再改变了。

虽然众多的臣下都劝符坚不要这样去做，但同时另有一些人却在纵容符坚的这种行为。那就是前燕的移民慕容垂。他对符坚说道，前秦已经很强大了，况且陛下英明神武，威加海内，只要您下了决心就可以，根本用不着去询问朝中大臣。苻坚听了之后大喜。

　　慕容垂之所以这样说，实际上他明白苻坚的这次行动失败率很高，如果前秦失败，他就可以借机夺取前秦的江山！苻坚等于是中了慕容垂的圈套但自己还浑然不知。前秦建元十九年（公元 383 年）五月苻坚下达了进攻东晋的命令，轰轰烈烈的在中国历史上赫赫有名的淝水之战就这样仓促地发动了。

这个巨人不抗打

前秦建元十九年（公元 383 年）苻坚开始为他的灭亡东晋的战争进行准备，这是在魏晋南北朝时期少数民族统治者第一次进行统一中国的尝试。为了确保这次战争的胜利，苻坚改变了以前的仁政，整个国家的政策开始转向为战争服务。原来前秦的大好经济形势几乎被这些政策毁于一旦。

苻坚下诏要求大肆征兵，户籍在册的民众每十个人中就要出一人当兵。那些从军不在七科谪内者或非医、巫、商贾、百工之子女（后世以奴仆及娼优隶卒为贱民，以平民为良民，遂用以称良民子女）的年纪二十以下，既勇敢又体壮的孩子，都任命为羽林郎（禁卫军军官）。这样的政策无异于全民皆兵，严重地打击了农业生产。并且所谓良家子的兵员质量也实在堪忧，这样的乌合之众其实很难取得战争的胜利。

当时苻融就警告过苻坚，他说："鲜卑、羌虏，我之仇雏，常思风尘之变以逞其志，所陈策画，何可从也！良家少年皆富饶子弟，不闲军旅，苟为诡谀之言以会陛下之意耳。今陛下信而用之，轻举大事，臣恐功既不成，仍有后患，悔无及也！"但是苻坚早就被慕容垂给忽悠得团团转，连自己亲弟弟的话都不听了。

这一年的八月初二，苻坚派遣阳平公苻融统率张蚝、慕容垂等步骑兵二十五万为前锋；以兖州刺史姚苌为龙骧将军，统率益、梁州诸多军事。苻坚对姚苌说："昔朕以龙骧建业，未尝轻以授人，卿其勉之！"可是左将军窦冲却给苻坚泼了又一盆冷水回答道："王者无戏言，此不祥之征也！"苻坚于是不再言语。

苻坚是志得气满地要开始南征，这个时候慕容一家子却在暗自盘算着自己的计划。慕容垂的侄子慕容楷、慕容绍对慕容垂说："主上骄矜已甚，叔父建中兴之业，在此行也！"慕容垂也毫不避讳地对这两个后辈说："然。非汝，谁与成之！"正所谓是螳螂捕蝉黄雀在后，苻坚万万没有想到在这一片繁荣之下实际上是暗流涌动。

苻坚从长安发兵，开始了淝水之战的征程。他的兵员配置包括步兵六十余万，骑兵二十七万。将近百万的大军浩浩荡荡地向南方开去。旗帜、战鼓交相辉映，前后绵延上千余里。到了这年的九月，苻坚到达了项城，凉州的军队到达咸阳，蜀、汉的军队正顺流而下，幽、翼的军队达到彭城，东西万里，水陆并进，运粮船上万艘。阳平公苻融率军队三十万，先达颖口。于是在长江北岸形成了一道长达整个长江中下游的战线。

在南方东晋方面，这时候桓温早已死去，朝廷基本上被谢安所代表的谢家所把持。接到前线战报后，东晋孝武帝下诏以尚书仆射谢石为征虏将军、征讨大都督，以徐、兖二州刺史谢玄为前锋都督，与辅国将军谢琰、西中郎将桓伊等众人共领八万将士抵挡前秦军；派遣龙骧将军胡彬以水军五千增援寿阳。在这名单之中，几乎就找不到别家的人物，谢家已经成东晋朝廷当中最重要的力量。所以也可以说这场淝水之战是苻坚与东晋谢家军的战争。

看到前秦军队强盛，东晋的都城建康感受到了很大的压力，满朝文武震惊恐惧。面临这样的情况，刚刚履新的谢玄向谢安询问计策。谢安再次表现出了标准的淡定的样子坦然无事，一点也不着急。谢安慢条斯理地回答说："已别有旨。"随后就一言不发了。谢玄看到自己的叔叔这样的表现，也就不敢再多问了。

谢安接着命令预备车马出游城外的别墅，亲戚朋友全都聚集，与谢玄把别墅作为赛棋的赌注。谢安的棋术通常劣于谢玄，但是在这一次由于谢玄时刻在担心着前线的局势根本不能专心下棋，两人竟然打成了平手。下完这盘棋淡定的谢安接着登山游玩，到了夜里才回来。

桓温的弟弟桓冲也深深地为建康的安全感到担忧，于是要派遣精锐军队三千人进入京师守卫，但是谢安坚决不接受，说："朝廷处分已定，兵甲无阙，西藩宜留以为防。"桓冲对僚属叹气道："谢安右有庙堂之量，不闲将略。今大敌垂至，方游谈不暇，遣诸不经事少年拒之，众又寡弱，天下事已可知，吾其左衽矣！"这句话的意思就是说，东晋将会被前秦打败，汉族人要穿上胡人的衣服了。但是，谢安是真的不着急吗？当然不是，从谢安以前的所作所为就能看出，他是一个越到这种时刻越镇定的人。因为谢安清楚，即便是着急得手忙脚乱，对于当前的形势也是于事无补。还不如像当初在东山之上悠游自在静观天下之变。

十月，苻融等人即将开始攻打守阳。到了十月十八日，苻融攻下了守阳，并且捉获平虏将军徐元喜等人。苻融任命他的参军河南郭褒为淮南太守。另一方面，慕容垂攻取了郧城。胡彬听说寿阳陷落，退兵坚守硖石。前秦卫将军梁成等率领众兵五万驻扎在洛涧，在淮河上设置栅栏作为障碍物，用以阻拦从东面来增援的晋军。

谢石、谢玄等离开洛涧二十五里而驻扎，畏惧梁成而不敢前进。等到胡彬粮食耗尽，秘密地遣派信使报告谢石等说："今贼盛，粮尽，恐不复见大军！"但是这封关系到军事机密的信件被前秦的士兵所获得，并且交到了苻融那里。苻融马上派人飞马前去报告苻坚说："贼少易擒，但恐逃去，宜速赴之！"于是苻坚就留大军在项城，自己亲自带领装备轻便的骑兵八千人，以加倍的速度赶路靠近苻融到寿阳。并且派遣尚书朱序来劝降谢石等人，说道："强弱异势，不如速降。"但这时候朱序已经看出前秦只不过是虚张声势而已，私下对谢石等人说："若秦百万之众尽至，诚难与为敌。今乘诸军未集，宜速击之；若败其前锋，则彼已夺气，可遂破也。"

谢石听说苻坚已经到了寿阳，想到东晋最大的敌人就离自己如此之近，十分害怕，于是就想先避战等秦军的锐气消退了再进行作战。这其实是天方夜谭，本来自己的粮草就不足，拖得时间越久只会对自己越不利。于是谢琰劝说谢石听从朱序的话。

到了十一月，谢玄派遣广陵相刘牢之率领精兵五千前往洛涧，进行援助。没有到十里，梁成以涧为阻列阵等着他。刘牢之向前渡水，攻击成功，大破对方，斩梁成及弋阳太守王咏；又分兵截断他们归途中必经的渡口，前秦的步骑崩溃，争着赶往淮水，士兵死去一万五千人。东晋捉获前秦扬州刺史王显等，全部收缴对方军用器械及粮草之类。这是东晋的第一次胜利。这次胜利一下子让谢石等人看见了希望，于是各路军队，从水路继续前进。

这时候苻坚和苻融在寿阳城上眺望他们，发现晋兵布阵严整，又望见八公山上草木，都以为是晋兵，回头看苻融说："此亦劲敌，何谓弱也！"惆怅失意开始有恐惧的神色。这就是成语"草木皆兵"的由来了。实际上在这会苻坚的内心已经开始动摇了，他不能确定自己究竟会不会赢得这场战争的胜利。心慌意乱的情况之下才会把草木看成军队。

前秦军队紧靠淝水摆开阵势，这样的情况使得晋军不能渡河。于是谢玄派遣使臣对平阳公苻融说："君悬军深入，而置陈逼水，此乃持久之计，非欲速战者也。若移陈小却，使晋兵得渡，以决胜负，不亦善乎！"这实际上是一条奸计，谢安之所以泰然自若恐怕一直在想这个主意。但是前秦人并没有看出来，自信的前秦的众将都说："我众彼寡，不如遏之，使不得上，可以万全。"苻坚更是想当然地说："但引兵少却，使之半渡，我以铁骑蹙而杀之，蔑不胜矣！"连一直保持头脑清醒的苻融这时候也没有看出谢安这条所谓的"建议"当中的玄机，也答应了。苻坚的大军浩浩荡荡，古代又没有发达的通讯设备，轻易撤退后方的士兵并不知道前方出了什么事情，只会一股脑地往后退。这样一来什么阵形什么命令就统统不起作用了，谢安脑子里盘算的正是这样的一种效果。

等到前秦军队真的实行撤退，便如谢安所料再也不能制止了。于是谢玄、谢琰、桓伊等人马上率领军队渡过淝水进击前秦军。大惊失色的苻融骑马在阵地上飞跑巡视，想约束那些退却的士兵，但在乱军之中谁又去管你怎么说？在大军之间苻融的战马倒了，于是苻融被晋兵所杀，前秦军队看到自己的王爷被杀掉更是加速溃败。于是谢玄等人乘胜追击，到达青冈。

经过了这样一场荒唐的"撤退"，秦兵大败，自己互相践踏而死的士兵不计其数，他们的尸体遮蔽了田野，堵塞了河流。而那些活下来的败逃的秦兵听到风声和鹤叫声，都以为是东晋的追兵即将赶到，白天黑夜不敢歇息，在草野中行军，露水中睡觉，加上挨饿受冻，死去的人十之七八。这就是成语"风声鹤唳"的来历。晋军随后势如破竹又攻占寿阳，捉获前秦的淮南太守郭褒。

符坚也在战斗当中中了流矢，慌忙之间单骑向淮北逃跑，又累又饿，当地的百姓给了他一些食物，符坚吃了之后，赏赐帛十匹，绵十斤。这些百姓对符坚说："陛下厌苦安乐，自取危困。臣为陛下子，陛下为臣父，安有子饲其父而求报乎？"百姓对于符坚的爱戴可见一斑，但是符坚的这次所作所为又怎么对得起这么支持他的百姓们？于是符坚便对自己的张夫人说："吾今复何面目治天下乎！"说完之后便潸然泪下。只有符坚自己知道他现在究竟是个什么心情又在想什么，但是最大的可能，他一定在想念王猛，后悔自己当初没能听王猛的劝告。

谢安得到了战报之后，知道秦兵已经战败，当时他正在与客人下围棋，把驿书收叠起来放在床上，还是一副淡定的模样，毫无欣喜之色，照旧下棋。客人问他刚才是什么事情，他才慢慢地回答说："小儿辈遂已破贼。"这盘棋下完之后，他返回屋内，经过门槛时，木屐底上的齿被门槛碰断也没觉察到。《资治通鉴》对于这点的描写可以说是绝世之笔，从大战之初谢安的下棋再到大战之后谢安的下棋，让我们感觉到了谢安心理的变化过程。喜怒不形于色的谢安终于让自己的一个小疏忽暴露了他的内心。东晋胜利了，天下的局势还将继续变化。

　　淝水之战是中国历史上少见的南胜北的战役，这场战争完全葬送了前秦统一中国的可能，将乱世的时间进一步拉长了。这场战争的直接受益者并不是东晋更不是前秦，而是隐藏在前秦之中的鲜卑人慕容氏，淝水之战后，只有慕容垂手底下的三万士兵并没有受到多大的损伤，在淝水之战后，慕容垂便找了个借口离开了符坚，等到慕容垂再次回来的时候，前秦就要灭亡了。

第五章

野心乱政：权力就是身份证

道子同志心眼坏

比起一场胜利，东晋实际上更需要的是一场失败。这场失败不是发生在北方国土上的失败，而应该是在东晋领土上的失败。只有这样东晋朝廷才能够知道什么叫作危机感，什么又叫作北伐复国的理想。晋廷自从南迁之后，南方几乎没有发生什么大的战乱。这样相对安稳的环境让东晋的政治风气十分腐化堕落。而淝水之战的胜利不但没有让东晋警醒过来，奋发图强，反而在某种意义上助长了这种腐化堕落的作风。这个王朝算是没救了。

淝水之战后，东晋的孝武帝就沉迷在胜利带来的喜悦之中，一直疏于政事。皇帝一般在这样的一个状态，总会有一个臣子陪着他一块胡闹。对于孝武帝而言，那个人就是司马道子。

司马道子是谁呢？这个司马道子就是原先的会稽王后来

成了简文帝的那个只图虚名的糊涂的司马昱的儿子。也就是说他跟孝武帝是兄弟的关系。司马道子在小时候很受谢安的赞誉。史书上记载"少以清淡为谢安所称"。这也就是说谢安觉得这个小孩很聪明。只可惜一辈子没犯过什么大错误的谢安在这件事情上算是彻底看错了，虽然司马道子很聪明，但是他根本就没把这聪明用在正经地方。等长大了，彻彻底底地成了东晋王朝末期的一大祸害。

刚才说到过，晋孝武帝因沉迷酒色而疏于政事。作为兄弟的司马道子理应该像苻坚的弟弟苻融一样提一些中肯的建议，为自己的兄弟保驾护航才对。可是这个司马道子不但没有那样去做，反而经常陪着晋孝武帝一块喝酒。

司马道子既然地位尊贵，在东晋这样一个以门第来决定官职的朝代必定是高官厚禄。司马道子时任扬州刺史亦录尚书事，权倾天下。而且他还有个毛病，有个信仰，别看他名字里是道子，但是他实际上信仰的是佛教。有信仰原本无可厚非，但是他把自己的信仰完全跟自己的政治决策给联系到了一块，这就让人实在无法忍受了。

他亲近僧尼、宠信小人，并且尤其宠信时任侍中的王国宝。这王国宝就是当时和谢安共同抵抗桓温的王坦之的儿子，谁能想得到这样一个忠心耿耿的大忠臣最后竟会有这样的一个不孝子，天天跟着在朝中作乱的司马道子混。在这种情况下，司马道子宠信的人又都趁机玩弄朝权，贿赂买官，朝中被他们搞得乌烟瘴气。又因为司马道子信仰佛教，所以各地大兴寺院，寺院的产业越来越多，严重干扰东晋的经济，所以在司马道子掌权的时候，东晋出现了民不聊生的社会状况。

但是，国家毕竟不在司马道子的手里，孝武帝也绝非是什么政务都不处理的真正的昏君。更何况司马道子在朝中的倒行逆施引起了许多大臣的不满。由于实在是看不过去司马道子的所作所为，于是中书郎范宁向晋孝武帝陈述朝政得失，孝武帝听到这些报告难免会对司马道子心生怨恨，但是毕竟是自己的兄弟，表面上的关系还是要维持的。

另外一方面，王国宝对司马道子是百般阿谀奉承，这让当时著名的经学家范宁十分看不惯。顺带一提，这个范宁就是以后写出《匈奴汉国书》的范晔的祖父。于是范宁便希望孝武帝能够贬黜他，但是这个王国宝却反诬陷范宁。毕竟王家也是大族，孝武帝只得无奈贬范宁为豫章太守。其实这对于范宁来说也许是一个解脱，毕竟不用天天在朝堂之上看令人作呕的阿谀奉承了。

范宁被贬黜后，司马道子一党的权势就更盛了，整个国家就被司马道子和他的一些亲信把持着。其中因为贿赂而得亲近司马道子的赵牙和茹千秋，一个耗费巨资为司马道子宅第建筑山水设施，另一个更卖官贩爵，聚敛了过亿钱财。

除了有这些小弟们，司马道子还有一张王牌就是皇太妃李陵容。司马道子之所以能够多次因酒意而有失礼之事，而孝武帝能够忍下来没有废黜他完全是看皇太妃的面子。

孝武帝后来清醒了，他认为司马道子不是治国之能臣，当时又因王国宝与孝武帝亲近的王珣等人不和，所以孝武帝以外戚王恭为青兖二州刺史、殷仲堪为荆州刺史、郗恢为雍州刺史，以他们作为外援抗衡司马道子的势力，同时留王珣及王雅在朝。在朝中搞朋党竞争，有时候是大臣自己结党营私，有时候却是皇帝的御人之术。

孝武帝的本意是希望通过这样的朋党竞争来恢复自己的权势。谁想到他根本就没有这么大的能力把握司马道子。结果司马道子升王国宝为中书令、中领军，又引王国宝堂弟王绪为心腹，让朝政更加混乱不堪。

到了晋太元十七年（公元 392 年），东晋孝武帝以其子司马德文为琅琊王，司马道子于是徙封会稽王，接替了他父亲原先的岗位。

四年之后的晋太元二十一年（公元 396 年），朝廷发生了一件相当荒唐的事情。孝武帝竟然被自己后宫的张贵人所杀，甚至民间有传言说孝武帝是因为说了要废张贵人于是就被张贵人用被子给捂死了！

孝武帝死后，长子司马德宗继位，是为晋安帝。这个司马德宗也同样是跟西晋惠帝一样的皇帝。史书上记载他："帝不惠，自少及长，口不能言，虽寒暑之变，无以辩也。凡所动止，皆非己出。"

也就是说，连冷热都不知道，说话也不会说。这样的人竟然能够当皇帝，这明显是司马道子和他的那些手下们从中作梗的结果。朝廷于是下诏内外事务皆要咨询司马道子，行辅政之责。因为孝武帝突然死亡，故此未及写下遗诏，所以孝武帝在生前安置朝中的王珣和王雅便都没有实权，自此司马道子完全掌握了东晋的权力，并且加紧宠信王国宝及王绪，让他们参与朝权当中。

这样一来，晋朝可以说是到了自南迁以来最为黑暗的一个时期。当然有压迫的地方就会有反抗，司马道子以前就不乏反对者，现在到了如今这种状况，反抗必然就会更加激烈。这个时候就出了一个叫王恭的人公开跟司马道子作对。

王恭，字孝伯，是光禄大夫王蕴的儿子，定皇后之兄长。史书上记载他："少有美誉，清操过人，自负才地高华，恒有宰辅之望。"也是一位清流雅士。谢安对王恭的评价也非常之高，他常说："王恭人地可以为将来伯舅。"王恭本身也十分清廉简率，他曾经跟从自己的父亲从会稽来到建康，同族的王忱来访问他，看见王恭所坐的簟席很好，于是便问王恭有没有多余的可以给他一个。于是王恭马上就送给了他，结果自己就只能坐草席了。王忱知道这件事情之后很不好意思，王恭却说："吾平生无长物。"这便是成语"身无长物"的由来，同时也可以看出王恭确实是道德品质十分高尚的人。

正因如此，他才对司马道子在朝中的所作所为无法忍受。曾经在朝堂之上与司马道子多次发生冲突。并且对司马道子说："主上谅暗，冢宰之任，伊周所难，愿大王亲万机，纳直言，远郑声，放佞人。"把矛头完全指向了趋炎附势的王国宝。这让司马道子也怕他三分。后来，王国宝竟然还不思悔改，连皇帝的东宫都给占了。这让王恭愤怒到了极点，连忙联系带兵在外的殷仲堪和桓玄，相约一起起兵诛杀王国宝。

王恭写了一道檄文："后将军国宝得以姻戚频登显列，不能感恩效力，以报时施，而专宠肆威，将危社稷。先帝登遐，夜乃犯阖叩扉，欲矫遗诏。赖皇太后聪明，相王神武，故逆谋不果。又割东宫见兵以为己府，逸疾二昆甚于仇敌。与其从弟绪同党凶狡，共相扇动。此不忠不义之明白也。以臣忠诚，必亡身殉国，是以谮臣非一。赖先帝明鉴，浸润不行。昔赵鞅兴甲，诛君侧之恶，臣虽驽劣，敢忘斯义！"

在这条檄文之中王恭列数了王国宝的罪行，这让司马道子也十分慌乱，因为这上边的条条罪状无不跟自己有关系，如果这件事情不能够平息下去，势必会威胁到他自己。于是，他只得使出了丢车保帅的这一招，随便给王国宝安了个罪名，直接处斩。只可惜王国宝趋炎谄媚了这么半天，竟然被自己的主子给出卖了。见到王国宝已经被斩。王恭也就暂时放下了起兵的念头。

因为有了这样一件事情，司马道子对自己的安全越发地担心。在谯王司马尚之的说服之下，他开始将异姓封疆大吏的土地进行削减，从而加强司马氏刺史的土地。这招致了庾家后人庾楷的不满。庾楷联络王恭说："尚之兄弟专弄相权，欲假朝威贬削方镇，惩警前事，势转难测。及其议未成，宜早图之。"

王恭原本就看司马道子不顺眼，现在既然有人能够请他一块造反，且是个有实力的封疆大吏，又有什么不能接受的理由呢？于是王恭便欣然同意了这个要求。后来庾楷又联络了殷仲堪、桓玄。他们几人共同推举王恭作为"盟主"相约共同起事。如果说前一次王恭确实是因为自己的义愤填膺才有所行动的话，那么这次王恭可是彻彻底底地被这些士族贵族给利用了。他们起事根本就不是为了国家朝政，而完完全全是为了自己的私利。至于推选王恭作为"盟主"，也是因为不敢承担责任，找一个替死鬼。

司马道子听到这样的消息大为恐惧，尽管他知道这是不可避免的事情，但事情的起因他完全没想到会是因为自己招惹了庾楷。他慌忙把军权交给十六岁的儿子司马元显，而自己只顾酗酒，活在那个酒精所创造的迷幻世界里面去了。本来一切顺利，谁想到中间却出现了变故。

这时，曾经参与过淝水之战的北府兵名将刘牢之被司马元显所收买，刘牢之于是倒戈，王恭就这样被叛军所杀。庾楷也兵败，投奔桓玄。刘牢之率北府兵抵御荆州军，桓玄、杨佺期只得回军蔡洲。同时这个司马道子毕竟也是老谋深算，为了分化荆州军，他采纳了桓冲之子桓脩的建议，任命桓玄为江州刺史，杨佺期为雍州刺史，桓脩为荆州刺史，而贬黜殷仲堪为广州刺史。这样一来原先本来是铁板一块的利益集团一下子就被分裂开来。

　　说到底，这些军阀起兵完全是为了一己私利，没有任何人是像王恭一样真正为了家国天下着想的。殷仲堪一听诏命，大为恼怒，催促桓玄、杨佺期进兵。但是桓玄、杨佺期得到好处，不想出兵。殷仲堪一气之下只得回军荆州，临回去之前还不忘遣使告谕蔡洲兵众说："若不各散而归，大军至江陵，当悉戮余口。"桓玄等人非常害怕，于是都赶快撤退，至寻阳才赶上殷仲堪。

　　殷仲堪虽然这样说，但是毕竟诏命已经下达。他从此之后便只能依靠桓玄，但两人因为这场战争心里已经有了猜忌。这样的组合不会长久下去了。

　　经历了这样一场大乱，东晋朝廷的统治基础已经出现了动摇。但司马道子还在朝上，这个人一日不除，天下一日不安。

一场大乱引出一个权臣

　　任何事情都是有联系的，这个道理在政治上更是绝对正确。当初为了剿灭王恭等人发动的内乱，司马道子的儿子司马元显深感兵力不足，而且当时的"北府兵"也就是东晋最为精锐的近卫部队，也不是十分听司马元显的掌控。为了缓解这样尴尬的状况，司马元显只得强制性地征发浙东诸郡"免奴为客"的壮丁。所谓"免奴为客"就是一些改变了原先在西晋的奴隶身份南迁为"客民"的一些民众。司马元显将召集的这些人集中在东晋的首都建康，担任兵役。建康的防卫工作本来应该由北府兵进行负责。司马元显这样去做实际上是想架空原先的北府兵，而建立一支专属于自己的亲卫部队。这些人随后被司马元显称之为"乐属"。

　　虽然司马元显认为这个举措既能帮助自己树立在朝廷当中的威望，又能够缓解朝廷现在缺兵员的现实。他自己本身是很"快乐"的，所以才命名这些人是"乐属"。但是底下的民众可不这么想，尤其是那些常常使用"免奴为客"者的基层士族地主们。因为本来"免奴为客"者的绝大多数是这些基层地主所使用的劳力，司马元显现在把这些人征收成了士兵，势必会影响基层地主手中的劳动人口的数量，再进一步影响到基层地主的经济利益。

对于"免奴为客"者来说，原本自己就是奴隶的身份，现在好不容易能够以一名农民的身份安安心心地过日子，谁想到又被征用去做随时都有可能面临生命威胁的士兵，这势必会影响到他们自身的利益。因此这些"免奴为客"者也对这项所谓的"乐事"多有不满。因此这一命令一颁布，就搞得"东土嚣然，人不堪命，天下苦之矣"。

随着民众不满的加剧，在东南民间已经储存了相当多的反抗朝廷的能量，时时刻刻准备爆发出来，现在仅仅缺一根导火线，或者说缺一个能够领导这些愤怒的民众推翻朝廷的人。于是一个叫作孙恩的人粉墨登场了。

这个孙恩属于琅琊孙氏，同广为熟知的琅琊王氏一样也同样是世家大姓。但是他们家族有个跟其他士族显著的区别。他们家几辈人都信奉由东汉末年张鲁他们一家所开创的所谓"五斗米道"。在古代，宗教往往会充当政治的补充角色，一旦政治上暴露什么缺陷宗教就会及时地补上。这种补充有时候会缓解社会矛盾，有时候则会激化社会矛盾。

孙恩的叔叔孙泰一直以钱塘人杜子恭为师，在"学习"

的过程当中学了不少"方术"，所谓方术实际上就是今天类似于魔术的玩意。但是现在的魔术是为了艺术欣赏，以前的"方术"却实实在在是为了骗钱。孙泰精于此道经常干这样坑人的勾当。但是当时的民众普遍没有什么文化，对于鬼神之类的事情深信不疑。乡里出了这样一位奇人，自然受到了人们的关注。史书上记载"愚者敬之如神，皆竭财产，进献子女，以祈福庆"。

作为中央政府的东晋朝廷自然不会允许这样的人在经济十分重要的东南地区乱转，这会影响到朝廷在当地的权威。于是王珣向司马道子陈说孙泰以妖术惑人，当时司马道子认为这个孙泰不过是个方士，对自己也没有什么用途，流放就流放了吧，于是就把此人流放广州。

别看现在的广州是座大城市，在东晋的时候也就是个小渔村的样子，属于极其偏远的地方。当地的百姓比东南地区更加愚昧。因此把孙泰流放到这个地方反而起了反效果，这回不单单是民众，连广州当地的地方官都被孙泰的"幻术"迷惑住，竟然派这个流放犯作为郁林（今广西贵县）太守。东晋地方政权的荒谬可见一斑。

到了孝武帝末年，孝武帝已经日益衰老颇想长生壮阳，于是亲自下诏把孙泰召还京师。一直谄媚孝武帝的司马道子连忙封他做徐州主簿，并且给钱给地给人让这个妖道天天"炼丹"。到了王恭起事的时候，孙泰更是以为自己抓到了一个绝好的敛财机会，于是假借讨伐王恭为名，眩惑士庶，私聚徒众，渐渐地有了一支属于自己的武装。到了司马元显掌权后，更是为了自己的淫欲向孙泰求所谓的"壮阳秘药"。由于司马道子对待下属的态度，所以让孙泰这个本是流放犯的大骗子在朝中也能骄横不堪。

后来孙泰的胆子越来越大，竟然认为晋朝运祚将终，于是就在吴地广诱百姓，用"五斗米道"的名义召开密会，阴谋作乱。当时朝廷当中的大臣都知道他所干的这些勾当，但是慑于他跟司马元显的交情深厚，因此就没有人敢揭发他的所作所为。这样反而让孙泰更加猖狂。最后忍无可忍的会稽内史交出真凭实据，向晋廷告发孙泰要造反。

这个孙泰确实是被自己所受到的宠爱冲昏了头，你安心地伺候好主子就能保你一生荣华富贵，但是他偏偏要自己当这个朝廷的家。原本司马道子只是想把这个孙泰当作一个宠臣给养起来，谁想到他势力做大之后竟然想威胁自己的位置，于是司马道子便下令杀掉了这个孙泰和他的六个儿子。由此，孙恩就算跟朝廷结下了仇恨，时刻在等待着完成他叔叔未能完成的"事业"。

"免奴为客"令的发布恰好满足了孙恩在盼望着的时机。于是，他便利用长期秘密传教的优势，发动自己的教徒进行起义，这种起义的形式跟东汉末年张角所发动的"黄巾之乱"极为相似。孙恩发动起义的原因实际上很简单，就是报仇，但是他聪明地利用了当时的社会矛盾，于是这场大乱一下子风起云涌，箭镞直指建康的东晋政权。

在这场大乱中，许多东晋地方官员和士家大族都遭受到了不小的打击。会稽内史王凝之、世族吴兴太守谢邈、永嘉太守司马逸、嘉兴公顾胤、南康公谢明慧、黄门郎谢冲、张琨、中书郎孔道等人都被孙恩的乱军所杀。吴国内史桓谦、临海太守新秦王王崇、义兴太守魏隐等人都因为害怕乱军而弃郡逃走，孙恩一下子就占据了东晋的东南八郡。可以说东晋的半壁江山都被孙恩夺取。这样的形势发展完全出乎了东晋王朝的预料。

这场大乱在人数上和速度上也堪称是农民运动的典范。起事不到十天的时间，孙恩便发动了数十万人参与他的乱军当中。孙恩的徒党号称"长生人"，这有点像是对"食死徒"的称呼。这帮人根本就是一群亡命无赖，孙恩自己就是个骗子，骗子加无赖的组合究竟会对国家造成什么也就不难想象了。

孙恩和这群人专事屠杀掳掠，破坏不遗余力。孙恩起事的会稽地区是江南地区的重镇，也是王羲之、谢安等北方士族聚居的名郡，吴郡、吴兴（包括义兴）是南方士族的中心居地，这三郡号称三吴，是东晋朝经济文化发达的地区。孙恩等人的作乱对当地的经济产生了十分严重的破坏作用。整个东南地区满目疮痍，再也看不到曾经兴盛时候的模样。

为了平定这场大乱，东晋朝廷派出谢琰和在王恭起义当中倒戈的北府兵名将刘牢之进行平乱的行动。刘牢之从京口起兵，在这军中有一名叫刘裕的人。这个刘裕本来是京口地位十分卑微的普通百姓，史书上记载他"仅识文字，以卖履为生"，小名叫"寄奴"。从这个小名也可以看得出来刘裕确实出身不是那么高贵。但是他身上又偏偏有点富家子弟的习气，好赌博、斗鸡和走马，这样一个人当时在乡里是极为不受欢迎的。刘牢之为了讨伐孙恩，于是便四处招人，根本就不问这些人的出处，也不管这些人以前曾经做过些什么。他的要求只有一条，只要这个士兵的身体足够健壮能够提枪射箭就行。

就这样，刘裕加入了晋军，在刘牢之的军中做一名小小的军官。有一次，刘裕外出执行巡逻任务，突然在路途当中遇到了孙恩的所谓"长生人"大致有数千人。正常的士兵见到这种兵力悬殊的架势恐怕早就逃跑了，何况刘裕才刚刚参军不久。但是刘裕却表现得出人意料地镇静，他没有丝毫畏惧，仅仅带着自己身边的十几个人就冲着那些"长生人"过去了。

尽管刘裕他们也算是装备齐全的东晋正规军，但毕竟人数差距太大，没支持多长时间其他人就都死了，刘裕自己也被这些乱军用枪捅到了河岸之下。这些疯狂的"长生人"冲上去想杀了刘裕争功。谁想到刘裕在这样的危急情况用自己身上的长矛，仰头乱捅，竟然又挑死数名乱军，并且一下子跃起重新跳上岸，大叫冲杀。

面对这样一个近乎疯狂的人物，所有人都不敢继续向前，只得仓皇逃走。刘裕看见乱军退了便继续边叫边杀，在追击过程中又杀掉了上百人。这时候恰恰赶上刘牢之的儿子刘敬宣来寻找刘裕的侦察队，于是他完整目睹了刘裕的英雄壮举。刘敬宣和他的手下们看见这样的场景都吓傻了，甚至都忘了冲上去帮刘裕。就这样刘裕一战成名，马上成了刘牢之军中的重要将领。

后来，随着战事的进展，谢琰被杀，刘牢之的军队不断地进攻孙恩。在这其中的三次战役当中刘裕都有着十分出色的表现。到了东晋安帝元兴元年（公元 402 年）孙恩终于穷途末路投海自杀，这个疯子的徒党和姬妾说他成了水仙，于是跟着投水的多至百余人。在大乱当中，平民百姓被孙恩掳去的达二十余万人，在这三四年间，他们不是战死就是溺死，还有的被贩卖作奴隶，到孙恩死时只剩下数千人。孙恩连年从海岛入寇，前后数十战，又杀死民众数万人。

孙恩之乱直接打击了当时的东晋政权，从此之后东晋朝廷的权威一天比一天衰落。孙恩之乱无意中扮演了东汉末年黄巾之乱的角色，并且引出了一个新的权臣刘裕，这一切都表明，东晋王朝的丧钟已经开始敲响。

这个皇帝自己封

王恭起兵让东晋朝廷对于地方势力的控制力一天天地在缩小。又恰逢孙恩之乱的爆发，于是地方上的一些人便开始蠢蠢欲动，想仿效桓温的所作所为行废立之事。什么事情都有个遗传，连篡位这件事情也能遗传，现在有这个念头的不是别人，正是桓温的儿子桓玄。

王恭起兵失败之后，原本地位平等的殷仲堪和桓玄两人因为司马道子的任命出现了失衡。殷仲堪在这次事件之后只能栖身于桓玄营中。所谓一山不能容二虎，桓玄长期在外并且自己又有一个曾经不可一世的父亲，他时刻打算着追随自己的父亲去建立不朽的功勋。桓玄既然有此志，那么在其营中的殷仲堪就成了桓玄必须要清除的一个障碍了。

于是在东晋安帝隆安三年（公元399年），桓玄可算是找到了这样的机会。这一年荆州地区发大水，平地水深达三尺，这时身为地方官的殷仲堪为了赈恤饥民，导致自身的兵粮仓库枯竭。谁能想到这样一个养民安民的举措竟给殷仲堪自己招致了大祸。

桓玄早就想着吞并殷仲堪的军队，现在对他来说正是天赐良机。于是他趁机率军西上，袭取了殷仲堪囤积粮草的巴陵，继而进兵杨口。慌乱的殷仲堪派侄子殷道护进行防御结果大败。桓玄随后占领了距江陵二十里的零口。殷仲堪没有想到桓玄竟然会在自己的背后插上一刀，于是急忙召同为当地将领的杨佺期相救，但是终归是因为粮草的缺乏而惨败，结果最后双双为桓玄所杀。

通过这场阴谋，桓玄一举夺得荆、雍二州，于是便上表朝廷，要求任领荆、江二州刺史，因为江州地域过于重要，朝廷便授以桓玄都督荆、司、雍、秦、梁、益、宁七州，后将军，荆州刺史，假节，并且以桓脩为江州刺史。这样几乎把整个西部地域都给了桓玄。但是桓玄不满意，上书坚持要求领江州，朝廷迫于桓玄的压力，不得已加桓玄为都督江州及扬豫八郡，并领江州刺史。之后桓玄又得寸进尺，提出以兄桓伟为冠军将军，雍州刺史，以侄子桓振为淮南太守，朝廷都不敢不从。

从根本上讲是东边的孙恩帮助的桓玄。西边桓玄在吆五喝六地对东晋朝廷说着各种各样的要求，东边孙恩所领导的乱军正在风起云涌，东晋朝廷一下子被两场乱局给夹在了中间，动弹不得。至此，东晋的州郡几乎都被桓玄和桓玄的亲信所控制，地方已经彻底成为桓家的天下，只不过建康的朝廷还是姓司马而已。

桓玄势力的上升，让司马道子甚为恐慌。因为桓玄借着孙恩作乱的由头不停地上诏说朝中的人无能要亲自除之。而这个无能的人很明显就是司马道子自己。于是司马道子开始决定讨伐桓玄。元兴元年（公元402年）一月，司马元显派大将镇北将军刘牢之作为前锋都督，以前将军谯王司马尚之为后部，称诏举兵伐玄。

就在官军将要出发的时刻，桓玄的堂兄时为太傅长史的桓石生，及时送来了一封十分紧急的秘密报告。战场上拥有情报就拥有了一切，何况得到情报的这个人还是桓玄。本来按照桓玄的设想，扬州一带因为孙恩之乱正闹得不可开交饥荒严重，朝廷根本就顾不上这边的事情，这种时候正是待机积蓄力量、观衅而动的良好机会。但是桓石生的报告却表明朝廷不但是腾得出手脚，并且已经集中了相当的精锐力量准备讨伐自己。其实这个道理很明白，那边孙恩的所谓"农民起义"即便再闹也兴不起什么太大的风浪，因为基本上已经被剿灭得差不多了，而桓玄才是当时朝廷的真正的最大敌人。

桓玄面对这样的状况，心中一点准备都没有。在得知司马元显即将兴师问罪的时候，桓玄心中也没有底自己是不是能够打败官军，因此想法上就变得十分保守。他打算固守江陵。其实这对于桓玄来说是一个保险的办法。

正当桓玄决定这样做的时候，长史卞范之献计说："公英略威名振于天下，元显口尚乳臭，刘牢之大失物情，若兵临近畿，示以威赏，则土崩之势可翘足而待，何有延敌入境自取蹙弱者乎！"桓玄本来心中十分没底，听到了卞范之的这番表态之后一下子来了劲头，马上把桓伟留下固守江陵，自己上表朝廷，率师沿江东下。当大军到达寻阳，也像当初的王恭一样发布檄文，在檄文上大肆列举了司马元显的种种罪行。

当檄文传到建康的时候，司马元显吓得不敢下令开船。这一下子就胜负立判了。司马道子和司马元显虽然在朝堂之上能够作威作福，但是在军事上的较量自然是比不过桓温的儿子桓玄。原本桓玄兴兵的理由就不够充分，所以他经常担心士兵不会听自己的号令，并且自己也一直在想着万一出了事情怎么撤退的计策。也就是说直到这个时候桓玄自己心里还是不确定的。可是大军到达寻阳，仍然不见官军的身影，这让桓玄不禁大喜过望，将士们也个个精神振奋，沿路如入无人之境。原本司马元显能够借用自己官军的势头最起码在士气上压倒桓玄。但是，这个人实在是太没用，桓玄仅仅靠着一封檄文就把他给吓到了。东晋王朝的最终命运竟然被这种人物把持着实是一种悲哀。

等到桓玄大军抵达姑熟，击败了谯王司马尚之，襄城太守司马休之也弃城而逃。当时，身为朝廷最后希望的刘牢之兵屯洌洲，桓玄十分了解刘牢之这个人行事反复，当时王恭起兵的时候，正是刘牢之的倒戈让桓玄差点死在战场上。但这个时候桓玄已经不是以前的那个桓玄了。桓玄遣使劝降，刘牢之马上便敛手归降。随后，桓玄挥兵直驱建康城外的新亭，早就已经吓坏了的司马元显便不战自溃，弃船逃回京城，与其父司马道子在相府相对而泣，最终被桓玄所擒。

桓玄进入建康之后，大肆贬谪原先司马道子掌权时候的大臣，并且给自己的亲信进行升迁，给自己加以剑履上殿，入朝不趋，赞奏不名的殊礼。东晋朝廷已经彻底地成了桓玄手中的一个傀儡，一个通过命令的图章而已。桓玄想取得天下便只差一步。

东晋元兴二年（公元403年）十一月，桓玄终于步他父亲的后尘迈出了他父亲一直想迈而生生被谢安和王坦之给拖死的那一步。在这之前桓玄已经加封自己为楚王，并且给自己加了他父亲梦寐以求的九锡。到了现在桓玄加自己的冠冕至皇帝规格的十二旒，并且又加车马仪仗及乐器，以楚王妃为王后，楚国世子为太子。

到了这一年的十一月丁丑日，由桓玄的重要幕僚卜范之写好禅让诏书，并且命令临川王司马宝逼晋安帝进行抄写。到了庚辰日，由兼太保、司徒王谧奉玺绶，将晋安帝的帝位禅让给桓玄，随后迁晋安帝至永安宫，又迁太庙的晋朝诸帝神主至琅琊国。随后便又是令人作呕的三劝三让的把戏。

百官到桓玄的驻地姑熟进行劝进，桓玄又假意辞让，官员又坚持劝请，桓玄于是筑坛告天，在十二月壬辰日正式登位为帝，并改元"永始"，改封晋安帝为平固王，不久迁于寻阳。这个篡夺东晋王朝的政权后来被命名为"桓楚"，但这个桓楚并没有延续多长时间。因为随着桓玄登上所谓的"帝位"，便开始整日的骄奢荒侈，游猎无道，游乐从夜至昼。开国之君做的却是亡国之君才应该做的事情。桓楚从一开始建立就充满着不祥的气息。

这时候，在建康的一片虚假繁荣之外，刘裕正在望着建康的动静。他就等着桓玄篡位的那一刻，因为那是对他来讲至关重要的机会，顷刻间夺取整个天下的机会。

第六章

宋武出山：丧钟为东晋响起

你们乱着我夺权

桓家本来是清流雅士之家，桓温自己虽然晚年有篡逆谋反的心思，但是毕竟还算得上是一个英雄式的人物。桓玄却完全是靠着父辈给自己留下的遗产来征战的，更何况还有一点点的运气成分在里面，如果当时孙恩没有那么巧在东南地区发动叛乱，如果朝廷不是被只会喝酒带小弟的司马道子父子所把持，那么也许桓玄根本就没办法取得权臣的位置更别提称帝了。要知道当时桓温的对手可是谢安和王坦之。正是因为桓玄的这个帝位来得实在是太容易了，所以他一点也不知道珍惜。在称帝之后更是顽劣不堪，根本没有做一个开国君主应该做的事情。

在桓玄刚开始有篡晋的想法的时候，他的兄长桓谦曾经就这个问题问过刘裕的态度，因为当时刘裕通过讨伐孙恩，迅速蹿升成为了当时东晋的又一名封疆大吏。刘裕这个人不光英勇而且鬼主意也很多，史书上记载当时刘裕已经"志欲图玄"，也就是说刘裕在暗中已经在想着取代桓玄的位置。

他认为，如果桓玄不反反而对他不利，因为他没有攻击桓玄的由头。如果桓玄果真是反了的话，那么这是刘裕的重要机会，能够借此作为借口讨伐桓玄。当然，桓玄并不知道刘裕心中真实的想法，还把刘裕当作了"股肱之臣"予以依赖。刘裕听到桓谦这样问，心中其实是在暗然欣喜。于是平静地说道："楚王，宣武之子，勋德盖世。晋室微弱，民望久移，乘运禅代，有何不可？"从面子上表达了对于桓玄这种行为的纵容和支持。只可惜桓玄根本就没能看出这个人包藏祸心，外表憨厚内藏奸诈，实则是东晋王朝中最具野心的人物。

在刘裕这样一番怂恿之后，桓玄终于篡晋称帝。这时候高兴的不但有桓玄自己，还有在暗中的刘裕。但是刘裕在桓玄面前还是表现得非常谦卑。有一次桓玄见到刘裕，想起了他以前支持自己的言行，于是便对左右的人说："昨见刘裕，风骨不恒，盖人杰也。"桓玄只看出了刘裕是人杰，却没看出刘裕有真命天子的命。桓玄只把刘裕当作一个普通的将才加以利用。在每次出巡的时候，都对刘裕优礼有加，赠赐甚厚，想用这种方式让刘裕为自己所用，但刘裕在内心当中已经打定了主意就是要夺桓玄的位置，又怎能因为桓玄这样对他就放弃这样的一个野心呢？

桓玄身边也不是没有明白人。在这种时刻通常都会出现几个旁观者清的角色来为当局者指清方向，就看那个当局者是听还是不听了。他们劝桓玄说："刘裕龙行虎步，视瞻不凡，恐不为人下，宜早为其所。"桓玄显然是不听的那类当局者，在他心中刘裕是个"好孩子"，十分听自己的话。于是他不以为然地回答道："我方欲平荡中原，非刘裕莫可付以大事，关、陇平定，然后当别议之耳。"从此之后对刘裕是多加褒奖。

其实桓玄也不一定是看不出来刘裕的心思，再加上有人提醒他，内心当中肯定会对刘裕有一些芥蒂出现，但是桓玄这个人还有另外一个特点，就是对自己极度自信，他相信自己能够利用和平的方式来解决刘裕的问题。于是便下诏说："刘裕以寡制众，屡摧妖铎。汎海穷追，十殄其八。诸将力战，多被重创。自元帅以下至于将士，并宜论赏，以叙勋烈。"桓玄心想我作为皇帝能够这么褒奖你这个将领，你还不得对我感恩戴德？桓玄彻彻底底地把刘裕的为人给想错了，从刘裕在战场上能够如此拼命的情况看，刘裕这个人对自己的要求极严，同时又极度阴险。就在桓玄百般讨好刘裕的时候，刘裕在暗中做了大量准备工作，时刻准备着起兵平灭桓玄。

等到一切准备停当，到了元兴三年（公元 404 年）二月，刘裕组织了一次所谓的"游猎"，这实际上是一个借口，真正的目的在于有一个集结部队的理由。刘裕在暗中与何无忌等人集结部众，并且联合了魏咏之、檀道济、周道民、田演等一批对桓玄的所作所为不满的将领率众起兵，在京口、广陵杀死了桓玄的亲信桓修和桓弘。刘裕真可以说得上是一个影帝，在桓修被杀之后，作为罪魁祸首的刘裕竟然会痛哭流涕，表示要厚葬桓修。

刘毅的兄弟刘迈原来也在建康。当刘裕起兵之后讨伐桓玄不到几天，派遣同谋周安穆前去通报刘迈，要他作为内应。但是刘迈这个人平生胆小怕事，他在表面上敷衍周安穆，但内心当中却并不敢应允。这个人同时也是一个心里有什么事情都藏不住的人。他的表现轻易就被周安穆给看穿了，周安穆担心这件事情会因此泄露，于是急忙赶回报告刘裕。

这个时候，桓玄任命刘迈为竟陵太守。这样刘迈就一下子被夹在了桓玄和刘裕两人的中间。刘迈便不知该怎么办才好，后来他认为只能是躲开朝廷当中的争斗自己去享清闲去，于是准备船只走马赴任。在一天夜里，刘迈接到了一封桓玄给他的信。信中问道："北府人情云何？卿近见刘裕何所道？"这说明桓玄在内心当中对于刘裕是有一定的防范的。并且桓玄对于自己的下属也不是十分信任。

这封信实际上仅仅是一封试探信，因为桓玄心中毕竟是不太相信刘裕会反叛自己。刘迈在看到这封信之后惊恐万分，他以为桓玄已经知道刘裕的阴谋了，于是急忙想赶紧脱身，在第二天一早就把事情全盘托出。桓玄在这时候才如梦方醒，确认了刘裕确实有反叛自己的阴谋，于是便封刘迈为重安侯。但是桓玄这个人也是个犹犹豫豫的人,这种犹豫是他最大的问题。本来已经封了刘迈为重安侯,这就等于昭示世人我已经原谅刘迈以前的所作所为了。更何况刘迈原本就没有真正的反叛意愿,反而还告诉了桓玄真实的情况。但桓玄在这之后却认为刘迈不抓住周安穆,使周安穆得以逃出,这对他来讲是不能忍受的,于是又把刘迈给杀了。这样等于在朝中失去了诚信,把朝廷当中的大臣弄得人人自危,自然对桓玄失去了信心。

桓玄在杀掉刘迈之后便开始准备对付刘裕,连忙召桓谦、卞范之等人进行商讨。桓谦认为应马上出兵攻击刘裕。但桓玄并不同意这个建议,说:"彼兵速锐,计出万死。若行遣水军,不足相抗,如有蹉跌,则彼气成而吾事败矣。不如屯大众于覆舟山以待之。彼空行二百里,无所措手,锐气已挫,既至,忽见大军,必惊惧骇愕。我按兵坚阵,勿与交锋,彼求战不得,自然散走。此计之上也。"于是派顿丘太守吴甫之、右卫将军皇甫敷北拒刘裕。

应该说桓玄的这个战略是有着一定的道理的。也许在对待其他人的时候能够有效,但是他的对手是刘裕,是当初那个以一当千的刘裕,又怎么会"忽见大军,必惊惧骇愕"?桓玄还是对于自己的实力过于自信了。但同时桓玄也承认刘裕确实是一个对手,曾经有人宽慰他说:"刘裕等众力甚弱,岂办之有成?陛下何虑之甚。"桓玄听了之后回答:"刘裕是为一世之雄。"(事见《宋书·武帝本纪》)

到了东晋元兴三年（公元404年）三月，刘裕和桓玄手下的勇将吴甫之会战于江乘。吴甫之的军队是桓玄阵营当中的一支精锐部队。但是刘裕要比他更加勇猛，刘裕在这场战争当中又拿出了他的看家本事——喊。刘裕手执长刀，大声呼叫着，身先士卒。看到主帅的表现，刘裕的军队一下子就士气高涨，最终吴甫之被杀。接着，双方军队又战于罗落桥，桓玄的部下皇甫敷率数千人迎战。宁远将军檀凭之与刘裕各率一队人马，但是在这当中檀凭之战败被杀，他手下的士兵便纷纷逃散。虽然失去了一个重要的支援力量，但刘裕却愈战愈勇，前后奋击，所向披靡，最后皇甫敷兵败被斩。

听说皇甫敷战败后桓玄便更加恐惧。急忙派出桓谦屯兵东陵口，让卞范之在覆舟山西屯兵，这时候双方兵力总共有二万余众。不久之后，刘裕让自己的士兵全部都吃饱肚子，把所有的余粮全部扔掉，轻装上阵。这种做法类似于当时项羽的破釜沉舟，一方面减轻了自己士兵的负重，另一方面也让士兵有了必死的决心，极大地提高了士兵的士气。

刘裕率领军队前进到覆舟山东，命令手下将旗帜遍插在周围山上，他的目的在于让桓玄的军队误认为他的主力在这里。桓玄又增派武骑将军身为庾家后代的庾祎之前往增援。刘裕面对强敌镇定自若，总是冲杀在最前阵，这样一招百试百灵。士兵受他鼓舞，士气十分旺盛。恰巧在这时候，老天刮起了东北风，刘裕抓准了这样的时机马上下令纵火，这时候火烟张天铺地，史书上记载"鼓噪之音震京邑"。桓玄的最后一道防线就这样土崩瓦解。桓玄看到大势已去，只得让殷仲文守住建康，自己率子弟沿长江南下逃走了。

刘裕的部队马上直奔建康，不久之后建康城被攻下。当刘裕的部队刚刚攻克建康的时候，桓修的司马刁弘率文武佐吏前来救援。于是刘裕登上城楼对他说："我等并被密诏，诛除逆党，同会今日。贼玄之首，已当枭于大航矣。诸君非大晋之臣乎？今来欲何为？"这实在是一个现场版的"空城计"，刘裕在城中根本就没有准备好足够的士兵进行守城作战，于是便想出了这个主意。这个刁弘也是个无能之辈，轻易地就被刘裕唬住，只能撤退。不久之后刘毅等人率部众赶到，刘裕急命他杀了刁弘。

刘裕并没有直接代晋自立，而是打着恢复晋朝的名号，这绝对是聪明之举。因为当时的天下形势还不够稳定，跟随刘裕起兵的人也都是为了铲除桓玄奸党。如果这个时候刘裕代桓玄自立那么难免会引起新的一轮混乱，也许刘裕会步桓玄后尘。所以刘裕并没有在攻进建康之后就自立而是在建康立留台官，并且将原先桓玄所立的宗祠彻底烧毁，重立晋新主在太庙中，这个举动向世人表明我刘裕是为了重振晋室才这样去做的，是为了天下而不是为了我刘裕个人，我刘裕跟桓玄不同。

通过这样一番宣誓之后，他摇身一变成了东晋的大功臣。于是朝廷派尚书王嘏率百官迎接刘裕，朝廷命刘裕都督扬、徐、兖、豫、青、冀、幽、并八州诸军事，领军将军，徐州刺史。地位比当初桓玄的地位还要高，几乎掌握了全国的军事权力。

在这之后，刘裕又派人去追击苟延残喘的桓玄，最终在峥嵘洲大败桓玄。桓玄继续逃窜。到了东晋义熙元年正月（公元405年），刘毅等人到达江津，攻破了桓玄的亲族桓谦、桓振，将桓玄的老巢江陵攻下，桓玄仍旧坐船逃走。听闻江陵被攻陷，晋安帝司马德宗被刘裕给接到江陵，下诏历数桓玄罪状，竭力称赞刘裕平定桓玄之乱中所立下的功绩，并封刘裕侍中、车骑将军，都督中外诸军事，使持节、徐青二州刺史如故。至此，刘裕已经是全天下官职最高的人物，成了东晋朝廷的新主心骨，或者说是"新主子"。

至于桓玄则仓皇向西逃亡蜀中，当初自己的父亲是志得意满地前去攻伐成汉，现在桓玄却只能是向着蜀中逃命了。最终在逃命的路上，被益州刺史的部队截杀，享年仅仅三十六岁。他的堂弟桓谦为其上谥为武悼皇帝。这位皇帝的头颅最后被送到建康，挂在一个大杆子上示众，百姓看到之后竟然都十分欣喜，可见桓玄的篡逆之举是多么不得民心。

刘裕掌握了中央权力之后，对于桓玄时期的种种弊端予以改革。史书上记载："先以威禁内外，百官皆肃然奉职，二三日间，风俗顿改。"原先因为几场战乱而萧条的东晋终于出现了一些和缓的迹象。当然，看见刘裕最后把风头都给抢了，当初那些跟随他的人之中也必定会有不满的人，刘裕随后就都把他们给清理掉。巩固了自己在朝中地位。

这时候，北方的局势也发生了变化。苻坚的前秦已经被消灭。但慕容垂所建立的后燕也没有长久，被后魏政权所打败，被截成了两个部分。南边靠近东晋的一部分就成了慕容德所创立的南燕政权。

刘裕为了进一步巩固自己的地位，又用出了当初桓温所用过的老招数，兴师北伐。北伐的目标就是这个小小的南燕政权。原本这个南燕就是个落败而形成的残余政权，因此并没有什么真正的实力，轻易就被刘裕所打败，南燕的领土就成为东晋的疆域。

正在刘裕忙于北伐的时候，孙恩之乱的余党卢循自以为抓住了朝廷空虚的机会，于是便蠢蠢欲动准备在合适的时刻给刘裕的背后插上一刀。

卢循败死

卢循是范阳的大族，同时也是东晋的士族之一。但是卢循并没有继承士族的高贵血统去当官，反而跟假道士孙恩扯上了关系，成了孙恩的妹夫。孙恩被剿灭后，剩下的一批人便跟随卢循继续进行他们所谓的"事业"。桓玄篡位之后，他为了稳定国内的局势，命这个原先的亡命之徒为永嘉太守。这样卢循的身份就算是洗白了，而且彻彻底底继承了这个士族的称谓。

卢循从此就当上了朝廷命官，到了刘裕掌权的时候，朝中的各种事情十分忙碌，根本没有空去管当时桓玄所封的这些地方官员，同时也是为了稳定地方，便又给这些桓玄时候的地方官员一些新的官职。卢循也在这批人当中，被任命为征虏将军、广州刺史、平越中郎将。面对着相对稳定的生活，卢循心中也就不再去想那些造反的事情，想这样安安稳稳地过下去。但还是那句话"树欲静而风不止"，有时候在历史的滚滚洪流之中有些事情明明知道自己不想去做，但最终还是得被迫而做。对卢循来说，徐道覆就是吹动他这棵树的风。

徐道覆在卢循的手下做始兴太守，他原本就是孙恩乱军当中的一员，同时也是卢循的姐夫。东晋义熙五年（公元409年），刘裕领兵北伐南燕，围困南燕都城广固数月，造成了南方兵力严重空虚。面对这样的一个局势，刘道覆敏锐地察觉到这里面的机会。于是便派人去联络卢循劝他马上造反，但是已经一心一意当一个顺民的卢循根本不想再去打打杀杀了，便没有同意。刘道覆还不死心，结果自己亲自到了卢循的治所番禺也就是今天的广州劝卢循起兵伐晋。

刘道覆对卢循说："朝廷恒以君为腹心之疾，刘公未有旋日，不乘此机而保一日之安，若平齐之后，刘公自率众至豫章，遣锐师过岭，虽复君之神武，必不能当也。今日之机，万不可失。既克都邑，刘裕虽还，无能为也。君若不同，便当率始兴之众直指寻阳。"

其实这话有夸张之嫌，因为东晋朝廷怎么也不可能"恒以君为腹心之疾"。对东晋来说，卢循还远算不上是心腹之疾。卢循当然也清楚自己的位置，并且已经安定的他并不想再冒风险。但是卢循又不能自己拿主意，虽然觉得刘道覆的做法他不同意，可是他又想不出什么办法能让自己的生活过得更好。史书上这样描绘："循甚不乐此举，无以夺其计，乃从之。"可以感觉到卢循做出这个决定的时候的无奈。

刘道覆得到了卢循的"肯定"，便开始为了起事进行准备。由于南方多水，如果想马上攻取建康势必需要造一些船舰。但是如果大张旗鼓地收集木材建造船只，必定会引起朝廷的注意。这时候刘道覆想到了一个好点子。他先派人在南康山进行伐木，对当地的百姓说他要把这批木材运到京城卖掉，让当地人都知道有这么个木材商在这个村子里。等到造船的材料齐备，他便放出消息说自己没有那么多的人力把这些木头运走了，只能在当地贱价处理掉。当地的百姓认为有利可图，再赶上当时水流湍急，行船困难，于是便都到刘道覆那里"进货"储备。这样刘道覆就很好地解决了这批将用于起事的木材的储备问题。到了起事的时候，便拿出当时的凭证按照比原先价格稍高一点的价格再给买回来，于是在十日之内，所有起事需要用到的船只都装备完成。从这个事例可以看出，这个刘道覆还是有着相当高的才干与胆识的，只可惜后来的事情证明刘道覆是跟错了主子。

有了船只之后，刘道覆和卢循便开始进行他们的计划。因为事前准备充足，再加上东晋当时在南方的兵力确实空虚，所以他们的进展很快，马上就向着南康、庐陵、豫章诸郡开动，当地的官员都四处逃窜。

东晋朝廷方面一直在等着刘裕的捷报，根本没想到南方已经发生了大事。面对迅速壮大的造反派，东晋再一次陷入了危机状态。朝廷急忙派人去往北方通知刘裕赶紧回京。这时徐道覆的军队已经到了豫章附近，在倒桓之战中立下大功的何无忌此时正驻守在寻阳，面对乱党，他十分自信地以为自己能够解决他们，于是便想着主动出兵与刘道覆决战。

在搞不清楚敌人底细的情况下，左右都劝他固守寻阳、豫章，以逸待劳，但何无忌也是一个自负的人，完全不听下面人的意见。结果在豫章城外与徐道覆的水军相遇。由于徐道覆为了这场战争进行了相当充分的准备，而且徐道覆的水军都是新建造出来的大型战船，何无忌却设备陈旧兵力缺乏，最终何无忌为自己的自负付出了代价，战死在了这场战斗之中。

何无忌的死对朝廷来讲，是一个比得知南方叛乱还让朝廷担心的消息。因为当时东晋的大部分精锐将领都随刘裕去了北边。朝廷当中可用的将领少得可怜，向何无忌这样的将军更是几乎没有。因此，何无忌的死在朝廷当中掀起了轩然大波。由于东晋朝廷已经彻彻底底成为刘裕个人的附庸，朝中的官员甚至动了放弃京城，向北奔逃找寻刘裕的念头。

在北方的刘裕已经得到了朝廷传来的消息。得到消息之后刘裕马上让南燕降将韩范、封融等人守住已经获得的土地，自己率军急急忙忙向着建康回师。

刘裕回到山阳后，由于前方的战局并不明朗，便担心京城失守。刘裕派出自己的精锐骑兵昼夜兼行，并带着几十个人微服来到淮上，向南来的行人打听京城的最新情况。行人说："贼尚未至，刘公若还，便无所忧也。"刘裕这时候应该非常高兴，为的是两件事情，第一是建康还没有被攻陷，第二则是刘裕自己在民间的威望竟然到了这样的一个程度。刘裕在得到了这样的消息之后，便昼夜兼程地赶往京口进行驻防。

当初刘裕占据消灭桓玄的绝大部分功劳，许多的将领并不服气。这在这场平乱战争当中也有所体现。刘裕本来想着和当时消灭桓玄的另外一名重要将领刘毅一起起兵去攻打叛军。但是刘毅心里头赌着口气，他表示："我以一时之功相推耳，汝便谓我不及刘裕也！"坚决不听刘裕的安排。这个表态可谓是充满了负气之感，这样的统帅所率领的军队又怎么不会失败呢？结果这支军队最后和卢循碰了头被杀得是干干净净，不光把命丢了，自己的所有装备也都归了卢循。

这下子形势就对东晋和刘裕更加不利了，原本刘毅的军队是守卫京城的一个重要屏障，只要刘毅能够顾全大局听刘裕的话，两个人相互配合一定没有问题，可是他偏偏要自己出击弄个惨败。卢循的军队现在直接就能杀向建康。这时候连刘裕都没办法左右朝中的形势了，恐慌的情绪在朝中蔓延开来，一帮大臣又重提迁都的方案。当时任长史的孟昶更是认为刘裕根本没有办法阻挡卢循，劝他赶紧想办法带着晋室逃离都城。但是刘裕跟他们的想法都不一样，他对孟昶说："今重镇外倾，强寇内逼，人情危骇，莫有固志。若一旦迁动，便自瓦解土崩，江北亦岂可得至！设令得至，不过延日月耳。今兵士虽少，自足以一战。若其克济，则臣主同休；苟厄运必至，我当以死卫社稷，横尸庙门，遂其由来以身许国之志，不能远窜于草间求活也。我既决矣，卿勿复言！"

这真真正正可谓是大丈夫的言论，分析得极为精到。并且从这里可以看出刘裕成功的秘诀就在于一个搏字。但是刘裕的这番表态并没有让孟昶放下心，结果自己服毒自杀了。儒生到底是儒生，将领就是将领。自己自杀完全是逃避责任，真的猛士敢于直面惨淡的人生。

在卢循方面，一直作为卢循计划制订者的刘道覆已经看破整个战场的玄机。他们已经获得了绝对的优势，无论是在装备、兵力和士气都远远超过了刘裕。现在最重要的任务就是找一次能够决战的机会，一下子把刘裕给拍死，那么他们就能获得最终的胜利了。于是他向卢循建议，从新亭、白石烧船上岸，分几路进攻建康，与刘裕决战。但是这个卢循从他起兵之初的犹犹豫豫就可以看出，他实在是优柔寡断，性格软弱根本成不了大事。听到刘裕回师的情报之后，便心生恐惧，完全做不出任何的决策，也不让别人帮他做决策。

卢循长期下不定主意便只与刘裕对峙，这样就给了刘裕恢复自己的机会，对于卢循方面来说无疑是耽误了最为重要的战机，最后卢循的想法竟然还是小家子气地攻取江陵退而守之。明明自己是叛军，明明自己是进攻方，明明对自己来讲越快结束战争越好，他竟然就这样下决定实在是个庸才。难怪徐道覆长叹一声说："我终为卢公所误，事必无成；使我得为英雄驱驰，天下不足定也。"徐道覆真的是看错人了。

就在卢循犹犹豫豫的期间，刘裕在建康城建筑了许多工事，做好了十足的守城准备。等卢循再想起来进攻建康的时候便没有那么容易。卢循的军队竟然攻建康攻了长达两个月的时间。一支乱军竟然能够维持这么长时间的攻城战，这得有多少兵力？又能干多少事情？可卢循这个庸主把这样好的机会完全放弃了。如果当时卢循听了刘道覆的话，那刘裕又怎么能最终篡晋登上皇位？卢循如果泉下有知，非得后悔死。

胜败之势逆转之后，刘裕开始造大船，训练水军，组建起一支强大的军队。自此在装备上超过卢循的军队。同时他派孙处与沈田子等率领三千士兵抄后路偷袭卢循的后方老巢番禺。卢循的军队北上，几乎是倾巢出动，番禺的防守早被忽略，孙处等人来到番禺，碰上大雾天，便猛攻人数极少的守军，一举成功。

老巢被端，这让北面的卢循各部陷入了"有家不能回"的尴尬境地，对于他们来说只能进攻了。但是已经是强弩之末的他们又怎么可能成功？徐道覆攻江陵不下，卢循本人又在雷池战败，便想要逃往豫章，在左里一带（今江西都昌西北）筑起栅栏，但是最终也挡不住刘裕新建水军的强大攻势，死伤惨重，卢循只坐了一条小艇仓皇逃跑。

最终，卢循与徐道覆退到了广州境内，还想负隅顽抗。一直到了东晋义熙七年（公元 411 年）初，徐道覆的始兴城被晋军攻破，被埋没的徐道覆就此战死。卢循攻不下孙处固守的番禺，继续退入交州，最终被逼到龙编（今越南北部）的　条河边，投河自尽。这样，根源从孙泰开始的这长达十几年的不断的国内变乱，最终在刘裕的英勇奋战之下得以解决。刘裕还有更加重要的事情需要去完成。

这回轮到我坐庄了

　　平定了卢循之乱后，刘裕终于可以把自己的精力再放到北伐上边。因为卢循之乱让刘裕看到了许多威胁自己的问题，尤其是刘毅在那种危机的情况之下竟然还会想着去和自己争功。刘裕已经明显感觉到，自己虽然已经是一人之下万人之上，但是毕竟当时共同讨伐桓玄的许多重臣都在，他们对于刘裕这个明明出身卑微却又占尽了"便宜"的人，从内心来讲是十分瞧不起，也是十分不服气的。刘裕需要给自己证明，同时也让天下看到自己能做到别人没有办法做到的事情。他需要一个机会让他的功劳和其他人的分开。只有这样他在实行自己未来计划的时候才能敢于施展，才能施展开。

　　原本，刘裕就要成功了，他通过对南燕的北伐已经帮助东晋扩充了疆域。可是由于卢循之乱，让刚刚得到的领土并不是十分的稳固。于是刘裕便又开始有了北伐的想法，不过这一次他换了一个对手，目标瞄准了在关中地区的后秦。

前秦苻坚受到了鲜卑人进攻和他自己属下姚苌的背叛，最终亡国。在此之后姚苌以长安为中心，建立了又一个国号为秦的国家，称之为后秦。这是一个属于羌族的政权。姚苌就是当初投降东晋后又反叛东晋的姚弋仲所部的后代。

这个政权跟东晋的恩怨叫以说很深。他所统治的地域包括了关中的绝大部分地区还有原先凉国所统治的地域，是当时中国西北方最大的一个政权。在东晋义熙十二年（公元416年）秦国主姚兴病死，太子姚泓继位。由于国家突然发生了这样的重大变故，后秦的宗室们为了争夺帝位导致自相残杀。这样的惨剧在东晋十六国时期已经不知道上演了多少回了。这样，就给了刘裕一个绝好的机会进攻后秦。

东晋义熙十二年（公元416年）八月，刘裕再一次出征北伐。这次北伐，对于刘裕来说是志在必得。大军被分成了五路：新野太守朱超石、宁朔将军胡藩攻打阳城；龙骧将军王镇恶、冠军将军檀道济前往许、洛；建威将军傅弘之、振武将军沈田子攻打武关；冀州刺史王仲德，由巨野入河；建武将军沈林子、彭城内史刘遵考，自汴入河；九月，刘裕自己率部驻扎彭城，加领徐州刺史。

刘裕这次北伐可以说是风头做足，之所以派出五路大军进行讨伐，就是为了壮军威，到时候跟朝廷汇报的时候有的说有的夸赞。更何况后秦在这个时候已经进入了衰落期，所以对于身经百战的刘裕来说，这是一个软得不能再软的软柿子。刘裕之所以这么兴师动众完全是做样子给朝廷看。

　　由于上述的因素，刘裕的各路大军进展都十分顺利。反观后秦这边，根本没有做出什么有成效的抵抗。史书上用四个字来形容当时后秦对于刘裕北伐军的态度——"望风降服"。到了十月，军队就已经到达了晋的故都洛阳，并且包围了洛阳周围的军事重镇金墉，姚泓的弟弟平南将军姚洸在万不得已的情况下归降了刘裕。为了宣誓自己的重新归来，晋军在洛阳简单修缮了已经阔别了许多年的晋室王陵。这也是刘裕宣扬自己是晋朝忠臣的一个重要举措。通过这个动作让外界知道，自己才应该是晋朝正统的继任者。

　　由于这次的北伐对于刘裕来讲是过于顺利了，刘裕认为他的这个举措可以让文武百官都看到他的功绩。尤其是自己重新修缮晋陵的举措一定会赢得朝中许多人的欢心。于是刘裕便再也不能按捺住心中早已有的意图。像当年的桓温和桓玄一样派左长史王弘还建康，"讽朝廷求九锡"。

　　一代枭雄，终于在这一刻露出了他的本来面目。刘裕的这个决定应该说是相当草率的，因为无论当时刘裕是有多么高的威望，有多么强的实力，或者说是有多大的信心保证这次北伐一定成功，他毕竟人在远离建康的关中地区。朝廷在江南，他却在西北，这时候请求这种明显带有篡位意味的东西，如果朝中有人反对，趁着刘裕不能返京再来个卢循叛乱，又或者朝中又出现一两个谢安王坦之之类的人物，那刘裕接下来的日子恐怕不会太好过。东晋朝廷虽然已经依附于他，但朝廷终究是朝廷，臣子也终究是臣子，刘裕的这个决定实际上是他人生当中的又一次赌博。

那边刘裕要求加赐九锡，在建康刘裕的心腹刘穆之得到了这个消息。刘穆之在当初刘裕讨伐桓玄的时候被任命为刘裕的主簿，相当于刘裕的秘书。应该说他是刘裕身边最值得信任的人。因此像当初的曹操将荀彧留在许都自己南征一样，刘裕北伐的时候便将刘穆之留在了建康，帮助他处理国内的事情，更重要的是帮助他看管住已经取得的权力。

在刘穆之主政的这段时间，史书上记载："外供军旅，决断如流，事无拥滞。宾客辐辏，求诉百端，内外咨禀，盈阶满室，目览辞讼，手答笺书，耳行听受，口并酬应，不相参涉，皆悉瞻举。又数客昵宾，言谈赏笑，引日亘时，未尝倦苦。"可见，刘穆之是一个颇有政治才能的人物。但是，跟刘裕不同的是，他这样尽心尽力为的是东晋朝廷而不是为了刘裕。当初他之所以加入刘裕的阵营当中，也是为了能够剿灭桓玄乱党。所以从刘穆之的内心来讲他是坚决要保卫晋室的。他们二人的关系实在是和荀彧与曹操的关系太过相似了。

刘穆之得到主公这个消息之后，曾经他对刘裕的所有幻想都破灭了。原来刘裕跟桓玄没什么两样，都是想篡位夺权的权臣罢了。因此刘穆之顿感国家无望十分忧愁，最后竟然就这样因为过度担心发病而死。

刘穆之死后，东晋朝廷因为实在没有办法回绝刘裕的要求，便只好下诏以刘裕"为相国，总百揆、扬州牧，封十郡为宋公，备九锡之礼，位在诸侯王上，领征西将军，司、豫、北徐、雍四州刺史"。这样，刘裕就等于走上了那些篡权前辈们所走上的道路，而封公这步正是由东汉末年的枭雄曹操所做而来，受到后代权臣的纷纷效仿。刘裕可能根本没打算朝廷真能给他，这回朝廷动了真格的，他自己倒是犹豫起来，毕竟自己离京城实在是太远了，万一出了什么事情实在是不好控制。于是，他便没有接受朝廷的这次封赏。

义熙十三年（公元417年）正月，刘裕以儿子彭城公刘义隆镇守彭城，自己则率水军入河。这时候北方的另外一个政权北魏参与了这场战争当中，准备夺一杯羹，于是派出步骑十万，占据了河津地区。刘裕便命诸军渡河击之。七月，刘裕由洛阳到达陕城。八月，扶风太守沈田子大破姚泓于蓝田，王镇恶也攻占了长安，活捉了姚泓。后秦就此灭亡。九月，刘裕也到了长安。

当时长安城内物资丰富，币藏盈积。刘裕将一部分浑仪、土圭等献给朝廷，其余珍宝珠玉则分给将帅。长安是西汉的故都，而汉朝的皇帝又是刘姓，这可真是风水轮流转。因此，刘裕便大肆谒拜在长安的汉高祖刘邦的陵寝，这实际上是在宣誓自己的正统地位，不但承接了晋还承接了汉。他还大会文武于未央殿，隐隐地已经有了帝王之相。

本来，刘裕完全可以乘胜前进，平定陇右，恢复晋疆域，可是就在这紧要关头，他却宁愿功亏一篑，留下十二岁的儿子刘义真为安西将军，镇守长安，自己却匆匆返回建康。结果后来这些刚刚得到的领土被夏政权的赫连勃勃所攻取，可谓是得而复失。

为什么刘裕会在形势一片大好的时候返回建康呢？史书上是这样分析的："辛未，刘穆之卒，太尉裕闻之，惊恸哀惋者累日。始，裕欲留长安经略西北，而诸将佐皆久役思归，多不欲留。会穆之卒，裕以根本无托，遂决意东还。"这也就是说，最主要的原因是刘穆之的去世让刘裕在朝中失去了"看守内阁"，权力有丧失的危险。

另外，已经出兵了很长时间，将士们普遍思念故土士气低落。还有一种看法认为"关中形胜之地，而以弱才小儿守之，非经远之规也。狼狈而还者，欲速成篡事耳，无暇有意于中原"。也就是说刘裕的北伐原本就是一个幌子，他真正的目的在于加大声势之后好进行篡位的行动。而刘穆之的去世给了他这样的一个机会马上回京。但无论怎么样，套用当初评价桓温的话，可能只有刘裕才知道自己是怎么想的。也无论刘裕是怎么想的，反正大晋朝的末日马上就要来临了。

东晋至此呜呼哀哉了

刘裕生于东晋隆和二年（公元 363 年），到了他回到建康的时候是公元 417 年，已经是将近六十岁的人了。如以前的枭雄们一样，刘裕在朝中虽然没有敌人了，但是他现在最大的敌人就是时间。他已经耗不起了，万一有个什么病可能马上就会去世，那么他以前所做的就会功亏一篑了。因此再回到建康之后他便加快了篡位的步伐。

天赐良机流传谶言说晋朝最起码还要经历两位皇帝国祚才能够消失殆尽，这对于刘裕来说简直是天方夜谭。他怎么可能让这个傻子安帝司马德宗一直对他指手画脚？况且当时安帝尽管傻但是毕竟还年轻，说不准自己就会被一个傻子给熬死。因此刘裕不得不想办法让安帝的生命变得"短一些"。

可能这就是皇家出生的孩子的宿命。如果这个傻子生在一个普通的士族家庭，尽管可能会让整个士族蒙羞，但毕竟他不会对他人的权力产生影响，一般都会活在自己的那个世界里一直到死。但是生在皇家的傻子就不同了，尤其是还登上了帝位的傻子。没人会因为你是个傻子就同情你，有的只是对你更多的怨，都盼着你早点死，这样他们就能更快地取代你的位置。

但是当时，安帝周围总有一位司马氏的王爷琅琊王司马德文。安帝虽然傻，但是司马德文不傻。司马德文一定是已经预料到了什么，因此为了保住大晋的江山，一直在安帝的左右不离开守着这个傻哥哥。这样就为刘裕一伙人暗杀安帝增添了很大的难度。

这时候司马德文患病了，只得回府修养。刘裕他们就抓住了这个机会，王韶之用衣带把晋安帝活活地缢死于东堂，安帝这时候年仅三十七岁。这个王韶之也是王家大族之后，"王与马共天下"有他们家的一分子，最后竟然是王家的人杀了司马家的皇帝，这实在是让人唏嘘不已。刘裕这样做为后世开了一个十分恶劣的先例，从此之后，篡位必然包含着暗杀，以前那种禅让之后，亡国之君得以封公终老的事情不复存在了。

晋安帝死后，刘裕为了附和谶文当中的内容，并没有急着就篡位当皇帝。他选择立一直陪在安帝左右的琅琊王司马德文为帝，是为晋恭帝。晋恭帝时期完全就是刘裕建立自己宋朝的过渡时期。刘裕夺权的许多重要节点都发生在这一时期。

恭帝元熙元年（公元419年）八月，刘裕进位成为宋王，移镇寿阳。这时刘裕距称帝仅一步之遥。元熙二年（公元420年）三月，刘裕想试探一下群臣们对自己称帝这件事情的想法，就大集朝臣在寿阳欢宴。酒桌有时候能够完成许多重要的事情，现代人可能需要搞调查问卷搞评估才能够知道别人的想法，古代仅凭一桌酒席就能决定家国大事。

在觥筹交错之中，刘裕为了试探诸人反应，便说："桓玄篡位，鼎命已移。我首倡大义，兴复帝室，南征北伐，平定四海，功成业著，遂荷九锡。今年将衰暮，崇极如此，物忌盛满，非可久安。今欲奉还爵位，归老京师。"这话说的是何其地冠冕堂皇！"奉还爵位，归老京师"的原因就是"物忌盛满"。

谁都知道东晋朝廷当时已经离不开刘裕了，朝中的大臣大多都同时在宋国担任官职，国王交还爵位，那这些大臣也就甭干了。反过来想既然"物忌盛满"但是又离不开刘裕那怎么办？自然而然的就是把爵位再提高一级，王再提高一级当然就是帝了。刘裕这段话看似是一段退休宣言，实际上是在曲折地表达自己将要称帝的心思。

但是当时参加酒宴的大臣大多根本没有对这么重要的信息有什么反应，史书上记载："群臣唯盛称功德，莫谕其意。"宴会结束之后。中书令傅亮已经从刘裕的王府往家走了老远，在路途当中他反复思索着刘裕在酒桌上说的话，想着想着终于明白了刘裕的意思。于是他连夜赶回刘裕王府，要求觐见刘裕。刘裕心想终于有个聪明人明白他的意思了，便马上开门召见。等到傅亮进门行礼毕，先开口说话："臣暂宜还者。"这意思就是说我现在应该回到建康去为您的大殿进行准备了。刘裕心里也明白傅亮说的是什么，也就不再多讲，问："须几人自送？"傅亮回答："数十人可也。"于是傅亮便告别刘裕向着京城的方向出发。

在途中，由于是夜晚，傅亮看到天空当中有彗星下落。古时候这样的天象都预示着有大事即将发生。当然这原本是一个巧合，也或许是后代的史家为了宣扬刘裕的神性而故意这样去写的。但无论怎样，傅亮看到这样的天象内心还是一惊，拍着自己的大腿说："我常不信天文，今姑验矣。"

带着这样的预示，傅亮回到建康之后，便马上操办禅让典礼的事情，他让朝廷诏命"征"刘裕"入辅"，也就是让刘裕能够前往建康来，刘裕上表将自己的孩子义康作为都督豫、司、雍、并四州诸军事、豫州刺史，镇寿阳。义康尚且年幼，便以相国参军南阳刘湛为长史，决府、州事。刘裕自己受了朝廷的"诏命"前往建康。这样可谓是万事俱备只欠东风，就等着刘裕前来称帝了

元熙二年（公元 420 年）六月壬戌日，刘裕大队人马到达建康。傅亮马上入宫，"讽晋恭帝禅位于宋"，让晋恭帝司马德文照着早就已经写好的退位诏书抄了一遍，史书上记载"帝欣然操笔，谓左右曰：'桓玄之时，晋氏已无天下。今日推国与宋王，本所甘心！'"于是自书赤诏，"禅让"天下。

这"欣然"和"甘心"是多么地无奈！司马德文可能在自己登上这个所谓的"皇帝"位的时候，心里面就已经有了这种觉悟。毕竟，他的哥哥晋安帝，一个傻子最后都会招致那样的祸端。他这样一个正常的皇帝又怎么能够被刘裕所容忍？自己不过是一个刘裕请来暂时帮着看看江山的人罢了。"桓玄之时，晋氏已无天下"这一点也没错，因此晋恭帝这时候的"欣然"绝不是厚着脸皮而做出来的，而是真真正正地累了，不想再这样被利用了，恭帝心里想的仅仅是赶紧离开这个危险的地方，自己能够过几天平平淡淡的日子。

禅位诏书一经下达，就标志着自晋元帝南迁建立小朝廷共一百零三年的东晋王朝彻底灭亡了。这一年的六月丁卯日，刘裕南郊登上高坛，即皇帝位，是为宋武帝，并改元为永初。同时刘裕封晋恭帝为零陵王，徙至秣陵县，派重兵禁守。尽管司马德文已经不再是皇帝的身份了，但是他仍旧没有放下心，时时刻刻小心警惕生怕自己得罪了刘裕而招致杀身之祸。他更是怕被刘裕悄悄地下毒杀掉，于是常常和自己的妻子褚皇后自己煮食吃饭。

一个皇帝为了保命竟然要自己去做饭，落魄至此不知道在地下有知的司马氏的先祖们将做何感想。尽管司马德文已经很小心了，但是还是不能够让刘裕放过他。一年多后，刘裕派褚皇后的兄弟携毒酒去弑恭帝。褚淡之和褚叔度两兄弟先把姐姐叫出来说要拉家常，引开褚皇后。皇后离开之后，恭帝心里已经是有所觉悟了。三个兵士跳墙入室，像当初张贵人刺杀孝武帝一样用被子把恭帝活活闷死，时年三十六岁。

自此，东晋王朝伴随着最后一位皇帝的死亡消失在了历史之中。我们的故事也将暂时告一段落了。三国两晋时期是一段伴随着短暂统一和长久混乱的时期，更是北方少数民族全面南下，民族融合迅速加强的时期。随着北方北魏王朝的建立，和南方刘宋政权的建立，中国开始出现了一南一北两个朝廷分治的时期，南北朝时期就此开始。大混乱还在继续着，士族还在消亡着，历史还在继续着。

有料更有趣的朝代史

两晋

1

司马之谋

王光波　编著

浙江工商大学出版社
ZHEJIANG GONGSHANG UNIVERSITY PRESS
·杭州·

图书在版编目（CIP）数据

两晋 / 王光波编著 . —杭州：浙江工商大学出版社，2022.1（2022.5 重印）

（有料更有趣的朝代史 / 胡岳雷主编）

ISBN 978-7-5178-3896-8

Ⅰ . ①两⋯ Ⅱ . ①王⋯ Ⅲ . ①中国历史—晋代—通俗读物 Ⅳ . ① K237.09

中国版本图书馆 CIP 数据核字（2020）第 094175 号

两　晋
LIANG JIN

王光波　编著

责任编辑　陈力杨　张晶晶
责任校对　李远东
封面设计　吕丽梅
责任印制　包建辉
出版发行　浙江工商大学出版社
　　　　　　（杭州市教工路 198 号　邮政编码 310012）
　　　　　　（E-mail: zjgsupress@163.com）
　　　　　　（网址 : http: //www.zjgsupress.com）
　　　　　　电话 : 0571-88904980，88831806（传真）
排　　版　北京东方视点数据技术有限公司
印　　刷　唐山富达印务有限公司
开　　本　787mm×1092mm　1/32
印　　张　28
字　　数　473 千
版 印 次　2022 年 1 月第 1 版　2022 年 5 月第 2 次印刷
书　　号　ISBN 978-7-5178-3896-8
定　　价　198.00 元（全四册）

前　言

两晋时期，是中国历史上最动荡、最狂乱的时期之一，它上承三国，下启南北朝，分为西晋与东晋，共传十五帝，历一百五十五年。

公元 266 年，司马炎篡魏，建立晋朝，定都洛阳，史称西晋，司马炎即晋武帝。280 年，西晋灭吴，结束了近百年的分裂局面，完成统一。可接踵而至的八王之乱，却将国本耗尽，与汉人杂处的胡人趁机发难，导致了西晋的覆亡。东晋时期，司马氏大权旁落，王、庾、桓、谢四大家族交替主政，以智慧和铁血苦撑江南半壁河山，与北方的氐秦、鲜卑集团等一起上演了一出乱世风云。最后，大将刘裕脱颖而出，收复长安，并接连废黜两位皇帝，建国宋，东晋亡。中国历史自此进入南北朝时期。

两晋时期是中国历史上的阵痛期，却也是精神上极自由、极解放，富于智慧、浓于热情的一个时代。由于儒教独尊的地位被打破，哲学、文学、艺术等得以雨后春笋般发展，文人雅士不断涌现。他们既风流潇洒、不滞于物、不拘礼节，又特立独行、颇喜雅集，在中国历史上留下了浓墨重彩的一笔。"竹林七贤"、"书圣"王羲之、田园诗人陶渊明等都是这一时期极具旗帜性的代表。

回顾两晋的这段历史，它既没有汉唐的繁盛，也没有宋明的喧嚣，却有着自身不可磨灭的印记。它是多个民族的争斗地，也是士族大夫的权力场。少数民族的内迁，丰富了中华文明的民族结构，促进了民族间的融合。衣冠南渡，则拓宽了中华文明的纬度空间。激荡、杀伐、分裂是它的外在表现，风流、清谈、雅量则是它的内在精神。

想要透彻了解历史，追本溯源是不错的选择。然而记载两晋历史的史书虽然不少，却大多是鸿篇巨制般的历史典籍，本就晦涩难懂，加之各民族间的社会关系错综复杂，读来更令人望而却步。怎样帮助读者轻松愉悦、酣畅淋漓地读通这段历史？《有料更有趣的朝代史·两晋》在此作了有益的尝试。

全书分为"司马之谋""天下归晋""'晋'管很乱""风云再起"四个部分，以正史为依据，综合各家史料，自成一家之言。将趣味故事与硬派知识相结合，全面讲述两晋时代帝王将相与英雄名士的穷通成败，展现风云变幻的世局图景，视角新颖、语言生动。既有趣有料，又有感有悟。

这里有机关、权谋、战争、野心，也有帝王传奇，名士风流。你想了解的大晋历史，这里应有"晋"有。

目 录

第一章

棋逢对手：老天都不眷顾的战争

我打不过诸葛亮

魏太和四年（公元 230 年），接替曹休成为魏国大司马的曹真向魏明帝曹叡上书，他认为蜀国多次犯境，建议魏明帝下令派数路大军攻伐蜀军。曹叡批准上表，于是，一场反客为主的战争打响了。

刚上任大司马的曹真有意建功，而此时的建功目标自然是蜀国。向来以"骁勇"著称、战功显赫的曹真怎么能忍受诸葛亮一而再、再而三地在太岁头上动土呢？因此，曹真向魏明帝上表，提出了进军斜谷（今陕西终南山）的计划。魏明帝见了曹真的上表，召集群臣商议，司空陈群对于曹真的进军路线有不一样的看法。陈群向曹叡提出斜谷险阻，难以进退，在其转运粮草必会受到蜀军堵截。陈群是几朝老臣，在当时实际担任丞相一职，因此年轻的曹叡懂得应该多考虑他的话。曹叡听从了陈群的提议，令曹真再仔细斟酌。

不久，曹真再上表，上表中提出从子午道进军汉中。这条道路大家都很熟悉，当年魏延便主张兵出子午谷，因为其距离长安较近，因此对于魏国来说，其补给要比斜谷方便得多。然而陈群听了计划后，又向曹叡述说了其中不便，并认为大规模征战军事用度花费甚巨。魏明帝认真考虑了陈群的话，并下诏将陈群的意见提供给曹真参考。然而曹真却烦了，心想陈群实在是个文人，拖拖拉拉的，因此，曹真将陈群的话当耳边风，据此诏书随即出发，自己领军从子午道入，左将军张郃兵出斜谷，大将军司马懿经汉水出西城（今陕西安康西北），郭淮、费曜从斜谷、武威进入。于是，曹真、司马懿、张郃等兵分四路，水陆并进，开始了对蜀国的讨伐。

诸葛亮早料到这一天的到来，早在第三次北伐后，诸葛亮便于南郑的西、东两个方向修筑了两个军事要塞，其目的便是凭险固守。面对着魏国的各大军事家，诸葛亮虽然有所防御，却也明白此战之艰难，然而既然人家来犯，自己也只好迎头而上了。诸葛亮立即下令加大城固、赤阪等地的防守力度，并请求李严率部到汉中阻击曹真。然而李严向来和诸葛亮不和，这时他又不满被诸葛亮调离江州，因此就在私底下传言说司马懿等已经设置了官署职位来诱降他。诸葛亮一听，深知李严的肚子里装着什么想法，于是上表迁李严为骠骑将军，又任其子李丰为江州都督，防卫蜀国后方。李严见诸葛亮如此做，这才愿意北上汉中镇守。

曹真这次征伐蜀国就如曹休一样，立功心切，思虑不全。汉中毕竟易守难攻，加之曹真进军期间恰逢雨季，栈道均遭遇雨水的冲刷而断绝，因此本就难以行军的路因天时而难上加难，真正应了李白那句"蜀道之难，难于上青天"。在如此天时地利均不得的情况下，曹真用了一个月才前进了一半路程。这情形传到了朝廷，朝中多位大臣包括陈群、华歆、杨阜等都认为这样拖下去无疑是在浪费物资，而此时正值"年凶民饥""军用不足"的时候，因此他们一齐上书魏明帝，劝魏明帝命令撤军。魏明帝听从众大臣的提议，下诏令曹真撤退。

虽然曹真大军难以进军，但曹军的前锋夏侯霸早大军一步进至兴势，在曲折的谷中下营。就在夏侯霸等待后方大军前来会合的期间，其营地却被蜀地的百姓看到。蜀人于是上报朝廷，指示蜀军魏兵所在。蜀军见夏侯霸孤军驻扎，立即出兵攻之。夏侯霸孤掌难鸣，差点遭受围歼，所幸援军部队及时来到，才得以解围。

前锋不利，后方难以前行，魏明帝的诏令又及时而至，曹真在这种情况下，已经难以一意孤行了，无奈之下，他只得放弃他的伐蜀行动，于九月撤退。

所谓进攻是最好的防御，就在曹真率领大军前往蜀国时，诸葛亮也早已派出了魏延、吴壹西入南安。魏延、吴壹奉命率偏师西入羌中阳溪，利用阳溪的山谷地势，以己方的步兵大战曹魏铁骑。毕竟骑兵在狭窄的山谷里难以发挥优势，而步兵的连弩却是很有力的武器，因此魏延于阳溪大破魏国后将军费瑶、雍州刺史郭淮，于此取得了防守反击的胜利。

曹真的伐蜀行动可谓雷声大雨点小，先是率大军而行，却未至而退兵，使一场本应该打得轰轰烈烈的大战销声匿迹于一场大雨之中，可见军事之上，还是得靠点运气的。另外，关于魏延统军大破魏将的阳溪之战，历史记载不多，然而陈寿却用了"大破"二字，可见此战绝非小型战斗。再看汉中防御战后的封赏，魏延和吴壹是升官最高的将领，魏延更是因这一战名声大震，蜀国还特意为他设置了"征西大将军"的职位，可见阳溪一战的意义对于汉中防御战来讲非同一般。当然，这也是后人的猜测了，毕竟真相早已湮灭在历史之中。

曹真领兵攻伐蜀国，非但没有收获，却使曹魏国力消耗巨大，以至于早已不问政事的曹植也于第二年上书抱怨："数年以来，水旱不时，民困衣食，师徒之发，岁岁增调"（《三国志·魏书·曹植传》）。而曹真也因自己一意孤行致使国力虚耗而感到惭愧，何况兼遇一个月大雨，曹真此人"每征行，与将士同劳苦"，因此回军不久后竟得了一场大病，终于魏太和五年（公元231年）病逝，谥曰元侯，由其长子曹爽继承其爵位。魏明帝曹叡追思其功，下诏曰："大司马蹈履忠节，佐命二祖，内不恃亲戚之宠，外不骄白屋之士，可谓能持盈守位，劳谦其德者也。其悉封真五子羲、训、则、彦、皑皆为列侯。"（《三国志·魏书·曹真传》）曹真升任大司马时，便具备了剑履上殿、入朝不趋的特权，曹叡非但不防，还尽封其子侯爵之位，以至于后来曹爽大意擅权，使一个曹姓政权白白让司马争了过去。当然，这是后话了，此时的魏明帝毕竟不能想得如此之远，因为来自蜀国的威胁还在逼近。

诸葛亮顺利抵挡了魏国大军的进犯，更有魏延于阳溪大破敌将郭淮，消息传遍蜀国，上下振奋。诸葛亮见此时蜀国士兵均有兴奋之象，遂于魏太和五年（公元231年）春再次进行他的北伐行动。

能拉车的木头

　　魏太和五年（公元231年）春，诸葛亮刚成功抵挡了曹魏的进攻，便又开始筹划他的北伐行动了。而这时曹真染病，曹魏派出了司马懿抵挡诸葛亮，自此，诸葛亮和司马懿开始了"三国双子星"的正面对抗。

　　这次北伐，最让诸葛亮头痛的问题自然是军粮的运输了。虽然此时已经夺下了武都郡，从而无需将补给线定在秦岭峡谷中那些恐怖的栈道，然而，却也因此带来了另一个难题，那便是补给路线延长。武都郡是个荒凉之地，当时在魏国可是属于"无人区"，因此大军的补给还是得靠后方的汉中来运送。这路线有多长呢？"祁山去沮县五百里"，更沮县在汉中和武都之中，离祁山尚且隔了五百里，何况汉中。五六百里的运输线，要多多牺畜用多少日子来运输？而运到前线又不知道该丢失多少军粮？面对这个难题，诸葛亮必须找到解决的方法。

然而诸葛亮毕竟不是一般人物，非但内政、外交、军事样样精通，便是在机械方面都不输给一个木匠。因此迫于运输路线的漫长，诸葛亮在绞尽脑汁后终于发明了一种运输工具，这也就是我们所熟悉的木牛。

木牛到底长怎么样，我们后人恐怕是难以得知了。《三国演义》对其进行了精彩的描绘，然而那只不过是文人的想象。我们现在只能在《诸葛亮集》中瞥到一点点关于如何制作木牛的文字说明，而就凭借这么一点描绘，是很难将其再现的。因此关于木牛尚存在着很多争议。比如有学者认为木牛其实是车辆，它的四足就是四个轮子，也有说四足其实是四条杠杆。也有学者认为木牛可能为组装式，在崎岖小路时便将木牛分解，由人力负粮，而到了平坦之地时才使用木牛。

无论木牛长什么样，它的用处只有一个，那就是运粮，那一只木牛能运多少粮呢？据《诸葛亮集》，一只木牛的容量是"载一岁之粮"，也就是一个人一年的伙食，古人一年的食粮大致合今 648 市斤，这是一个多么庞大的数字，更神奇的是，木牛一天可以行二十里路。相比较一下，若是由一个民夫挑一百斤粮走二十里路要多久？这实在是一个神奇、了不起的成就。

有了木牛这样神奇的运输工具，诸葛亮最纠结的补给问题也就解决了一大半了，因此，是时候出发了。于是，魏太和五年（公元231年），诸葛亮领着士兵们，士兵们拖着木牛，浩浩荡荡地往祁山进发了。

消息很快传到了洛阳，然而魏国仍旧一片安详，要知道，诸葛亮前三次北伐可都是雷声大雨点小的，所以曹叡并不是太急，不过此时大司马曹真正在养病，得派个大将去代替。毫无疑问，凭地位、凭军功，司马懿都是不二人选，因此曹叡马上给司马懿传去了话，说："西方有事，非君莫可付者。"（《晋书·宣帝纪》），将其从荆州唤了回来，令他代曹真督雍、凉两州。

就在司马懿领军前往抵挡诸葛亮的路上，蜀军已经包围了天水郡南部的要塞祁山。此时，诸葛亮吸取了第二次北伐屡攻陈仓不下的教训，打算牵制住曹魏的援军，这样就不怕多花时间在攻城上。他此时就想到了一个人，这个人就是"控弦十余万骑"的鲜卑人轲比能。

轲比能是鲜卑族历史上的杰出首领，他骁勇善战、执法严明，被百姓选为大人。后来他更是积极学习汉族的先进技术和文化，从而促进了鲜卑族的进步，以及和北方民族的融合。曹操北征后向曹操进贡以示效忠，后轲比能在进行部落统一战争时，却遇到魏国从中干涉，遭受沉重打击，自此对魏国怀有二心。

轲比能一见诸葛亮找自己共事，衡量之下，觉得不失为有利可图之事，因此答应了诸葛亮，领兵跑到了北地郡（今陕西铜川一带）去。北地郡西通安定，南接长安，曹叡一听几万鲜卑兵到这里来了，自然有所慌张，急忙令雁门太守牵招率兵去赶。然而轲比能毕竟不想和魏国撕裂得太难看，因此牵招兵未至，轲比能便退回漠南去了。

司马懿赶至长安后，立即派出费曜、戴陵与四千精兵前往上邽（今甘肃天水）防守，自己则率其他兵力往西解救祁山。当时张郃曾建议司马懿以雍、郿为后方，派兵驻守，但并未获得司马懿的认可。司马懿说："料前军独能当之者，将军言是也。若不能当，而分为前后，此楚之三军所以为黥布禽也。"（《晋书·宣帝纪》）司马懿认为分军不如合军有利，便继续向西推进。

诸葛亮听说曹魏派出司马懿领大军将至，分出一部分兵由王平带领，继续攻占祁山，然后自率主力前往迎击司马懿大军。后诸葛亮在上邽遭遇魏将郭淮、费曜的袭击，将其打败，然后亲率蜀军乘势抢先收割熟麦，获得军粮。这时陇右的军粮被诸葛亮抢了，魏军遂陷入没粮的困境，有人建议从关中运粮，然而路途却非常遥远。所幸后来郭淮招抚羌人，对其恩威并施，才总算解了军粮之急。

诸葛亮分兵袭击上邽，这正是张郃先前欲分兵防备的，而司马懿却因恐前军不能抵挡而放弃了张郃的建议。可见司马懿初次对蜀，其所求的只不过是不丧师，而张郃却主张一种制敌之策。当然，两者的出发点都是慎重的，然而对于这样的战争来说，张郃的提议无疑更加务实。

再说诸葛亮夺得军粮后，军心大振，士气大增，遂乘势继续前进迎战司马懿。后诸葛亮领兵来到了上邽东面，恰遇一大军迎面而来，大旗上大书"司马"二字，是司马懿来了，诸葛亮充满激情，准备和他决一死战。然而司马懿却不给诸葛亮面子，他知道蜀军远途奔袭，后勤补给不能及时跟上，于是严防死守，坚决不出战。诸葛亮见司马懿坚守以待，只好知趣地领兵而退，回军卤城（今甘肃天水南）。

关于这段历史，《晋书·宣帝纪》有不一样的记载："进次汉阳，与亮相遇，帝列阵以待之。使将牛金轻骑饵之，兵才接而亮退。"

从《晋书》来看，是司马懿派出将军牛金引诱诸葛亮出兵，然而诸葛亮兵还未与牛金兵相遇便自行退回。因此两本书对于司马懿在此战中的形象刻画是有很大差异的。其实也不单单是这段历史记载有所出入，自司马懿和诸葛亮相遇，直到诸葛亮退兵，两本书都给出了不同的描述，这或是因由治世者的现有资料问题，或是因由主观问题。当然，现代学者在研究这段历史时，基本都以《资治通鉴》为准。

诸葛亮回军卤城后，司马懿随后便也跟了过来。诸葛亮见司马懿紧追其后，决定给他来个下马威。此时的卤城，已经变得不平静。

给司马懿的下马威

魏太和五年（公元231年）春，诸葛亮领大军直逼祁山，曹魏派出了司马懿对抗。诸葛亮首战得利，于上邽东遇司马大军。司马懿采取坚守战略，逼得诸葛亮退军卤城。司马懿一路追随，两军遂于卤城相遇。

关于卤城对峙的情节，历史给出了两个不同情况。

先看《晋书·宣帝纪》，其记载如下：亮屯卤城（今甘肃天水南），据南北二山，断水为重围。帝攻拔其围，亮宵遁。追击，破之，俘斩万计。

根据《晋书》的记载，司马懿从没有败给诸葛亮，而是一战以胜之。可是再看看司马光的《资治通鉴》，其相关故事如下。

诸葛亮兵退回卤城后，司马懿一路跟随着他来到卤城。途中张郃曾对司马懿说："彼远来逆我，请战不得，谓我利不在战，欲以长计制之也。且祁山知大军已在近，人情自固，可止屯于此，分为奇兵，示出其后，不宜进前而不敢逼，坐失民望也。今亮孤军食少，亦行去矣。"张郃认为司马懿应该停于上邽不动，然而既然来了，那么祁山守军知道援军就在附近，必然能够坚持，此时应派出奇兵抄诸葛亮的后面，逼诸葛亮退兵。他认为司马懿不该一路跟着蜀军却又不与其战，这会令将士们失望。

张郃自有他的道理。当时蜀军占据了地利，魏军若与之正面冲突未必能占到什么便宜。基于这种情况，张郃的计策不仅是不给蜀军以机会，又避免了不必要的损失，不可谓不万全。然而即使如此，司马懿仍旧不听，自顾自地命令大军跟随诸葛亮前进。

诸葛亮到卤城后，换下了围攻祁山的部队，在卤城南北各修了一个营寨。司马懿也在卤城附近的山上安营扎寨，拒不出战，与诸葛亮对峙。

将士们见司马懿一路跟着诸葛亮来到卤城，却又坚守不出，都感到莫名其妙。这时将军贾嗣、魏平忍不住了，多次前往面见司马懿请求出兵，并直言司马懿："公畏蜀如虎，奈天下笑何！"司马懿听了这话，如刺扎一般，特别不高兴。然而此时不仅是贾嗣、魏平，"诸将咸请战"，虽则如此，司马懿还是在忍。其实，司马懿此举无非是想趁着诸葛亮粮尽退军之时进行袭击，可见司马懿确实对诸葛亮有几分忌惮，又希望能得点功劳，因此徘徊不前。

到了五月时，诸葛亮离二月出兵已经过了三个月了，这时司马懿感到奇怪了，上次围攻陈仓不过一个月就粮尽退军了，这次都几个月了，怎么蜀军还能坚持？司马懿觉得奇怪也是自然，毕竟他不知道这次诸葛亮准备之详尽，连他想象不到的拖运木牛都有了。就在司马懿困惑之时，不时有将来请战，背后又有纷纷的议论声，说司马懿怕诸葛亮，不敢出战。司马懿见提议声、抱怨声频频出现，实在烦躁加恼火。于是他想，好吧，你们要战，我就成全你们。

司马懿于是召集诸将，命令张郃攻打蜀军南面的寨子作为牵制，自己则率主力从大路攻击北寨。这种声东击西的雕虫小技如何瞒得过诸葛亮？诸葛亮一眼就看出了司马懿的伎俩，于是派出王平率领本部人马坚守南寨，拖住张郃，然派出魏延、高翔、吴班率领主力出战司马懿。

无论是在兵力上，还是在兵种上，蜀军都弱于魏军。然而诸葛亮此场战争却安排得恰到好处。王平上次在街亭打了败仗后还能用计唬住张郃，给他一支精兵凭险固守没什么问题。而魏延如烈马般难以驾驭，其勇猛过人，冲锋陷阵正为其所长，因此派他出去打野战，也是正得其处。果然，王平成功地拖住了张郃的进攻。另一方面，司马懿毕竟是个运筹帷幄之人，到了战场上，指挥千军万马冲锋陷阵恐怕就不是其所长了。又恰遇魏延嗜血如此，因此司马懿很快便败下阵来了，结果是"魏兵大败，汉人获甲首三千，懿还保营"，而蜀国在此战中所得是"获甲首三千级，玄铠五千领，角弩三千一百张"，这对于魏国来说是一场很大的败仗。

司马懿一出战便被打回，有了这一次败绩后，司马懿再也不敢轻易出战了，而之前屡次请战的将领也不敢再多讲一句话了。此时司马懿乖乖地回到他的营寨，等待诸葛亮粮尽兵退之际。

又过了一个月，从春天步入了夏日，诸葛亮出兵将近半年了，这时诸葛亮明眼看着粮草越来越少，而后方却还未运来。就在诸葛亮为粮食担忧时，参军马忠、督军成藩受李严之命从汉中而来，并且带来了谕旨，说由于大雨连天，运粮不继，劝说诸葛亮撤军。诸葛亮一听谕旨，大忧，心想此时正值大好局势，却要退兵返回，实在可惜。然而是后主的意思，不退则有欺君之嫌，兼之粮食的运输又出了点问题，因此诸葛亮不得已之下只得放弃继续北伐，领兵退回蜀国。

就在诸葛亮退军之时，司马懿心想终于还是等到了这个时机了。司马懿立即派出张郃追击，此时张郃又犹豫了，他认为"围师必阙，归师勿遏"，意思也就是将敌人逼急了小心人家反咬。然而司马懿又不听张郃劝告了，他要张郃出兵追击。军令之下，张郃也是无可奈何，只得领兵前往。

张郃领兵追到了木门道，木门道就是通过峡门运送木头的路，是狭窄的小路。张郃作战经验丰富，到了这种地方，自然不会贸然而进。他派出了轻骑兵为首，自己带大队人马随后跟进。然而诸葛亮设伏兵也是经验老到，一小队骑兵能引起他们的兴趣吗？必须得等到大军出现在他们视野之中之时，他们才会开始行动。

蜀国伏兵见张郃大军来至，立即举起手中的弓箭，往魏军军队万箭齐射。忽然，一支弓箭往张郃右膝上一扎，一代名将就这样陨落了。张郃从归降曹操后，便为曹魏戎马一生，立下无数功劳，因此死后谥为壮侯。

虽然《资治通鉴》和《晋书》在细节的描写上有所出入，然而大致趋势都是一样的，即司马懿顺利解了祁山之围，而蜀军终因粮草问题而退兵。

蜀军退兵后，魏军军师杜袭、督军薛悌都认为诸葛亮还会趁明年粮食收割之时再次进犯，建议司马懿趁冬天为陇右多置办粮草。然而司马懿却认为："亮再出祁山，一攻陈仓，挫衄而反。纵其后出，不复攻城，当求野战，必在陇东，不在西也。亮每以粮少为恨，归必积谷，以吾料之，非三稔不能动矣。"（《晋书·宣帝纪》）果然被司马懿所料中，三年后，也就是魏青龙二年（公元234年）二月，诸葛亮再次率领十万大军兵出斜谷。

第五次北伐是三年后的事，现如今，被迫退兵的诸葛亮只想知道，为什么兵粮的调运会出现问题，为什么后主会下诏令他回军。而这些事直接关系到一个人，他就是李严。

李严，良心坏透了

当时诸葛亮准备妥当，再出祁山时，令李严在汉中负责前线的补给。诸葛亮心想有木牛运载，粮食接应应该可以坚持个一年半载。可这时还没有过半年，汉中却传来粮食难以运送的消息，令诸葛亮领军撤回。诸葛亮眼见一个北伐的大好局势又败于粮食的运送上，虽不无可惜，却也只得受命退兵。

当初李严命马忠等去前线对诸葛亮说军粮难以运送，然而就在诸葛亮退兵期间，他又像毫不知情似的故作惊讶，对众人说："军粮饶足，何以便归？"可见李严当时之所以令诸葛亮退军，不过是因为担心自己在补给上会出现问题。而这时诸葛亮回来了，他这样说无疑是为了掩饰让诸葛亮退军的真正原因，从而替自己摆脱责任，制造舆论，企图将退兵的责任全推到诸葛亮的身上去。看来李严此人，果然很不安定。诚然，他和诸葛亮同为托孤大臣，本应平起平坐，何故一直以来都是诸葛亮吆喝着他做事？而做的事竟都是在后方督粮，连上个战场立功的机会都没。这样想着，李严心里不平是难免的。

后面李严听说诸葛亮在退军期间射杀了魏国大将张郃，立即上表后主刘禅："军伪退，欲以诱贼与战。"李严对着诸葛亮也就算了，还把欺瞒的目标指向了后主刘禅。李严这话是想欺骗刘禅，诸葛亮之所以退军，就是为了斩杀大将张郃，以此谎言来转移焦点，防止朝廷过问诸葛亮退兵的缘由。

然而纸终究是包不住火的，就在诸葛里还未回到朝廷时，无论是自己调查得知，还是有心腹向诸葛亮报告，总之诸葛亮已经知道了李严这八面玲珑的把戏。诸葛亮大怒，自己在前线取得了战绩，正值大军胜利之时，李严却因为自己的一点私心而破坏了一个大好的北伐局势，因此诸葛亮斥责李严是"横造无端，危耻不办，迷罔上下"，并决定要严厉治其罪。

李严得知后，非常害怕，"自度奸露，嫌心遂生"，反正诸葛亮都知道了，此时也只好破罐子破摔了。因此李严擅自离职，托病退往沮、漳一带，他甚至还想过直接退还到南方的江阳，使诸葛亮一时鞭长莫及，最后是在马忠的多次劝谏下才打消了这个念头。

诸葛亮一回到汉中后，便向众人出示了李严前后反复的手笔书疏。众人一看，也就明白了事情的前后因果，都觉得李严此举甚为不当。李严见物证铁一般地存在着，无语辩解，只得低头承认自己的过错。而后诸葛亮给后主上了一表，说他一开始以为李严之心不过在于荣华富贵之上，现如今"大事未定，汉室倾危"，急需用人之时，因此这点小问题不足一提。可没想到李严却是如此"心颠倒乃尔"，因此"若事稽留，将致祸败"，遂提议废了李严的官，将其贬为庶人，令其移民到梓潼郡（今属四川梓潼县）去。

李严在这件事上虽有大错，然而其毕竟是蜀国继诸葛亮之后的第二号人物，这第二号人物就因为一件运粮的小事被罢黜，未免太小题大做了点。其实，若分析下去，只怕诸葛亮在这件事上也有点自己的心思。

我们看一看裴松之在给《三国志》作注时就收录了《公文上尚书》这样一个表。表中先是列举了李严的种种过错，而后是诸葛亮与众大臣的集体签名，以示罢黜李严之意合众人之心。然而这些大臣都是些什么人物？有刘琰、魏延、袁綝、吴壹、高翔、吴班、杨仪、邓芝、刘巴、费祎、许允、丁咸、刘敏、姜维、上官雝、胡济、阎晏、爨习、杜义、杜祺、盛勃、樊岐等人。这些人我们有的不熟悉，然而还是有几个人的名字我们可以对得上人的。比如魏延、吴壹、吴班、杨仪、邓芝、费祎、姜维，再看看这些人有哪些特点？没错，这些基本都是领丞相府职的人，也就是说，这些人基本都是诸葛亮手下的、听诸葛亮话的军官和大臣。

联名上书里的人都是在丞相府为丞相做事的人，这就不得不令人质疑罢黜李严的合理性了。其实，从汉中运粮到前线，其工作本就不便，何况当时"秋夏之际，值天霖雨"。因此就督粮失责一事，本也不至于罢官。再者，李严虽有欺君之嫌，然而并没有欺君之实，他那一句"军伪退，欲以诱贼与战"难道不是实情吗？诸葛亮确实因为诱敌深入而斩杀了魏将张郃。至于李严的另一项罪名，也就是"遣参军马忠、督军成藩喻指，呼亮来还"（《三国志·蜀书·李严传》），这如若是实情，便是假传圣旨，那可是砍头之罪，罢官的处罚太小了。可是这件事本有疑问，李严难道不明白"将在外，君命有所不受"的道理吗，他假传圣旨又有何用？便是后主都没有下令命诸葛亮退军的权力。何况在诸葛亮弹劾李严的上表中，从没有提起过这件事，因此这件事是存在疑问的。由此分析，再结合这份上表的一系列名字，诸葛亮用心也就可见一斑了。

其实，之前刘备托孤就考虑了蜀国的政权分配问题，因此他命以诸葛亮为代表的追随自己打下江山的荆楚集团和以李严为代表的原跟随刘璋的益州集团共同合作辅佐后主，其目的就是使两方互相牵制。然而刘备终究料想不到李严在诸葛亮面前犹如孩子般脆弱，竟无一点儿抵抗能力，结果是整个蜀国的政权握在了诸葛亮的手中。所以说来，诸葛亮为了大权在握，排挤与其敌对的李严也是在情理之中了。

当然，这一切都是猜测，关于诸葛亮是否有权瘾，后人进行了许多分析。然而不管诸葛亮在蜀国为相期间是抱着何种心态，我们能看到的，也是我们应该看到的，是诸葛亮确确实实为蜀国的振兴付出了一生的心力，最后为蜀国留下了"鞠躬尽瘁死而后已"的巨大功劳。因此诸葛亮此时虽然已经双鬓发白，然而他还在坚持他的北伐梦。三年过后，也就是魏青龙二年（公元234年），诸葛亮进行了他的第五次北伐，而这也成了这一位老丞相的最后一次北伐。

就在诸葛亮与司马懿正面对决之时，在三国地图的另一边，有一个城市再次掀起了喧哗，它就是三国时期的一个火药桶——合肥。

这个男人很硬核

　　合肥，这个在三国时期与魏国的铁骑和吴国的战舰结下了不解之缘的城市，此时还在继续上演着两国的争夺战。

　　曹操当年命刘馥建设了一座坐落于东南方的城市，这座城市非但繁华，而且作为抵抗敌人的寨垒，其守备地位对于曹军来说极为重要，这座城市就是合肥。东吴若要北伐，合肥是其中一个重要的障碍点及补给点，因此攻克合肥是吴军北伐的首要目标。基于合肥如此关键的地理位置，此地从汉献帝建安十三年（公元208年）开始至曹魏嘉平五年（公元253年）陆续发生了多次小型战争，更爆发了五次较为大型的冲突。

　　魏国鉴于吴国的觊觎，派兵于合肥建筑新城，防备吴国。果然，魏国正在为西南方防备诸葛亮的频繁进犯而头疼时，另一边又忽然传来了孙权进兵合肥的军报。魏明帝于是下令防守边境的将士务必击退东吴的进攻，当时接受防备吴国任务的将领叫作满宠。

满宠，字伯宁，山阳郡昌邑（今山东微山）人。满宠是魏国名将，十八岁时始任官职，后曹操至兖州时，将其辟为从事。满宠为官期间，严明法令，不惧权贵。当年满宠为许县县令时，曹洪的亲戚、宾客在许县多次为非作歹，曹洪这人可是曹操的从弟，然而满宠可不在意这层关系，依着法令便将所有犯法之徒收押下牢。曹洪得知，只得亲自去向满宠求情，然而便是曹操的从弟，满宠都不卖这人情，坚决拒绝了曹洪的请求。后来曹洪见满宠如此不识时务，只好去向曹操求情，让曹操去跟满宠说说。满宠得知曹洪亲自到曹操那里求情，遂先动一步，在曹操先来见自己之前把犯法之人提前处决了。这事传出，曹洪自然是不高兴了，然而曹操却不怒反喜，直称赞满宠执法严格，自然，曹操称赞满宠是情理之中，因为满宠的这个故事总会让我们想起当年曹操立起五色大棒的坚决。

满宠就是这样一个清官，对违法犯罪之徒绝不轻饶，对平民百姓却恩护有加。当年曹休败于东征而忧病逝世，满宠代督扬州军事。就在满宠要从汝南调到扬州时，汝

司马懿

漢老産

南军民一听说平时对自己爱护有加的长官要被调走了，竟然都感到依依不舍，更有甚者呼朋唤友，调动老小，齐齐表示一定要跟随满宠走。满宠见百姓对自己如此敬爱，实在不忍离开。后来护军见这样下去不是办法，遂向魏明帝上表，欲杀为首之人。直到曹叡下诏，令满宠带兵千人前往扬州赴任，不追究其他人的责任，汝南百姓才无奈让这样一个难得的仁义官员调任而走。这件事又让我们想起了当年刘备携当阳百姓而走的情形，足见满宠此人既有曹操的威严，又兼刘备的仁义，实为难得的德才兼备之人。

满宠督扬州时，被任命为征东将军，直接负责与东吴的军事行动，因此魏太和四年（公元230年），孙权扬言攻合肥时，满宠的任务就来了。

这一年冬天，孙权扬言进攻合肥，满宠于是上表调集兖州和豫州的各路军队，使大军会合到一起。然而战争还没打，孙权不久却又退兵了，魏明帝见吴军退兵，遂也下诏停止行动。满宠见诏时，却认为"今贼大举而还，非本意也，此必欲伪退以罢吾兵，而倒还乘虚，掩不备也"，（《三国志·魏书·满宠传》）因此上表请求不要撤军。果然，十多天后，孙权就又领军回来，抵达合肥。因为满宠没有解散大军，孙权的计策终不能得逞，故吴军最终无功而返。

次年，吴国将领孙布派人到扬州请降，并带话给满宠说："道远不能自致，乞兵见迎。"（《三国志·魏书·满宠传》）这就再行当年周鲂赚曹休之计，满宠自然不会如曹休一样上当。可是满宠部下有一个刺史王凌，他就相信了孙布的话，欲带兵前往接应。当时满宠正好受诏进朝廷，临走前叮嘱都督府长史，如若王凌要兵，切勿给予。因此王凌不得如愿调兵，只好只派遣七百人前去迎接孙布，却被孙布连夜袭击，死伤过半。

同年，吴将陆逊进驻庐江，有许多人都建议满宠立即采取行动。然而满宠却说："庐江虽小，将劲兵精，守则经时。又贼舍船二百里来，后尾空县，尚欲诱致。今宜听其遂进，但恐走不可及耳。"（《三国志·魏书·满宠传》）因此满宠整顿军队直奔杨宜口，陆逊听说大军东下，当夜便逃回东吴了。

吴国便是如此，几乎每年都在谋划着北上，而满宠也不负重任，一再成功湮灭了孙权的野心，顺利抵挡了东吴的进犯，使魏国在防卫蜀国诸葛亮的同时可以稍微放下对东吴这方面的担忧。由此看来，满宠坐镇扬州，实在有"一夫当关万夫莫开"的气势。然而就是这样的能臣，历来会遭受闲言碎语而引来主上的怀疑，满宠自然也不例外。

满宠与刺史王凌共事，却始终不合，经常发生矛盾，王凌的党羽于是向魏明帝诋毁满宠疲弱衰老昏聩，不能带兵作战。满宠从曹操起便追随魏国，确实也有点年纪了，难怪曹叡听了这话，多少也有点疑虑，便召回了满宠。然而曹叡一看满宠，发现其仍旧精力充沛，毫无老态之相，因此又将他派了回去。后来满宠多次上表请求留在朝廷，却屡遭明帝拒绝，明帝对他说："昔廉颇强食，马援据鞍，今君未老而自谓已老，何与廉、马之相背邪？其思安边境，惠此中国。"（《三国志·魏书·满宠传》）可见明帝是很看重满宠的，也足见满宠的能力丝毫不亚于当年的老将廉颇。

魏青龙元年（公元 233 年），满宠鉴于"合肥城南临江湖，北远寿春，贼攻围之，得据水为势；官兵救之，当先破贼大辈，然后围乃得解。贼往甚易，而兵往救之甚难"，认为"宜移城内之兵，其西三十里，有奇险可依，更立城以固守，此为引贼平地而掎其归路，于计为便"。满宠的建议便是在合肥城西新建一城，引东吴之兵远离水域。满宠的计划考虑长远，然而当时的护军将军蒋济却认为："既示天下以弱，且望贼烟火而坏城，此为未攻而自拔。一至于此，劫略无限，必以淮北为守。"明帝因蒋济之言，终没有同意满宠的建议。于是满宠又上表说："今贼未至而移城却内，此所谓形而诱之也。引贼远水，择利而动，举得于外，则福生于内矣。"（《三国志·魏书·满宠传》）当时有尚书赵咨认为满宠的计划考虑长远，遂向明帝荐之，明帝于是下诏采纳，于合肥新建新城，用以防备东吴。

后来事实证实，这新城建得恰到时机，也恰到其位。因为在这一年，孙权领大军出动，开始了三国历史上五次合肥之战的第三次。

合肥又开打了

魏青龙元年（公元233年）十二月，满宠刚在合肥城西建立新城以防备东吴的大举进军，孙权似乎就在远处回应了满宠，立即亲率大军，往合肥进发。

当初满宠提出建立新城时，蒋济曾说这个计策是在向天下示己弱，满宠因此回他："孙子言，兵者，诡道也。故能而示之以弱不能，骄之以利，示之以慑。此为形实不必相应也。"（《三国志·魏书·满宠传》）满宠认为在强大时无妨给孙权一个示弱的假象，这才可以吸引孙权举大军而至，将其击破。果然，不出满宠所料，这一年，孙权便亲率大军出动，欲图围困合肥新城。

孙权上了满宠的当，因新城建在远离水域的地方，导致吴军的船队停泊了二十多日却始终不敢下船。满宠见孙权正处于为难之际，遂对各位将领说："权得吾移城。必于其众中有自大之言，今大举来欲要一切之功，虽不敢至，必当上岸耀兵以示有余。"（《三国志·魏书·满宠传》）于是派六千骑兵埋伏在泇城，等待吴军上岸。满宠料事如神，不久孙权果然上岸炫耀他的兵力。就在孙权大喜之际，满宠派出的伏兵突然发动进攻，东吴士兵遭受突如其来的攻击，得意的神色立即凝固，转为慌张，毫无防备之下，终败于魏国伏兵，被杀死者有上百人，也不乏慌乱中逃至河中溺死的。孙权还未正面临敌便遭受伏兵袭击，自然心有不甘，于是又派出将军全综率兵前往攻取六安，然而结果也是兵败而归。

第三次合肥之战输赢双方损失和所得都不大，只是满宠再次顺利挡住了孙权的进军。而满宠在这次战争上料事如神，实在令人佩服。他对于魏、吴两国的兵力、战势都了解得非常透彻，更是深谙地理、气象、心理等因素在战争中的重要作用，知天知地，知己知彼，故能屡屡做出正确的预言和判定，他主张要想打胜仗，必须先挫败敌人的主力军，然后依靠地势移兵三十里，引诱敌人进入圈套一举歼灭。陈寿形容他"勇而有谋"。

孙权领大军兴致勃勃而来，却扫兴而归，任谁都不能甘愿。因此孙权这下虽然败回，却时刻等待着时机再光顾合肥一次，他相信自己终有一天能拿下这个让他费心了大半辈子的城市。而这时，来自蜀国的一个请求，让他揪到了这个机会，从而引发了三国历史上的第四次合肥之战。

诸葛亮继魏太和五年（公元231年）二出祁山后好不容易可以安静三年时光，也让魏国可以过过相安无事的宁静日子，这时，诸葛亮看到孙权的大军直下合肥，又躁动起来了。于是，就在魏青龙二年（公元234年）二月，诸葛亮又开始筹划他的第五次北伐。北伐次数实在太多了，次次是无大功而返，所以这次诸葛亮更加谨慎，准备得也更加充分。诸葛亮见孙权军队大败，明白他必定是充满怨念地回归，这时最容易接受别人的挑逗。于是诸葛亮在进行第五次北伐前，先派了一个使者前往东吴，邀请东吴一起出兵，两面侵扰魏国，令其难以兼顾。这个请求自然对准了孙权的需求，因此孙权一下子便应承了下来。

又过了三个月，孙权开始了他的再次征讨合肥之战。魏青龙二年（公元234年）五月，孙权亲自领兵进驻巢湖口，自称有十万大兵，准备攻向合肥新城。另外，孙权派出陆逊、诸葛瑾率领万余人向江夏、沔口进军，准备一举拿下襄阳，而将军孙韶、张承进驻淮州，直逼广陵、淮阴。就这样，三路兵马从各个方向进逼曹魏，大有大军侵地之势。曹叡见此，急令满宠做好御敌工作。

满宠心想这孙权也是和诸葛亮一样的人物，他们两个都巴不得尽早将魏国生吞活剥。这不，魏国还在恍惚之中，孙权就领兵直达合肥新城了。当时的合肥新城守将张颖见大兵所至，急忙向满宠请求援兵，满宠于是准备率众军前往新城援救。然而田豫将军却进谏满宠，说："贼悉众大举，非徒投射小利，欲质新城以致大军耳。宜听使攻城，挫其锐气，不当与争锋也。城不可拔，众必罢怠；罢怠然后击之，可大克也。若贼见计，必不攻城，势将自走。若便进兵，适入其计。又大军相向，当使难知，不当使自画也。"（《三国志·魏书·田豫传》）他认为孙权攻新城，目的在引诱大军前往救援，如果有援军前往，只怕反而让孙权反过来吞并，这样非但救不了人，自己还会赔上了性命。

田豫将此番话上书曹叡，曹叡接纳了田豫的建议，不派兵援救新城。

当时孙权大军抵达合肥时，魏国防守的吏士多有请假，满宠于是上表请召中军兵及召回所有请假的将士，集合抵挡。而当时的散骑常侍广平刘邵却认为满宠应该坚持防御，以挫吴军锐气，然后松散地排列队伍，大张旗鼓地前进。敌军见此必疑大军将至，则其必定自退，如此可不战而破之。曹叡听从了刘邵的提议，先派前队出发。

七月时，曹叡亦随后亲率水师东行。满宠见大军而来，遂先打头战。他募集了数十壮士，将松枝折断，灌上麻油作为火炬，在松枝上点燃火后于顺风处放出。大火烧毁敌军攻城器具无数，满宠立即率兵进攻，射杀孙权的侄子孙泰，吴军败退。当时孙权军中的士兵很多都患病，又这样败了一场，士气颓降。此时，又传来了曹叡大军将至的消息，吴国士兵顿时无战之心，个个似疲软的气球，孙权见此，只得命令撤军。由此，第四次合肥之战又以孙权无功而返而告终。

满宠在此战以处于劣势的人数成功破敌，再一次顺利抵挡了吴军的进军，再次证实了他在军事上的过人之处。同时，魏明帝曹叡亲率大军之举，直接令吴军闻风而逃遁，亦承其先人之勇，不失为一位好皇帝。此战过后，孙权便很少发动大规模的侵魏战争了，至于合肥再次成为世人的焦点时，那是二十年后的事了。

就在孙权进军合肥的同时，在魏国的另一边土地上，也正有一场激战在进行着。魏青龙二年（公元234年）春天，诸葛亮经过三年的劝农讲武，此时为了响应孙权的合肥之战，再率大军兵出斜谷口。四月，蜀军到达郿县，驻扎于渭水南岸的五丈原，伺机行动。魏明帝急令司马懿前往防备蜀军。诸葛亮继第四次北伐后，再次与司马懿正面对抗，两人由此共同谱写了精彩的第五次，也是最后一次北伐战争。

最后的北伐

魏青龙二年（公元 234 年），诸葛亮开始了他最后一次北伐，这一次北伐为诸葛亮鞠躬尽瘁的精神画龙点睛，从而画上了一个精彩的句点。

诸葛亮第四次北伐虽取得大胜，然而终究因为李严的从中作乱不得已而退兵，在排挤了异己势力之后，诸葛亮的首要任务再次落在了北伐上。然而频繁出兵，便是国力再强大也终有掏尽的一天，因此诸葛亮不得不休养生息几年。这一休养就是三年，三年后，诸葛亮见蜀国国力渐渐回升，而自己的身体却一日不比一日，因此，他不能再等了。魏青龙二年（公元 234 年）春天，诸葛亮率领大军兵出斜谷口，同时给了孙权一封书信，表明其北伐之心，并请求孙权从东吴进攻魏国，共吞曹魏。

孙权应承了诸葛亮的请求，答应其会出兵曹魏。诸葛亮得到孙权的响应后，继续领兵北进，于四月来到了魏国郿县，扎营于渭水南安的五丈原（今陕西眉县西南）。

魏国方面，司马懿一听说诸葛亮再次来犯，急忙领兵前往阻挡。此时司马懿部下的将领皆认为应该在渭水以北与诸葛亮隔水相持，然而司马懿不这么认为，他说："百姓积聚皆在渭南，此必争之地也。"因此立即率领军队渡过渭水，沿岸设点阻击。司马懿在分析了形势后，对诸将说："亮若勇者，当出武功依山而东，若西上五丈原，则诸军无事矣。"（《晋书·宣帝纪》）后来魏将得知诸葛亮果然上五丈原时，无一不感到欣喜，仿佛胜利已经在望了。

诸葛亮第四次北伐退军时，司马懿就判定诸葛亮再出兵时，"当求野战，必在陇东，不在西也"（《晋书·宣帝纪》）。因为司马懿明白蜀军若向东出兵武功，这对于魏军来说威胁是很大的，相反，西上五丈原则不能对魏军造成什么影响。司马懿懂得，诸葛亮不至于不明白吧？那为什么诸葛亮又选择西进五丈原呢？

究其原因，怕也就是因为诸葛亮的谨慎吧。我们知道，渭河和秦岭山脉之间有一片狭长平坦的河谷地区，蜀军若向东，便要经过这条狭长地带。而司马懿的大军如果沿河筑垒，那蜀军沿着这条道路前进，就不得不冒着侧敌行军的危险。

司马懿亦明白这个道理，因此他选择了渡河背水列阵，这一个巧妙的安排使诸葛亮的东进路线被切断了，因此诸葛亮只好选择往西前进了。其实如果诸葛亮敢于冒一下险，司马懿还不一定敢在诸葛亮侧敌行军时出击，毕竟魏明帝的明确指令是坚守不出。不过，司马懿如若让蜀军通过这条狭长地带从而抵达武功，那便切断了司马懿军与长安的联系，从而威胁到长安城的安全，那战局自是另一番景象了。不过历史已是过去，过多的猜测意义不大，只是在这场往东还是往西的博弈战中，诸葛亮和司马懿给我们上了精彩的一课。

就在魏军一片胸有成竹的乐观气氛下，有一个人却皱起了他的眉头，这个人就是郭淮。郭淮并不以为蜀军进驻五丈原，魏军就能有多轻松，同时他认为诸葛亮必定会派兵到北原攻打自己，以便阻断陇道，切断陇右与关中的联系，魏军将不得不应战。因此他建议司马懿率先进驻北原。

然而诸将都认为郭淮多虑了，唯有司马懿听了郭淮所言觉得深有道理，从而意识到北原的重要性，于是便命郭淮等人率兵移屯北原，阻挡诸葛亮。郭淮立即率领军队进驻北原据守，果不出郭淮所料，堑垒尚未完成，诸葛亮已经派兵前来攻城。在郭淮的坚守下，诸葛亮无法攻下北原，两军遂处于对峙状态。诸葛亮攻克北原以切断陇道的计划在郭淮的顽强抵抗下无法成功，诸葛亮明白这样跟他耗着对自己是不利的，只好领兵西行，做出欲攻西围的样子。然而郭淮又看出了诸葛亮的计策，他认为诸葛亮进攻西围是假，东进攻取阳遂才是真。

诸葛亮果然以声东击西之计，不一会儿就领兵来到了阳遂城下，然而魏军因郭淮的提议，早在诸葛亮来前就做好了万全准备，因此顺利击退了蜀军的进攻。看来到目前为止，郭淮的表现都足以令人称奇。

诸葛亮到目前为止，一个城池都没有拿下，无论是之前的北原，还是现在的阳遂。或许是因为诸葛亮认为自己两次的出击都会出乎敌人意料之外，从而将对方打个措手不及，因此有些大意，所领攻城士兵也不多，却不知魏国有人屡次看破了他的计策，从而得以提前做好反击的准备。看来诸葛亮是有点急躁了，他为何对这些不是奇计的计策有着这样的信心呢？

诸葛亮明白自己的身体已经撑不了多久，而在北伐之路上却还没有取得任何大成绩，出师未捷，身子却先垮了下来，这怎么可以呢？因此诸葛亮要速战速决，然而他偏偏遇到了魏明帝和司马懿。因为魏明帝指示司马懿当"坚壁拒守，以逸待劳"，而司马懿也很顺从地听魏明帝的指示，面对诸葛亮的进攻，均采取无动于衷的态度坚守不出。

诸葛亮一面逼着司马懿出战，另一面也考虑到前几次北伐都因为运粮不继的问题而导致功败垂成，于是开始在渭、滨屯田生产粮食。他这下是明着跟司马懿讲，我这次跟你耗到底了。看来诸葛亮确实有这样的打算，或许，他也明白自己的北伐，这将是最后一次了。

诸葛亮眼见自己两鬓越加斑白，脸颊因为多年的劳累而日渐深陷，现如今，自己更是难以下咽，一天吃不了三餐，一餐吃不了几粒米，而脑袋也越来越不好使了，看来自己已经快到极限了，而魏国的一大片土地还在那里摆着，难道就要这样辜负先主的期望了吗？诸葛亮也许还在争一口气，他明白，只要他还有一口气在，他就会尽自己的力气去做自己该做的事，而这该做的事就是当年在南阳卧龙岗里和先主刘备共同谋划的《隆中对》。《隆中对》的过程和实际虽然有点出入，但它的最终目标，诸葛亮希望能达到。

基于如此坚定的信念，诸葛亮继续坚持着。面对司马懿的坚守，他绞尽脑汁，他誓要用尽各种办法将司马懿给逼出来。

死得不甘心呐

面对诸葛亮的进攻，司马懿遵魏明帝之令，坚守不出。

司马懿的坚守当然不是因为害怕诸葛亮，当年曹操进攻汉中时，其情况正好和现在相反，诸葛亮的路线是汉中到关中，而曹操的路线是关中到汉中，当时面对曹操的来犯，刘备也是采取防守待机的战术，为什么没人说是因为刘备害怕曹操呢？所以说司马懿害怕诸葛亮显然是无稽之谈，他们两个人是旗鼓相当，正逢敌手。

司马懿的坚守是在等待一个好的机会，这是守城一方逼退攻方的惯用伎俩，有一次就让司马懿揪到了一个机会。

那次，诸葛亮派虎步监孟琰驻扎武功水北。孟琰前往驻扎后，水势渐涨，使他和诸葛亮失去了联系。司马懿见孟琰和诸葛亮之间的通路被阻绝了，知道两军相离难以援助，立即派军进攻孟琰。诸葛亮见状，一方面火速地派出工兵架桥，另一方面派出弩兵隔岸对着司马懿的部队射箭。司马懿攻孟琰不下，眼见桥就快架好了，只得立即退兵。

退兵后的司马懿更加不愿轻易出战了，他要瞄准一个极其有把握的机会，一举逼退诸葛亮。而诸葛亮这边，眼见日子一天天过去，从出兵到现在已有半年，他再也等不了了，在多次逼迫司马懿出兵不成之下，诸葛亮烦躁至极，竟想出了一个很不体面的方法。

诸葛亮命使者给司马懿送去了一样礼物。礼物到了魏营里，武将们均怀着好奇的心情观望着诸葛亮到底在演着哪出戏。这时司马懿接过礼物盒子，打开后，原来是一套女性的服饰，从头巾到衣服，样样具备。诸将一看，虽有几分好笑，却也不得不为司马懿和魏国感到羞愧，毕竟在当时的思想下，被人当成一个女人看待，这对于一个驰骋沙场的七尺男儿是非常大的羞辱。因此诸将都为司马懿打抱不平，也多少为自己身为其部下而感到些许羞愧和愤怒。

诸将认为这不仅是在侮辱司马懿，也是在侮辱魏国每一个有志气的将领，因此没有一个不提出出战的请求。

然而这样一种明显是无计可施而不得已实行的激将法，就好像令士兵在阵前骂阵一样，激激一些性子急躁的武将也就罢了，想激起司马懿这种顾全大局的隐忍之者，诸葛亮这个方法显然是有点孩子气了。

不过诸葛亮从来就没有打算激怒司马懿，他要激怒的是司马懿的大多数部下，从而让他们集体请战。果然，魏国诸将见了诸葛亮送来的女装后，纷纷请战，而司马懿也明白每个人都在气头上，这个时候说再多道理是没有用的，因此他只好上表魏明帝，请求魏明帝指示是否出战。

司马懿的这个上表也很有意思，虽然魏明帝曾经明示司马懿在对抗诸葛亮时最好采取坚守的策略，然而所谓"将在外，君命有所不受"，司马懿还真傻到要万事去向曹叡报告吗？司马懿显然不是这样的人，他上表不过是为了拖拖时间，一份表传到曹叡那里，再从曹叡那里传回一份诏令，一段时间就过去了，武将的愤怒也基本可以消掉。另外，魏明帝若回书指示"坚守"，那么也刚好能借魏明帝来压压诸将，让诸将明白无故请战是没必要的。

果然，魏明帝不许司马懿出兵，为此还派出了他的骨鲠之臣辛毗持杖节来做司马懿的军师，以牵制他的行动，诸将见魏明帝意志如此，遂也不再轻易请战。当时姜维听说辛毗杖节而至，就对诸葛亮说了："辛毗杖节而至，贼不复出矣。"诸葛亮叹了口气说："彼本无战情，所以固请战者，以示武于其众耳。将在军，君命有所不受，苟能制吾，岂千里而请战邪！"（《晋书·宣帝纪》）可见司马懿见招拆招，可谓高明。

后来诸葛亮又遣使求战，然而这次司马懿却不谈军事，反而问使者："诸葛公起居何如，食可几米？"使者回："三四升。"然后又问政事，使者说："二十罚已上皆自省览。"经过这一番谈及私人生活的问答，司马懿明白了诸葛亮一直都事事亲力亲为，食少事烦，故而大喜道："诸葛孔明其能久乎！"（《晋书·宣帝纪》）

果不其然，魏青龙二年（公元234年）八月，诸葛亮终因积劳成疾而病倒，病情日益恶化。司马懿得知后，趁诸葛亮病重不能统军之时，率军袭击其后方，大胜。消息传到了成都，刘禅派李福去探望诸葛亮，诸葛亮对李福讲述了自己死后的国家大计，又向各将领交代好后事。过了几天，到了八月二十八日时，时间再隔三天便将跨入下一个月份，进入那个纯净的收获季节。秋风刚拂向人间，拂向五丈原的萧索，诸葛亮的生命便在这寒意中睡下了。蜀国丞相北伐七年，连死都死在了北伐的路上，实在令人唏嘘不已。

诸葛亮也知道自己逝世的消息如若传出，势必引起蜀军恐慌，从而为魏国制造进攻的时机。因此就在他临死前，他对着几位亲信安排好了后事，做出了生命的最后一场绝唱。

蜀军按照诸葛亮的安排，秘不发丧，整军后退。有当地百姓见蜀军退走，便向司马懿报告。司马懿因此推知诸葛亮必是死于军中了，立即出兵追击。这时忽然有蜀将杨仪摇旗呐喊，好像要反击。司马懿以为中了诸葛亮的诱敌之计，急忙撤军。到了第二天后，蜀军已退回，司马懿到蜀军空营巡视，赞叹诸葛亮为"天下奇才也"。

司马懿见蜀军是真的退兵，肯定诸葛亮已死，忙要率兵急追。辛毗却认为诸葛亮是生是死尚不可知，不宜出兵，司马懿说："军家所重，军书密计、兵马粮谷，今皆弃之，岂有人捐其五藏而可以生乎？宜急追之。"（《晋书·宣帝纪》）于是，率兵急追。当时关中地多蒺藜，司马懿于是派人用一些软材料做成三千多双平底木屐，派三千士兵穿着在大军前行走，蒺藜因此都刺在了木屐上，从而保证了后方大军的顺利行军。司马懿率领步兵和骑兵，一直追到了赤岸，才肯定了诸葛亮确已死亡，并听闻这里有人在流传着一句谚语："死诸葛走生仲达"，司马懿听后，无奈地自嘲道："吾便料生，不便料死也。"（《三国志》裴松之引《汉晋春秋》），遂领兵而回。

至此，在诸葛亮五十三个年岁里占了七年的北伐战争终于结束了。诸葛亮虽心有大志，然而硬是以一州之地强攻中原强魏，如此不顾战略失策，纵使竭忠尽智，也终难实现生平大志。兼之其生性谨慎，不敢用险，想以平稳之计来慢慢掏尽曹魏，然而曹魏又不吃他这一套，他耗，司马懿便跟他耗，可是一个小国如何耗得过大国？所以司马懿说他是："亮志大而不见机，多谋而少决，好兵而无权"（《晋书·宣帝纪》）。

诸葛亮死了，司马懿因功升任太尉，其在曹魏的政治地位是扶摇直上，为后来的司马代曹开了一个很好的头。

北伐结束了，然而三国的故事还在继续。诸葛亮临终前派杨仪统领各军撤退，而这就直接引起了一个人的不满，致使蜀国在诸葛亮刚死后便发生了一场内斗。这个人，就是傲骨含冤的魏延。

诸葛亮把魏延带走了

魏青龙二年（公元234年）八月，诸葛亮出师未捷身先死了，七年的北伐就此画上了句点。然而就在北伐军退兵期间，却发生了蜀军之间的一场内斗。

诸葛亮临终交代后事时，只唤来了长史杨仪、司马费祎、护军姜维等人，在这些人当中，少了蜀国一个响当当的人物，那就是魏延。为什么诸葛亮不唤魏延来交代后事呢？其实这很正常，因为诸葛亮和魏延存在着矛盾。

《三国演义》里魏延一出场，诸葛亮便以"脑后有反骨"为理由欲斩杀他，虽说这是小说家杜撰的，然而它也提出了一个事实，那便是诸葛亮一直对魏延怀有戒心。当初诸葛亮首出祁山时，魏延提出的子午谷计谋不失为一个好计策，然而终究被诸葛亮拒绝了。而后史书说魏延"常谓亮为怯，叹恨己才用之不尽"（《三国志·蜀书·魏延传》），这话传到了诸葛亮耳里，能不刺耳吗？如果我们继续猜测下去，我们甚至可以认为诸葛亮忌惮魏延的才能。

我们知道诸葛亮虽然看不上魏延，然而蜀国却有一个人对魏延极其看重，那就是先主刘备。当年，刘备夺得汉中时，需一个人来镇守，此时"众论以为必在张飞"（《三国志·蜀书·魏延传》），结果刘备却将汉中托付给了魏延。而魏延也没令先主失望过，屡次立功，由此足见魏延此人才能非同一般，甚至不失为一个军事奇才。然而魏延的才能却一直被诸葛亮压制着，诸葛亮顶多让他顺着自己的意去打打几场战，而绝不敢放其军权。这一方面或因为诸葛亮忌惮魏延的才能，一方面诸葛亮也担心魏延掌军行险，从而赔上整个蜀国大军。

不管出于什么原因，诸葛亮对魏延是防着用，于是他在托付后事时，就对魏延这样安排："令延断后，姜维次之；若延或不从命，军便自发。"（《三国志·蜀书·魏延传》）可见诸葛亮对魏延是很不放心的，他认为自己死后，蜀国没人压得下魏延，因此与其养虎为患，不如令其自去。

诸葛亮死后，全军准备撤退。杨仪叫费祎前往魏延处告知丞相的意思：由杨仪统军，魏延断后，全军撤退。魏延一听费祎这样说，立即有所不满，他回费祎："丞相虽亡，吾自见在。府亲官属便可将丧还葬，吾自当率诸军击贼，云何以一人死废天下之事邪？且魏延何人，当为杨仪所部勒，作断后将乎！"（《三国志·蜀书·魏延传》）魏延果然是匹脱缰野马，如果说当初诸葛亮在时还有所收敛，而此时诸葛亮已走，那魏延自然要开始他的狂奔了。因此他很不满，有他魏延在，还可以出兵伐魏，为何要退兵？何况还直接受命于杨仪！这更是魏延所不能忍受的。因为魏延和杨仪之间的矛盾，是上了台面的。

魏延此人性情高傲，狂放不羁，同僚们都对他容让三分，然而杨仪却不买他的账，硬是和他作对，以至于两人"每至并坐争论，延或举刀拟仪，仪泣涕横集"（《三国志·蜀书·费祎传》），可见两人的矛盾已经到了水火不容的地步。其实诸葛亮也明白两人的紧张关系，因此他明白自己死后，他们两个必定会闹冲突。与其让两位蜀国大臣自相残杀，致使朝廷不稳，不如弃掉一个，这样蜀国还不至于起太大的内乱。而两相权宜之下，诸葛亮终究选了杨仪。

再说魏延听了费祎的话后，想让费祎站在他这边，和他一起留兵攻魏。然而费祎是个规矩之人，丞相说过的话又如何能违背。因此他对魏延这样说道："当为君还解杨长史，长史文吏，稀更军事，必不违命也。"（《三国志·蜀书·魏延传》）费祎说完便骑马而去，待到魏延反应过来，早已来不及了。

杨仪也不管魏延接不接军令，自带全军徐徐退后，魏延看大军后退，顿时大怒，日夜兼程赶到了杨仪大军前面，将所经之阁道都用火烧毁，使大军难以前进。而后杨仪和魏延互相上表刘禅说对方企图谋反。刘禅见表后便糊涂了，于是他召来侍中董允和留府长史蒋琬，问他们到底是谁想造反。董允、蒋琬两人和杨仪是一路的，当然袒护着他，因此他们都为杨仪担保。

魏延此时已经提前占据了南谷口，率领自己部下出击杨仪大军，杨仪于是命令何平前往抵御魏延。两军对阵，何平大骂魏延的先头部队："公亡，身尚未寒，汝辈何敢乃尔！"一拿诸葛亮来说事，所有士兵都慌了，出于对诸葛亮的敬重，士兵们都不听魏延的军令，各自散去了。魏延见士兵散走，带领着数骑亲信，往汉中而逃。杨仪立即派出马岱领军前往追击。后马岱赶上了魏延，魏延士兵之少终难敌马岱，遂被马岱斩了头颅。马岱将头颅带回献于杨仪，杨仪见魏延已死，将生平对其所积怨愤一泄而出，用脚践踏着魏延的头颅，骂道："庸奴！复能作恶不？"（《三国志·蜀书·魏延传》）后诛灭了魏延三族。杨仪对一个死人都不放过，难怪诸葛亮说他是

"性猦狭"（《三国志·蜀书·杨仪传》）。

诸葛亮死了，顺带将魏延也带上了天，蜀国至此失去了两大支柱，本就虚弱的国力，从此再也无力回天了。

而对于魏延领军攻击杨仪一事，再经后人大肆渲染，魏延也因此背上了"叛蜀"的罪名。然而，陈寿曾言："原延意不北降魏而南还者，但欲除杀仪等。平日诸将素不同，冀时论必当以代亮。本指如此，不便背叛。"（《三国志·蜀书·魏延传》）陈寿认为魏延不过是和杨仪不合，主动攻击杨仪不过是为争诸葛亮的位子，并无反蜀之意。其实也当如陈寿所言，魏延如若要叛蜀，为何最后剩下数骑，却仍往汉中而去？因此，魏延的反叛不过是一场争权对决被有心人上升为叛国之举。

再看杨仪，自他斩杀魏延后，自以为功勋之大，理应代诸葛亮秉持朝政，然而诸葛亮终究选择了蒋琬，杨仪只是被封了个中军师，并无实际统领之权。杨仪因此感到不忿，经常发出怨言，说："往者丞相亡没之际，吾若举军以就魏氏，处世宁当落度如此邪！令人追悔不可复及。"（《三国志·蜀书·杨仪传》）费祎听到杨仪说出这样的话，什么"以就魏氏"，真有反叛之意思，因此上报后主，杨仪遂被贬为庶人。

其实无论这里的"以就魏氏"指的是魏国还是魏延，都可以看出杨仪这个人反复无常，实在不像一个君子。

因此这时我们就更为魏延感到委屈，诸葛亮又选择错了人，如果他还没死，实在应当再自贬三级。

可怜魏延一个蜀国大将，身怀诸葛孔明的大志，却败于一个心胸狭窄的政敌手里，死后连个谥号都得不到，还得背上反叛的千古罪名，实为可惜。而我们可惜的不仅仅是魏延一人，还是蜀国因此又失掉一个大将，可怜蜀国最终将自己推进了一个"蜀国无大将，廖化为先锋"的尴尬局面。

诸葛亮死了，蜀国的北伐暂时告一段落，魏国此时有更多的时间来理理自己的内部关系了。司马懿因为抵挡诸葛亮有功而升任太尉，开始了在曹魏政权称霸的道路。然而这还不够，他司马懿要的是全权在握，因此，司马代曹的时代开始了。

诸葛亮的心愿

诸葛亮虽然死去，但是他的精神仍将持续。平定魏延叛乱后，杨仪等扶孔明灵柩回成都。辅政大臣的死去让后主刘禅万分悲痛，他不仅自己挂孝，还令文武百官尽皆挂孝，甚至出城二十里迎柩。见到诸葛亮的灵车，刘禅不禁放声大哭，史籍记载，此时，上至公卿大夫，下及山林百姓，男女老幼，无不痛哭，哀声震地。

送灵车回丞相府后，刘禅任杨仪为中军师。因为马岱平定魏延作乱有讨逆之功，就将原本赐予魏延的爵位赐予马岱。按照诸葛亮遗嘱，刘禅下令将诸葛亮葬于定军山，不用墙垣砖石，也不用一切祭物。之后，刘禅亲自送灵柩至定军山安葬，并降诏致祭，谥号忠武侯；令建庙于沔阳，四时享祭。

诸葛亮死后，享受了为人臣子的莫大荣耀，刘禅的悲痛表露无遗。对这位治世能臣，陈寿有一段精彩的点评："诸葛亮之为相国也，抚百姓，示仪轨，约官职，从权制，开诚心，布公道；尽忠益时者虽仇必赏，犯法怠慢者虽亲必罚，服罪输情者虽重必释，游辞巧饰者虽轻必戮；善无微而不赏，恶无纤而不贬；庶事精练，物理其本，循名责实，虚伪不齿；终于邦域之内，咸畏而爱之，刑政虽峻而无怨者，以其用心平而劝戒明也。可谓识治之良才，管、萧之亚匹矣。然连年动众，未能成功，盖应变将略，非其所长欤！"

诸葛亮死后，蜀国主要提升了蒋琬、费祎、吴懿、姜维等人的官职，其余的官员并无重大调整，依旧各司其职。

尽管杨仪被任命为中军师，但实际上并没有什么统兵之权，大体只是一个虚职而已。他先蒋琬进入官场，现在却没有蒋琬官做得大，又自恃自己有功劳，对朝廷的安排很是不满，觉得自己没有得到应有的赏赐，一时没忍住对蒋琬口出恶言发起了牢骚："昔日丞相初亡，吾若将全师投魏，宁当寂寞如此耶！"他表达了早知今日还不如带领蜀军集体投降来得划算。事实证明，发牢骚也不能把话说得太过火，发牢骚也要找一个比较可靠的听众。

费祎是个聪明人，他也不争辩，只是默默地给刘禅写了一个奏章，并且是"密奏后主"。刘禅看到奏章自然很是生气，后果很严重，一心想杀了杨仪。蒋琬是一个忠厚的人，赶紧站出来给杨仪求情，并且列举了一番杨仪早期的功劳，请求将功补过，宽大处理。刘禅于是下令罢免杨仪的一切官爵，将他贬为庶民，杨仪自己感到羞愧难当，一抹脖子，自杀了。

杨仪死后，厚道人蒋琬接过诸葛亮的大旗主持蜀国朝政。当时的蜀国上下，因为顶梁柱诸葛亮的死去，少不了对蜀国的明天充满忧虑，蒋琬却镇定自若，"既无戚容，又无喜色，神守举止，有如平日"，大家一看蒋琬这么淡定，也就跟着淡定。蒋琬为人宽厚，诸葛亮说他有"社稷之器"，临终时给刘禅的上书中说："臣若不幸，后事宜以付琬"。督农杨敏对蒋琬不服气，就背后诋毁他说："作事愦愦，诚非及前人。"

小报告打到蒋琬那里，有人建议蒋琬治杨敏的罪过，蒋琬也只是说："吾实不如前人，无可推也。"后来杨敏因故进了监狱，有人担心蒋琬会公报私仇将杨敏处死，可是蒋琬不仅不记仇，还免去了杨敏的重罪。蒋琬为政遵诸葛亮遗风，"不喜阿顺，不听谗毁"，大臣们对他也"乐于效命"。

蜀延熙二年（公元 239 年），蒋琬晋升为大司马。诸葛亮生前曾经数次出兵伐魏，都是由秦川走陆路进攻，山道险阻，后方粮草的转运始终是个大问题，一直没能很好解决。蒋琬就筹划先东进，由汉、沔水，从水路进攻魏国的上庸、魏兴（今湖北陕西交界处），却因为旧疾复发，无法指挥，也就没有真正实施。朝中官员大多认为：水路出兵容易，但是，"如不克捷，还路甚难，非长策也"。而东吴方面，许多朝臣上书孙权，指责蒋琬妄图破坏吴蜀交好，名义上攻打魏国，实则直指东吴。幸亏孙权力排众议，一场风波才算平息。

后主派尚书令费祎、中监军姜维来汉中与蒋琬商议大计，蒋琬感激发奋，上书后主，他诚恳地写道："芟秽弭难，臣职是掌。自臣奉辞汉中，已经六年，臣既闇弱，加婴疾疢，规方无成，夙夜忧惨。今魏跨带九州，根蒂滋蔓，平除未易。若东西并力，首尾掎角，虽未能速得如志，且当分裂蚕食，先摧其支党。然吴期二三，连不克果，俯仰惟艰，实忘寝食。辄与费祎等议，以凉州胡塞之要，进退有资，贼之所惜；且羌、胡乃心思汉如渴，又昔偏军入羌，郭淮破走，算其长短，以为事首，宜以姜维为凉州刺史。若维征行，衔持河右，臣当帅军为维镇继。今涪水陆四通，惟急是应，若东北有虞，赴之不难。"一片赤诚，一番苦心，溢于字里间。

蜀延熙四年（公元 241 年）十月，刘禅遣尚书令费祎、中监军姜维传旨给蒋琬，要求暂缓伐魏。蒋琬赶忙上书后主，提出应该继续联吴伐魏，建议由姜维为凉州刺史，率军出征，自己驻扎在涪县，负责接应支援。蒋琬身在涪县，朝中的事情基本上交由费祎主持，此时的蒋琬早已是病魔缠身，却仍然念念不忘北伐事宜。

曹爽伐蜀，妄图谋求军功为政治资本。魏正始五年（公元244年）三月，曹爽至长安，发兵十万（一说七万），与征西将军夏侯玄合力攻汉中。魏国大兵来袭，蜀国的兵力不足，诸将都很害怕，只想守城不出。负责汉中军务的蜀前监军、镇北大将军王平力排众议，积极迎敌。一月后，后主刘禅遣大将军费祎从成都率军增援，驻涪县的蜀军也主动去增援。曹爽军队的粮草供给又严重不足，被迫率大军撤退，途中遭遇了蜀军的截击，伤亡惨重，大败而还。

自卫战争的胜利不能掩盖蜀国人才缺失的不足。两年后，蒋琬病逝于涪县，蜀国又失去了一位能臣。

对蒋琬辅政的功过，陈寿的评价是："蒋琬方整有威重，费祎宽济而博爱，咸承诸葛之成规，因循而不革，是以边境无虞，邦家和一，然犹未尽治小之宜，居静之理也。"无疑，蒋琬的才能比不上诸葛亮，但是他在诸葛亮死后，清静治国，将诸葛亮遗留的班底整合运用，使蜀国维持了稳定的局面。虽然他"因循不革"，但是失去

笑言溫儀
神別殺超
凡品冠世高
情芸靜論
粉本洞涇
雖可淂伯
駒真蹟石
渠春
己亥暮春
御題

诸葛亮的蜀国需要的显然是稳定。清代王夫之也说："故蒋琬死，费祎刺，而蜀国无人。"蒋琬提出北伐的新思路，是他希求"革新"的一方面，碍于环境，也只能壮志难酬。

蒋琬死后，姜维升任卫将军，与大将军费祎共录尚书事。费祎是一个保守主义者，姜维则是一个积极的主战派，同年汶山郡平康县的夷族起事，姜维率兵讨平。面对姜维的一心主战，费祎说："吾等不如丞相亦已远矣；丞相犹不能定中夏，况吾等乎！且不如保国治民，敬守社稷，如其功业，以俟能者，无以为希冀徼幸而决成败于一举。若不如志，悔之无及！"姜维当然不能认同这个说法，等到多年以后，费祎与群僚聚会饮酒，费祎喝得酩酊大醉，竟然被魏国诈降的刺客郭循刺死，再没有人能阻止姜维的壮志雄心，当然，这已是后话了。

第二章

曹氏湮灭：留给司马的机会

明白与不明白

诸葛亮的死，为历代文人志士感叹，唐代杜甫曾写道："出师未捷身先死，长使英雄泪满襟。"他的死是蜀国衰落的起点，也是魏明帝曹叡政治生涯的转折点。

曹叡，死后被尊为魏明帝，这个"明"字，真是意味深长。

魏青龙三年（公元 235 年）之前，即诸葛亮在世之时，曹叡的所作所为的确可以称为"明"。

史籍记载，他"生数岁而有岐嶷之姿"，小时候因为聪慧，很得他的祖父曹操钟爱，即位后，一方面继续笼络世家大族，争取他们的支持拥护。如以钟繇为太傅，华歆为太尉，王朗为司徒，陈群为司空，陈矫为尚书令、司空，等等。另一方面，曹叡进一步加强中央集权。曹丕临终时指定曹真、陈群、曹休、司马懿为辅政大臣。但曹叡即位后，却令曹真出镇关中，曹休出镇淮南，司马懿出屯宛，政令已出。东晋孙盛说："闻之长老，魏明帝天姿秀出，沉毅好断。初，诸公受遗辅导，帝皆以方任处之，政自己出。"（《三国志·魏书·明帝纪》）

曹叡还是一位关心政务、重视吏治的君主。他曾亲至尚书台"欲案行文书"处理文书政事、检察政务，甚至因为某些官员的失职而发出"知其不尽力也，而代之忧其职；知其不能也，而教之治其事"的感叹。他要求官吏勤于职守，对掌管官吏任用的吏部尚书卢毓说："选举莫取有名，名如画地作饼，不可啖也。"

曹叡认为官吏应做到先公而后私，曾下诏："忧公忘私者必不然，但先公后私即自办也。"身为帝王，早期的曹叡尚能听人纳谏，对民间疾苦亦颇多关心，史书说他"含垢藏疾，容受直言，听受吏民上书，一月之中，至数十百封，虽文辞鄙陋，犹览省究竟，意无厌倦"。他又注重法理，"每断大狱，常诣观临听之"，并诏令官员改订法律，删减死刑的条款。在对蜀国、东吴的战事中，也常有睿智之举，"兴师动众，论决大事，谋臣将相威服帝之大略"。明帝本人也善于诗词，与曹操、曹丕并称魏之"三祖"。

曹叡本有机会成为一代明主，却因为敌人的消退，变得志得意满、懈怠政务、沉迷享乐。

青龙三年（公元 235 年）是一个关键的年份，这一年诸葛亮病故，魏蜀边境一改过去多年的剑拔弩张之势，明帝曹叡因此舒心不少。也是在这一年，控弦十余万骑的鲜卑首领轲比能被曹魏派遣的刺客所杀，失去首领的鲜卑各族，"种落离散，互相侵伐，强者远遁，弱者请服"，就这样，魏国的北部疆域亦得到安定。还是在这一年，得益于曹叡父祖遗留的良好基础，加上他本人之前又多勤政，魏国国内的政治尚称安稳。内忧外患均得以解决，"饱暖思淫欲"，妄图高枕无忧的明帝曹叡充分暴露出内心中骄奢淫逸的本性。

连年征战使得曹魏国库空虚，财政开支严重告急，曹叡顾不得这些，想要在洛阳、许昌两地建宫殿。从民间选拔众多美女入宫，"耽于内宠，妇官秩石拟百官之数，自贵人以下至掖庭洒扫，凡数千人"，日夜在宫中作乐。曹叡对这些女人极度宠爱，甚至出现"选女子知书可付信者六人，以为女尚书，使典省外奏事，处当可"的情形，可曹叡对此仍不满足，"又录夺士女，前已嫁为吏民妻者，还以配士，既听以生口自赎，又简选其有姿色者内之掖庭。"

面对荒政的君主，一些有良知的臣子纷纷上书劝谏，太子舍人张茂上书谏曰："诏书听得以生口年纪、颜色与妻相当者自代，故富者则倾家尽产，贫者举假贷赁，贵买生口以赎其妻；县官以配士为名，而实内之掖庭，其丑恶乃出与士……且军师在外数十万人，一日之费非徒千金，举天下之赋以奉此役，犹将不给，况复有掖庭非无录之女，椒房母后之家，赏赐横兴，内外交引，其费半军。"高堂隆也上书说："今天下凋敝，民无儋石之储，国无终年之蓄，外有强敌，六军暴边，内兴土功，州郡骚动，若有寇警，则臣惧版筑之士不能投命虏庭矣。又将吏俸禄，稍见折减，方之于昔，五分居一，诸受休者又绝禀赐，不应输者今皆出半，此为官入兼多于旧，其所出与参少于昔。而度支经用，更每不足，牛肉小赋，前后相继。"除了张茂和高堂隆以外，还有二十余人也愤而进言。自古忠言逆耳，明帝曹叡对忠臣的良言置若罔闻，反而变本加厉地劳民伤财，激起了全国上下的不满。天下未定，竟被眼前一时的安宁麻痹了神经，贪图淫欲，明帝可真"不明"。

两年之后，魏景初元年（公元 237 年），爆发了辽东公孙渊谋反事件。公孙渊字文懿，幽州辽东襄平（今辽宁辽阳）人。辽东公孙氏，自东汉末就据有辽东，曹操、曹丕在世时，公孙氏表面臣服汉、魏，事实上是据有一方。早在太和二年（公元 228 年），魏明帝就拜公孙渊为"扬烈将军"，任命他为"辽东太守"，对此公孙渊一面表示继续臣服于曹魏政权，一面"南通孙权，往来路遗"，耍起两面派手段，妄图从中得利。

公孙渊与吴国私下联通，激怒了魏国，魏明帝于魏太和六年（公元232年）下令出兵讨伐。魏军分两路北征，汝南太守田豫率领青州诸军走海路进军，幽州刺史王雄由陆路进军。幽州兵少，陆路大军未能取胜。青州兵马从海上直达辽东，登陆后却无法长途奔袭，曹魏首征辽东失利。气焰日盛的公孙渊，转而假意向孙权上表称臣。吴嘉禾二年（公元233年）三月，孙权派遣太常张弥等率领大军万人携带金宝珍货，去辽东封赏公孙渊，赐名号"燕王"。公孙渊却派兵围取东吴使船，斩杀来使，将东吴军马、珍宝霸为己有，并将张弥、许晏等首级，传送至洛阳。魏国得知此事，顺水推舟，为感激公孙渊反吴的行为，拜公孙渊为大司马，封乐浪公。

此时的魏国经过长期的经济恢复和发展，成为魏、蜀、吴三国中力量最强大的一方，已经不需要辽东在后方协助。对曹魏、东吴虚与委蛇的公孙渊未能及时审时度势，伺机称王辽东之心却始终未曾改变，魏派使臣到辽东，公孙渊口出恶言，出言不逊，百般羞辱。公孙渊的出尔反尔，叛服无常，让曹魏不得不调整向南用兵的战略方针，决定用武力彻底解决辽东问题。

魏景初元年（公元237年），曹魏派遣幽州刺史丘俭率兵前往辽东，假借宣诏公孙渊去洛阳上朝，公孙渊如果前往洛阳，魏国可趁机取得辽东控制权；如果不出行，魏国便有理由对公孙渊用兵。公孙渊见此，率先挑起战事，魏军征服辽东的计划失败。

一年后，魏景初二年（公元238年）春正月，魏明帝派司马懿统领四万大军远征辽东，经过数个月的长途跋涉，曹魏大军于夏六月到达辽东前线。公孙渊派遣部将卑衍、杨祚率军屯于大辽水与辽水汇合处的辽隧（今辽宁鞍山市西、海城市西北），构筑围墙堑壕二十余里，以抵挡司马懿进攻。司马懿深谙用兵之道，拒绝了部下立即进攻的建言，他认为敌人坚壁据守，意在使用消耗战术妄图拖垮我军。另一方面，襄平此时城防空虚，于是，司马懿派出疑兵，多张旗帜，假意向南进攻，诱导卑衍率精锐部队追赶。司马懿则亲自引主力北渡辽水，直扑襄平。时值雨季，辽东大雨不止，太子河水暴涨，地面上水深三尺，数万军人在雨水中激战。公孙渊踌躇满志，极度自信，以为天降大雨是天助辽东，魏军苦不堪言自然败退。然而司马懿智谋非常，他借助水利，令船自辽河口直驶襄平城下，运送兵员辎重，补充了三军兵员、武器与粮草不足。

待到雨季过去，魏军紧缩了对襄平的包围，并造土山，挖地道，昼夜攻城，矢石如雨。襄平城内被困一月有余，既无粮草，又无外援，人自相食，死者不计其数，俨然一座死城。眼看胜利无望的杨祚等首先投降，使公孙渊陷入了危亡的境地。此时的公孙渊派相国王建、御史大夫柳甫前往魏营，请司马懿解围退兵，然后他出城"面缚"请罪，再度上演之前的戏法，蒙混过关，以图来日反叛。然而司马懿斩掉来使，予以拒绝。公孙渊只好再派侍中卫演前去，提出送自己儿子为人质。司马懿口气强硬，对卫演说："军事大要有五，能战当战，不能战当守，不能守当走，其余两件事，只有降与死可供选择。既然公孙渊不肯面缚投降，当然勿须送子为质，只有死路一条！"数日之后，襄平城被魏军一举攻破，公孙渊父子也被魏军斩杀。攻克辽东后，公孙氏原统治的带方、乐浪、玄菟等郡均向魏国投降，辽东六郡自此列入曹魏版图，司马懿征辽东大获全胜。公孙氏在辽东苦心经营了五十年的割据统治，被司马懿收归曹魏，此事也宣告了曹魏对北方实行了统一。尽管明帝曹叡沉迷享乐，但魏国毕竟初建，根基尚稳，又有重臣辅佐，虽有"不明"，还不至于让国内危机四伏。此后曹氏君主，就没有这么幸运了。

权力使人迷失

"福兮祸之所伏。"

公孙渊反叛终于被魏国平定，而明帝曹叡却没有福气享受这来之不易的荣耀，他病了，而且是病危，尽管他只有三十五岁。

预感生命即将走到尽头的曹叡开始一步步安排后事，他立燕王曹宇为大将军，与夏侯献、曹爽、曹肇、秦朗等共同辅政。而曹宇为大将军仅四日，朝中司马懿的同党就找个由头搬出"先帝诏敕，藩王不得辅政"的金牌，并荐举太尉司马懿辅政。此时的司马懿经过多年苦心孤诣的经营，羽翼丰满，病中的曹叡也无可奈何。曹叡并不糊涂，他不放心将家国托付给司马懿一人，想在曹家的亲贵中挑选尚可任用的人用以牵制司马懿，故问刘放、孙资："谁可与太尉（司马懿的官职）对者？"刘放答："曹爽。"曹叡疑惑说："堪其事否？"曹爽年轻，根本不是司马懿的对手。而曹爽也自知责任重大，故"流汗不能对"。

但仔细思量，曹家的亲贵中，也只有曹爽尚可任用，虽然曹叡对他也不是很满意，却只能以曹爽为大将军，用老练之能臣尚书孙礼为大将军长史，以弥补曹爽之不足。最后免除曹宇等人的官职，以大将军曹爽为辅政之首，与司马懿共辅幼主曹芳。司马懿和曹爽各怀野心，同处朝堂之上，爆发矛盾只是时间问题。

魏景初三年（公元239年）初，魏明帝病重，召司马懿进京。司马懿在襄平时，曾梦见明帝枕在他膝上，说："视吾面。"他俯视，见明帝面有异色。当司马懿看见诏书中也有类似的话，大惊，以为京城政变，单人乘车在一夜间疾行四百里赶到京城，司马懿忠勇的一面展露无遗。史料记载：（曹叡）执其手谓曰："吾疾甚，以后事属君，君其与爽辅少子。吾得见君，无所恨！"宣王（司马懿）顿首流涕。指齐王（曹芳）谓宣王曰："此是也，君视之，勿误也！"又叫齐王前抱宣王颈。王九岁，在于御侧。帝执宣王手，目太子曰："死乃复可忍，朕忍死待君，君其与爽辅此。"宣王曰："陛下不见先帝属臣以陛下乎？"曹叡在死前对司马懿一番殷勤付托之后，

"崩于嘉福殿，时年三十六"。即位的曹芳是明帝的养子，一直"秘在宫中，无人知之"，他的身世，也存有争议。

新皇登基，"加曹爽侍中。改封武安侯，食邑一万二千户，赐剑履上殿，入朝不趋，赞拜不名，与司马懿各统精兵三千人，共执朝政"。曹芳与司马懿，一个是亲贵，一个是老臣，两人共同辅政的日子，也曾有过一段"蜜月期"。《三国志》中记载："初，爽以宣王年德并高，但父事之，不敢专行"，起初曹爽因为司马懿年老，所以按照对待父辈的礼仪对他，有什么事情也都同司马懿商量，不敢独断专行，而"宣王（司马懿）以爽魏之肺腑，每先推之；爽以宣王名重，亦引身卑下，当时称焉"。司马懿在国家大事上也尽心尽力，这些都说明两人在辅政之初，都还算尽职克己。但好景不长，曹氏亲贵希望排挤司马懿，曹爽想让尚书奏事先通过自己，以便专权。排挤一个人的方式有很多，不见得一定要赶尽杀绝，尤其是对待司马懿这样朝中势力很大的重臣，一下子将其打死也是不可能的。曹爽想的方式很简单：给司马懿升官。

司马懿当时的官职是"侍中、持节、都督中外诸军、录尚书事"，名号虽然多，但是级别不是最高的，于是曹爽向天子进言，希望司马懿担任大司马，这个职位是"三公"之一，很是尊贵。这时有人提出以前有很多人当大司马，当了没几天就死在任上了，这个官衔不吉利，提出司马懿可以当"太傅"，也是"入殿不趋，赞拜不名，剑履上殿"。按照当时的官制，大将军位在太尉之上。对于给司马懿升官这件事，史书中很明确地写道："外以名号尊之，年欲令尚书奏事，先来由己，得制其轻重也。"（《三国志·魏书·曹真传附子爽传》）太傅是个闲散高官，推司马懿为太傅，表面上是提高了司马懿的官位，实际上是夺了司马懿的权。

曹家人一方面紧锣密鼓地安排，任用曹氏子孙掌管军队权力，曹爽的兄弟们完全掌握了禁军权力。另一方面进一步在政治上压缩司马懿的空间，任用自己的亲信担任朝中要职。司马懿在朝中有很多门生故吏，因此，曹爽要一步步地培养自己的羽翼，这个并不难，只要如前所说给曹氏子孙安排职位即可。但是司马懿有一个成就是曹爽难以较量的：司马懿军功很大。克服这个不足也不算太难，只要发动战争就可以。魏正始五年（公元244年），邓飏和李胜等人为了令曹爽建立军功名声而建议征伐蜀国，司马懿是有先见之明的，但是他"止之不能禁"，曹爽任命夏侯玄为征西将军，假节都督雍、凉州诸军事，与其率领六七万大军从骆谷入蜀。

战争的形势不利于曹魏，不仅"关中及氐、羌转输不能供"，后方转运不畅，而且"牛马骡驴多死"，运输工具也不具备，最重要的是"民夷号泣道路"，曹魏的这场战争，连民心都没有赢得，结果必然失败。

曹爽军中的参军杨伟是一个明眼人，"为爽陈形势，宜急还，不然将败"。

杨伟是一个敢于直谏的人，早在魏明帝时，"明帝治宫室"，他就曾劝谏说："今作宫室，斩伐生民墓上松柏，毁坏碑兽石柱，辜及亡人，伤孝子心，不可以为后世之法则。"

正是这样一位正直的人在曹爽面前与主战的大臣论辩，使得"爽不悦，乃引军还"。

据记载，司马懿曾经跟夏侯玄预测过这场战争的结果，司马懿说："春秋贵大德重，昔武皇帝再入汉中，几至大败，君所知也。今兴平路势至险，蜀已先据；若进不获战，退见徼绝，覆军必矣。将何以任其责！"

然而此时退兵，也遇见了蜀国将领费祎的阻截，"爽争峡苦战，仅乃得过"，曹爽经过一番激战，才勉强全身而退，而"所发牛马运转者，死失略尽，羌、胡怨叹，而关右悉虚耗矣"。

曹爽伐蜀，大败而归，而就在十九年后，钟会伐蜀，却斩获颇多，两相对比，高下立显。

曹爽的此次伐蜀，首先未能得到魏国上下的鼎力支持，魏国上层对这次伐蜀的意见不统一。司马懿一开始就提出反对，不管他是基于个人地位的考量，还是出于对魏国国情的考虑。魏国上层针对是否伐蜀这个问题形成了截然不同的两派意见，而钟会伐蜀却是上下一心，东西协同，大造军舰，声称讨伐吴国，实际上是进攻蜀国。

对于战术上的失误，曹爽有着不可推脱的责任。十万大军只走骆谷一路，等于将鸡蛋放在一个篮子里。曹爽的本意是希望出其不意，直插汉中平原，而蜀国大将军费祎先一步领兵据守山岭，抢占了先机，魏军无法前进。如果多路进攻，魏军人多势众，蜀军数量有限，根本无法处处设防，将自顾不暇，即使设防，也会因为兵力薄弱而被击溃。

另外一点，曹爽与钟会不同，钟会出奇兵制胜。钟会伐蜀，汉中一路从子午谷、骆谷、斜谷三道进攻，与此同时，陇西一路也有邓艾等人的数万兵力牵制姜维。用兵有正有奇，安能不胜？

就军队团结而言，曹爽的工作也做得很不到位，司马懿在西北军中的将领对本次魏国的国家行动就很不热心。伐蜀大败而归的曹爽不思反省，也没有受到责难。曹爽依旧寻欢作乐，为所欲为。郭太后对曹爽不满，有所非议，就被他迁至永宁宫幽禁起来。曹爽兄弟"专擅朝政，兄弟并掌禁兵，多树亲党，屡改制度"。司马懿渐渐被架空，很多政事都不能参与，于是称病回避曹爽，韬光养晦等待良机。

朝堂上看不见死对头司马懿的身影，曹爽更加肆无忌惮，纵容他的党羽亲信为非作歹，让何晏割洛阳和野王典农的数百顷桑田和汤沐地作为自己产业，又窃取官物，甚至向其他州郡强行索取，官员不敢抗逆只能顺从。狂妄的曹爽在饮食、车马和衣服上都与皇帝类似，并有很多妻妾，甚至私自带走明帝七八个才人作为自己的妻妾。对哥哥的恶行，弟弟曹羲甚为忧虑，曾多次劝谏，但曹爽不听。曹羲没办法，写文章三篇，在文中陈述骄淫奢侈过度将会产生祸败，言辞十分恳切，却又不敢直接指责曹爽，只能假托训诫曹氏其他子孙的口吻用来警示曹爽。曹爽心里明白曹羲其实是在告诫他，他对弟弟几次谏言很是不满。曹羲见曹爽对自己的劝告置若罔闻，只得涕泣而去。

多行不义必自毙，曹爽集团的倒行逆施和胡作非为早已经引起了朝中不少大臣的不满，称病赋闲在家的司马懿已经在暗中与太尉蒋济等谋划伺机推翻曹爽。

后退才是王道

历史上以退为进的例子很多，最著名的当属勾践灭吴。清人蒲松龄也赞曰："有志者、事竟成，破釜沉舟，百二秦关终属楚；苦心人、天不负，卧薪尝胆，三千越甲可吞吴。"而在三国时代，将以退为进发挥到极致的，当属司马懿。

曹操知司马懿"有雄豪志"，于是告诫他的子孙："司马懿非人臣也，必预汝家事。"（《晋书·宣帝纪》）史书上也记载司马懿"鹰视狼顾，非人臣之相也"。极具传说色彩的"狼顾"，也就是人在后面叫他，他不用转身，头便可一百八十度回旋，面部对着后面的人。据说这种"狼顾"之相的人阴险而奸诈。房玄龄也说他"少有奇节，聪明多大略，博学洽闻，伏膺儒教。汉末大乱，常慨然有忧天下心。帝内忌而外宽，猜忌多权变。有符于狼顾也"。此时曹爽早已将前辈的总结抛诸脑后，大张旗鼓地搞专政。

曹操对司马懿，一直存有猜疑之心，并不重用。曹操进封魏王后，升司马懿为太子中庶子，大为曹丕所信任，时司马懿"每与大谋，辄有奇策"（《晋书·宣帝纪》），与陈群、吴质、朱铄号称"四友"。曹丕称帝，司马懿的地位渐渐重要起来，由尚书、督军、御史中丞起官至抚军将军，加给事中录尚书事。

黄初五年，曹丕以尚书令陈群为镇军大将军，尚书仆射司马懿为抚军大将军。当时的魏国，军队的控制权还是在曹氏将领的手中。而论地位，曹真、曹休、陈群也略在司马懿之上。

魏太和二年（公元228年），曹休死。五年，曹真死。魏青龙四年（公元236年），陈群死。曹休、曹真、陈群的相继离世，使得司马懿的地位逐渐突出。这以后的对蜀战事，多由司马懿主持。景初二年（公元238年），司马懿讨平割据辽东的公孙渊，更提高了他在政治上和军事上的地位。

魏正始二年（公元241年）四月，吴帝孙权分兵四路攻魏：卫将军全琮率军数万出淮南决芍陂（今安徽寿县南）之水，威北将军诸葛恪攻六安（今安徽六安东北），前将军朱然攻樊城，大将军诸葛瑾攻柤中（今湖北南漳蛮河流域）。司马懿自请出兵往讨，在三国时代，军功毕竟是一个重臣可倚靠的最坚实的后盾。当时有的朝臣认为，敌兵远来攻坚，当待其自破，司马懿则说："边城受敌而安坐庙堂，疆场骚动，众心疑惑，是社稷之大忧也。"（《晋书·宣帝纪》）此时的司马懿，已经是六十多岁的老人家了，不管他是出于什么目的，他仍然要到前线去。

集结人马后，司马懿统军增援，他知南方暑热潮湿，北方士兵容易水土不服，大军不宜持久在此，便先派轻骑挑战，朱然不敢应战。于是，司马懿便休养士卒，检选精锐，招募勇士，发布号令，做出要攻城的样子。吴军惊惧，连夜撤退。在三州口（荆、豫、扬三州之接合处），为魏军追及，吴军被歼万余人，船舰物资损失甚多。而进攻六安、柤中的吴军也无功而还。七月，朝廷为表彰司马懿的功劳，增司马懿食邑万户，子弟十一人皆为列侯。与曹爽伐蜀劳民伤财、无功而返不同，司马懿善于把握一切机会，不仅为自己，也为子弟十一人赢得了重要的政治资本。

此前，吴国派诸葛恪屯驻宛城，魏国边境上的人民叫苦不迭。司马懿坚决主战，其他人则以为诸葛恪占据坚城，广有粮谷，如果魏军孤军远攻，那时吴国必然派救兵，到时进退失据，并不容易取胜。司马懿说："贼之所长者水也，今攻其城，以观其变。若用其所长，弃城奔走，此为庙胜也。若敢固守，湖水冬浅，船不得行，势必弃水相救，由其所短，亦吾利也"。（《晋书·宣帝纪》）于是，司马懿在魏正始四年（公元243年）九月，率军出征。魏国大军一至，诸葛恪果然如司马懿所预想的，焚烧积聚，弃城而走。

曹爽伐蜀大败而归之后，于魏正始六年（公元245年）秋八月，废置中垒、中坚营，把两营兵众统交他的弟弟曹羲率领，司马懿援引先帝旧例制止，曹爽此时哪里还听得进司马懿的建议，对司马懿的制止置之不理。

魏正始七年（公元246年）春正月，吴兵入侵柤中，几万百姓为了躲避吴国军队北渡沔水，司马懿认为沔南离敌太近，如果老百姓争相从沔水走，人数众多，目标过大，不仅不能自保，甚至会招引来吴兵攻打，应该让他们暂留北方，这才是万全之策。曹爽不同意，说："今不能修守沔南而留百姓，非长策也。"曹爽认为如果城池都保不住，那么留下百姓肯定也不是长远之计。司马懿却分析道："不然。凡物致之安地则安。危地则危。故兵书曰'成败，形也；安危，势也'。形势，御众之要，不可以不审。设令贼以二万人断沔水，三万人与沔南诸军相持，万人陆梁柤中，将何以救之？"（《晋书·宣帝纪》)曹爽不从，一意孤行，诏令百姓去沔南避难，几万百姓的动向自然明显，被吴军知晓后，吴国果然就派兵击破柤中，因为政策失当，战争失败损失的子民，数以万计之多。

志得意满的曹爽用心腹何晏、邓飏、丁谧之谋，把太后迁到永宁宫，曹爽集团"专擅朝政，兄弟并掌禁兵，多树亲党，屡改制度"，来排挤司马氏的势力。司马懿即便制止也没有效用，双方的矛盾本就是不可调和的。司马懿索性伪装生病，不问政事，将朝中之事交给曹爽集团去折腾，自己静候时机而动，这时在京城中有人作歌谣讽刺时事："何、邓、丁，乱京城。"(《晋书·宣帝纪》)

曹爽等人看司马懿回府修养，不问世事，更加变本加厉，加紧了篡权的步伐。魏正始九年(公元248年)三月，黄门张当私自把内庭才人石英等十一人送给曹爽，曹爽、何晏乘机与张当勾结，将权力的触角伸向魏国君主身边，内外勾结，谋危社稷。曹爽及其同党也担心司马懿是装病，早在曹操时代，司马懿就曾装病回府。曹操不相信，派一名刺客深夜闯进司马懿卧室，看到他直挺挺躺在床上，刺客为了试探司马懿，故意拿刀作势要砍，司马懿还是一动不动，可见司马大人装病的本事非同一般。

这年冬天，河南尹李胜要到荆州任刺史，行前去拜望司马懿。司马懿假装病重，装出一副起身都困难的样子，还得让两个侍婢扶持自己才能勉强起来。一会儿要拿衣服，装作没有力气，拿不稳，把衣服掉在地上。一会儿还指着嘴说渴。侍婢献上粥来喂他吃，司马懿张口去接，只弄得衣服上一片米汤。李胜见状就问他："众情谓明公旧风发动，何意尊体乃尔！"人家都说您是旧有的风瘫复发了，没想到竟然这么严重。司马懿故意上气不接下气地说："年老沉疾，死在旦夕。君当去并州，并州近胡，好善为之，恐不复相见，如何！"李胜说："当还忝本州（李胜是荆州人），非并州也。"司马懿故意装作耳聋弄不清楚地名，说："君方到并州，努力自爱！"李胜又说："当忝荆州。"司马懿说："懿年老，意荒忽，不解君言。今还为本州，盛德壮烈，好建功勋。今当与君别，自顾力转微，后更不会，因欲自力设薄主人，生死共别。令师、昭兄弟结君为友，不可相舍去，副懿区区之心。"说完这番"肺腑"之言，司马懿竟然装作大哭起来，李胜看见昔日的人物今朝居然变成了一个自理能力都缺失的老人，也不禁仰天长叹。

司马懿的装病是逼真的，是乱真的，是成功的，李胜回来对曹爽描述了一番司马懿的病情，说："太傅语言错误，口不摄杯，指南为北。又云吾当作并州，吾答言当还为荆州，非并州也。徐徐与语，有识人时，乃知当还为荆州耳。又欲设主人祖送。不可舍去，宜须待之。"他忍不住哭着对曹爽说，"太傅患不可复济，令人怆然。"曹爽听信了李胜的话，大喜过望，说："此老若死，吾无忧矣。"(《三国志》裴松之注《魏末传》)进而完全放松了对司马懿的防备。而司马懿这边呢，却阴养死士，暗渡陈仓，伺机发动政变。

司马出击

　　柏杨先生曾经说过，在专制封建制度下，权柄就像一只猛虎，骑上之后，谁都跳不下，曹操就曾明确表示过他绝不放弃权柄，就是怕被谋害。司马懿既然骑上权力的虎背，他就只有杀开一条血路，一直奔驰。除非是呆子，否则谁都不会贸然跳下虎背，只因一跳下来，立刻就会被撕成碎片。

　　司马懿的时机终于来到了！魏嘉平元年（公元249年）春正月，魏帝曹芳离开洛阳去高平陵祭奠魏明帝，大将军曹爽、中领军曹羲、武卫将军曹训均从行。城中兵力顿时空了一半。桓范曾经站出来说："总万机，典禁兵，不宜并出，若有闭城门，谁复内入者？"桓范极具忧患意识，但是曹爽的心中早已没有对手，也就不会这么分析问题，负气而霸道地说出一句："谁敢尔邪！"

司马懿由于此前装病装得很是成功，蒙蔽了曹氏集团众人的眼睛，自然也就没有人要求他出行扫墓。司马懿乘机上奏永宁太后，请废曹爽兄弟。当时，司马师为中护军，率兵屯司马门，控制京都，司马师暗中还培养了死士三千，加上禁军士兵的战斗力也比较强，这些人马加在一起已经是一股很可观的武力了。司马懿自己则召集在京城的高官，向他们宣布曹爽有篡夺帝位的计划，称已奉皇太后之令罢去曹爽官职。这些大官平时也没受过曹爽什么好处，面对德高望重、颇具势力的司马懿，纷纷表示愿意效忠，于是司马懿令高柔假节越行大将军事，对他说："君为周勃矣。"

司马懿用极快、极利落的手段控制了洛阳城。司马懿列阵欲往洛水浮桥屯兵防止曹爽大军回攻。正午时分，司马懿发出了经皇太后批准的奏文，令快马送至高平陵，历数曹爽的罪状，"臣昔从辽东还，先帝诏陛下、秦王及臣升于御床，握臣臂，深以后事为念。臣言'二祖亦属臣以后事，（为念）此自陛下所见，无所忧苦；万一有不如意，臣当以死奉明诏'。黄门令董箕等，才人侍疾者，皆所闻知。今大将军爽背弃顾命，败乱国典，内则僭拟，外专威权；破坏诸营，尽据禁兵，群官要职，皆置所亲；殿中宿卫，历世旧人皆复斥出，欲置新人以树私计；根据盘互，纵恣日甚。外既如此，又以黄门张当为都监，专共交关，看察至尊，侯伺神器，离间二宫，伤害骨肉。天下汹汹，人怀危惧，陛下但为寄坐，岂得久安！此非先帝诏陛下及臣升御床之本意也。臣虽朽迈，敢忘枉言？昔赵高极意，秦氏以灭；吕、霍早断，汉祚永世。此乃陛下之大鉴，臣受命之时也。太尉臣济、尚书令臣孚等，皆以爽为有无君之心，兄弟不宜典兵宿卫，奏永宁宫。皇太后令敕臣如奏施行。臣辄敕主者及黄门令罢爽、羲、训吏兵，以侯就第，不得逗留以稽车驾；敢有稽留，便以军法从事。臣辄力疾，将兵屯洛水浮桥，伺察非常。"

这其中还有一幕小插曲，当时司马懿率兵前往武库，走到曹爽家门口，曹家人拦住了大队人马。曹爽的妻子刘氏得知后，就问门口的守军都督："公在外。今兵起，如何？"守军都督是个忠心的人，说："夫人勿忧。"于是拉开弓箭想要射杀司马懿，此时他手下的将领孙谦却在背后拉着他的手说："天下事未可知！"一句话让那都督如梦方醒，将司马氏一行人放行。可见当时许多人对司马懿的得势，也是有着清醒认识的，在动荡的年代，人们已经习惯了上层的频频更换。

就在司马懿在京都发动政变时，曹爽正陪着小皇帝在高平陵附近的围场恣情享受着打猎的美好时光，当送诏特使把司马懿的上奏送上来时，曹爽着实吃了一惊，失声叫道："太傅变乱，如何是好？"慌了阵脚的曹爽扣住奏章，对皇帝封锁消息，把曹芳留在伊水之南，自己则命人砍伐树木建成鹿角，征发屯兵数千人以自守。

前面提到的桓范此时再度显现了智慧的光辉，他劝曹爽挟持皇帝到许昌去，发文书征调天下兵马勤王，这是仿效曹操当年的"挟天子令诸侯"，这是一个好建议，皇帝就在手边可以挟走。但曹爽优柔寡断，没有听从，反而夜遣侍中许允、尚书陈泰去见司马懿，探听动静。司马懿趁机以洛水为誓说朝廷只是免去了曹爽的官职，只要来请罪就可以免死云云。曹爽得闻心中窃喜，桓范等人援引古今劝谏他不要轻信司马懿的允诺，从晚上一直劝到第二天黎明。劝到最后，曹爽失去耐心，投刀于地，说："司马公正当欲夺吾权耳。吾得以侯还第，不失为富家翁。"大祸临头的曹爽想的还是能回家当个享福的有钱人。桓范气愤难当，哭着说："曹子丹佳人，生汝兄弟，犊耳！何图今日坐汝等族灭矣！"（《三国志》裴松之注《魏氏春秋》）

曹爽兄弟抱着侥幸的心理交出权力，交出印绶之后，"众军见无将印，尽皆四散。爽手下只有数骑官僚"。"洛阳县发民八百人，使尉部围爽第四角，角作高楼，令人在上望视爽兄弟举动。爽计穷愁闷，持弹到后园中，楼上人便唱言'故大将军东南行！'"后来，曹爽与其他人在厅中商量，想探听司马懿究竟是何用意，就给司马懿写了一封信："贱子爽哀惶恐怖，无状招祸，分受屠灭，前遣家人迎粮，于今未反，数日乏匮，当烦见饷，以继旦夕。"而司马懿看见信赶紧回复说："初不知乏粮，甚怀踧踖。令致米一百斛，并肉脯、盐豉、大豆。"曹爽看见司马懿不仅没有加害自己反而真的派人送来粮食，"即便喜欢，自谓不死"，大喜中跟他弟弟说："司马公本无害我之心，时至今日，尚有热汤饼果腹，吾愿足矣！"司马懿的儿子司马昭也不明白父亲究竟想干什么，是想放过曹爽一马还是另有安排，就向司马懿询问，司马懿答道："故大将军岂容饿死？其所犯之罪，待其反情问明，送交廷尉，自有议处！"

在曹爽兄弟吃着司马懿送来的食物庆幸自己可以免除一死时，司马懿也积极活动，制造曹爽党族的罪证，他首先任用同样遭受曹爽迫害丢官的卢毓当司隶校尉主管此事，卢毓是个聪明人，没有在曹爽贪污腐败、窃占宫女之类的小问题上揪住不放，而是找了个亲近曹爽的宦官张当，对他严刑逼供，供出曹爽、毕轨、邓扬、何晏、丁谧、李胜等人约其三月举事共谋篡位的结论。在此之前，大司农桓范说了一句"太傅谋反"，最后因诬人谋反被送入监狱。谋反是诛灭三族的大罪，朝廷召开了由三公九卿等高官主持的高规格会议，会议的决议是："爽以支属，世蒙殊宠，受先帝握手遗诏，托以天下，而包藏祸心，蔑弃顾命，乃与晏、扬，当等图谋神器，范党同罪人，皆为大逆不道，按律诛灭三族。"

其后，司马懿以谋反的罪名，杀曹爽及其党羽何晏、丁谧、邓扬、毕轨、李胜、桓范等人，并灭这些人三族。至此，曹魏的军政大权完全落入司马懿的手中，为司马氏取代曹氏奠定了基础。

对于曹爽这个人，《三国志》作者陈寿有一段概括可谓公允："爽德薄位尊，沈溺盈溢，此固大易所著，道家所忌也。玄以规格局度，世称其名，然与曹爽中外缱绻；荣位如斯，曾未闻匡弼其非，援致良才。举兹以论，焉能免之乎！"

同年二月，魏帝策命司马懿为相国，封安平郡公，又恩准他"群臣奏事不得称名，如汉霍光故事"，其孙及兄子各一人为列侯，前后食邑五万户，封侯者十九人。司马懿固辞相国、郡公之位不受。司马懿上书辞让说："臣亲受顾命，忧深责重，凭赖天威，摧弊奸凶，赎罪为幸，功不足论。又三公之官，圣王所制，著之典礼。至于丞相，始自秦政。汉氏因之，无复变改。今三公之官皆备，横复宠臣，违越先典，革圣明之经，袭秦汉之路，虽在异人，臣所宜正，况当臣身而不固争，四方议者将谓臣何！"司马懿先后上书十余次，"诏乃许之，复加九锡之礼"。司马懿又上书辞谢："太祖有大功大德，汉氏崇重，故加九锡，此乃历代异事，非后代之君臣所得议也。"

魏嘉平三年（公元251年）八月，司马懿走完了他七十三年的人生旅程。当年九月，他被葬于河阴首阳山。等到他的孙子晋武帝受魏禅让建立晋朝，为其上尊号为宣皇帝，庙号高祖。

第三章

国将不国：到了最后挣扎的时刻

外来叛将带来的激情

蜀延熙十二年（公元 249 年），魏国发生内部斗争，大将军曹爽一族被诛杀，魏国右将军夏侯霸投降蜀国。

夏侯霸，字仲权，是夏侯渊次子。他的投降，说来话长。司马懿诛杀了曹爽三族，夺得了魏国的大权，为了巩固势力，决定剪除夏侯氏在各地的势力。首当其冲的是时任征西将军，假节都督雍、凉州军事的夏侯玄。夏侯玄不仅是夏侯家后起的英才，也是握有重兵的关键人物。面对老奸巨猾的司马懿，后生夏侯玄深知自己不是对手，无法与之抗衡，决定接受司马懿的征召，交出军权，返回洛阳。

他的叔叔夏侯霸，曾屡受曹爽恩惠及提拔，比侄子更敏感地觉察到司马懿的意图和周遭形势的不利，他认为交出军权返回洛阳恐怕凶多吉少，留在前线估计也难逃厄运。于是，夏侯霸想到了第三条道路：逃离魏国，赴蜀以避难。自觉找到了解脱之道的夏侯霸去跟心爱的侄子商量，想拉侄子一起远走高飞，谁知夏侯玄毅然表示："吾岂苟存自客于寇虏乎？"挥了挥衣袖就返回了京师洛阳。

夏侯玄一走，接替他职务是雍州刺史郭淮。郭淮一向跟夏侯霸不和，这下夏侯霸的日子就过得更加不愉快了，终日害怕司马氏要整他，逃离魏国的想法就更加坚定了。夏侯霸终于实施了他的逃离计划，精心挑选了一条人迹杳然的小道，更加十分"幸运"地走进了一个没有出路的谷里，"南趋阴平而失道，入穷谷中，粮尽，杀马步行，足破，卧岩石下，使人求道，未知何之"。迷路后的夏侯霸吃光了所有的粮食，甚至将自己的马杀掉充饥，腿都走瘸了，但还是找不到去蜀国的道路。幸亏刘禅得知夏侯霸叛逃一事，急忙派人前往接应，他才没落得埋骨荒山的下场。

事实上，蜀国对夏侯霸有杀父之仇。夏侯霸的父亲夏侯渊在攻打蜀国的战役中死去，夏侯霸经常咬牙切齿，决心为父报仇。但是他跟蜀国的关系还有另一层：他跟后主刘禅是亲戚。早在汉献帝时代，张飞从路旁掠走了一个出门捡柴火的女孩儿，这个十三四岁的女孩儿顺理成章成了张飞的女人，还为张飞生下了女儿，这个女儿后来嫁给了刘禅，而这个捡柴的女孩儿不是别人，恰是夏侯霸的族妹。

既然都是一家人，当年谁杀了谁的爸爸也就不那么重要了。夏侯霸来到蜀国，刘禅就动情地说："卿父自遇害于行间耳，非我先人之手刃也。"更何况夏侯霸当时身在魏蜀前线，不可能孤身穿越大半个魏国而去投奔东吴。

面对这个从敌方千里奔袭而来还差点送命的高级将领，姜维要向他打听魏国的一些情况，姜维一针见血地问："今司马懿父子掌握重权，有窥我国之志否？"夏侯霸回答："老贼方图谋逆，未暇及外。"但同时指出，"魏国新有二人，正在妙龄之际，若使领兵马，实吴、蜀之大患也。"

夏侯霸接着指出这两个人是钟会、邓艾，并详细介绍了二人的情况。说钟会"幼有胆智"，七岁的时候，跟哥哥钟毓、父亲钟繇一起面圣，八岁的哥哥钟毓"见帝惶惧，汗流满面"，帝问毓曰："卿何以汗？"毓对曰："战战惶惶，汗出如浆。"接着文帝问钟会："卿何以不汗？"钟会机敏地回答说："战战栗栗，汗不敢出。"钟会这次的亮相，让"帝独奇之"。待到他稍长，"司马懿与蒋济皆奇其才"。

另一位邓艾,"素有大志,但见高山大泽,辄窥度指画,何处可以屯兵,何处可以积粮,何处可以埋伏。人皆笑之,独司马懿奇其才,遂令参赞军机"。邓艾口吃,说不清楚话,称自己的名字总是说"艾……艾……",有一次司马懿忍不住嘲笑他:"卿称艾艾,当有几艾?"没想到邓艾回答说:"凤兮凤兮,故是一凤。"夏侯霸的观察是细致敏锐的,姜维却不以为意,只是一笑:"量此孺子,何足道哉!"

面对这个外来的夏侯霸,蜀国人对他也不全是礼遇。据说夏侯霸想与蜀荡寇将军张嶷交个朋友,发自肺腑地说:"虽与足下疏阔,然托心如旧,宜明意。"对面夏侯霸的盛情,张嶷只是说:"仆未知子,子未知我,大道在彼,何云托心乎!原三年之后徐陈斯言。"夏侯霸远来归附,当时的他已经是五六十岁的老人,最后也死在蜀国,其一生的命运颇为悲情。他死后得到了"谥号",蜀国有此殊荣的人并不多,算是可堪慰藉。《三国志》说他是"夏侯霸远来归国,故复得谥",也算是肯定了他的选择。

夏侯霸的远来让姜维体内战斗的热情再度高涨,他去成都拜见后主:"今司马懿父子专权,曹芳懦弱,魏国将危。臣在汉中有年,兵精粮足,臣愿领王师,即以霸为向导官,克服中原,重兴汉室,以报陛下之恩,以终丞相之志。"

这时费祎站出来反对："近者，蒋琬、董允皆相继而亡，内治无人。"费祎的意思是希望姜维等待时机，不宜轻举妄动。姜维的回答是："不然。人生如白驹过隙，似此迁延岁月，何日恢复中原乎？"费祎又说："孙子云：知彼知己，百战百胜。"之后又搬出，"我等皆不如丞相远甚，丞相尚不能恢复中原，何况我等？"用老生常谈的言论表示反对。姜维见招拆招："吾久居陇上，深知羌人之心；今若结羌人为援，虽未能克复中原，自陇而西，可断而有也。"后主刘禅被姜维的坚持打动，说："卿既欲伐魏，可尽忠竭力，勿堕锐气，以负朕命。"于是姜维领敕辞朝，同夏侯霸一起制定战术方针："可先遣使去羌人处通盟，然后出西平，近雍州。先筑二城于麹山之下，令兵守之，以为犄角之势。我等尽发粮草于川口，依丞相旧制，次第进兵。"

蜀延熙十二年（公元 249 年）秋，朝廷授予姜维符节出兵北伐。姜维从关中进军，并依傍曲山（今甘肃岷县东百里）筑两城。姜维凭借对陇西地区民情的熟悉，联合当地的羌人、胡人一起进攻魏国，并说"谓自陇以西可断而有也"。魏国派出郭淮与刺史陈泰统兵抵御。郭淮认为，曲城距蜀遥远，军粮运送困难，若长围久困，可不战而克。遂采取围城打援策略，并切断蜀军的交通及水源，曲城内的蜀军困窘不堪。姜维领兵救援，被陈泰军阻截，郭淮则率军切断姜维的退路，姜维不得已，只得迅速退兵。留守曲城的句安、李歆等人孤立无援，献城投降。曲城之战，魏军处处料得先机，姜维兴兵伐魏，无功而返。

据说，费祎多次反对姜维攻打魏国，拨给姜维的军队也是少得可怜，甚至有人说不足万人，这可能是夸张的说法，但后代史学家分析此时局势时，常常叹息费祎的保守。

何焯就感叹："欲断陇则当及曹爽初诛，众志二三，未遑外事之时。文伟身驻汉川，以迟关中之救，伯约（姜维）以万众招诱羌胡，披割西鄙，过相裁制，又失事机。元逊（诸葛恪）轻举于东，文伟坐待于西，皆若天之假助典午，以成其奸者，可长太息。"

吕思勉后在《三国史话》中评说这段历史，"从魏齐王芳之立，至高贵乡公的被弑，其间计二十一年，即系入三国后之第二十一年至第四十一年，正是魏国多事之秋，蜀国若要北伐，其机会断在此间，而其机会又是愈早愈妙，因为愈早则魏国的政局愈不安定。然此中强半的时间，都在蒋琬、费祎秉政之日，到姜维掌握兵权，已经失之太晚了。所以把蜀国的灭亡，归咎到姜维，实在是冤枉的。倒是蒋琬、费祎，应当负较大的责任。"

人人都想做皇帝

辛弃疾词云："天下英雄谁敌手，曹刘。生子当如孙仲谋。"作为东吴基业的继承者、鼎定者与开拓者，孙权一生确实无愧于英雄之名。陈寿称赞他"屈身忍辱，任才尚计，有勾践之奇，英人之杰矣"。

历史上许多雄才大略的英明君主都有晚节不保的命运，晚年的孙权也步了这个后尘。对于这种昏庸，陈寿在《三国志·吴书·孙权传》末评曰："性多嫌忌，果于杀戮，暨臻末年，弥以滋甚。至于谗说殄行，胤嗣废毙，岂所谓贻厥孙谋以燕翼于者哉？其后叶陵迟，遂致覆国，未必不由此也。"里面提到孙权主要有两大失误，一是"果于杀戮"，二是"胤嗣废毙"，并将东吴日后覆家亡国的责任追究到开国之君孙权身上。

孙权统领江东历时五十二年，长达半个多世纪，是三国时期在位最长的君主，也堪称一代雄主。但是，他晚年在处理家庭琐事上的表现，却是相当糟糕。围绕着"立嗣"这个问题纷争不断，直接葬送了他一世英名。陈寿批评说："远观齐桓，近察孙权，皆有识士之明，杰人之志，而嫡庶不分，闺庭错乱，遗笑古今，殃流后嗣。由是论之，惟以道义为心、平一为主者，然后克免斯累邪！""闺庭错乱，遗笑古今"，陈寿这八个字果真不虚。

据史书记载，孙权共有七个儿子：长子登、次子虑、三子和、四子霸、五子奋、六子休、少子亮。不过这些儿子都不是一母所生，为同父异母的兄弟。

魏黄初二年（公元221年），曹丕"以权为吴王，拜登东中郎将，封万户侯，登辞疾不受"。也是在这一年，孙权"立登为太子"，并"选置师傅，铨简秀士，以为宾友，于是诸葛恪、张休、顾谭、陈表等以选入，侍讲诗书，出从骑射"。其中诸葛恪、张休、顾谭和陈表号为"四友"，谢景、范慎、刁玄和羊衜等"皆为宾客，于是东宫号为多士"。吴黄龙元年（公元229年），孙权称帝，又以孙登为皇太子。

孙登为人谦和慎重，颇得人望，是一个很符合大家期待的接班人，陈寿也说"孙登居心所存，足为茂美之德"。可惜的是，孙登在吴赤乌四年（公元241年）就病死了，只有三十三岁。六十岁的孙权，晚年竟然经历了白发人送黑发人的丧子之痛。长子孙登去世，二子孙虑又早亡，孙权于吴赤乌五年（公元242年）立十九岁的三儿子孙和为太子。史书记载他"少以母王有宠见爱，年十四，为置宫卫，使中书令阚泽教以书艺。好学下士，甚见称述"。孙和从十四岁起师从著名学者阚泽，"好文学，善骑射，承师涉学，精识聪敏，尊敬师傅，爱好人物"，这时的孙和可以说是一个较好的后嗣。

就在孙和被立为太子八个月后，孙权又封四子孙霸为鲁王。本来，皇帝之子受封为王并不奇怪，但孙权对孙霸"宠爱崇特，与和无殊"，其待遇与孙和几乎没有区别，很快就酿成了"和、霸不穆之声闻于权耳"的局面。作为父亲，宠爱多个儿子无可厚非，而作为皇帝，这却违背了封建社会"嫡庶有别""尊卑有序"的重要法则。孙霸恃宠骄纵，处处与孙和分庭抗礼，朝中的大臣也就随之分化，依附不同的皇子，形成了太子党与鲁王党两大阵营。孙霸身边的追随者希望鲁王能取代孙和，好使一人得道鸡犬升天；太子党则要搬开鲁王这块绊脚石，两宫之间的矛盾日益明显了。

面对这样的问题，孙权采取的行动不是明确宣布立孙和为嗣君的决定不可动摇，而仅仅是禁止两宫交接宾客，命令二子专心求学，"禁断往来，假以精学"。孙权希望自己的儿子不要过问权力和政治，一门心思念书最好，但他低估了权力的力量，也过于乐观地看待人性，面对一步之遥的帝位，生于深宫的皇子们哪里能丝毫不动心？孙权缘木求鱼的做法，暧昧不明的态度，既能让孙和产生可能失位的隐忧，同时也助长了孙霸的侥幸心理，更给了朝中大臣可乘之机。两宫矛盾不但没能消除，反而进一步加深了，演变成"丞相陆逊、大将军诸葛恪、太常顾谭、骠骑将军朱据、会稽太守滕胤、大都督施绩、尚书丁密等奉礼而行，宗事太子；骠骑将军步骘、镇南将军吕岱、大司马全琮、左将军吕据、中书令孙弘等附鲁王"这样"中外官僚将军大臣举国中分"的可怕情形。七八年的时间，朝中两派相互倾轧，孙权也曾有过清醒的认识："子弟不睦，臣下分部，将有袁氏之败，为天下笑。"

当年袁绍死后，其子袁尚、袁谭就曾经上演过兄弟阋墙的剧情，两兄弟之间兵戈相见，使曹操渔翁得利，袁谭、袁尚均被曹操所败，袁氏"四世三公"的名望也彻底湮灭。历史总是惊人地相似，孙权看到了历史重演的征兆，也深知袁氏的前车之鉴，但他并没有真正从中吸取教训，也没有用明智决绝的手段力挽狂澜。

"二宫之争"不仅涉及朝中大臣、东吴的贵族和豪族，也有女性牵扯其中。支持孙霸的孙鲁育，人称全主或者全公主，是孙权的女儿，一直不满孙和的母亲王夫人，唯恐孙和即位。另一派支持孙和的人里，有孙鲁育的姐姐孙鲁班，人称朱主或者朱公主，这些都是孙权的骨肉至亲，也都得到孙权的宠信，皇子之间的争斗更加复杂难解。更不要说还有从中搬弄是非、投机取巧的小人活动，如孙俊（孙权侄孙）、吴安（孙权母舅吴景之孙）之徒。孙权举措失当，招招都是败笔。

　　孙和被立为太子后，孙权本欲立王夫人为皇后，但因全公主屡进谗言，此事未果。据记载，一次"权尝寝疾"，孙和作为太子去太庙祭祀，因为"和妃叔父张休居近庙"，邀请孙和去府里小坐，这一幕被全公主的人看见，全公主就去孙权那里打小报告说："太子不在庙中，专就妃家计议。"父亲生病，做儿子的不去祈祷、祭祀希望父亲病好，却去亲戚家玩乐，甚至有所"计议"，不仅不孝，甚至有图谋不轨的可能。

　　全公主又进一步诬陷说："王夫人见上寝疾，有喜色。"这下直接坐实了王夫人、孙和的不忠、不孝之罪。孙权不仅不仔细排查，反而偏听偏信，"由是发怒"，王夫人忧惧而死。从此孙和少了一个保护人，宠信渐减，而孙霸更加咄咄逼人。孙和失去的不仅仅是王夫人一人。太子太傅吾粲，竭力维护孙和的正统地位，建议派孙霸出驻夏口（今湖北武汉）。这本是一个好建议，孙霸离开京城确实可以多少避免朝中争斗，但孙权竟然将吾粲下狱，吾粲也死在狱中。丞相陆逊一向被孙权倚为干城，因为主张"太子正统，宜有磐石之固，鲁王藩臣，当使宠秩有差，彼此得所，上下获安"，竟然落得忧愤而死的下场。孙权对朝臣的清洗处置，使东吴损失了一批治国良才。孙权对孙和的不满日益增长，直接到了不可控制的地步，竟下令幽禁孙和。为太子求情的人有的遭到杖责，有的甚至被满门抄斩，手段的惨烈，危害的严重，也是三国中少有。孙权对太子、鲁王结党的痛恨，让他对孙霸也无好感。吴赤乌十三年（公元250年）八月，他下令废掉孙和，赐死孙霸，并且下旨诛杀党羽全寄、吴安、孙奇、杨竺等人。数个月后，孙权立年仅七岁的孙亮为太子。"二宫之争"没有使任何一方得利，却使东吴朝纲不振，人财尽失。

"二宫之争"对之后东吴政局的负面影响是显而易见的。几年后孙亮即位，未成年君主需要可堪托付的辅政大臣，东吴已经没有股肱之臣可以完成这个使命，导致政令不兴，权臣不断，小皇帝也遭遇权臣威逼。导致"二宫之争"的直接原因是孙权"嫡庶不分"，使得宫闱错乱，陈寿对孙权的严厉批评是相当中肯的。但是东吴的亡国，归结为孙权的晚年昏庸，则又过于武断。历史进程的多变，往往胜过许多情节复杂离奇的小说，对于历史真相的探索，也是史学工作者永恒的追求。

这位老兄才不堪大用

陈寿评价诸葛恪："诸葛恪才气干略，邦人所称，然骄且吝，周公无观，况在于恪？"诸葛恪的父亲诸葛谨说诸葛恪："此子非保家之主也！"史书说他："少有才思，辩论应机，莫与为对。及长，英才卓越，超逾伦匹。但致其士卒伤损，无尺寸之功。且受托孤之任，却死于竖子之手，不可谓智。"即便如此，陆逊已死，吴国已无可用之人，孙权最终还是将身后事交到了诸葛恪的手里，堪称最失败的托孤。

孙权性多疑，晚年更甚，为此他专门设立中书校事监察各级官吏，却给了好事之徒可乘之机，校事吕壹等以权谋私，手段残忍。大臣人人自危，敢怒而不敢言。

吴赤乌七年（公元244年）正月，孙权在丞相顾雍死后，任命陆逊为丞相。诏书曰："朕以不德。应其践运，王涂未一，奸宄充路，夙夜战惧，不遑鉴寐。惟君天资聪睿，明德显融，统任上将，匡国弥难。夫有超世之功者，必应光大之宠；怀文武之者，必荷社稷之重。昔伊尹隆汤，吕尚翼周，内外之任，君实兼之。今以君为丞相，使使持节守太常傅常授印绶。君其茂昭明德，修乃懿绩，敬服王命，绥靖四方。于乎！总司三事，以训群寮，可不敬欤，君其勖之！其州牧都护领武昌事如故。"

"二宫之争"几乎涉及了东吴朝堂上的所有臣子，陆逊也未能置身事外。陆逊屡次上书陈述嫡庶之分，他说："太子正统，宜有磐石之固，鲁王藩臣，当使宠秩有差，彼此得所，上下获安。谨叩头流血以闻。"但是，孙权不仅不买账，还以亲附太子的罪名将陆逊外甥顾谭、顾承、姚信等流放。太傅吾粲因几次与陆逊通信，竟被下狱，最后死于狱中。孙权还多次派中使前去责骂陆逊，陆逊忧伤过度，于吴赤乌八年（公元 245 年）二月含恨而亡，终年六十三岁。这位被陈寿称赞为"忠诚恳至，忧国亡身，庶几社稷之臣"的陆逊，不是死于战场，而是死于君主的昏聩，未能死得其所。

孙权打压陆逊，进而逼死陆逊，绝不只是因陆逊出面维护太子，主要的症结在于，孙权认为陆逊的存在对其统治已构成威胁。陆逊的死正是孙权统治集团内部矛盾复杂的反映。

陆逊出身"江东大族"，家族的姻亲又甚为显赫。吕蒙死后，陆逊一直镇守武昌，他本人又是继周瑜、鲁肃、吕蒙之后的又一个声望颇高的将领，声望至隆。吴国权要，都与陆逊交好，功高震主，自然被君主忌惮。三国后期，吴国的国力已经相对稳定，不再需要陆逊冲锋陷阵，兔死狗烹也只是早晚问题。

借由"二宫之争"，孙权用各种方式整合了世家大族的势力。新立的太子年少，孙权为之选定的辅政大臣是资望较浅、社会关系比较单薄的侨居大族诸葛恪，说明孙权不愿从陆、顾等政治势力枝叶繁茂的江东大族中选择辅政者。再有，陆逊是孙策的女婿。孙权促成这门亲事，本是为了加强君臣关系。但是在孙权当政后期，越来越强调孙权一脉的正统性，尽管江东基业是从哥哥孙策手中继承的。陈寿即认为孙权对孙策的子嗣有亏待之处，他在《孙策传》就评论说："割据江东，策之基兆也，而权尊崇未至，子止侯爵，于义俭矣。"孙权对孙策的亲生子嗣尚且如此，何况是作为女婿的陆逊？陆逊自然也在孙权打压的范围之内。综合分析东吴政治集团的利益关系，陆逊有此下场就并不稀奇了。吴赤乌十三年（公元 250 年），孙权废长立幼，废掉了早已失宠的太子孙和，立幼子孙亮为太子。古稀之年的孙权开始为年幼的儿子寻找可以依托的人。

吴太元元年（公元251年）冬十一月，孙权大赦天下，并去南郊祭祀天地，回宫以后，即得风疾。十二月，孙权下令"驿徵大将军恪，拜为太子太傅，中书令孙弘领少傅"。第二年，神凤元年（公元252年），孙权病重，临危之时，孙权挑选了五位大臣托以后事：太子太傅诸葛恪、太子少傅孙弘、太常滕胤、将军吕据、侍中孙峻。孙权为孙亮挑选的顾命大臣，有宗室孙峻，也有才干卓著的吕据、滕胤，可谓良苦用心，力图考虑周详。第二天，孙权驾崩，时年七十一岁。

关于孙权为什么会选择诸葛恪作为托孤大臣之首，《三国志》中有这样的记载：某次，孙权曾经针对给太子挑选辅政大臣的事情咨询百官的意见，当时，朝中大臣默而不语，只是将目光投向诸葛恪。侍中孙峻见状，上表举荐诸葛恪辅政。孙权认为诸葛恪刚愎自用，气量狭窄，小事尚可，军国大事托付给他，还是让人不放心，故犹疑不决。孙峻认为当今朝臣之中没有比诸葛恪更合适的辅政人选了，就几次坚决保荐。孙权到底屈服于孙峻的坚持，加上当时吴国确实也没有更加合适的人选，千挑万选也只能任命诸葛恪。孙权苦心挑选的托孤之臣并不如他期盼的那般齐心合力。"弘素与恪不平"，孙弘跟诸葛恪的矛盾一直存在，等到孙权一死，还尸骨未寒，宫廷之中就上演了一幕政变。孙弘"惧为恪所治"，所以"秘权死问，欲矫诏除恪"，想秘不发丧，假借孙权的遗命处死诸葛恪。此事被孙峻得知，密告给诸葛恪，诸葛恪就以咨询政务的名义邀请孙弘，趁机"于坐中诛之，乃发丧制服"。

孙亮即位，拜诸葛恪为太傅。诸葛恪新官上任三把火，"罢视听，息校官，原逋责，除关税"，取得了很好的群众基础，也很受群众的爱戴，"恪每出入，百姓延颈思见其状"，俨然一颗政治明星。诸葛恪执掌东吴政权，其政治生涯因此显赫一时。

随便一打就赢了

东兴之战的大胜是诸葛恪一生政治生涯的亮点，也正是这场胜利让诸葛恪的轻敌傲慢之心更加猖狂，为后来诸葛恪围城不下、宗族灭亡埋下了伏笔。

诸葛恪是蜀国丞相诸葛亮的侄子，东吴大将军诸葛瑾的长子。他"长七尺六寸，少须眉，折頞广额，大口高声"，年少时以神童著称，深受孙权赏识，"弱冠拜骑都尉"。孙登为太子时，诸葛恪任左辅都尉的职位，为东宫幕僚领袖。诸葛恪年少聪慧，有一则小故事能很好地体现。他的父亲诸葛瑾"面长似驴"，一天，孙权大会群臣，"使人牵一驴入"，在驴子的头上贴了一张纸条，上书"诸葛子瑜"四个字，"子瑜"是诸葛瑾的字，孙权显然是在嘲笑诸葛瑾的相貌。这时候，年轻的诸葛恪镇定自若，站出来请求说："乞请笔益两字。"便拿起笔添了两个字："之驴。"东吴朝臣们见状"举座欢笑"，诸葛恪用他的智慧成功挽救了父亲的面子。

孙权死后，诸葛恪为太傅，执掌政权。少主新立，处在政权交接时期的东吴，政局不稳，发生了诛杀孙弘的政变。君主年轻，朝臣内斗，曹魏以为有机可乘，便想趁虚而入。

诸葛恪于吴神凤元年（公元252年）率众前往东兴，三国时的东兴大致在今天的安徽省巢县一带。孙权在世的时候，想在巢湖附近修筑东兴堤，因为此前孙权将东吴的国都从苏州迁到了南京，东兴堤一旦修成，可以保证南京不受巢湖水患。孙权的动机是好的，效果却适得其反。后来东吴进攻魏国淮南地区时，反受其害，无功而返，于是就停止了修建。来到东兴的诸葛恪，在东兴堤的原有基础之上，于濡须山和七宝山之间，修筑了两座城池，每个城池设有千人的守军，并派全端、留略统兵。东吴的举动引起了魏国上下的重视，魏国人以为"吴军入其疆土"，修建城池是为了进攻魏国，这对魏国人而言是莫大的耻辱，因"耻于受侮"，魏镇东将军诸葛诞就此事上书大将军司马师，建议在西部出兵牵制吴军西方的军队，同时，派将领以精锐之军，从东路进攻东兴的两座城池，东西夹击，必定大胜。

接着，魏国征南大将军王昶、征东将军胡遵、镇南将军毌丘俭都上表魏帝，请求率兵攻打东吴，并且提出了三种不同的出兵方法。魏帝曹芳一时没了主意，就向尚书傅嘏征求意见。傅嘏认为"孙权自破蜀兼平荆州之后，志盈欲满，罪戮忠良，殊及胤嗣，元凶已极"，已经为东吴埋下了亡国的种子，现在诸葛恪掌权，"若矫权苟暴，蠲其虐政，民免酷烈，偷安新惠，外内齐虑，有同舟之惧，虽不能终自保完，犹足以延期挺命于深江之表矣"，显然东吴命数尚在，此时不是伐吴的时机。

紧接着，傅嘏又详细论证了三种出兵方式均不可行，"唯有进军大佃，最差完牢"。傅嘏的建议是，只有在边疆驻军屯田，才是较为完善的策略。具体来讲，又有七个方面："夺其肥壤，使还耕堉土，一也；兵出民表，寇钞不犯，二也；招怀近路，降附日至，三也；罗落远设，闲构不来，四也；贼退其守，罗落必浅，佃作易之，五也；坐食积谷，士不运输，六也；衅隙时闻，讨袭速决，七也。"傅嘏的观点是，只有这七件事，才是"军事之急务也"，他信心满满地向曹芳保证说"比及三年，左提右挈，虏必冰散瓦解，安受其弊，可坐算而得也"，提出这七点如果能顺利实施，三年左右就能具备一举拿下东吴的实力。然而，司马师不接受尚书傅嘏的建议，仍然决定出兵攻吴。

魏国嘉平四年、东吴会稽王建兴元年十一月（公元252年），魏国出兵十五万，兵分三路，从东、西两个方向进攻东吴，试图东西夹击，使东吴两面受敌，从而重创东吴。

东吴方面，太傅诸葛恪亲自挂帅，奋起抵抗。诸葛恪领兵四万，"晨夜赴救"。魏国方面，大军在东兴修建浮桥，"陈于堤上，分兵攻两城"。因两城城墙高峻，魏军未能攻下。诸葛恪派遣"将军留赞、吕据、唐咨、丁奉为前部"，走山路小道星夜兼程，后因为山路狭窄，又改走水路，顺风而下，两天即到达了东兴堤东南的东关（今安徽巢湖东南），屯兵于徐塘。

时值冬天，天气极寒，又降大雪，魏国诸将领聚众喝酒取暖，"解置铠甲，不持矛戟"，毫无戒备。吴将丁奉发现魏军前部兵少，便命令士卒手执刀、盾，冒着风雪裸身沿堤而上。这样的敢死队让魏军不禁大笑吴国士兵的愚蠢，更加放松警惕。吴军登上堤岸后，"便鼓噪乱斫"，只知道奋力杀向魏军，此时吴将吕据等也率兵赶到，魏军惊慌散走，"争渡浮桥，桥坏绝，自投于水，更相蹈藉"，乐安太守桓嘉等同时并没，淹亡和互相践踏而死者数万。魏前部督韩综、太守桓嘉等均战死，魏军被歼数万人。吴国"获车乘牛马驴骡各数千，资器山积"，得以"振旅而归"。在西部担任进攻江陵和武昌任务的魏将王昶、毌丘俭听到东部战线作战失败的消息，也立即烧营退军。

诸葛恪位极人臣不过数个月的时间，就取得了如此大胜，一时颇孚众望，春风得意。他也因功"晋封阳都侯，加荆州牧，督中外诸军事，赐金一百斤，马二百匹，缯布各万匹"，迅速达到了政治事业上的最高峰。然而，到达顶峰也意味着他从最高点滑落的开始，加快他下落速度的，也正是这场胜利带给他的过于自信，从而刚愎自用，走向失败。

扶不起的阿斗

汉献帝建安十二年（公元207年），刘备的夫人甘氏为他生下一个男孩，这是他的第一个孩子，此时的刘备已经是四十六岁的中年人了，人到中年才盼来自己的第一个儿子，自然是欢喜万分。这个男孩名叫刘禅，即蜀国后主，小名"阿斗"。关于这个小名，有一个神奇的故事，相传刘禅的母亲甘夫人有一次做梦梦见吞下了北斗星，醒后发现自己有了身孕，于是刘禅就有了"阿斗"这个小名。

对于刘禅，多数的评论认为他平庸无能，虽然贤臣良将辅佐，也不能振兴蜀国，最后还主动投降魏国。他的经历极大地丰富了汉语词汇，人们用"扶不起的阿斗"形容软弱无能，用"阿斗当官"形容有名无实，用"阿斗的江山"形容白送，用"阿斗"形容一个人没能耐，此外更有名的，还有"乐不思蜀"这个成语。

在多数人的眼中，蜀国后主刘禅是一位平庸昏聩，甚至有些低能的人。刘备死时，他只有十七岁。临终前刘备特意叮嘱他："汝与丞相从事，事之如父"，刘禅很听话，称诸葛亮"相父"，蜀国"政事无巨细，咸决于亮"。史书记载刘备曾对刘禅讲："丞相叹卿智量，甚大增修，过于所望，审能如此，吾复何忧？勉之，勉之。"诸葛亮也曾经表示过："朝廷年方十八，天资仁敏，爱德下士。"大概即位之初的刘禅，还不如后人想象的那般无能，但是在诸葛亮死后，他贪图奢华享受的恶性日渐暴露。他屡次想广修宫室，采择民女，以供玩乐。所幸蜀国有蒋琬、董允等诸葛亮的"遗产"力言不可，他才有所克制。

蜀延熙九年（公元 246 年），蜀国的股肱之臣蒋琬、董允相继去世，军国大政由费祎掌管，他任用陈祗为侍中，做皇帝的近臣。陈祗，字奉宗。他年少时就成为孤儿，十五岁时就有令名。史籍记载，他"矜厉有威容。多技艺，挟数术，费祎甚异之，故超继允内侍"。陈祗与宦官黄皓狼狈为奸，相互勾结，玩弄权术，"祗上承主指，下接阉竖，深见信爱，权重于维。"

黄皓，有人认为他是蜀亡的罪魁祸首，是他"操弄权柄，终至覆国"。他和赵高、魏忠贤、李莲英等十人，是历史上臭名远扬的宦官。而且此人城府极深，旁人都猜不透他的意图。董允为黄门侍郎、侍中时，"上则正色匡主，下则数责于皓"。黄皓畏惧董允，不敢为非作歹。等到后主宠信陈祗，在侍中陈祗推荐下，黄皓先成为中常侍并得到后主宠信。"景耀元年，皓始专政"。刘禅宠信黄皓、陈祗，不理朝政，肆意胡为。经常外出游逛，并增造后宫，广设伎乐，沉湎于酒色之中，朝中大臣想见刘禅一面都极为困难，甚至有"不得朝见者十余年"。

在群臣默而不敢言的朝堂，谯周站出来指责刘禅行为的荒唐。谯周是三国时期著名的文学家、史学家，《三国志》的作者陈寿即是他的门生。谯周有一个外号——"蜀中孔子"，说明他学问大。四川人谯周一副忠肝义胆，对黄皓、陈祗的小人行径，极为义愤。谯周"体貌素朴，性推诚不饰，无造次辩论之才，然潜识内敏"，很符合儒家思想中"君子敏于事而讷于言"的标准。谯周上奏劝谏，用西汉末年的动荡年代历史为例子，希望刘禅像东汉的光武帝刘秀那样，关心百姓疾苦，厉行节俭，施行仁政，取得天下民心；不要像刘玄、公孙述那样，尽管实力强大，但一味恣情享受，反而失去了天下。在上书中，他还提出了省减乐官、停止兴造的具体建议。

谯周的一片苦心并没有换来后主刘禅的改过自新，

待到蜀延熙十六年（公元 253 年），主持朝政的费祎被魏将刺杀，蜀国再无社稷之臣，政局急转直下。

刘禅对黄皓极度宠信，朝中的大臣多见风使舵，依附于黄皓的便得高官厚禄，反对黄皓的就遭到排挤，甚至迫害。接替费祎职务的姜维，对黄皓的恣肆专权深恶痛绝，请求后主刘禅杀了黄皓，但"后主不从"。

姜维对于黄皓一党"枝附叶连"把持朝政，最终也是无可奈何，又"惧于失言"，所以"逊辞而出"，常年在外领兵。蜀国国力在三国之中，算是最弱，连年征战，百姓不得休息，民生疲敝，谯周"与尚书令陈祗论其利害"，可能因为他不善言辞，也可能因为他人微言轻，谯周的劝谏并没有奏效。但谯周不甘心，写《仇国论》申明自己与民休息的主张。他说："民疲劳则骚扰之兆生，上慢下暴则瓦解之形起。"他预言，蜀国"极武黩征"，必然"土崩势生"，如果"不幸遇难，虽有智者将不能谋之矣"。谯周劝告后主，"不为小利移目，不为意似改步，时可而后动，数合而后举"，"射幸数跌，不如审发"。与其每战必败，不如慎重出击。

不久，后主解除了谯周的中散大夫职务，升任其为光禄大夫。光禄大夫地位很高，却并无实权。从此，谯周基本过着一种不过问政治的生活，他"以儒行见礼，时访大议，辄据经以对，而后生好事者亦咨问所疑焉"，门生众多，在学术界有很高的声望，只是可惜了他一腔忧国忧民的抱负。敢于忠言直谏的大臣不是死去，即是像谯周一般不理政事，刘禅沉迷于一种安稳的日子不知疲倦。

尽管民间对刘阿斗多有戏谑之词，但是反观刘禅四十一年的君主生涯，在为政能力上也不乏闪光点。诸葛亮生前曾六出祁山，均无功而返，对连年的北伐，刘禅也曾经有过思考，他说："相父南征，远涉艰难；方始回都，坐未安席；今又欲北征，恐劳神思。"然而面对诸葛亮的坚持，刘禅对北伐也是极力支持的，无论他是碍于诸葛亮"相父"的身份，或是本着"君臣不和，必有内变"的原则，都确实有容人之德。刘禅在执政后期对劝谏的大臣也没有因怒而错杀。

曲城之战中刘禅对夏侯霸使出了一套炉火纯青的怀柔之术，陈寿也说"后主之贤，于是乎不可及"。后期的刘禅虽然安于享乐，但是对权力一向重视。蜀国开国以来，一直存在"事无巨细，咸决于丞相"的局面，诸葛亮死后，刘禅为了将权力收归君主，废除了丞相制度，设立大司马、大将军、尚书令等职，权力分散，便于他"自摄国事"。

针对他后期的荒政，陈寿认为："后主任贤相则为循理之君，惑阉竖则为昏暗之后，传曰'素丝无常，唯所染之'，信矣哉！"陈寿举染布的例子，说明刘禅的堕落，并不仅仅是个人资质问题，也是制度问题，"国不置史，注记无官，是以行事多遗，灾异靡书。诸葛亮虽达于为政，凡此之类，犹有未周焉。"在专制制度下，对于最高权力没有有效的监督，单靠君主个人的品性来确保政务能否清明，实在是力度单薄。尽管刘禅"经载十二而年名不易，军旅屡兴而赦不妄下，不亦卓乎"，但是诸葛亮死后，"兹制渐亏，优劣著矣"。没有一套行之有效的制度，缺少一位"大家长"式能臣的辅佐，刘禅的荒政，绝非个例，也毫不令人奇怪。

姜维再出击

一心希望北伐的姜维，面对温和的老实人费祎很是郁闷。蒋琬、费祎先后共当政将近二十年，二十年的时间给了蜀国一个难得的休整时间，使得因战争而国力疲敝的蜀国日益富饶。"鹰派"人物姜维屡次萌生北伐的念头，碍于蒋、费二人的阻拦，未能成行。因此费祎死后，最开心的蜀国人可能正是姜维。

按照惯例，新年伊始的时候总是免不了各种聚会。费祎在汉寿组织了一个大规模的聚餐，适逢佳节，大家喝酒聊天，很是尽兴。

突然，有一个人站起身，缓缓走近"欢饮沉醉"、醉眼迷离的费祎，手起刀落，将面前这个醉酒的老臣送去了西天。

刺客名叫郭循，魏国人，刚刚投降。

费祎死前，忧戎将军张嶷看见费祎对别国归附来的降人过于优待，很是忧心，特意给费祎写了一封信说："昔日岑彭（东汉初名将）率师，来歙（东汉初名臣）杖节，然皆见害于刺客，如今明将军位尊权重，应宜鉴知前事，稍为警惕。"张嶷的感觉最终灵验，费祎正如他所担心的，死于刺客之手。

费祎，字文伟，湖北江夏人，和诸葛亮、蒋琬、董允并称为蜀国四相。早年诸葛亮南征还朝，百官出城数十里相迎，其中无论是年龄，还是资历、职位，都有许多高于费祎的人，诸葛亮却偏偏邀请费祎跟他乘同一辆车进城，"由是众人莫不易观"。诸葛亮曾经盛赞费祎说"志虑忠纯"，孙权则说他是"君天下淑德，必当股肱蜀朝"。

费祎为人不仅忠厚老实，还"雅性谦素，家不积财"。他要求子女必须"布衣素食""出入不从车骑""无异凡人"。

蒋琬死后，费祎代蒋琬为尚书令。此时"举国多事，公务烦猥，而费祎识悟过人，每次省读书记，举目稍视，已能究知其意旨，其速度数倍于人，而且过目不忘"。费祎的办事效率也是惊人的，他"常以朝晡听事，其间接纳宾客，饮食嬉戏，加之博弈，每尽人之欢，事亦不废"。继任的尚书令董允想要效仿费祎的办事风格，"旬日之中，事多愆滞"，使得他不得不感喟："人才力相县若此甚远，此非吾之所及也。听事终日，犹有不暇尔。"

就是这样一位能臣，莫名地死掉了。陈寿评价他说："费祎宽济而博爱，承诸葛之成规，因循而不革，是以边境无虞，邦家和一，然犹未尽治小之宜，居静之理也。"某种意义上说，费祎之死是蜀国一个重要的转折点。此后蜀国一改蒋琬、费祎清静治国的方针，连连用兵北伐曹魏，国库不堪消耗。姜维的屡屡兴兵，也确实是蜀国国力下滑的一个重要原因，也加速了蜀国的灭亡。

同年八月，魏国对郭循的刺杀行为表示鼓励，甚至嘉奖了他在魏国的亲人。魏国的这一行为，明显带有看热闹的心态，尽管姜维兴兵北伐，却也总是乘兴而来败兴而归，一直没能成功。无论怎样，费祎的死对魏国和姜维而言，可能都是一个好消息。魏国缺少了一个强劲的对手，姜维失去了束缚自己的"紧箍咒"，再也不用每次从费祎那里讨来可怜不过万人的军队出征，而是可以统帅数万人驰骋疆场。

事实上，费祎死后，蜀国能领兵抗魏的，也只有姜维一人而已，司马昭的奏折中曾经这样写道："现今蜀国之军事，惟赖姜维一人而矣。"

可能因为费祎的死对蜀国众人来讲姜维是最大的受益者，所以有人从史料中猜度郭循的幕后指使者是姜维，甚至用"（姜）维为人好立功名，阴养死士，不修布衣之业"加以论证。针对这一问题，陈寿没有明讲，陈寿继承了中国古代史学家"秉笔直书"的传统，他的慎重是可靠的。不过也有人以为，做过姜维幕僚的陈寿可能本着"为尊者讳"的缘由，维护姜维。隐藏在郭循身后的幕后黑手是谁，可能马上会有答案，也可能永远没有答案。

可以确定的是，姜维"忠勤时事、思虑精密、敏于军事，既有胆义，又兼心存汉室深得诸葛器重"，可以说诸葛亮对姜维有着知遇之恩，姜维也是诸葛武侯一手培养的军事上的接班人，诸葛亮说姜维"忠勤时事，思虑精密，考其所有，永南、季常诸人不如也。其人，凉州上士也"，"甚敏于军事，既有胆义，深解兵意"，因为姜维接班人的身份，他也必须以继承"丞相遗志"的名义，兴兵北伐。

就在费祎死后不久，三月，东吴诸葛恪领兵兴师攻打魏国。姜维闻讯兴兵，力图吴蜀一心，两国夹击，使魏国自顾不暇，重创魏国。魏国将军司马师下令东南守军坚守阵地抵御吴国的进攻，同时派遣郭淮、陈泰调度关中军队，一举瓦解蜀国的进攻。由于准备不足，后方供给不畅，魏国雍州刺史陈泰率军才走到一半，蜀军就因为弹尽粮绝，不得不引兵退走，魏国成功化解了一次军事危机。

诸葛恪，你可以死了

诸葛恪因胜而骄，不顾新君年幼，不顾政变才起，也顾不得分析敌我态势，让十二月才刚刚结束战事的东吴，在第二年春天，因为拥有一个战斗激情澎湃的当家人，迎接春天的同时也迎来了新一轮战争。

面对诸葛恪异常的战斗激情，东吴的百官纷纷劝谏，认为国家需要休息，不能盲目再兴战事，诸葛恪一概仅当耳旁风。中散大夫蒋延义愤填膺，一再地跟诸葛恪阐明不能兴兵的道理，"固争"劝谏，诸葛恪也不听，蒋延气得让人搀扶才走出大殿。

诸葛恪为了答复众人的疑虑，特意撰写了一篇文章阐明自己坚决兴兵的主张，指出"天无二日，民无二主"，"王者不务兼并天下而欲垂祚后世，古今未之有也"。诸葛恪的固执己见最终还是取得了成效,"众皆以恪此论欲必为之辞,然莫敢复难"。

丹杨太守聂友跟诸葛恪交情不错,特意写信劝阻,希望他能回心转意:"大行皇帝本有遏东关之计,计未施行。今公辅赞大业,成先帝之志。寇远自送,将士凭赖威德,出身用命,一旦有非常之功,岂非宗庙神灵社稷之福邪!宜且案兵养锐,观衅而动。今乘此势欲复大出,天时未可。而苟任盛意,私心以为不安。"面对朋友的一片苦心,诸葛恪将自己那篇文章权当回信,并且说:"足下虽有自然之理,然未见大数。熟省此论,可以开悟矣。"此时的诸葛恪心中,除却他自己,别人都是尚未开悟的愚痴人。"于是违众出军,大发州郡二十万众,百姓骚动,始失人心。"

诸葛恪制订的计划是先带领军队去"曜威淮南"。他的下属并不糊涂,劝阻他说:"今引军深入,疆场之民,必相率远遁,恐兵劳而功少,不如止围新城。新城困,救必至,至而图之,乃可大获。"诸葛恪一听有理,就"回军还围新城",可是"攻守连月,城不拔"。这时候已经到了暑热季节,士兵远来作战数月,又因为喝不到新鲜的水,"泄下、流肿,病者大半,死伤涂地"。抱着必胜决心而来的诸葛恪这时候显得很焦躁,每天都有人来向他报告有新的疫情,"恪以为作,欲斩之,自是莫敢言"。

此时的诸葛恪终于开始意识到了自己的失策，但是他好面子，"耻城不下，忿形于色"。这时有个叫朱异的人提出了一些不同的意见，诸葛恪的满腔怒火正愁没地方释放，立即大怒，"立夺其兵"。后来"都尉蔡林数陈军计"，诸葛恪也不听劝，蔡林没办法，只能"策马奔魏"。

"魏知战士罢病"，于是命司马孚、毌丘俭趁势率军增援，合击吴军。诸葛恪一看大事不妙，只得下令退兵。吴军因为疫情严重，退兵的路上"士卒伤病，流曳道路，或顿仆坑壑，或见略获，存记忿痛，大小呼嗟"，情形惨不忍睹，"而恪晏然自若"。诸葛恪的心情丝毫没有受到战争失利的影响，反而一路游山玩水，"出住江渚一月，图起田于浔阳"，如果不是"诏召相衔"，他也不会"徐乃旋师"。此战之后，诸葛恪"由此众庶失望，而怨黩兴矣"。

诸葛恪起兵之时，魏国的内乱正处于白热化阶段，司马氏与曹氏都在争夺魏国的统治权。自满的诸葛恪没有他叔父诸葛亮的军事才能，也不像他的父亲诸葛瑾那般处事稳妥。诸葛恪只凭借一腔热情就贸然出兵，并没有进行周密的规划与准备，对军中出现的疫情也没有很好地处理，退兵时也没有仔细计划，加之又违背民意，不顾国内的一片反对之声一意孤行，其失败的命运是必然的。

诸葛恪此次伐魏，"大发州郡二十万众"。吴国灭亡时也不过"兵二十三万"。诸葛恪为了满足自己好大喜功的欲望，不惜举全国之力配合他的要求，"由此众庶失望"是再自然不过的事情了。这年八月，诸葛恪班师回朝，"陈兵导从，归入府馆"。他召见主管起草诏书的中书令孙嘿，厉声呵斥："卿等何敢妄数作诏？"对朝廷几次三番催促他班师一事，他显然耿耿于怀，便借口朝孙嘿出气。孙嘿惶惧辞出，因病还家。班师之后的诸葛恪将宫中的宿卫换防，将自己的亲信安插各处。诸葛恪换得了侍卫，换不了人心，一旦失去人心，其他的也都终将失去。

所谓"成也萧何败萧何"，当年一手将诸葛恪扶上马的孙峻，此时眉头一皱计上心来，又有了新的盘算。

孙峻深谙官场的博弈：老百姓的埋怨的确有杀伤力，但只是小痛小痒，只有皇帝埋怨了，想要除掉一个人，才是最具威力的"核武器"。孙峻"构恪欲为变"，十几岁的孙亮一听，自然上当，下诏请诸葛恪进宫饮酒，将诸葛恪骗进宫里，伺机诛杀。

诸葛恪赴宴这天，"精爽扰动，通夕不寐"。他洗漱的时候总是"闻水腥臭"，侍者伺候他更衣，他竟然觉得

"衣服亦臭"，几次换水、换衣，还是觉得"其臭如初，意惆怅不悦"。等他好不容易更衣完毕，要出门的时候，家里的狗咬着他的衣服不放，诸葛恪很意外，说："犬不欲我行乎？"只得回去坐着，几次要走，都是如此，最后诸葛恪没办法，"令从者逐犬，遂升车"。

宴会的时间马上就要到了，诸葛恪心有疑虑，于是"驻车宫门"，并没有马上入宫。此时宫中，孙峻早已在帷帐中埋伏好了侍卫，见诸葛恪迟迟不到，担心事情有变故，索性出门亲自去迎接诸葛恪。孙峻很客气，说："使君若尊体不安，自可须后，峻当具白主上。"这句话表面上是体谅诸葛恪，其实是一种试探，也是一种威胁。诸葛恪回答说："当自力入。"这时散骑常侍张约、朱恩等秘密派人送信给诸葛恪说："今日张设非常，疑有他故。"

诸葛恪看到密信后立即有所警觉，"省书而去"，在宫门口偶遇太常滕胤。诸葛恪说："卒腹痛，不任人。"滕胤事先并不知晓孙峻要暗害诸葛恪，只是秉公劝他说："君自行旋未见，今上酒请君，君已至门，宜当力进。"滕胤说得恳切，也合乎情理，诸葛恪尽管有所疑虑，还是"蹰躇而还，剑履上殿"。

就座之后，诸葛恪并不饮酒。孙峻见状就说："使君病未善平，当有常服药酒，自可取之。"免除了喝毒酒的疑惑，诸葛恪慢慢地放松了警惕。酒过数巡，孙亮借口去内殿休息。孙峻借口上厕所，趁机换上了灵巧的便服，朝殿内早已埋伏好的士兵厉声喝道："有诏捉拿诸葛恪！"诸葛恪一听，下意识地去拿自己的剑，"拔剑未得"，孙峻的刀已经砍了过来。诸葛恪的追随者张约在一旁拔剑刺向孙峻，刺伤了孙峻的左手，孙峻失手砍伤了张约的右臂。"武卫之士皆趋上殿"，孙峻厉声说："所取者恪也，今已死。"

诸葛恪被武卫又刺了几刀，"悉令复刃"，孙峻等人"乃除地更饮"。

之前，东吴流传着一首童谣："诸葛恪，芦苇单衣蔑钩落，于何相求成子阁。"童谣中所说的"成子阁"，是"石子岗"的反语，石子岗是东吴国都建业（南京）的长陵，相当于乱葬岗。钩落，是衣服上的钩络带。诸葛恪果然如童谣所说，一领苇席裹身，被草草埋葬在石子岗。

不仅如此，诸葛恪被诛灭三族，其外甥都乡侯张震及常侍朱恩等都被杀。

曾盛极一时的诸葛家族，就落得如此下场，可悲，可叹。

皇帝也是可以废掉的

孙权为孙亮选取的托孤大臣诸葛恪被孙峻所杀，孙峻后行辅政大臣的职责。新一任东吴的主人孙亮，人们对其所知不多，倒是有一则轶事，可以看出年少的孙亮非常聪明，观察和分析事物深入细致，为一般人所不及。

一次，孙亮想吃地方进献的甘蔗饧，派手下太监去取蜜来浸泡梅子。恰巧太监憎恨主管库房的官员，就在甘蔗饧里放了两颗老鼠屎，诬陷管库房的官员失职。孙亮没有简单地听信一面之词，只是说："此易知耳。"他让手下的人将老鼠屎切开，里面是干燥的，外面因为浸泡而变得潮湿。孙亮大笑："若矢先在蜜中，中外当俱湿，今外湿里燥，必是黄门所为。"于是将管库房的人唤进来询问说："此器既盖之，且有掩覆，无缘有此，黄门将有恨于汝邪？"仓库主管赶忙叩头回答说："尝从某求宫中莞席，宫席有数，不敢与。"孙亮听毕，说："必是此也。"又责问太监，太监见事情败露，只能俯首认罪。

这样一个聪慧的人，最后却落得被废去帝位的命运，而这个废掉他的人，身上也流淌着孙家的血液。

孙綝，字子通，是孙坚弟弟孙静的曾孙，与东吴权臣孙峻为同一祖父的从兄弟。吴太平元年（公元256年），权臣孙峻在北伐曹魏途中过世，将权力移交给年仅二十六岁的从弟，时任偏将军的孙綝。后来孙綝官至侍中兼武卫将军，领中外诸军事，实际掌握东吴的权力。

东吴豪族对孙氏一门独大的情形一直心存不满，以骠骑将军吕据为代表的北伐前线诸将联名上书，推荐滕胤为丞相。孙綝任命滕胤为大司马，并不给他实权，并派滕胤镇守武昌，滕胤只是得到了一个虚高的职位，已经远离权力中心。

吕据等人的如意算盘没有成功，便率军从北伐前线返回建业，密谋推翻孙綝。孙綝事先得到消息，一方面派遣从兄右将军孙虑抵御吕据大军，另一方面要求滕胤立刻出发捉拿吕据。滕胤自知泄密，于是拥兵自卫。

这次东吴内变持续的时间很短，孙綝以极快的速度诛杀滕胤、吕据，并下令诛灭了滕胤、吕据的三族。对滕胤的死，裴松之很不以为意，说："孙綝虽凶虐，与滕胤宿无嫌隙，胤若且顺綝意，出镇武昌，岂徒免当时之祸，仍将永保元吉，而犯机触害，自取夷灭，悲夫！"反对者被铲除，孙綝暂时控制住了局面，孙峻的从弟孙虑因为参与支持孙峻诛杀诸葛恪的政变，有功于孙峻而得到厚待，官至"右将军、授节盖，平九官事"。等到孙綝上台，失去靠山的孙虑地位降低，心生不满，对孙綝也不是很尊敬，"与将军王惇谋杀綝"。孙綝提前一步，将王惇杀死，孙虑失败，服毒自杀。

吴太平二年（公元257年）五月，"魏征东大将军诸葛诞以淮南之众保寿春城，遣将军朱成称臣上书，又遣子靓、长史吴纲诸牙门子弟为质"。第二年，诸葛诞战败被杀，东吴诸将领也投降曹魏，孙綝支持诸葛诞反叛，不仅没能从中获利，反而害得东吴损兵折将，朝中大臣对他多有不满，却敢怒不敢言。

此时吴主孙亮已经亲政，对孙綝战败颇有微词。孙綝于是称病不朝，在朱雀桥边终日作乐，并将自己的兄弟、亲信安插到军中，握有军权，希望以此巩固自己的地位。

之前，孙亮的三姐被孙峻杀死。吴太平三年（公元258年），孙亮借口追究此事，下诏斥责孙綝的亲信朱熊、朱损失职之过。孙綝上表求情，孙亮不予理睬，下令诛杀朱熊、朱损。这是孙亮对付孙綝的第一步。之后，孙亮与大姐全公主、太常全尚、将军刘承等策划诛杀孙綝。

此事恰好被孙綝的从外甥女获悉，这个女人又恰是孙亮的妃子。关键时刻，这个女人抛弃了自己的丈夫，选择支持自己的从舅舅。孙綝连夜带兵缉拿了全尚，举兵包围皇宫。

孙綝命令光禄勋孟宗到宗庙祭祀先帝，之后召集群臣宣布废掉孙亮："少帝荒病昏乱，不可以处大位，承宗庙，以告先帝废之。诸君若有不同者，下异议。"惊恐的朝臣没有反抗孙綝的可能，只是一再表示："唯将军令。"孙綝让中书郎李崇夺过孙亮的玉玺，颁发诏书昭告天下孙亮的无道行为，"以亮罪状班告远近"，尚书桓彝不肯在诏书上署名，做了孙綝的剑下孤魂。

失去帝位的孙亮被孙綝贬为会稽王，他的哥哥，孙权的第六个儿子孙休，成了新一代的吴国君主。孙綝派遣宗正孙楷与中书郎董朝迎接新一任的国君。孙休看见来访的大臣，心中除了疑惑，还是疑惑，不太相信天上一个大馅儿饼就这样落到了自己的头上，"楷、朝具述綝等所以奉迎本意"，孙休还是踌躇，纠结了一天两夜后，才决定上路。一行人走到曲阿这个地方，遇见一个白胡子老头，名叫干休，老头对着孙休一个劲地磕头，叮嘱他说："事久变生，天下喁喁，愿陛下速行。"

孙休即位后，孙綝被封为丞相、大将军、兼领荆州牧。孙綝一门五人封侯，又掌管禁军部队，权力远远超过皇帝，这是东吴开基以来闻所未闻之事，权倾朝野的孙綝越发肆无忌惮。孙休登上帝位后，对孙綝小心提防。有一次孙綝为孙休敬酒，孙休担心酒里有毒就没有喝，孙綝觉得很没面子，心里不爽。

孙休对孙綝多加赏赐。有人告发孙綝包藏祸心，"怀怨侮上欲图反"，孙休只是将这个人交给孙綝发落。孙綝二话不说，便杀了该告密者。孙綝趁机表示自己想去武昌镇守，孙休应允，敕命孙綝所督率的中营精兵万余人跟随前往，"所取武库兵器，咸令给与"。

大夫魏邈劝告孙休，"綝居外必有变"；武卫士施朔也举报孙綝有谋反的举动，说"綝欲反有徵"。孙休于是"密问张布，布与丁奉谋于会杀綝"。

腊祭宴会，是张布等人一手策划的。孙綝因为最近心情一直很不好就称病不去。孙休就一个劲地派人去邀请他，"使者十馀辈"，来的人越来越多，孙綝不得已，只好穿戴整齐进宫赴宴。家里的人都预感事情不对，纷纷劝孙綝不要前往，孙綝只是说："国家屡有命，不可辞。"可见孙綝虽然跋扈，却并无废掉孙休的意思，可是事已至此，他也唯恐自己有去无回，于是嘱咐家人说："可豫整兵，令府内起火，因是可得速还。"

宴会进行到一半，果然有人报告说孙綝家里着火了，请丞相速速回家。孙綝起身要走，孙休不答应，说："外兵自多，不足烦丞相也。"孙綝执意要走，丁奉、张布赶紧下令左右将孙綝捆绑起来。孙綝见木已成舟，一心只想活命，就跪下请求说："愿徙交州"。孙休只是冷冷地说："卿何以不徙滕胤、吕据？"孙綝慌忙请求："愿没为官奴。"孙休还是冷冷地说："何不以胤、据为奴乎！"孙綝无话可说，只能受死。为了稳定人心，孙休下诏说："诸与綝同谋皆赦。"孙綝部众放下兵器请降者多达五千人。这一年，孙綝只有二十八岁。

孙綝的弟弟孙闿一路坐船北逃，想去投奔曹魏，不想走到一半就被捉住，被追兵杀死，三族被诛。这样还不够，皇帝孙休觉得自己跟孙峻、孙綝都姓"孙"实在是太侮辱自己了，就下令给二人改名字，"孙峻"改为"故峻"，"孙綝"改为"故綝"，以此区别用来表示皇族皇姓的高贵。

后来，会稽郡有谣言说孙亮要回宫再次做天子，孙亮的宫人"告亮使巫祷祠，有恶言"。"有司以闻，黜为候官侯，遣之国。道自杀，卫送者伏罪"。孙亮可能是自杀，也可能是被孙休派人毒死的。死的时候，只有十七岁。

第四章

四战之时：血色江山的风雨夜

反对我的都没有好下场

魏国国内两股政治势力司马氏与曹氏的争斗，并没有随着司马懿的死去得以平息。魏嘉平三年（公元251年），司马师接替他的父亲司马懿执掌魏国大权，争权夺利之事仍在继续上演，并且越演越烈。司马师身为司马懿长子，秉承了司马懿的遗志。多年之后，他的侄子司马炎建立晋朝，司马师与司马炎一道，是晋国的两大奠基人。

史籍记载，司马师"雅有风彩，沈毅多大略"，沉着坚强，且有雄才大略，并且"少流美誉，与夏侯玄、何晏齐名"。名士何晏经常称赞他："惟几也能成天下之务，司马子元是也。"司马师起初为官散骑常侍，后累迁中护军，他为官"为选用之法，举不越功，吏无私焉"，算得上是一名良吏。司马懿策划诛杀曹爽时，在众多的儿子中只同司马师商议，连后来司马家族的继任者司马昭，都未能参与其中。待到司马懿决心动手，就在当天清晨紧急通知手下之人，司马昭得知后，"不能安席"，而司马师呢，却安睡无恙，像什么事情都不知道，如此镇定，临危不乱，让做父亲的司马懿也很欣慰，发出"此子竟可也"的感叹。事成之后，司马师以功封长平乡侯，食邑千户，之后又加官至卫将军。司马懿死后，司马师顺理成章接过司马懿的指挥棒，以抚军大将军辅政，独揽朝廷大权。

魏嘉平四年（公元 252 年）正月，司马师官至大将军，又"加封侍中，持节、都督中外诸军，录尚书事"。他下令百官推举贤才，"明少长，恤穷独，理废滞"，制定选拔官吏的法规，整顿纲纪，所任用的官员各司其职，一时之间"四海倾注，朝野肃然"。

嘉平五年（公元 253 年）五月，吴国太傅诸葛恪发兵攻打"合肥新城"，这座新城建在合肥西北三十里。

司马师沉着应对，分析说："诸葛恪新得政于吴，欲徼一时之利，并兵合肥，以冀万一，不暇复为青徐患也。且水口非一，多戍则用兵众，少戍则不足以御寇。"之后诸葛恪果然如他所料，全力进攻合肥。司马师"于是使镇东将军毌丘俭、扬州刺史文钦等距之"，毌丘俭与文钦也站出来表示请战,司马师接着提出制胜法宝:"恪卷甲深入,投兵死地,其锋未易当。且新城小而固,攻之未可拔。"他让"诸将高垒以弊之",在合肥新城附近修造深沟高墙,以坚固的阵地,消耗诸葛恪的战斗力。东吴与曹魏的军队相持数月,诸葛恪"攻城力屈,死伤大半",失去了战争的主动权,不得已决定退兵。司马师瞅准时机,"要其归路,俭帅诸将以为后继",在诸葛恪可能经过的地方设下埋伏。诸葛恪惊慌逃跑,魏军乘胜追击,大破东吴军队,斩首万余级。

一人之下万人之上的司马师掌权后,对曹氏家族及曹氏的支持者开展打击报复活动,轻的降职,重的斩杀。司马师的铁血政策使得朝中大臣人人自危,心惊胆战,唯恐会遭到司马师的毒手。就连魏主曹芳,面对司马师也是战栗不已,如针刺背。一日上朝,曹芳见到司马师带剑上殿,吓得慌忙下榻迎接。司马师见状不禁笑道:"岂有君迎臣之礼也,请陛下稳便。"之后,朝中大臣纷纷奏事,司马师一人发号施令,"俱自剖断,并不启奏魏主"。下朝后,司马师"昂然下殿,乘车出内,前遮后拥,不下数千人马"。

魏正元元年(公元254年)正月,天子与中书令李丰、后父光禄大夫张缉、黄门监苏铄、永宁署令乐敦、冗从仆射刘宝贤共同谋划,想让太常夏侯玄代替司马师,辅佐幼主。李丰的父亲李义，官至卫尉。李丰少年有才，十七八岁时已有清高名声，"识别人物，海内注意"。父亲李义担心他成名过早，就命令他闭门谢客，专心读书。司马懿、曹爽争权时，他任尚书仆射，周旋于二人之间，曹爽失败，他侥幸没有被杀。李丰与曹氏有姻亲关系，李丰的儿子李韬的妻子是魏帝曹芳的姐姐齐长公主，他本人又和曹爽的族弟夏侯玄、张皇后父亲张缉关系要好。

司马师执政，李丰为中书令，"虽宿为大将军司马师所亲待，然私心在玄"。李丰经常单独觐见曹芳，为魏帝曹芳出谋划策，谈论内容从不向外泄露，甚至司马师向他询问，他也不肯有半点吐露，司马师因此对李丰早有不满。李丰奏曰："臣虽不才，愿以陛下之明诏，聚四方之英杰，以剿此贼。"夏侯玄又说："臣叔夏侯霸降蜀，因惧司马兄弟谋害故耳；今若剿除此贼，臣叔必回也。臣乃国家旧戚，安敢坐视奸贼乱国，愿同奉诏讨之。"面对二人的激情，曹芳说："但恐不能耳。"李丰等见魏帝曹芳如此委屈，就哭着说："臣等誓当同心灭贼，以报陛下！"曹芳脱下龙凤汗衫，咬破指尖，写了血诏，授与张缉，嘱托他们说："朕祖武皇帝诛董承，盖为机事不密也。卿等须谨细，勿泄于外。"李丰曰："陛下何出此不利之言？臣等非董承之辈，司马师安比武祖也？陛下勿疑。"

另一边，司马师秘密得知了此事，就派遣舍人王羡驾车去迎接李丰，以商量事情的名义诱骗李丰上车。李丰不得不从，就跟着王羡上路。司马师见到李丰就破口大骂，责问李丰为何谋害自己。李丰自知祸害到来，索性大骂司马师说："卿父子怀奸，将倾社稷，惜吾力劣，不能相禽灭耳！"司马师听到这句话大怒，"使勇士以刀环筑丰腰，杀之、夷三族"。

　　曹芳的努力化为乌有，司马师还不满足，要求曹芳废掉张皇后。面对手握重权的司马师，曹芳虽然不情愿，也无可奈何，于是张缉的女儿张皇后被迫出宫。几天后，忽然有消息说张皇后暴病身亡。可能是被司马师暗害而死。

　　魏帝曹芳的夺权战争全面失败，还损兵折将，连枕边人张皇后也莫名惨死，他却只能下诏表彰司马师的行为，将李丰等人当作乱臣贼子，以求自保。他下诏说："奸臣李丰等靖谮庸回，阴构凶慝。大将军纠虔天刑，致之诛辟。周勃之克吕氏，霍光之擒上官，曷以过之。其增邑九千户，并前四万。"司马师却辞让不受。

　　曹芳因为李丰、张缉的死深不自安，整日忧心忡忡。而司马师也"亦虑难作，潜谋废立"，就秘密勾结魏永宁太后，想换掉皇帝。

　　司马师终于不再等待，他召集百官，对群臣说："今主上荒淫无道，亵近娼优，听信谗言，闭塞贤路。其罪甚于汉之昌邑，不能主天下。吾谨按伊尹、霍光之法，别立新君，以保社稷，以安天下，如何？"在场的大臣听到这样的言论，碍于司马师的权势，自然没有一个人敢站出来反对，都随声附和。司马师随即取出早已准备好的废帝奏折，让列位大臣当场签字表示支持。随后，司马师调动军队包围了皇宫，让亲信郭芝把奏折送给皇太后。

这时在宫中的皇太后正和曹芳相对坐着谈论事情。郭芝闯进去，对曹芳说："大将军欲废陛下，立彭城王据。"曹芳得知此事，气得站起来直接就走到内室去了，也没有向皇太后行礼。皇太后也大为恼火，责问郭芝。郭芝理直气壮，振振有词回答说："太后有子不能教，今大将军意已成，又勒兵于外以备非常，但当顺旨，将复何言！"皇太后表示想见司马师，当面向他问清楚："我欲见大将军，口有所说。"郭芝很是不耐烦，说："何可见邪？但当速取玺绶。"太后没有办法，只好照郭芝说的办，拿出了玉玺。曹芳来跟太后告别，一直在流眼泪。曹芳与太后并不是亲母子，此时因为境遇的悲惨，多年养育的情感迸发，两人相顾哭泣。"群臣送者数十人"，大臣也有来送别的，"太尉司马孚悲不自胜，余多流涕"。

司马孚是司马懿的亲弟弟、司马师兄弟的亲叔叔，当年已经是七十五岁的高龄了，看见曹芳退位离去，却"悲不自胜"。司马师也流下了两行鳄鱼的眼泪，对曹芳说："先臣受历世殊遇，先帝临崩，托以遗诏。臣复忝重任，不能献可替否。群公卿士，远翼旧典，为社稷深计，宁负圣躬，使宗庙血食。"（《晋书·帝纪第二》）所谓"宗庙血食"，就是曹氏宗族的家天下能够长久地、一代接一代地延续下去。一番冠冕言论之后，"使使者持节卫送"曹芳离去。

送走曹芳的司马师大喜，决定立刻立曹据为帝。但是太后不同意，说："彭城王，我之季叔也，今来立，我当何之！且明皇帝当绝嗣乎？吾以为高贵乡公者，文皇帝之长孙，明皇帝之弟子，于礼，小宗有后大宗之义，其详议之。"

这年秋天九月，太后下令曰："皇帝春秋已长，不亲万机，耽淫内宠，沈嫚女德，日近倡优，纵其丑虐，迎六宫家人留止内房，毁人伦之叙，乱男女之节。又为群小所迫，将危社稷，不可承奉宗庙。"太后意图立魏明帝的弟弟曹霖的儿子曹髦为新一任皇帝，司马师虽然不同意，几次争执，最后也不得不"乃从太后令"。

十四岁的曹髦被立为帝，改元"正元"，这无疑又是一个傀儡皇帝，朝中实权先后由司马师和司马昭掌握。

曹芳搬出洛阳，在河内郡重门营建齐王宫，过上了诸侯王的生活，享有诸侯王的待遇。失去皇帝宝座的曹芳，又做了二十年的诸侯王才死掉。西晋代魏时，他的封号由"齐王"改为邵陵县公，西晋泰始十年（公元274年）病逝，享年四十三岁。

自寻死路的曹髦

北魏孝庄帝元子攸是一个傀儡皇帝，鲜卑人体内的热血燃烧着他的斗志。这股热血让他不甘只是当木偶一样的傀儡，让他不甘让朝堂上耀武扬威的尔朱荣颐指气使，他要奋斗，要改变自己的命运。当大臣向他建议铲除尔朱荣时，他慷慨陈词："宁作高贵乡公死，不为常道乡公生。"

他要效仿的，正是曹魏的第四任皇帝：曹髦。而他所不齿的"常道乡公"，即是曹髦之后的曹奂，曹奂从傀儡皇帝的位置上退下来，还无忧无虑地活到五十七岁。

元子攸终于亲手杀了尔朱荣，他也真的如他崇拜的曹髦一样，最终死在了敌人的手里，他死后谥号孝庄。谥法解中说：刚强直理曰武，执义扬善曰怀；秉德不回曰孝，胜敌志强曰庄。他比曹髦幸福，曹髦死后没有谥号，但是原本的封号"高贵乡公"，却是曹髦一生最好的总结。

曹髦，字彦士，魏文帝曹丕的嫡孙，魏国的第四任皇帝。钟会对他的评价相当高，说他"才同陈思，武类太祖"。

曹芳被废后，百官商量的结果是，迎接高贵乡公曹髦为新一任皇帝。

数日后，曹髦一行人终于走到了洛阳，"群臣迎拜西掖门南"，一班大臣终于盼来新主子，见到曹髦赶紧行礼。曹髦见状，诚惶诚恐地下车，要向大臣回礼。这时有人拦住曹髦说："仪不拜。"百官向天子行礼天经地义，天子不用还礼。曹髦淡淡地回应："吾人臣也。"话音刚落就向百官答礼。曹髦的车行驶到止车门下，按规定，百官驾车行驶到这里都应下车步行入宫，左右大臣提议说："旧乘舆入。"曹髦很是谦虚，只是说："吾被皇太后征，未知所为！""遂步至太极东堂，见于太后。"有这样一位谦恭有礼的君主，"百僚陪位者欣欣焉"。这一年，曹髦刚满十四岁。

尽管曹髦只有十几岁，却对自己的处境有极为清醒的认识。曹髦继承了曹氏的文艺基因，书法、绘画都很擅长，是个才子。他却不安于做一个每天喝喝茶、写写字的无能傀儡，他关心政事，派官员深入民间了解民情，对玩忽职守的地方官加以惩戒；又下令减少宫廷开支；下诏安抚死难将士及家属。司马师死后，接手的司马昭也是一个目中无人的权臣，甚至比司马师更霸道，朝中大小事务只要告诉他就行，不用通知傀儡曹髦了。

雅好文学的曹髦写了一首诗表达自己对境遇的不忿："龙者，君德也。上不在天，下不在田，而数屈于井，非嘉兆也。"诗中，曹髦将自己比作受困的龙，说这条龙正受泥鳅、黄鳝的欺负。司马昭听说了这首《潜龙》诗，对这个不听话的傀儡很是不满。余怒未消的司马昭执剑上殿，有的大臣见状，赶忙用拍马屁的方式缓和一下尴尬的气氛，说他应该加封为晋公。曹髦听到这句话，心中很是不情愿。

曹髦"见威权日去，不胜其忿"。他召集侍中王沈、尚书王经、散骑常侍王业，无比痛恨地说："司马昭之心，路人所知也。吾不能坐受废辱，今日当与卿等自出讨之。"

王沈、王经等人劝曹髦三思而行："昔鲁昭公不忍季氏，败走失国，为天下笑。今权在其门，为日久矣，朝廷四方皆为之致死，不顾逆顺之理，非一日也。且宿卫空阙，兵甲寡弱，陛下何所资用，而一旦如此，无乃欲除疾而更深之邪！祸殆不测，宜见重详。"

年少轻狂的曹髦哪里还能忍受，他取出"怀中版令投地"，毅然决然地说："行之决矣。正使死，何所惧？况不必死邪！"王沈、王经看见这个冲动的皇帝，慌忙自保，直接跑到司马昭那里去告密。曹髦一路叫着"是可忍也，孰不可忍也！今日便当决行此事"，一面向太后表明心志，愿意跟司马昭拼个你死我活。雷厉风行的曹髦哪里还需要勤王的兵马，他"遂帅僮仆数百，鼓噪而出"，气急败坏的曹髦只带领几百个侍卫、太监就想跟司马昭拼命，司马昭这边带领大军来战。中护军贾充在南阙下跟曹髦展开激战，曹髦亲自拔出剑来迎敌，并大呼自己是天子。大伙一看皇帝自己拔剑，有点傻眼，"众欲退"，太子舍人成济慌了神，赶紧请示贾充："事急矣。当云何？"贾充很激动："畜养汝等，正谓今日。今日之事，无所问也。"成济一听这话，哪里敢不拼命，直接拿把剑朝曹髦刺了过去，没想到用力过猛，直接把曹髦刺穿了，小皇帝曹髦当场毙命。这时"暴雨雷霆，晦冥"。

　　曹髦用自己的死换来了做人的尊严。陈寿说他"轻躁忿肆，自蹈大祸"，这只是针对最后的结果而言的，因为他死掉了，所以是"大祸"，可是单看他的死，是何其地刚烈。

　　曹髦死后，朝廷"葬高贵乡公于洛阳西北三十里瀍涧之滨"。老百姓知道了，都过来围观，叹息说："是前日所杀天子也。"纷纷"掩面而泣，悲不自胜"。

多年之后，晋明帝问温峤为什么司马家能坐拥天下，温峤不知道该如何回答。明帝又问王导，王导"乃具叙宣王创业之始，诛夷名族，宠树同己。及文王之末，高贵乡公事。宣王创业，诛曹爽，任蒋济之流者是也"。明帝没有想到得到天下居然要杀戮这么多，"覆面箸床曰：'若如公言，晋祚复安得长远！'"曹髦如果在天有灵，听见这句话，也可以含笑九泉了。

因为讨厌，所以叛变

曹髦为皇帝后，下旨令司马师"登位相国，增邑九千，并前四万户；进号大都督、假黄钺，入朝不趋，奏事不名，剑履上殿；赐钱五百万，帛五千匹，以彰元勋"。司马师辞谢不受。位极人臣的司马师用极大的权力换来了极大的满足，也换来了反对者的行动。

当时全国武装力量基本掌握在司马氏手中，只有镇东将军毌丘俭掌握了一部分兵力。毌丘俭平时和夏侯玄、李丰关系友好，夏侯玄等人被杀后，毌丘俭对司马师深感不满，对自己的处境也常感不安。扬州刺史文钦英勇善战，武艺绝伦，他和曹爽是同乡，以前很得曹爽厚爱，就依仗曹爽威势欺压别人，曹爽被杀，失去靠山的文钦经常受司马师打压，因此而生怨恨之心。于是毌丘俭与文钦一拍即合，决定反抗司马师，这次的行动也是历史上所谓的"淮南三叛"之一。

　　毌丘俭、文钦发布起兵檄文，历数司马师的十一条罪状：其一，"盛年在职，无疾托病，坐拥强兵，无有臣礼，朝臣非之，义士讥之，天下所闻"；其二，"懿造计取贼，多畜军粮，克期有日。师为大臣，当除国难，又为人子，当卒父业。哀声未绝而便罢息，为臣不忠，为子不孝"；其三，"贼退过东关，坐自起众，三征同进，丧众败绩，历年军实，一旦而尽，致使贼来，天下骚动，死伤流离"；其四，"师遂意自由，不论封赏，权势自在，无所领录"；其五，诛杀李丰；其六，不顾大义；其七，杀张缉，逼走张皇后；其八，不奉法度；其九，"领军许允当为镇北，以厨钱给赐，而师举奏加辟，虽云流徙，道路饿杀，天下闻之，莫不哀伤"；其十，"三方之守，一朝阙废，多选精兵，以自营卫，五营领兵，阙而不补，多载器杖，充聚本营，天下所闻，人怀愤怨，讹言盈路，以疑海内"；其十一，"合聚诸藩王公以著邺，欲悉诛之，一旦举事废主"。

　　魏正元二年（公元255年）正月，毌丘俭、文钦举兵作乱，毌丘俭把自己的儿子当成人质送到东吴，向孙亮讨好，希望东吴给予支持，却事与愿违，并未得到东吴的大力支援。二月，毌丘俭、文钦集合了五六万人渡过淮河由寿春向西进发，却没有办法直捣洛阳，也没有占领许昌，走到河南项城被迫停住了。

　　毌丘俭、文钦兴兵作乱的消息传到洛阳，司马师召集百官公卿商议退敌之法，"朝议多谓可遣诸将击之"，大部分的大臣建议派遣可靠的将领引兵出击，但是王肃及尚书傅嘏、中书侍郎钟会"劝帝自行"，觉得司马师亲自挂帅更为妥当。司马师最终听取了王肃等人的建议，"统中军步骑十余万以征之"。他"倍道兼行，召三方兵，大会于陈许之郊"。多年前关羽在汉水之滨水淹七军，生擒于禁，蜀国取得如此大胜，大有向北争夺曹魏天下之势。后来关羽被吕蒙算计，东吴夺取荆州时，攻击蜀军将士家属，蜀军因此变得不堪一击，瞬间被东吴军队瓦解。王肃引用关羽的例子向司马师建议，下令淮南地区将士的父母妻子禁止与毌丘俭、文钦军中的将士保持联系，失去骨肉至亲消息的叛军自然心生厌战之情，也会很快像关羽部下一样迅速瓦解。

　　司马师率大军到达隐桥，毌丘俭、文钦军中的将领史招、李绩相次来降。司马师派遣荆州刺史王基进据南顿，占领战略高地。之后司马师屯兵汝阳，采用光禄勋郑袤计策，"帝深壁高垒，以待东军之集"，并不着急用兵。"诸将请进军攻其城"，司马师手下的人很是心急，纷纷劝司马师用兵出击。然而对此，司马师分析道："诸君得其一，未知其二。淮南将士本无反志。且俭、钦欲蹈纵横之迹，习仪秦之说，谓远近必应。而事起之日，淮北不从，史招、李绩前后瓦解。内乖外叛，自知必败，困兽思斗，速战更合其志。虽云必克，伤人亦多。且俭等欺诳将士，诡变万端，小与持久，诈情自露，此不战而克之也。"司马师希望时间可以让毌丘俭、文钦军中自生内乱，之后再将他们一举荡平。同时派出"诸葛诞督豫州诸军自安风向寿春，征东将军胡遵督青、徐诸军出谯宋之间，绝其归路"。

毌丘俭、文钦已身处司马师军战略包围之中，进攻，不能取胜；退兵，害怕寿春被攻击，陷入了进退两难、无计可施的境地。加上淮南将士家属大多在北地，现两相隔绝，军中人心涣散，全无斗志，投降司马师的络绎不绝。

另外，司马师"遣兖州刺史邓艾督太山诸军进屯乐嘉，示弱以诱之"，邓艾带了一万多名"泰山诸军"，故意做出不堪一击的样子，引诱毌丘俭、文钦出击，又架设浮桥迎接司马师大军。毌丘俭果然中计，派文钦率军争夺乐嘉，当文钦部队向乐嘉疯狂扑来时，却发现司马师大军早已"潜军衔枚，轻造乐嘉"，隐秘赶到，文钦军顿时惊慌失措。

文钦之子文鸯此时刚满十八岁，血气方刚，"勇冠三军",主动请战趁夜偷袭敌营,跟文钦说:"及其未定,请登城鼓噪,击之可破也"。文鸯击鼓三噪,文钦却未能看准时机发兵出击,文鸯只能退走东去。之前司马师"目有瘤疾,使医割之",出兵之前刚刚做了肿瘤切除手术,这时又目疾发作,头痛如裂,正在帐中痛苦煎熬,得知敌人突然来袭,一惊之下眼球怦然突出,他为了不乱军心,强忍住剧痛,用被子蒙住头,牙齿紧紧咬住被子一角,被子都他咬破,"啮被败而左右莫知焉"。

获悉文鸯退兵的消息,司马师抓住时机,对诸将说:"钦走矣。"下令派遣精锐部队乘胜追击。诸将却说:"钦旧将,鸯少而锐,引军内入,未有失利,必不走也。"显然担心文鸯有诈,劝说司马师不要追击,以免中计。司马师不以为然,说:"一鼓作气,再而衰,三而竭。鸯三鼓,钦不应,其势已屈,不走何待?"文钦果然准备率军逃跑,文鸯不服,跟父亲说:"不先折其势,不得去也。""乃与骁骑十余摧锋陷阵",文鸯亲自率数十名骁骑回头冲击魏兵,"所向皆披靡",所到之处,魏兵无人能敌,"遂引去",只能纷纷向后避退。司马师派勇将"左长史司马班督骁骑八千翼而追之,使将军乐林等督步兵继其后","频陷钦阵,弩矢雨下,钦蒙盾而驰,大破其军,众皆投戈而降。"文钦、文鸯父子"与麾下走保项"。"俭闻钦败,弃众宵遁淮南"。

毌丘俭听到文钦战败的消息大为惊恐，丢弃部队连夜逃走，随行的兵马并没有多少，一路上众叛亲离，最后只得孤身一人躲在路边水草中，被随后赶上的魏安丰津都尉张属搜出来，杀死。文钦父子走投无路，被迫投奔东吴。吴国授予文钦幽州牧的职位，又封他为谯侯，号"镇北大将军"。毌丘俭的弟弟毌丘秀，也逃去了东吴。而留在魏国的毌丘俭丘氏与文氏两家的人，毫无例外被司马师屠杀，并被灭三族，淮南之乱至此得到平息。司马师班师，"闰月疾笃，使文帝总统诸军"，将军队大权交给了他的弟弟司马昭。至许昌，病卒，时年四十八岁。

魏帝曹髦"素服临吊"，并下诏说："公有济世宁国之勋，克定祸乱之功，重之以死王事，宜加殊礼。其令公卿议制。""有司议以为忠安社稷，功济宇内，宜依霍光故事，追加大司马之号以冠大将军，增邑五万户，谥曰武公"。司马昭上表辞让说："臣亡父不敢受丞相相国九命之礼，亡兄不敢受相国之位，诚以太祖常所阶历也。今谥与二祖同，必所祇惧。昔萧何、张良、霍光咸有匡佐之功，何谥文终，良谥文成，光谥宣成。必以文武为谥，请依何等就加。"

司马炎接受禅位，建立晋国后，追尊司马师为景皇帝，庙号世宗。《晋书·景帝纪》评说："世宗以睿略创基，太祖以雄才成务。事殷之迹空存，翦商之志弥远，三分天下，功业在焉。及逾剑销氛，浮淮静乱，桐宫胥怨，或所不堪。若乃体以名臣，格之端揆，周公流连于此岁，魏武得意于兹日。轩悬之乐，大启南阳，师挚之图，于焉北面。壮矣哉，包举天人者也！为帝之主，不亦难乎。"

我害怕，我叛变

诸葛诞是诸葛亮的堂弟。他与夏侯玄、邓飏、田畴四人并称为"四聪"。魏明帝时期，明帝因为厌恶他浮华虚荣，故而被"免官、废锢"。

魏嘉平三年（公元 251 年），太尉王凌不满司马氏掌政，乃与外甥令狐愚、楚王曹彪等谋划除去司马懿。不想事情泄露，司马懿秘密部署，任用司马师率军征伐，以诸葛诞为镇东将军、假节、都督扬州军事，事成后诸葛诞被封山阳亭侯。

诸葛诞与夏侯玄、邓飏都是好哥们儿，好哥们儿的相继被杀，让他受的刺激有点大，总是担心自己也追随自己的好兄弟而去。时局动荡，他只能打碎了牙齿和血吞，有再多的苦水也只能往肚子流。毌丘俭、文钦在淮南造反时，本来想拉诸葛诞一起下水，"遣使诣诞，招呼豫州士民"。可是诸葛诞不想蹚浑水，"诞斩其使，露布天下，令知俭、钦凶逆"。

诸葛诞旗帜鲜明地参加平叛行动，事后被封征东大将军，仪同三司，都督扬州诸军事。安徽寿春十多万人得知毌丘俭、文钦战败，担心受到株连，"悉破城门出，流迸山泽，或散走入吴"。东吴的大将孙峻、吕据、留赞等闻淮南乱，"乃率众将钦径至寿春"，力图做最后的努力，此时诸葛诞领兵镇守淮南，东吴方面无机可乘，只得撤退，诸葛诞派遣"将军蒋班追击之，斩赞，传首，收其印节"。此事之后，诸葛诞以功劳卓著，"进封高平侯，邑三千五百户，转为征东大将军"。

亲眼目睹世事无常的诸葛诞心内颇不平静，好兄弟的相继被杀，毌丘俭、文钦一个被杀，一个被迫逃亡，淮安动荡的苦楚，都给了诸葛诞极大的震撼，他"惧不自安"。于是他动用国家库藏，"倾帑藏振施以结众心，厚养亲附及扬州轻侠者数千人为死士"，收买军心民心；又赦免罪犯，借口防御东吴出兵徐堨，请求朝廷向淮南地区增派十万军队，并沿河滩河筑垒作为防备。

执政不久的司马昭对镇守地方的大将心生猜疑，就派出使者，以慰问前方将士的名义，考察一番，刺探情报。贾充到淮南见诸葛诞，谈到了对于时局的看法，就试探说："洛中诸贤，皆愿禅代，君所知也。君以为云何？"诸葛诞厉声反驳说："卿非贾豫州子？世受魏恩，如何负国，欲以魏室输人乎？非吾所忍闻。若洛中有难，吾当死之。"贾充看到诸葛诞这样坚决的态度，也不好再说什么。

贾充回京，一面跟司马昭汇报情况，一面针对诸葛诞提出了自己的意见，向司马昭献计说："诞在扬州，有威名，民望所归。今征，必不来，祸小事浅；不征，事迟祸大。"司马昭听从贾充建议，授予诸葛诞司空的官职，并让他回京师，试图用升官的方式，让诸葛诞远离自己的势力范围淮南，从而解除他的兵权。诸葛诞接诏书后心生疑惑，以为是扬州刺史乐綝告发自己，便带领"左右数百人至扬州"。扬州人见诸葛诞大军前来，想要关闭城门，诸葛诞怒斥道："卿非我故吏邪！"守城的官兵都是诸葛诞的部下，便打开城门放他进城，诸葛诞"径入"，乐綝慌忙逃走，却最终被诸葛诞所杀。

魏甘露二年（公元 257 年）五月，诸葛诞公开造反，"敛淮南及淮北郡县屯田口十馀万官兵，扬州新附胜兵者四五万人"共十五万人于寿春。城中早已准备好一年多的粮食，打算长期固守；诸葛诞又"遣长史吴纲将小子靓至吴请救"，请求东吴出兵救援。诸葛诞反叛的消息传到洛阳，司马昭立即以皇后和太后名义发布命令，调集二十六万大军屯驻丘头（今河南沈丘），任命征南将军王基暂时代理征东将军职务，都督扬州、豫州诸军事，与安东将军陈骞等人一同领兵围攻寿春。

东吴方面得知消息后大喜，积极响应诸葛诞请求，"遣将全怿、全端、唐咨、王祚等，率三万众，密与文钦俱来应诞"。"是时镇南将军王基始至，督诸军围寿春，未合"。魏军的合围态势尚未形成，全怿、文钦等依山势进入城内。吴将朱异率军三万驻屯安丰，作为全怿等人外援。

司马昭下令军队在城外防守，主将王基认为不可，他主张快速进攻。"初围寿春，议者多欲急攻之，大将军以为：城固而众多，攻之必力屈，若有外寇，表里受敌，此危道也。今三叛相聚于孤城之中，天其或者将使同就戮，吾当以全策縻之，可坐而制也。"（《三国志·吴书·诸葛诞传》）司马昭认为王基言之有理，授予他临机专断之权。

之后司马昭"督中外诸军二十六万众，临淮讨之"，在丘头屯兵。下令王基"及安东将军陈骞等四面合围，表里再重，堑垒甚峻"。又"使监军石苞、兖州刺史州泰等，简锐卒为游军，备外寇"。文钦等数次出战，希望突出重围，却落败而逃。东吴接着派遣朱异率领大军来支援诸葛诞等，朱异把辎重留在都陆，轻兵进至黎浆，"渡黎浆水"，周泰等人率众力战，"每摧其锋"。留在都陆的辎重、粮食等都被泰山太守胡烈出奇兵纵火烧毁，吴兵粮食短缺，不得已靠食葛叶才得以退兵，孙綝"以异战不进，怒而杀之"。此时诸葛诞方面"城中食转少，外救不至，众无所恃"，陷入了危险的境地。

诸葛诞手下的将军蒋班、焦彝向诸葛诞分析东吴的情况说："朱异等以大众来而不能进，孙綝杀异而归江东，外以发兵为名，而内实坐须成败，其归可见矣。"他们建议"今宜及众心尚固，士卒思用，并力决死，攻其一面，虽不能尽克，犹可有全者"。但是文钦不同意："江东乘战胜之威久矣，未有难北方者也。况公今举十馀万之众内附，而钦与全端等皆同居死地，父子兄弟尽在江表，就孙綝不欲，主上及其亲戚岂肯听乎？且中国无岁无事，军民并疲，今守我一年，势力已困，异图生心，变故将起，以往准今，可计日而望也。"班、彝极力劝阻，文钦不耐烦了，扬言要杀掉二人。蒋班、焦彝眼看大势已去，就背弃诸葛诞投降，"逾城自归大将军"。司马昭便使用反间计，"以奇变说全怿等，怿等率众数千人开门来出。城中震惧，不知所为。"

诸葛诞方面探听到魏军无粮，异常兴奋。司马昭又命令部队向敌示弱，使用反间计，扬言吴国救兵将至，故意表现出惊慌失措的样子。诸葛诞果然中计，被魏军种种假象所迷惑，认为司马昭很快就要退兵，城中之围指日可解，下令让士兵们放开胃口大吃大喝。城中粮草很快就被消耗，司马昭扬言的东吴的援军却迟迟未见踪影。诸葛诞一时没了主意，手下的将领也意见不一，有的主战，有的主张投降，军心大乱。与此同时，东吴方面也发生事变，全怿、全端等中了司马昭的反间计，率领部众、家属数千人出城投降，城中防守力量更加薄弱。

魏甘露三年（公元 258 年）正月，诸葛诞、文钦等率众对司马昭开始持续五六天的大规模进攻，想要突出重围。司马昭方面利用地形优势，"临高以发石车火箭逆烧破其攻具，弩矢及石雨下，死伤者蔽地，血流盈堑。"诸葛诞等无奈，只能退守不出，此时城中的粮草早已告急，出城投降的人数以万计。文钦又开始添乱，想要将军中所有的北方人都赶出城去，只留下自己信得过的南方人，如此一来还可以节省粮食，团结东吴方面继续战斗。

诸葛诞竭力反对，二人之间本来就有矛盾，只是因为同样的一个目标走到了一起，当这个目标已经不太可能实现的时候，矛盾便愈演愈烈。文钦在一次激烈争吵时被诸葛诞杀死，"钦子鸯及虎将兵在小城中，闻钦死，勒兵驰赴之，众不为用"。文鸯、文虎走投无路，翻越城墙投降司马昭。文钦父子曾是魏兵死敌，军中诸将纷纷要把二人杀死。司马昭却主张赦免二人，他劝大家说："钦之罪不容诛，其子固应当戮，然鸯、虎以穷归命，且城未拔，杀之是坚其心也。"于是赦二人无罪，又派人到诸葛诞的阵地喊话："文钦之子犹不见杀，其馀何惧？"又授予文鸯、文虎二人将军衔，赐爵关内侯。

城中守军听到呼喊，军心动摇，同时又为粮草担忧，众将士饥饿难耐。这时司马昭"乃自临围"，亲自督战，命令魏军"四面进兵，同时鼓噪登城"，诸葛诞的军队畏惧不已，"无敢动者"。诸葛诞窘迫难当，跨上马背，命令手下近卫在小门上冲破一个缺口，慌忙逃走。

魏军于二月二十日攻破寿春，将诸葛诞斩首并灭三族。诸葛诞手下百余人投降曹魏，司马昭下令宽大处理，竟有人主动请死，"为诸葛公死，不恨。"诸葛诞多年经营的威望可见一斑。吴将唐咨、王祚、徐韶等率部属投降。魏军中多认为淮南地区叛逆严重，东吴将领的家室又在江南，即便现在投降，有朝一日也会叛逃回东吴，主张全部坑杀他们，司马昭却表现出空前大度说："古之用兵，全国为上，戮其元恶而已。吴兵就得亡还，适可以示中国之弘耳。"投降魏国的东吴将士不但没有被杀，反而被司马昭分别安置到河南、河东、河中三地。一时之间，司马昭颇得众望。

其中有一个叫唐咨的人，本是魏国人，后因变故逃到东吴，官至左将军，封侯、持节。诸葛诞被斩杀，文钦已死，唐咨也被生擒，三个叛徒头子均落网，魏军士气大振，拍手称快。司马昭拜唐咨为安远将军，唐咨手下的将领也都平安无事，司马昭让他们各司其职，东吴的将领都被司马昭的气度折服。东吴方面也仿效司马昭的行为，对于投降的魏军将士，"皆不诛其家"。淮南人民也是被诸葛诞逼迫，才反抗魏国，司马昭便赦免了一众人等，只斩杀了诸葛诞一人，并"听鸯、虎收敛钦丧，给其车牛，致葬旧墓"。司马昭的举动赢得了无数人心。

战后，司马昭被封晋公，进位相国，"增邑万户，食三县，诸子无爵者皆封列侯。"（《晋书·帝纪二》）

姜维不休息

殚精竭虑的诸葛亮病死于五丈原后，姜维成为诸葛亮军事上的继承者，历任司马、镇西大将军，兼任凉州刺史、卫将军、大将军等职。在二十多年之间，姜维共进行了十一次北伐，完全继承了诸葛亮生前制定的"以攻代守，积极北伐"的战略。

姜维历次北伐魏国，蜀、魏两国互有胜负。其中蜀国大胜两次，小胜三次，平手四次，大败一次，小败一次。对于姜维屡屡出兵，连年征战的做法，历来评价不一。蜀将廖化曾说："连年征伐，军民不宁，兼魏有邓艾，足智多谋，非等闲之辈"，建议勿"强欲行难为之事"。持此论者认为，姜维北伐造成了蜀国"兵困民疲"的局面。何况，蜀国坐拥四川地区，地险民强，易守难攻。另有观点认为姜维此举，意在以攻为守，再有，黄皓专权，姜维如果不连年用兵，军权恐不能保。

蜀延熙十七年（公元254年），姜维主持蜀国内外军事。同年二月，魏中书令李丰与皇后之父光禄大夫张缉等密谋铲除司马师，以太常夏侯玄代替司马师辅佐曹芳。此事不慎走漏风声，司马师知晓后，杀掉李丰、夏侯玄等人，并灭三人三族，逼魏帝曹芳废掉张皇后，由是权倾朝野，无人能敌。六月，姜维趁魏国内乱刚平，率军攻魏，张嶷抱病助姜维出征，"魏狄道长李简密书请降"，姜维占狄道（今甘肃临洮）。

蜀荡寇将军张嶷，字伯岐，今四川南充人。张嶷"出自孤微，而少有通壮之节"，虽然出身苦寒，但少时就有胆色，二十岁时做了县里的功曹。姜维此次伐魏，张嶷严重的风湿病已经恶化到不能走路的地步，必须依靠拐杖才能站立。有人提议把张嶷留在后方养病，支援前线战事即可，不需要跟随大军长途跋涉，但是张嶷却执意跟随大军北伐。大军出发之前，张嶷上书刘禅表白心愿说："臣当值圣明，受恩过量，加以疾病在身，常恐一朝陨没，辜负荣遇。天不违原，得豫戎事。若凉州克定，臣为藩表守将；若有未捷，杀身以报。"（《三国志·蜀书·张嶷传》）后主看了深受感动，"慨然为之流涕"，拜张嶷为都转运粮使。

十月，张嶷"军前与魏将徐质交锋，嶷临阵陨身，然其所杀伤亦过倍"。张嶷死后，蜀国封他的长子瑛为西乡侯，次子护雄承袭了他的爵位，以示表彰他的功绩。张嶷曾经在南中做官，颇有政绩，很得南中百姓人心，南中人得知张嶷的死讯，"无不悲泣，为嶷立庙，四时水旱辄祀之"。陈寿也评价他说："嶷慷慨豪烈，士人咸多贵之；然放荡少礼，人亦以此为讥焉。"

姜维率部继续前行，兵围襄武，击败魏军。在铁笼山，蜀军再度与徐质交手，这次换作徐质大败，并被乱军所杀。张嶷可以瞑目了。魏军大败撤退，姜维乘胜进击，破河关、临洮等县，并迁河关、临洮、狄道三县民入川。此战，蜀国大胜。

第二年，即蜀延熙十八年、魏正元二年（公元255年）七月，司马师身故，其弟司马昭执掌魏国军政大权。姜维趁司马师一死，司马昭当权，新旧交替，魏国政局变换不稳之时，再度兴兵伐魏，命督车骑将军夏侯霸、征西大将军张翼等数万人攻魏。《三国志·蜀书·姜维传》记载："后十八年，复与车骑将军夏侯霸等俱出狄道，大破魏雍州刺史王经于洮西，经众死者数万人。经退保狄道城，维围之。魏征西将军陈泰进兵解围，维却住钟题。"

这年八月，姜维佯装三路进军。此时负责魏国西部战事的是将军陈泰。陈泰，字玄伯，河南许昌人。司马懿政变的时候，陈泰曾经劝说曹爽向司马氏投降。事变结束，陈泰因此受到司马家族的信任，之后外出到雍州任职，被给予兵权，他多次成功防御蜀将姜维的进攻，在当时是魏国西部的最高军事长官。

相比陈泰的老资历，雍州刺史王经是新官上任。王经，字彦纬，河北清河人。王经将具体情况报告给陈泰，陈泰认为蜀军不会分数路而来，"且兵势恶分，凉州未宜越境"，就命令王经说："审其定问，知所趣向，须东西势合乃进。"他要王经坚守狄道（今甘肃临洮），待他率主力自陈仓（今陕西宝鸡东）到达后，再钳击蜀军。之后，姜维到达枹罕（今甘肃临夏东北），向狄道（今甘肃临洮）进军。陈泰领兵进军陈仓。王经的部队几次与蜀军交手，均战败，只能渡过临洮。陈泰闻后，认为王经不占据狄道，恐生变故，即遣大军前往支援，"并遣五营在前，泰率诸军继之"。不过为时已晚，王经在甘肃地区再度与蜀军交手，又大败，最后只有万余人退守到狄道，姜维于是乘胜围狄道城。

战事失利，魏国派遣长水校尉邓艾为安西将军，与征西将军陈泰并力抵抗姜维。接着，又派遣太尉司马孚为后继。这年冬天十月，魏帝下诏说道："朕以寡德，不能式遏寇虐，乃令蜀贼陆梁边陲。洮西之战，至取负败，将士死亡，计以千数，或没命战场，冤魂不反，或牵掣虏手，流离异域，吾深痛愍，为之悼心。其令所在郡典农及安抚夷二护军各部大吏慰恤其门户，无差赋役一年；其力战死事者，皆如旧科，勿有所漏。"

蜀军显然给予魏国西部地区以重创。一个月后，魏国因为西部地区连年受敌，"或亡叛投贼，其亲戚留在本土者不安，皆特赦之"，对在蜀国用兵之时投降叛逃的人民实行特赦。又下旨宽慰死去的将士、臣民："往者洮西之战，将吏士民或临陈战亡，或沈溺洮水，骸骨不收，弃于原野，吾常痛之。其告征西、安西将军，各令部人于战处及水次钩求尸丧，收敛藏埋，以慰存亡。"

这次战役是三国时期蜀国北伐进行的最大的歼灭战，魏国折兵数万，两度下诏安抚，蜀国"破军杀将"，魏国"仓廪空虚，百姓流离，几于危亡"。姜维的声望也因此达到了顶峰。

邓艾打仗有一套

军事上的失利，使得邓艾作为一个挽狂澜于既倒的人物，被铭记于史。

邓艾，字士载，河南新野人。他"少孤，太祖破荆州，徙汝南，为农民养犊"，是放牛娃出身。十二岁的时候，跟随母亲到颍川。读到陈寔碑文的一句话："文为世范，行为士则"，"艾遂自名范，字士则"，邓艾自行改名，表达了自己的志愿。后来因为"宗族有与同者，故改焉"。

魏甘露五年（公元260年），陈泰病逝，被追封司空，谥穆侯，儿子陈恂继嗣，魏国少了一员猛将。

"洮西之败"后，陈泰从西部前线被调回朝廷，任尚书右仆射，负责选举任命官员。魏甘露元年（公元256

年），吴将孙峻率军出淮、泗，作势要攻打魏国。司马昭任命陈泰为镇军将军、假节、都督淮北诸军事，击退孙峻后，陈泰改任左仆射。

魏甘露二年（公元 257 年），征东将军诸葛诞联结东吴，起兵谋叛，据守扬州。司马昭亲率六军征讨，由陈泰总管行台。之后陈泰因功，子弟一人为亭侯，二人为关内侯。

陈寿也评价他说："泰弘济简至，允克堂构矣。"陈泰死后，对蜀国的战争主要由邓艾负责。

"洮西之败"后，邓艾受命为"安西将军"，开始制订下一步战略计划。邓艾先是分析了王经失败的原因，他认为："王经精卒破衄于西，贼众大盛，乘胜之兵既不可当，而将军以乌合之卒，继败军之后，将士失气，陇右倾荡。古人有言：'蝮蛇螫手，壮士解其腕。'《孙子》曰：'兵有所不击，地有所不守。'盖小有所失而大有所全故也。今陇右之害，过于腹蛇，狄道之地，非徒不守之谓"。接着邓艾提出了自己的主张，"姜维之兵，是所辟之锋。不如割险自保，观衅待弊，然后进救，此计之得者也。"（《三国志·魏书·陈泰传》）。

与邓艾不同，陈泰则认为："姜维提轻兵深入，正欲与我争锋原野，求一战之利。王经当高壁深垒，挫其锐气。今乃与战，使贼得计，走破王经，封之狄道。

若维以战克之威，进兵东向，据栎阳积谷之实，放兵收降，招纳羌、胡，东争关、陇，传檄四郡，此我之所恶也。而维以乘胜之兵，挫峻城之下，锐气之卒，屈力致命，攻守势殊，客主不同。兵书云：'修橹，三月乃成，拒堙三月而后已'。诚非轻军远人，继之诡谋仓率所办，县军远侨，粮谷不继，是我速进破贼之时也，所谓疾雷不及掩耳，自然之势也。洮水带其表，维等在其内，今乘高据势。临其项领，不战必走。寇不可纵，围不可久，君等何言如此。"（《三国志·魏书·陈泰传》）

陈泰的主张得到了邓艾等人的一致认同，魏国分兵三路展开攻势。邓艾率领一千人的先头部队，昼伏夜出，避开蜀军，出其不意地绕过高城岭（今甘肃渭源西北），秘密潜回狄道。在狄道东南边的山上，点燃篝火，击鼓呐喊，狄道的守军听闻，知道魏国的援军到来，士气大振。姜维大为吃惊，他连忙跟熟悉魏国情况的夏侯霸商议："向者夏侯将军言邓艾若领兵，难以伐魏。今日果然领兵而来，如之奈何？"夏侯霸分析说："邓艾自幼深明兵法，善晓地利。今领兵到，休容立得脚稳，便可击之。"姜维不知敌情，贸然出击，魏军从城中、山上同时奋力进攻，前后夹击，蜀军果然大败。

与此同时，陈泰扬言要截断蜀军退路，姜维无奈

撤军，狄道之围遂解。王经慨叹道："粮不至旬，向不应机，举城屠裂，覆丧一州矣。"（《三国志·魏书·陈泰传》）

战争结束之后，邓艾还善于总结经验、教训。"洮西之败"时，魏军中很多将领都有畏敌心理，反对在狄道城外与蜀军交战，认为："王经新败，贼众大盛"，"继败军之后，当乘胜之锋，殆必不可"。而狄道解围后，又有将领被胜利冲昏头脑，甚至以为"维已力竭，未能更出"。

邓艾认为："洮西之败，非小失也；破军杀将，仓廪空虚，百姓流离，几于危亡。"魏军是在巨大的失败之后，取得了阶段性胜利。魏国现在只是暂时的安定，蜀国人必然再度来犯，所谓"贼有黠数，其来必矣"，原因有五："今以策言之，彼有乘胜之势，我有虚弱之实，一也。彼上下相习，五兵犀利，我将易兵新，器杖未复，二也。彼以船行，吾以陆军，劳逸不同，三也。狄道、陇西、南安、祁山，各当有守，彼专为一，我分为四，四也。从南安、陇西，因食羌谷，若趣祁山，熟麦千顷，为之县饵，五也。"（《三国志·魏书·邓艾传》）

魏甘露元年（公元256年）六月，姜维与蜀国镇西将军胡济约定在上邽（今甘肃天水）会合。"顷之，维果向祁山"，姜维得知邓艾早有准备，"乃回从董亭趣南安，艾据武城山以相持"。"维与艾争险，不克"，姜维此次伐魏，没有占据地利，于是连夜"渡渭东行，缘山趣上邽"，蜀、魏两国"战于段谷"（今甘肃天水西南）。胡济的援兵又未能按时抵达约定地点，邓艾大败蜀军，蜀军死伤甚众。姜维失败班师，蜀国上下对这次北伐的失败多有怨言，原先已平定的陇西部分郡县也骚动不安，姜维引咎自请贬为后将军。

这一年，魏帝为了表彰邓艾的功勋，特意下诏书褒奖："逆贼姜继连年狡黠，民夷骚动，西土不宁。艾筹画有方，忠勇奋发，斩将十数，馘首千计；国威震于巴、蜀，武声扬于江、岷。今以艾为镇西将军、都督陇右诸军事，进封邓侯，分五百户封子忠为亭侯"。（《三国志·魏书·邓艾传》）

魏甘露二年（公元 257 年），邓艾在长城沿线再度击败姜维。邓艾因功"迁征西将军，前后增邑凡六千六百户"。魏景元三年（公元 262 年），邓艾在侯和地区击败蜀军。姜维十一次北伐，其中所有的失败，都是败给邓艾。从态势上说，邓艾据城防守，姜维远来进攻；从兵力与后方补给上说，也是魏国优于蜀国，除去这些客观因素，姜维的北伐之路，因为邓艾而更加艰难。连续的胜利，也为邓艾居功自傲埋下了伏笔，魏人唐彬曾评价说："邓艾忌克诡狭，矜能负才，顺从者谓为见事，直言者谓之触迕。虽长史司马，参佐牙门，答对失指，辄见骂辱。处身无礼，大失人心。又好施行事役，数劳众力。陇右甚患苦之，喜闻其祸，不肯为用。今诸军已至，足以镇压内外，愿无以为虑。"

再让我北伐一次吧

宋相王安石缅怀诸葛武侯时曾说："崎岖巴汉间，屡以弱攻强。"诸葛亮与姜维，蜀国的两位军事家，屡屡兴兵北伐，却屡屡失利而还，后人对此的评价也是褒贬不一。

姜维是诸葛亮军事上的继承人，也继承了诸葛亮的北伐策略。诸葛亮六出祁山，虽然无功而返，却因他辛苦勤政、殚精竭虑，成为后代称颂的宰相。"汉贼不两立，王业不偏安"，多少人读到诸葛亮命丧五丈原，都不禁唏嘘扼腕。可是去除掉这些情感因素，从蜀国的战略层面考量，诸葛亮及其后继者姜维采取的进攻态势最终换来的只是徒耗国力，颇有以卵击石的意味。

诸葛亮数次北伐，动员了蜀国的上下之力，刘备的"荆州集团""空降"成都，成了领导人，自然有人不服，通过北伐，各种资源跟军事力量几乎都为"荆州集团"所拥有。此外，刘备、诸葛亮等以汉朝皇叔正统自居，如果不屡次北伐，在诸葛亮所处时代，的确会缺少一种政治资本。北伐，是在外事角度上证明蜀国的合法性，是为了更好地掌握成都。

后代人通过各种演义，为诸葛亮塑造了一个"鞠躬尽瘁死而后已"的忠臣形象，诸葛亮俨然已经成为忠臣的代名词，鼓舞了后代的仁人志士。对诸葛先生的小错，史载并没有像很多历史论著那样为尊者讳，因为他过于光辉的形象已经足以让人本着"瑕不掩瑜"的包容去看待。

而他的继承人姜维，就没有这么好运，也没有那么好命，陈寿说他"粗有文武，志立功名，而玩众黩旅，明断不周，终致陨毙"，也多少是一种代表性的观点。

蜀延熙二十年（公元257年）五月，诸葛诞在淮南起兵谋反，并联合东吴，一时声势壮大。司马昭亲率大军东下讨伐诸葛诞。姜维以为魏国后方空虚，就乘机攻魏秦川。十二月，姜维率兵数万出骆谷，到达沈岭。魏国两线作战，虽在长城积存了大量军粮，可以持久作战，但防守薄弱，畏敌情绪很高。听说姜维再度来犯，军心大乱，惊慌失措。

司马昭任用征西将军司马望和安西将军邓艾领兵作战，邓艾等人担心姜维突袭长城，就屯重兵防守长城沿线。姜维军队在芒水依山为营。司马望、邓艾也率军在附近安营扎寨。面对姜维的数次挑衅，邓艾、司马望不为所动，只是坚守，并不出兵迎敌。战争陷入胶着情形，蜀、魏两国长期对峙。第二年诸葛诞战败被杀，姜维闻讯，只得退兵。

同年，蜀国在西安、建威、武卫、石门、武城、建昌、临远等地设立固定驻防点，又命令汉中都督胡济退驻延寿，监军王含驻守乐城，护军蒋斌驻守汉城。刘备在位时代，魏延领兵镇守汉中地区，"皆实兵诸围以御外敌，敌若来攻，使不得入。及兴势之役，王平捍拒曹爽，皆承此制"。姜维于是上表建议："臣以为错守诸围，虽合《周易》'重门'之义，然适可御敌，不获大利。不若使闻敌至，诸围皆敛兵聚谷，退就汉、乐二城。使敌不得入平，臣重关镇守以捍之。有事之日，令游军并进以伺其虚。敌攻关不克，野无散谷，千里县粮，自然疲乏。引退之日，然后诸城并出，与游军并力搏之，此殄敌之术也。"姜维的计划实际上是一种战略收缩。

蜀景耀四年（公元 261 年）十月，姜维出兵攻打洮阳，在侯和地区被邓艾击退。与段谷之败类似，姜维先是占据优势地形，最后却落败而退。失败之后，姜维并不着急赶回成都。庙堂之上，宦官黄皓专权，与右大将军阎宇相勾结，密谋夺取姜维的兵权。姜维本是魏国人，后投降蜀国，"累年攻战，功绩不立"，自然受到猜疑，姜维"故自危惧，不复还成都"。

这是姜维的最后一次北伐，以他受到猜忌而告终，此时的蜀国，已经不可能再度北伐，此时的姜维，也不可能再度北伐，因为，时间已经不允许了。

蜀景耀六年（公元 263 年），姜维担忧国事，给后主刘禅上表说："闻钟会治兵关中，欲规进取，宜并遣张翼、廖化督诸军分护阳安关口、阴平桥头以防未然。"姜维防患于未然的建议本可以挽救蜀国的性命，可是黄皓迷信鬼神，"谓敌终不自致，启后主寝其事，而群臣不知"。等到钟会、邓艾的大军逼近，蜀国才想起来让"右车骑廖化诣沓中为维援，左车骑张翼、辅国大将军董厥等诣阳安关口以为诸围外助"。后邓艾从阴平小路奇袭蜀国，蜀国因此国破。

此时的蜀国，人才已经严重不足，姜维之外，只有降将夏侯霸可堪大用。

蜀国重臣郤正评价姜维说："姜伯约据上将之重，处群臣之右，宅舍弊薄，资财无余，侧室无妾媵之亵，后庭无声乐之娱，衣服取供，舆马取备，饮食节制，不奢不约，官给费用，随手消尽；察其所以然者，非以激贪厉浊，抑情自割也，直谓如是为足，不在多求。凡人之谈，常誉成毁败，扶高抑下，咸以姜维投厝无所，身死宗灭，以是贬削，不复料摘，异乎《春秋》褒贬之义矣。如姜维之乐学不倦，清素节约，自一时之仪表也。"

孙盛的观点完全与郤正迥异："姜维策名魏室，而外奔蜀朝，违君徇利，不可谓忠；捐亲苟免，不可谓孝；害加旧邦，不可谓义；败不死难，不可谓节；且德政未敷而疲民以逞，居御侮之任而致敌丧守，于夫智勇，莫可云也：凡斯六者，维无一焉。"

陈寿本为蜀臣，后为魏国臣子，对积极主张北伐的姜维，自然不可能大加赞赏，《三国志》的写作，也是多倾向于魏国。对于姜维的多次北伐，蜀国内部肯定早生不满，陈寿有类似的情绪，毫不令人意外。况且陈寿的老师谯周并不主战，曾作《仇国论》攻击姜维。与孙盛的激烈言辞对比，陈寿已算仁义了。

《三国演义》卷末有诗感叹说："孔明六出祁山前，愿以只手将天补；何期历数到此终，长星半夜落山坞！姜维独凭气力高，九伐中原空劬劳；钟会邓艾分兵进，汉室江山尽属曹。"

第五章

天要灭蜀：老大不争气，一切都玩完

我就是那个钟会

"钟会伐蜀"是三国时期的重大事件，它直接导致了蜀国的灭亡，为伐吴之战做好了铺垫。钟会被人比作西汉谋士张良，他在此次战役中，据理力争，坚持伐蜀，起了无可替代的作用。

蜀国方面，在钟会伐蜀之前，由于姜维接连不断进行北伐战争，人才匮乏，财政拮据，军事力量日渐消耗，人民苦不堪言。加之后主刘禅昏庸无能，宠信宦官黄皓，朝纲大乱。姜维知道蜀国的弱点，想励精图治，弹劾黄皓，不料反被黄皓逼害。后主刘禅也对姜维多次伐魏感到反感，对姜维心存芥蒂。姜维无地以安身立命，只好开垦农田，建设军队。蜀国人心不齐，内部产生严重分歧。

东吴和蜀国是共同进退的盟友，但孙权弥留之际，在谁继承皇位的问题上犹豫不决，犯了致命的错误，导致他死后吴国内部争权夺利，自相残杀，朝政口非，孙权苦心经营几十年的良好局面土崩瓦解，这时的东吴可以说是自顾不暇，更没有精力和实力去帮助蜀国。

曹魏方面，在政治上，司马氏经过高平陵政变掌握了魏国的政权，到司马懿的儿子司马昭时，曹姓皇帝已名存实亡，形同虚设。不过，司马昭即使掌握实权，但名义上的皇帝还是曹奂，司马昭是有实无名，曹奂是有名无实。同时，朝廷上下不满于司马氏的曹魏旧臣还是大有人在的，他们也在等待时机，企图恢复曹魏政权，因此司马昭的专权地位并不牢固。

司马昭所获得的一切并非名正言顺，然而在封建社会是很注重"名声"的，因此他急于寻找机会，这个机会可以让他名正言顺地代替曹奂，坐上皇帝的宝座。司马昭思前想后，再没有比统一大业更能提高他的威望，更有利于他做皇帝的事情了，而且统一大业时机也已成熟，伐蜀大计便应运而生了。在军事上，邓艾屡次击退姜维率领的北伐军，于是魏国便开始准备讨伐蜀、吴，以便统一天下，但是朝内群臣鼠目寸光，都认为时机未到，唯独大将钟会表示赞同。

钟会是太傅钟繇的小儿子，钟毓的弟弟。陈寿评价他说："王凌风节格尚，毌丘俭才识拔干，诸葛诞严毅威重，钟会精练策数，咸以显名，致兹荣任，而皆心大志迂，不虑祸难，变如发机，宗族涂地，岂不谬惑邪！"钟会在伐蜀一事上表现出了卓越的军事才能，他认为蜀国经过多次的北伐战争，国力消耗极大，百姓疲惫，怨声载道，人心不齐，此时正是大举伐蜀的最佳时机。

然而只有钟会一人支持伐蜀是远远不够的，朝廷上下，多是反对的声音，就连一直活跃在蜀魏作战前线，对蜀国状况了如指掌的名将邓艾也反对伐蜀，认为伐蜀时机未到，应慎重考虑。

客观地说，单从军事策略的角度看，反对伐蜀的声音不无道理：蜀国易守难攻，蜀军经过多年的北伐战争，在战术和战斗经验上都不可小觑，且有名将姜维领兵，加之还需时刻提防蜀国的盟友东吴从两淮进犯，使魏军两线作战，存在风险。反对者可能有着更加明智的策略，因为魏国实力雄厚，正在上升阶段，蜀国、吴国小，明显日趋衰落，当时有"天下九州，魏得其七，吴、蜀各得其一"的说法。由此可见，只要拖延时间，胜利早晚是魏国的。诸葛亮在《后出师表》里就已担心：刘备经营蜀国数十载，知人善任，打造出自己的智囊团队；身经百战，培养了一批有战斗力的军队，一旦他们病死或战死，蜀国的人才储备和军事战斗力就无法补给。正因如此，向来谨慎、稳重的诸葛亮，明知蜀国实力不及曹魏却仍要不断北伐。等诸葛亮死后，蜀国果然出现了"蜀中无大将，廖化作先锋"的局面。姜维伐中原也只能让蜀国苟延残喘罢了。"不战而屈人之兵"这是兵法之上乘，只要拖延时间，蜀国必然灭亡。但是司马昭岂能等待蜀国自己灭亡，那还不知要等到什么时候。

司马昭既已决定伐蜀，伐蜀方略也已成竹在胸，"绊姜维于沓中，使不得东顾；直指骆谷，出其空虚之地以袭汉中。以刘禅之暗，而边城外破，士女内震，其亡可知也。"（《资治通鉴·魏纪十》）司马昭的目光是长远的，他的战略并不只局限于伐蜀，而是为将来伐吴也做好准备。先定蜀国，然后水陆并进灭东吴。

司马昭与众将谋曰："自定寿春已来，息役六年，治兵缮甲，以拟二虏。略计取吴，作战船，通水道，当用千余万功，此十万人百数十日事也。又南土下湿，必生疾疫。今宜先取蜀，三年之后，在巴蜀顺流之势，水陆并进，此灭虞定虢，吞韩并魏之势也。计蜀战士九万，居守成都及备他郡不下四万，然则余众不过五万。今绊姜维于沓中，使不得东顾，直指骆谷，出其空虚之地，以袭汉中。彼若婴城守险，兵势必散，首尾离绝。举大众以屠城，散锐卒以略野，剑阁不暇守险，关头不能自存。以刘禅之暗，而边城外破，士女内震，其亡可知也。"(《三国志·蜀书·姜维传》)第二年，司马昭大力兴修船只以伐吴，派钟会镇守关中，以便多路并进，直取蜀国。

正在司马昭为伐蜀做准备的时候，远在沓中的姜维已经看破了司马昭的声东击西之计，并且对魏军的举动有所探知。蜀景耀六年（公元263年），姜维表奏后主："闻钟会治兵关中，欲规进取，宜并遣张翼、廖化诣督堵军分护阳安关口、阴平桥头，以防未然。"但是，就在这千钧一发的紧要关头，黄皓不听姜维的劝告，却听信鬼神，他相信巫者的预言，禀告后主，认为敌人不会到来，自作主张把姜维的表章压下来，不予理睬，就连大臣也都不知道。可以说蜀国的灭亡，虽然是不可阻挡的，但黄皓绝对可称之为罪魁祸首。可怜刘备颠沛流离，诸葛亮殚精竭虑所建立的蜀国，竟然毁在这么一个无耻小人的手里。

蜀景耀四年（公元261年）司马昭命镇西将军钟会率兵十余万自长安出发，兵分三路，分别从骆谷（今陕西洋县与周至西南的通道）、斜谷（今陕西眉县至汉中的通道）和子午岭直取汉中；征西将军邓艾出狄道，率兵三万余进攻沓中，以牵制姜维，使姜维不得与蜀军其他部相互呼应，更不能返回支援蜀国；雍州刺史诸葛绪率兵三万余，由祁山进驻武街（今成县西），伺机占领阴平桥头，阴平桥是姜维通往蜀国的必经之路，阴平桥下是万丈深谷，桥头是险关要隘，险要的程度可与四川的剑门关相提并论，这样就断绝了姜维归蜀的后路。这绝对是一个高明的策略，当时蜀国主力跟随姜维留在沓中，汉中兵力不足，以邓艾和诸葛绪领军阻挠姜维回军，再集中优势兵力攻打汉中，那么就可以在最短的时间里攻下汉中，直取剑阁、成都。

魏国大军压境，后主刘禅慌忙之中才想起姜维的建议，于是匆匆布防，一面派左车骑将军张翼、辅国大将军董厥守阳安关口，一面派遣右车骑廖化前往沓中支援姜维。据《姜维传》记载："及钟会将向骆谷，邓艾将入沓中，然后乃遣右车骑廖化诣沓中为维援，左车骑张翼、辅国大将军董厥等诣阳安关口以为诸围外助。比至阴平，闻魏将诸葛绪向建威，故住待之。"同时大赦天下，改元炎兴，以求躲过这次灾难，但已为时晚矣。

一个女人的魅力

三国时期的曹魏有这么一位女英雄，她不像吕雉、武则天、慈禧那样独断专行，也不像花木兰以武功闻名天下。她的事迹有些像孝庄太后，却不像她那般地位显赫。但她辅佐三代，功绩卓越，以智慧留于史册。首先还要从她的儿子羊琇说起。

李清照有词曰《醉花阴》："薄雾浓云愁永昼，瑞脑销金兽。佳节又重阳，玉枕纱橱，半夜凉初透。东篱把酒黄昏后，有暗香盈袖。莫道不消魂，帘卷西风，人比黄花瘦。"此处之"金兽"指兽形之炭，就用了大将羊琇的故事。

羊琇，字稚舒，泰山人。魏太常羊耽的儿子。羊琇年轻的时候就被举荐为郡府计吏，后官至郎中。羊琇性情豪爽，生活奢华，与石崇、王恺斗富。他曾将屑炭"以物和之，作兽形"，用来温酒，洛阳豪门贵戚竞相效仿。

司马昭派镇西将军钟会统兵伐蜀，同时任命羊琇参镇西军事。羊琇本来就知道钟会怀有不臣之心，此次伐蜀即使胜利，自己亦凶多吉少，故屡次推辞，但司马昭坚持自己的任命，羊琇无奈，只得随钟会伐蜀。等到伐蜀胜利，钟会果然叛变。羊琇听从母亲辛宪英"尽职尽责、仁恕为怀"的教导，多次苦谏钟会，钟会不听。后来钟会大败，羊琇全身而退。魏帝下诏称羊琇"抗节不挠，拒会凶言，临危不顾，词指正烈"（《三国志·魏书·少帝纪》），进爵关内侯。

羊琇的母亲就是辛宪英，三国时魏国阳翟（今禹州）人，辛毗的女儿，太常羊耽的妻子。他的父亲辛毗，字佐治，颍川阳翟人。本居陇西（郡治在今甘肃临洮县），东汉光武帝建武年间，祖上东迁。起初，辛毗跟随他的兄弟一起辅佐袁绍。曹操得知辛毗有才能，想让他为己所用，但辛毗没有受命。官渡之战袁绍大败，辛毗又辅佐袁绍的儿子袁谭。后来曹操攻下了邺城，上表荐举辛毗担任议郎。魏文帝黄初元年（公元220年），曹丕即帝位，辛毗担任侍中，赐爵关内侯，后赐广平亭侯。魏明帝即位后，赐辛毗为颍乡侯，后为卫尉。公元234年，诸葛亮北伐，魏明帝任辛毗为大将军军师，加使持节号。

不久诸葛亮病逝，辛毗回，仍任卫尉。死后谥肃侯。

辛宪英以智慧出名，曾有歌将她的智与曹娥的孝、木兰的贞、曹令女的节、苏若兰的才和孟姜的烈并称。但关于辛宪英的记载并不多，较早可见的史料是裴松之所注《三国志》，在《辛毗传》下引夏侯湛的纪略，夏侯湛是西晋文学家，和好友潘岳一起以其出众的外貌被人称为"连璧"，他是辛宪英的外孙。

《晋书·列女传》《资治通鉴》关于她的描述大致相同，主要载辛宪英有两件事。

第一件事是曹操决定立曹丕为世子，曹丕得知消息后，欣喜若狂，得意忘形，竟然抱住了辛毗的脖子。辛毗回来后告诉了辛宪英，宪英叹曰："太子，代君主宗庙社稷者也。代君不可以不戚，主国不可以不惧，宜戚而喜，何以能久！魏其不昌乎！"

第二件事是司马懿准备发动高平陵政变，军政官鲁芝知道消息后，希望和辛敞一道将此事报告给曹爽。辛敞害怕，犹豫不决，辛宪英是他的姐姐，于是他急找辛宪英商量说："曹爽在城外，司马懿迟迟不肯开门，据说是想叛变，你看是不是这样？"

辛宪英说："我认为司马懿的目的只不过是诛杀曹爽罢了！"

辛敞又问："司马懿能成功吗？"

辛宪英回答说："肯定会成功，曹爽本来就不是司马懿的对手。"

辛敞于是说："既然曹爽必败，我又何必出城去送死呢？"

辛宪英却说："怎么可以不去呢？尽忠职守，是你应该做的，也是仁义之举。在路上见到一个陌生的人有难，尚且要帮助，何况你是曹魏的臣子呢？但是你只是普通的部下，只要做你该做的就可以了，至于亲信就必须献出生命，你只要看别人怎么做，跟着他们就行了。"

辛敞听罢率兵冲出城外。等到政变结束，司马懿认为辛敞只是各为其主，他的行为正是仁义的表现，所以并没有加害辛敞，辛敞叹说：幸亏跟姐姐商量，不然后果将不堪设想。

辛毗、辛敞、羊琇，都是三国时候的著名人物。但当他们遇到大事的时候，都先找辛宪英商量，足以见得辛宪英超乎常人之处，她的聪明才智、足智多谋，不亚男儿，不愧为巾帼英雄。一个封建社会的女性，足不出户却有着如此长远的目光、高超的政治洞察力，每言必中，真是让人佩服！辛宪英的话"军旅之间可以济者，其惟仁恕乎！"也成为了千古名言，流传至今。假如辛宪英为男儿身，在三国时代，其成就必定无可限量。辛宪英于泰始五年（公元 269 年）卒，享年七十九岁。

只有奋力抵御的份了

　　第一节说到邓艾伐蜀，后主刘禅一面调遣左车骑将军张翼、辅国大将军董厥前去据守阳安关，一面派遣右车骑将军廖化前往沓中支援姜维；同时大赦天下，改元炎兴，以图安渡时危。

　　"蜀中无大将，廖化作先锋"说的就是前去驰援姜维的右车骑将军廖化。廖化是蜀国后期的著名将领，南征北战，屡立战功，以勇敢果断著称，这样一个闻名于世的大将为什么却留给人这样的口实呢？原来此时的廖化已经是一个七十多岁的老头了。在《三国演义》中，廖化是不多的经历了三国兴衰过程的人物之一。在魏国伐蜀之际，蜀国上下竟然让一个七十多岁的老头担任蜀军先锋，人们不禁会想，蜀国人杰地灵，而如今却让一个老头子担任先锋，看来蜀国是真的没有可用之才了。估计人们以讹传讹，这个典故就这样流传了下来。那么，事实真的是这样吗？

总结其一生，可以说廖化是一位叱咤风云的三国英雄。

廖化不仅屡立战功，他在政治上也有谋略。姜维第七次北伐中原，魏军大败，先锋郑伦被斩，邓艾亦身受重伤，正在蜀国将大获全胜之时，刘禅却命姜维退兵，原来是刘禅听信谗言，中了邓艾的反间计。姜维无奈，只能退兵。廖化却说："将在外，君命有所不受。今虽有诏，未可动也。"可见廖化是很有勇气的，也是有战略思想的。只可惜姜维没有听进去，丧失了伐魏的大好时机。姜维第九次北伐中原，想要听听廖化的建议，廖化说："连年征伐，军民不宁；兼魏有邓艾，足智多谋，非等闲之辈。将军强欲行难为之事，此化所以未敢专也。"姜维听了不高兴，把廖化留在汉中，自己北伐去了。廖化深知姜维多次北伐，蜀国实力削弱，官民怨声载道，已经失去了伐魏的最佳时机，是不可能胜利的。

廖化以七十多岁高龄征战沙场，正是"老骥伏枥，志在千里"，是一件值得称赞的事情，而并非是"蜀中无大将，廖化作先锋"。

廖化在驰援姜维的途中得知魏将诸葛绪已经到达建

威（今西和县北），准备夺取阴平，于是廖化按兵不动，等待时机。邓艾调兵遣将，命天水太守王欣等直接攻打姜维军营，让陇西太守牵弘准备半路拦截，派金城太守杨欣到甘松一带埋伏，待姜维军到达时进行伏击。邓艾计划周密，姜维被围得水泄不通，经过殊死战斗，终于突出重围，兵力损失惨重，姜维于是命令撤退。败退途中探得钟会大军已到汉中的消息，姜维不敢耽误，急速进军汉中。当到达强川口时，天水太守王欣追上姜维，对姜维发动了袭击，姜维军损失十分惨重，被迫沿羌水（今白龙江）南撤。途中姜维接到消息说魏将诸葛绪已经抢占阴平桥头，于是停止南撤，而是率军北进，"从孔函谷入北道，欲出雍州后。"（《三国志·魏书·邓艾传》）

姜维北进的目的正是想引开魏军。姜维率军从孔函谷绕到诸葛绪后方佯装进攻。把守阴平桥头的诸葛绪得知姜维北进，害怕蜀军从背面来攻打他，于是退兵三十里，以防不测。当诸葛绪察觉自己上当时，蜀军早已远去，已经追不上了。

此刻蜀国形势已岌岌可危，钟会大军已逼进汉中，剑阁告急，姜维不得不放弃既定战略，率兵撤退到白水，与张翼、廖化的军队会合，打算一同前往剑阁救援，以拒钟会大军。这时诸葛绪得知中计，便率兵追赶姜维，但蜀军早已从阴平桥头通过。曹魏的整个伐蜀计划，包括让邓艾牵制姜维不能东顾、令诸葛绪抢占领阴平桥头断绝姜维归蜀之路的战略意图均未实现。姜维兵回剑阁，在此与钟会大军顽强抵抗，伐蜀大军根本无法前进。最终钟会军无法深入蜀境，更不用说歼灭蜀国，由此可见姜维用兵之神。

突如其来的攻击

噫吁嚱，危乎高哉！

蜀道之难，难于上青天！

蚕丛及鱼凫，开国何茫然！

尔来四万八千岁，不与秦塞通人烟。

西当太白有鸟道，可以横绝峨眉巅。

地崩山摧壮士死，然后天梯石栈相钩连。

上有六龙回日之高标，下有冲波逆折之回川。

黄鹤之飞尚不得过，猿猱欲度愁攀援。

青泥何盘盘，百步九折萦岩峦。

扪参历井仰胁息，以手抚膺坐长叹。

问君西游何时还，畏途巉岩不可攀。

但见悲鸟号古木，雄飞雌从绕林间。

又闻子规啼夜月，愁空山。蜀道之难，难于上青天，
使人听此凋朱颜。

连峰去天不盈尺，枯松倒挂倚绝壁。

飞湍瀑流争喧豗，砯崖转石万壑雷。

其险也如此，嗟尔远道之人胡为乎来哉！

剑阁峥嵘而崔嵬，一夫当关，万夫莫开。

所守或匪亲，化为狼与豺。

朝避猛虎，夕避长蛇；磨牙吮血，杀人如麻。

锦城虽云乐，不如早还家。

蜀道之难，难于上青天，

侧身西望长咨嗟！

——李白《蜀道难》

全诗二百九十四字，以山川之险言蜀道之难，给人以回肠荡气之感！

钟会率军攻打剑阁，剑阁地形险峻，易守难攻，素有"剑阁峥嵘而崔嵬，一夫当关，万夫莫开"的说法。姜维在此安营扎寨，利用地利坚守不出，蜀国之前已向其盟友东吴求救，吴国派出丁封、孙异迎击魏将诸葛瞻，以牵制魏国。钟会屡攻不下，加上魏军粮草不继，军心开始动摇，但剑阁又是通往成都的主要通道，是不能放弃的。钟会此时真是不知道应该怎么办了。

就在这个关键时刻，邓艾想出了一条计策，主张"从阴平由邪径（小道）经汉德阳亭（今四川剑阁西北）趣涪（今四川绵阳东），出剑阁西百里，去成都300余里，奇兵冲其腹心，剑阁之守（指蜀军）必还，则（钟）会方轨（两车并行）而进；剑阁之军不还，则应涪之兵寡矣。……今掩其空虚，破之必矣"。即：魏军先从阴平绕小道攻涪，姜维如果从剑阁赶来援救，则魏军可趁剑阁兵力空虚之时，直取剑阁。若姜维按兵不动，魏军亦可拿下涪，进而切断姜维后路，率兵直指成都。这是一个一石二鸟之计，此计让姜维增援不可，不增援亦不可。

于是邓艾挑选精兵，想联合诸葛绪实施此计，避剑阁，直取成都。但诸葛绪却认为自己只受命攻击姜维，不能自作主张进兵剑阁，"本受节度邀姜维，西行非本诏"，于是拒绝了邓艾联军的想法，诸葛绪率部向东进发，与钟会军会合。不过，钟会早有谋反之心，他为扩大军权，反而告发诸葛绪畏缩不前，最后诸葛绪被调回治罪，他的部将也统统归了钟会，大大提高了钟会的实力。

阴平（今甘肃省陇南市文县），历来是去陇蜀的必经之路。阴平道有三条，一条是从沓中出发经洮河白龙江到阴平桥头后进入四川，史称沓中阴平道；第二条是从狄道出发经露骨山、岷江到阴平，史称阴平正道；第三条由天水进入前两条路再进入阴平。

这三条路都必须经过阴平，所以人们合称这三条路为阴平道。正因为阴平道特殊的战略位置，所以其历来是兵家必争之地。魏蜀双方为争夺此地展开了长达半个多世纪的战争，互有胜负。

邓艾之计便是巧渡阴平，直取成都。《三国演义》第一百一十七回："邓士载偷度阴平，诸葛瞻战死绵竹"，将这场战役描述得淋漓尽致，情节甚为精彩，但《三国演义》毕竟是小说并非历史典籍。在正史《三国志》中也有记载这段历史，那么，正史中这场战争又是怎样的呢？

从阴平到涪路途艰难，一般很难进入。蜀国也因此并没有设防，邓艾看到了这个机会。这年十月，邓艾率军三万从阴平道，披荆斩棘，行军三百多公里，可以说这条路不能称之为路，邓艾且造且行，异常艰难。"山高谷深，至为艰险。又粮运将匮，频于危殆。"虽然这么艰难，但邓艾绝不退缩，遇到艰险之处，身先士卒，"以毡自裹，推转而下，将士皆攀木缘崖，鱼贯而进。"功夫不负有心人，在克服了这些艰难险阻之后，魏军终于通过了阴平险道，到达江油。

已过阴平，邓艾命护军田续攻打江油，但田续却违背军令，畏惧不进。值此存亡之际，身负监军之职的田续居然违抗军令，贪生怕死。如若上行下效，后果不敢设想。邓艾自然非常生气，按军法处置，应该斩了田续，但后来不知为什么，只是惩罚了田续，并没有杀他，大概是众将求情吧，在大战当前斩杀大将，必有失军心。况且田续本是朝廷派遣来的护军，杀了他恐怕会引起洛阳方面的疑心，有可能成为钟会的口实。

田续遭到了邓艾的处罚，从此对邓艾怀恨在心，为后来埋下了隐患。邓艾兵败，田续在卫瓘的授权下杀死了押解中的邓艾、邓忠父子。这些都是后话了。田续违令不前究竟是何原因呢？《蜀都赋》中"缘以剑阁，阻以石门"就是说的江油。江油关一面临大江，其余三面都是悬崖，是一道天险。经过长途跋涉，魏军疲惫不堪，士气低落，好不容易看见"柳暗花明"，却又要攻打这么一座险隘，况且武器、粮草都很欠缺，这不是白白送死吗？如此看来，田续畏惧不前也是有原因的。这并不是他一个人的情绪，而是全军上下士气殆尽，这让他怎么打呢？

其实事情比想象的简单多了，田续畏惧不前，魏将杨欣不得不带领杂牌军队进攻江油。可是就在这时，马邈主动投诚了。魏军不战而拿下江油城，得以休整队伍，重振士气。

江油守将马邈完全没有预料到魏军会走这条道，魏军的出现令他非常惊慌，竟然不战而降。马邈的投降加速了蜀国的灭亡。邓艾于是率魏军乘胜进攻涪城。

其实，在邓艾自阴平进入景谷旁道后，蜀国方面已经探知了这个消息，于是命令行都护卫将军诸葛瞻（诸葛亮之子）率军前去拒敌，如果诸葛瞻那样做，邓艾的奇袭战略可能真的就破产了。真是造化弄人，先有马邈，后有诸葛瞻。诸葛瞻率领的大军到达涪城之后却按兵不动。尚书郎黄崇劝告他赶快行动，不要贻误战机，兵法云："塞险则胜，否则败。"诸葛瞻把黄崇的话当作耳旁风，黄崇多次流着泪相劝，诸葛瞻也不理会。《三国志·蜀书·黄权传》记载："权留蜀子崇，为尚书郎，随卫将军诸葛瞻拒邓艾。到涪县，瞻盘桓未近，崇屡劝瞻宜速行据险，无令敌得入平地。瞻犹与未纳，崇至于流涕。会艾长驱而前，瞻却战绵竹，崇帅厉军士，期于必死，临阵见杀。"

诸葛瞻这一不抵抗的行为直接将江油拱手送给了邓艾，邓艾也没有费一兵一卒，而且魏军得以休整，有了喘息的机会，诸葛瞻难辞其咎。

过早的成熟就是傻

　　夫君子之行，静以修身，俭以养德。非淡泊（澹泊）无以明志，非宁静无以致远。夫学须静也，才须学也。非学无以广才，非志无以成学。淫慢则不能励精，险躁则不能冶性。

　　年与时驰，意与日去，遂成枯落，多不接世，悲守穷庐，将复何及！

——诸葛亮《诫子书》

　　《诫子书》是诸葛亮在五十四岁临终前写给八岁的儿子诸葛瞻的一封家书，成为后世历代学子修身立志的名篇。"虎父无犬子，上阵父子兵"，诸葛亮足智多谋，对刘备"鞠躬尽瘁死而后已"，但是他的儿子诸葛瞻却亲手断送了蜀国前程，在蜀国最危急的时刻，却好像事不关己一样，按兵不动，真是让人费解。但当他意识到自己的错误时，亦能义无反顾，以死报国。

诸葛瞻，字思远。诸葛瞻自幼受到诸葛亮的熏陶，耳濡目染，品学兼优。蜀建兴十二年（公元234年），诸葛亮在给诸葛瑾的信中谈及诸葛瞻的情况，"瞻今已八岁，聪慧可爱，嫌其早成，恐不为重器耳。"（《三国志·蜀书·诸葛亮传》）表明诸葛亮对诸葛瞻还是很担心的，同时也说明诸葛亮对他的殷殷期盼。诸葛瞻十七岁成亲，夫人是蜀国的公主。蜀国因此授予他骑都尉的官职。第二年，他又升为羽林中郎将，负责皇宫的保卫工作。之后，他依次被升为射声校尉、侍中、尚书仆射，加军师将军等职。其实，他之所以平步青云，都是因为他的父亲诸葛亮。诸葛亮死后，蜀国上下都很怀念他，不忘诸葛亮的恩德，这种情感自然寄托在了诸葛亮的后人身上。每当朝廷有好的政策和措施公布，即使与诸葛瞻无关，百姓也会因为感怀诸葛亮，认为这些好的政策都是诸葛瞻的功劳。所以诸葛瞻的名声流传得很广，但是却名不副实。

蜀景耀六年（公元263年）冬，邓艾自阴平入景谷旁道，蜀国在探知这个消息后，命令行都护卫将军诸葛瞻率军前去拒敌。同年十一月，邓艾率军顺利进入左儋道，这段山道连绵一百五十里，位于江油南涪水边，一面是峭壁，一面是汹涌的江水，十分险要，人们并肩而行，道路太过狭窄，以至于连换位置行走也不行，左儋道因此得名。但还是比先前的阴平道好了许多，魏军小心翼翼，鱼贯而入，虽然路途艰难，但奇怪的是一路上竟没有遇到蜀军的抵抗，因为根本没人把守这里。如果蜀军在此布兵，魏军必然进退两难。可是由于诸葛瞻的失误，魏军终于大摇大摆地到达了涪关。

邓艾以区区两万魏军，孤军深入，却取江油、过左儋，不费一兵一卒，有如神助。魏军得以休整，士气大涨。仗着这股锐气，魏军一鼓作气，一交战就打败了蜀军的前锋。就在这时诸葛瞻又犯了一个致命的错误，诸葛瞻听说魏军大败蜀军前锋，决定撤出涪关退守绵竹。涪关北面为山地，而涪南至绵竹一带为平原。昔日刘备入川，也是先据涪关，打退刘璋军的数次进攻，然后长驱直下，直取绵竹。由此可见涪关是成都的门户，涪关失守，成都也就保不住了。诸葛瞻弃涪关，退守绵竹等于，把涪关当作大礼送给了邓艾。

退守绵竹后，诸葛瞻后悔不已，长叹："吾内不除黄皓，外不制姜维，进不守江油，吾有三罪，何面而反？"诸葛瞻决定背水一战，奋力一击。于是在绵竹列阵，黄崇"帅厉军士，期于必死"，蜀军"埋人脚步而战"以示死战无退之心。此刻魏军不足两万，而蜀军不下数万之众，邓艾甚至不必等到姜维从剑阁支援，绵竹诸葛瞻的军队就可将其歼灭。

邓艾看到之前诸葛瞻一直奉行不抵抗政策，加之自己不占优势，于是想劝降诸葛瞻，"若降者必表为琅琊王"。诸葛瞻深知自己犯下了不可弥补的错误，如若投降，岂不成了蜀国的罪臣，毁了父亲诸葛亮的一世英名？诸葛瞻已决定誓死抵抗，于是斩杀了来使。

邓艾劝降不成，只得一战，邓艾之子惠唐亭侯邓忠等攻蜀军右翼，司马师纂等攻蜀军左翼。此时蜀军怀着必死之心，况且魏军在数量上并不占优势，蜀军击退了魏军的进攻。邓忠、师纂兵败，一齐退还见邓艾说："贼未可击。"他们两个的意思就是说蜀军现在士气正盛，我们应该避其锋艺，再而衰，三而竭，等到蜀军士气低落之时，我们再去攻打他。可是他们忽略了一点，魏军在数量上并不占优势，而且在蜀国作战，后援未到，这样拖延时间，对魏军更加不利。说不定还没等到蜀军士气低落之时，魏军就早已人心涣散了。

邓艾听罢，大怒，骂道："存亡之分，在此一举，何不可之有？"决定把这两个人拖出去斩了。邓忠、师纂没有办法，反正是死，倒不如战死沙场，说不定会有转机。于是两支军队在绵竹城下展开了血战。最后反而是魏军大败蜀兵，蜀军丢盔弃甲，损失惨重。诸葛瞻和黄崇、尚书张遵（张飞之孙），羽林右部督李球全部阵亡。诸葛瞻临难死义的行为，连敌人也表示敬佩。诸葛瞻战死沙场，终年三十七岁。诸葛瞻之子诸葛尚叹曰："父子荷国重恩，不早斩黄皓，以致倾败，用生何为！"不想苟活，于是飞马冲入敌阵战死。

蜀地易守难攻，如果蜀军借江油关天险固守，那么魏军就不能那么轻而易举地渡过阴平。最后的结果却是魏军一路未遇任何抵抗，顺利地渡过险关，到达绵竹，在绵竹平原上和蜀军决战。这一切无疑都是诸葛瞻的战略失误导致，那么诸葛瞻到底是怎么想的呢？从后来诸葛瞻的誓死抵抗看，他显然是没有投降之意的，那么我们就肯定了这只是战略上的错误。后来燕国慕容镇曾说："昔成安君不守井陉之关，终屈于韩信；诸葛瞻不据束马之险，卒擒于邓艾。"

井陉之战，成安君以二十万军战韩信，广武君李左车对成安君说："闻汉将韩信涉西河，虏魏王，禽夏说，新喋血阏与，今乃辅以张耳，议欲下赵，此乘胜而去国远斗，其锋不可当。臣闻千里馈粮，士有饥色，樵苏後爨，师不宿饱。今井陉之道，车不得方轨，骑不得成列，行数百里，其势粮食必在其後。原足下假臣奇兵三万人，从间道绝其辎重；足下深沟高垒，坚营勿与战。彼前不得斗，退不得还，吾奇兵绝其后，使野无所掠，不至十日，而两将之头可致于戏下。原君留意臣之计。否，必为二子所禽矣。"（《史记·淮阴侯列传》）。成安君不听李左车的劝告，放弃井陉，想单纯依靠兵力战胜韩信。陈余觉得如果固守只能防御，而会战则能将敌人全部消灭，不料韩信奇袭赵军营地，大败敌军。想必诸葛瞻和陈余想的一样，驻守江油之马阁山、左儋道，只能击退魏军，而如果在绵竹决一死战，凭借蜀军的优势兵力完全可以大败魏军，只是没有料到最后被魏军大败。

晋人干宝形容诸葛瞻："瞻虽智不足以扶危，勇不足以拒敌，而能外不负国，内不改父之志，忠孝存焉。"可谓非常贴切。

蜀国没有看头了

由于诸葛瞻的战略失误，绵竹失守，蜀军大乱。邓艾乘胜追击，一鼓作气攻陷雒县（今四川广汉北），逼近成都。蜀国当时主要兵力都跟随姜维留在剑阁，而成都的守军是很少的。当蜀国上下听说魏军已经打到成都来了，都不知所措。对于现在的这种局面，后主刘禅更是没有想到。他听信黄皓等人的逸言，以为真的如鬼神所说，魏军是不会打来的，因此成都并没有太多士兵防守，没有做充分的作战准备。

等到魏军浩浩荡荡出现在成都时，蜀民溃散。刘禅也慌了手脚，于是急忙召集群臣，想听听各位大臣的意见。但是满朝文武，意见不一。有的主张弃蜀投吴，因为吴国是蜀国的盟友，孙吴必定不会见死不救。有的主张南下，因为南中七郡，地势险要，易守难攻，南下以图后事，将来说不好能卷土重来。说来说去也没有得出一个一致的结论。此时一向"不与政事"的谯周也参加了会议。前面我们讲过谯周因为作《仇国论》得罪了后主刘禅，后主刘禅解除了谯周的中散大夫职务，升任他为没有实权的光禄大夫。

在此次会议上谯周观点独树一帜，主张降魏。他首先驳斥了投奔东吴的主张，他认为，蜀国灭亡，下一个将是吴国，而吴魏两国，实力相差悬殊，魏国必能战胜吴国。不论对吴国还是魏国，始终是为人臣，既然吴国灭亡是早晚的事，倒不如直接投降魏国，免得再次被俘。至于南下，更是行不通。首先，魏军志在灭蜀，如果南下，魏军必然追击，而南方平时尚且不安定，大敌当前，更难同仇敌忾，灭亡也是必然的。即使魏军不追击，我们据守南中，征收苛捐杂税，也会引起南中诸夷的叛乱。其次，大敌当前，人心涣散，恐怕没有人愿意南行。所以，倒不如不抵抗直接投降魏国，蜀国百姓既可以免遭战事，魏国也会优待我们。这才是最明智的选择。

谯周主降真的有道理吗？除此之外蜀国真的没有别的办法了吗？后来的史学家认为谯周降魏的做法是不明智的。东晋史学家孙盛在写这段历史的时候，认为如果后主刘禅没有听从谯周劝降的建议，而是奋力抵抗，蜀国是不会灭亡的。孙盛云："周谓万乘之君偷生苟免，亡礼希利，要冀微荣，惑矣。且以事势言之，理有未尽。禅既闇主，周实骂臣，方之申包、田单、范蠡、大夫种，不亦远乎！"

姜维的军队还留在剑阁，突然获悉绵竹失守的消息。接着又听说，后主刘禅正固守成都，但也有人说后主投奔东吴去了，还有人说后主已经南下了，搞得姜维一头雾水，可见当时信息多么不发达。姜维害怕两头受袭，于是决定撤到巴西境，在途中接到投降的诏书。"将士咸怒，拔刀斫石。"军令如山，姜维只好奉诏投降。邓艾进驻成都，蜀国就此灭亡。

本来蜀军还是有希望的，魏军虽渡过关隘，绵竹也已失陷。但是，蜀国半壁江山还在，周边要隘一个没丢，主力尚存，士兵士气也不算低落，外有东吴援军，可是最后却不战而降。这个结果既出乎魏军所料，也是姜维没有想到的。当时的军事形势是这样的：

郫县令常勗固城据守，而成都西除了郫县还有汶山郡之汶山、龙鹤、冉駹、白马、匿用五围牙门之兵可用。霍戈镇守南中六郡随时准备增援成都。北面重镇雒城有姜维军在不远驻扎，还未失守。柳隐、蒋斌、王含也还在坚守汉中。

邓艾率军入成都，刘禅率领文武百官，他们有的绑住自己，有的抬着棺木以表示他们投降的诚意。邓艾手执符节，为文武百官解开绳索，焚烧了棺材，接受他们投降，并没有惩罚他们。邓艾部众对百姓很宽容，并未有扰民事件发生，而且还让他们继续以前的工作，因此受到了百姓的拥戴。但也有忠烈之士，如刘禅的一个儿子刘谌反对投降，以死殉国。后主刘禅生有七子：长子刘璿，次子刘瑶，三子刘琮，四子刘瓒，五子即北地王刘谌，六子刘恂，七子刘璩。

七子中唯有刘谌自幼聪慧，机敏过人，有气节。刘谌请求坚守城池，与魏军决一死战，但是没有人听他的。刘禅投降的当天，刘谌在昭烈庙杀掉妻子子女后自杀殉国。刘禅投降后，由魏军护送到洛阳。司马昭封他为安乐公，赐给他住宅，每月都给他供奉，还安排奴仆服侍他。刘禅很满意，为了表示感谢，专门登门道谢，司马昭设宴款待他，并演奏歌舞助兴。当演奏到蜀地乐曲时（这有可能是司马昭故意安排的，想看看刘禅的反应），蜀国大臣们一个个显出忧伤的神情，有的还泪流满面。但刘禅却很高兴，丝毫没有哀伤的表情。司马昭看了刘禅的反应，便问他："颇思蜀否？"禅曰："此间乐，不思蜀。"郤正闻听了刘禅的话，悄悄对他说："若王后问，宜泣而答曰'先人坟墓远在陇、蜀，乃心西悲，无日不思'，因闭其目。"（《汉晋春秋》）刘禅听后，牢记在心。

酒至半酣，司马昭果然又问，刘禅按照郤正的话说了一遍，只是欲哭无泪。司马昭听了，说："何乃似郤正语邪！"禅惊视曰："诚如尊命。"左右皆笑。司马昭见刘禅傻乎乎的，从此就再也不怀疑他。最后刘禅在洛阳安度余生。"乐不思蜀"的典故也被传为笑柄，流传至今。

历来历史学家认为后主刘禅昏庸无能，不能任人唯贤，而且不战而降、苟且偷安。但刘禅真的那么窝囊吗？

司马昭很可能会杀掉他，刘禅自然知道这个道理，想要保全自己的性命，就必须装出毫无志气、懦弱无能的样子，让司马昭放松警惕。越王勾践卧薪尝胆的故事，想必司马昭是清楚的，他可不想像夫差一样。刘禅的示弱正是他的高明之处。这样司马昭就认为他根本不足为虑，他才会有生存下来的机会。如果刘禅像郤正那样去讲，司马昭不但不会将他放回蜀地，有可能还会杀了他。可见刘禅其实是大智若愚的。

刘禅的投降也可能出于自己的想法。曹魏兵围成都，蜀军誓死抵抗，必然有一场血战，百姓肯定会遭殃。也许是为了百姓着想，刘禅才决定开门投降的。即使他没这么想，但是结果总是好的，蜀地的百姓没有被牵连。刘禅自己做了俘虏，虽然背了一个卖国的骂名，但保全了百姓的生命财产，从百姓的角度、历史的规律看，都应该是一件好事。刘禅不战而降，也不失为好计策。后主刘禅宽厚仁慈，为百姓着想，比起那些意气用事，鲁莽的匹夫好得多。

纵观历史，刘禅是三国时期在位时间最长的一位君主，共计四十一年。其中，诸葛亮辅佐刘禅十一年，在诸葛亮去世后，刘禅还做了三十年的皇帝。在那个群雄割据的三国时代，能够保持皇位这么久，刘禅怎么可能会一无是处呢？

有料更有趣的朝代史

两晋

2
天下
归晋

王光波 编著

浙江工商大学出版社
ZHEJIANG GONGSHANG UNIVERSITY PRESS

· 杭州 ·

图书在版编目（CIP）数据

两晋 / 王光波编著 . —杭州：浙江工商大学出版社，2022.1（2022.5 重印）

（有料更有趣的朝代史 / 胡岳雷主编）

ISBN 978-7-5178-3896-8

Ⅰ.①两… Ⅱ.①王… Ⅲ.①中国历史—晋代—通俗读物 Ⅳ.① K237.09

中国版本图书馆 CIP 数据核字（2020）第 094175 号

两　晋
LIANG JIN

王光波　编著

责任编辑	陈力杨　张晶晶
责任校对	李远东
封面设计	吕丽梅
责任印制	包建辉
出版发行	浙江工商大学出版社
	（杭州市教工路 198 号　邮政编码 310012）
	（E-mail: zjgsupress@163.com）
	（网址：http://www.zjgsupress.com）
	电话：0571-88904980，88831806（传真）
排　版	北京东方视点数据技术有限公司
印　刷	唐山富达印务有限公司
开　本	787mm×1092mm　1/32
印　张	28
字　数	473 千
版 印 次	2022 年 1 月第 1 版　2022 年 5 月第 2 次印刷
书　号	ISBN 978-7-5178-3896-8
定　价	198.00 元（全四册）

目　录

第一章

你争我斗：统一前的准备

邓艾功成遭构陷

邓艾是一位杰出的军事家，在军事水平较高的人中，除诸葛亮与司马懿之外，就要数邓艾了。他看法超群，极具远见，具有灵活的战略头脑。作战中料敌如神，始终能掌握战场的主动权，在与姜维的多次交锋中始终占上风。邓艾伐蜀偷渡阴平一役，堪称中国战争史上历次入川作战中最出色的一次，他的计谋加速了蜀国的灭亡，减少了人员伤亡，创造了中国军事史上光辉的一页。邓艾虽身为将领，在作战中亦能身先士卒，在生活中也能与将士同甘共苦，阴平道上，他在各方面都做出表率，部下十分信服他，在他的带领下非常团结。士气高涨，战斗力旺盛。

"金无足赤，人无完人"，很少人能够做到急流勇退，明哲保身。邓艾虽善于作战，却不善于自保。陈寿在《三国志·魏书·邓艾传》中对此做了客观的评论："邓艾矫然强壮，立功立事，然暗于防患，咎败旋至，岂远乎诸葛恪而不能近自见，此盖古人所谓自论者也。"邓艾立下奇功，却终于没能还都，可悲，可叹！

邓艾伐蜀，功不可没，但他有些被胜利冲昏了头脑。他曾对蜀国士大夫们说："诸君赖遭某，故得有今日耳。如遇吴汉之徒，已殄灭矣。"他还说："姜维自一时雄儿也，与某相值，故穷耳。"（《三国志·魏书·邓艾传》）其实人家背地里却嘲笑他如此肤浅。

他还仿效东汉将军邓禹大肆加封官吏，要知道这可是欺君罔上之罪，他敢如此做，如果不是真的昏了头脑，就是早有打算，但邓艾在此之前都不像是没有脑子的人，想必此时他已有叛乱之心了。

他拜刘禅为骠骑将军、蜀太子为奉车都尉、诸王为驸马都尉；他还让蜀国以前的大臣自己任命属下，根据他们的地位进行加封。邓艾任命司马师纂兼领益州刺史，任命陇西太守牵弘等人兼领蜀中各郡郡守。他还把在绵竹之战中死亡的战士跟蜀兵死者一起埋葬，并修建了一个高台，一则作为对后人的提醒，二则可以扩大自己的影响。这些，都成了野心家钟会置他于死地的口实。

姜维投降后，钟会大喜，上表司马昭，显示自己的功劳，他说："贼姜维、张翼、廖化、董厥等逃死遁走，欲趣成都。臣辄遣司马夏侯咸、护军胡烈等，径从剑阁，出新都、大渡截其前，参军爰青彡、将军句安等蹑其后，参军皇甫闿、将军王买等从涪南出冲其腹。臣据涪县为东西势援，维等所统步骑四五万人，擐甲厉兵，塞川填谷，数百里中首尾相继，凭恃其众，方轨而西。臣敕咸、阆等令分兵据势。广张罗网，南杜走吴之道，西塞成都之路，北绝越逸之径，四面云集，首尾并进，蹊路断绝，走伏无地。臣又手书申喻，开示生路，群寇困逼，知命穷数尽，解甲投戈，面缚委质，印绶万数，资器山积。昔舜舞干戚，有苗自服；牧野之师，商旅倒戈。有征无战，帝王之盛业。全国为上，破国次之。全军为上，破军次之。用兵之令典。陛下圣德，侔踪前代，翼辅忠明，齐轨公旦，仁育群生，义征不譓，殊俗向化，无思不服，师不逾时，兵不血刃，万里同风，九州共贯。臣辄奉宣诏命，导扬思化，复其社稷，安其闾伍，舍其赋调，弛其征役，训之德礼以移其风，示之轨仪以易其俗，百姓欣欣，人怀逸豫，后来其苏，义无以过。"（《三国志·魏书·钟会传》）

十二月，司马昭上表魏帝，褒奖邓艾，书曰："艾曜威奋武，深入虏庭，斩将搴旗，枭其鲸鲵，使僭号之主，稽首系颈，历世逋诛，一朝而平。兵不逾时，战不终日，云彻席卷，荡定巴蜀。虽白起破强楚，韩信克劲赵，吴汉擒子阳（子阳为公孙述），亚夫灭七国，计功论美，不足比勋也。其以艾为大尉，增邑二万户，封子二人亭侯，各食邑千户。"（《三国志·魏书·邓艾传》）统帅钟会进位司徒，为县侯，划分了万户人家到他名下，他的两个儿子也都被封为亭侯。

邓艾不愧是一位伟大的军事家。当全国上下沉浸在灭蜀胜利的喜悦中，邓艾高瞻远瞩，向司马昭提出了自己对局势的看法和下一步应采取的措施，他说："兵有先声而后实者，今因平蜀之势以乘吴，吴人震恐，席卷之时也。然大举之后，将士疲劳，不可便用，且徐缓之；留陇右兵二万人，蜀兵二万人，煮盐兴冶，为军农要用，并作舟船，豫顺流之事，然后发使告以利害，吴必归化，可不征而定也。今宜厚刘禅以致孙休，安士民以来远人，若便送禅于京都，吴以为流徙，则于向化之心不劝。宜权停留，须来年秋冬，比尔吴亦足平。以为可封禅为扶风王，锡其资财，供其左右。郡有董卓坞，为之宫舍。爵其子为公侯，食郡内县，以显归命之宠。开广陵、城阳以待吴人，则畏威怀德，望风而从矣。"（《三国志·魏书·邓艾传》）

　　邓艾一直都在谋划灭吴的办法。然而他擅自承制拜官，已经成为钟会的把柄。钟会又趁机修改他和司马昭之间的通信，模仿邓艾笔体，写了一些大逆不道的话，想激怒司马昭，借司马昭之手除掉邓艾。司马昭果然中计，他先是让监军卫瓘告诫邓艾："事当须报。不宜辄行。"（《三国志·魏书·邓艾传》）

　　邓艾不知其中的原委，再次书："衔命征行，奉指授之策，元恶既服；至于承制拜假，以安初附，谓合权宜。今蜀举众归命，地尽南海，东接吴会，宜早镇定。若待国命，往复道途，延引日月。《春秋》之义，大夫出疆，有可以安社稷，利国家，专之可也。今吴未宾，势与蜀连，不可拘常以失事机，兵法，

进不求名，退不避罪，艾虽无古人之节，终不自嫌以损于国也。"（《三国志·魏书·邓艾传》）

钟会见邓艾居功自傲，有机可乘，于是诬告他谋反，说他完全没有把司马昭放在眼里，他是想自己做皇帝。这下可了不得了，邓艾是跳进黄河也洗不清了。咸熙元年（公元264年）一月，朝廷下诏书逮捕了邓艾父子，派监军卫瓘用槛车将邓艾送到京都来。为了预防邓艾举兵反抗，司马昭又命令钟会率领大军入成都。

钟会机智狡猾，希望借邓艾之刀杀掉卫瓘，然后再杀邓艾。于是钟会令卫瓘进城缉拿邓艾，卫瓘早已明白钟会的用心，但是卫瓘职位比钟会低，他不敢违背军令，于是乘夜进入成都，捉拿邓艾。

不靠谱的贵公子

　　司马氏篡魏后内乱、叛乱不断。在钟会叛乱之前，已发生了著名的淮南三叛。淮南三叛都是曹魏政权的支持者反对司马氏集团的军事活动。这些反叛足见司马氏篡魏之不得人心。

　　辛宪英曾经说过钟会此人不像是甘做人臣的人，必有野心。钟会在灭蜀之后，合并魏、蜀军队二十余万。钟会借刀杀人，又除掉了自己的死对头邓艾。现在没有人能阻碍他，他本来就有野心，现在他掌握庞大的远征军，如虎添翼。他想建立更大的功业，再也不低三下四地听从别人的命令，于是决定谋反。钟会计划派姜维率蜀兵出斜谷，自己率大军随其后，到达长安之后，再水陆并进，水军五日可达孟津，与骑兵会师洛阳，这样，天下可定了。

　　司马昭对钟会早有防备，他命令贾充进驻乐城，自己则率军入长安。钟会大吃一惊，对亲信说："但取邓艾，相国知我能独办之。今来大重，必觉我异矣。便当速发。事成，可得天下。不成，退保蜀国，不失作刘备也。我自淮南以来，画无遗策，四海所共知也。我欲持此安归乎！"（《三国志·魏书·钟会传》）

第二天，钟会借口为太后发丧，召集各军和以前蜀国的臣子聚集在蜀国朝堂。钟会矫太后遗诏，要废司马氏，他还扣押了魏军所有的将领，将他们关在屋中，严加看守。姜维预谋杀掉钟会，恢复蜀国，他见机会已经成熟，便怂恿钟会诛杀魏军将领。他还给后主刘禅写了一封信，姜维写道："愿陛下忍数日之辱，臣欲使社稷危而复安，日月幽而复明。"但钟会犹豫不决，不料消息泄露。十八日中午，护军胡烈之子胡渊率领部众擂鼓呐喊，其他官兵也伺机出动，直捣蜀宫。钟会大惊，问姜维："兵来似欲作恶，当云何？"维曰："但当击之耳。"双方在宫城内外展开激战，"会遣兵悉杀所闭诸牙门、郡守，内人共举机以柱门，兵斫门，不能破。斯须，门外倚梯登城，或烧城屋，蚁附乱进，矢下如雨，牙门、郡守各缘屋出，与其卒兵相得。姜维率会左右战，手杀五六人，众既格斩维，争赴杀会。会时年四十，将士死者数百人。"（《三国志·魏书·钟会传》）

以前的说法都认为钟会是受了姜维的蛊惑才叛乱的。其实，即使没有姜维，钟会也会叛乱。伐蜀大胜，功高盖主，即使不叛变，后果也不会好到哪里去。钟会拥兵数十万，与其受制于人，不如先发制人，以他的实力与司马氏抗衡还是有希望的。

钟会一死，邓艾原来的将士追上囚车，救出邓艾，准备返回成都。但是，这并没有救了他，反而害了他的性命。卫瓘同钟会一起陷害邓艾，如果邓艾不死，必然会报复自己，于是"遣护军田续至绵竹，夜袭艾于三造亭，斩艾及其子忠。初，艾之入江油也，以续不进，将斩之，既而赦焉。及瓘遣续，谓之曰：'可以报江油之辱矣。'"邓艾死后，他的家属都受到株连，其子悉数被杀，妻及孙子流放西域。

钟会有士兵二十多万，却依然失败，这是有原因的。一方面军心涣散，没有得到士兵的支持。魏国将领和士兵，大多数是不愿意叛乱的，这样钟会就成了孤家寡人。原因很简单，伐蜀之战虽然胜利，但魏军上下早已士气低落，他们远离故乡已经很长时间了，迫切想回到故土。战争好不容易结束，现在却又要打仗，而且还是叛军，如果钟会失败，那么士兵也会跟着遭殃。况且魏国已经打了胜仗，回去必有奖赏，又何必叛乱呢，那样连先前的功劳都没有了。

另一方面，钟会虽拥兵二十万，但与司马昭相比还是有差距的。而且钟会在魏国将领中也没有很大的影响力。相比之下，司马氏经过两代人的努力，在朝廷树立了威信，早已除掉了反对势力，现在留下来的大部分人都是支持司马氏政权的，司马氏根基牢固。而且，钟会的犹豫不决使其铸成了大错，钟会既然决定起事，就应快刀斩乱麻，一旦丧失时机，便会受制于人。

司马昭之心世人都知道

　　"司马昭之心，路人皆知"，语出《汉晋春秋》。意为野心非常明显，为人所共知。那么司马昭之心到底是什么心思呢？

　　这还要从他的父亲司马懿说起。魏明帝曹叡死后，曹芳即位，曹爽与司马懿是辅政大臣。但一山不容二虎，曹爽与司马懿明争暗斗、互相排挤，几回合下来，曹爽大败，司马懿尽诛曹爽一党。这不是司马懿一个人的胜利，也不是曹爽一个人的失败，它表明曹氏再也不是魏国的主角，魏国军政大权自此落入司马氏手中。

　　也许司马懿只是跟辛宪英说的一样，高平陵事变，他只是想诛杀曹爽，并没有谋逆之心。但司马懿死后，他的儿子司马师就不会这样想了。曹芳自始至终未能亲政，司马师不久便废除了他，另立十三岁的曹髦为帝。曹髦登基，实权掌握在司马师手中，司马师的权势比司马懿那时更大了，但是没有多久，司马师就病死了。如果司马师不死，可能就是"司马师之心，路人皆知"了。后来，司马师的弟弟司马昭继承了他的一切权力，继续完成司马氏的大业。

司马昭野心更大，他长期打压和他政见、利益不合的人，权力日益膨胀，野心也日益膨胀。可是他虽然大权在握，但终究没有皇帝的称号。他的下一步便是取代曹髦，自己做皇帝。曹髦也知道自己只不过是个"傀儡"，哪一天司马昭不高兴了，便会除掉他。与其坐着等死，不如铤而走险，奋力一击，干掉司马昭，即使失败，也不失皇帝的尊严。但是要杀司马昭，他一个人是做不到的，他找了几百个仆从、侍卫去袭击司马昭。但是司马昭早就已经知道了，这估计就是他所谓的心腹大臣告的密。这正好给了司马昭除掉曹髦的借口，曹髦就这样死了。

曹髦死后，司马昭又立了曹奂为帝。曹奂很乖，完全服从司马昭，终于有一天司马昭再也不需要他了。不久，司马昭就自称晋王。

司马昭要名正言顺地做皇帝，他想了一个办法就是让当时的名士阮籍给他写个东西，表明自己是顺应天意，顺乎民意。其实这并不稀奇，以前很多人都这样做过。

阮籍是魏晋期间的名士，字嗣宗，家境清苦，自己勤奋好学，终成有识之士。阮籍有济世志，他曾登广武城，观楚、汉古战场，仰天感慨道："时无英雄，使竖子成名！"明帝曹叡死后，曹芳即位，曹爽、司马懿辅政，二人明争暗斗，朝政日非。曹爽曾召阮籍为参军，但他看到政局险恶，也就推辞掉了。

司马懿发动高平陵事变，排除异己，被株连者甚多，司马氏一手遮天，朝廷上下昏天暗地。这些阮籍都看在眼里。他在政治上是支持曹魏的，对司马氏的倒行逆施很不满意，但他一介书生，又能改变什么呢？这样的世事也决定了他的人生态度，从此之后，他采取消极避世的方式，或著书立说，或游山玩水，或喝得酩酊大醉，表面上逍遥自在，其实他这是无奈之举。他的内心也许是痛苦的。

司马氏也想得到这样的人才，钟会就曾多次探问阮籍对时局的看法，阮籍很聪明，他虽然看不惯司马氏，但也不至于得罪他们，他想了一个好办法，就是司马氏每次派人找他，他都喝醉，以蒙混过关。喝醉也不是每次都行的，有时候他会说些玄乎奇玄的话，让人摸不到头脑，这样人家听不懂，他也就蒙混过关了。司马昭就遇到过这种情况，以至于说出"阮嗣宗至慎"。

司马昭还想与阮籍联姻，但"籍醉六十日，不得言而止"。不过司马氏也并非那么好敷衍。有时候，阮籍不得不接受司马氏授予的官职，他历任从事中郎，散骑常侍、步兵校尉等，司马昭自封晋公，要求阮籍为其写"劝进文"。阮籍无奈，只得奉命。

《劝进表》是简称，全称是《为郑冲劝晋王笺》。全文如下：

冲等死罪。伏见嘉命显至，窃闻明公固让，冲等眷眷，实有愚心，以为圣王作制，百代同风，褒德赏功，有自来矣。昔伊尹，有莘氏之媵臣耳，一佐成汤，遂荷"阿衡"之号；周公藉已成之势，据既安之业，光宅曲阜，奄有龟蒙；吕尚，磻溪之渔者，一朝指麾，乃封营丘。自是以来，功薄而赏厚者不可胜数，然贤哲之士犹以为美谈。况自先相国以来，世有明德，翼辅魏室以绥天下，朝无阙政，民无谤言。前者明公西征灵州，北临沙漠，榆中以西，望风震服，羌戎东驰，回首内向；东诛叛逆，全军独克，禽阖闾之将，斩轻锐之卒以万万计，威加南海，名慑三越，宇内康宁，苛慝不作，是以殊俗畏威，东夷献舞。故圣上览乃昔以来礼典旧章，开国光宅，显兹太原。明公宜承圣旨，受兹介福，允当天人。元功盛勋光光如彼，国士嘉祚巍巍如此，内外协同，靡愆靡违。由斯征伐，则可朝服济江，埽除吴会；西塞江源，望祀岷山，回戈弭节以麾天下，远无不服，迩无不肃。今大魏之德光于唐虞，明公盛勋超于桓文。然后临沧州而谢支伯，登箕山而揖许由，岂不盛乎！至公至平，谁与为邻！何必勤勤小让也哉？冲等不通大体，敢以陈闻。

本文虽都是奉承之词，但却无法掩盖阮籍的才华。

由于当时险恶的政治情势，加之受当时盛行的玄学的影响，后来阮籍成了魏晋玄学中的重要人物，阮籍在思想上崇奉老、庄哲学，采取消极避世的态度，不问世事，无为而治，顺其自然。《通老论》《达庄论》集中体现了他的道家思想。

每个时代都有具有这个时代特色的文人。魏晋是开放的时代，这个时代的文人，可以放浪形骸，可以喝得酩酊大醉、烂醉如泥。这是任何时代都没有的。阮籍，更厉害，他连上下古今也不承认，在《大人先生传》里有说："天地解兮六合开，星辰陨兮日月颓，我腾而上将何怀？"他的意思是天地、星辰，都是虚无、不存在的。世上的道理也不必争，什么都不足为信。

其实阮籍并不想这样，他也是不得已为之。天下大乱，壮志难酬，一介书生，手无缚鸡之力，何况于这世事？阮籍有名气，他说的话很快就会传播，为了防止说错话，他只能多喝酒、少说话。即使说错了，因为喝了酒，别人也不会怪罪他。更为重要的是，阮籍也知道司马昭的心。

晋朝开宗立派了

东汉末年群雄割据，赤壁之战后三国鼎立局面形成，魏、蜀、吴三国争霸，最后归于一统。从人才上看，三国争霸时期并不是"世无英雄，使竖子成名"，这一时期人才辈出，像诸葛亮、司马懿、陆逊、姜维、钟会、邓艾等，不逊于群雄割据时代的曹操、周瑜、刘备、孙权等。从军事斗争上看，这一时期的战争虽然局限于三国之间展开，比群雄割据时代单调，但无论在当时军事斗争规模上，还是次数上都不亚于前代，姜维北伐中原，邓艾伐蜀等一系列战役都开创了中国军事史新的篇章，特别是魏国以一敌二，更需要复杂的斗争手段。从政治制度上看，魏、蜀、吴都有所发展，其政治制度的发展都超过了从前。

高平陵事变之后，司马懿夺取政权，至此开始了司马氏专政时期。司马氏一系也是人才辈出，司马懿是司马氏政权的开创者，魏国著名的军事家、政治家。《三国演义》中有描述司马懿的诗：

> 开言崇圣典，用武若通神。
>
> 三国英雄士，四朝经济臣。
>
> 屯兵驱虎豹，养子得麒麟。
>
> 诸葛常谈美，能回天地春！

"虎父无犬子"，司马师也是西晋政权的奠基者之一，他与司马懿一起发动了高平陵事变。司马懿死后，司马师独揽朝廷大权，司马师后大败吴将诸葛恪，杀曹芳，平定毌丘俭、文钦之乱，最终病死。

司马昭，西晋王朝的另一位奠基人。《晋书》："世宗以睿略创基，太祖以雄才成务。事殷之迹空存，翦商之志弥远，三分天下，功业在焉。及逾剑销氛，浮淮静乱，桐宫胥怨，或所不堪。若乃体以名臣，格之端揆，周公流连于此岁，魏武得意于兹日。轩悬之乐，大启南阳师挚之图，于焉北面。壮矣哉，包举天人者也！为帝之主，不亦难乎。"

司马炎是晋朝开国之君，泰始元年（公元 265 年），司马昭病死，司马炎继承了父亲的晋王之位。司马炎很想做皇帝，他曾派遣人劝说魏帝曹奂早点让位。曹奂有自知之明，不久下诏书说："晋王，你家世世代代一直伴天子左右，尽心尽力，对国家的贡献数你最大。现在我顺应天意把皇位给你，你一定要接受。"司马炎故作推辞。

何曾、贾充等也屡次劝说司马言，让其接受曹奂的皇位。

泰始元年（公元 265 年），司马炎称帝，国号晋，史称为西晋，建都洛阳，封曹奂为陈留王，司马炎就是晋武帝。

司马炎即位之后，国家在政治、经济等方面都有所发展，出现了"太康繁荣"的局面。政治上，司马炎行分封，把宗室都分封为王，这样就为以后埋下了祸端，随着地方势力的不断膨胀，严重地削弱了中央集权的巩固，后来导致八王之乱的发生。司马炎下诏命令郡国任用贤能，颁五条诏书于郡国：一正身；二勤百姓；三抚孤寡；四敦本息末；五去人事。司马炎命贾充修订律法，这成为后世法律形式的蓝本。司马昭命令地方官轻徭薄赋，以农为本，实地尽其力，重农抑商。经济上，废除民屯，罢农官，劝课农桑，严禁私募佃客，这些客观上起了促进生产发展的作用。

历史事件具有很强的相似性，像是循环往复，但历史并非是历史事件的重复，而是螺旋上升的。曹丕篡汉自立，到司马炎建立晋朝，有四十五年。司马炎以其人之道还治其人之身，以同样的手段夺去了曹姓政权。司马炎虽坐上了皇帝的宝座，但他并没放松警惕，因为他明白现在仍是危机四伏。

从内部看，在曹氏家族与司马氏家族争夺权力的过程中，曹氏家族遭到了司马氏家族的残酷屠杀，大臣把这些都看在眼里，司马氏的残忍，让大臣们心有余悸。另外，司马氏毕竟是篡夺了曹氏政权，不是名正言顺。司马氏在心理上还是有所顾忌的，这成为长期横亘的司马炎心中的阴影。

从外部看，蜀国已灭，孙吴虽在，但不足以与晋抗衡，灭亡是早晚的事。但卧榻之侧，岂容他人安睡？东吴虽小，但仍不可轻视，东吴一天不灭亡，司马炎就一天不得安心。他的下一步就是吞并东吴，完成统一大业。"攘外必先安内"，灭吴之前必须要巩固政权，司马炎因此实施了一系列的措施，巩固中央政权，与此同时，对东吴采取怀柔政策。

司马炎为了稳固政权，首先安抚曹氏和投降过来的蜀国旧臣。司马炎下诏让陈留王曹奂保留天子的礼仪制度，不向他称臣。后来曹奂死后，司马炎追尊他为元皇帝。司马炎赐安乐公刘禅子弟其中一人为驸马都尉，第二年又解除了对汉室的禁锢。这些收买人心的措施，收到了很好的效果。不仅解除了内患，也消除了司马家族的心理阴影，可谓"一石二鸟之计"。

战乱刚刚平息，经济凋敝，百废俱兴，为了尽早地使国家从动乱不安的环境中摆脱出来，司马炎奉行无为政策，营造较为宽松的制度环境。这种政策收到了良好的效果。

曹操在统一中原之后，为了恢复国力、安定人心，也曾实行过比较宽松、无为而治的治国方略。但随着政权的稳固，经济的恢复，国力的强盛，到了曹丕时已经放弃了较为宽松的政策，而实行较为严厉的政治，社会风气日亦腐败。皇帝的生活也日益腐化，为了满足自己的私欲，不断增加苛捐杂税，把高额的税赋负担转移到百姓的身上。因为长期的战乱，百姓生产还没有得到恢复，生计惨淡，怎么能承受得了这样的负担？司马炎反其道而行之，提出无为而治的政策，营造较为宽松的政治环境，使经济得以发展，人民的负担也有所减轻。

农业是国家的根本，农业兴则百姓安。司马炎以洛阳为中心，在全国采取了一系列发展农业的措施，收到了不错的效果，百姓得以安居乐业。

晋泰始二年（公元266年），司马炎颁布诏令，鼓励农业生产。史料记载，晋泰始五年（公元269年），汲郡太守王宏重视农业生产，积极开垦荒地，兴修水利，扩大劳动力，认真履行朝廷的旨意，加强监督，开荒五千余顷。王宏重视农业生产的措施收到了良好的效果。当时正遇荒年，其他的郡县人民面有饥色，汲郡却粮食充足，人民仍能安居。晋武帝赐谷千斛，褒扬了他。晋武帝还下令兴修水利，修建了新渠、富寿、游陂三渠，灌溉良田一千五百顷。晋武帝废除屯田制，实行占田法和课田法。这种税收制度减轻了农民的负担，极大地提高了农民的生产积极性。

上述措施的推行，促进了经济复苏，生产恢复，人民安居乐业。据《晋书·食货志》记载："是时，天下无事，赋税平均，人咸要其业而乐其事。"《晋纪·总论》也记载："牛马被野，余粮委亩，行旅草舍，外闾不闭，民相遇如亲。其匮乏者，取资于道路。"当时甚至有"天下无穷人"的谚语，当然这只是溢美之词，是不符合实际的。

从晋咸宁六年（公元280年）以后的十余年时间里，西晋发展生产，以农为本，劝课农桑，兴修水利，人民安居乐业，自给自足，出现了经济繁荣的升平景象，史称"太康盛世"。史家说"是时，天下无事，赋税平均，人咸安其业而乐其事"。

第二章

晋朝一统：分久必合才是王道

天子爱荒淫

封建社会逃不过治乱兴废的历史规律，乱世出英雄，开国多明君，治世多能臣，同时末世也多昏君。大多每一个朝代的灭亡都离不开一个"集万恶于一身"的末代君主，他们是这个朝代灭亡的催化剂，起了加速的作用，但即使没有他们，历史的车轮也会前进，治乱兴废的历史规律也会运行。

三国时期的吴国末代皇帝孙皓，荒淫无度，嗜杀成性，集万恶于一身。他的变态型人格，令吴国上下提心吊胆，人心涣散，加速了吴国的灭亡。

孙皓即位之前的皇帝是孙休，他是一位好皇帝，颁布了许多好的政策，促进了东吴的经济发展和社会的繁荣。孙休在位期间创建国学，设太学博士制度，营造了良好的学术氛围。孙休在武功方面没有什么建树，大概因为当时东吴弱小，无力与曹魏抵抗，在军事上处于守势。

吴永安七年（公元 264 年）七月，孙休病重。《江表传》曰："休寝疾，口不能言，乃手书呼丞相濮阳兴入，令子出拜之。休把兴臂，而指皓以托之。"孙休去世时只有三十岁，谥曰景皇帝。侄孙皓继位。

孙皓是孙权的孙子孙和的儿子。他既然并非孙休的儿子又是怎么即位的呢？孙休是有儿子的，但孙休去世时这个儿子还十分年幼。东吴的大臣对于蜀国的灭亡还心有余悸，他们认为在这样的一个乱世，立一个年幼的君主是很危险的，于是想立一个较年长的君主，这样就选中了孙皓。原本出于好意，却似乎命中注定，这位侥幸继位的皇帝成了吴国的掘墓人。孙皓即位后，追谥父亲孙和为文皇帝，并为他举行祭祀。

孙皓即位之初，实行过明政，他体恤民情，开仓济贫，以宫女配民间未娶妻之人。并将宫廷中珍禽猛兽放归山林，可见孙皓是很细心、仁慈的，当时朝野、百姓都称他为明主。《江表传》曰："皓初立，发优诏，恤士民，开仓禀，振贫乏，科出宫女以配无妻，禽兽扰于苑者皆放之。当时翕然称为明主。"

然而没过多久，孙皓便露出本性。孙皓接替孙休即位，应尊孙休的皇后朱氏为太后，群臣也认为应该是这个道理，并准备好了太后玺绶送入宫里。孙皓却谥他的父亲孙和为文皇帝，尊其母何姬为太后，贬朱氏为景皇后。

孙皓开始变得荒淫无道，整天沉湎在酒色中，朝廷上下都很后悔，也很失望。濮阳兴和张布在私下里说了一些抱怨的话，比如说后悔当初立孙皓为帝，天下没有不透风的墙，有人向孙皓告了密。结果可想而知，孙皓诛杀了张布。《三国志·吴书·孙皓传》记载："皓既得志，粗暴骄盈，多忌讳，好酒色，大小失望。兴、布窃悔之。或以谮皓，十一月，诛兴、布。"

孙皓不仅贬朱氏为景皇后，还逼杀了她，按规定，皇后的治丧场所应该是正殿，孙皓只是随意选了一间简陋的小房子为朱氏发丧。大臣们最初以为朱氏是病死的，但当他们知道朱氏是被逼死的之后，都很难过，并且痛恨孙皓。孙皓还斩草除根，将孙休的四个儿子遣送到一座小城，趁机在路上杀掉了年长的两个。如果孙休泉下有知，会不会为自己当初的选择后悔不已呢？孙皓荒淫无度，好女色，后宫"三千佳丽"，美女如云，但他仍不满足，他命太监在各个州郡为他挑选美女，就连大臣的女儿也不放过，只要年纪到了十五六岁就得先让他过目，看中的自己留下，看不中的才得以下嫁他人。

孙皓这人也不讲什么道理、法律，全凭自己的喜好办事。他身边的人也依仗孙皓目无法纪。一次，孙皓的小妾让侍从强抢百姓财物，孙皓以前的宠臣司市中郎将陈声撞见此事，他倚恃孙皓的宠遇，将抢夺财物的人绳之以法，不管他是出于什么目的，这样做无疑是对的。那个小妾就向孙皓抱怨，说了此事，孙皓大怒，认为陈声很不给自己面子，于是怀恨在心，后来制造借口令人逮捕了陈声，并用烧红的大锯锯断陈声的头，将尸体从四望台抛下。孙皓残忍成性，以杀人为乐，比起商纣王有过之而无不及，凡是对妃子、宫女、内侍稍有不满就杀死扔进水里漂走，更有甚者还要被剥皮、挖眼。

丹杨刁玄有一次出使蜀地，听说了司马徽与刘廙谈论运命历数等事，他们说的什么我们不得而知，但是刁玄添油加醋，回国后就不是原来的话了，他大概是想升官发财，于是散布谣言，大概是说，孙皓顺应天意，天下最终将是孙皓的。刁玄还弄了些晋国俘虏，逼迫他们说"吴天子当北上"。孙皓听了欣喜若狂，自己也认为这是天命。于是根据谣言所说，要到洛阳去，还要用车子拉着他的母亲、妻子及后宫数千人一同前往。此时正是冬天，路上遇到大雪，道路泥泞，前进非常困难，士兵们披甲持仗，一百人拉一辆车，冻死的士兵不计其数。兵士痛苦不堪，偷偷地说，如果这时来敌人，我们就投降。孙皓听了这样的抱怨，非常害怕，于是决定停止北上洛阳。

吴国贤良死于非命，小人却加官晋爵、步步高升，是非曲直本末倒置，朝政日益腐败。孙皓不仅自己喜欢喝酒，还下令让大臣跟他一起喝酒。不仅要喝，大臣们还必须喝醉，喝酒的时候，旁边站几个士兵，监视大臣，看谁不喝酒，就治谁的罪。宴会结束后，还要玩游戏，就是互相揭短，比如谁对孙皓不敬，谁说过孙皓的坏话之类，凡被揭发，杀无赦。受邀同孙皓喝酒的人，无不战战兢兢，每次赴宴前都当作生离死别，大多要与妻子儿女流泪告别，孙皓因修史的事对侍中韦曜颇为愤慨，借喝酒之名伺机报复。每个人都接到命令必须在宴会上喝够七升酒。韦曜自知酒量小，便偷偷以茶代酒。孙皓便以违抗命令为由，把他杀了。

不仅酒量小不行，喝醉了不省人事也不行，王蕃有一次醉倒在大殿上，孙皓二话不说，便将不省人事的他杀了。会稽太守车浚是个好官，有一年会稽郡发生旱灾，闹饥荒，百姓交不起资粮，车浚于是上书请求为百姓减免赋税。孙皓大怒，认为车浚此举是为了树立自己在百姓面前的威望，便将他的头割下。尚书熊睦看不下去了，相劝孙皓，孙皓哪能听进去，把他也杀了，熊睦死后体无完肤。

孙皓相信巫蛊之术，巫师说都城在建业不吉利，孙皓就把都城迁到武昌，可是扬州百姓运送物资去武昌是逆流而上，负担极为沉重，于是都城不久又迁回建业。回到建业以后，孙皓大兴土木，建昭明宫，与后宫妃子饮酒作乐。孙皓不仅自己不理朝政，还命令二千石以下的官员进山监督工人砍伐木材，真是无理取闹。更可笑的是为了造宫殿，他竟然把军营拆了，目的竟是获取木材。他大兴土木，建亭台楼阁，花费巨资。昭明宫有大小殿堂几十处，每座殿堂都雕梁画栋，极尽奢华，还在墙上绘制了神仙云气等奢华精美的壁画。在殿堂又造假山，山上建的楼阁，高耸入云，楼阁用珠玉装饰，四周用奇山异石点缀。他还命令士兵从事繁重的杂役，为图自己享乐，甚至征调长江边的戍卒为他捕捉麋鹿以供享乐。

孙皓的荒淫无度，让满朝文武十分不安，他们不知道哪一天灾难就会降临在自己头上，因此许多将领投降了晋朝。晋武帝准备灭吴，在蜀地造船，准备顺江而下。大臣吾彦对孙皓说，晋朝不久便会攻打吴国，我们应该增兵建平，建平不破，晋朝也就无法渡江。孙皓却不以为然，认为长江天险是一道稳固的屏障，根本不用担心。等到晋朝的军队到了石头城下的时候，孙皓又跟后主刘禅一样，反绑自己，抬着棺材投降去了。

另据《唐书·五行志》记载："吴孙皓宝鼎元年，丹阳宣骞之母，年八十，因浴化为鼋。骞兄弟闭户卫之，掘堂内作大坎，实水，其鼋即入坎游戏。经累日，忽延颈外望，伺户小开，便辄自跃，赴于远潭，遂不复见。"意思是说丹阳宣骞的母亲已经八十岁了，有一天她正洗澡，洗着洗着，自己竟然变成了一只鼋。她的儿子们把门、窗关起来保护她。在屋里挖了个坑，放上水，鼋在水里嬉戏，过了几天就从门缝里跑掉了。她跳进水潭中，以后再也没人看见过她，人们都说那是吴国灭亡的前兆。

孙皓归降晋国之后，被赐号为归命侯，居住在洛阳，有一回晋武帝与王济下棋，故意调侃孙皓："听说你还是吴王时常常剥人面、刖人足，是这样吗？"孙皓答曰："对君主无礼，自当受此刑罚。"看来即使沦为阶下囚，孙皓还是本性难改。

晋武帝司马炎

降孙皓三分归一统　金协中

到底打不打

孙皓的荒淫无度注定了东吴的灭亡，但此时晋国上下却还在为打不打东吴而烦恼，到底是为什么呢？

魏景元三年（公元 262 年），蜀国灭亡，打破了三国鼎立的局面。不久，曹魏政权落入司马昭父子之手。过了两年，司马昭病死，其子司马炎废曹奂，自立为帝，改国号为晋，史称西晋。自此形成晋、吴对峙的格局，要不要出兵吴国成为晋国不得不首先考虑的问题。

早在三国鼎立之时，魏的势力就远远超过蜀、吴，魏国幅员辽阔，资源丰富，经济发展，人口众多，魏国人口约占全国人口三分之三，蜀、吴总计才占七分之四。魏景元三年（公元 262 年），蜀国灭亡后，魏的实力就大大增强了，而且在军事上的优势更加明显，占领成都之后，魏国可以沿长江顺流而下，直取东吴。司马炎的政权得到巩固之后，打算出兵东吴，完成统一大业。

然此时的吴国却是在走下坡路，"逆水行舟不进则退"，吴主孙皓所作所为已经使东吴自身失去了战斗力。他的残暴使大臣们心惊胆战，不知什么时候就会身首异处，哪还有心思抵御外敌。他不听大臣的劝告，大臣们对他丧失了信心，纷纷投降西晋，他也成了孤家寡人。西晋见孙皓如此，自是很高兴，这正是灭吴的大好时机，孙皓的荒淫恰好做了西晋的帮手，加速了吴国的灭亡。因此大臣们纷纷劝说司马炎趁机灭掉吴国。

太尉录尚书事贾充是保守派，他不同意司马炎灭吴，他认为："西有昆夷之患，北有幽并之戍，天下劳扰，年谷不登，兴军致讨，惧非其时。""又臣老迈，非所克堪。"晋武帝听了很不高兴，他回答说："君不行，吾便自出。"贾充不得已，只好坐守中军，节度诸军。王浚攻克武昌后，贾充又上表说："吴未可悉定，况春夏之际，江、淮下湿，疾疫必起，宜召诸军，以为后图。"晋武帝没有听从他的意见。后来晋军果然灭掉了东吴，贾充很惭愧，向司马炎请罪，司马炎也只是"罢节钺、僚佐，仍假鼓吹、麾幢。充与群臣上告成之礼，请有司具其事。"

羊祜、张华、杜预等人则反对贾充的意见，他们是主攻派，他们认为，东吴现在是上下离心，吴主孙皓荒淫无度，统治阶级内部已经出现了严重的分化。孙皓剥削劳动人民，吴国发生了大规模的农民起义和士兵暴动，孙皓进行残酷的镇压，吴国的臣民也反对他，这已经动摇了孙吴的统治。如果此时出兵，必会战无不克，如果错过机会，吴主励精图治，再去灭吴就相当不容易了。晋武帝也是这么认为的，况且晋国有能力灭掉东吴。

晋国疆域辽阔，人口众多，控制着大部分的领土。东吴却仅有荆、扬、交三州的狭小疆域。两国接壤处常常发生战争。司马炎以消灭孙吴为目标，励精图治，在政治、经济和军事上采取了一系列措施，重点之一就是编练水军。

东吴沿江建国，尤以水军最为强大，有舟船五千余艘。西晋灭蜀国之后，已经占据了上游地区，只要有良好的水军，顺江而下，便可取下东吴。而此时西晋拥有一支五十万人的陆军，但是缺少水军，面对长江天险，虽"武骑千群，无所用之"。

羊祜主张利用长江上游的便利条件，在益州大办水军。晋泰始八年（公元272年），王濬受命，打造战船，训练水军，治水军数万人。晋军所建造的大型战船，长一百二十步，可容纳两千多人，船上用木头架起了一座城，城中有门，在船上可骑马驰骋。王濬增加了造船的人数，加快造船进度，很快就完成了造船任务。王濬建造了一支强大的水军，史称"舟楫之盛，自古未有"，远远超过了东吴。晋军的弱点得以克服，实力大为增强，提高了军事战斗力，为"水陆并进"灭吴创造了条件。

其实司马家族早有灭吴的打算。魏景元三年（公元262年），司马昭提出了"先定巴蜀，三年之后，因顺流之势，水陆并进"，然后吞并东吴，一统中国。可见司马昭战略眼光之远大。

政治上，司马昭首先巩固中央政权，在蜀国对刘禅及诸葛亮子孙进行优待，以巩固其在巴蜀的统治，解除后顾之忧。针对吴国则实行分化瓦解政策，对主动归乡的人予以优待，收买人心。改善内政，发展经济，巩固边防。调整军事部署，任命尚书左仆射羊祜都督荆州诸军事，镇襄阳；征东大将军卫瓘都督青州诸军事，镇临淄；镇东大将军、东莞王司马伷都督徐州诸军事，镇下邳。

经过几年的伐吴准备，到晋咸宁二年（公元 276 年），晋灭吴的准备已基本完成。征南大将军羊祜提出伐吴方针，具体方案是：从多方牵制徐州、扬州的兵力，然后集中兵力夺取夏口以西地区，进而顺流而下，攻陷建业。这个计划发扬了晋军水军的优势，并利用水系特征，直捣吴军后方，达到了速战速决的目的。

但由于太尉贾充等的反对，加之北方鲜卑族首领起兵反晋，后方不稳，直到晋咸宁四年（公元 278 年）十一月，此时羊祜已死，但他临死之前推荐杜预任征南大将军、都督荆州诸军事，晋武帝听从了他的意见，发兵二十万，大举伐吴。

杜预，字元凯，京兆杜陵（今陕西西安东南）人，西晋时期著名的政治家、军事家和学者，晋灭吴战争的统帅之一。历任魏尚书郎、河南尹、度支尚书、镇南大将军、当阳县侯，官至司隶校尉。灭吴后，研习经典、博学多闻，被誉为"杜武库"，著有《春秋左氏经传集解》及《春秋释例》等。

孙吴感到晋军的威胁，深知不能完全依靠长江天险，"长江之限，不可久恃"，大臣们向孙皓建议，在政治上"省息百役，罢去苛扰"，发展经济，减轻百姓负担，安抚民情，"养民丰财"；在军事上，加强建平（郡治在今湖北秭归）、西陵（今湖北宜昌东南西陵峡口）的防守。因为这是晋军顺流而下的并经之地，加强这里的防守就是切断了晋军顺流而下的路径。东吴名将陆抗指出："西陵、建平，国之蕃表（屏障）"，"如其有虞，当倾国争之。"（《三国志·吴书·陆抗传》）根据这个思想，在陆抗担任乐乡都督后，加强了西陵的防守。

一些证据也证明了东吴大臣的远见卓识，晋泰始八年（公元272年），建平太守吾彦发现有大量碎木从上游顺流而下，他知道这是王濬在巴蜀造战船。于是他上书孙皓，请求增强建平守备，但是孙皓没有理他。晋泰始十年（公元274年），陆抗又上书陈述加强建平、西陵防守的重要性。他说："若其不然。深可忧也。"但就是这样，孙皓仍是不相信晋军会攻打东吴，他只相信长江天险，认为东吴占据地利，晋军很难攻破。当然他也就不会进行积极地进行战争准备，还是老样子——不修内政，荒淫无度，这样的君主怎能不使国家灭亡呢？

西陵之战

《三国志》评陆抗："抗贞亮筹干，咸有父风，奕世载美，具体而微，可谓克构者哉！"陆抗，字幼节，吴郡吴县（今江苏苏州）人。三国时期吴国名将，名门之后，是陆逊次子，孙策外孙。

"不见襄阳登览，磨灭游人无数，遗恨黯难收。叔子独千载，名与汉江流。"陆游的这句诗是赞美羊祜的。羊祜是西晋开国元勋，文武双全。

一个是吴国名将，另一个是锋芒毕露的西晋开国功臣。各为其主，棋逢对手的英雄之争，西陵之战便是两人的第一次正面交锋，西陵之战之后两人亦有多次交锋。

在晋国攻打东吴之前，已有多名东吴的将领投降了晋国。有一天，孙皓召见昭武将军、西陵督步阐。步阐一家在西陵已经有四十余年。我们前面讲孙皓荒淫无度，嗜杀成性，早已众叛亲离，这几年叛逃的事已经接连不断。孙皓命令步阐离开西陵，步阐害怕孙皓因谗言对自己不利，于是在九月，举西陵城投降晋国，并将兄长步协的两个儿子步玑、步璿，送到晋国的首都洛阳当人质。

晋国很是高兴，一方面，晋国早已筹划灭吴大计，不战而屈人之兵，当然最好。另一方面，西陵地理位置非常重要，是东吴的西大门，陆逊曾经说过：一旦西陵有失，吴国将失去整个荆州。西陵地势险要，西陵峡航道曲折，滩多流急，西陵以东则豁然开朗，平野万里。西陵以南是蛮夷之地，屡次发生叛乱。西陵北面就是荆州，拿下西陵，吴国腹地便暴露无遗。因此晋国对这次吴国将领的投城非常重视。

晋国对步阐、步玑等表面加以重用，任命步阐都督西陵诸军事、卫将军、开府仪同三司、侍中，兼遥领交州牧，封宜都侯。步玑被任命监督江陵军事、左将军、散骑常侍、卢陵太守，后改封江陵侯。其实这些都是虚职，因为当时卢陵、江陵都不在晋国的管辖之下。

步阐叛变，东吴方面甚是吃惊，还未开战，东吴已居下风。陆抗知道西陵乃兵家必争之地，于是于十月，遣将军左奕、吾彦、蔡贡等部进围西陵，试图夺回此地。晋武帝命荆州刺史杨肇到西陵接应，巴东监军徐胤进攻建平（郡治秭归，今属湖北）以救援步阐，同时命车骑将军羊祜率步兵五万进攻江陵。

陆抗在赤溪至故市（今湖北宜昌）大修城墙，一方面可以围困步阐，另一方面可以抵御晋的援军。此举引来极大不满，手下都不理解陆抗的做法，认为直接在晋援军之前攻下西陵便可。西陵的防御当初均是陆抗亲自设置，他当然知道西陵防御坚固，粮草充足，是不可能很快攻克下的，若晋援军一到，内外受敌，必将大败。但他没有把这些告诉将士，而是让他们尝试攻打西陵，他们果然打不下来，于是全军上下都听从了陆抗的建议。

吴军想请陆抗到江陵去指导与羊祜的战争，当时陆抗坐镇乐乡，打算赴西陵督战。陆抗以为江陵城非常坚固，防守的将领也很多，不用担心。即使被晋军攻下，长期驻守也十分不易，倒是西陵，地理位置十分重要，如若丢失，晋军不仅可以顺流直下，南方诸夷也会趁机叛乱，如此一来，东吴必首尾不相顾，后果不堪设想。于是他放弃督战江陵的决定，而是奔赴西陵。

羊祜进攻江陵，由于江陵道路平坦、通畅，羊祜可以很快到达江陵城。陆抗当然知道这些，为拖延时间，他命江陵督张咸放水淹敌军。羊祜将计就计，陆路不成，便趁机用船运粮草、将士到江陵。陆抗又命张咸把之前建的堰坝毁掉，阻断晋军水上粮道。羊祜不得不改用车运粮，这样就浪费了时间，拖延了行军速度。

十一月，杨肇率军到西陵，巴东监军徐胤的水军抵达建平。陆抗令张咸固守江陵，派公安督孙遵驻扎于长江南岸，以防羊祜军南渡；水军督留虑、镇西将军朱琬阻止晋水军东下；

陆抗则率大军在长围与杨肇对峙，随时应战。将军朱乔、都督俞赞变节降晋。为防朱、俞泄露战机，陆抗连夜改变了战略部署。

果然不出陆抗所料，次日，晋军集中兵力攻击原吴兵防守较为薄弱之处，但陆抗早已改变了战略部署，结果晋军大败。十二月，杨肇兵败，趁夜逃跑，陆抗率众追击，但路上遭到步阐的袭击，于是停止追击，只不过继续敲鼓，假装追击。杨肇以为陆抗追来，非常害怕，结果乱了阵脚，丢盔弃甲，陆抗于是派轻兵追之，晋军惨败。羊祜见杨肇兵败，于是撤兵，陆抗随即收复西陵。

西陵城破，陆抗杀步阐及同谋叛变的将吏数十人，诛灭三族。同时，赦免了西陵城被迫叛变的数万人。前面提到步协之子步玑与弟弟步璿去了洛阳，据此应该逃过此劫，但《三国志》中却说只有步璿侥幸生存下来。这些我们就不做深究了。

羊祜在西陵之战之前并没有把陆抗放在眼里，他只知道此人为人正直，有一定头脑，略懂军事。经过西陵之战，陆抗卓越的军事才能得到了充分显示。陆抗建坝这个计策很是高明，你来进犯，我自然可以用水淹你，但是这是个很庞大的工程，羊祜肯定会发现，如此羊祜也就明白了建筑此坝的目的，毕竟羊祜不是傻子。但这个计策还有第二个意思，因为此路是晋军必经之路，此计不仅可以淹死晋军，也可以淹没道路，大坝毁坏，大水淹没道路，道路就变得泥泞不堪，晋军要运兵运粮食，就不会那么简单了。这样一来，势必会拖延时间，这就是陆抗想要的效果。

其实羊祜是知道的，但是既然要救援，就必须走这条路。

这是陆抗与羊祜之间的第一次交锋，此役，陆抗无疑是最大的赢家。他指挥若定，先打破晋军分进合击之势，用小股兵力牵制晋军主力，集中优势兵力攻打西陵，终于击败晋军，收复西陵。陆抗虽立大功，却"貌无矜色，谦冲如常，故得将士欢心"（《三国志·吴书·陆抗传》）。

羊祜则遭到了晋国大臣的弹劾。有司上奏说："祜所统八万余人，贼众不过三万。祜顿兵江陵，使贼备得设。乃遣杨肇偏军入险，兵少粮悬，军人挫衄。背违诏命，无大臣节。可免官，以侯就第。"（《晋书·羊祜传》）羊祜以八万之众不敌陆抗的三万人，是无法解释的。羊祜也被贬为平南将军，杨肇被免为庶人。

之后，羊祜与陆抗又有几次交锋，其中不乏心理战。

羊祜真的很优秀

唐朝著名诗人孟浩然在《与诸子登岘山》诗中，对羊祜这位杰出的政治家、军事家进行了热情赞颂：

人事有代谢，往来成古今。

江山留胜迹，我辈复登临。

水落鱼梁浅，天寒梦泽深。

羊公碑尚在，读罢泪沾襟。

晋泰始五年（公元 269 年），司马炎策划灭吴，因此选择好的将领，开始进行军事部署。他任命大将军卫瓘、司马伷分镇临淄、下邳，命羊祜为荆州诸军都督、假节，并保留他散骑常侍、卫将军原官不变。荆州是战略要地，晋、吴的边界线以荆州为最长，因此此地经常发生战争。

羊祜到任后，对荆州进行了视察，发现了许多问题，他认为荆州的形势并不乐观。经济落后，百姓的生活不够安定，粮食短缺，就连军粮也不充足。羊祜于是励精图治，开发荆州。他兴教育，办学校，宣传晋国的政策，安抚当地百姓，对于来投靠他们的人则给予优待。因此地与吴国相邻，时有来投降的人，羊祜都以诚相待，去留可由自己决定。

按照当地的风俗，如果上任长官死在官署之中，后来当官的认为住这样的房子不吉利，于是往往拆毁旧府，另行修建。羊祜认为，"生死有命，富贵在天"，况且这样做也浪费财力、人力，加重了人民的负担，因此下令一律禁止。吴国在石城的驻军常常与相距七百多里的襄阳军民发生冲突。羊祜深以为患，他想了一个计策，最后使吴国撤掉了这部分军队，之后，襄阳军民得以安定生活，安心生产。

羊祜实行军屯，他让一半军队巡逻戍守，另一半垦田。羊祜刚来时，隶属于军队的屯田有八百余顷，所产粮食只够维持一百多天。羊祜到来后，经过几年的发展，军粮可用十年。羊祜的这些措施使荆州经济发展，人口增多，人民安居乐业，社会秩序良好，军队的战斗力增强，为以后灭吴做好了准备。晋武帝封羊祜为南中郎将，掌握汉东江夏地区的全部军队以表彰他的功绩。

羊祜还身先士卒，以身作则，他虽为军中最高长官，但非常平易近人，经常穿着平常的衣服，不穿铠甲。身边保护他的人也不过十几个。有一天夜晚，羊祜想出去打猎，军司马徐胤拦住他说："将军都督万里，安可轻脱！将军之安危，亦国家之安危也。胤今日若死，此门乃开耳。"（《晋书·羊祜传》）羊祜连忙道歉，从此之后很少出去打猎了。

后来，羊祜又被加封为车骑将军，并受到开府如三司之仪的特殊待遇。可能他自己也觉得升迁得太快了，于是上表固辞："臣伏闻恩诏，拔臣使同台司。臣自出身以来，适十数年，受任外内，每极显重之任。常以智力不可顿进，恩宠不可久谬，夙夜战悚，以荣为忧。臣闻古人之言，德未为人所服而受高爵，则使才臣不进；功未为人所归而荷厚禄，则使劳臣不劝。今臣身托外戚，事连运会，诚在过宠，不患见遗。而猥降发中之诏，加非次之荣。臣有何功可以堪之，何心可以安之。身辱高位，倾覆寻至，愿守先人弊庐，岂可得哉！违命诚忤天威，曲从即复若此。盖闻古人申于见知，大臣之节，不可则止。臣虽小人，敢缘所蒙，念存斯义。今天下自服化以来，方渐八年，虽侧席求贤，不遗幽贱，然臣不尔推之德，达有功，使圣听知胜臣者多，未达者不少。假令有遗德于版筑之下，有隐才于屠钓之间，而朝议用臣不以为非，臣处之不以为愧，所失岂不大哉！臣忝窃虽久，未若今日兼文武之极宠，等宰辅之高位也。且臣虽所见者狭，据今光禄大夫李憙执节高亮，在公正色；光禄大夫鲁芝洁身寡欲，和而不同；光禄大夫李胤清亮简素，立身在朝，皆服事华发，以礼终始。虽历位外内之宠，不异寒贱之家，而犹未蒙此选，臣更越之，何以塞天下之望，少益日月！是以誓心守节，无苟进之志。今道路行通，方隅多事，乞留前恩，使臣得速还屯。不尔留连，必于外虞有阙。匹夫之志，有不可夺。"（《晋书·羊祜传》）可见羊祜是非常谦虚的，也是相当谨慎的，但朝廷没有接受他的推辞。

晋泰始六年（公元270年），羊祜的劲敌陆抗来到了荆州，担任都督一职。陆抗可比他的前任厉害多了，一到荆州，就注意到西晋的动向，立即上书孙皓。陆抗看到晋国这几年在此地的发展，对荆州的形势非常担心，他告诉孙皓晋国已经有所举动，我们应该积极备战了，而不要盲目相信长江天险。他把要做的事情归纳为十七条建议，上书孙皓。

羊祜知道陆抗不简单，于是更加小心、谨慎。他一方面积极备战，加强荆州的军事布置；另一方面密呈伐吴大计，他认为伐吴之战争必须利用晋国占领成都可以沿长江顺流直下的有利条件，在益州（今四川地区）造战船，训练水军。

晋泰始八年（公元272年）八月，发生了西陵之战，结果大家都知道了，羊祜因此被贬为平南将军，杨肇则被贬为平民。西陵之战失败后，羊祜总结了失败的原因：陆抗在这场战争中发挥了重要的作用，对晋国绝对是个威胁。吴主孙皓虽然荒淫无度，但吴国仍有一定的实力，灭吴之战不可能一蹴而就。因此他一方面对吴国采取军事进攻，一方面则实行怀柔政策，进行分化，等待恰当的时机。

每次两军交战，双方将领都会商定交战的时间，从来都是正面交锋，不搞突然攻击。有人劝说羊祜主动出击，羊祜只是用酒将他们灌醉，并没有提出自己的看法。羊祜的部队偷割吴国的稻谷充作军粮，羊祜则命令手下根据稻谷的数量给予相当价值的绢，以示赔偿。羊祜常在江沔一带游猎，但范围往往只限于西晋境内，从不跑到吴国境内，如有的禽兽先被吴国人射中了，而后跑到了晋国的领地，羊祜则命令统统还给吴国。羊祜的这些做法，收到了良好的效果，吴人心悦诚服，都称呼他为"羊公"。

有一次他的部下在一次作战中，抓到吴军将领的两个孩子。羊祜命令将孩子送回，他的目的很明显，就是收买人心。结果正如他所料，那两位少年的父亲率其部属一起来降，吴将夏详、邵颉等也前来归降。吴将陈尚、潘景率军攻打晋国，战死，羊祜厚葬了他们。

吴将邓香进犯夏口，羊祜悬赏将他活捉，抓来后，又把他放回。邓香感恩，率其部属归降。

陆抗自然明白羊祜的这些做法的目的，知道这是分化的政策，所以常告诫将士们说："彼专为德，我专为暴，是不战而自服也。各保分界而已，无求细利。"吴主孙皓听到陆抗在边境的做法，很不理解，就派人斥责他。陆抗回答："一邑一乡，不可以无信义，况大国乎！臣不如此，正是彰其德，于祜无伤也。"（《晋书·羊祜传》）孙皓无言以对。

羊祜此人刚正不阿，为官清廉、正直，嫉恶如仇，因此在朝中也得罪了不少人，像荀勖、冯紞等人就忌恨他。羊祜不喜欢他的堂甥王衍，因为他言辞华丽，雄辩滔滔。羊祜曾对人说："王夷甫方以盛名处大位，然败俗伤化，必此人也。"还有王戎，西陵之战时，羊祜曾要处斩他，由于有人求情才没有实行。王戎、王衍都把这些记在心里，常常在言语上攻击他。当时有"二王当国，羊公无德"的说法。

晋咸宁二年（公元 276 年）十月，晋武帝恢复羊祜之前的职务，任命他为征南大将军。当时吴国有童谣："阿童复阿童，衔刀浮渡江，不畏岸上兽，但畏水中龙。"羊祜听后，说："此必水军有功，但当思应其名者耳。"（《晋书·羊祜传》）王濬小字"阿童"，有才能，羊祜认为王濬可担当重任，于是把他选为自己的继承人。

杜预借刀杀人除张政

"敌已明，友未定，引友杀敌，不自出力，以《损》推演。"意思是，当你已经看透了敌人的意向，但自己的盟友还没有决定如何行动，你就应该想方设法，让你的盟友将你的敌人杀掉，这样就不用自己出动，也会免受损失。这便是三十六计之一"借刀杀人"之计。此计不仅用于军事战争，也广泛用于官场，用于官场多是一种尔虞我诈、相互利用的政治权术。历史上，运用此计达到目的的事情不胜枚举。

春秋战国时期，齐简公要攻打鲁国。齐国实力强大，鲁国不是它的对手，形势很危急。子贡认为，既然鲁国打不过齐国，可以借助第三国的力量帮助鲁国，这个国家就是吴国。子贡首先游说齐相田常，田常有异心，想篡位自立，急欲铲除朝廷里的敌人，子贡抓住这一点以"忧在外者攻其弱，忧在内者攻其强"的道理提醒他，如果让自己的对手在攻打鲁国的过程中变得强大，这样就不好对付了。现在的办法是让对手攻打吴国，这样便可借吴国之手铲除异己。田常认为子贡的话很有道理，但当时已箭在弦上，攻打鲁国早已准备好了，在这个时候改为攻打吴国，没有理由。子贡说这事由我来办，我去劝说吴国救鲁伐齐，这样齐国攻打吴国就师出有名了。田常于是答应了。

子贡又跑到吴国，对吴王夫差说，齐国攻下鲁国，下一个必将是吴国。现在吴国应该趁齐国还没有吞并鲁国之前，先发制人，先下手为强，联合鲁国攻打齐国，齐国灭亡了，吴国就可以与晋国抗衡，进而成就霸业也就不远了。我还可以说服赵国帮助吴国，这样伐齐应该就能成功。子贡果然说服了赵国，派兵随吴伐齐，解决了吴王的后顾之忧。这样看似事情已经结束了，但子贡又想"螳螂捕蝉黄雀在后"，齐国被打败之后，吴国会不会威胁鲁国呢？到那时候，鲁国岂不是又陷入危机了？于是子贡又跑到晋国，向晋定公说，吴国如果攻打鲁国，下一个将是晋国，进而称霸中原，劝晋国保护鲁国，防范吴国。

公元前484年，吴王夫差亲率十万精兵及三千越兵攻打齐国，救援鲁国，鲁国也派兵帮助吴国。结果齐师大败，齐国求和。吴国打败齐国之后，果然进而攻打晋国，但当时因为晋国早有准备，吴军没有得逞。

子贡运用的借刀杀人之计有点高难度了，他充分利用齐、吴、越、晋四国的矛盾，巧妙周旋，借吴国之"刀"，击败齐国；借晋国之"刀"，灭了吴国的威风。最后目的终于达到，使鲁国摆脱了危机。子贡将"借刀杀人"运用得出神入化，堪称经典之作。

晋灭吴的战争中也运用了"借刀杀人"之计，当然没有子贡的那么复杂，但是同样达到了目的。运用此计的便是杜预。晋武帝时，杜预很受重用，他多次出镇边关，在任期间提出了许多有用的建议，总计有五十多条，而且朝廷都采纳了他的建议。他还修订历法，颁布通行。据《晋书》记载："在内七年，损益万机，不可胜数，朝野称美，言其无所不有也。"可见他的确提出了很多好的建议。咸宁四年，杜预继任羊祜为镇南大将军都督荆州事，期间发展生产，兴修水利，取得了很好的成绩。军事上奇袭西陵，三次上书主张灭吴。

晋灭吴一战中，杜预担任西线指挥，他智取江陵，为西晋的统一做出了卓越的贡献。其实这位驰骋沙场的人物，不善骑射，几乎不懂武艺。"身不跨马，射不穿札"。但是他喜欢读书，尤其推崇《左传》。

杜预虽没有武艺，但聪明过人。在晋灭吴的战争中，杜预巧施借刀杀人之计，除掉自己的劲敌张政，伐吴之战变得容易多了。

西晋王朝占有大半个中国，孙吴政权却只有长江中下游以南的地区。孙吴在经济、资源、人口、军事上都无法与西晋抗衡。加上孙皓昏庸，政局动荡，当时灭吴是一个很好的时机。晋武帝也很想发动战争，灭掉吴国，但无奈朝廷内部意见不统一。除羊祜、张华等少数大臣支持晋武帝伐吴的计划外，大多数都是中间派。朝廷中一些有实力的人物，比如贾充、荀勖等并不赞同此时灭吴，晋武帝犹豫不决，以致错过了灭掉东吴的好机会。

晋咸宁四年（公元278年）春天，羊祜突然病逝。羊祜是晋军主帅，驻守荆州前线。羊祜是主战派，晋武帝本来想让他带兵攻打吴国的，羊祜的死亡对晋武帝打击很大，他有些后悔，应该听从羊祜的建议早点伐吴的。但是羊祜临终前，给晋武帝举荐了一个人，他认为此人完全可以担此重任，这个人就是杜预。羊祜举荐杜预是有原因的，一方面是因为杜预是主战派，杜预始终站在羊祜一边。另一方面则是因为杜预本人有这个能力接替羊祜，担当此任。杜预有卓越的军事才能，在以后的灭吴战争中应该能够大胜而归。晋武帝于是任命杜预接替羊祜为镇南大将军。杜预南下荆州首府襄阳积极备战。

荆州地理位置非常重要，当时，西晋和孙吴各有一个荆州，形成南北对峙的局面。战争如若打响，杜预的首要任务就是夺取孙吴的荆州。

杜预到达荆州后，积极进行军事部署，其实跟羊祜生前的没有什么两样，同时派兵奇袭西陵。前面讲过，西陵（今湖北宜昌东南）的战略位置十分重要，它是东吴的门户。如果晋军可以攻下西陵，那么成都方面的水军就可以顺流而下，夺取荆州。

西陵曾落入过西晋之手，但又被陆抗夺了回来。对于西陵的重要性，东吴是很明白的。大将陆逊曾说，西陵是孙吴西边的门户，若失西陵，荆州不保。所以，东吴一直对西陵严加控制。但陆抗死后，孙皓逐渐回收了驻扎在此的兵力。接替陆抗驻守西陵的是东吴名将张政。不除张政，西陵就很难攻下，攻不下西陵就会阻碍晋军的前进。

杜预想了一个办法，可以使事情变得简单，那就是用借刀杀人之计除掉张政。杜预刚到西陵便偷袭张政，张政准备不充分，打了败仗。

张政刚上任就打了败仗，如果让孙皓知道了肯定会惩罚他，所以他没有如实禀报。杜预早知孙皓生性多疑，对臣下很不信任，于是他利用这一点，故意把抓到的几个俘虏送到吴国的首都建业。孙皓果然中计，他见了俘虏很生气，召回张政，任命武昌监刘宪接替他的职务。杜预巧妙地利用孙皓的多疑，故弄玄虚，借孙皓之手除掉张政，不战而屈人之兵。在大战之前，更换主帅，这就为晋军的胜利创造了有利的条件。

晋咸宁五年（公元279年）八月，伐吴之战已经准备就绪，杜预上书晋武帝请求伐吴。但就在这个时候，驻守在扬州前线的晋军主帅王浑不知从哪里得来消息，说孙吴要发倾国之兵攻打晋朝。反对派一听这还得了，于是说三道四，弄得晋武帝又是犹豫不决，最后将灭吴的计划又推迟了一年，让东吴又苟延残喘了一年。

之后，杜预又两次上书主张伐吴，加之中书令张华也恳求晋武帝伐吴，才使司马炎下定决心。十一月，晋军兵分六路，水陆并进，大举攻吴。杜预担任西线指挥，并负责调遣益州刺史王濬的水师。

吴国也没了

　　晋武帝因为反对派的说辞，总是举棋不定，拿不定主意。杜预见司马炎犹豫不决，非常着急，于是再次上书，陈述伐吴之利害。他说，吴国的兵力部署捉襟见肘，他们只能集中兵力保住夏口以东，如果西线有战事，他们都无力增援。杜预还婉转地批评晋武帝犹豫不决，屡次推迟灭吴大计，是在姑息养奸，养虎为患，给敌人喘息的机会。他认为，晋国强大，孙吴弱小，即使伐吴没有成功，也不会有什么大的损失。

　　杜预一而再再而三地劝说，晋武帝仍是犹豫不决，可见司马炎在伐吴一事上有多么地纠结。杜预见司马炎还不给予答复，干脆再次上书，这已经是第三次了。这一次他愤怒地批评了反对派，认为他们以小人之心度君子之腹，是不顾国家利益。杜预还说，我们要攻打东吴的消息已经被他们知道了，东吴肯定会采取对策，如果等到他们一切准备就绪，那么就白白增添了我们伐吴的困难。

晋咸宁五年（公元279年），王濬上书请求伐吴，他说："臣数参访吴楚同异，孙皓荒淫凶逆，荆扬贤愚无不嗟怨。且观时运，宜速征伐。若今不伐，天变难预。令皓卒死，更立贤主，文武各得其所，则强敌也。臣作船七年，日有朽败，又臣年已七十，死亡无日。三者一乖，则难图也，诚愿陛下无失事机。"（《晋书·王濬传》）

当时，司马炎正在与张华下棋。张华也是主战派，他也趁机劝说："陛下圣明神武，朝野清晏，国富兵强，号令如一，吴主荒淫骄虐，诛杀贤能，当今讨之，可不劳而定。"（《晋书·杜预传》）但是反对派还是固执己见，贾充、荀勖等人还是反对伐吴。大臣山涛竟然说出了这样的道理："外宁必有内忧，今释吴为外惧，岂非算乎。"最后由于主战派屡次劝说，陈述利害，此时司马炎已经看清了当时的局势，决定伐吴。

羊祜生前早已将伐吴大计制定好了，十一月，司马炎采用羊祜计，发兵二十万人，分六路进攻吴国：

1. 镇军将军、琅琊王司马伷向涂中（今安徽滁河流域）方向发动进攻。

2. 安东将军王浑从扬州（州治在今安徽寿春）出发，向江西（指今安徽和县方向），出横江渡口后行军。司马伷、王浑这两军可以牵制吴军主力，使其不能增援上游，然后南下东进，夺取建业。

3. 建威将军王戎自豫州（州治在今河南许昌东南）向武

昌（今湖北鄂州）方向进军。

4. 平南将军胡奋自荆州向夏口（今武汉市武昌）方向进军。

5. 镇南大将军杜预自襄阳向江陵（今属湖北）方向进军，然后南下到达京广地区。王戎、胡奋、杜预这三军夺取夏口以西各战略要点，以策应王濬所率的七万水陆大军顺江而下。

6. 龙骧将军王濬、广武将军、巴东（郡治在今四川奉节）监军唐彬从水路东下，抵建业。太尉贾充为大都督，冠军将军杨济为副都督驻守襄阳；张华任度支尚书，负责粮食物资的运输。

晋军采取了分兵击之、各个击破的策略，这样的部署是正确的。东吴虽然弱小但仍有兵力二十万人，不可轻视，相对而言，晋军伐吴的兵力并不占优势。但是吴国却将这二十万兵力分散布防于沿江和江南各地，这使得孙吴的军力有所分散，给晋军以可乘之机。

晋武帝太康元年、东吴天纪四年（公元280年）正月，将军王浑率十多万大军进军横江，王浑坐镇横江，派参军陈慎、都尉张乔攻击寻阳（今湖北武穴东北）；又派李纯率军进攻俞恭部，李纯大败吴将俞恭，斩杀吴官兵多人，占领高望城，准备渡江。与此同时，参军陈慎军攻取了阳濑乡，大败吴将孔忠。吴将陈代、朱明等主动率兵投降了晋军。

二月，吴主孙皓命丞相张悌率兵三万迎击王浑军，以阻止晋军渡江。张悌军行至牛渚（今安徽当涂北采石），沈莹分析形势说："晋治水军于蜀久矣，今倾国大举，万里齐力，名将必悉益州之众浮江而下。我上流诸军，无有戒备，皆死，幼少当任，恐边江诸城，尽莫能御也。晋之水军，必至于此矣！"

沈莹建议说，应集中兵力据守采石，在采石与晋军决一死战，若能打败晋军，进而可以阻止晋军渡江，还可西上夺回失地。如若失败，那么晋军将不可阻止，东吴必不可保。但张悌却认为，在此等待只能让将士们士气更加低落，我们主动出击，一鼓作气，说不定还有希望。如果我们战胜了，可以顺势南下，迎击敌人，也可以收复失地。假如我们失败了，我也算为国尽忠，我将死而无憾了，张悌已经做好了以死殉国的准备。

张悌于是率军渡江，却被张乔军包围，张乔兵少将寡，不是张悌的对手，于是请降。副军师诸葛靓认为，张乔很明显是假投降，这是缓兵之计，拖延时间，等待后援，我们应该迅速将其歼灭。但张悌却认为大敌当前，这种小战能免则免，于是接受了张乔的投降，率兵继续前进，随即遇到了王浑的主力部队。两军对峙大战即将开始。

吴将孙莹率领五千精兵首先发动攻击，但是连续几次都没能成功，孙莹不得不退兵。晋军趁吴军撤退之时，命将军薛胜、蒋班乘胜追击，吴军大败。此时，伪降之张乔军又从背后杀来，里应外合，将吴军杀了个大败。诸葛靓见大势已去，收拾残兵败将逃回江南去了。张悌以死报国，与沈莹、孙震力战而死，实现了他自己的诺言，晋军继续前进，准备渡江。

此时，晋将何恽急于立战功，他向扬州刺史周浚建议说，张悌一部被我歼灭，吴国上下必然乱了阵脚，现在应该挥师渡江，直取建业，定能拿下东吴。王浑听到这一建议后，比较小心谨慎，他认为晋帝只是命他出兵江北，抵御吴军，如果擅自渡过长江，就是违背军令，即使胜利也不会有什么奖赏；但若失败，必是死罪。于是王浑仍按兵不动，等待王浚军的到达，然后再统一会合王浚等军渡江作战。何恽再次劝说，认为将在外君命有所不受，如果错失良机，灭吴就很困难了，但王浑却置之不理。

琅琊王司马仙，自正月出兵以来，连克几座城池，迅速进至涂中。司马仙令刘弘抵达长江岸边，与建业吴军隔江相峙；命王恒率诸军渡过长江，直攻建业。王恒军势如破竹，进展十分顺利，沿途消灭吴军五六万人，还俘获孙吴都督蔡机。这时，王浚军在长江上中游获胜，顺流抵达牛渚，王浚军继续顺流东下，吴主孙皓命游击将军张象率一万水军前往抗击王浚军时，张象军一见西晋军的旗号便全部投降了西晋。王浚的兵力遍布长江，呐喊声响彻天空，气势恢宏，继续向前推进。

晋军大举进攻的消息传来，原先往交趾征讨郭马的将军陶浚，便停止去交趾，返回了建业，此时，吴将陶浚奉命率军两万与晋军作战，要出发的前天晚上，部众也逃散一空。

王浑、王浚和司马仙等各路大军已逼近建业，吴国司徒何值、建威将军孙宴等见大势已去，不想再战，干脆交出印信符节，前往王浑军前投降。吴主孙皓见自己内部已分崩离析，便采用薛莹、胡冲等人的计策，分别请降于王浑、王浚、司马仙，企图挑唆三人互相争功，引起晋军自相残杀。但是计划没有成功。

王浚挥师直进，离建业只有一步之遥，王浑劝王浚暂停进军，王浚哪能让快吃到嘴边的肉再吐回去啊，于是借口风大无法停船，直捣建业。当日，王浚统率水陆八万之众，浩浩荡荡，进入建业。吴主孙皓自知完蛋了，反绑双手、抬着棺木，表示诚意，前往王浚军门投降。至此，晋军占领了东吴四州、四十三郡，俘虏了吴国官兵二十三万，东吴政权宣告灭亡，三国鼎立的局面结束了。

从此天下姓司马

王濬楼船下益州，金陵王气黯然收。

千寻铁锁沉江底，一片降幡出石头。

人世几回伤往事，山形依旧枕寒流。

从今四海为家日，故垒萧萧芦荻秋。

——唐·刘禹锡《西塞山怀古》

在这首诗中，作者首先想象王濬建造的战船浩浩荡荡地从益州出发，顺长江而下，直达东吴首都建业，攻破金陵，吴主孙皓投降的壮观场面。王濬在益州建造战船，"以木为城，起楼橹，开四处门，其上皆得驰马往来"（《晋书·王濬传》），这样的战船并排行驶在江面上该是多么壮观的场面啊！

"千寻铁锁沉江底，一片降幡出石头"，东吴曾为防御晋武帝的讨伐在西塞山修筑堡垒，并在长江拉起铁链以阻挡王濬的楼船。但王濬用麻油火炬将铁锁链熔化，千年的铁索沉入江底。金陵城破，一片"降幡"插在了石头城上，吴主孙皓投降。

从客观的角度看东吴的灭亡，非兵将不多，城池不坚固，地势不险要。只因孙皓不修内政，荒淫误国，致使"上下离心，莫为皓尽力"（《三国志·吴书·孙皓传》），所以必然要导致"铁锁沉""降幡出"的下场。这个历史教训是深刻的，不能不令人感慨深思。

然而令作者更为感慨的是"人世几回伤往事，山形依旧枕寒流。从今四海为家日，故垒萧萧芦荻秋"。东吴之后在金陵相继建都的东晋、宋、齐、梁、陈六个朝代都已灭亡，他们的灭亡有相似的原因。但是人们总不会从过去的失败中吸取教训，一系列相似的历史事件在循环往复地发生。正如杜牧在《阿房宫赋》中所说："后人哀之而不鉴之，亦使后人而复哀后人也。"封建社会逃不过"分久必合，合久必分"的历史规律。东汉末年，分崩离析，军阀混战。经过一系列的兼并战争，出现了三国鼎立的局面。三国争霸，最后又归为一统。

东吴的失败主要是内部原因造成的，外因只是加速了其灭亡。

第一，孙皓荒淫无度，政治腐败。东吴末代皇帝孙皓自当政以来，荒淫无度，昏庸残暴，残害人民，无所不用其极，扒皮、挖眼等酷刑令朝野上下人人自危，不敢进谏真言。民间谣传章安侯孙奋应成为天子，孙皓便斩草除根，将孙奋和他的五个儿子统统处死；吴中书令贺邵因中风，不能说话，辞职数月，孙皓怀疑他装病使诈，命人严刑拷打后，还用烧红的锯割下了他的头，但他最后也没有说出话来，家属也被流放；孙皓近小人远贤臣，张俶阿谀奉承、喜欢打小报告，却被宠信，升官晋爵，最后竟成为司直中郎将，进封侯爵。是非不分，黑白颠倒，朝政日非，全国上下一片恐怖气氛。

第二，迷信长江天险，没有充分的战争准备。养兵千日，做好随时应战的准备工作是千年古训。司马昭在灭蜀国后，为下一步灭吴积极做准备。对于邻国的举动，东吴的很多大臣是知道的，就算他们不去调查，只要想一想也会明白，蜀国已亡，下一个肯定就是东吴。因此很多大臣，建议吴主孙皓加强军备，增强长江流域战略要点的防御力量，提高警惕，防止西晋的突袭。晋朝在益州打造战船的时候，吴建平太守吾彦发现了长江上游漂来的大量木屑，便知道了晋国正在大造战船，训练水军，等到一切就绪的时候便会顺流而下。吾彦向吴主孙皓建议说："晋必有攻吴之计，宜增建军兵以塞其冲要。"晋泰始十年、吴凤凰三年（公元274年），吴国大司马陆抗在临死之前，仍向孙皓建议增兵加强西陵、建平的防守实力。但孙皓却没有接受这些关键性的建议。

第三，战略决策的失败。所谓"知己知彼，百战不殆"。东吴统治集团多年来既不知道晋军的动向，在作战中又不能随机应变，失去了战机；还在战争中指挥失误，致使拥有二十多万大军，占据长江天险的东吴在不到两个月的时间即灰飞烟灭，这在古代战争史上也是很少见的。

东吴在军事力量对比中虽处于劣势，战前也未做充分的准备，但是如果能够在战争中随机应变，采取相应的战略对策，也不至于如此迅速地彻底灭亡。从当时战略部署看，东吴如果采取两方面的措施，有可能自保：一是立即增调兵力加强建平、西陵的防御，这也是陆抗临死之前的建议；二是既然东吴军力不够，就集中兵力于建业附近，驻扎江边阻止敌人登陆。可惜东吴统治集团没有想到这一点，致使西晋王濬的水军顺利进入并和三路大军胜利会师于建业江面，对东吴形成更大的威胁。

晋灭吴之战是中国战争史上的一次大规模渡江战役。此役西晋水陆俱进、多路并发、顺流直下，各个击破，一举消灭东吴。西晋统一全国，结束了自东汉末年几十年的分裂割据局面。在这场战争中，西晋准备充分，水陆并进，战略指挥得当，多路齐发，最后取得了胜利。王濬率的水军在这场战争中起了十分重要的作用。长江先后阻截过曹操、曹丕。王濬率领的水军从巴蜀沿江东下，克服长江天险，大败强大的吴国水军。足见晋国已经建立了一支强大的水军，比起东吴有过之而无不及。然后又不失时机地配合步兵发起总攻，终于灭掉了

吴国。

孙皓归晋后，全家移居到了洛阳。"四月甲申，诏曰：'孙皓穷迫归降，前诏待之以不死，今皓垂至，意犹愍之，其赐号为归命侯。进给衣服车乘，田三十顷，岁给谷五千斛，钱五十万，绢五百匹，绵五百斤。'皓太子瑾拜中郎，诸子为王者，拜郎中。五年，皓死于洛阳。"（《三国志·吴书·孙皓传》）

"滚滚长江东逝水，浪花淘尽英雄。是非成败转头空，青山依旧在，几度夕阳红。白发渔樵江渚上，惯看秋月春风。一壶浊酒喜相逢，古今多少事，都付笑谈中。"杨慎在写这首《临江仙》的时候肯定想不到日后会成为电视剧《三国演义》的主题曲而传唱后世成为与整个三国最为相关的一部文学作品。三家人，三个国家为了相同的目的打了将近一百年的时间，最后却让一个满腹阴谋论的老头子的后代占据了整个中国，这其间的多少兴亡实在是令人怅惋。

曹操、刘备、孙权还有其他无数的英雄在这样一个伟大时代出现又消逝，官渡、赤壁、夷陵无数的壮烈的战争大戏在这个伟大的时代不断地上演，为人们贡献着无数的经验、财富与意义。

回望历史，我们不禁感叹，那样的一个传奇时代让我们艳羡不已。这也就是三国史所具有的独特的魅力。三国虽然已经远去为尘封历史当中的一个小小的段落，但今天看起来仍旧历久弥新。三国不但在历史当中，也同时在每一个中国人的心里，三国历史虽然终结，但我们的历史还在继续。历史的车轮将我们和三国的英雄们集合在了一起，就在这部书当中，就在此刻，这里。

第三章

皇帝生涯：朽木也可充栋梁

这个太子很悲催

不凡之人，大都有一些现在人看来似是荒诞的出生传说。相传老子的母亲怀胎八十年才生下老子；汉昭帝刘弗陵的母亲，怀胎十四月才生下他；传说中的尧母也是怀胎十四个月；而司马衷的母亲，相传怀胎二十个月才诞下这个孩子，只不过这孩子不是学问精深的老子，也不是政治上颇有建树的汉昭帝、尧帝，而是历史上分外出名的傻小子：晋惠帝。

晋惠帝司马衷，字正度，晋武帝司马炎第二子，西晋的第二代皇帝。

晋泰始三年（公元 267 年），司马衷被立为皇太子，时年九岁。司马衷的太子之位，得来的原因与他的父亲有些类似。他本来有一个哥哥，只不过这个哥哥命不好，活了两年就夭折了，于是，司马衷理所应当成了嫡长子，接着理所当然地成了皇太子。

对于一个九岁的孩子而言，此时他天资中的愚钝未能完全暴露，他的弟弟司马柬虽然也是皇后的儿子，却才五六岁，作为父亲的武帝司马炎自然也没什么可选择的。在司马衷即位之前的二十三年太子生涯中，他的地位屡次受到威胁，却终究稳如泰山，平安熬到了登基，这主要得感谢三个人。

首先得感谢他的母亲杨皇后。司马衷的弟弟司马柬智商不仅正常，史书上说他"沈敏有识量"，即沉着聪明又有胆量，尽管如此，作为母亲的杨皇后还是更喜欢愚痴一些的司马衷。

待司马衷渐渐长大，当父亲的司马炎开始流露出对这个太子的不满，甚至表示为了天下苍生想换掉太子，杨皇后出面反对说："立嫡以长不以贤，岂可动乎？"

一句话轻描淡写却说到了武帝的痛处，如果他自己不是嫡长子，恐怕也登不上皇帝的宝座。古人在嫡长子继统这个问题上，有时候有点偏执的倾向，既然古训如此，武帝也不得不认。

第二位，是他的叔叔司马攸。

司马攸对傻孩子司马衷的太子宝座实在没有特意做出什么贡献，只不过他犯了一点错误，恰好帮助了这个傻侄儿。他犯了什么错呢？他的大错误主要有一个，就是他太优秀了。

所谓"木秀于林风必摧之"，司马攸一辈子都犯在这个事情上。

司马昭在确立接班人的人选上曾经有过一段迷茫期，据说他临死之前极担心两个儿子因为争太子位而反目为仇，拉着两个儿子的手殷勤嘱托作为兄长的司马炎照顾好这个他最爱的小儿子。四年后，两兄弟的母亲王太后死前，也是念念不忘这个得宠的小儿子，对司马炎自然又是一顿苦口婆心。

自己的父母不疼爱自己，死之前最想的还是自己的弟弟，这在司马炎心中怎能不留下阴影？被父母喜欢也就算了，朝中大臣对这个曾经差点成为主子的司马攸也一直念念不忘，加之武帝司马炎的儿子们也都实在不成气候，司马炎就试探性地问了问大臣张华："谁可托寄后事？"张华回答："明德至亲，莫如齐王攸。"当时朝中重臣王浑、羊琇、王济、甄德以及司马家族的重量级人物，都很看好齐王攸。

一位太过优秀的弟弟，夺走了自己父母的宠爱，差点夺走了自己的太子位置，现在又要来夺走自己儿子的皇帝宝座，还夺走了朝中大臣的归属感。不管司马攸是有心争储还是无心恋战，对于武帝而言，实在是不能容忍之事。一个帝王最怕的不是别的，是自己在位，臣子们心中已经认定了一个新的皇帝人选。而这个新的皇帝人选，还不是自己挑选的。

再者司马攸成年后，"清和平允，亲贤好施，爱经籍，能属文，善尺牍，为世所楷"，并且"以礼自拘，鲜有过事"，他个性刚正，"武帝亦敬惮之，每引之同处，必择言而后发。"

就这样，因为司马攸过于优秀，当哥哥的司马炎就更加喜欢自己的儿子了，尽管那个儿子真的不让他满意。

于是，就有了司马衷要感谢的第三个人，这人不是别人，是他的儿子：司马遹。

史书上的确有记载说晋武帝司马炎怀疑太子"不慧"，"弗克负荷"，其智慧难当皇帝大任，但因孙子司马遹天资聪颖而打消了另立继承人的念头。《晋书》如此记载："（司马遹）幼而聪慧，武帝（司马炎）爱之，恒在左右。（司马炎）尝与诸皇子共戏殿上，惠帝来朝，执诸皇子手，次至太子（司马遹），帝曰：'是汝儿也。'惠帝（司马衷）乃止。宫中尝夜失火，武帝登楼望之。太子时年五岁，牵帝裾入暗中。帝问其故，太子曰：'暮夜仓卒，宜备非常，不宜令照见人君也。'由是奇之。尝从帝观豕牢，言于帝曰：'豕甚肥，何不杀以享士，而使久费五谷？'帝嘉其意，即使烹之。因抚其背，谓廷尉傅祇曰：'此儿当兴我家。'尝对群臣称太子似宣帝，于是令誉流于天下。"

史书上主要记载了四件事，一件事说明这个孙子深得司马炎的钟爱，所以"恒在左右"；一件事说明这个当爷爷的实在很喜爱自己的孙子，一握手就知道是司马遹；后面两件事主要是说小司马遹虽然年少但其有大有为于天下的潜质，所以才有了"此儿当兴我家"这样直接的暗示。又说小司马遹像汉宣帝，话中的意思直接明了，以至于修史书的人都以为，司马炎之所以将皇位给自己的儿子，是希望在群臣的帮助下熬过傻儿子的在位期，将司马家的天下托付给自己这个钟情的孙子。

可是司马炎的算盘打得未免太过于乐观了，史书上说："古者败国亡身，分镳共轸，不有乱常，则多庸暗。岂明神丧其精魄，武皇（司马炎）不知其子也。"对于武帝的选择无疑是持有一种批判色彩的。当时的重臣卫瓘曾经流露过对武帝选择的不满，指责武帝所托非人，恐耽误了晋家天下。

而尽管有三个人的"热切帮助"，司马衷熬到了登基，却换不来一个太平天下，到底还是一个无所作为的君主。他不仅无法解决政治上的困难，经历了西晋中衰的惨剧"八王之乱"，他本人还成为他人的傀儡，最后被东海王司马越毒死。

西北来了个秃发树机能

秃发树机能有一个今天看来很奇怪的姓氏，他姓"秃发"，说起这个姓氏，需要上溯到他的祖奶奶那一辈。

秃发树机能的祖先叫拓跋诘汾，"拓跋"是古代少数民族鲜卑族的姓氏。据史书记载，有一天，拓跋诘汾外出打猎，驰骋于山林野趣中的拓跋诘汾不会想到，此行的收获绝不仅仅是几件猎物。弯弓射猎间歇，拓跋诘汾遇到一个美丽的妇人，这个妇人貌美如花，身边"侍卫甚盛"。一个小小内人怎么有这么大的排场？这不禁勾起了拓跋诘汾莫大的好奇心。

史书记载，他是"异而问之"，这股新鲜感促使拓跋诘汾走上前去问问这个妇人从哪儿来，怎么这么大的阵势。这个姑娘果然满足了诘汾的猎奇心理，她回答说："我天女也，受命相偶。"我是天的女儿，受天的嘱托，过来跟你相遇。这俨然就是天造地设的最佳解释。古来天子君主都号称自己受命于天，代天统治臣民，现在天的女儿受命与自己相遇，这不是上天关心爱护自己的表现吗？

拓跋诘汾自然不能、也不会拒绝天公作美，两人遵照天命结合。美好的时光总是过得飞快，待到第二天清早，天女突然变了态度，一个劲地要赶拓跋诘汾走，让他原路返回，许诺如果有缘，就与他相约："明年周时，复会此处。"说完这句话，天女就化为烟尘不见了，"去如风雨"一般撒手而去，只剩下拓跋诘汾一个人茫然若失。

拓跋诘汾对天女的约定很上心，一年不到，诘汾提前来到那个他与天女有着美好回忆的地方。看到眼前此景，拓跋诘汾无限感慨。而正在拓跋诘汾感叹物是人非的时候，那个他魂牵梦萦的熟悉身影再次出现，拓跋诘汾盼来了"果复相见"的这一天。这一见面，不仅了却了诘汾的相思之痛，天女居然还送给他一份极意外、格外贵重的见面礼：一个儿子！

史籍记载："天女以所生男授帝曰：'此君之子也，善养视之。子孙相承，当世为帝王。'语讫而去。"天女将所生之子托付给诘汾，陈情说："这是你的亲骨肉，你要好好抚养他，将来让他接替你的责任，成为一代君主。"

《魏书》里面的记载颇具神话色彩，尽管在今天看来甚是匪夷，当时却真的让这个天女生的孩子得到了首领的头衔。拓跋诘汾死后，这个叫拓跋力微的孩子并不是长子，按习惯不能成为新一代的部落首领。但因其母为"天女"，大家都觉得他肯定有不可思议的能力，部落中人纷纷选定拓跋力微当新头领，这个孩子即北魏元皇帝。他的哥哥拓跋匹孤很郁闷，自己明明是长子，只是命不好，只有一个凡人的娘，只能眼看着本属于自己的权力就这样被一个传说中的天女之子抢走了。

郁闷的拓跋匹孤实在不想继续留下来过不顺心的日子，于是纠集了一些支持的人，拍拍屁股走人了。

拓跋诘汾率领的拓跋部族，本来生活在阴山、河套一带，拓跋匹孤带领一众人等沿着黄河、贺兰山东麓一路向南，在今天的内蒙古、宁夏、甘肃地区游牧，他也真的如愿开拓了属于自己的新领土。

后来，拓跋匹孤的妻子在棉被里为他生下了一个孩子。匹孤一直对自己没能成为拓跋部的首领心有不甘、愤恨难平，想起那个生养他的"拓跋"部落心中百感交集。鲜卑族有指物为姓的传统，就是看见一个东西不错，那就把姓氏改成这个东西的名字。匹孤一想，自己的儿子生在棉被里，那从此族人就都姓"棉被"好了，鲜卑语称棉被为"秃发"，一拍大腿，就这么定了。

就这样，"拓跋"就变成了"秃发"。那么秃发树机能又是谁呢？他是拓跋匹孤的重孙子。

正史中几乎没有详细记载中原王朝对北方的游牧部落——秃发部落——是如何统治的，不过按照曹魏、西晋统治羌族、胡族部落的惯例，一般是设立"护羌校尉"。鲜卑族人因为英勇善战，作战能力强，能者多劳，中原王朝屡屡在北方征调鲜卑人为兵，甚至有的鲜卑族人沦为奴婢或佃客。不仅如此，北方游牧部落还要向中原王朝缴纳赋税，在政治上、经济上都处于很被动的地位。

西晋的这种做法明显将秃发部落视为一种可以随便驱使的工具，中原王朝的统治者对边疆民族的态度大都是既利用，又防范。兵役跟赋税可以暂时控制北方局势，却埋下了双方战争的隐患，"非我族类，其心必异"的歧视和压迫政策，使得双方的矛盾日益尖锐，有一触即发之势。

泰始年间，北方连年灾荒，北方民族地区农业生产的能力本就不高，游牧业靠天吃饭，一旦连年灾荒，粮食、牲畜都处于短缺的境地，少粮少食，政策失当，必然引起骚乱。晋泰始五年（公元 269 年）二月，西晋对行政规划做了一番调整，将雍州的陇右五郡（陇西、天水、南安、略阳、武都以及凉州的金城郡和梁州的阴平郡）划分出来，设立了秦州，等于在骚乱重灾区设立直接的管辖权。直接管辖还不能让西晋安心，又设立高平郡（今宁夏固原县），高平郡这个地方刚好是秃发部落跟乞伏部落的交通要地，在这个地方设立郡县制度，使鲜卑各族内部的联系被切断，他们开始集体反对西晋。

这些想法是好的，不过所托非人，第一任秦州刺史胡烈是一个"勇而无谋，强于自用"的人。胡烈这个人，曾经给钟会当过护军，参加过灭蜀的战役，多年征战，战功赫赫。这样的人，用来打仗还可以，但是当地方官，特别是当民族地区的地方官，总是缺少一些圆润，少一些智谋。打仗可以用"刚"，但处理边疆问题只有"刚"显然是不够的。起初，在西晋朝堂内部对这样的人事安排，大家的看法也不一，有人担忧胡烈不能给边疆带去安定团结，反而会弄巧成拙。

　　果不其然，胡烈上任后出台的种种措施不仅没有缓和矛盾，还激化了矛盾。胡烈是个军人，想法是简单粗暴了一点。他认为北方骚乱，必须直接镇压。因此，胡烈签署出台了一系列的高压政策。潜伏多年的矛盾恰好缺少一条战争的导火索，胡烈"失羌戎之和"的手腕，给了这一箱火药一个爆发的火苗。秃发树机能绝非常人，史书说他"壮果多谋略"，"多谋略"的秃发树机能，面对一个"勇而无谋"的胡烈，完全占得上风。

　　晋泰始六年（公元270年），鲜卑人秃发树机能为了保卫自己的家园，率众起义。万斛堆（甘肃祖厉河支流北河河口）这个地方，也成了胡烈的埋骨之所。

　　秃发树机能没有一味出击，而是采用诱敌深入的策略。面对胡烈率领的西晋军队，他连续三次战败。本就轻敌冒进的胡烈自以为有机可乘，对秃发部落一味进攻，根本没有好好分析敌情，探究秃发部落的虚实，只知道进攻进攻再进攻。

　　秃发树机能在万斛堆设下了埋伏，他为胡烈精心挑选了这个葬身之地。趾高气昂的胡烈一步步走入秃发树机能的埋伏圈，秃发树机能下令四面合围，万斛堆成了一只鸟都不能飞进的死亡之地。惊觉中了埋伏的胡烈赶忙向负责雍、凉州诸军事的扶风王司马亮求救。送信的人从层层埋伏中拼杀而出，来到司马亮的府上，司马亮得知后立即派遣刘旗发兵去救。西晋的臣子也犯了所托非人的错误，刘旗是个胆小鬼，对秃发部落的战斗能力多有耳闻，他一路走走停停，内心犹豫着要不要过去跟鲜卑人拼命。一心守望救兵的胡烈盼星星盼月亮也盼不来晋朝的军旗，纵然他还能拼死一搏，却最终兵败被杀。

战报八百里加急送到了晋武帝司马炎的面前，得知北方的局势如此糟糕，他简直要气炸了，将司马亮贬为平西将军。司马炎对刘旗更生气，扬言要将他斩首示众。司马亮慌忙为刘旗求情，一再表白刘旗不是故意的，才使刘旗捡回来一条小命。

另一方，其他部族人知道秃发部落大打了一场大胜仗，纷纷有冤的报冤，有仇的报仇，都加入了反对西晋王朝的大军之中，他们向东北进军，占领了高平。司马炎立刻任命尚书石鉴为安西将军、都督秦州诸军事，又调作战经验丰富的杜预代替胡烈为秦州刺史、领东羌校尉，全面负责镇压树机能的起义。

杜预是一个高段位的军事家，是晋朝灭东吴的军事统帅之一。杜预仔细分析了敌我双方的态势，以为秃发树机能部落的优点在于骑兵迅猛，这是北方游牧民族军队的最大优点，中原王朝军队自然比不过。于是杜预提出了这样一个作战方针：关起大门并不出战，跟秃发树机能耗着。耗到第二年春天，鲜卑人粮食短缺的时候，晋朝主动进攻，一举歼灭。杜预的想法是好的，怎奈西晋再一次所托非人，石鉴急于立功，平素对杜预也看不顺眼，这个时候杜预一再阐明不出击，他哪里听得进去，不仅不听，还给杜预安了一顶"贻误战机"的大帽子，把杜预扔进囚车送回了洛阳。

把不顺眼的杜预送走，石鉴开始施行自己的方针：进攻。事实证明，杜预的判断是正确的，石鉴除了换来更多的失败什么也换不来。气急败坏的石鉴还谎报军情，跟司马炎说晋军如何所向披靡，后被人拆穿，只能回家。

双方一年多的交战，西晋除了失败，还是失败，武帝"每虑斯难，忘寝与食"，想到北边的战局，他寝食难安。晋泰始七年（公元271年），胡人药兰泥、白虎文起义，与秃发部落合力夺取金城郡。管辖金城郡的凉州刺史牵弘是魏国名将牵招的小儿子，他体内有着优良的军事基因，跟他的父亲一样的刚毅。秃发树机能还是用老方法，把牵弘也引到包围圈里，这次选定的包围圈是青山这个地方，中了埋伏的牵弘最终死于乱军之中。

牵弘上任之前，晋国的大将军陈骞曾向晋武帝谏言说，牵弘是个刚毅的人，不适合处理民族边疆危机，建议晋武帝换人，武帝对陈骞的意见没有理睬。此时的牵弘也真的如陈骞预料的，兵败被杀。牵弘的死，使得凉州、秦州这样的边疆战略要地都成了秃发等部族的囊中之物。晋朝本来想建立新的行政规划直接控制北方边境，却最终被别人所控制。

晋朝派出新一任的凉州刺史苏愉出击，苏愉在金山（今甘肃省山丹县南）战败。晋朝北方的防务全面崩溃，鲜卑军队在北边再无阻挡。

此时，一筹莫展的晋武帝司马炎得到一个消息，有一个人能给晋朝带来胜利，这个人就是：贾充。

包办婚姻不幸福

　　司马衷傻是傻了点，但是谁叫人家是太子，但是太子也有太子的痛苦，那就是，自己想娶什么样的人做妻子，不是自己说了算，而是由父母做主，父母这一挑，就挑出来一个"奇葩"。为什么要加个引号，这事还得慢慢说来。

　　晋武帝司马炎整日为了北边边境的战事忧心，他派出的将领最大的能耐就是打败仗。在这种情况下，他迫切需要一场胜利，这个时候有人提醒：贾充可以打胜仗！

　　贾充，字公闾。他的父亲贾逵官至魏国的豫州刺史，曾被封为阳里亭侯。贾逵老来得子，觉得上天眷顾他，必有后福，家里肯定有"充闾之庆"，所以给儿子取名"贾充"。晋武帝司马炎对贾充尤为信任，曾说"车骑将军贾充，奖明圣意，谘询善道""雅量弘高，达见明远，武有折冲之威，文怀经国之虑，信结人心，名震域外"。《晋书》说他"有刀笔才，能观察上旨"。

贾充这个人文采很出众，又能体察上意，这一点很重要。史书说他是"无公方之操，不能正身率下，专以谄媚取容"，意思就是说这个人对手下的官员起不到什么模范带头作用，但是很会来事儿，深得皇帝的喜爱。

纵观贾充的一生，可以说他一直是坚定的司马氏追随者。早在司马师时代，魏正元二年（公元255年）春天，魏镇东将军毌丘俭和扬州刺史文钦起兵叛乱，贾充就跟随司马师一齐上了战场。他与邓艾合力打退了文钦的进攻，又参与了很多关键性战役。等到司马师收拾完这帮反对者，贾充因为有功，增邑三百五十户，贾氏一门在贾逵的爵位基础上，又扩大了食邑。等到司马师死掉，司马昭接过权杖执掌魏国，贾充被任命为大将军司马，右长史。

两年以后，又有一个人想要站出来反对司马家族，贾充继续发扬精神，受命出去侦察敌情。在淮南，贾充见到了心怀鬼胎的诸葛诞，说了一堆慰劳的话之后，随便将话题引到了司马家，故意试探道："天下皆愿禅代，君以为如何？"天下的臣民都觉得当今天子不适合当皇帝，应该把皇帝的宝座让给司马昭，您看这样好不好？贾充问得随便，诸葛诞却厉声回答说："卿非贾豫州子乎，世受魏恩，岂可欲以社稷输人乎！若洛中有难，吾当死之。"他指责贾充忘了为人臣子的本分，甚至把贾充的父亲都抬出来了。

诸葛诞把话说到这份上，贾充也就不好再说什么了，他

"默然"。回到朝堂上劝司马昭早做准备，后来诸葛诞果然起兵造反，贾充又贡献出自己的战术方针，帮助司马昭取得了胜利。

几年后，不甘于做傀儡的高贵乡公曹髦亲自带领侍卫、太监主动出击，要跟司马昭死磕。众人看见当今天子亲自拔剑上阵都有点慌：杀吧，他毕竟是名义上皇帝；不杀吧，司马昭肯定不答应，只能步步后退。贾充看见这帮人气得大呼："公等养汝，正拟今日，复何疑！"一旁的成济听见这句话，上前结束了曹髦的性命。贾充再次因为站对了队，进为乡侯，食邑又增加了不少。因为贾充的一贯忠信，他顺利成为司马昭的心腹，参与机密要事。

其后贾充再度表现出色，在继承人的问题上又站对了队。司马昭对立谁为太子一直很纠结，感情上他更倾向于小儿子司马攸，但是礼法上又应该立长子司马炎，病中的司马昭询问贾充的意见。贾充的女儿嫁给了齐王司马攸，但是贾充没有偏袒自己的女婿，而是"称武帝宽仁，且又居长，有人君之德，宜奉社稷"，把长子司马炎好好夸奖了一番。待到司马昭死前将晋王的位置传给司马炎时，他拉着大儿子的手说："知汝者贾公闾也。"

这句话很重要，司马昭等于明白地告诉自己的儿子：你能得到这个王位都是因为贾充为你说了好话。熬了这么多年终于等来王位的司马炎听到这句话，自然会深切地感激这位支持者。当上晋王的司马炎自然给贾充加官晋爵，任命他为晋国卫将军、仪同三司、给事中，改封临颍侯。曹奂退位，坐上皇位的司马炎自然要犒赏有功人等，他拜贾充为车骑将军、散骑常侍、尚书仆射，更封鲁郡公，贾充的母亲柳氏为鲁国太夫人。司马炎对贾充很是信任，将其视为左右手，贾充的母亲鲁国太夫人死后，贾充按照礼法回家守孝，在朝堂上看不到贾充身影的司马炎很关心这个"知汝者"，特意派身边的人代表自己去慰问一番。

当司马炎面对北方战事无可奈何的时候，在侍中任恺、中书令庾纯的建议下，他想到了贾充，贾充总是能为司马家族铲除一切的反对者，司马家需要贾充。武帝司马炎在圣旨中甚至说："使权统方任，绥静西夏，则吾无西顾之念，而远近获安矣。"他将所有的希望都寄托在贾充身上了。

拿到圣旨的贾充只有郁闷的份儿了：北方战事打了好几年没有一次胜利，自己就一定能打赢吗？即便打得赢，放着京师的好日子不过，谁心甘情愿去边境上受苦呢？贾充郁闷是郁闷，没得选择，只能领旨谢恩。

任恺跟庾纯举荐贾充不是为了国事分忧那般高尚，他们有私心。任恺跟庾纯是一伙的，对贾充一直很不满，希望借口平叛，让贾充远离权力中心。贾充也的确像是能胜任这个工作的人，这步棋走得很高妙，表面上看不出什么破绽。贾充也知道是背后有人作祟，想要赶走自己，但他也没辙，一是皇帝已经下旨，二是任恺家世代为官，妻子是魏明帝曹叡的女儿，有一定的影响力。让贾充更为忌讳的是，任恺为人刚毅，在朝中大臣中颇有威信。

贾充硬来不行，只能先拖延不办。但是拖延不是办法，总是要走的，转眼贾充出行的日子近了，饯别的日子到了，荀勖跟贾充关系还不错，就给贾充出主意说："公，国之宰辅，而为一夫所制，不亦鄙乎！然是行也，辞之实难，独有结婚太子，不顿驾而自留矣。"

荀勖想的办法是让贾充嫁个女儿给当今太子，这样贾充的身份就变了，以前功劳再多也只是臣子，以后摇身一变就成了皇亲国戚，国丈大人不好轻易外出带兵，这样不就可以留在京师了吗？贾充觉得这个主意不错，但是"孰可寄怀"，苦于没有联姻皇室的办法。荀勖二话没说，揽下了这件事。

不久宫中举行宴会，荀勖趁机说起太子的婚事，又说"充女才质令淑，宜配储宫"。武帝司马炎不是傻子，他对儿子的婚事早已有了主意，他心中属意的是卫瓘的女儿，司马炎总结道："卫氏女有五可，贾氏女有五不可。卫氏女贤惠多子，皮肤白皙，又长得漂亮动人；贾氏女以嫉妒著名，少生子，同时又貌丑而短黑。"武帝站在一个男人、一个父亲的立场仔细分析了这门婚事，无论是遗传基因还是外貌品性上讲，都没有选贾充女儿的道理。

贾充虽然在朝堂上挺得起腰杆，惧内却是出了名。贾充的原配李氏出身名门，容貌也姣好，为贾充生下了两个女儿：贾荃、贾濬。从遗传的角度讲，这两个女儿的容貌应该不会太差，其中贾荃还嫁给了齐王司马攸。但是好景不长，李氏受父亲的牵连被流放，贾充又娶了郭氏为妻。这个郭氏跟李氏完全不是一个类型的人，是一个妒妇。因为妒忌，先后打死了贾充两个儿子的乳母，这两个儿子因为没有乳母，也先后夭折。等到司马炎称帝，李氏遇赦而回，郭氏甚至不让李氏进门，贾充不得已，只能另给李氏买了一座宅子，可他连私下看望李氏的胆子都没有。郭氏品性太坏，生出来的孩子相貌也不佳，一个个又矮又黑，贾南风更是奇丑无比，从遗传的角度讲，郭氏可能也不好看。这样的家庭背景，明眼人都不会选择如此亲家。

只是荀勖一个人提议，说服力肯定不大，这时候杨皇后站出来表示赞同，也说了一番赞赏贾充女儿的好话。太傅荀颙附议。一个是太子的母亲，一个太子的老师，都认定了贾家的女儿，其他的大臣当众也不好直接反对这门婚事，皇后、太傅都支持，贾充在朝中官职又高，没人愿意为了天资不好的司马衷赌上自己的身家性命。武帝也是一个惧内的人，只有默许的份儿。

一桩看上去根本不可能的亲事就这么定了下来。一帮人忙活了半天，选定的太子妃人选是贾充的小女儿贾午。贾午跟司马衷的年纪相仿：贾午十二岁，司马衷十三岁，刚好匹配。

晋泰始八年（公元 272 年）春天，洛阳下了场很大的雪，预备向北方动兵的军事计划因为这场大雪停摆。荀勖送佛送到西，借机发挥说："现仲春二月，天普降瑞雪，实是吉兆。皇太子应即择良辰成婚。"晋武帝司马炎应允，下旨成婚，并令贾充官居原职，荀勖一手策划的整盘棋以完胜告终。

命运有时候充满变数，贾午实在是太不争气了，身材过于矮小，连结婚礼服都撑不起来。众人灵机一动，嫁哪个女儿不是嫁，贾午的姐姐贾南风还稍微高一点，虽然比司马衷大两岁，但是年龄不是问题，贾充最丑的女儿贾南风成了西晋王朝的太子妃。

有人考证，贾南风的身高大概只有一米四，贾午资质如何也就不难想象了。一般的亲事都希望"郎才女貌"，司马衷跟贾南风的结合，既没有"郎才"，也绝谈不上"女貌"。而这桩包办的"良缘"闹剧才刚刚上演。

窃玉偷香好姻缘

贾充续弦后的日子过得实在是憋屈了一点，郭氏的基因太差，生出来的女儿一个比一个丑。贾南风奇丑无比早已闻名，她黑丑无比，鼻孔朝天，眉毛处还有一大块胎记。她的妹妹贾午，比她还要瘦小，相貌也谈不上好看。就是这样两个女儿，一个嫁给了当朝太子，另一个，竟然也结了一段好姻缘。不同的是，贾南风进宫，是偶然事件，贾午的姻缘，着实是自己奋斗结出的花果。

荀勖等人本想撮合贾午跟太子司马衷，贾午却不争气，礼服都套不上身，失去了麻雀变凤凰的机会。一般姑娘遇见这等事，肯定怨天尤人，贾午却跟没事儿人似的。

贾午的家世给她带来的好处是，父亲的交际圈够大，府上的宾客盈门，隔三岔五家里就举行小型宴会，与会人等有长得歪瓜裂枣的，也有长得风流倜傥的。贾午正是十几岁的年纪，少女的情思正是萌动的时候，家里来来往往这么多宾客，小贾午偶尔扒着窗户偷看：这个长得不好，摇摇头；这个长得还行，但是气质不好，摇摇头；几番考量，总是遇不见能让贾午心潮澎湃的郎君。《诗经》有诗写道："山有扶苏，隰有荷华，不见子都，乃见狂且。"高山之上有参天大树，沼泽里面开遍了荷花，高山与大树、沼泽跟荷花美好相成，为什么我一直等待的美男子（子都）不来，却来了一个傻小子，这首诗形容贾午的惆怅再合适不过了。

这天，贾府一派祥和，宴席上欢声笑语，好不热闹，贾午按照惯例，躲在暗处细细打量着席上的宾客。一个人的身影进入了她的眸子，当看见这个人的那一瞬间，贾午心跳加速，激动的贾午抓住身边的侍女就问："识此人否？"贾午的使唤丫头中，有一个刚好曾经在那个男子的府上做过工，说他叫韩寿，家世还算不错，是魏司徒韩暨的曾孙，父亲是谁，母亲是谁，都一五一十地将男方的情况汇报给贾午听。

韩寿这个人"美姿貌，善容止"，属于人见人爱、花见花开的迷人型美少年。听了丫头的介绍，贾午对韩寿更是念念不忘了。一见钟情总是能带来很大的满足感，爱情来得太快谁都挡不住。贾午"大感想，发于寤寐"，茶不思饭不想，睁眼闭眼都是韩寿的身影。

在父母之命、媒妁之言的古代，到了适婚年龄的男女往往处于一种只能听任别人安排婚事的境地，连太子司马衷，选个太子妃不还是父母说了算吗？不过贾午这时候却表现出了不同于一般女性的地方，她对韩寿的感情，不是想想就了事的，她要勇敢追求自己的心上人。

贾午找来心腹丫头嘱咐了一番，"婢后往寿家，具说女意"，贾午派去的代表直接找到了韩寿，将贾午的心思一五一十地说给韩寿听。一番表白后，尽职尽责的侍女还不忘为自己的主人美言几句，说贾午"光丽艳逸，端美绝伦"，这样好的姑娘哪里去找。面对这份突如其来的感情，韩寿心中窃喜，贾家毕竟是官宦之家，侯爷的女儿喜欢自己，这难道不是好事？韩寿心动了，他没有理由不心动，没必要把送上门的姑娘往外推。"便令为通殷勤"，韩寿让送信的侍女也替自己表白一下，美言一番。

惴惴不安等待回信的贾午等到了心上人的答复，原来她并不是剃头挑子一头热，于是贾午找出自己珍藏的物品当作定情信物送给韩寿，有花堪折直须折，莫待无花空折枝，贾午心想索性让韩寿晚上就到自己这里来互诉衷肠吧。"寿劲捷过人，逾垣而至。"韩寿身体素质比较好，身手敏捷，毕竟私会这种事还是以"私"为主，不能走大门，他轻身翻过墙头，就实现了双方见面的要求。

恋爱中的女人总是希望将好的东西给自己的另一半，这一点，古今之人，人同此心，心同此理。古人喜欢在身上带个香囊什么的，魏晋时期名士风流，韩寿这样的翩翩公子自然不能例外。贾午知道家中有一种珍贵的奇香，就偷偷从父亲那里拿了点来送给韩寿。心爱姑娘送的东西，韩寿收到后立即使用，效果不错。但是这种香太稀有了，特殊性太强，因此很容易被识别。一次，贾充的僚属跟韩寿吃饭，闻见这奇香，回去就向贾充打了小报告。贾充心里明白，这种奇香是西域进献的贡品，武帝司马炎只赏赐给两位得力的臣子，一个是自己，另一个是陈骞，陈骞早已不在朝堂上，香肯定是从自己的府里流出去的，除了自己，只有心爱的小女儿有这样的权力。

女儿背着自己偷偷会了情郎，贾充很是郁闷，他唯一想不通的是，为什么韩寿一个大活人能在自己的家里出入自由，难道府里上上下下这么多人都是瞎子？贾充"夜中伴惊有盗，因使循墙以观其变"，某天夜里，贾充谎称府里有贼，号召府里开展抓贼行动。折腾了一晚上，什么贼都没抓到，手下的人汇报说："无余异，惟东北角如狐狸行处。"找来找去半个人影都没看见，只是东北角可能被狐狸造访了一下。韩寿的"轻功"真是了得，竟然一点儿痕迹都没留。贾充原本只是打算暗中搜集证据，未果，就直接来硬的，将贾午身边的使唤丫头审问了一番，终于问出了想要的答案：韩寿真的来过。

贾充一心寻找的答案真来了，他也不能责罚韩寿。木已成舟，贾充只能吩咐府里人保守秘密，毕竟家丑不能外扬。再说韩寿无论是家世出身，还是容貌年龄等条件也足以配得上贾午，于是贾充做了一个顺水人情，索性让两人成婚，从此光明正大地在一起。

贾午自我奋斗得来的这份姻缘，古人就曾调侃说："贾午既胜南风，韩寿亦强正度（'正度'是司马衷的字）。使充择婿，不如女自择耳。"无论从哪方面说，贾午跟韩寿这对鸳鸯，看上去比贾南风跟司马衷实在是好太多了。而贾午、韩寿二人的故事，也丰富了中国文学的题材，"偷香"也成了韩寿的一个专属代称。

高情商的杨皇后

晋武帝司马炎有两位"杨皇后"，一般的"杨皇后"指武帝的第一任皇后，死后封"元皇后"；而另一位"杨皇后"，死后封"悼皇后"。两人是堂姐妹。

先说"元皇后"。第一任杨皇后本名杨艳，才貌双全，史书说她"少聪慧，善书，姿质美丽，闲于女工"。据说有人给杨艳看过相，说她"当极贵"，司马昭听说了这个说法，就把杨艳找来，嫁给自己的儿子司马炎。

杨艳当了皇后，看相的说她命好只能算其中一个原因，最重要的原因是杨艳家世好。魏晋时期，有头有脸的人结婚最讲究的不是两情相悦，也不是八字相和，而是门当户对。婚姻是地位的象征，贵族娶了一个乡下人是很丢人的事情，不仅丢自己的脸，还丢全家人的脸，甚至丢同姓全族人的脸，正因此，出身不好的姑娘基本上没有什么飞上枝头的机会。

杨艳家里是贵族，来头不小，是弘农杨氏的后代。弘农是地名，在姓氏前面冠以地名表示郡望。不要小看了这个地名，看见这个地名就等于看见了这个家族世世代代是什么出身，在讲究门闾的时代，郡望就是身份的象征。弘农杨氏的祖先据说可以上溯到春秋时期，是羊舌氏的后代，史载："叔向生伯石，字食我，以邑为氏曰杨石。党于祁盈，盈得罪于晋，并灭羊舌氏。叔向子孙逃于华山仙谷，遂居华阴。"

杨氏在周代的时候，十余代的人都在朝廷里当官，官职都不低。到了西汉时期，杨氏一门仍然富贵，先后有十个人享受过出门坐车乘朱轮的待遇。朱轮即朱红色的车轮，只有王侯显贵才有资格乘坐，史称"西汉十轮"。东汉时期，杨家"四世三公"，风头不减当年，家族的光辉从春秋一路延续到东汉。这样的出身，世代高门，而他的父亲杨文宗官职也不低，更重要的是，他也是司马家族的拥护者。

据记载，杨艳嫁过去之后，"甚被宠遇"，日子过得应该还不错，先后为司马炎生下了三男三女。等司马炎代魏自立，杨艳自然被册立为皇后。史书中对他们二人夫妻情深方面的表现，并没有什么直接描写，可以推断的是，杨皇后应该是号准了司马炎的脉。严格意义上讲，司马炎并不惧内，但是对杨皇后的话，却几乎言听计从。

司马炎也不是什么专情的帝王，灭掉吴国之后，本着"普天之下莫非王土"的思想，觉得吴国的后宫也应该是自己的，竟然把吴国的后宫佳丽直接搬到了洛阳。宫里这么多女人，肯定有比杨艳更美丽的，杨艳的皇后地位却一直屹立不倒。司马炎觉得太子司马衷不怎么出色，想要废掉他，私下跟杨艳商量，杨艳不同意，司马炎于是就再也不出声了。

杨皇后情商很高，一般的母亲听见皇帝要废掉自己儿子的太子之位，不是动之以情，就是一个劲夸奖自己的孩子有多好。在司马炎这里，这两条都不好用，动之以情，司马炎不是一个专情的人；夸奖自己的儿子吧，可是杨艳的孩子也确实没什么出众的地方。杨艳抬出了一个礼法上的规则，太子之位，惯例是嫡长子继承。这么一讲，司马炎就失去了废太子的法律依据。更重要的，司马炎的皇位也是来之不易，如果不是他自己也是长子的话，可能今天君临天下的就是弟弟齐王司马攸了。内心有着创伤的司马炎听了老婆的话，肯定不会让自己的儿子再过那种提心吊胆的日子。

同样的事情还有，一统天下后的司马炎觉得自己应该过过好日子了，所以下令"博选良家以充后宫"，旨意下达到地方，各官员都本着为皇帝选美人的指导思想送进宫一大批良家女子。但是武帝司马炎犯了一个错误，这场选美比赛虽然是自己发起的，但是评委跟裁判是杨皇后。杨艳虽然嫉妒选美，但说了不算，也不好阻拦，所以巧妙地运用了手中职权，挑选的都是些一般人，"其端正美丽者并不见留"。

司马炎看中了卞藩的一个女子，觉得其长相甜美，甚合朕意，但碍于皇帝的架子，不能直截了当地说，就"掩扇谓后曰'卞氏女佳'"，将自己的要求都提出来了。哪知杨皇后连看也不看卞氏一眼，提醒司马炎道："藩三世后族，其女不可枉以卑位。"这个姓卞的家里世世代代都不是贵族，这样的人配不上皇帝。一句话，噎得司马炎什么也说不出来，只能任由杨艳挑选了。

杨皇后虽然聪明美丽，也有谋略保护自己跟儿子的地位。可叹自古帝王多情，不可能只钟爱她一个，能在人满为患的后宫中不被嫌弃，已经算是不错了。武帝沉迷于享乐，本来在全国范围内选美是为了享受，后来因为人数过多直接成了负担，每天去谁的寝宫成了一件让他很头疼的事情。天天跟这么多女人分享一个丈夫，而自己跟儿子的地位也可能朝不保夕，杨皇后到底病倒了，而且病得越来越重。

病中的杨皇后最担心的已经不再是自己的皇后位置，而是自己那并不聪慧的儿子。司马炎的儿子中，不是没有贤能的人，谁也不能确定司马炎还会不会有废掉太子的念头，杨皇后一旦崩逝，谁来保护司马衷呢？母亲的天性让她必须在死前为自己的儿子安排一座新的靠山。

油尽灯枯的杨皇后盼来了与丈夫的最后告别。这时候，杨皇后不再是一个处处讲究礼法的皇后，而是少女一般"枕帝膝"，无限不舍地看着这个男人，默默流泪，缓缓说出自己的心愿。她临终的心愿不是别的，竟然是："叔父骏女男胤有德色，愿陛下以备六宫。"意思是说，我死后，陛下可以喜欢别人，叔叔家的女儿姿色品性都很好，我把她推荐给陛下，以后让她代替我伺候您。这一句话，没有对太子的嘱

托，没有对夫妻往日情感的追忆，没有哭哭啼啼地哀求武帝保护司马衷，却比任何话对武帝都有杀伤力。当初那个不允许卞氏进宫的小心眼的皇后，竟然说出这番话，绝对是在司马炎意料之外。陪伴自己多年的枕边人，最后的心愿竟然处处为自己着想，武帝真是又愧疚又不舍，只是流泪，"流涕许之"，哭着暗暗点头。

杨皇后另外对武帝说了什么不得而知，史籍记载，她"绝于帝膝"，最终死在了自己丈夫的怀里，时年三十七岁。

丧妻之痛缓和后，武帝真的立了杨艳的堂妹杨芷为皇后，虽然司马炎还是不断在宫里寻欢作乐，可能是碍于杨艳死前的托付，也可能是因为这时候的杨芷只有十八岁，正是美丽动人的年纪，武帝对她也是百般宠爱。杨芷还为武帝生下一个皇子，可惜不久就夭折了。

事实证明杨艳没有选错人，她将自己的儿子托付给自己的堂妹，毕竟两个杨皇后是一家人，可以保护自己的孩子、亲属，提供给他们一个可靠的避风港。但是，杨艳一生看走眼的次数可能只有一次，而这一次走眼所带来的恶果估计是她从来都不曾预想的。这个错误就是为她心爱的儿子司马衷找了贾南风这个老婆。杨芷"婉嫕有妇德，美映椒房"，是个善良美丽的人，这样的人，怎么能是贾南风的对手？

进宫后的贾南风果然没干什么好事，司马炎本来对这桩亲事就极为不情愿，恨不得找个由头废了这个太子妃。关键时候，还是杨芷皇后求了情，说："贾公闾有勋社稷，犹当数世宥之，贾妃亲是其女，正复妒忌之间，不足以一眚掩其大德。"贾家世代有功劳，看在贾充的面子上，也看在她只是稍微有点忌妒心理，就原谅这个小孩子吧。

杨芷本是一番好意，出于对姐姐骨肉的爱怜，爱屋及乌，帮了贾南风一把，可是贾南风不仅不领情，还把自己不受公公欢迎的原因归结为杨芷在背后说坏话。可怜的杨芷，一念善良，换来的只是恩将仇报，直到身首异处。这其中的原委，还须慢慢道来。

第四章

短暂太平：太累了也该歇歇了

晋国无事多亏马隆的"武将计"

　　秃发树机能在晋国的西北部边境如入无人之境，先后斩杀了晋国派去的四任刺史，在九年的时间里不断扩大势力，开拓地盘。

　　九年的时间里，秃发树机能不是没有尝过败仗。晋咸宁三年（公元277年），镇西将军、汝阴王司马骏，平虏护军文俶带给不停接到坏消息的司马炎一个好消息：他们在发动晋国边境地区凉州、秦州、雍州的众多人马，浩浩荡荡开赴前线后，以人海战术倒是换来了一个胜利，秃发树机能不仅打了败仗，还受到了重创，一时失去了将晋国北部搞得天翻地覆的战斗力。悲哀的是，好景不长，一年后，即晋咸宁四年（公元278年），秃发树机能手下一员猛将若罗拔收拾部下，重整山河，并联合鲜卑、羌、胡等各民族再次向晋国发起猛攻，进攻边镇凉州。没睡几天安稳觉的司马炎再度接到了前线送来的加急战报，晋国不仅失败，凉州刺史还被秃发部队斩杀，秃发部落组织的多民族反晋统一战线的军队再度占领了凉州。

凉州，在今天甘肃省的西北部，是丝绸之路上的重镇，晋国失去凉州，就失去了河西走廊的重要通道。中西交通的咽喉被秃发部队扼住，晋国连喘气都要看秃发树机能的心情，事件的严重程度可见一斑。晋武帝绝望了，先后派去的官员不是打败仗，就是打败仗，还被人一刀砍头，朝堂内外的大臣也绝望了，大家除了一起叹气，完全不知道该怎么办。司马炎无疑是最绝望的，身为国君，面对局部战乱只能一筹莫展，这实在是一种侮辱。但是他也是最无奈的，每次接到前线的消息，只能捶胸顿足地问："谁能为我讨此虏通凉州者乎？"每次问完，也只好自嘲地笑笑，大殿之上，除了他自己的声音，什么声音都没有。

同样的话说得次数多了，估计司马炎也不期望能得到回应，当他再一次幽幽地问出："谁能为我讨此虏通凉州者乎？"谁料真的有一个人站出来，说："陛下若能任臣，臣能平之。"陛下如能将这千斤重担交给我，我一定能不负重托。

朝堂上的大臣抱着看笑话的心态看这个人影表态，只听得他说："陛下若能任臣，当听臣自任。"人影是向司马炎索要临机专断大权，让他全权处理此事，可是司马炎不放弃，忍不住想具体打听打听这个人想干吗；"云何？"面对皇帝的一再询问，也不好一句都不透露，人影只是说："臣请募勇士三千人，无问所从来，率之鼓行而西，禀陛下威德，丑虏何足灭哉！"

一直不说话的大臣们终于忍不住，纷纷跳出来表示反对，这么多年唯一的一次胜利还是动员了西北数州的兵马换来的，而这个胜利也只不过让国家安定了一年而已，现在一个名不见经传的人站出来说三千人就能破敌，纯属是"小将妄说，不可从也"。

司马炎可能也有这样的顾虑，但是多年的焦虑让他迫切需要解决西北的战乱问题。满朝文武除了陪他叹气什么也不会做，什么主意也拿不出来，现在好不容易站出来一个臣子愿意为自己分忧，哪怕就是瞎胡闹他也认了，索性肯定了这个作战方针，并任命此人为武威太守。朝臣们自然又是纷纷反对，连连摇头，劝司马炎不要跟着一起胡闹，公卿金却说："六军既众，州郡兵多，但当用之，不宜横设赏募以乱常典。"直接指出司马炎这样的任命不合制度，是闹着玩，但是司马炎也管不得这许多，力排众议，就是让这三千人奔赴前线。

这个勇敢站出来的人叫马隆，字孝兴。马隆这个人，从小就是一个胆大的人，他"少而智勇，好立名节"，敢于不走寻常路。魏国时，兖州刺史令狐愚被诛杀，抛尸于外，兖州境内的人避之不及，都怕受到牵累，没人敢为他收尸，是马隆佯装白痴，用自己积攒下的钱为令狐愚办了丧事，并且遵照礼法，"服丧三年，列植松柏，礼毕乃还"。这事当时在兖州境内传为美谈，都夸奖马隆的义气。泰始年间，晋国兴兵伐吴，下诏在全国范围内征召贤才："吴会未平，宜得猛士以济武功。

虽旧有荐举之法，未足以尽殊才。其普告州郡，有壮勇秀异才力杰出者，皆以名闻，将简其尤异，擢而用之。苟有其人，勿限所取。"

马隆因为一贯的优良表现，作为兖州的代表得到了任命，虽然是个六品官，但也算是很早的官场起点。早在凉州刺史杨欣经营西北的时候，马隆料定，一旦"失羌戎之和"，晋国必败无疑，就上表陈述了自己的想法，但是人微言轻，没什么作用。不久，杨欣果然丢了凉州，还丢了性命，司马炎变成了一个天天在朝堂上问"谁能为我讨此虏通凉州者乎"的无奈帝王。马隆此次御前请缨，应该是经过了深思熟虑的。

领受皇命的马隆亲自主持了一场比赛，这个比赛不是比试武功，而是用腰部开弓，谁能用腰"引弩三十六钧、弓四钧"，就能成为"马家军"的一员。马隆不搞虚的，直接"立标简试"，晋国的大力士还真不少，没用多长时间，就选拔出三千五百人。马隆一看，比自己预想的还多了五百人，立即停止选拔，请求去兵器库挑选兵器。

管兵器库的头儿看见马隆这个名不见经传的人来选兵器，就敷衍了事，随便给了马隆几件魏国时代的武器，早已锈迹斑斑，连割草都困难，就更甭提杀敌了。马隆想要点好的装备，兵器官不愿意给，两人就起了争执。本来马隆此行出征，就不被众人看好，他的一举一动都有人盯着，恨不得抓住马隆的小辫子让武帝罢了马隆的官。负责言事的御史中丞就针对兵器事件写了个奏章，狠狠参了马隆一记。

马隆为了表示忠心，立下军令状："臣当亡命战场，以报所受"，接着指出武器官的所作所为，是不忠于晋室的行为："武库令乃以魏时朽杖见给，不可复用，非陛下使臣灭贼意也。"司马炎一听，觉得马隆没什么不对的，何况马隆的话都说到这份上了，就允许他任意挑选武器装备，并且一下子拨给他三年的军饷，表示出对他莫大的信任与期许。等一切准备妥当，马隆就带着完全不被看好的三千五百人出发了。

"马家军"开赴前线，西渡温水，到达甘肃地区。秃发树机能的部队有几万人，在人数上占有极大的优势，秃发的军队，不是在马隆行军的路上设下伏击点，阻击马隆进军；就是在马隆身后设下埋伏，妄图切断马隆的后路。马隆展示了他的武器革新的才能，施行发明创造，他"依八阵图作偏箱车，地广则鹿角车营，路狭则为木屋施于车上"，连续攻克了秃发部队的数次阻击，一直前行，"弓矢所及，应弦而倒"。

马隆仔细分析了敌情，发现秃发部队佩戴重甲，铠甲武器基本上是铁制的，于是马隆彰显了"奇谋间发，出敌不意"的智慧，下令在秃发部队行军的道路两旁摆下大量的吸铁石，制造一个巨大的人工磁场。秃发军队身负重甲，进入磁场后根本无法前行，而马隆则让晋国士兵装备犀牛皮做的盔甲，在这个磁场中出入自由，随意杀敌。秃发部队的将帅士兵头一次遇见这么邪门的事情，只觉得不可思议，认定晋国军队是天兵天将。马隆建造的大型人工磁场，使得秃发军损伤数千人之多，游牧部队善于运动战的灵活机动优势完全失去，此一战不仅为晋国迎来了胜利，也在心理上给秃发军造成了创伤。

摘取胜利果实的马隆赶紧给司马炎写信报喜，这是马隆出征以后第一次汇报情况。"马家军"出发数个月，洛阳城内一点前线的消息也没收到，武帝司马炎很是忧虑，朝廷内外就有了谣言，有人觉得马隆是骗子，骗走了三千多人，有人觉得马隆早已全军覆没。马隆的战表千里加急送至皇宫大内，已经是深夜，司马炎正准备就寝，看完马隆的汇报，高兴得拍手大笑。等到第二天上朝的时候，司马炎就讽刺那些当初反对任用马隆的人，酸溜溜地说道："若从诸卿言，是无秦、凉也。"并下旨对马隆好好表扬了一番："隆以偏师寡众，奋不顾难，冒险能济。其假节、宣威将军，加赤幢、曲盖、鼓吹。"

马隆没有满足眼前的胜利，继续前行，等"马家军"一路凯歌开拔到武威的时候，猝跋韩、且万能二人率领手下几万人一齐归降晋国，马隆的军队得到壮大，"前后诛杀及降附者以万计"。紧接着，马隆又收编了作战能力强的秃发部落的没骨能，让没骨能与秃发树机能大战，一场仗下来，晋军不仅取得完胜，还斩杀了秃发树机能，替四位晋国刺史报了仇。反晋战线因为失去了秃发树机能这个火车头，或死或投降或逃命，已经成了一盘散沙，对西晋的边境构不成威胁，困扰晋国十年之久的西北战乱，就这样被马隆圆满解决了。晋武帝终于可以安稳睡个好觉了，下令对马隆一行人大加封赏。

第二年，晋国一扫东吴，完成统一，司马炎下令改年号为"太康"。后有人建议说西平地区连年征战，荒废已久，需要施行西平开发，武帝就以马隆为"平虏护军、西平太守"，主持工作。西平这个地方并不太平，成奚军队一直在西平作乱，马隆就率军讨之。成奚占据优势地形坚守不出，马隆再度展示他的智慧，下令让战士收起兵器，扛着锄头做出开垦荒地的样子。成奚一伙看见这阵势，以为马隆无心作战，对种田显然更有兴趣，就放松了警惕。

马隆算准时机，趁着成奚不设防的时候，攻其不备，"进兵击破之"。此后，马隆镇守的地方，再无战事。数年后，朝廷封马隆"奉高县侯，加授东羌校尉"。马隆经营边疆十余年，"威信震于陇右"。后来，有人进谗言说马隆年老，"不宜服戎"，朝廷就将马隆从前线召回。马隆一走，许多之前有贼心没贼胆的人就起来造反，当地的老百姓早已过惯了太平日子，对战事恐惧不安。因为当年西北之乱的阴影过于强大，晋室实在太怕再来一位秃发树机能，就赶忙把马隆再派去西平，图谋不轨的人一听说马隆又回来了，哪儿敢有所举动。马隆兢兢业业，死而后已，最后死在了西平。

秃发部落损失了头领，却没有因此溃散，秃发后人继续经营，十余年间将目光从打仗转移到发展生产，并进行睦邻友好，慢慢又强盛了起来。

天下太平洗洗睡吧

关于晋灭东吴,《搜神记》记载了一件"怪力乱神"的事情。

早在东吴建立之初,吴主多疑,对守边的将领不放心,就使用了皇帝控制臣子的一种老土的方法:把将领的妻子控制住,还美其名曰"保质"。被吴主控制的这帮苦命的少妇、孩子,过上了类似大杂院的生活,大家都是笼中之鸟,难免产生惺惺相惜之感。小孩子不懂事,感情尤其好,没事就凑在一块儿玩,"日有十数"。吴永安二年(公元 260 年)三月,不知道从哪儿来了一个穿着青衣的孩子,"长四尺余,年可六七岁",丝毫不认生,加入了小孩子的团体,跟一群将领的公子们混在一起。对于这个来历不明的小伙伴,大家都感到怪异,就忍不住盘问道:"尔谁家小儿,今日忽来?"穿着青衣的小孩儿只是说:"见尔群戏乐,故来耳。"一副不要问我从哪里来的架势。

故作神秘总是能引来更多的关注，一群小孩子就围着青衣少年端详，发现这孩子不仅来历不明，还异于常人，大白天的两眼放光，好似一双黑夜里冒着寒气的狼眼。小孩子没见过这样的人，吓得半死，就问青衣少年是人是鬼。那少年倒是不再回避："尔恶我乎？我非人也，乃荧惑星也。将有以告尔：三公锄，司马如。"

在古代，敢于说自己不是人的物种，不是疯子就是天上的星星，这青衣少年还真的就直白了当地说："我非人也"。听到这句话，十多个孩子纷纷跑回家，回家后少不了一番哭诉。左邻右舍的孩子都遇见了同一个奇异的人，大人们也都耐不住好奇，成帮结伙要去看个究竟，那青衣少年只是说："舍尔去乎！"就"若引一匹练以登天"。一群居家妇女也被眼前的情景吓傻了，当时东吴政局动荡，再说也没有哪个活腻了的人没事就到处奔走相告："司马家的人要过来啦"，这不是等于说东吴要改朝换代了吗？没想到，五年后，蜀国灭亡，东吴作为一个国度，也随着青衣少年消失了。

故事虽然荒诞，但是说明人们对于司马氏的崛起，是有所预测的。前面说过，司马炎这个皇帝，是爷爷、大伯父、父亲留给他的一笔家族遗产，如果不是自己的父亲死得稍微早了点，可能他也不会是晋朝的开国皇帝。而作为开国皇帝，司马炎的最大特点就是比较"弘厚"，《晋书》说他："造次必于仁恕；容纳谠正，未尝失色于人；明达善谋，能断大事，故得抚宁万国，绥静四方"。总而言之，他是一个比较温和的帝王，他对魏国、蜀国、吴国的宗室也都很照顾。

孙皓投降后，司马炎下诏说："孙皓穷迫归降，前诏待之以不死，今皓垂至，意犹愍之，其赐号为归命侯。进给衣服车乘，田三十顷，岁给谷五千斛，钱五十万，绢五百匹，绵五百斤。"亡国后的孙皓还是过上了衣食无忧的生活，在晋国生活了五年才死掉。司马炎对这个平生爱享乐、爱杀人的孙皓，倒也很宽容。

一次，孙皓进宫看司马炎跟大臣王济下棋，司马炎一时兴起，就随口问了一句："何以好剥人面皮？"他很好奇为什么孙皓对剥人皮这样恶心暴戾的事情这么热衷，那么乐此不疲。孙皓回答说："见无礼于君者则剥之。"后人多以为孙皓对自己的暴政毫无悔改之意，这句话有一股理直气壮的味道，事实上孙皓说这句话主要是为了讽刺王济。当时王济在皇帝司马炎跟前坐相很是随便，对臣子一贯极为挑刺的孙皓看见王济坐没坐相的懒散样，就这么指桑骂槐地回答了一番。

王济是司马炎面前的大红人，如果不是红得发紫，怎么敢在君前那么不讲究礼数？王济"少有逸才，风姿英爽，气盖一时"，是当时晋国的名士，他还娶到了司马炎的女儿。王济被孙皓损了一番，司马炎也没说什么，不仅象征性地给孙皓一个官，还给他的几个儿子安排了官。

东吴亡了，蜀国早就没有了，西北的战事因为任用马隆，也得到平息。晋武帝司马炎可能觉得国内国外实在是没什么反对力量，既然没什么反对力量，那还要军队干什么。仗从东汉末年一路打到司马炎这里，老百姓的日子真是太难过了。打仗是一件很费劲的事情，普通老百姓不仅要出人：自愿当兵或者因为抓壮丁被迫当兵；还要出钱：打仗多费钱。

司马炎可能是太爱民了，就出台了一个前无古人后无来者的法令，让各州解除武装，在全国范围内开展大裁军的活动。这个大裁军是真的大规模裁军，绝对不是随口一说，有多大呢？"大郡置武吏百人，小郡五十人"。大一点的郡保留一百个当兵的官就行了，小一点的地方就随便保留一点，直接让当兵的都回家种地了。不仅如此，司马炎还撤去将军的名号，规定已经封为将军的人以后没有领兵的权力。

当兵的少了，当农民的自然就多了。连年征战，需要大量的劳动力种地，司马炎很好地解决了一个问题。但是他忽略了一点，武装力量可以少有，但是不能太少，至少需要一些上街巡逻的人。小郡的武吏都回家种地了，谁负责治安维持呢？总不能寄希望于所有人都是谦谦君子。司马炎这个罢兵的命令，遗祸无穷，一旦有什么紧急事情，中央政府、地方政府都不知去哪里找战斗力。

尽管让当兵的都回家种地了，但还不足以解决晋国的农业问题。当时的农民，多依附于贵族或豪门的名下，这样可以少交税，大量的土地就归贵族或当官的所有，严重影响晋国人口普查的准确率。加上之前大量的劳动力放下锄头，背起武器，上了前线，全国范围内大量的劳动力都不是在田地里劳作。

农业不稳定,统治基础就不稳定,就容易出问题。晋太康元年(公元 280 年),司马炎就下令实施"品官占田荫客制",对贵族、官僚的佃户数量进行了规定:"荫人以为衣食客及佃客,品第六已上得衣食客三人,第七第八品二人,第九品一人。其应有佃客者,官品第一第二者佃客无过五十户,第三品十户,第四品七户,第六品三户,第七品二户,第八品第九品一户。"

政策的出发点是好的,但作用毕竟有限,主要的作用还是肯定了贵族、官僚的现有土地、佃户财产。司马炎又颁布了针对普通劳动力的占田、课田令,规定:"男子一人占田七十亩,女子三十亩。丁男课田五十亩,丁女二十亩,次丁男减半,次丁女不课。"这也不是要将全国的土地分给普通劳动者,主要目的是鼓励老百姓开垦荒地。虽然改革进行得不是很彻底,但是无疑运用行政手段,使得大量的劳动力都去认真种田了,这对于司马炎尤为重要。

重视农业的司马炎号召兴修水利,土地多了,水利发展了,还有一样农业要素也要发展,就是人。司马炎以国家的名义当月老,出台了一项鼓励婚姻的政策:如果谁家里孩子到了十七岁还不结婚,那么官府就做媒,强制他结婚。这样做的目的是发展人口,毕竟战争打得过于持久,损失了太多的人,劳动力发展了,才能有更多的人种地。

司马炎做了这许多事,还是起到了一定的效果:"是时天下无事，赋税均平，人咸安其业而乐其事。"考虑到说这话的臣子可能有奉承的嫌疑，需要一分为二地看。不过前两句应该是基本属实的，晋国的经济也的确得到了恢复跟发展。史书上将晋武帝太康年间（公元 280~290 年）的一派祥和景象称为"太康盛世"。不过这个盛世的含金量不高：时间短，不过短短的十年光景；但是因为起点低，所以效果明显：将西晋取得的阶段性建设成果跟战乱的三国时期相比，这个要求也实在谈不上高，但是这毕竟是三国结束后迎来的第一个发展时期，虽然如同昙花开放一样转瞬即逝，但还是值得肯定的。

美女多多，钱财多多

　　简单说来，司马炎在灭吴之前，还算得上是一个有为君主，在物质上也没什么要求，厉行节约，连牵牛用的是青丝还是青麻这样的小事情都要较真，起到了很好的模范带头作用。灭吴以后，他觉得四海升平，实在是闲得没什么事情干，索性好好享受吧。

　　孙皓亡国了，自然不能继续享有帝王的待遇，各方面供给都要减少，包括女人。但是孙皓经营了数年，后宫佳丽五千，江南多美人，这数量庞大的后宫怎么处理呢？司马炎一想，不是说天下臣民吗？吴王的后宫也就成了自己的后宫，于是顺理成章地把孙皓通过各种途径找来的女子悉数收入囊中。

　　要说司马炎的胃口还真的不小。登基不久，就下诏在全国范围内进行选美，这事不仅劳烦了晋国的行政系统，还平均到每个郡县都要积极参与，"取良家及小将吏女五千余人入宫选之"。一时间选了这么多姑娘进宫，这宫里的日子能是好日子吗？预感到自己命运悲惨的老百姓都失声大哭，"母子号哭于宫中，声闻于外"。

司马炎就靠这样的哭声眼泪积攒了五千人的后宫储备。加上孙皓贡献的五千人，这样，司马炎的后宫，少说也有一万人。后宫的人太多了，房子不够分，出现了住房紧张的问题，这又给了武帝司马炎一个大兴土木的机会，于是他又动员全国的力量修建宫殿。百姓刚刚从战争的创伤中喘口气，现在又得伺候司马炎这永远膨胀的欲望。平常人家的姑娘逃不过被选进宫的命运，无奈只能在宫门口抱着自己母亲大哭，有钱人家的姑娘，因为摊上这么一个皇帝，"名家盛族子女，多败衣瘁貌以避之"，恨不得把自己毁了容。

司马炎没有想到的是，本来一心一意为了让自己舒服，却给自己找了烦恼，这后宫的人实在太多了，多到他自己都不知道该宠谁、不该宠谁。因为基数大，就算不是精挑细选，也能选出不少美貌的佳人来，一时间让司马炎很头大。事实表明，司马炎的创造力是无穷的，他苦思冥想，想到了一个省心省力的方式决定后宫佳丽们的命运：坐羊车。让人来做选择不是很劳心劳神吗，那干脆让畜生来选。

司马炎在宫里坐着羊车，羊停在哪里，司马炎就到哪里，"恣其所之，至便宴寝"。这也算是一项宠幸后宫的发明了。司马炎此举本是一个随机抽签性质的选择，但是道高一尺魔高一丈，架不住聪明的女人会总结经验。羊也是有偏好的，喜欢吃竹子，还喜欢咸口的，有个叫胡芳的贵嫔，就让"宫人乃取竹叶插户，以盐汁洒地，而引帝车"。羊车就那么被吸引过来了，胡贵嫔"最蒙爱幸，殆有专房之宠焉，侍御服饰亚于皇后"。

胡贵嫔在入宫之初，就显示了与众不同的一面。当年选美比赛，"自择其美者以绛纱系臂"，胡芳因为长得还不错，也入选了，正在别人都屏住呼吸等候选拔的时候，胡芳却"下殿号泣"，不知道为什么就大哭不止。左右人赶紧制止她，吓唬说："陛下闻声。"这要是让司马炎听见了怎么想？胡芳天不怕地不怕，说："死且不畏，何畏陛下！"正是这么一个女人，还足够聪明，所以能在万人的后宫中享受着几乎专宠的待遇。可见她也的确会笼络帝王的心，不然即便是羊车总停在她门前，司马炎不愿意进屋的话谁也没辙。后来的事情表明，胡贵嫔靠着自己的实力吸引了夫君司马炎的心，还成功威胁到了皇后的位置，杨艳皇后死前为了对付胡贵嫔，不得不推荐自己的妹妹进宫服侍司马炎。

后宫充实了，司马炎没事还喜欢臭显摆自己的富有，不仅自己如此，还号召臣子也跟着集体臭显摆。其中有两个人的显摆最为著名，即石崇跟王恺。

石崇字季伦，出身官宦人家，他父亲石苞是晋朝的开国元勋，因为长得帅，人送外号"娇无双"。石苞一共有六个儿子，石崇是老小，石苞死前，将遗产分成几份给自己的孩了，独不给石崇。石崇的母亲看不下去了，替石崇打抱不平，石苞对自己的儿子有着无限的信心，说："此儿虽小，后自能得。"

意思是说："你别看石崇年龄最小，以后他自己创造的财富多了去了，我这点钱就不用给他了。"后来，石崇果然如他父亲预料的，富可敌国。

对于石崇来历不明的巨大财产，一般认为，是他通过不法手段获得的，石崇在"在荆州，劫远使商客，致富不赀"，通过打劫小赚了一笔。可见石崇这个人的第一桶金，是通过买路钱赚回来的。后来肯定越做越大，依仗自己的出身不错，没事就抢点，之后钱又生钱，直到富得流油。史书说他："财产丰积，室宇宏丽。后房百数，皆曳纨绣，珥金翠。丝竹尽当时之选，庖膳穷水陆之珍。"

《世说新语》记载，石崇这个人喜欢享受，家里布置得富丽堂皇，既然要铺张浪费，肯定不能有死角，石崇就把厕所也进行了精装修，不仅预备了多种洗浴用品，还有十多个女仆专门侍候他上厕所。当然了，在石崇家当仆人，肯定穿戴绫罗绸缎，不然被客人看见了要丢主人的脸。据说石崇上厕所有专门的衣服，进屋之前先要更衣。一天，石家宴席大开，刘寔起身去厕所，刚进厕所门，看见石家厕所的装潢，又看见女仆的穿着打扮，还以为是走到了女孩子的闺房里，慌慌张张就往外跑，石崇让他进去，他也不进去。刘寔因为年轻的时候过了几天苦日子，受不了这个待遇，连厕所都没敢上。

石崇富有，王恺也不是省油的灯。王恺的来头很大，是晋武帝司马炎的舅舅。王恺跟石崇比富，武帝司马炎也没闲着，私下也帮着舅舅点。王恺用糖水刷锅，石崇知道了，就下令，今后家中不用木柴了，改用蜡烛。王恺作"紫丝布步障四十里"，石崇就小胜王恺一笔，"作锦步障五十里以敌之"。

王恺输多赢少，当侄子的司马炎坐不住了，私下送给王恺一株珊瑚树，"高二尺许，枝柯扶疏，世所罕比"。王恺一看，报仇的机会来了，请石崇过来一同观赏，没想到石崇看见珊瑚树不仅没受到打击，直接毫不吝惜地用铁如意三下五除二给打碎了。这下傻眼的是王恺，好不容易得到一个好宝贝，还让老冤家石崇给毁了，"既惋惜，又以为嫉己之宝，声色方厉"，你不喜欢可以，别给我弄坏了。

王恺气得直冒烟儿，石崇跟没事人一样，说："不足多恨，今还卿。"石崇"乃命左右悉取珊瑚树，有高三四尺者六七株，条干绝俗，光彩曜日，如恺比者甚众。"王恺一看，是真服气了，不服都不行了，石崇的家底比皇帝都厚，这怎么比得过。

石崇跟王恺的比富，涉及诸多方面。石崇家里大宴宾客，每次的保留菜是豆粥。按说豆粥没什么稀奇的，但石家的豆粥跟别家的不同，别人熬粥，都需要半天才能熬得，石崇家里熬粥，"咄嗟便办"，说话的工夫就熬得了。在没有大棚、温室的古代，石崇一年四季都能吃到韭菜。石崇跟王恺有次相约出去游玩，回来的路上，石崇的车跑得飞快，拉车的牛"迅若飞禽，恺绝不能及"。王恺每次想到这三件事，就恨得牙根痒痒，不明白自己究竟是输在哪里了，"乃密货崇帐下问其所以"。

被买通的石崇家奴说："豆至难煮，豫作熟末，客来，但作白粥以投之耳。韭萍齑是捣韭根杂以麦苗耳。牛奔不迟，良由驭者逐不及反制之，可听蹁辕则駃矣。"豆粥顷刻间就能煮得，那是之前把粥都熬好了，把豆子磨成粉末，等客人来了直接把豆子撒上去就行；一年四季都有韭菜吃，是把韭菜根跟麦苗混一起了，看上去是韭菜，其实根本就不是韭菜；车跑得快，那是因为车轮都歪了，牛被弄疼了自然跑得飞快。

王恺得知石崇全是弄虚作假，好不得意，如法炮制了一番，果然赢了石崇一把。石崇一想不对劲，一直都是赢，从来没输过，就在家里查内奸。告密者真的就被揪了出来，石崇将对王恺的气全都撒到手下人身上，下令杀了告密者。

因为石崇的富有，民间就多了一种说法，说谁能拥有"石崇巨富痣"肯定能数钱数到手抽筋，这颗痣就在石崇右肩胛骨最下端靠近脊椎的位置。

石崇如果只是炫富，倒也罢了，但他甚至不惜杀人，只是为了表示自己的"大方"。每次石崇请客，都要让几个貌美的女子劝酒，如果客人杯里的酒没有喝完，劝酒的女子就要被杀。有一次王导和王敦两兄弟去石崇家里吃饭，王敦杯里的酒总是喝不完，石崇果真一连杀了三个劝酒人。一旁的王导看不下去了，觉得王敦即便是不能喝，看在救人一命的份上也得硬喝，王敦不以为然，觉得石崇杀他自己的仆人跟自己有什么相干，晋国的官员都是这些人，可见其吏治能败坏到什么程度。

司马炎的穷奢极欲带来的坏处是财政减少，于是他想出了一个老方法、土方法增加收入：卖官。晋太康三年（公元282年），司马炎祭天完毕，随口问司隶校尉刘毅："朕可方汉之何帝？"这显然是皇帝想听好话了，哪知刘毅冷冷答道："桓、灵。"意为跟东汉无道昏君桓帝、灵帝不相上下。

被泼了一盆冷水的司马炎一时摸不着头绪，问道："何至于此？"不问还好，一问，刘毅更加耿直了，回答说："桓、灵卖官钱入官库，陛下卖官钱入私门；以此言之，殆不如也。"臣子说自己是昏君中的昏君，好在司马炎只是喜欢享乐而已，不像孙皓那样，既喜欢享乐又喜欢杀人。他只是大笑道："桓、灵之世，不闻此言，今朕有直臣，固为胜之。"巧妙给自己找了一个台阶，还颇为得意地走下来。

郁闷的司马攸

　　给皇帝当弟弟对有些人而言也不是什么轻松愉快的工作。如果没什么才华只安于做一个享乐的皇弟倒也罢了，偏偏有的人德才兼备，还曾经威胁过皇帝哥哥的位置，那他无论做什么都难逃悲剧的命运。晋武帝太康三年（公元282年）十二月，司马炎办了一件震惊朝野的事情，下诏让他那有着"总统军事，抚宁内外"辅政大权的弟弟齐王攸回自己的藩国休息，收回了交给司马攸的权力。

　　齐王攸的优秀表现在诸多方面，他"清和平允，亲贤好施，爱经籍，能属文，善尺牍，为世所楷"。不仅人好，字还写得漂亮，随便一写就是字帖，真可谓是字如其人。如果齐王攸只是一个优秀的弟弟，事情就简单多了，偏偏史书上给他的优秀找了一个参考系："才望出武帝之右。"这下麻烦了，优秀绝不是罪过，但比皇帝优秀那就是大罪。前面说过，齐王攸给当了太子的哥哥司马炎带来了难以磨灭的心理创伤，好在司马昭死的时候司马攸不过十八岁而已，司马炎看着这个小弟弟，说恨，弟弟的年纪太小，什么事情都不懂，实在不能全怪他；但是说爱，心里总是有那么点别扭。

不过刚刚登基的司马炎还是重用了自己的这个兄弟，毕竟司马炎还是一个心肠不错的人，没有因为往日的冤仇真的忌恨司马攸。再者说，司马昭死前跟司马炎"叙汉淮南王、魏陈思故事而泣"。想起曹丕几个兄弟的命运，司马昭心里真是惶恐，就反复叮咛当哥哥的司马炎要多多照顾自己的弟弟，毕竟父亲尸骨未寒，不能拿自己兄弟开刀。当时的朝廷，正是草创之时，司马攸"总统军事，抚宁内外，莫不景附焉"。这要命的就是最后这一句"莫不景附焉"，早早就为他的悲剧埋上了种子。

司马攸真的是一个好王爷。他家中的吃穿用度都是国库掏钱，司马攸觉得这样不太合适，毕竟当个王爷年收入是很可观的，就上表请求用自己食邑养活一家人，司马炎当然不许，司马攸就前后上了十多次表，哥哥司马炎还是不允许。在朝中总统军事的司马攸并没有居住到自己的封地去，但是他对封地的臣民都很挂心，"下至士卒，分租赋以给之，疾病死丧赐与之"。遇见有水旱灾害，还能体恤民情，对老百姓多加赈济，封地上的老百姓对他也是"国内赖之"。

之后司马攸官至骠骑将军，"降身虚己，待物以信"。政策的变化使得骠骑将军不再具有领营兵的权力，竟然有数千士兵因为日复一日地被司马攸的德行感化，不愿意被裁掉，不愿意离开齐王回家种地。京兆尹只好给司马炎写了一封信，表示他很为难，硬裁兵怕不适合，不裁兵又违抗圣旨，司马炎倒是很好说话，下旨说既然士兵不愿意离开，那就继续留在齐王身边。

可以说司马炎、司马攸这对兄弟的确是有过一段"蜜月期"，当哥哥的也交给了弟弟不少的权力，对他也很照顾。晋咸宁二年（公元 276 年）是二人关系的转折点。这一年，司马炎病了，人在病中情感总是比较脆弱跟敏感。"二年春正月，以疾疫废朝"，司马炎在元旦这一重要的日子没有露面，可见他当时病得真的不轻。皇帝一生病，一个重大问题总是会不经意间冒出来：谁来当皇帝的接班人。满朝大臣想到智商不高的太子司马衷，真的是太不放心了，而司马炎偏偏也不争气，"诸子并弱"，所以"朝臣内外，皆属意于攸"。

没办法，齐王真的是一个好王爷，大臣喜欢，封地的百姓喜欢，连军队里都有他的支持者。这样一个完美的人，加上有一个太不成器的对比物：司马衷，形象就显得更加高大。皇帝病重，太子羸弱，齐王优秀，更重要的是，司马昭在世的时候，就有立司马攸当接班人的想法。在这样的背景下，大臣的态度也在起着微妙的变化。

一天，夏侯渊的儿子夏侯和跟贾充在一块儿聊天，说着说着夏侯和就随口问了一句："卿二女婿，亲疏等耳，立人当立德。"齐王司马攸跟太子司马衷都是贾充的女婿，夏侯和才问了这么一句，看看贾充对哪个女婿更有好感。

面对这个问题，贾充怎么回答都可能出错。如果支持司马攸，万一武帝的最终选择是不争气的太子，即便老实的司马衷不跟贾充算账，也难免别人不借个由头参贾充一本。同样的道理，贾充也不能直接说支持太子，天意难测。面对这个棘手的问题，贾充自以为聪明地选择了沉默，可是后来的事实表明，沉默也是一种错误。不表态就表示态度暧昧不清，就表示心里有着自己的小九九，皇帝哪里容得臣子私下里这样计议？后来司马炎就解除了贾充的兵权，将其外放做官，算是杀鸡儆猴。

害怕齐王继位的人选择向武帝进谗言。谗言的杀伤力，要看具体内容，如果只是一般的错误，赶上功劳大一点，或者皇帝心情好，也就不会追究了；可如果谗言的内容是有人威胁了皇位，即便是信口雌黄的话，皇帝为了保险也会好好思量，何况谗言想腐蚀的对象是权倾朝野的齐王。中书监荀勖"以朝望在攸，恐其为嗣，祸必及己"，瞅准时机，轻描淡写地说了一句："陛下万岁之后，太子不得立也。"暗示武帝一旦驾崩，太子司马衷即便是坐上皇帝宝座，也根本坐不稳。司马炎不解，就问："何故？"荀勖解释说："百僚内外皆归心于齐王，太子焉得立乎！"现在臣子的心不在陛下您身上，也不在太子那里，而是全部寄托在齐王那里。荀勖还给司马炎出了一个主意用来检验自己这句话的可信度："陛下试诏齐王之国，必举朝以为不可，则臣言有征矣。"

侍中冯紞跟荀勖是一伙的，两个人都有一个共同的爱好：进谗言。也正是因为这个，司马攸一直看他俩不顺眼。冯紞与荀勖配合行动，先是对司马炎展开情感攻势，说："陛下前者疾若不差，太子其废矣。"陛下您这病要是不好，太子怎么办？一席话将司马炎说得动摇了。哪个父亲不爱自己的儿子，虽然这个儿子一直不能让自己满意，但是做父亲难免护犊子，自己都不忍心废掉他，怎么能允许别人伤害？

　　之后冯紞又说："齐王为百姓所归，公卿所仰，虽欲高让，其得免乎！"这句话说得很厉害，像一把软刀子，提醒司马炎，即便是司马攸没有非分之想，谁能保证支持他的大臣不蠢蠢欲动？齐王深得民心，一旦大臣集体拥护，事情就变得不可控起来，所以冯紞说了跟荀勖一样的建议："宜遣还籓，以安社稷。"冯紞的工作做得真是细致，还给司马炎找了一个礼法制度上的依据："陛下遣诸侯之国，成五等之制者，宜先从亲始。亲莫若齐王。"齐王身为皇弟，又是王爷，无论是从礼法上讲，还是从人情上讲，都应该起到表率作用，先行去封地任职。

　　于是就有了晋太康三年（公元 282 年）司马炎那道解除司马攸权力的圣旨。

　　圣旨一下，朝中的大臣果然都坐不住了，正好应了荀勖的那句话。曾经率兵参加灭吴战役的王浑上书反对："今陛下出攸之国，假以都督虚号，而无典戎干方之实，去离天朝，不预王政。伤母弟至亲之体，亏友于款笃之义，惧非陛下追述先帝、文明太后待攸之宿意也。"简直把武帝说成了不仁不义之人。

王浑的看法比较书生气，有点理想化，他分析："而令天下窥陛下有不崇亲亲之情，臣窃为陛下不取也。若以妃后外亲，任以朝政，则有王氏倾汉之权，吕产专朝之祸。若以同姓至亲，则有吴楚七国逆乱之殃。历观古今，苟事轻重，所在无不为害也。不可事事曲设疑防，虑方来之患者也。唯当任正道而求忠良。"觉得这个处理齐王攸的做法解决不了根本问题，唯一治本的方法是给太子选拔良臣，但是这个做法太慢了，没人等得了。

王浑的儿子王济也没闲着，他拉着自己的夫人、司马炎的闺女"稽颡泣请帝留攸"，不断地给司马炎磕头，请求司马炎收回成命。光禄大夫李憙、中护军羊玷秀、侍中甄德上书切谏。事实证明，底下的人越是爱戴司马攸，司马炎就越忌惮他，大臣越是给他求情，就显得荀勖所言不虚，所以大臣的求情不仅没有用，反而只能火上浇油。司马炎看着求情的王济等人就烦，说："今出齐王，自是朕家事，而甄德、王济连遣妇来生哭人！"并以"忤旨"的罪名，贬了王济的官，让他去做国子祭酒这样的闲差。

事已至此，司马攸很是无奈，齐王的主簿丁颐少不了劝慰司马攸说："昔太公封齐，犹表东海；桓公九合，以长五伯。况殿下诞德钦明，恢弼大藩，穆然东轸，莫不得所。何必绛阙，乃弘帝载！"举出姜太公跟齐桓公的例子，鼓励司马攸是金子哪里都可以发光。司马攸算是很理智的，他对自己的地位有着清醒的认识，说："吾无匡时之用，卿言何多。"

司马攸是聪明人，他知道自己是被人在背后捅了一刀，"愤怨发疾"，心里不舒服病倒了，他唯一能做的反抗就是请求去给死去的父母守陵，但是司马炎的态度很是坚决，不许。对司马攸生病的消息，他也是半信半疑，就派御医去探视，看病的御医也知道齐王现在不得势了，根本不好好看病，就汇报说齐王是装病。司马攸得不到好的治疗，病情加重，而司马炎又不断催促他早日启程。司马攸好面子，一贯很重视个人仪表，虽然病得不轻，还非要硬撑，"尚自整厉，举止如常"，武帝看他英姿飒爽的样子，更觉得他是装病，就更气愤，更看这个小弟弟不顺眼。苦命的司马攸一路颠簸受苦，很快就吐血死掉了，死时才不过三十六岁。

接到死讯的司马炎也很意外，觉得自己错怪了司马攸，很自责，"哭之恸"，伤心不已。司马攸"至性过人"，是个性情中人，这样的一个人，即便是"有触其讳者"，得知他的死讯，都"泫然流涕"。这时候冯紞站了出来，说了一句狠话："齐王名过其实，而天下归之。今自薨陨，社稷之福也，陛下何哀之过！"齐王死掉了，再也没有人威胁司马炎的天下了，这是好事，陛下有什么可哭的？武帝一听，心想有道理，"收泪而止"，眼泪一下子就没有了。

司马攸死掉了，晋室缺少了一根顶梁柱，明代史学家王夫之都不由得悲愤难当："西晋之亡，之于齐王攸之见疑而废也。"他的死去，不仅仅是武帝要给自己的儿子铲除对手，而且是司马炎对晋朝权力架构的一次调整，意在强化皇权，而他的另一项手段，便是任用外戚杨氏。

第五章

权臣作孽：涉危蹈险的帝国

杨骏不是老实人

一般认为，晋太康元年（公元280年）算是武帝朝的一个转折点，以灭吴为界，司马炎执政的二十五年，可以说是前明后暗的政治面貌。而晋咸宁二年（公元276年）也是一个多事之秋，这一年齐王攸被武帝解除权力，而外戚杨骏突起，成了一股新的政治力量。由于武帝"惟耽酒色，始宠后党，请谒公行"，杨骏跟他的弟弟杨珧、杨济势倾天下，当时的人们就用"三杨"称呼他们。

杨骏，字文昌，弘农杨氏的后代。前面讲过，弘农杨氏是很好的出身。杨骏年轻的时候因为"王官为高陆令，骁骑、镇军二府司马"。杨骏从司马跻身权力核心，主要依靠他的女儿杨芷杨皇后，"自镇军将军迁车骑将军，封临晋侯"。在他女儿杨芷被立为皇后四个月之后，杨骏被封为临晋侯。一般都以杨骏封侯这件事作为杨氏成为武帝司马炎重要的发展对象的标志。

司马炎集中力量发展外戚的势力，主要目的在于调整整个晋国的权力分配体系。由于曹魏的国祚不久，只有区区四十五年，作为开国皇帝的司马炎一直依靠的力量主要是在三国末期就已形成的宗室跟功臣集团。但是这两股力量都有些靠不住。宗室方面，因为齐王司马攸过于优秀，过于深得民心，被司马炎忌惮，抑郁而死，宗室的力量骤减。而武帝本人的几个儿子的政治能力基本上都上不得台面，使得司马氏在政治舞台的施展空间变得非常有限。而功臣集团一旦一家独大，容易使晋国陷入被大臣左右朝政的局面。武帝这时候急需强化皇帝本人能依靠的力量，他想到了杨氏，虽然在血亲上杨氏跟司马氏并无太大的关联，可凭借姻亲这层关系，毕竟还是知根知底一些。

杨骏的出身虽然不错，能力却有限，尚书褚䂮、郭奕对武帝这样的安排都表示反对，说杨骏："小器，不可以任社稷之重"，"素无美望"，可见他实在是对不起自己的家庭背景。但是武帝坚持自己的看法，因为东吴已灭，他就以为天下无事，"不复留心万机"。当时就有人指出："夫封建诸侯，所以藩屏王室也。后妃，所以供粢盛，弘内教也。后父始封而以临晋为侯，兆于乱矣。"认为杨氏的兴盛给晋国带来的只有"乱"而已。

杨骏因为女儿得道，得以升官，仗着自己的国丈身份，越来越骄傲自得，弄得胡奋都看不下去了。胡奋是魏国车骑将军、阴密侯胡遵的儿子。他"性开朗，有筹略，少好武事"。当年司马懿伐辽东，胡奋还没有做官，"以白衣侍从左右，甚见接待"。胡奋这个人的传奇色彩表现在胡家世世代代都出武将，这样的家庭环境下，胡奋的书就读得不太好，文章就写得稍微差了点，但是胡奋很好学，随着年龄的增长，文章也写得越来越好，史书说他是"所在有声绩，居边特有威惠"。

由于胡家一直支持司马氏，自然甚得宠信，胡奋的女儿是武帝司马炎的贵人。同样是把女儿嫁给了当朝天子，胡奋就显得很老实，懂得夹着尾巴做人，跟杨骏形成鲜明的反差。他曾经劝告杨骏说："卿恃女更益豪邪？历观前代，与天家婚，未有不灭门者，但早晚事耳。观卿举措，适所以速祸。"可见胡奋深知低调才是王道，劝杨骏吸取前代的教训，不然会惹祸上身。

对待胡奋善意的忠告，杨骏很是不屑，还反问胡奋说："卿女不在天家乎？"胡奋一听，觉得杨骏真是没救了。同样是嫁给皇帝，皇后跟贵人能是一个级别吗？"我女与卿女作婢耳，何能损益！"武帝后宫有万人之多，一个贵人能带来多少荣耀，而皇后只有一人，自然是其他人不能比的。可是杨骏不听胡奋这一套，仍旧我行我素。

晋太熙元年（公元290年），五十五岁的司马炎病势沉重。病中的司马炎没有指定辅政大臣，事实上这个时候晋国也实在没什么股肱之臣可以托付。面对这样的窘境，"朝臣惶惑，计无所从"。皇帝的身边出现了权力的真空，杨骏充分显示了自己钻空子的才能，他"尽斥群公，亲侍左右"，趁着武帝病重的机会，"改易公卿，树其心腹"，在朝堂上安插自己的势力。司马炎虽然病重，但是脑子不傻，还是发现了杨骏的小阴谋，觉察到了杨骏包藏祸心，就下旨说让汝南王司马亮跟杨骏一同辅佐新主，希望借由汝南王的力量牵制杨骏，也希望二人能相互牵制，不至于出现权臣掌权的局面。

司马亮，字子翼，按辈分是司马炎的叔叔。年少就"清警有才用"，做过魏国的东中郎将，广阳乡侯。诸葛诞反叛时，司马亮曾经领兵上过战场，很不幸，吃了败仗，被免官。之后，重新被任命为"左将军，加散骑常侍、假节，出监豫州诸军事"。等到晋室开基，司马家里的人少不了升官，司马亮搭上这班顺风车，"封扶风郡王，邑万户，置骑司马，增参军掾属，持节、都督关中雍、凉诸军事。"主要在晋国边疆主持工作。

秃发树机能在北边兴起了浩浩荡荡的反晋战争，司马亮手下刘旗胆子小，不仅没有争先士卒、奋勇杀敌，反而在行军的路上拖拖沓沓，吃了败仗。那时候司马炎因为秃发树机能吃不好也睡不安，遇见这号不杀敌还临阵退缩的人，气得要大开杀戒。司马亮慌忙中少不了为刘旗求情，司马炎盛怒之中下旨把刘旗骂了一通："高平困急，计城中及旗足以相拔，就不能径至，尚当深进。今奔突有投，而坐视覆败，故加旗大戮。今若罪不在旗，当有所在。"这时候有人说刘旗只是胆子小了点，的确该杀，但是司马亮身为上司没有识人之明，应该一同受责罚，于是司马亮就再度被免官。可是司马亮命好，不久他又被任命为抚军将军。

司马炎一直重视宗室的力量，齐王攸死后，司马炎"乃以亮为宗师，本官如故，使训导观察，有不遵礼法，小者正以义方，大者随事闻奏"。司马亮两起两落之后迎来了第一次政治高峰。晋咸宁三年（公元277年），司马亮的封地迁往汝南，"出为镇南大将军、都督豫州军事，开府、假节，之国，给追锋车、卓轮犊车，钱五十万"。之后，又"征亮为侍中、抚军大将军，领后军将军，统冠军、步兵、射声、长水等营，给兵五百人，骑百匹。迁太尉、录尚书事、领太子太傅，侍中如故"。

司马炎准备好了圣旨，预备"以亮为侍中、大司马、假黄钺、大都督、督豫州诸军事，出镇许昌，加轩悬之乐，六佾之舞"，意在抬高宗室的力量牵制外戚杨骏。司马炎逼死了自己那个优秀的弟弟司马攸，却任用这个没什么才能的叔叔司马亮，也真是会给自己的儿子选大臣。诏书刚刚写好，还没有来得及宣布并实行，司马炎就病危了。杨骏得知司马炎的计划，深知自己的根基不如司马亮牢靠，便耍了一点小手段，事实证明杨骏这个手段很管用。

他跟掌管诏书的中书监华廙讨要圣旨，说拿过来观赏观赏，华廙也知道杨骏想要圣旨一定没安好心，但是又惧怕杨骏的势力，不得已也只好把诏书借给杨骏，这一借，自然是有去无回了。杨骏"没收"了圣旨，还觉得不放心，属意华廙编造了一份新的诏书，这份诏书的内容自然是大封特封杨骏的官，封他为"太尉、太子太傅、假节、都督中外诸军事，侍中、录尚书、领前将军如故"，还允许杨骏"持兵仗出入"，方便他掌控那个只剩半口气的皇帝司马炎。诏书写好了，杨骏还很不厚道地送给病得不行的司马炎看一眼，估计司马炎这时候已经病得没有意识了，即便是看了，也不可能反对什么。杨骏伪造这份诏书之后的第三天，司马炎就一命呜呼了。

司马炎一死，杨骏就成了掌权的人。司马亮一猜就知道这背后一定是杨骏搞鬼，但是他胆子小，不敢反抗，皇帝死后大臣要去哭灵，司马亮连皇宫大门都不敢进，借口自己生病，就在自己家门口哭了一鼻子。等到司马炎出殡那天，所有人都前去送行，杨骏就一直在自己居住的太极殿待着，还配备了上百人的保镖队伍，"不恭之迹，自此而始"。

丧事办得差不多了，杨骏本着斩草除根的原则，想要对司马亮下手。司马亮哪里有什么应对策略，就向何勖讨教，何勖看着眼前这个窝囊的王爷，劝司马亮先发制人："今朝廷皆归心于公，公何不讨人而惧为人所制！"甚至建议司马亮召集自己的力量，领兵入宫，废掉杨骏的权力，先一步把杨骏干掉，这样不是彻底解决问题了吗？但是司马亮一听，觉得何勖这一绝好的建议简直是开玩笑，不说领兵进宫，洛阳都不敢继续住了，连天亮都等不及，当天夜里就逃到了许昌，保住了一条小命。

司马亮逃了，洛阳城就变成了杨骏的地盘，他任用自己的外甥段广、张劭在惠帝司马衷身边当近臣，用以掌握新皇帝的一举一动。司马衷虽然名义上是皇帝，但万事都做不了主，处处被杨骏牵制。杨济、杨珧将这些看在眼里，记在心上，觉得哥哥是在为杨家挖掘坟墓，数次劝谏杨骏不要一人专权，杨骏不听，还觉得杨济他们是别有用心，慢慢地疏远了自己的两个弟弟。杨济没辙，跟傅咸说："若家兄征大司马入，退身避之，门户可得免耳。不尔，行当赤族。"如果杨骏让司马亮留在朝中，杨家尚能保全，但是现在，估计杨家要被满门抄斩了。傅咸建议将司马亮迎回洛阳："但征还，共崇至公，便立太平，无为避也。夫人臣不可有专，岂独外戚！今宗室疏，因外戚之亲以得安，外戚危，倚宗室之重以为援，所谓唇齿相依，计之善者。"但是杨济在杨骏那里，早就没有说话的份了，杨骏也不可能把吓跑的司马亮接回来。

杨济整天忧心忡忡，私下向石崇询问朝中大臣对杨骏独裁的看法，石崇毫不客气地指出："贤兄执政，疏外宗室，宜与四海共之。"杨济一听，实在是无话可说，虽然他认同石崇的看法，但是知道自己说话不管用，就请石崇进宫，把这番道理讲给杨骏听。石崇倒是进宫了，也见到了杨骏，但他对着杨骏那张脸说了半天大道理，也只是浪费了唾沫星子，杨骏早已是一匹脱缰野马，没人能制得住，哪里知道什么福祸相依的道理。

杨骏觉得自己是无人能制得住的脱缰野马，但是他忘记了一个人，而这个人，选择的不是制服，而是消灭，从肉体上消灭这匹野马，这匹野马纵然有再大的本事，也难逃灭亡的命运。小矮子丑女贾南风，正是杀死杨骏的幕后黑手。

猖狂人必有死下场

贾南风的臭脾气，杨骏也是知道的，"甚畏惮之"，虽然有所惧怕，却未能有所收敛。杨骏的策略是拉拢太后，不过这个太后是一个老好人，怎么可能是泼辣儿媳妇的对手？

有人说着杨公主持大局是众望所归之类的场面话，偏巧杨骏除了是国丈外，几乎一无是处，论军功，没有；论学问，也没有；论人品，实在不怎么样。这样的人掌权，如果老实本分地做几件事，可能还好一点，偏偏他什么都不懂，还要创造点新的标准。一般而言，先皇帝刚刚死掉，年号是不能更改的，继位的皇帝要继续延续年号，直到第二年才能改元。杨骏"暗于古义，动违旧典"，可能是过于迫切想要做出点"成绩"了，竟然下令立即使用新的年号。

这下群情激愤，朝中不少大臣坐不住了，说从孔子作《春秋》时候起就没这个规矩，杨骏这么做是"逾年书即位之义"，简直无法无天，太不像话。虽然改元"永熙"，但是史官左看右看，总觉得这个年号来历不正，太不顺眼了，"故明年正月复改年焉"，所以惠帝司马衷这第一个年号只用了区区九个月罢了。

没什么背景的杨骏上台后自然要扶植自己的势力，能用自己的人就尽可能用自己的人，杨骏的两个弟弟都不太支持他，没关系，杨家还有侄子什么的。杨骏不傻，任用的官员都掌握着禁军，算盘打得很好，控制了皇宫就等于控制了一切。可是这么一来，不仅没有得到人心，反而是"公室怨望，天下愤然矣"。外戚掌权还操纵禁军，这不是俨然的造反态势吗？可怜的杨骏，朝里没多少人支持他，后宫只有一个不顶事的太后支持他，但也不得人心，就连自己的弟弟杨珧、杨济也与他渐行渐远，真可谓"众叛亲离"。

"殿中中郎孟观、李肇，素不为骏所礼"，孟观、李肇这两个人，充其量只能算是诸多看杨骏不顺眼的人里面很不起眼的两个人，战斗力毕竟有限。孟观是个读书人，字叔时，打小就喜欢读书，尤其对天气知识很精通，不知道为什么得罪了杨骏。李肇此人，史书上几乎没什么记载。这样两个人，一般是掀不起什么大浪的，但是他们找对了同谋：贾南风。

贾南风不是一个安稳人，不仅玩转了自己的丈夫司马衷，野心还不小，连前朝的事情也想管上一管，怎奈杨骏投靠错了对象，拿杨太后当靠山，贾南风不仅不把杨太后放在眼里，武帝司马炎死后，甚至"悖妇姑之礼"，连场面上的婆媳之礼都不讲了。偏巧孟观、李肇利用职务之便偷偷向贾南风打小报告，何况杨骏本身就不得人心，把他的事情随便找出来说一说，再添油加醋一番，就很有杀伤力，如果再给杨骏扣上一项试图谋反的罪名，贾南风何愁没有教训杨骏的把柄呢？

皇后想掺和政事，大概有几大途径：第一，搞定自己的丈夫，司马衷对贾南风实在构不成什么威胁，这个障碍不扫自除。第二，搞定自己的婆婆：太后。杨太后是个老实人，武帝在的时候还一个劲给贾南风说好话，对于这样的婆婆，只需要不管她即可。第三，搞定朝中的大臣，这是贾南风不能施展拳脚的唯一原因，搞定搞不定另说，只要杨骏在朝里一天，贾南风的野心就只能深埋于心，因此贾南风除掉杨骏，只是时间早晚、时机成熟不成熟的问题了。现在孟观跟李肇送来了杨骏的把柄，师出有名，但是她还缺少两股力量：杨太后身边得有自己的眼线；杨骏不会自己走开，需要有人搬走这块绊脚石。

贾南风不是只会发脾气，她想到了当年曾经伺候过他们夫妻俩的董猛。董猛是谁呢，只是一个太监，但是他不是别人的太监，他现在是杨芷杨太后身边的太监。不是当年贾南风对董猛不薄，就是董猛面对这个悍妇只有听命的份儿，当贾南风私下里小手指那么一勾，董猛就过来跟孟观、李肇他们狼狈为奸。这样，一个问题就解决了。

至于能搬开绊脚石的力量，贾南风将目光转向了司马亮。贾南风满心欢喜地以为，司马亮被杨骏摧残了一下，还抢走了本该属于他的辅政大权，司马亮应该是一心一意等待报仇的汉子，可是当她托人带去口信的时候，司马亮不仅没有斗志，反而说："骏之凶暴，死亡无日，不足忧也。"自作孽不可活，杨骏早晚会玩完的，不用担心。贾南风吃了一记软钉子。她见司马亮太不靠谱，就将目光转移到司马玮身上。

司马玮，字彦度，是武帝司马炎的第五个儿子。得益于司马炎对宗室的重视，他先是"封始平王，历屯骑校尉"。到了武帝朝后期，司马玮"都督荆州诸军事、平南将军、转镇南将军"。贾南风选择司马玮的原因，除了司马玮年轻又有兵权，更重要的可能是《晋书》中所记"骏素惮玮"，杨骏这个不管天多高地多厚的人，竟然惧怕这个年轻的后生，所以当司马玮跟中央汇报说自己想带着人马去京城住两天的时候，杨骏"因遂听之"。

司马玮进了城，贾南风等待的多方力量终于到齐。孟观、李肇把早就准备好的那套说辞拿出来说给司马衷听，大意不外乎是诬陷杨骏谋反之类的，欲加之罪本就何患无辞，杨骏平常又干了不少不得人心的事情，实在不愁没有论据。最后定主意的自然是贾南风，当天夜里，她就下诏诛杀杨骏，而这个受贾南风任命的传诏人，正是那个天文专家孟观。

舆论准备完毕，该走的程序走完，军队列队出发，这时候杨骏的侄子段广站出来替杨骏求情，他跪在司马衷前面，说："杨骏受恩先帝，竭心辅政。"这么多年没有功劳也有苦劳，段广甚至说："且孤公无子，岂有反理？愿陛下审之。"一个没有儿子的人怎么会想要做皇帝呢？陛下您一定要擦亮眼。不知道司马衷听罢此言，究竟作何感想，史书只是记载"帝不答"。而不管司马衷是认可贾南风的行为，还是对段广的求情无可奈何，他什么都不说，就等于是默许。

死期将至的杨骏此时正在家里睡觉，他的家是曹爽以前的府邸。听说宫中针对他开展了抓捕行动，就赶忙召集人马商讨计策。太傅主簿朱振分析说："今内有变，其趣可知，必是阉竖为贾后设谋，不利于公。"为今之计，首先，"宜烧云龙门以示威"，制造剑拔弩张的紧张氛围，告诉所有人杨骏的战斗力仍然存在。其次，"索造事都首，开万春门，引东宫及外营兵，公自拥翼皇太子，入宫取奸人。殿内震惧，必斩送之，可以免难"。让杨骏挟皇太子司马遹进宫，这个皇太子，不是贾南风所生，让皇太子对付贾南风，胜算自然平添许多。

这本是一条上佳的建议，但是杨骏这时候没了平日里的跋扈，他本来也不是什么胆大之人，终日里也只会吆三喝四做出一副牛气的样子来，现在原形毕露，只会犹豫不决，只是懦弱地说："魏明帝造此大功，奈何烧之！"多么好的宫殿，烧了多可惜。手下的人听到杨骏这句话，心都凉透了，果然是烂泥糊不上墙。侍中傅祗就跟杨骏说："宫中不宜空。"借口宫里不能没有人，就起身走了。都到这个时候了，宫里有没有杨骏的人还是一个问题吗，不过是借口罢了，其他人对傅祗的行为心照不宣，也都找借口赶紧逃命了。只剩下一个武茂没反应过来，傅祗一看，忙提醒说："君非天子臣邪？今内外隔绝，不知国家所在，何得安坐？"一言惊醒梦中人，武茂听了这话，兔子一样逃命去了。

正所谓物以类聚人以群分，杨骏是个胆小鬼，手底下也没什么有担当的人。守着宫门的左军将军刘豫听人说杨骏跑了，连主意都没有了，居然问给他假消息的裴頠："吾何之？"裴頠说："宜至廷尉。"鉴于刘豫一向跟着杨骏办事，现在只有自首这一条路走得通，糊涂的刘豫竟然真的乖乖去自首了，也不问问消息靠谱不靠谱。而在后宫中的杨太后估计也听说了门外的混乱，写了封帛书，上书"救太傅者有赏"，还用箭射到宫外，胜负已分的时候谁会接这个求救信？杨太后这个幼稚行为，不仅救不了杨骏，倒是给人留下了是杨骏同党的口实。

躲在府里的杨骏以为高墙大院救得了他，司马玮一行人命令火烧府邸。当年司马懿为了防范曹爽，特意在曹爽府周围设了几栋高楼当瞭望点，这下也派上用场了，士兵从高处向里面放箭，杨骏等人连反击的能力都没有。杨骏逃到了马厩中，被乱兵杀死。而杨骏及其同党，都被灭三族，死者数千人。为了销毁当年杨骏伪造的武帝司马炎的托孤诏书，贾南风下令把杨骏家里的纸都烧光。

再看杨济，当时被召进宫中，传旨的人到了，杨济也知道此去有去无回，就问身边的名士裴楷："吾将何之？"裴楷死心眼，说："子为保傅，当至东宫。"您既然是太子的老师，就应该进宫去。杨济手下本来养着四百多个精于骑射的关中大汉，就算是殊死一搏也能冲出重围，浪迹天涯，但是杨济还是整整衣服进宫去了，众人听说，"莫不叹恨"。

杨珧被捕以后，一直喊自己冤枉，就是临行时候，仍然大呼冤枉，墙倒众人推，谁管你冤不冤枉。偏巧监斩官是贾南风一伙的人，一直催促刽子手赶紧行刑，杨珧就在高呼冤枉的过程中，冤枉地死了。

杨骏死掉了，连个收尸的人都没有，还是太傅舍人阎纂看不下去了，"殡敛之"。而上至司马玮，下至孟观等人，因为诛杀杨骏有功，都得到了赏赐。

原来都不是好东西

　　杨骏死掉了，少了一个揽大权的人。但是大权总得有人揽，少了一个杨骏，就得分给很多人，毕竟权力让人上瘾，让人欲罢不能。

　　司马玮成了卫将军，领北军中候，加侍中、行太子少傅。北军中候大概相当于皇城守备军司令一类的官。司马玮有着其他人都不具备的优点：他年轻，才二十出头。一个不过二十岁的小伙子，就因为参与诛杀杨骏有功而被大肆封赏，俨然的权力新贵。"少年果锐，多立威刑，朝廷忌之。"长江后浪推前浪，如果前浪不愿意让位子，这个后浪再怎么推，也坐不到想坐的位置。司马亮跟卫瓘就是前浪。

　　司马亮不用再介绍了，前面已经说了很多，司马亮一直处在一个能躲事就躲的形象下，但是享乐这种事，他可是一点不躲，不仅不躲，谁要是妨碍了他，他还真跟那个人没完。东安王司马繇在贾南风策划的这场政变中也出了把力气，史籍记载，他在政变之前，只不过是一个公爵，因为投靠了贾南风，才当了个郡王。

司马繇初入上层政治圈，难免得意忘形起来，一天之内就赏罚了三百多人，这个工作效率还真是高。这个工作业绩被司马亮知道了，能饶得了他？找了一个由头就把司马繇贬走了，一不留神，流放得太远了，到了今天的朝鲜半岛，不仅气候差，生活水平也大不如前，司马繇不过是想过一把权力的瘾，没想到把自己绕里头了。

卫瓘就更是前浪了，他已经七十多岁了。这个岁数还能活跃在政治舞台上，是因为卫瓘是个狠角色。卫瓘出生在书香门第，"性贞静有名理，以明识清允称"。十岁那年，卫瓘的父亲死掉了，这是一件不幸的事情，但也有幸运的一面，就是父亲的爵位成了他的。卫瓘二十岁开始步入仕途，在权臣专政的时代，他"优游其间，无所亲疏"，游离于各种政治力量之间，显示了他不同常人的政治情商。十年的时间里，不仅谁都没得罪，还因为工作态度良好，任劳任怨，不断升官。

在几次政治事件中，卫瓘不仅逢凶化吉，还能稳赚不赔，等到武帝司马炎时期，卫瓘因为提了个建议解决了晋国北方的边境问题，深得司马炎的信任，还把自己的女儿繁吕公主嫁给卫瓘的儿子，跟卫瓘成了儿女亲家。收瓘跟皇帝成了亲家，杨骏看着也嫉妒，就跟武帝打小报告说公主在卫府里过得不好，终日喝酒什么的，希望武帝判小两口离婚。只要卫瓘少了和武帝的这层关系，就不能再威胁杨骏了。卫瓘觉察到杨骏的企图，主动要求回家养老。后来杨骏死了，卫瓘就站起来了。

官复原职的卫瓘跟司马亮共辅朝政。两个前浪一合计，觉得后浪司马玮实在是太不顺眼了，决心已定，要想法子除掉这个绊脚石。一天上朝，司马亮站出来说，封王都是有自己的封地的，现在朝廷无事，坏人杨骏也死了，各位王爷就各回各家吧。这个建议一出，谁都知道言下之意是什么，这是明摆着要赶司马玮走人，安静的朝堂上突然出现一个声音，卫瓘站出来表态了，他完全支持这个建议，司马玮就这么跟卫瓘结下了仇怨。

公孙宏、岐盛两个人平时没什么好名声，却很招司马玮待见，卫瓘则很讨厌这两个人，想找法子把这两个人也一并治罪了。公孙宏、岐盛跟李肇一合计，觉得这么下去不是办法，不如再度跟贾南风联手，先发制人，把司马亮跟卫瓘弄死。卫瓘做官有才能，基本上也属于官场老油条了，但是他干了一件事，惹得贾南风恨死了他：卫瓘反对立司马衷为太子。前面提过，卫瓘喝醉了旁敲侧击跟司马炎提过这个事情，司马炎当时只是说："公真大醉耶？"弄得卫瓘好不尴尬，日后便不敢说这话了，但是贾南风记仇，何况卫瓘这个人，对贾南风淫乱后宫之事早就看不顺眼了，弄得贾南风因为忌惮卫瓘，不能随意享乐，现在有个机会报仇了，她何乐而不为？

于是贾南风就又跑到傀儡老公那里，如此如此这般这般说了一番，让惠帝司马衷当夜下诏，命司马玮铲除司马亮跟卫瓘。司马玮拿到密旨，召集人马，宣称："天祸晋室，凶乱相仍。间者杨骏之难，实赖诸君克平祸乱。而二公潜图不轨，欲废陛下以绝武帝之祀。今辄奉诏，免二公官。吾今受诏都督中外诸军。诸在直卫者皆严加警备，其在外营，便相率领，径诣行府。助顺讨逆，天所福也。悬赏开封，以待忠效。皇天后土，实闻此言。"

做足了准备工作后，司马玮分别派人去对付卫瓘和司马亮。大队人马来到卫瓘家里宣旨，左右的人都觉得其中有诈，皇帝要卫瓘死怎么一点征兆都没有呢？于是就跟卫瓘说："礼律刑名，台辅大臣，未有此比，且请距之。须自表得报，就戮未晚也。"建议卫瓘先别忙着死，应该先去核实一下消息的真伪，弄明白是怎么回事儿再死不迟。但是卫瓘死脑筋，觉得圣旨都下了还有什么办法，就跟儿子、孙子等家中九个人一同死了。只有他的两个孙子，因为出去看病了，得以幸免。

负责处理掉司马亮的是公孙宏跟李肇。当公孙宏跟李肇的军队将司马亮的府邸团团包围住时，负责家里安全守备的李龙觉察到外面局势不太对劲，就跟司马亮汇报说是不是应该组织家中的武装力量全力备战，司马亮一听，觉得李龙睡迷糊了，根本不理他。等到公孙宏、李肇的兵登上司马亮家的围墙，对着屋子里的司马亮大呼小叫的时候，司马亮这才觉得事情不对劲，但是他实在不明白这一切究竟是为什么，只是一个劲地感叹："吾无二心，何至于是！若有诏书，其可见乎？"

公孙宏哪儿理司马亮这些疑问，下令赶紧开始进攻，谁捉到司马亮有赏。长史刘准劝司马亮说："观此必是奸谋，府中俊义如林，犹可尽力距战。"让司马亮不要担心，府里的兵力足够杀出一条血路，抵挡一阵子。司马亮还困在自己的疑问里出不来，根本没听见刘准说了什么，轻而易举就被李肇抓住了，司马亮还在感叹："我之忠心，可破示天下也，如何无道，枉杀不辜！"

要说司马亮冤枉，这倒不假。当时天气炎热，士兵看着司马亮落魄的样子还挺心疼他的，竟然轮番给他扇扇子。士兵跟司马亮就这么坐着，坐到日上三竿了，太阳都毒了，都没人出来一刀杀死司马亮。司马玮实在看不下去了，觉得简直太不像话了，就下令说："能斩亮者，赏布千匹。"重赏之下，什么都有，大家一听这话，就疯了似的一哄而上解决了司马亮，尸骨"投于北门之壁，鬓发耳鼻皆悉毁焉"。可怜司马亮一条命，就值一千匹布。

解决完卫瓘、司马亮这两个前浪，后浪司马玮下令不追究他们同党的罪："二公潜谋，欲危社稷，今免还第。官属以下，一无所问。若不奉诏，便军法从事。能率所领先出降者，封侯受赏。朕不食言。"当然是假借司马衷的名义下的令。

这时候岐盛站出来说，既然取得了这么可喜的阶段性胜利，不如"因兵势诛贾模、郭彰，匡正王室，以安天下"，这是要让司马玮一鼓作气，铲除贾南风的势力，好让司马玮一人独大。但是司马玮听完了，只是犹豫，还犹豫了一整夜。贾南风毕竟是当官人家的小姐，就算是长得难看，但该有的政治智商还是有的，她怎么可能让司马玮一人独大，要独大也只能是她贾南风独大，但是她一个人，智商毕竟有限，就找来德高望重的老臣张华商量对策。

张华态度很明确，一语中的地明确说出了贾南风的心声："楚王既诛二公，则天下威权尽归之矣，人主何以自安？宜以玮专杀之罪诛之。"但是张华不是为了贾南风考虑，他倒是真心觉得司马玮坐大了，岂不是第二个杨骏。贾南风也知道道理的确是这样的，但是司马玮现在风头正劲，想解决他，总得有借口。张华说："玮矫诏擅害二公，将士仓卒，谓是国家意，故从之耳。今可遣驺虞幡使外军解严，理必风靡。"

张华张冠李戴，把这杀死宗室、重臣的罪名全安在司马玮身上，说他"矫诏"。这下罪名也有了，贾南风派遣殿中将军王宫赍驺虞幡麾众曰："楚王矫诏。"司马玮的军队本来就是起事召集的，一听这话，才明白过来，原来我们干的事情都是非法的，就作鸟兽散，"玮左右无复一人"，要说司马玮也真是太不得人心了，居然连一个人都留不住。身边一个人都没有的司马玮，到底是年轻，哪儿见过这样的阵势，"窘迫不知所为"。

司马玮的结局走了一个法律程序，判了死刑，行刑那天，司马玮从怀里颤抖着拿出那个当时从宫中传出的密旨，一把鼻涕一把泪地跟监刑尚书刘颂哭诉，你看我这里有圣旨，"受诏而行，谓为社稷，今更为罪，托体先帝，受枉如此，幸见申列。"刘颂何尝不知道司马玮是冤枉的，但是现在是贾南风要你死，你不想死也得死，他只能"歔歔不能仰视"，赶紧送司马玮上路了。

司马玮走的时候只有二十一岁，明明是少不更事的年纪，非要掺和这混乱的政局。不过司马玮这个人倒是还不错，"性开济好施"，就因为这样，老百姓倒是很爱戴他，得知他被杀，很多人都暗暗为他落泪，还有人自发给他立祠堂，逢年过节祭拜他。而公孙宏、岐盛也被灭三族。这场政变最大的受益者明显是贾南风，一下子铲除了司马亮、司马玮，还杀了杨骏、卫瓘两位大臣，真可谓一手遮天。而那个给贾南风出主意的张华，则被选为新一任的辅政大臣，但是张华主要是个读书人，他的命运又将如何呢？

第六章

女子秉国：丑女贾南风的干政之路

不甘寂寞的贾南风

母亲郭槐的妒忌基因一点不落地全被贾南风继承了，如果仅仅是心里嫉妒一下子，开个醋厂，也不甚要紧，哪个女人愿意跟别人分享丈夫呢？这本是人之常情，偶尔耍个小脾气没准儿还更可爱。但如果把"偶尔"变成"常常"，性质就变了。贾南风不仅是"常常"嫉妒，还不止停留在心里诅咒，而是贯彻到行动上，是一个彻头彻尾的行动派，史书说她是"性酷虐"，以伤害情敌为乐趣。曾经"手杀数人"，不仅在精神上消灭对手，同时也在肉体上消灭对手，其中一次还是"以戟掷孕妾"，贾南风手起刀落，"子随刃堕地"，一尸两命，手段真可谓残忍。

做人家媳妇的贾南风丝毫不懂得夹着尾巴做人的道理，在公公司马炎还活着的时候就干出了这样的事情，无怪乎司马炎几次想要替儿子休妻，只是因为耳根子软，虽然每次脾气上来就想休儿媳妇，但是别人一劝阻，就又作罢了，下次脾气一来又想休掉贾南风，别人一劝阻，还是作罢，贾南风就这么混过了当儿媳妇的日子，等到司马衷做了皇帝，她理所应当成了皇后。

贾南风好不容易把自己的公公熬死了，觉得自己可以一展拳脚，没想到老实巴交的杨太后却有一个不安分的爹，把持朝政还处处忌惮自己，要知道贾南风之前已经做了十八年的太子妃了，十八年里，公公多少次想废太子，另立太子妃，她就这么陪伴着"不慧"的丈夫苦熬着。十八年的时光，她从一个十五岁的小孩子，变成了三十多岁的成年人，岂能容别人染指自己的野心？

刚好杨骏专权引起的不只是贾南风一个人不满，是整个朝野的不满。这股东风一起，贾南风不会放过机会，写信让司马玮三下五除二把杨骏给除了，还灭了杨家三族。既然是要灭三族，杨芷杨太后自然也在三族里面。

本来杨芷再不济也是一个名义上的太后，如果把她都杀了，总是不太好的事情。可是杨太后在情急中曾经写了一句"救太傅者有赏"在帛布上，还用箭往宫外射，希望哪个不要命的能帮自己的父亲渡过难关。贾南风给杨骏安的罪名是意图谋反，杨芷这个举动不仅救不了杨骏，连自己也陷进去了，贾南风正愁没有罪名能除掉杨太后，这边杨太后也是病急乱投医，自以为聪明却送给贾南风一个口实，唯恐别人不知道自己跟杨骏是"谋反同谋"。但是要处理太后毕竟是个大事情，贾南风建议惠帝司马衷开一个群臣大会，假意探讨问题，创造支持的民意。

这个会议很有意思，一般开会都是为了解决问题，贾南风很狡猾，在开会之前就先把会议的基调定下来了："皇太后阴渐奸谋，图危社稷，飞箭系书，要募将士，同恶相济，自绝于天。"让与会的臣子在这个基调下面讨论问题，这不就等于只给一个选项的选择题吗？果不其然，大臣都觉得"皇太后内为唇齿，协同逆谋"。罪名定了，处理方式就好办了，毕竟人家是太后，杀掉不好看，就拿掉了她太后的头衔，降为老百姓。

尽管如此，贾南风还是觉得不解恨，既然杨芷不好下手，那就从杨芷的母亲下手。杨芷的母亲庞氏作为杨骏的老婆，当然在要灭掉的三族里面，现在杨芷已经不再是太后了，杀一个前太后的母亲也就没什么问题了，这当然也是贾南风的意思。庞氏行刑当天，已经是老百姓的杨芷在法场哭得天昏地暗，在监斩官面前苦苦哀求。

杨芷心存幻想，说从今往后愿意自称"妾"，本来贾南风是儿媳妇应该称"妾"，现在反过来，前任婆婆跟儿媳妇称"妾"。杨芷太天真了，以为一个称谓的改变，做出愿意给贾南风提鞋的卑下姿态就能让铁石心肠的贾南风动了恻隐之心，从而饶了自己母亲的一条命，但这是痴心妄想。这个天真的杨太后，当初几次三番在司马炎面前为贾南风说好话，当年的一车好话也换不来自己母亲的一条命，只得哭干了自己的眼泪，眼睁睁看着自己的母亲做了刀下之鬼。

　　失去父母与太后头衔的杨芷早已失去了生活下去的希望，贾南风又下令把之前伺候杨芷的人都撤走，只留杨芷一个人面对空空荡荡的屋子，可怜的杨太后就这么被活活饿死了。

　　心肠如铁的贾南风面对杨芷的死，竟然害怕了，杨芷到底对她有恩，这个外表难看凶恶的贾南风，表现了内心的不安与惴惴，她深信杨芷这个司马炎的枕边人死后会去阴曹地府哭诉自己的冤屈，她下令杨芷的丧事要办得有"新意"，面朝下下葬，还在杨芷背上放了一些"符书药物"，据说这样可以避免死后的人上天告状。这个让自己的丈夫司马衷"畏而惑之"的贾南风，竟然也有这样的一天，看来亏心事做得多了，过分了，也会有惶恐。

　　杀了杨骏，贾南风又利用诸王之间的矛盾铲除了卫瓘、司马亮、司马玮，可算是能看着属于自己的朝堂偷着乐了。贾南风任用了自己的娘家人，如贾模、贾谧出任高官，这一步是必须走的棋，怎么说后宫的人总是万般都不靠谱，只有娘家人才靠谱。另外，她赶走了讨人厌不听话的宗室司马玮、司马亮，总得任用一个宗室，贾南风用了一个特别艰苦朴素的司马泰，这人一直是朝堂上的不倒翁，换谁倒霉他也照样当大官，所以准确地说这个人也不算是贾南风一手扶上去的人。朝堂上，除了这些宗室、外戚、世家贵族，有一个人倒是真的算是贾南风扶上去的，这个人就是前文提到的张华。

　　前朝安排妥当，就要说说后宫了。贾南风已经是皇后，丈夫司马衷又怕她，她还想干什么呢？她想干的事情可多了，贾南风对自己的傻丈夫不满意，惠帝司马衷永远反应慢半拍，生活情调估计也不高，这样的人怎么能满足贾南风这样一位女强人的需求呢？再说司马衷比她小两岁，情商还比她低，估计两个人在思想层面也没什么可交流的。她对惠帝不满意，又嫉妒别的跟皇帝亲近的女人，于是她一方面牢牢地控制自己的傻丈夫，一方面又换个法子找乐子。

程据是太医令，负责给贾南风看病，看的次数多了，一来二去就不仅仅只是看病了，变成看人为主，看病为辅。程大夫本来是个好医生，因为医术高明才得以入宫，进了宫，心里那邪恶的小种子就在贾南风这片肥沃的土壤上生根发芽了。贾皇后跟程大夫的风流事，朝廷内外都是知道的，可是谁敢过问、谁敢管？一个程大夫还不够，贾南风还发明了一套技法纯熟的偷人方法：首先，让手底下的老妈子穿上便装，打扮得可怜点，遇见长得不错的，老妈子就颤巍巍走过去一番诉苦，说自己家里有人生病了，还病得不轻，看了很多大夫都无济于事，后来算命的说了，"宜得城南少年厌之"，只要让人到家里看一看，病自然就好了，如此如此这般这般说得有鼻子有眼儿，并承诺"欲暂相烦，必有重报"。

真可谓是重赏之下必有奸夫，很多人听了这个"重报"，就美美地上套了。但是问题又来了，一个大活人怎么给弄进宫里去呢，就算是能弄进宫，怎么才能弄到皇后的寝宫里还不被人发现呢？这个问题也难不倒贾皇后，有需求就有发明，这项发明就是等到上套的人上了车，车里还有一个箱子，把人锁进箱子里，再用帘子把车里里外外裹得严严实实的，俗称"坐黑车"。这样的装置，能行十几里路都不被人发现，等到进得宫中，再把帅哥放出来。贾南风用这种方式荒淫无度，上当的人还不少，京城内外经常有男人失踪，不用问，肯定是被贾南风玩过之后杀死了。

也有能侥幸存活的，京城里有个负责捉贼的小吏，这个官还没有芝麻大，待遇自然不高，勉强能糊口罢了。但是别看人家官小，长得是真不错，"端丽美容止"，就是因为官小，钱少，没有钱买好衣服穿。某一天，几个同事看见这人穿了一件名贵衣服就来上班了，大家都觉得奇怪，这个衣服怎么可能是他能买得起呢？就怀疑他由一个捉贼的人，变成了一个被人捉的贼。偏巧小吏有个同事是贾南风的远房亲戚，一看衣服就说这个东西很像皇家的，嚷嚷着要人家把衣服脱了还给贾家。

这人一看屎盆子就这么严实地扣在了自己脑袋上，觉得很是委屈，就把自己的奇遇一五一十讲了出来。最开始自然是遇见了一个老妈子，这个老妈子说自己家里有人生病了，他然后一动心就被人家关黑车里了，等到放出来的时候，也不知道自己在那儿，只是"忽见楼阙好屋"，问别人自己是在那儿，别人就回答："天上。"平常人哪里见过皇宫的奢华，可不觉得自己真去了天上吗？

天上的生活先是"香汤见浴"，接着是"好衣美食"，等到洗干净了，也吃饱了，贾南风才现身，两个人就度过了几天快乐的美好时光，"共寝欢宴"。贾南风见过的英俊之人也不少，却对这个小吏另眼相待，不惜破坏自己的规矩，没有杀他，还放他出宫，临走时还送了他不少礼物，其中就有衣服。大伙一听，都觉得这小吏编瞎话，仔细一问，这女人长什么样儿，小吏就说："年可三十五六，短形青黑色，眉后有疵。"这么一说，大家都明白了，这说得不就是当今的皇后贾南风吗？谁也没说什么，也不好说什么，不能说什么，就"惭笑而去"，小吏一看，才反应过来，原来自己伺候了几天的天上人，就是贾皇后！

坏女人也有好亲戚

贾南风虽然霸气十足，却没能生个儿子。司马衷是有一个儿子的。司马炎之所以愿意将好不容易统一了的江山交给自己的傻儿子，就是为了有朝一日，能把这大好河山交给自己的乖孙子。这个孙子正是司马衷唯一的儿子，司马遹。

司马遹的亲生母亲，叫谢玖。这个女人，起初不是司马衷的小老婆，而是他的父亲司马炎那一万人后宫的一个"之一"。当年司马衷娶贾南风的时候，只有十三岁，加上本身个子不高，估计心理年龄只有十岁。太子大婚，做父母的自然是高兴，做皇帝的父亲深谋远虑，实在不放心自己的儿子靠自己的力量娶老婆，万一不懂闺房之事，为晋家延续龙种的艰巨任务不就没希望了吗？于是特意选了一个女人送给司马衷，谢玖却争气得很，意外怀上了龙种，才有了司马遹。

贾南风一手遮天，搞得朝廷内外乌烟瘴气，况且她又不是未来皇帝的亲妈，难道就没有人想换掉她吗？还真有，裴頠就很想这么干。

裴頠是裴秀的小儿子，按理说，他父亲的爵位应该由他哥哥继承，但是他哥哥很早就死掉了。哥哥的儿子裴憬，史书上说他"不惠"，这是委婉的说法，估计可能不仅是不聪明，傻了点也是很有可能的，所以家业就交给了小儿子裴頠。裴頠在历史上出现的身份，首先是哲学家。他创立了一种哲学思想叫"崇有论"，这个问题有点玄乎，简单说就是古人以为这个世界的本体是"道"，那么这个"道"是"无"产生的，还是"有"产生的呢？万物的母体是存在某种物质还是某种虚无，西晋的王弼、何晏认为是"无"，有"贵无论"，裴頠与之相反，认为万物由"有"而生，且万物还有自己的客观规律。

裴頠这个灵光的脑袋，也有些家族遗传因素，他父亲裴秀也是一个学者，开创了我国古代的地图绘制学科，有《禹贡地域图》传世。裴頠年少时即头角峥嵘，"弘雅有远识，博学稽古，自少知名"。御史中丞周弼赞叹裴頠是"一时之杰"。而裴頠能继承裴家的爵位，主要要感谢一个人：贾充。贾充是裴頠的姨夫，当裴頠的哥哥死掉以后，就上表把裴頠夸了一顿，说："秀有佐命之勋，不幸嫡长丧亡，遗孤稚弱。頠才德英茂，足以兴隆国嗣。"

在贾南风诛杀杨骏的行动中，裴頠是立了大功的，就是他用巧计调走了在宫门外等消息的刘豫，让刘豫放下兵器直接投案自首了。等到事情过后，贾南风要论功行赏，当然少不了裴頠的份，其被封为武昌侯。裴頠这时候表现得很谦虚，上书推辞。一般臣子面对皇家的大恩典，都要上书假意推辞一下，这算是不成文的潜规则，但是裴頠这次还真不是假模假式，是真的不想要这份封赏，他有他自己的打算，希望惠帝司马衷能把这份恩典给他的侄子裴憬。上书递了上去，换来的结果是下了一道旨意，封赏裴頠的儿子。这下裴頠急了，又写了上书，苦苦请求封赏裴憬，说自己的爵位本该是属于侄儿的，现在不封赏他实在是说不过去，裴頠写得恳切，不过得到的结果还是拒绝。

尽管贾南风是裴頠的表妹，但是裴頠却对贾南风扰乱朝政的行为很不满。好人裴頠就酝酿出一个大胆的想法，把贾南风废了，把太子的生母扶上皇后的宝座。儿子是太子，生母被扶正，也没什么不可以的。打定主意的裴頠就去找张华跟贾模商量。

贾模也是贾家的一份子，是贾南风的族兄，出来处理朝政也是尽心尽力。张华小时候命苦，是个放羊娃。后来自学成才，写了一篇《鹪鹩赋》，这文章不知道怎么被阮籍看到了，阮籍一般不夸人，但是看完了文章就夸张华是"王佐之才也"。名人到底有效应，因为阮籍的这句话，张华"由是声名始著"。

张华这个人有个特长，就是记性好，从鸡毛蒜皮到天文地理没有他不知道的。司马炎听说了，就想考考他，没想到张华对答如流，说话还具有无人能敌的感染力，"听者忘倦"，深深陶醉到张华的博学展示中。司马炎一看，这人真是与众不同，将张华比作春秋时候的政治名人子产。张华一直支持晋国伐吴，伐吴战争中在后方当度支尚书，做财政部长，全面负责晋国的粮草。

起初，晋国的战事并不顺利，贾充跳出来要求治张华的罪，武帝司马炎说："此是吾意，华但与吾同耳。"这句话完全将张华当作自己人，已经到了要杀张华先杀我司马炎的地步了，可见武帝对张华的器重。但是张华因为支持齐王攸遭到外放，平常人要是从中央去了偏远山区做官，心里肯定犯嘀咕，没想到张华在边疆也干得有声有色，"于是远夷宾服，四境无虞，频岁丰稔，士马强盛"。

　　因为张华"名重一世，众所推服"，武帝曾经想过任命张华当宰相，可是帝王怕的就是权臣功高盖主，落得被臣子威胁利用的地步，这时候武帝身边又有人举出钟会的例子给司马炎敲警钟，说张华"著大功于天下，海内莫不闻知"，害得武帝不得不重新考虑人事任命。有人说张华在边境干得不错，再说边疆也很重要，那么重要的岗位实在是没人能替代张华，不如让张华继续在岗位上发挥能量，"据方镇总戎马之任者，皆在陛下圣虑矣"。

　　后来，武帝把张华召回首都当太常，负责祭祀之类的事情，是个闲差事，碰巧赶上太庙的屋子因为年久失修，有根柱子坏掉折断了，司马炎总算是找到了一个由头，让张华回家看书了。司马衷继位以后，张华再度出山当太子太傅，因为受到杨骏的忌惮，虽然复出，却无权过问政事。等到贾南风想铲除楚王司马玮的时候，张华出现了，还发挥了举足轻重的作用，因为立下首功，贾南风拜张华右光禄大夫、开府仪同三司、侍中、中书监，金章紫绶。

贾南风之所以重用张华，直接的原因是张华在楚王司马玮的事件上给她出了最为关键的主意，深刻的原因是张华是庶族，不是什么高门大姓的后代。虽然因为人有才华、有政绩为人敬重，但在朝堂上却没什么势力，没什么同党，这样便于贾南风控制，任用庶族总比任用宗室靠谱得多。"进无逼上之嫌，退为众望所依。"

这么一合计，贾南风还是有点犹豫，当年张华支持齐王攸，万一某天控制不了他怎么办，贾南风就跑去问表哥裴頠。裴頠是张华的粉丝，在表妹贾南风面前对张华是又夸又赞，极力推荐。就这样，张华顺理成章成了朝中的中流砥柱。贾南风虽然有野心，但政治才能有限，她在幕后掌权的那些年，全靠了张华在前面劳心劳力，"尽忠匡辅，弥缝补阙"。那时候晋国虽然出了贾南风这么一个悍妇丑后，但因为张华的苦心支撑，不仅没出什么大乱子，还"海内晏然"，一片祥和，真是不得不佩服张华。

当裴頠来找张华说出自己的想法后，张华摇摇头，觉得很不妥："帝自无废黜之意，若吾等专行之，上心不以为是。"张华是个忠臣，虽然贾南风不怎么样，惠帝司马衷也不贤明，但他也忠心不二。更为重要的是，此时的晋国"诸王方刚，朋党异议"，现在有贾南风控制着，还不至于出什么大乱子，一旦这个支撑没有了，"恐祸如发机，身死国危，无益社稷"。

张华这套大道理，裴頠实在是难以认同，道理毕竟是纸上谈兵，如果贾南风继续这样任意妄为，不用诸王动乱，国家说不定就已经乱套了，他说："诚如公虑。但昏虐之人，无所忌惮，乱可立待，将如之何？"面对这个问题，张华超级乐观，让裴頠不要这样自己吓自己，现在朝堂上不是还有咱们三个人吗，只要我们"勤为左右陈祸福之戒，冀无大悖。幸天下尚安，庶可优游卒岁"。

张华的意思是，贾南风没事喜欢玩弄权力，不是什么大问题，只要没有"大悖"的举动，还是安分守己地当自己的皇后，基本上不会出什么乱子。裴頠一看，对方既然是这态度，自己也就没啥可折腾的。但是他实在是不放心这个贾南风，所以没事就跑到自己姨妈郭槐那里去，苦口婆心地跟姨妈说一定要像对待亲孙子那样对待太子，裴頠真的很负责任，他是"且夕劝说"，不知道用了多少唾沫星子，就怕郭槐也不好好待太子，那样等到太子一朝做了皇帝，跟贾家有关系的人，都逃不了干系。

裴頠的小心谨慎，忠于职守，让他做到了尚书左仆射的高官，但是裴頠并不因为自己是贾南风的亲戚就专横独断，反而处处留意，生怕自己白拿国家俸禄，做出什么对不起国家的行为。等到贾南风又要给裴頠升官的时候，裴頠坚决推辞，给贾南风写信说："后族何常有能自保，皆知重亲无脱者也……历观近世，不能慕远，溺于近情，多任后亲，以致不静。昔疏广戒太子以舅氏为官属，前世以为知礼。况朝廷何取于外戚，正复才均，尚当先其疏者，以明至公。汉世不用冯野王，即其事也。"

裴頠的确是难得的人才，也是难得能跟贾南风说得上话却不敢作威作福的人，而贾南风跟这个表哥相比简直像是两个极端。

太子，谁叫你不听话

儿子司马遹的到来是一个意外之喜，不知是什么缘故，五岁之前，司马遹一直养在了爷爷司马炎身边，司马衷压根儿就不知道还有一个这么大的儿子存在。史书上只是说司马遹"幼而聪慧，武帝爱之，恒在左右"，说是这个孙子太招人喜欢了，做爷爷的才一直养着不撒手，直到小司马遹五岁那年，他跟几个皇子一起在大殿里玩，刚巧司马衷来给父亲请安，父子俩才有了第一次见面。司马衷哪里知道哪个小朋友是自己的骨肉，只是挨个逗孩子玩，等到他走到司马遹面前，拉着司马遹的小手，身后传来司马炎的声音："是汝儿也。"

这一幕实在让人不解，做爷爷的即便再怎么宠爱自己的孙子，也不至于让自己的儿子几年里都不知道自己无意中已经为皇家添了一个新成员，司马炎这个做法，甚至有点把司马遹藏起来的嫌疑。如果不是爷爷藏起了孙子，儿子也不可能五年时间里一点消息都没有得知，可能是司马炎觉得这孩子要是让贾南风知道了，一定没有好下场，才故意隐瞒不说。

无论是什么原因，当司马衷听见父亲那几个不痛不痒却字字骇人的字时，他的反应是："惠帝乃止。"估计这个傻小子也被吓傻了。

找回了自己的孩子，可能是欣喜万分，在司马衷这里，却没有了父子深情的记载。史书中只是说这个孩子如何如何招爷爷的喜爱，爷爷如何几次暗示要让他接自己的班，对于司马衷的表现，就一个字都看不见了。

小司马遹，应该是一个天才，表现很突出，奈何古今中外的神童，大多免不了"小时了了，大未必佳"的命运。待司马遹一天天长大，到了十三岁，被司马衷立为皇太子，这个法定接班人身上的不良习气，一天天暴露出来。对于司马遹的教育，司马炎抓得紧，朝廷上下重视，到了惠帝时，还是很重视，给他请了好几位当时的名士重臣当老师，可是这司马遹不仅不爱学习，甚至还不尊敬老师。自己不争气，更何况上面还有一个人品极坏的名义的"母后"，在贾南风的煽风点火下，司马遹更是越来越不怎么样了。

贾南风恨上司马遹实在是情理之中的事情，她嫁给司马衷那么多年，只有四个女儿，一个儿子都生不出来，自然是越看司马遹越不顺眼。偏巧这个眼中钉还很聪明，贾南风怎么能不想方设法地将司马遹带到变坏的路上去呢？

历史证明，想要带坏一个太子，或者一个皇帝，很多时候有一个人就够了，那就是他的贴身小太监。贾南风在后宫一手遮天，就暗中吩咐伺候太子的太监没事就向皇位的接班人灌输不良思想，说："殿下诚可及壮时极意所欲，何为恒自拘束？"理由是"殿下不知用威刑，天下岂得畏服"，撺掇司马遹向自己的"妈"贾南风的方向看齐。

后来司马遹临幸的蒋美人生了小皇子，身边的太监又开始发挥自己的作用，一个劲建议让司马遹重赏蒋美人，并为小皇子搜罗珍宝，想以此让司马遹染上不思读书，只知道享乐的骄奢淫逸的恶习。司马遹哪里能分辨谁是真的为他好，别人一带，自己就掉沟里了，"慢弛益彰，或废朝侍"，书也不读了，每天就在后花园里玩。谁要是冒犯了他，堂堂一个太子，亲自动手打架。

这样的一个皇太子，哪里还有当年神童的影子？司马遹在变坏的路上越走越远，但经济头脑却还是灵光，他没事喜欢在宫里开一个菜市场，陪他玩的自然还是那些太监，他自己亲自挽起袖子卖肉，别说，还真是有天赋，无论你要多少肉，他随手那么一切，斤两毫厘不差。这一切都要感谢他的爷爷，一直在拼命扩充后宫，把屠夫家的闺女都娶了进来。要知道司马遹的姥爷真是一个热衷卖肉的人，他能这样也就不奇怪了。

过日子这么折腾，每个月发给他的钱肯定是不够花的，司马遹一个月花两个月的钱。这还不够，他觉得自己的生活水平亟待提高，就在东宫开展了大生产运动，发动太监、宫女种地、养鸡，之后拿到宫外面去卖了赚钱，这根本不是一个太子，简直就是一个土财主。

　　当朝太子这么胡闹，有大臣就看不下去了，洗马江统写了一个长长的规劝书，送到司马遹这里，但他根本看都不看。舍人杜锡也是真的关心司马遹的成长，觉得有贾南风这么一个"母后"，本身就是一个极大的不安定因素。太子还这么不懂事，忍不住在司马遹面前多说了几句忠言，这下司马遹不乐意了，嫌杜锡唠叨，就往杜锡的坐垫里头塞满针，等到杜锡到东宫给太子上课，一屁股坐下来的时候，怎叫一个疼！

　　贾南风也没闲着，估计也一直在做生小皇子的准备，怎奈命中注定没有儿子，情急之中，贾南风上演了偶像剧里一幕：假装怀孕，用棉花装出一个大肚子。她的如意算盘是，从妹夫家里偷梁换柱一个孩子，托名是自己跟惠帝的龙种，再密谋把太子拉下马，扶自己的"儿子"坐上储君的位置，这样不仅自己的地位可保，等司马衷归天以后，还能继续操纵新一任皇帝满足自己的权力欲望，真是太如意的算盘了。

　　跟自己的女儿不同，贾南风的母亲显得老谋深算，也可能是被裴頠说得动了心，对太子司马遹不仅敬重，还没事就拉拢，摆出一副慈祥的外祖母的样子来。姜到底还是老的辣，郭槐深知如果现在不对司马遹好点，日后司马遹就会对贾家很不好。放眼望去，晋国上下也就郭槐还敢跟贾南风大声说话了，她不仅指责贾南风不疼太子，对自己的干孙子贾谧，也没少责骂。怎奈贾南风一向目中无人，对自己母亲的一片苦心，也置之不理。

郭槐的能力毕竟有限，加上年纪大了，一天天过去，明显力不从心，等她病重，外孙司马遹还真的很心疼这个姥姥，尽心侍奉。上了岁数的人毕竟还是心软，郭槐临死之前，特意拉着贾南风的手叮嘱："赵粲及午必乱汝事，我死后，勿复听入，深忆吾言。"又万分不安地再三指示贾南风要好好对待太子，免得惹祸上身，贾南风表面答应，实际上毫无悔改之意。

贾南风跟司马遹的矛盾暗潮涌动，爆发只是时机的问题。这时候司马遹还得罪了贾谧。司马遹这孩子，小时候天天被爷爷司马炎夸奖，自然是在一片掌声中长大的，后来又顺利当了太子，一人之下万人之上，只能听好话，听不得逆耳忠言；只有别人围着他打转，他哪里见得了别人对他爱答不理。偏巧贾谧正是对他爱答不理的那号人。

贾谧本来是贾南风妹妹贾午的儿子，因为贾充一辈子就只有一个儿子，这个儿子还被郭槐给整死了，贾家差点绝后，贾谧就过继给贾充当孙子。贾府上下就这么一个男丁，自然很是宝贝。贾谧跟贾南风走得近，觉得太子早晚得玩完，自己犯不着尊敬一个迟早会垮台的储君。太子詹事裴权为此特意给司马遹出主意："贾谧甚有宠于中宫，而有不顺之色，若一旦交构，大势去矣。宜深自谦屈，以防其变，广延贤士，用自辅翼。"首先第一步，不得罪贾谧，假意逢迎，暗中发展自己的羽翼，等到自己的力量壮大了，再把贾谧一脚踢开。建议是提得不错，奈何司马遹是一个从小就骄傲的孩子，哪里肯摆出一副低姿态？

苦命的司马遹其实什么得罪贾谧的事情都没干，但是贾谧把什么新仇旧恨都算在他身上了。"旧恨"的罪名是司马遹抢了将要属于贾谧的女人。事情是这样的，郭槐想把女婿韩寿的女儿嫁给太子，两家亲上加亲，多好的事情。

这个想法对外孙子一说，司马遹也觉得姥姥想得不错，就答应下来，却被贾午跟贾南风给否决了。这姐俩本就看司马遹不顺眼，怎么可能把贾家的闺女嫁过去。但是否定了人家的提议，总得给个替换选项。贾氏两姐妹觉得王衍的女儿王惠风不错，可司马遹几番打听，得知王惠风的姐姐更好看，而这个姐姐，却在贾南风的策划下，嫁给了贾谧。

堂堂一个太子娶妻，居然抢不过贾谧，司马遹本来想娶韩寿的女儿，贾南风反对，现在娶了王家的姑娘，还不是最漂亮的，这能不是奇耻大辱吗？司马遹心中恨恨不能平，憋着一股子气不知道朝谁发，贾南风不能骂，就骂贾谧。贾谧更郁闷，从始至终压根儿就不是自己的主意，是贾南风背着自己瞎张罗，司马遹凭什么骂自己，于是就恨上了司马遹。

"新仇"说起来就要简单得多，贾谧跟司马遹下棋的时候，没有眼力见儿。臣子跟主子下棋，臣子得故意输，贾谧偏不，觉得太子一个臭棋篓子有什么可牛的，这一幕刚巧给成都王司马颖撞见了，就说了贾谧几句，贾谧又郁闷了，更恨司马遹了。

怀抱着新仇旧恨，贾谧再也不能忍受了，跑到贾南风那里告状，说："太子广买田业，多畜私财以结小人者，为贾氏故也。"这真是冤枉了司马遹，他是喜欢开菜市场卖猪肉把东宫变成菜园子出去换钱不假，但是他还真没有那智商给贾氏的支持者送钱拉拢人心，可是小报告这种东西，不需要全部是真事，只需要听上去是真的就够了。

贾谧继续诬赖，说太子没事就念叨："皇后万岁后，吾当鱼肉之。"并表示，无论这些事究竟是真的还是假的，有一件事是确定的：一旦司马遹当了皇上，可能对咱们贾家好吗？不如先一步下手，废了他以绝后患，"更立慈顺者以自防卫"，这句话直接说到贾南风心坎上了，两人不谋而合。

贾南风开始行动，第一步仍是制造舆论，俗话说苍蝇不叮无缝的蛋，司马遹越发没有太子的样子，贾南风想散布点针对太子的坏话就可谓轻而易举。晋国的大臣也不傻，都看出来贾南风这是准备向司马遹动手了，"于时朝野咸知贾后有害太子意"。中护军赵俊是个忠臣，不忍心看着太子走向灭亡，就私下谏言暗示司马遹废了贾南风，但是司马遹放弃了最后一次拯救自己的机会。

晋元康九年（公元 299 年）十二月，贾南风终于决定动手。诈称司马衷生病，诏太子进宫请安。等司马遹穿戴整齐进了宫，没见着司马衷，也没见着贾南风，就看见一个宫女端着酒碗出来了，逼着他喝酒。司马遹本来想推辞，因为他平日里基本上不怎么喝酒，宫女一听就不乐意了，说："汝常陛下前持酒可喜，何以不饮？天与汝酒，当使道文差也。"

司马遹尽管变坏，脑袋却还不傻，知道自己进宫是来面圣的，不是来喝酒的，万一——不留神喝醉了，君前失态，必然降罪于他，"又未见殿下，饮此或至颠倒。"宫女受命要灌醉司马遹，他一直不肯喝也不是办法，就威胁说："不孝那！天与汝酒饮，不肯饮，中有恶物邪？"现在是皇后要你喝酒，你迟迟不肯，难道是怀疑酒里下毒吗？

司马遹一听这话，知道已经不能再推辞了，只好硬着头皮喝，司马遹本来只是想喝点蒙混过关，却一再被人催命地逼酒，加上不胜酒力，喝是没喝多少，但也醉得晕头转向。这时候潘岳进来了，潘岳是贾谧的好友，是贾谧网罗的一大群文人中的一个。潘岳表示他是过来代太子写祈祷文的，祈祷上天让皇帝的病早日痊愈，潘岳假意写好文章，让人给太子备好笔墨，请司马遹照着抄一遍给司马衷呈上去。这时候司马遹早喝得大醉，醉眼迷离中字都不会写了，写得歪七扭八、龙飞凤舞，胡乱写好，那张纸就被拿走了，潘岳又添了一些内容，司马遹呢，早就醉得不省人事了。

贾南风拿着这张纸送给司马衷看，惠帝一看，傻眼了，唯一的儿子写了一篇文章，字迹虽乱，但依稀可辨："陛下宜自了；不自了，吾当入了之。中宫又宜速自了；不了，吾当手了之。并谢妃共要克期而两发，勿疑犹豫，致后患。茹毛饮血于三辰之下，皇天许当扫除患害，立道文为王，蒋为内主。愿成，当三牲祠北君，大赦天下。要疏如律令。"

要说贾南风的手段并不高明，但就这么轻易实现了暗害司马遹的目标。哪儿有人这么笨，直白地给自己的父亲、当朝天子写几行字说"赶紧退位"这样的话。这种话写完还能被人偷走去告状，这人得多傻？现在的问题是，惠帝本身形同傀儡，贾南风拿过来这么一张纸，明摆着就是让他废太子，史书上并无只言片语记载司马衷的表现，只是知道他马上召集全体重臣开会，把那张纸拿给所有的与会大臣看，大伙还没看出来那一张鬼画符一样的东西是什么内容，圣旨就下了："通书如此，今赐死。"

朝堂上的臣子早就知道贾南风要动手，现在真的动手了，他们也都见识过贾南风的手段，要是反对就是死，也就没人吱声。这关键时刻，张华、裴𫖳不顾个人安危挺身而出，力保太子。张华书生意气，说："此国之大祸。自汉武以来，每废黜正嫡，恒至丧乱。且国家有天下日浅，愿陛下详之。"立嫡长子这事是惯例，不能改。裴𫖳比较聪明，指出这个东西真是太子写的，谁能作证？应该把太子的手书都拿过来，一一比对，如果字迹一致，才能证明是太子的亲笔，"不然，恐有诈妄"。

贾南风无所畏惧，真的就把太子的手书拿过来，让大臣对比，堂上的臣子一看，猜也知道是太子喝多了写的。这字也太难看了，跟平常全然不同，但是心知肚明是一回事，能站出来指出其中有诈又是另一回事，所有人都揣着明白装糊涂，看是看了，什么也不说。一帮子大臣在朝堂上打马虎眼，废太子这事从上午一直讨论到太阳西斜，也不说废，也不说司马遹冤枉，就这么僵持着。

贾南风看得心急如焚，计划了这么久，眼看就成功了，却被一帮老头子拖延了一天，就威胁说："事宜速决，而群臣各有不同，若有不从诏，宜以军法从事。"威胁归威胁，这事还是僵持不动。从来没有退让过的贾南风不得不重新盘算，她实在担心这帮大臣再说下去，那傻丈夫也不听话了，就跟惠帝说，要不"免太子为庶人"，司马衷这才同意，下旨。

惠帝司马衷虽然前前后后一句话都没有被史学家记载，但是从记叙的蛛丝马迹中看出，他可能还是希望能保全太子司马遹的，毕竟他也只有这一个儿子，当贾南风说要以军法处理那些反对废太子的大臣时，他并没有听话地同意。不过，还是不能在他身上寄托太多的希望，司马遹的确逃过了杀身之祸，却丢了太子的帽子，这个帽子一丢，无异于丢了自己的保护伞，之前要杀他，因为他是太子，还得讨论，这日后谁要是想对他动手，要死的不是一个储君，只是一个做过储君的老百姓了。

贾皇后的最后岁月

几位宗室重臣把圣旨拿去念给司马遹听，成员有：尚书和郁、大将军梁王肜、镇东将军淮南王允、前将军东武公澹、赵王伦、太保何劭。当这些人来到东宫的时候，司马遹正闲得发慌逛后花园，得知有使者捧着诏书来，他可能也预感到了事情的严重，终于恢复了一个太子该有的样子，换好衣服，连拜两次接过了那道改变他命运的圣旨。之后从容地走出东宫，登上一辆破车，住到了金墉城。

金墉城处在京城一角，在晋朝是专门用来安置那些被废掉的太子、皇后、太后、妃子等人的。说是一座城，其实小得可怜，因为城建得越小，就越便于看管那些落架的凤凰。这座城不仅建得坚固，还背靠大山，用来当一个大囚笼，真是再合适不过了。废掉的太后杨芷也是死在这里的。

赶走了司马遹，贾南风还是不放心，第二年正月，她又指使司马遹身边的太监"自首"，诬告太子真的心存谋逆之心，一手策划这出风波的贾南风因此下令加强对司马遹的看管，并把这个"自首"的太监公布的太子的罪行遍示朝廷内外。这时候，很多人都想起京城里传唱在大街小巷的那首民谣："南风起兮吹白沙，遥望鲁国郁嵯峨，千岁髑髅生齿牙。"要说古人的民谣真的什么内容都敢唱，这"南风"自然是指贾南风，"白沙"是司马遹的小名，其中的意思不言自明。

老丈人王衍一看司马遹下台了，就上表要求女儿跟前太子离婚。这样的请求深得贾南风的心意，一个人倒霉了还逼着他跟老婆离婚，这无疑又是另一种精神上的刺激。本来下令让司马遹写休书，没想到司马遹写着写着就变成了陈情书，他详细说明了那天被诬陷的经过，表示自己"鄙虽顽愚，心念为善，欲尽忠孝之节，无有恶逆之心。虽非中宫所生，奉事有如亲母"的初衷，结尾处写"父母至亲，实不相疑，事理如此，实为见诬，想众人见明也"，俨然把自己的妻子当作了这个世界上最亲近的人。

太子妃王惠风还真是一个有情有义的女子，虽然名义上跟司马遹离婚，但是她心里仍然认为自己是司马家的女人。在回娘家的路上，王惠风一路哭号，情深义重，哭声又惨烈悲怆，道路两旁的人被她的情义感动，都跟着一起抹眼泪。后来王惠风被赐给另一个人当妻子，那男人才进闺房，王惠风就拔除随身的宝剑，义正词严地拒绝，也因为这样的气节，太子妃最后被杀。

太子被废，国家失去了储君，更为重要的是，太子还是因为被诬陷才被废，那些太子的支持者自然"深伤之"。右卫督司马雅正是这样的一个人，虽然他也姓司马，看上去是个风光的皇亲国戚，其实他不过是司马炎这支司马氏的远房亲戚，所以他只能追随司马遹以换得自己的前程，不承想，背靠大树不仅没能乘凉，这大树还被人推倒了。

常从督许超是司马雅的朋友，两人坐在一起一合计，一棵大树倒下了，不可怕，那就再找另一棵。但是现在突然换个主子，也难以在短时间内得到别人的信任，最好的办法，就是让倒下的大树再竖起来。这个打算很好，单靠他两人的力量，显然是不可能的，他们需要同谋，张华跟裴頠虽然是忠臣，也正因为是忠臣，事情一旦成功，功劳岂不是都被他们占去了，他们选定的对象是赵王司马伦，这人"执兵之要，性贪冒，可假以济事"。

司马伦，字子彝，是司马懿第九个儿子。武帝司马炎在位的时候，他还不是赵王，是琅琊王，因为犯了事，应该处死，司马炎一看，自己的亲戚被处死，这实在是太丢人了，就为司马伦开了个后门，想饶了他。谏议大夫刘毅觉得不可："王法赏罚，不阿贵贱，然后可以齐礼制而明典刑也。伦知袤非常，蔽不语吏，与缗同罪。当以亲贵议减，不得阙而不论。宜自于一时法中，如友所正。"

司马炎一听，觉得道理是这个道理不假，但是还是饶了他吧，毕竟是自己的亲戚，处死亲戚毕竟太难看。司马炎重视司马伦这个亲戚，司马伦却不知道将心比心，等司马炎一死，他就成了贾南风的人。仗着自己是贾南风的同伙，就想当个大官风光风光，幸亏张华、裴頠一直打压他，司马伦才没出来祸害朝政。

司马雅跟许超找到司马伦手下的谋臣孙秀，撺掇司马伦趁着东宫空了，凭借自己是贾南风的支持者身份，早作打算："国无适嗣，社稷将危，大臣之祸必起。而公奉事中宫，与贾后亲密，太子之废，皆云豫知，一旦事起，祸必及矣。何不先谋之！"司马雅的原意是希望司马伦能把贾南风干掉，迎回司马遹，让司马遹继续做太子，这样自己也有大树可以依靠。赵王司马伦呢，也已经被司马雅的一番话打动了，觉得现在是动手的好时机，还找了人在宫里当内应，就准备动手扳倒贾南风。这时候孙秀站了出来，说："太子为人刚猛，若得志之日，必肆其情性矣。明公素事贾后，街谈巷议，皆以公为贾氏之党。今虽欲建大功于太子，太子虽将含忍宿忿，必不能加赏于公，当谓公逼百姓之望，翻覆以免罪耳。若有瑕衅，犹不免诛。"

这一席话提醒了司马伦，他一直是贾南风的人，这是连三岁孩童都知道的事实，现在起事帮了司马遹一把，如果司马遹知道感恩，也不过是将功补过，如果司马遹不知道感恩反而要算总账，那岂不是没事给自己找事吗？孙秀一番分析，觉得唯一可行的是："不若迁延却期，贾后必害太子，然后废贾后，为太子报仇，犹足以为功，乃可以得志。"

孙秀开始了自己的计划，他先是散播谣言，说有人要为太子报仇废掉贾南风，贾南风听闻，自然害怕，就跟她的相好程太医商量，想药死司马遹。司马遹失去了太子的位置，智商回到了当年神童的水平，他知道贾南风肯定不会放过自己，肯定有人随时准备要自己的命，从东宫出来以后，他一直很小心，都是自己亲自煮东西吃。等到捧着毒药的太监到了，司马遹说什么也不肯吃他带来的东西，就借口上厕所，躲到了厕所里。贾南风派来的人看司马遹死活不肯吃药，索性放弃下毒，直接把司马遹推茅坑里淹死了。

可怜司马遹一个太子，竟这么死掉了。据说他死之前，曾在茅坑里大声求救，可真是叫天天不应叫地地不灵。司马遹死了，照例说应该按照一般老百姓的规格，随便埋了就可以，贾南风这时候猫哭耗子，下诏以广陵王的待遇礼葬之。

晋永康元年（公元 300 年），司马伦按照孙秀当初的计划发动政变。四月三日夜里，司马伦矫诏深夜入宫，让齐王司马冏执行废后的行动。贾南风跟司马冏的母亲不合，司马冏早就看贾南风不顺眼了，得到这个机会自然卖命。当司马冏带着士兵闯入贾南风的寝宫，睡梦中的贾南风一看就傻眼了，问了一个问题："卿何为来！"司马冏回答说："有诏收后。"贾南风一听就知道自己在劫难逃，望着司马衷的寝宫，喃喃自语说："陛下有妇，使人废之，亦行自废。"赵王司马伦的兵马，还擒获了贾午、贾谧等人，贾南风看见贾谧的尸体，不禁失声痛哭。后来司马伦递给贾南风一杯酒，一代丑后贾南风终于死掉了。

司马伦政变成功，自然还是大行犒赏功臣，内外官员换了一半多，他自己封自己为"使持节、大都督、督中外诸军事、相国"，"孙秀等封皆大郡，并据兵权，文武官封侯者数千人，百官总己听于伦"，将政权转移到了自己手上。而张华、裴頠这样的重臣，司马伦自然是容不得，他们也纷纷命丧黄泉。

张华是知道司马伦计划的，在司马伦起事当晚，司马雅就派人告诉张华这个消息："今社稷将危，赵王欲与公共匡朝廷，为霸者之事"，张华知道司马伦是用废后的名义政变篡权，就没有答应，司马雅被张华的书生气气死了，说："刃将加颈，而吐言如此！"现在刀都架在脖子上了，你还能说这样的话。但是张华一直没有声张，当年裴頠让他废后，他不许，现在司马伦要废后，轮不到他不许，可是他也不便反对。这天夜里，张华做了一个噩梦，梦见屋子倒塌，张华知道这是大厦将倾的意思。夜里，司马伦矫诏让张华进宫，才进宫门，就跟裴頠一样被抓了起来。司马伦给张华定的罪名是依附贾南风，这个罪名何其搞笑，张华曾经写过一篇《女史箴》，规劝贾南风不要太过分，要安守做女人的本分，现在却被安上了这样的一个罪名。

张华死之前，对抓他的张林说："卿欲害忠臣耶？"张林一听，不愿意了，觉得张华根本不配自称忠臣："卿为宰相，任天下事，太子之废，不能死节，何也？"张华很委屈，觉得自己一直在尽力规劝贾南风，太子的事情如果不是他及时站出来反对，说不定太子早就被贾南风处死了："式乾之议，臣谏事具存，非不谏也。"张林冷笑说："谏若不从，何不去位？"这个问题一问，张华也不知道该说什么了，只是说："臣先帝老臣，中心如丹。臣不爱死，惧王室之难，祸不可测也。"说完就死掉了，时年六十九岁。张华的三族，也被司马伦夷灭，朝野有识之士，知道张华的确是忠臣，也正因为是忠臣，才落得身首异处的下场，"莫不悲痛之"。

第七章

兄弟相残：杀了你我才有活路

司马允的死脑筋

西晋王朝的几次动荡损失了几位宗室，之前被贾南风杀掉的不算在内，太子司马遹被囚禁在金墉城的同时，他的生母谢玖，跟他长子的生母蒋俊一同被贾南风处死。司马衷的态度在史书中根本找不到，当时的人跟后来修史书的学者，可能也顾不到一个傀儡的情感，缺而不记并不奇怪。

贾南风死掉了，同她一起赴黄泉的还有她的妹妹贾午、贾家过继的孩子贾谧，还有贾南风的死党、司马炎的妃子赵粲。郭槐死之前一直反复叮咛贾南风，要她对太子好点，远离贾午跟赵粲那帮人，贾南风一件都没做到，最后送了命，也结束了贾家人的天下。当这个丑女人得知司马伦的废后诏书是假的，但是政变是真的，她不禁追悔，一个劲儿地感叹："系狗当系颈，今反系其尾，何得不然！"对付狗，要抓住狗脖子，才能制伏一条狗，但是贾南风呢，一直跟狗尾巴斗争不已，这狗还不反过来咬人？

贾南风在深宫中生长了那么多年，政治见解还是有的，她一直以为碍她事的是太子司马遹，所以想尽了一切办法对付太子，却不想储君一失，恰好给了乱臣贼子可乘之机，既然皇位没有接班人了，一些同样姓"司马"的人心里还不整天犯嘀咕，想方设法为自己争取权益。司马伦因为有孙秀这个幕后黑手，又有兵权，才能成功实现兵变。待司马伦把贾南风留下的大臣班底重新洗牌，还有一件事也很重要，必不可少，司马伦造反的名号是贾南风丧心病狂杀死了好太子司马遹，他造反成功了，就要给司马遹平反，上尊号。鉴于司马遹这个前任太子死得实在是委屈，在厕所里被人淹死了，真是太可怜了，所以一般都称他为"愍怀太子"。

司马伦杀了贾南风，司马衷没有正妻了，总得再给人家补一个。这个任务自然由司马伦的军师孙秀来执行。虽说司马衷是傻了点，但是当他的皇后到底也是光宗耀祖的事。孙秀要挑选的人，必须是自己人，这样有利于控制后宫。

几次选拔，孙秀选择了羊献容，她的外祖父孙旗是孙秀的同族，是本家，孙秀本人跟孙旗的这几个儿子也是好朋友。就这样，羊家的女儿成了司马衷的第二任皇后。晋永康元年（公元 300 年）吉日，是羊献容出嫁的时候，这一天，羊府上上下下忙得不可开交，府里府外都是一股热闹的喜庆气息，突然，发生了一件怪事，新娘子的礼服莫名其妙着了火，华丽的衣服瞬间被烧毁。出嫁当天，礼服被烧坏，在场的人心里不禁

"咯噔"一下，谁也没有明说，但是谁都知道，这是不祥之兆，但皇帝娶正宫皇后是国之大事，不可能更改时间，一片混乱中，羊献容成了皇后。

早在司马遹被废后，贾南风就想找个自己人当太子，朝中有人不同意，建议立惠帝司马衷的弟弟淮南王司马允当皇太弟。司马允跟傻哥哥司马衷不同，他性格沉静刚毅，"宿卫将士皆敬服之"。司马伦费了半天劲搞政变，当然不是为了给司马允做嫁衣，在孙秀的建议下，让司马允当了"骠骑将军、开府仪同三司、侍中，都督如故，领中护军"。

司马允心中自有打算，他知道司马伦不是省油的灯，就装病不上朝，也不过问朝政事物，暗地里组建了自己的敢死队，加强训练，计划找时机诛杀司马伦。因为司马允有一定的威信，当年又差点成了继承人皇太弟，司马伦早就看他不顺眼了，而司马允又不是什么听话的人，收买也收买不了，所以被司马伦深深忌惮，司马伦只能想办法对付他。

某一天，司马伦随便找了点由头，升司马允为太尉，想用这个明升暗降的手法，收回司马允的兵权，一旦没有兵权，对付司马允不就如同探囊取物一般轻而易举了吗？司马允呢，学着当年司马懿那一套，还是称病，说自己身体不好，就在家里养病好了，这么高的官，实在是不能当。司马伦一看，软的不行，那就来硬的，他让御史拿着诏书到司马允家里威逼利诱，并把淮南王府里的僚属都给抓了起来当人质，想逼司马允就范，还威胁说，如果司马允一再装病不出，就上表弹劾他谋逆。

司马允本来就看司马伦不顺眼，现在司马伦派个人到他家里胡闹不说，还要弹劾他谋逆，说谋逆也得是司马伦，有他司马允什么事。司马允气得大怒，一把夺过御史的诏书。不看不知道，一看更气人，诏书上的字居然是孙秀的！司马允再怎么说也是宗室，是司马炎的儿子，是当今皇帝司马衷的弟弟，给这样的人下旨，话说得难听还不算，诏书居然是一个得势的小官儿写的，这不是明摆着不把他这个淮南王放在眼里吗？受到屈辱的司马允下令把这个讨厌的御史抓起来，准备斩掉祭军旗。没想到这个御史身手还不错，可能是练过几年，居然越狱了，最后祭军旗的就是御史带来的两个随从，反正总得杀两个人激励激励士气。

司马允举行了隆重的誓师大会，上来就杀了两个随从，之后一番慷慨陈词，说得底下的人热血沸腾，他大呼："赵王欲破我家！"淮南府地界上的士兵跟敢死队的人加在一起，有七百人，这几百号人一听，使出吃奶的劲大喊："赵王反，我将攻之，佐淮南王者左袒。"这一声叫喊，震聋发聩，听见喊声的也有不少人跟打了鸡血似的，亢奋地主动要求加入司马允的队伍。

队伍集合完毕，司马允率领大队人马浩浩荡荡地向皇宫进发，走到东掖门，守门的尚书左丞差点被吓死，哪儿敢给司马允开门，只能避而不出。司马允一看，皇宫进不去，算了，那就不进去了，反正司马伦现在不在宫里，直接杀到他家里去要他的狗命。几百号人又折回去，往司马伦家里的方向杀过去。到了司马伦家门口，二话不说就开打，司马允手下养的这帮敢死队，个个都是数一数二的剑客，全是江湖人士，武功高强，一般人家里的侍卫哪儿是这帮人的对手，几百个剑客收拾几个看大门的还不跟捏死蚂蚁一样容易？

几个回合下来，不多时，司马伦手下就死了上千人，人都快被打光了。司马允早就杀红了眼，又有太子左率陈徽调集了本来在东宫保卫太子安全的东宫守卫过来从旁协助，战鼓一响，司马允这边是杀气腾腾，箭如雨下。万箭齐发险些就取了司马伦的小命，要不是他的主书司马畦用身体护着他，司马伦早就死于箭下了，而这个忠心耿耿的司马畦，就比较惨，被射成了刺猬，当场毙命。

东宫这帮人真舍得下血本，一阵又一阵地下箭雨，司马伦府里，是个人都躲在大树后面，连动都不敢动。几场箭雨，司马伦府里的大树都变成刺猬树了，那么多支箭，就差把司马伦的家给埋起来了。

司马伦这边马上就要顶不住了，再这么下去，就算是侥幸不死于武林人士手里，也得死在箭雨里。陈徽的哥哥陈淮是中书令，他进宫找到司马衷，说司马伦那边情况危急，司马伦马上就要死在箭下了，现在能救他的办法就是动用白虎幡。"幡"在晋朝，是用来集合军队的信号。

不要误会陈淮是司马伦的人，其实他跟他弟弟陈徽是一边的，陈淮骗司马衷说白虎幡是用来解散部队的，司马允看见白虎幡就会听话地带着他身边的几百号武林高手离去，事实完全相反，白虎幡不仅不是解散部队的，反而是用来集合部队的。司马衷又没有带过兵，平常也不问朝政，也没人让他问，他哪里知道军队的这些事情，陈准一说，他就信。陈准的算盘是他拿着白虎幡到司马伦家门口，司马伦一看，惠帝都下令让司马允进攻，手下的人肯定慌忙中放弃抵抗，乖乖投降。

计划是不赖，惠帝也同意给白虎幡，但是皇帝派出的大军毕竟得有点仪仗队，仪仗队领头的人是伏胤，伏胤带着四百人的仪仗队，举着白虎幡来到了司马伦大门口，假传圣旨，让司马允接旨。司马允以为这一切都是陈准安排好的，就下马跪地接旨，才跪下，没想到伏胤的剑就出鞘了，司马允竟然就这么死掉了，才二十九岁而已。

原来伏胤被司马虔收买了，司马虔是司马伦的儿子，是侍中，家里出事的消息传到他的办公室，司马虔就到处集合队伍。侍中是皇帝的近臣，陈准的计划被他识破，来了一个将计就计，用高官厚禄诱惑伏胤，伏胤当然没有拒绝的道理，可怜的陈准，骗得了司马衷，却没能骗得了别人。

洛阳城的百姓听说司马允死了，惊讶不已。起初，司马伦差点被射死的时候，洛阳城满大街都是流言，说："已擒伦矣。"全城的老百姓都准备喝司马允的庆功酒了，没想到事情来了一个一百八十度大转弯，死的是司马允，而他的三个儿子，也无一例外被杀，同党被杀的更是有数千人之多。看来司马炎的基因真的不太好，司马允虽然比司马衷聪明，却也是一个关键时刻掉链子的主，出来一个人让接旨，怎么就那么听话，也不问问虚实，眼看就要成功，却掉了脑袋，吃到嘴边的鸭子，就这么飞了。

"奋斗"皇帝梦

　　司马允死了，司马伦的威胁解除了，不过司马伦的智商估计跟惠帝司马衷差不多，史书记载是"素庸下，无智策"，天资属于中等偏下的水平，因为脑子不够用，所以处处需要孙秀在一旁帮忙，要不是孙秀，他也没有机会杀了贾南风，自己做大哥。孙秀，字俊忠，别看他名字好，又是"秀"又是"忠"的，但事实上孙秀跟这两样东西，一点边都沾不到。

　　孙秀本来不是司马伦的人，起初是潘岳府上的小吏。潘岳是当时著名的才子。后世人常常说的"貌比潘安"说的就是潘岳。潘岳长得俊美，史书记载，潘岳只要一出门，就有一大帮追星族妇女之类的人围了过来，争先恐后地要一睹潘岳的美貌，这还不算，"潘粉"还把瓜果之类的东西往潘岳车上扔，潘岳空车出门，回到家却能带回来一车水果。

　　潘岳虽然长得帅，估计人品比不上相貌。当年司马通喝

190

多了抄录的大逆不道的话，就是潘岳草拟的。

潘岳是一个望尘而拜的主。早年间孙秀去潘岳府上干活，因为常常"狡黠自喜"，自以为很聪明，动不动就臭显摆，让潘岳很是讨厌。潘岳一个大名士，胸襟是小了点，不过古代人对家里干活的人打骂也是常事，不算什么大罪过，潘岳的做法并不稀奇，抓住孙秀的小辫子就是一顿暴揍，一边揍还一边羞辱他，什么难听说什么，孙秀自然是受不了，嘴上不能说什么，新仇旧恨全都给潘岳记着。等到孙秀靠着司马伦的力量当了官，成了潘岳的上司，潘岳是贾谧的人，自然是逃不了被整的命运。

不知道潘岳是故意的还是犯傻，居然问起了孙秀当年的事："孙令，忆畴昔周旋不？"孙秀回答得也干脆："中心藏之，何日忘之？"潘岳一听这话，立即就明白了，自己的死是早晚的事。从中可以看出孙秀的人品，喜欢谄媚拍马屁，又好记仇，谁要是得罪了他，一定没有好下场，这样的人掌权，是"恣其奸谋，多杀忠良，以逞私欲"。跳梁小丑在朝堂上吆五喝六，"于是京邑君子不乐其生矣。"

一个王爷，跟一个小人上了台，自然不会考虑什么天下苍生。据记载，司马伦也是一个"无学，不知书"的人，不喜欢看书，遇事都听孙秀的。孙秀"贪淫昧利"，一辈子最喜欢干的事情就是给自己找好处，这两个人狼狈为奸，任用的大臣自然都是些"邪佞之徒"。

贾南风活着的时候，尚且知道任用张华办事，等到司马伦、孙秀上台了，办的事情还不如贾南风。小人当道只是知道搞党争，终日里忙忙碌碌为的就是"钱"字。什么"浅薄鄙陋""暗很强戾""愚嚚轻诐"的各类"人才"，全部跟着孙秀当上了大官，每天上朝根本不讨论国家大事，就是相互指责、诋毁，弄得朝堂跟个菜市场一般。

孙秀的儿子孙会，二十岁的时候娶了司马衷的女儿河东公主。当时孙秀的母亲刚过逝不久，按理说为母亲服丧期间不能结婚，但是孙秀不管这些，迫不及待地要攀上这门亲事，直接让人把聘礼送到了惠帝司马衷面前。孙秀也没有什么优良基因能遗传给自己的儿子，孙会长得又矮又丑，没事就叫着家里的奴仆一起去京城西边的马市卖马，后来京城的老百姓听说那个卖马的人是公主的驸马，没有不被这个消息惊到的。

贾氏的余党清理得差不多了，朝堂上也多了不少孙秀的支持者，时机到了，孙秀跟司马伦等的就是这个时机，现在万事俱备，可以废掉那个傻皇帝司马衷，换上另一个傻皇帝司马伦了。事情都准备妥当了，那就动手吧，不行，还缺少了一项重要事情，孙秀跟司马伦这两位酷爱算命，篡位这么重大的事情，总得需要天上来点暗示。孙秀就让牙门赵奉装作被司马懿附体的样子，劝司马伦早点进宫当皇帝。又说只要把司马衷给弄到北边的芒山上，司马伦的心愿就一定能达成。于是孙秀跟司马伦一合计，为惠帝司马衷挑选了一块坟地，这块坟地正好就在芒山上。

神仙的意思清楚了，终于可以动手了。孙秀让太子詹事裴劭、左军将军卞粹带着二十多个从事中郎，还招募了二十个手下，把这四十号人安排在各个部门。之后让散骑常侍、义阳王威暂时代理一下负责宣旨的侍中的职责，伪造了一份司马衷的禅让诏书，使持节、尚书令满奋，仆射崔随拿着皇帝的印玺，这帮人就去找司马伦了，宣读完诏书，把印玺往司马伦面前一放，请司马伦当皇帝。

孙秀在幕后操纵这些一点阻力都没有，司马衷的表现在史书上都找不到几个字。司马伦虽然等这一刻已经等到花都谢了，可总是得假意推辞一下，说一些自己能力不足之类的话，上演了一出每次有人篡位都会上演的不能跳过的闹剧。这时候底下的官员不干了，列举出全国各地出现的种种祥瑞，一再表示司马伦当皇帝是上天的意思，说一些请不要再推脱之类的话，就这样，司马伦半推半就地接受了别人的一番好意，坐上了皇帝的宝座。

仪式举行完毕，孙秀让"左卫王舆与前军司马雅等率甲士入殿，譬喻三部司马，示以威赏，皆莫敢违"，从而控制了皇宫，以免节外生枝。当天夜里，义阳王威及骆休找到司马衷，一把夺过象征着他天子身份的玉玺。天还没亮，宫门内外就聚集了一百多位官员，用迎接皇帝的规格将司马伦迎进了皇宫。司马衷自然是按照惯例，带着自己的人灰溜溜住到金墉城去，实际上是被孙秀幽禁了。

司马伦进了宫，举行登基大典，宣布大赦天下，改元建始。又下诏说："是岁，贤良方正、直言、秀才、孝廉、良将皆不试；计吏及四方使命之在京邑者，太学生年十六以上及在学二十年，皆署吏；郡县二千石令长赦日在职者，皆封侯；郡纲纪并为孝廉，县纲纪为廉史。"想用一纸诏书将全国的人都表扬一番。

接下来就是论功行赏了，不管什么身份，干什么的，人人有份，诏书一道又一道地下，甚至杂役老妈子都封了官，司马伦这种典型的暴发户心理，就是一辈子从没享受过权力，好不容易当了皇帝，必须得弄出点大动静来，唯恐别人不知道换了皇帝。因为封赏的人太多，权贵的标志是穿貂皮，每次举行朝会的时候，放眼望去，全是貂皮的衣服，当时就有人讥讽说："貂不足，狗尾续。"用来做衣服的貂皮都不够了，司马伦还在封官，只得用狗尾冒充。

司马伦还大肆封赏，搬出整个国库用来犒劳大臣，需要的金印、银印过多，工匠都赶不及准备，只好拿一块什么都没来得及刻的印，象征着用一下。这一幕幕搞笑的戏码，天天上演，老百姓心里有数，司马伦蹦跶不了几天了，是秋后的蚂蚱，而一些有识之士呢，都以当司马伦朝廷的官为耻。

做了皇帝的司马伦亲自去太庙祭祀，回宫的路上，突然刮起大风，风力强劲，甚至把麾盖都折断了。孙秀因为亲手将司马伦扶上了皇帝的宝座，司马伦对他是感恩戴德，把司马昭之前的府邸赐给孙秀居住，孙秀就在家里组成了一个小朝廷，大小事情，都在孙家决定，即便是司马伦下了旨意，孙秀看不顺眼的，居然都能驳回，他自己发明了一种用青色的纸写的诏书，跟皇帝的诏书通用全国。孙秀处理事情，完全靠兴趣，任用官吏，往往一时兴起，人们都说官吏的流动像流水一样快，两晋的政府机构，就差瘫痪了。

　　某一天，有一只小鸟飞到了皇宫，司马伦看见了，觉得这鸟不常见，询问了半天，谁也不知道这是什么鸟，直到有个小孩说这是服刘鸟，司马伦觉得这孩子跟这鸟一样来历不明，就让人把小孩跟鸟都关进大牢。第二天，司马伦发现小孩跟鸟一起，从人间蒸发了。司马伦本来眼睛就有病，又好迷信，遇见这个事情，觉得自己撞见鬼了。而事情也确实显示着些不寻常，可能有什么变化，就要来了。

三个人还斗不过你吗

　　司马伦这个皇帝做得如同一个跳梁小丑，除了听孙秀的话下旨封官，别的什么都没做，皇帝对他而言，连个职业都算不上，就是小孩子过家家一般的游戏。孙秀这边忙着下诏书，他本身政治才能就有限，糊弄糊弄司马伦还行，但是司马家里的男人也有聪明的，聪明人看着这两个人整日瞎胡闹，自然坐不住，就有人站出来想取而代之。

　　第一个站出来的人是齐王司马冏。

　　前面讲到过一个齐王，司马攸，比较可怜，因为哪里都比司马衷强，就那么悲催地死掉了。这个司马冏也是齐王，是齐王二代，司马攸的儿子，承袭了父亲的爵位。司马冏字景治，小时候是个善良的孩子，"好振施"，心肠软，遇见乞丐就给钱。

　　司马攸是活活憋屈死的，司马炎得知司马攸的死讯，还是有些恻隐之心，亲自过去吊唁。碰巧司马冏是个孝子，看见当朝皇帝来了，跪下来号啕大哭，痛斥庸医害死了自己的父亲，哭得肝肠寸断，看得司马炎也动情了，把给司马攸看病的大夫叫过来杀掉了。这件事过后，谁都知道司马攸有个好儿子，齐王这个爵位，也就落到了司马冏身上。

司马冏本来跟着司马伦屁股后面参与了废掉贾南风的政变，事成之后，经孙秀的一番谋划，好处的大头都被司马伦抢走了。司马冏只得到了一个游击将军的头衔，一点实权都没有，油水也没捞着，司马冏能没有意见吗？搞政变为了什么，不就是为了能趁机捞一笔吗？现在一个吃肉一个喝汤，谁能心甘情愿！

司马冏就这么恨上了司马伦跟孙秀。司马伦脑子笨，不知道好好答谢司马冏这样的有力支持者，而孙秀则是故意不答谢。司马冏毕竟是司马攸的儿子，又是王爷，势力还是有的，加上他的父亲跟他在外面的名声都挺响亮。孙秀知道这个人不能重用，留在身边一定是个祸害，就找个由头把司马冏调到地方上去。孙秀觉得司马冏不在京城，就威胁不到自己了，可见孙秀的智商也就只比司马伦高了那么一点儿。

远离权力中央的司马冏在自己的地盘不断壮大势力，暗中跟手下王盛、处穆探讨起兵反对司马伦的计划。孙秀知道司马冏绝对不是省油的灯，别看今天老实，明天的事情谁也说不准，就派亲信故吏去给司马冏当参谋，布置眼线。这样的待遇不仅司马冏享受到了，同他一样有点威信的王爷都被人"潜伏"了。

明里暗里来了几个孙秀的特工，司马冏自然表现得老实巴交，司马伦派去视察的张乌也是一个不长脑子的，没有透过现象看本质的洞察力，去司马冏那里转了一圈，回来汇报说齐王很乖没什么举动："齐无异志。"现在的问题就是司马冏如何装得更乖一点，把孙秀跟司马伦骗得团团转。司马冏来了一招狠的，他把处穆给杀了，还把首级送给了司马伦。估计司马冏也是觉得计划准备得差不多了，现在司马伦怀疑自己，那么处穆就牺牲一下吧。

司马伦一看，心想这个司马冏应该是真乖了，就放松了警惕，这就正中了司马冏的圈套。时机已到，司马冏带着手下豫州刺史何勖、龙骧将军董艾等人起兵讨伐司马伦，还给成都王司马颖、常山王司马乂、河间王司马颙写信，号召大家把剑一同指向司马伦。这还不够，他发表檄文，昭告全国，想让天下地方的行政长官也加入反对司马伦的大阵营中。

扬州刺史郗隆读到司马冏发布的檄文，开始纠结，现在事情才起，也不知道站到哪边才能获得最大利益。这一犹豫就把自己的命给犹豫没了，手下的参将王邃已经决定投靠司马冏，看自己的顶头上司还没打定主意，就一刀把郗隆给宰了，还把首级送给司马冏看，表示自己的忠心。

常山王司马乂，字士度，是武帝司马炎的第六个儿子。司马炎死的时候，老六司马乂才不过十五岁，但是身上处处散发着谦谦君子的气质。老六司马乂本来受封为长沙王，后来被贬为常山王，其实他什么错事都没干，就是命苦，跟司马玮是同一个母亲生的，司马玮被贾南风弄死，司马乂也随之被贬了官。

司马冏为什么给司马乂写信呢？史书记载，这个老六不仅人高马大，还"开朗果断，才力绝人，虚心下士，甚有名誉"，自然成了司马冏拉拢的对象。老六接到齐王司马冏的信，立即起兵响应，一路过关斩将，朝着洛阳进军，谁挡他的路，他就杀谁，房子令挡路，杀之；程恢不肯合作，杀之，不仅杀了他，程恢的五个儿子，一个都没留下，真可谓斩草除根，表示出对司马冏的坚定支持。

成都王司马颖，字章度，是司马炎的第十六个儿子。司马颖也曾经被贬过，他更无辜，连一个做错事的弟弟都没有，就被贬了。老十六是个好孩子，贾谧跟司马通起了争执，被他撞见了，司马颖一看，这人好大的胆子，竟然敢跟当朝太子争辩，一时气不过，厉声把贾谧骂了一顿："皇太子国之储君，贾谧何得无礼！"贾谧一听，也不敢吱声了，跑到贾南风那里说这个司马颖一定是个祸害，于是老十六司马颖就被贬出了京城。

司马伦篡位以后，给司马颖升了官，让他当了征北大将军，还加了开府仪同三司的头衔。但是当司马冏的信一到，老十六立马成了齐王的支持者。他任命"兖州刺史王彦，冀州刺史李毅，督护赵骧、石超等为前锋"，在进军的路上也发布自己的檄文，号召大家起来反对司马伦，通过这个方法，不断地壮大力量。当老十六的军队来到离洛阳不远的安阳时，已经集结了二十万的人。

河间王司马颙，字文载，他的祖父是司马懿的弟弟司马孚，也算是司马家族里比较有势力的一位王爷，按辈分应该是司马炎的堂叔，司马衷的堂叔祖。年少的时候名声还不错，说他颇有一副以后大有作为的模样。

司马炎觉得所有的王爷里，司马颙可以算作大家的表率，号召王爷们向他学习。跟前面两位王爷的积极支持不同，司马颙另有自己的打算。当时给他写信勾搭他一起起兵的还有安西将军夏侯奭。夏侯奭手底下有几千人的部队，但这几千人的力量毕竟有限，也拿不出手，于是就给司马颙写信，希望得到司马颙的支持，毕竟人多好办事。

司马颙派主簿房阳、河间国人张方把夏侯奭跟心腹党羽十多个人，都给骗到长安来，押到一个刑场腰斩了。齐王司马冏的人来找他，他不仅把使者抓起来，还给送到司马伦那里去，俨然是司马伦的支持者。押送齐王使者的队伍出发了，司马颙派人四处打听谁的力量比较强，是司马伦还是司马冏，几番打听，觉得司马伦可能不是司马冏的对手，赶紧派人把押送使者的队伍追回来，竖起大旗，一扭头的工夫，摇身一变，成了司马冏的支持者，真是名副其实的墙头草。

齐王司马冏跟另外三王的队伍浩浩荡荡开赴洛阳，司马伦跟孙秀惊恐万分，抓紧一切时间开始军事部署："遣其中坚孙辅为上军将军，积弩李严为折冲将军，率兵七千自延寿关出，征虏张泓、左军蔡璜、前军闾和等率九千人自崿坂关出，镇军司马雅、扬威莫原等率八千人自成皋关出。召东平王楙为使持节、卫将军，都督诸军以距义师。"

派出的兵马开赴前线，司马伦跟孙秀觉得人的力量毕竟有限，况且这两个人还喜欢求神问仙，就让杨珍不分白天黑夜在司马懿的牌位前祈祷。这么个祈祷法，就是铁打的人也受不了，杨珍就回来报告说司马懿给他托梦了，某年某月某日，赵王司马伦的大军一定能旗开得胜。司马伦又请来一位"大仙"：胡沃，还封胡沃为太平将军。这个名字听着多吉利，就是为了讨个彩头，希望供起来一位太平的"大仙"就能得到真正的太平。孙秀更是忙得要死，也不去上班了，天天在家里头作法，又让算命的掐算，究竟哪天出战一定能得胜。

这些事情就够孙秀忙的了，他分身乏术，让亲戚穿上道士的衣服，跑到嵩山上招福，装神弄鬼，假意被神仙附体了，说司马伦当皇帝的命还长，眼前的困难并不可怕，美好的日子还在未来等着他们。司马伦在宫里装神弄鬼，孙秀在自己府里装神弄鬼，这两个人觉得，大战在即，只有装神弄鬼才是最重要的事情，至于司马伦的几个儿子，孙秀让他们领着八千人马作为援军奔赴战场。一国之君天天忙着当道士，司马伦的皇帝宝座怎么可能保得住？失败只不过是时间问题。

虽说司马伦早晚得失败，但在战争的初期，居然还打了几场胜仗，双方一交锋，人数少的司马伦一方反而让齐王司马冏一下子损失了八千人，劫走了一半粮草，跟着齐王造反的一看，顿时泄了气。本来讨伐司马伦的檄文吹得天花乱坠的，谁都以为所向披靡是正常现象，没想到一开始真刀真枪干上了，没伤着司马伦，自己还损失八千。司马冏下令让部队抢渡颍水，被张泓打了过来。夜晚，司马冏想趁着夜黑风高，再次开展进攻。张泓的军队临颍水列兵，齐王司马冏派出小股力量妄图渗透到张泓军中，用轻兵一举拿下张泓，没想到张泓不上套，坚守不动，连个打仗的机会都没给司马冏。

本来张泓这支军队打得有声有色，几次挫败司马冏的进攻，已经是胜利在望，说不定就能顺利将司马冏拦住，胜利可能因此得到锁定。没想到上军将军孙辅当天夜里听说司马冏的兵来了，还没怎么着就觉得自己肯定要失败，放下一切连夜跑回洛阳城，也不看看究竟战况如何，就跟司马伦说："齐王兵盛，不可当，泓等已没。"明明一场胜仗，就这么被孙辅给说成了败仗。司马伦一听这个消息，差点被吓死，当夜把自己的三儿子叫回来。天一亮，张泓昨夜打了胜仗的消息传到了皇宫，司马伦大喜过望，又把跟着三儿子司马虔刚回来洛阳的许超打发到前线去。

前方将士打仗打得好好的，被司马伦这么折腾来折腾去，士气受损，觉得自己被人当猴子耍了。张泓不放弃，经过几次交手，放弃了主动防御的作战方针，开始主动进攻，幸亏司马冏出兵进攻张泓的两翼，把张泓手下的军队打得纷纷放下兵器回了洛阳城，逼得张泓不得不退兵。

孙秀知道这三位王爷的军队最渴望得到的，是快速的胜利，仗打了几天，司马冏那边一直是马马虎虎，还吃过败仗，就派人四处散播谣言，说司马冏完蛋了，已经被擒获了，想用这样的假消息迷惑人心，不战而胜。散布假消息不是不可以，做做样子就行了，孙秀不，不管别人当真没有，他自己先当真了。真以为自己把司马冏抓到了，下令百官必须朝贺战争的胜利，拍他马屁，俨然一个小丑。

这边司马冏在奋力抵抗，一场他发起的战争，让他打成了"奋力抵抗"，也真是有才华。司马颖一看司马冏这么没能耐，都不想跟着他打了，打算回安阳待着，看看日后战局的态势再做打算。这时参军卢志站出来反对，觉得敌人接连胜利，肯定早已被冲昏了头脑，应该用袭击的方法给司马伦一记重拳。好在司马颖还算有点智商，听从了这个建议。在军中挑选了一批身手好的士兵，组成了突击队。

准备就绪，司马颖却在给突击队做战场动员的时候哭了，是不是真哭姑且不管，这一招还是很有效果的，士兵士气大增，上了战场玩命杀敌人，司马冏怎么也渡不过的颍水，就被司马颖渡过了，战局实现了逆转。

"表演系毕业"的两位王爷

　　司马伦派出的人从前线逃回洛阳，京城里的大小官员正陪着孙秀上演那出司马冏已经被擒获的戏，演戏的人一看前线的孙会、许超等人都回来了，落荒而逃，顿时炸开了窝，乱作一团，抱头鼠窜。三王起兵那天起，百官将士就扬言杀掉司马伦、孙秀以谢天下，孙秀知道这洛阳城里城外想取他性命的人不少，就躲着不敢出门。

　　司马颖率兵渡过颍水，直奔洛阳而来，孙秀见大势已去，早已没了主意。义阳王司马威就给孙秀出主意，要他召集洛阳城四品以下官员家里十五岁以上的儿子，组成一支军队，出城迎敌。这一招实在是坏透了，即便是之前还有人想支持孙秀，现在也给逼到反对他的那边去了，谁愿意让自己的孩子拿起刀上战场？更何况，要四品以下的官员贡献自己的孩子，这就更是馊主意了，要么所有的官员都贡献，凭什么还得规定小官贡献孩子，平日里得好处的是大官，遇见事了躲起来睡大觉的还是当大官的，怎么能不激起民怨？

里里外外的人都恨不得一刀杀了孙秀才能解气，司马威一看态势不对，把孙秀一扔，自己先跑了。从前线回来的孙会、许超等人聚集在孙秀身边，七嘴八舌讨论计策，每个人都有自己的想法，谁也不听谁的，眼看司马颖、司马冏的军队就杀过来了，这帮人一个个争得脸红脖子粗，什么具有操作性的策略都没有。

孙秀这边是一团乱，左将军王舆趁机倒戈，召集七百多号人从南掖门攻进皇宫。王舆亲自带队冲进中书省缉拿孙秀，孙秀慌乱关上中书南门，躲在屋里。一道门哪里挡得了王舆，他下令士兵登墙烧屋，孙秀、许超等人被浓烟呛得没办法，只能从屋里逃出来。这一逃，恰好逃到左卫将军赵泉的怀里，成了剑下之鬼。

解决掉孙秀，就等于解决了司马伦的大脑。王舆派人传话给司马伦要他乖乖投降，司马伦哪儿还有得选，下诏书说：“吾为孙秀等所误，以怒三王。今已诛秀，其迎太上复位，吾归老于农亩。”这一道诏书下来，那些被司马伦一时兴起提拔上来的官员纷纷逃走，哪儿还敢留在洛阳城等着被宰。但是司马伦回家种地的想法到底是天真了些，他只能是被押送到专门给失势的宗族准备的地方：金墉城。司马衷从金墉城回到了皇宫，又成了皇帝，老百姓跪在地上，一边三呼“万岁”，一边迎接这个皇位昔日的主人重新回归。

梁王司马彤上书，怒斥司马伦父子的谋逆大罪，建议应该给这父子二人判死刑。针对梁王的建议，朝廷召开了大臣会议，与会的臣子自然都表示赞同，没有人敢说个"不"字，司马衷于是让尚书袁敞带着金屑苦酒取司马伦的命。司马伦从来都不是什么有政治头脑的人，甚至谈不上有头脑，当他得知袁敞的来由，只是用汗巾覆面，不断地说："孙秀误我！孙秀误我！"的确，司马伦所做的事情，几乎都是孙秀教的，他死之前这样说，也还算想明白了点，说完这几句话，司马伦饮下这杯酒，便去黄泉路上找他的孙军师了。

孙秀跟司马伦死了，他们的那些支持者，自然是逃不过被清算的命运，这一清算，几乎把朝堂上的人都清没了。三王起兵到惠帝复位，一共进行了六十多天，司马伦的皇帝梦，也只做了四个月，死于这场动荡的人，竟有十万人之多。凡是孙秀跟司马伦的支持者，基本上都被杀，王舆因有功劳，将功折罪，才免了死罪。司马衷改元"永宁"，这是一种愿望，可到底也没有成真。

司马冏因为首倡之功，自然排在功臣榜第一位，他"甲士数十万，旌旗器械之盛，震于京都"。司马冏的势力最大，"拜大司马，加九锡之命，备物典策，如宣、景、文、武辅魏故事"。其他两位王爷也得到了新的官职，成都王司马颖，"授大将军，都督中外诸军事，假黄钺，录尚书事，加九锡，入朝不趋，剑履上殿"；司马乂呢，恢复了他之前长沙王的爵位，"授抚军大将军，迁开府，领左军"。

这里面最可笑的一幕，是对司马允进行了封赏，虽然他已经死掉了，也正因为他死掉了，才要奖励他。谁叫他是被司马伦弄死的呢，现在既然要打倒司马伦，那么被司马伦弄死的人自然是冤枉的，所以司马衷特意下诏说："故淮南王司马允忠孝笃诚，忧国忘身，讨乱奋发，几于克捷。遭天凶运，奄至陨没。逆党进恶，并害三子。冤魂酷毒，莫不悲酸。以大司马齐王之子司马超继淮南王为嗣，葬以殊礼，追赠司徒。"

晋惠帝司马衷坐在自己的皇帝宝座上，只是听着而已，一切看上去不过像是仅仅迎回了之前的皇帝，换了一个新的王爷出来主持政务而已，诏书下了一道又一道，反正都是几个王爷商量好的内容，把中央重要部门都换上各自的人。这是一个程序，却也是必走的程序，最后，宣布立司马遹唯一的儿子，仅仅两岁的司马尚为皇太孙。齐王司马冏摄政，司马尚被内定为接班人，事情进行到这里，跟之前走程序的场景并无多少不同，只是这一天，突然变得不同起来。

朝堂上跪着的官员一个个膝盖都疼了，听到立了皇太孙，谁都以为事情已经结束了，可以回家歇会儿。毕竟政变刚完，日子还没消停，这时，一直被人忽略的司马衷居然开口了："阿皮捩吾指，夺吾玺绶，不可不杀。"

阿皮，是司马威的小名，跟司马衷是同辈人，两个人小时候还一起玩，长大了却成了君臣，不过司马威是司马伦的人，当年从司马衷手里抢玉玺这事，是他干的。司马衷一直记着这笔账要算，听来听去都没有司马威的名字，他不能忍了，直接开口下旨，这在他十多年的皇帝生涯里，几乎可以说是第一次。

司马衷虽然下了旨，底下的王爷们傻眼了，司马威跟河间王司马颙关系亲密，有着这层关系，齐王司马冏跟成都王司马颖都想放过司马威一马，没想到惠帝司马衷竟然开口要杀，众目睽睽之下，只得同意了。这是司马衷第一次出面独立解决政事：杀掉一个抢他东西，把他手指弄伤的亲戚。看来这个当皇帝的，显然是把抢玉玺这件事，当成小孩子过家家了。

司马冏在朝堂上确立了威信，住到了自己的父亲司马攸曾经的府邸，在府里置了四十个僚属，在大朝廷外，组成了一个自己的小朝廷。并"大筑第馆"，其实曾经的齐王府已经够气派了，只是司马冏觉得不满足，新朝廷新气象，如果不盖房子，怎么能显示出自己的势力呢？于是"北取五谷市，南开诸署"，因为要扩建自己的府邸，就划出了一块拆迁区域，把洛阳老百姓的房子拆掉了数百家，整平了土地，给自己盖房子。房子建得自然是富丽堂皇、美轮美奂，俨然跟西宫一个水准。

房子盖好了，地方大了，享受起来也方便，司马冏在家里"凿千秋门墙以通西阁，后房施钟悬，前庭舞八佾"，完全被胜利腐蚀了头脑，沉于酒色，连去宫里给司马衷问个安的心思都没了。在官员的任用上，走了司马伦的老路，"选举不均，惟宠亲昵"。他以"车骑将军何勖领中领军。封葛与为牟平公，路秀小黄公，卫毅阴平公，刘真安乡公，韩泰封丘公"，这五个人，是司马冏一手扶植的"冏家班"，外面的人都称之为"五公"。

军国大事无须送往宫中，直接呈送司马冏即可。齐王这一系列举动，伤了那些支持他的人，本来人们信心满满地看着司马冏赶跑了把皇帝当儿戏的司马伦，以为一个齐王的到来能给满目疮痍的晋国带来些希望。这下希望变成了失望，眼瞅着就要变成绝望，"朝廷侧目，海内失望矣"。

与司马冏不同，司马颖成了失望中人们的新的救命稻草。司马冏率兵进入洛阳，第一件事就是夸耀自己的功劳，说什么如果没有自己就没有惠帝的回归之类的话。司马颖呢，反而很谦虚，当年司马衷回到朝堂，把三个王爷挨个感谢了一遍，感谢到司马颖这里，只听他十分惭愧地说："此大司马臣冏之勋，臣无豫焉。"一点没有居功的架子，跟司马冏迫不及待地想争夺胜利的功劳截然不同。

司马冏住到了洛阳父亲的房子里，司马颖去太庙拜祭了自己的父亲司马炎，收拾东西就回自己的封地去了。司马冏接到消息说司马颖回家了，大惊，赶紧跨上马追出去。追到洛阳城外七里涧才赶上司马颖，司马颖下车跟司马冏挥泪告别，什么朝廷大事都没说，一个劲念叨自己的母亲，当今的太妃身体不好，自己实在不放心。这一幕被周围的人看见了，心里头都觉得司马颖真是一个大孝子，不居功，不贪功，还孝顺，真是司马家的希望。

司马颖回到家，司马冏派出的使者也到了，给了司马颖各种奖赏。司马颖推掉了奖赏，还上表请求奖赏跟随自己的幕僚，卢志、和演、董洪、王彦、赵骧等五人，这五个人因此都封了公侯，司马颖一下子把手底下的人心收得服服帖帖的。仅仅是打动手下人是不够的，司马颖随即又上书说："大司马前在阳翟，与强贼相持既久，百姓疮痍，饥饿冻馁，宜急拯救。乞差发郡县车，一时运河北邸阁米十五万斛，以振阳翟饥人。"

抚恤百姓，谁想到了谁就能得到人心，司马颖先于司马冏想到了。之后卢志又向司马颖建议说："黄桥战亡者有八千余人，既经夏暑，露骨中野，可为伤恻。昔周王葬枯骨，故《诗》云'行有死人，尚或墐之'。况此等致死王事乎！"司马颖一听，亲自督造了八千多个寿材，把死难的将士都葬于黄桥北，"树枳篱为之茔域"。还建立祠堂，刊刻石碑，找人写了一篇碑文，详细记述了八千人的功劳、事迹，还派人去死难者家里慰问，旌表门间。这还不够，司马颖还派人把司马伦那边的死难者一万四千多人的丧事包办了，这一下，全天下的人都知道司马颖有情有义，"器性敦厚，委事于志，故得成其美焉"。司马颖本人，虽然书读得不多，但是事办得漂亮、周到，民间人心的走向，就这样一步步被引向了司马颖。

在齐王府里日日笙歌的司马冏怎么也想不到，自己的好日子，已经快要到头了，他"骄恣日甚，终无悛志"，再也不是当年那个齐王了。

同室操戈也需要本事

司马颖读书不多，能一步步成长为名声颇佳的王爷，全靠手下的心腹：卢志。卢志，字子道，今河北涿县人，是东汉大儒卢植的曾孙。当年司马冏给司马颖写信，相约一起讨伐司马伦，正是卢志力陈应当起兵响应齐王，司马颖出于对卢志才德的依赖，以他为咨议参军。当司马颖节节失利想要退守之时，几乎所有人都支持这个决定，只有卢志站了出来，对敌我态度进行了言之有据的剖析，司马颖听取了卢志的意见，组织了一支特攻队，终于渡过了之前怎么也渡不过的颍水。

战争结束以后，齐王司马冏辅政，卢志建议司马颖急流勇退，在自己的地盘壮大力量，通过一系列仁德的手段，积累了大量的政治资本，赢得了绝佳的口碑。天下人心归成都王司马颖，那么司马颖总该起兵夺过司马冏的权力，自己取而代之吧，事情还真不是这么简单。

一天，有一个白头发老头闯进司马冏的府里，进门就大呼有人起兵反对齐王，齐王府上上下下的人都觉得这老头准是个神经病，但这个老头却也给一派升平中的齐王府，送来了一丝不祥的征兆。

又有一天，齐王府闯进来另一个不速之客，这次不是白头发老头，是一个挺着大肚子即将临盆的孕妇。这女人不知道是走投无路还是故意路过，竟然提出要借齐王府的地盘生孩子，看门的小吏把这妇人臭骂了一顿要赶她走，那孕妇不慌不忙地说："我截齐便去耳。"想整理整理衣服再走。

这句话本来没什么不对，但是说者无意听者有心，"截齐"，听着怎么像要齐王的脑袋？这之后，洛阳城里流传着一首歌谣："著布袙腹，为齐持服。"袙腹，相当于兜肚，持服，是穿孝服的意思。这句话听着就更不吉利了，这不等于是小孩子都在准备为齐王穿孝服吗？种种不吉利的事情接连不断地发生，似乎齐王真的命不久矣。

真的把司马冏送上死路的，是一个小人物：李含。

李含，字世容。他"少有才干，两郡并举孝廉"，靠着推选，走上了官场。李含虽然能力很强，但却一直得不到重用，还被贬，在官场混得一直不太好。司马颖有卢志，司马颙有李含。李含之所以能遇见重用他的司马颙，还得感谢赵王司马伦。司马伦做了皇帝，一翻名册，对孙秀说："李含有文武大才，无以资人。"孙秀任李含为东武阳令，被司马颙遇见了，就上表请求升李含的官，不久，李含又成了长史，算是司马颙身边的近臣，是左膀右臂似的人物。河间王司马颙在三王起兵初，是站在司马伦一边的，后来倒戈成了司马囧的人，这中间的行事，都是李含一手谋划的。

司马囧坐镇朝堂，虽然恨司马颙一开始站错队，但是念在都是自家人，又及时悔改，还是给了司马颙一点好处。赵王司马伦的手下皇甫商一看自己的主子死了，想换一个避风港，就找到司马颙，请司马颙收留他。司马颙一看，有人来归顺他，那自然没有拒绝的道理，对皇甫商是好吃好喝招待着，这一切被李含看在眼里记在心上，不乐意了。

当年李含举孝廉，皇甫商也是一个少年，仗着自己家里有点势力，就找到李含，想跟寒门出身的李含交个朋友。皇甫商是带着一颗热心来的，被李含泼了一盆冷水，少年皇甫一气之下就四处说李含的坏话，本来李含刚有点出人头地的苗头，被皇甫商这么一折腾，只做了一个小小的亭长，严重影响仕途，两个人就这么结了仇。

这些年李含在司马颙这里好不容易混得不错，好日子刚过上没几天，来了一个冤家，能不想方设法把皇甫商给折腾走吗？李含仗着司马颙的信任，就去说皇甫商的坏话："商，伦之信臣，惧罪至此，不宜数与相见。"司马颙一向听李含的，对这句话也不例外，对皇甫商自然就没有之前那么好了。没有不透风的墙，这事被皇甫商知道了，新仇旧恨加在一起，皇甫商对李含是恨之入骨。

皇甫商一看司马颙这里住不下去了，就要启程回洛阳。

临行这天，司马颙摆下酒席欢送会，这样的大场合，李含自然在场，两个人一见面，就开始吵，完全忘记了宴会的主题是什么。司马颙呢，当然成了和事佬。皇甫商回到洛阳，主要负责参与齐王司马冏军事事务。李含与他前后脚，也到了洛阳，做翊军校尉。

真是不是冤家不聚头，李含这个人，到了洛阳，又得罪了齐王府的司马赵骧，真是走到哪里都能创造出死对头。一天齐王司马冏闲着没事干，把赵骧叫过来，说想要检阅一下齐王府的军事武备，本来什么事都没有，但李含生怕在阅兵式上，赵骧趁机暗害自己，想到此，李含不禁后背出汗，赶紧跨上马，啥也不顾了，狂奔向司马颙。当天夜里，李含顺利来到司马颙府里。

河间王府里都熄灯了，司马颙正睡大觉，没人愿意接待这个突然冒出来的李含。李含就诈称自己是奉当朝皇帝的密旨前来，司马颙一听，赶紧叫李含进来。李含说："成都王至亲，有大功，还藩，甚得众心。齐王越亲而专执威权，朝廷侧目。"现在最得人心的不是齐王司马冏，而是成都王司马颖，还是不要继续跟着司马冏混了，那应该怎么办呢？李含的计谋是："今檄长沙王令讨齐，使先闻于齐，齐必诛长沙，因传檄以加齐罪，则冏可擒也。既去齐，立成都，除逼建亲，以安社稷，大勋也。"

李含的如意算盘是，不能直接说要跟着司马颖混，而应该打出长沙王司马乂的大旗，假装跟着司马乂屁股后面攻打司马囧。司马囧一听，肯定要想办法杀掉司马乂，这时候，再以此为罪名，号召大家起来讨伐司马囧，等收拾掉了司马囧，就把司马颖扶上去，这样，不就能顺利达到跟着司马颖混的目的了吗？

李含想得还真不错，他知道司马颙是没什么希望能顺利入主朝堂，唯一的办法就是将司马颖扶上去，这样司马颙也能跟着沾点好处，自己也能顺利把皇甫商、赵骧给收拾了，还能一箭三雕把齐王司马囧也弄死。这一切还只是他计划的一小部分，李含最终的想法是，最后把司马颖也给弄死，这样，最后的赢家不就是司马颙了吗？司马颙从来都听李含的，李含连夜从洛阳赶回来，还带来这样一个大胆的想法，又说自己是奉旨前来，他没有不听话的道理。于是任命李含为都督，全面负责计划的具体施行，让张方率领河间王的所有部队，剑指洛阳，打出赵王司马乂的大旗，向洛阳进军。

赵王司马乂对司马囧的不满早就形成了，只不过一直没有采取实际行动。他跟司马颖去太庙拜祭司马炎，司马乂是司马颖的六哥，这个六哥对自己的十六弟说："天下者，先帝之业也，王宜维之。"这个天下说到底是父亲留下来的，咱们做王爷的，应该维护父亲的心血。这话说得冠冕堂皇，表面上一心一意为了天下社稷，其实是希望司马颖能跟他一道，用"维护"的举动，打着为父亲好的旗号，做点为了自己好的事情。

在洛阳城里喝酒吃肉的司马囧一听司马乂跟司马颙起来讨伐自己，"大惧"，敌人的情况是什么样子尚且不知道，就大惧，看来司马家也真的没什么男子汉气概。他赶紧换上衣服召集官员开会，说："昔孙秀作逆，篡逼帝王，社稷倾覆，莫能御难。孤纠合义众，扫除元恶，臣子之节，信著神明。"上来先把自己夸奖一番，显示自己的地位得来不易，是实至名归，又说："二王今日听信谗言，造构大难，当赖忠谋以和不协耳。"

司马冏的目的是希望所有人能紧密地团结在自己周围，跟着自己打别人，没想到司徒王戎、东海王司马越一听，不乐意了，说司马冏你应该让贤。本来司马冏一番慷慨陈词正在兴头上，却被这两个人泼了两盆冷水，简直要气死了。不等司马冏发火，从事中郎葛旟就跳出来大骂："赵庶人听任孙秀，移天易日，当时喋喋，莫敢先唱。公蒙犯矢石，躬贯甲胄，攻围陷阵，得济今日。计功行封，事殷未遍。三台纳言，不恤王事，赏报稽缓，责不在府。谗言僭逆，当共诛讨，虚承伪书，令公就第。汉、魏以来，王侯就第宁有得保妻子者乎！议者可斩。"

一番话，把所有不愿意跟着司马冏的人都骂遍了，"王侯就第宁有得保妻子者乎"，那些不愿意跟着拼命的，不过是想保护自己的老婆孩子，胆子小极了。朝堂上的官员一听，"百官震悚，无不失色"，吓得脸色都没了。王戎吓得去了厕所，还假装说自己吃坏了东西闹肚子，惊慌失措中摔了一个狗啃泥，还摔在了厕所里。葛旟果然没骂错人，这帮人真是胆小如鼠，才被人骂了几句，就成这个样子了。

战斗动员就算是做好了，司马冏派董艾率兵迎战司马乂。事情看上去像是按照李含的设想方向走，但是李含把司马乂想得太脆弱了，他以为司马乂是纸糊的，司马冏一出兵，司马乂就得失败。实际上司马乂早就带领一百多号人朝着司马冏杀过来了，还杀到皇宫里，把司马衷叫了出来，打出皇帝的旗号，要跟司马冏死磕。一行人来到司马冏家门口，二话不说放火就烧，司马冏让太监王湖出来高呼："长沙王矫诏。"说司马乂矫诏，是妄想一句话就让司马乂手下的人四散而逃。

　　但司马乂哪里是吃素的，你喊我也喊，于是司马乂大喊："大司马谋反，助者诛五族。"一下子，王湖说什么也没人管了，司马乂是不是矫诏，这是道德问题，就算他是矫诏，如果不跟着他走，全家的命都没了，这是性命问题，连命都快没了，谁管司马乂手里的诏书是真的还是假的。就这一句话，司马冏的智商完全被司马乂比下去了。

　　双方陷入了恶战。司马乂把司马衷带出来了，就逼着司马衷出来说话，这时候董艾早就杀红了眼，哪里管什么皇帝不皇帝，只知道让手下的人不停放箭，谁也不能偷懒。箭是不长眼睛的，一支箭就差点射中司马衷。本来司马乂说司马冏谋反，可能还有人不信，现在看董艾连皇帝都射，果然是要谋反，京城里的官员有一个算一个，都出来看热闹、上阵杀敌了，史书上说是"群臣救火，死者相枕"，场面真是血腥。这场混战一直持续了三天三夜，最后司马乂把司马冏擒获。

　　司马冏成了阶下囚，对着司马衷是一个劲儿哭，司马衷一看司马冏哭得这么惨烈、这么伤心，一想，怎么说自己的玉玺也是司马冏给夺回来的，同情心泛滥，就想赦免司马冏。司马乂当然不愿意了，再说本来杀不杀司马冏，也轮不到司马衷说话，就下令把司马冏拉出去斩了。司马冏还一个劲回头看着司马衷，那意思是皇上您救救我。但他真是高估了这个皇帝的权力了。

司马冏死掉了，同他一起被干掉的还有两千多号人。司马冏的几个儿子，全部被囚禁在金墉城。李含的如意算盘，算是打错了，白送给司马乂一个功劳。

司马乂成了这场政变中最大的受益者，被封为太尉，朝廷内外的事，都归了他管。不过李含也可以稍微高兴一下，虽然事情跟他想的不是完全一致，却也有七八分达成了，只不过他算来算去，就是没算准自己的命运。

更有料
更有趣
的朝代史

两晋

3

"晋"管
很乱

王光波　编著

浙江工商大学出版社
ZHEJIANG GONGSHANG UNIVERSITY PRESS
·杭州·

图书在版编目（CIP）数据

两晋 / 王光波编著 . —杭州：浙江工商大学出版社，2022.1（2022.5 重印）

（有料更有趣的朝代史 / 胡岳雷主编）

ISBN 978-7-5178-3896-8

Ⅰ . ①两… Ⅱ . ①王… Ⅲ . ①中国历史—晋代—通俗读物 Ⅳ . ① K237.09

中国版本图书馆 CIP 数据核字（2020）第 094175 号

两　晋
LIANG JIN

王光波　编著

责任编辑	陈力杨　张晶晶
责任校对	李远东
封面设计	吕丽梅
责任印制	包建辉
出版发行	浙江工商大学出版社
	（杭州市教工路 198 号　邮政编码 310012）
	（E-mail: zjgsupress@163.com）
	（网址：http://www.zjgsupress.com）
	电话：0571-88904980，88831806（传真）
排　　版	北京东方视点数据技术有限公司
印　　刷	唐山富达印务有限公司
开　　本	787mm×1092mm　1/32
印　　张	28
字　　数	473 千
版 印 次	2022 年 1 月第 1 版　2022 年 5 月第 2 次印刷
书　　号	ISBN 978-7-5178-3896-8
定　　价	198.00 元（全四册）

目 录

第一章

内乱不止：你争我夺誓不休

兄弟反目谁怕谁

司马乂阴错阳差成了上次司马家战争的受益者。李含的如意算盘扑了空，司马颙跟司马颖继续在自己的封地当王爷，司马颖身边有个靠谱的卢志，而司马颙身边的李含呢，还是一贯靠不住。但是司马颙还是为李含讨了个官，河南尹。李含的计谋没能得逞，就差了那么一点点，他很不甘心，继续憋着劲，想整整司马乂。寻寻觅觅了半天，找到的下手对象还是老冤家皇甫商。

这么多年李含都看皇甫商不顺眼，政变结束后皇甫商继续受到司马乂的重用，一个本来就看着不爽的人被坏了自己好事的人重用，李含越想越气。不过，皇甫商现在是大红人，不好直接下手，李含将目光转移到皇甫重身上，这人是皇甫商的哥哥。

皇甫重此时是秦州刺史，手里有兵，秦州跟司马颙的地盘挨得也比较近。李含找到司马颙，说皇甫重这个人不能留，司马颙本来就听李含的，自从上次政变失败，就更听李含的了。所以说司马颙这个人的智商真的不能高估，一般人面对失败，追究责任的时候看着失算的人都是满心怨恨，司马颙呢，却因为李含的失败更爱他了。

司马颙听罢，令手下人带着兵把皇甫重的地方围起来，之后跟中央汇报皇甫重的罪行，至于具体内容不愁没得写，可以捕风捉影，也可以随便瞎编。司马颙的上书到了侍中冯荪手里，此人是司马颙的党羽，就趁机建议说不如把皇甫重召回洛阳。这个举动看上去是帮了皇甫重的忙，现在有人要揍你，我为了保护你叫你回家来，这不是帮忙吗？事实上这就等于中央已经不管皇甫重了，中央不派兵支持皇甫重，也不处理司马颙，只是叫皇甫重回家，可如果皇甫重在路上遇见了点什么，那跟朝廷没关系，毕竟中央也没说让司马颙退兵，所以他干什么也不算违法。

李含的算盘还有另一部分，就是让洛阳的党羽冯荪、卞粹等人，在京城寻找机会，下手干掉司马乂。李含这个人最大的特点就是敢想，也不先计算能否成功就付诸行动了。李含的算盘又一次算错了，事情被皇甫商察觉，皇甫商自然要采取行动，就跟司马乂说："河间之奏，皆李含所交构也。若不早图，祸将至矣。且河间前举，由含之谋。"将司马颙一系列行动的责任，都归为李含的责任，这话本身也没错，司马乂听了，对李含自是恨之入骨，下令处死李含。

　　司马颙得知李含被司马乂杀了，立刻下令讨伐皇甫商，实际上就是跟司马乂真刀真枪开始干了，他令张方为都督，带领手下七万人开赴洛阳。有人冲冠一怒为红颜，司马颙这是冲冠一怒为李含，也算是古今一景了。司马颖在自己的封地当快活王爷，他本来准备好军队要去讨伐张昌，但是张昌被陶侃给收拾了，司马颖觉得，自己现在离入住洛阳就差一步了，如果没有司马乂存在，自己的日子肯定能过得畅快点，不用没事装好人，就跟司马颙一道，给惠帝司马衷写了封信，请求朝廷杀死皇后的父亲、司马衷的老丈人羊玄之和皇甫商。

　　司马颖派出的阵容是"以平原内史陆机为前锋都督、前将军、假节"。司马颖到了朝歌，他说他每天晚上都能看见祥瑞：矛戟间有光亮好像是一团火，白天的时候，则是在井里看见龙。说不定司马颖是想杀了司马乂想疯了。他在河南屯兵，"造浮桥以通河北，以大木函盛石，沈之以系桥，名曰石鳖。"

　　司马乂的反应是昭告天下，河间王司马颙跟成都王司马颖谋反，这是第一步，将事情的性质定下来。之后以司马衷的名义给自己封了个太尉的头衔，主管全国的军事活动，准备迎战。这样，司马颙的七万人，加上司马颖的二十万人，向着司马乂就杀过来了。司马颖还派出刺客，看来他跟李含想到一起去了，但是派去的刺客比较业余，见到司马乂就面露杀机，还没等动手，就被司马乂的左常侍王矩杀掉了，可见身边还是需要点靠谱的人的。

司马颙前锋大将张方跟皇甫商交手，皇甫商虽然奋力作战，最后还是溃败，张方因此进攻西明门。司马乂赶紧派去禁卫军的骨干力量出击，张方大败，损失约五千人，只能沿河退守，为了保障后勤补给，兴建了防御工事保障粮食的转运。双方交战的时候，羊玄之被吓死了。

司马颙这边暂时是没有什么举动了，司马颖派出的陆机，空有二十万人马也是大败，"死者甚众"。打了败仗的陆机还被人诬赖，司马颖身边的得势太监孟玖说了几句陆机的坏话，陆机就被下了大狱。陆机跟着司马颖讨口饭吃，是卢志的推荐，这次做领兵的大统帅，司马颖手下有不少人心存不满，觉得陆机不配。不是没有人劝陆机把位置让出来，但是陆机觉得，一旦自己在这个位置上干得好，也是对司马颖的报答，其实他是东吴陆逊的后人，体内的基因决定了他有着渴望建功立业的心。

陆机其实并没有得罪孟玖，倒是得罪了孟玖的哥哥孟超，不过说来也是孟超太过分，战争一开始放着敌人不打偏偏跑去抢劫，陆机能不去制止吗？这一制止不要紧，孟超居然跑去陆机的大帐里大闹了一场。后来也是老天有眼，孟超在战场上死了，也算是光荣地为司马颖捐躯了，可弟弟孟玖不干了，总觉得孟超的死是陆机故意安排的。要说小人度君子，永远觉得谁都跟自己一样邪恶。孟玖说的谗言还是老掉牙的那套，说陆机手里有二十万人还吃败仗，陆机定有二心，他其实是司马乂的人。

求情的人不少，记室江统、陈留蔡克、颍川枣嵩等人上书说："陆机浅谋致败，杀之可也。至于反逆，则众共知其不然。宜先检校机反状，若有征验，诛云等未晚也。"几个人的信呈上去，却迟迟没有回音。蔡克觉得不能这么傻等着，就跑到司马颖面前，不停磕头，直到额头流血，拼命为陆机求情说："云为孟玖所怨，远近莫不闻；今果见杀，窃为明公惜之！"说完就哭了起来，一同跑到司马颖跟前哭鼻子的还有十几号人。

这么多人一起哭，司马颖也不是没有动过恻隐之心，可是这种罪名怕的就是有人求情，求情的人越多，司马颖就越恨陆机，加上孟玖在旁边催命似的要司马颖赶紧杀了陆机，司马颖到底还是没改主意。跟陆机一同下狱的还有孙拯。孟玖为了诬赖陆机，抓来孙拯，想从这个东吴旧臣身上套出点什么来，作为陆机谋反的罪证。

孙拯是条汉子，被拷打得踝骨都露出来了，愣是不肯说半句陆机的坏话，他的门生费慈、宰意给牢头送钱，希望能暗中帮帮孙拯，牢头知道孙拯不是孟玖对付的对象，就劝他："二陆之枉，谁不知之！君可不爱身乎？"你被打得体无完肤了，何必为了一个必死的人送上自己一条命呢？孙拯听牢头这么说，仰天长叹："陆君兄弟，世之奇士，吾蒙知爱。今既不能救其死，忍复从而诬之乎！"

孟玖知道从孙拯身上是套不出什么了，就伪造了一份口供呈给司马颖看。其实司马颖这会儿已经开始怀疑自己的决定是错了，正在纠结中，看到孟玖送来的供词，"大喜"，他太需要别人肯定自己做得对了，激动地对孟玖说："非卿之忠，不能穷此奸。"看来在司马颖的心里，他觉得自己还是一个明分忠奸的王爷。孙拯死前，对自己的学生说："吾义不可诬枉知故，卿何宜复尔？"就这样，孙拯死在了狱中。

陆机就这样被处死了，死之前曾长叹："华亭鹤唳，岂可复闻乎！"华亭是他跟弟弟陆云曾经最喜欢的景致，陆机这句话，饱含了对步入仕途的后悔，但是这条路，一旦走上了，哪里那么容易回头？等他再想起华亭时，却是死之前了，所谓出来混迟早是要还的。陆机冤死，"士卒痛之，莫不流涕"。这一天"昏雾昼合，大风折木，平地尺雪，议者以为陆氏之冤"。

司马家的战争从这一年的八月一直打到十月，双方都没有退让的意思。朝中有人看不下去了，说都是司马家的人，大家好商量，为什么非要打仗呢？不如握手言和。中书令王衍跟光禄勋石陌跑到司马颖那里当说客，其实司马乂已经默认了要言和，但是司马颖死活不同意，就这样，这场司马家的战争失去了和平解决的可能。

小弟捡了大便宜

　　张方是河间人，出身很是低微，低微到什么程度呢？他的曾祖父是山贼。但是张方勇武跟见识不凡，所以才能得到司马颙的赏识，如果不是张方在前线带兵，司马颙手下的这帮人，看见惠帝司马衷的大旗一个个只想着逃命了，还一个劲劝张方也逃。张方说："兵之利钝是常，贵因败以为成耳。我更前作垒，出其不意，此用兵之奇也。"在张方的指挥下，军队趁着夜色，向洛阳方向前进，在离洛阳城只有七里远的地方打了司马乂一个措手不及。此前，司马乂一直保持着连续胜利的记录，如果不是张方的坚持，不是他的智慧，只怕司马颙的军队可以提前打包行李回家了。

　　陆机死掉后，司马颖这边几乎没有可用之人，张方虽然打了一场胜仗，但是战争进行到现在，司马乂仍然占上风。别看司马乂是一个人面对司马颙、司马颖两个王爷，他还真能顶得住，单说杀死司马颖军队的数量，就高达六七万人之多，快赶上司马颙手下全部的武装力量了。洛阳附近都变成了战场，战争拖得越久，对司马乂越不利，他跟他的军队吃什么呢？果然，洛阳城里的粮食告急了。

"战久粮乏，城中大饥"，吃不饱肚子，司马乂却没有失掉民心，大家都愿意紧密团结在他周围，"将士同心，皆愿效死"。司马乂是个死脑筋，也是一个忠心的王爷，本来粮食就不够用，他却首先保证司马衷的伙食，给惠帝的饮食标准，丝毫没有降低。皇帝吃饭讲究颇多，要求也高，按说现在是非常时期，司马衷少吃点，或者少吃点肉也不是不行，但是司马乂不干，"奉上之礼未有亏失"。一个傻皇帝能遇见这么好心肠的王爷，也算是他的幸运了。

张方通过多方途径打听出来洛阳城的情况，一般战场上闹饥荒，军队肯定就乱了，城里头什么偷鸡摸狗的事情都出来了，但是司马乂这边把裤腰带勒紧，还是以高昂的斗志面对这个惨淡的人生。张方一看，觉得司马乂手里的洛阳城，估计是打不下来了，就下令准备退回长安。眼看司马乂就要熬过这段苦日迎来黎明，东海王司马越出来插了一杠子，他觉得洛阳城里粮食不够，肯定打不过两个王爷的联合军队，就派人把司马乂抓了，关到金墉城里。

司马越是司马懿弟弟的孙子，他跟司马衷的关系，远没有司马颙、司马颖那么亲近，算是比较疏远的宗室。东海王的地位也不高，成都王司马颖的食邑，有四个郡之多，东海王司马越才仅仅六个县，这么一比，俨然是个穷王爷。

　　早年间，司马越陪着太子司马衷在东宫读书，后来以皇帝近臣的身份，捉了司马乂到金墉城，逼着司马衷免了司马乂的官，之后又推说自己有病，不能辅佐司马衷，还是那套假意推脱，惠帝司马衷自然是挽留了一番，封他为尚书令。

　　司马越抓了司马乂，仔细一看敌我双方的态势，发现胜利的天平已经倒向洛阳了，他只有捶胸顿足、后悔不已的份儿了，司马乂在金墉城还不忘给司马衷写信："陛下笃睦，委臣朝事。臣小心忠孝，神祇所鉴。诸王承谬，率众见责，朝臣无正，各虑私困，收臣别省，送臣幽宫。臣不惜躯命，但念大晋衰微，枝党欲尽，陛下孤危。若臣死国宁，亦家之利。但恐快凶人之志：无益于陛下耳。"真情流露，司马乂真算是对司马衷最好的主政的王爷了。

　　司马越还想着要不要再抵抗一把，但是司马乂身边的人已经开始谋划把司马乂从金墉城捞出来了，想再次高举长沙王的大旗，对付司马颖等人。这下司马越就更迷糊了，只好把注意力转移到司马乂这里，看来司马乂仅仅被囚禁在金墉城了还不够，得杀掉才算干净。黄门侍郎潘滔给司马越出主意，这个世界上想司马乂死的人多了，还有一个人可以利用：张方。

张方在大营里收拾包袱准备回长安，听到司马越放出的消息，在战场上怎么也打不过的司马乂居然被人抓了，还关起来了，喜出望外，一刻也不停留，带着手下三千人杀到金墉城下，顺利找到司马乂，点了一把火，将司马乂活活烧死了。

二十八岁的司马乂就这么死了，据说他死得极其悲惨，"冤痛之声达于左右"，在火中奋力挣扎，还是被活活烧死，三军将士知道司马乂这个死法，都禁不住为他落泪。烧成焦炭的司马乂总得下葬，但是谁敢替他收尸？无论是家属还是幕僚，都没人敢去。还是司马乂之前的一个幕僚刘佑够义气，一个人给司马乂办了丧事，他拉着车，护送着司马乂的棺椁，在路上止不住自己的眼泪，"悲号断绝，哀感路人"，怎一个惨字了得。

张方还算有点良心，知道刘佑是个义士，没有过问这件事。司马乂生前，洛阳城里曾有流言："草木萌牙杀长沙。"司马乂于正月二十五号被抓到金墉城，两天后，于正月二十七号死于火中，正好是草木要萌芽的时分。

本来，常山人王舆带着手下的万余军队急急向洛阳而来，为的是帮司马乂一把，看看能不能给司马颖一击，才走到半路，司马乂被烧死的消息传来，王舆在毫无准备的情况下，被手下的人杀掉。本来已经跟胜利越走越远的司马颖就这么进了洛阳城，看了几眼就又回到自己的封地邺城了，晋国实际的权力中心，转移到了成都王府邸。

河间王司马颙不愧是司马颖的好兄弟，给惠帝上书说，现在跟您关系最亲近的人就是司马颖了，应该立司马颖为皇太弟。如此一来，司马颖不仅成了合法的接班人，还做了丞相，在自己的府里极尽享乐，根本忘记了洛阳城里还有一个名义上的皇帝，之前在卢志的建议下苦心经营的良好形象也不复存在，"大失众望"，小人孟玖，成了司马颖身边最得势的人。

野心撞墙了

司马颖将晋国的权力重心移往了自己居住的邺城，大约在今天河北临漳。这时候中华大地上上演了奇特的一幕，只见洛阳城里的大小官员都找各种机会跟借口前往邺城，不为了别的，只是想去司马颖的门口忏悔一下罪行，表示自己万分悔恨当初跟司马乂一同在洛阳城里待着。东海王司马越呢，以尚书令的身份辅政，但实际上掌权的人是司马颖，尽管司马越处理了司马乂，但是没辙，还得听司马颖的。

司马颖令手下石超率领五万人屯守洛阳城的十二座城门，石超是司马颖亲信中的亲信，可说是司马颖最信任的将领，否则，他也不会将这项工作交由石超来做。石超上任后，处理了一批对司马颖不甚忠心的原禁卫军人马，卢志做了中书监，在邺城全面负责丞相府中大小事情。

坐上头把交椅的司马颖下令废掉皇后羊献容，这个事情就很诡异，能废掉皇后的只有皇帝，但是谁叫皇帝司马衷说话一贯没人听呢。司马颖这事办得实在是不体谅人，当年赵王司马伦杀掉贾南风，还能将心比心给司马衷安排一门亲事，不管他们过得怎么样，但是在面儿上，到底是为皇帝考虑了。这司马颖将羊献容关进金墉城，也不想着给司马衷再安排一个女人。羊献容也是个命苦的女人，自己的父亲在战场上被吓死，这个死法实在是让她脸上无光，加上羊家跟孙秀的关系，羊献容一直也不能抬起头做人。

当年司马伦废掉司马衷自己当了皇帝，羊献容自然也跟着一齐被废掉了，后来齐王司马冏迎回了司马衷，羊献容也跟着被接回皇宫。这一废一立，仅仅是她废立生涯的开端而已，在西晋区区几十年的历史中，她竟然经历了四废五立，这个皇后当得也实在是委屈死人了。怎么说，羊献容也没有得罪司马颖，但是就被司马颖给盯上了，估计司马颖觉得自己现在厉害了，唯一能检验自己权力的方式就是废掉皇后玩一玩，反正也不愁没地方关，金墉城有的是地方，羊献容又一次从国母变为老百姓。

司马颖这么喜欢玩弄权力，自然有人看不下去了，司马越是最看不下去的那个人。这年七月，左卫将军陈眕，殿中中郎禀苞、成辅及长沙故将上官巳作为司马越派出的组合，打出司马炽的旗号单方面宣布跟司马颖开战，并且还拐带着惠帝司马衷一起上了路，在全国范围内发布讨伐司马颖的檄文，号召大家奋起反抗司马颖。

没想到这一呼，居然达到了百应的效果，军队刚刚到达河南安阳附近，就有十多万人过来参与。在邺城府里的司马颖听说十万人杀过来了，吓得不轻，收拾东西就想跑，碰巧手底下有个人精通算命的道术，跟司马颖说："勿动！南军必败。"被高人点化的司马颖如梦方醒，态度来了一个一百八十度大转弯，哪儿也不去了，开始召集人马商量对策。

东安王司马繇说："天子亲征，宜罢甲，缟素出迎请罪。"东安王的逻辑很简单，天子亲自挂帅出征，做臣子的不能跟天子对着干，臣子应该守本分，不要抵抗，出城投降。这个言论简直是愚蠢到家了，他也不想想司马颖什么时候真的把惠帝司马衷当皇帝看，还讲究什么礼法，再说现在司马衷十万人杀过来，他说投降人家就能饶他一命？司马颖倒是不傻，对东安王的建议理也不理，还一顿斥责："卿名晓事，投身事孤；今主上为群小所逼，卿奈何欲使孤束手就刑邪！"开始组织力量抵抗。

再说洛阳，陈眕的军队朝着石超就来了，从云龙门进攻，用皇帝的名义召集洛阳城里的文武百官过来看热闹，石超连抵抗都没做，直接带着人跑向司马颖的怀抱，可见石超这个人也是不靠谱的。司马越顺利控制了洛阳城，之后迎回了羊献容，让羊姑娘继续做她的皇后，可见司马家的王爷们都把羊献容当作重要的政治符号，废与立都标志了朝中开始了新一轮的政权更替，毕竟废立皇帝是大事，不好轻易进行，那么索性就废立皇后吧。

皇后接回来了，现在司马颖成了讨伐的对象，那么皇位的接班人不能还是皇太弟司马颖吧。司马越就下令说，还是让之前的皇太子司马覃回来吧。

司马颖决心抵抗，派出的前锋还是他亲信的亲信——石超。要是一般人，石超连洛阳都不要了直接扑向邺城，怎么着也得治罪，哪怕是意思意思走个过场，司马颖倒好，问也不问，还是那么一如既往地信任石超，又给了石超五万人，要他全面负责抵抗司马越派出的大军。老搭档司马颙也坐不住了，派出两万人支援司马颖。石超才出邺城，就碰见了两个人，这两个人带来了一个好消息。

陈眕起初是贾谧门下"二十四友"之一，可见他的学问才能是不俗的，不然也不会在贾谧门下众多宾客中脱颖而出，成为二十四分之一。陈眕是司马越的支持者，但是他的两个弟弟，陈匡跟陈规却跟哥哥不一样，这两个人早年间当过愍怀太子司马遹的陪读，按理说应该是司马衷的人，但是事情绝非如此简单。

陈匡、陈规两个人在洛阳城里散布谣言，说："邺中皆已离散。"这还没打仗呢，就开始说司马颖那边什么准备都没有，是纸老虎、假把式，洛阳城里本来高度戒备，被陈家两兄弟一忽悠，也不警戒了，陷入了轻视敌人的必死之地。石超杀过来，轻易就拿下了洛阳城，战场的变化，就是被这些不知道是何居心的小人弄得匪夷所思。

本来以为胜利在握的司马越等人全部成了热锅上的蚂蚁，只有惊慌失措的份儿，司马越一路溃败，手下的人抱头鼠窜，没人顾得上身边还有一个皇帝。只有嵇康的儿子嵇绍一直紧随司马衷左右，在"左右皆奔散"的时刻，用自己的生命护卫这个傀儡皇帝。司马衷还是面中三箭，听着怪严重的，但也很有可能只是擦伤，可是毕竟是皇帝受伤了，事态严重。

石超的军队杀了嵇绍，吓得司马衷跑到草垛中躲着。紧接着石超骑着高头大马来了，把司马衷"迎接"到邺城去，司马颖一看皇帝来了，下令改元"建武"，这也是政治手段，表明现在政权重新回到了成都王司马颖手中。论功行赏跟秋后算账一同进行，那个最先站出来说要投降的司马繇自然是丢了脑袋，司马颖于是"署置百官，杀生自己，立郊于邺南"。

司马越只顾得自己逃命，他先去了下邳，徐州都督、东平王司马楙一看是司马越来了，都不给他开门，司马越没辙，又跑去他来的地方，东海王的封地，守着自己那可怜的六个县过日子。司马颖下了诏书，说司马越再混蛋也算是自家兄弟，我就不跟你计较了，你还回来干活吧，司马越肯定是不答应。原奋威将军孙惠倒是还存有司马越东山再起的梦想，写信给司马越，要他"要结藩方，同奖王室"，说白了就是慢慢积蓄力量，等待时机再把皇位夺过来。

而在邺城享受胜利果实的司马颖打死也不会想到，王浚正带着大军，向邺城杀来。

小命要丢了

王浚，字彭祖，是王沈的私生子。

王沈，字彦伯，山东人，是西晋时期的文学家。王
沈是寒门出身，这样的出身注定了他处处受压抑、被排
挤，这样的生活经历使得王沈写出了《释时论》抨击了晋
朝的门阀制度。别看王沈写文章的时候像一个愤青，实际
上他是司马家坚定的支持者，当年高贵乡公曹髦计划对付
司马家，告密的正是王沈。可能王沈永远是不得志的，所
以他的文章中对许多政治敏感事件也是阙而不录，除了写
《释时论》时像一个愤青，他其他时候是司马家的誓死追
随者。

王浚的母亲认识王沈的时候，已经做了赵家的儿媳
妇，所以王沈跟赵氏之间的感情，是偷情，对于王浚这个

私生子，王沈是一直不承认的。等十五年后，王浚已经长大成人，王沈病死，本来王沈是没有儿子的，亲戚好友一看，王浚这么一个小伙子就在这儿为什么不认，一投票，就让王浚认祖归宗了。

王浚追随司马家还不算，他也追随贾南风，当年愍怀太子司马遹被幽禁在金墉城，王浚也参与了谋害司马遹的阴谋，王浚跟他父亲一样，也是左右逢源，在乱世中还把官越做越稳。因为常年在北方边境做官，就养成了跟周边少数民族联姻的习惯，一个女儿嫁给了鲜卑人务勿尘，另一个女儿嫁给了苏恕延。据记载，王浚至少有五个女儿，嫁给鲜卑人的这两个，是他的妾所生，剩下三个女儿都嫁给了名门望族的后代，可见王浚也是很看重门第观念的，当时司马家频频有战争，依靠谁都有压错宝的危险，王浚找鲜卑人当靠山，也是有理由的。

混迹官场的王浚自有一套哲学，当年三王起兵讨伐司马伦，天下响应的人云集，王浚在管辖的地方强行隔绝了各路消息，齐王、河间王、长沙王满世界发传单，号召天下老百姓站出来反对司马伦，其实主要是号召各州郡的地方长官站到他们这边去。王浚的策略是谁也不支持，谁也不反对，也不给自己治下的子民任何支持谁的机会，用自己的力量构建了一个"与我无关"区。

司马颖当年就看王浚不顺眼了，觉得这人实在太不识时务，想带兵过去打到王浚听话，但是一直没顾得上。等司马伦被杀，王浚居然还升官了，进安北将军，可能是他最起码没有支持司马伦吧，所以也稍微有那么点"功劳"。等到司马颙跟司马颖杀了司马乂，一向事不关己高高挂起的王浚居然为司马乂鸣不平了，觉得司马颖实在胡闹，他想要主持正义。

王浚在北方始终不是一个听话的角色，司马颖一直惦记要收拾了王浚。司马颖让和演去当幽州刺史，此时王浚是都督幽州诸军事，等于是派了一个司马颖的心腹到王浚家里，司马颖盘算着和演能争气一点，找个机会除掉王浚。和演也不傻，知道去寻找同谋者，选了半天，选择了乌桓单于审登，想趁着王浚在幽州城里游玩的时候，找机会在路上让王浚身首异处。没想到当天下暴雨，史书记载："值天暴雨，兵器沾湿，不果而还。"这里面的问题是，究竟和演跟审登想用什么兵器干掉王浚，如果是刀叉剑戟，怎么会遇见暴雨就不能杀人呢？

审登的思维跟和演不同，和演是带着任务来的，一场暴雨救了王浚，但是不会总下雨，和演是处处等待另一个时机结果掉王浚。审登回去后把身边的人叫过来说："演图杀浚，事垂克而天卒雨，使不得果，是天助浚也。违天不祥，我不可久与演同。"大旗一换，成了王浚的人，还把和演的阴谋一五一十说给王浚听。王浚一听，跟审登带着各自的人马把和演家围了一个水泄不通，事情已经败露，审登因为一场大雨出卖了和演，苦命的和演只能举白旗投降，王浚也不留活口，直接杀掉和演了事。和演一死，幽州成了王浚的地盘，他叫上女婿务勿尘，凑了两万人的一支队伍，剑指司马颖，开始他主持"正义"的战争。

司马颖派出的前锋还是不靠谱的石超，被王浚派出的祁弘打得大败。王浚等人乘胜追击，一举拿下邺城。务勿尘的军队头一次占领大城市，一进城的主要任务就是烧杀抢掠，邺城一时死者甚多。王浚对务勿尘是极力纵容，还下令老百姓将自己未出嫁的女儿送给鲜卑人，"敢有挟藏者斩"，邺城的老百姓也豁出去了，为此斩首的人有八千人之多，"黔庶荼毒，自此始也"。

这一仗，王浚打出了知名度，司马越想请王浚到自己家玩一玩，王浚派祁弘跟乌桓的骑兵当先驱，看上去威风凛凛的，的确能唬住不少人。他升自己为"骠骑大将军、都督东夷河北诸军事，领幽州刺史，以燕国增博陵之封"。

再说司马颖。当王浚的人杀过来，还派出石超出去抵抗了一下，司马颖实在是盲目相信石超，石超总是打败仗，司马颖还总是派石超出去打生死存亡的重要战役，真不知道司马颖究竟是怎么打算的。石超再度吃败仗的消息传来，整座邺城都骚乱了，司马颖手下的人纷纷逃命，谁管你皇帝、皇太弟。

司马颖一看所有人都跑了，也收拾东西准备跑。在洛阳的卢志赶到了司马颖身边，要说这个卢志真的对司马颖太好了，什么烂摊子他都过来收拾。卢志的意见是召集手下的人马，在天黑时分杀出重围，带着司马衷一块儿跑，一路向南，跑到洛阳去。这个意见不错，司马颖第一时间就同意了，可是转念一想，他又后悔了，打死也不肯走，不肯离开这片熟悉的土地。

收拾烂摊子专业户卢志叫来了司马颖的老母亲，母亲一发话，司马颖就不哭不闹跟着走了。就这样，司马颖带着身边十几个人和司马衷一路向南，往洛阳方面逃命。这时候陪伴在司马颖身边的，是一直扶植他的卢志。但是这一行人走得实在是太匆忙了，连钱都没带就出门了，果然都是贵族，估计平常出门从来不带钱，现在逃难也没有带钱的念头。走了一半，就快饿死了。好在司马颖身边的一个太监知道过日子，走之前塞了三千块上路。可是这兵荒马乱的，钱是用来救命的，太监的胆子都大了，不愿意把钱拿出来给两位司马用。司马衷一看，发挥了自己的"聪明才智"，下了一道圣旨，说这钱算是我司马衷管你借的，以后再还。太监用三千块买了一张借据，永远也不会有人还钱的借据，司马衷这个皇帝当到这份儿上，估计也没什么他想不开的了。

卢志带着司马颖、司马衷，只用了五天时间，就到了洛阳城下，司马衷终于结束了自己的北方之旅回到了皇宫。

司马颙听说王浚反了，赶紧让张方带人去救司马颖。在洛阳城里的太子司马覃趁着夜色偷袭了上官巳、苗愿，赶跑了这两个人，张方才得以进入洛阳。太子司马覃不顾君臣礼节亲自出城迎接张方，见到张方的身影就弯身下拜，全然没有太子的样子。

司马衷这次回来，张方成了洛阳城实际上的掌控者，司马衷封他为"中领军、录尚书事，领京兆太守"。司马衷没回来的时候，张方曾经想一把火烧掉皇宫，他觉得把皇宫烧掉，洛阳人民就不会再想念那个没用的司马衷，这个想法真是比较超群而独特。惠帝回到了皇宫，远在山东的司马越又开始蠢蠢欲动，预备挑起新的战事。

司马颖这回算是彻底失去了政治上的话语权，皇太弟的身份也没了。他还算是好的，邺城中有不少人思念他，公师籓、汲桑等人就想把司马颖接回邺城，话一提出来，根本没多少人支持，这年代谁得势就支持谁，犯不着支持一个过了气的王爷。

我要保国安民

　　如果说被利用也是一种价值，那么晋惠帝的一生真是价值不菲，从最初的被皇后贾南风利用到后来的被诸王辗转挟持，傀儡的帽子从来未曾离去，晋惠帝的价值才得以一直延续。

　　晋惠帝终于又回到了洛阳，但此时的洛阳乃是张方的地盘，晋惠帝与司马颖虽位高却无权，处处得看张方的脸色，一切都是张方做主。晋惠帝窝囊惯了，倒是乐得自在，吃喝玩乐，样样不少。司马颖吹胡子瞪眼，却是干着急，一点办法也没有，毕竟人在屋檐下，不得不低头。

　　这边张方与其部众在洛阳作威作福，吃喝抢掠，偌大一个洛阳城被横扫一空，昔日繁华不再。张方与其部众也折腾累了，异地他乡，再逍遥自在、风光无限，夜深人静之时，也不免要想念家乡了，况且长安也是一个遍地黄金的地方，以今日之威风，必然也少不了他们的好处。

"奉帝迁都长安"的念头在张方心头久久萦绕，众士卒也蠢蠢欲动，然而，不知道顶头上司司马颙做何感想。想至此，张方与众士卒不敢轻举妄动。

这厢，司马颖拥晋惠帝还驾洛阳的消息传到司马颙的耳朵里，司马颙立即召集谋士召开紧急会议，商讨应对良策。

"昔晋文公纳周襄王而诸侯影从，汉高帝为义帝发丧而天下归正。近白天子蒙尘，将军首兴义兵，徒以河间扰乱，未遑远赴，銮舆旋转，建都榛芜，诚因此时奉主上以从人望，大顺也；秉至公以服天下，大略也；迎主上入长安，以致英俊，大功也。四方虽有逆节，其何能焉？若不早定，使英雄生心，后虽为虑，亦已无及。"

谋士李进首先进言，提出挟晋惠帝移驾长安的主意。司马颙点头称奇，然而心中却不免有些疑虑，计谋虽妙，却是如何向朝中大臣和手握重兵的将领交代？司马颙的顾虑不是杞人忧天，若是引起群忿，群起而攻之，以他们的实力，根本无法招架。若真如此，行这一着险棋实在是得不偿失。

仆射荀藩对李进之言甚是赞同，又见司马颙心有疑虑，便向前进言道："殿下兴义兵以除暴乱，入朝天子，

晋元帝司马睿

辅翼王室，此王霸之功也。以下诸将人殊志异，未必服从。今留匮弱，事势不便，惟有移驾去长安。然朝廷播越，新还旧京，远近观望，冀得安生，今复移驾，不厌众心。夫行非常之事，乃有非常之功，愿算其多者行之。"

听荀藩这么一说，司马颙大喜，心头顿时开阔起来。既然如此，那就收兵启程，移驾长安。主意已定，司马颙便与亲信商议起迁都之事来，一场密谋悄然展开。

司马颙带领士卒先行入长安，命张方保晋惠帝一行在后。张方率领五千余骑，接晋惠帝与百官入长安，百官见洛阳已经被抢劫一空，粮食短缺，况且又惧怕张方势力，自然欣然应允，晋惠帝却是心不甘情不愿的。

刚刚安顿下来的晋惠帝，早就厌倦了颠沛流离的日子，好不容易寻得一方乐土，又要离开，这晋惠帝哪里肯？冬日的寒风已经吹起，一日，张方带领士卒佩戴宝刀来到宫中，走上大殿，晋惠帝虽痴呆不理事，却也看得出这来者不善。张方却也不转弯抹角，将来意讲明："洛阳废弛已久，不可修葺，更兼转运粮米甚难，臣料长安地面城廓宫室、钱粮民物足备，可以幸銮舆。臣排办已定，请陛下登辇。"

张方说着就要上前邀晋惠帝上牛车，晋惠帝惧怕，竟然撒腿就跑，跑入后园竹林中藏了起来。张方是个武人，脾气暴躁，哪里有那闲工夫跟晋惠帝玩躲猫猫的游戏，不由分说就命士卒进园将晋惠帝拖了出来。

晋惠帝一把鼻涕一把泪，万般无奈被拖上了车，却仍不忘宫中的金银财宝、美女姬妾，"卿宜讨车载宫人宝物同行"。晋惠帝竟要求张方安排车辆，将金银财宝与宫人载上同行。

这晋惠帝真会找人，张方与部署入洛阳便将洛阳一扫而光，然而，纵是他们吃了熊心豹子胆，宫中他们是不敢染指的，这下倒是给他们提供了方便。

张方乐得接受这样一份肥差，宫中不少财物成为他们的囊中之物。"分争府藏，割流苏、武帐为马障，魏、晋以来蓄积，扫地无遗。"一番掠夺式的装载之后，一切准备就绪，张方生起一把火，准备将洛阳皇宫宗庙付之一炬，却遭卢志劝谏："董卓无道，焚烧洛阳，怨毒之声，百年犹存，何为袭之！"张方这才罢手。

晋惠帝入长安，成都王司马颖、豫章王司马炽随行，此时正值冬日，大雪纷飞，寒冷至极，其颠簸可想而知。晋惠帝以往虽然时时扮演着傀儡的角色，却也是温室里的花朵，哪里受过这样的苦？因路途泥泞颠簸，再加上寒冷难耐，晋惠帝竟一个不小心从车上滚落下来，将右脚摔伤，众人七手八脚才将其抬上牛车，其悲状可见一斑。

入长安，司马颙出城迎接，以公府为大殿，理朝政，文武百官均朝贺，并将年号改为永安。在司马颙与张方的淫威下，晋惠帝以司马颙为录尚书事，以张方为司隶，自此司马颙专掌朝政，自为行事。

司马颙掌握朝中大权，便进行了大刀阔斧的人事改革。朝中要职均由亲信任职，以自己为都督中外诸军事，王戎参录朝政，王衍为左仆射，张方为参军录尚书事，同时罢黜司马颖。

为稳定局势，司马颙还采取了一些爱民政策，他下令州郡要蠲除苛政，爱民务本。然而，在这个衰微与离乱的时代，人心惶惶，野心膨胀。这些企图挽救政权崩溃的举措均是徒劳，司马颙期待的好日子并没有如期而至，野心之徒多有跃跃欲试、卷土重来之势。

卷土重来看我的

司马颙将晋惠帝劫持至长安，挟天子以令诸侯，操纵朝政，位高权重。按说应该过得逍遥自在，然而，高处不胜寒，司马颙这一不得人心之举，引起了众士人的不满，反对之声一浪高过一浪，司马颙终日惶惶，头痛不已。

在反对司马颙的声浪中，最有实力者当数东海王司马越。司马越野心勃勃，经过一年的喘息与休养生息之后，实力已经开始复原，却因无法操纵朝政，心有不平，便联络山东各地征讨司马颙，准备东山再起。然而，心有余而力不足，"恨力不及，恐难讨之"。以一己之力难挡司马颙，天下之人，谁可共之？东海王司马越揣测着。

正当司马越一筹不展、心无定数之时，东海中尉刘洽进言："东平王懋现督徐州，兵精粮足，若得徐州，可为成事。"司马越大喜，王洽又推荐一人为使者，前往东平王司马懋处洽谈，此人名王修。

王修，乃是徐州长史，嘴皮子上的功夫极妙，可谓是巧舌如簧。王修领命便去见东平王司马懋，王修倒是爽快，开门见山："今东海王欲举义，檄山东之兵讨张方，迎天子还旧都，恨力不及，欲借大王徐州都督诸军，以率义山东……"如此种种，我们暂不管经过如何，总之，东平王司马懋最后一句话："彼既为国为民，吾安敢不从？"王修暗舒一口气，任务完满结束，东平王司马懋慷慨将徐州借给司马越，自任兖州刺史。

晋惠帝永兴二年（公元305年），司马越集结山东各部，据徐州，以司马颙和张方劫持晋惠帝为由，发布天下檄文讨伐司马颙和张方，以"奉迎天子，还复旧都"。在这冠冕堂皇的理由下，响应者纷至沓来，范阳王司马虓与成都王司马颖的余部公师藩等也自称将军，纷纷响应，举起讨伐的大旗。

范阳王司马虓，才气颇高，素有美誉，有成就大业之心，却因在宗族中排行低而无甚作为。对于司马颙和张方"挟天子以令诸侯"的野心，司马虓甚以为耻，便想起兵，却苦于势单力薄难成大事。司马虓手下有一长史，名冯嵩，此人计谋颇多，又懂得察言观色，见司马虓蠢蠢欲动却有几分踟蹰，知其心意，便进言："今河间王司马颙使张方劫帝入长安，废成都王颖，久必篡逆。殿下若肯与令兄平昌公起义兵，保驾还洛阳，其功可比周公，勋业必成。"

范阳王司马虓大叹一口气，却又摇摇头，他何尝不想如此，奈何心有余而力不足。冯嵩近前一步，将心中计谋娓娓道来："东海王司马越有英雄之志，可云命世之英，不如推东海王为盟主，聚义起兵，大事可成。"

此番计划正合司马虓心意，于是赶紧召来使臣，前往司马越处商讨合作事宜。

可想而知，司马越正忙碌着征讨事宜，那自然是士卒越多越好。此时又有一股强大的力量注入，焉有不接受的道理？事情进展得非常顺利，扳倒司马颙似乎指日可待。

这日，司马虓大摆筵席，宴请东海王司马越、平昌公司马模、长史冯嵩等将领。席间，几人杀白马祭天，歃血为盟，共推司马越为盟主，以共成大事。礼毕，谋士冯嵩道："今我始聚之兵，乌合之众，难以出战。今见豫州刺史刘乔部下多有精兵，可使人持节招其来降，同起义兵，方可得安。"

司马越招贤纳兵，不出半月，又招得士卒两万余人。

眼见势力一日日壮大，司马越日渐春风得意，自称秉承皇帝旨意，任意选调官吏，既得利益者雀跃，利益受损者不免蠢蠢欲动、心有不甘。

司马越私自任命司马虓为豫州刺史，原豫州刺史刘乔改迁为冀州刺史，刘乔不满，便举兵反抗，司马颙支援刘乔。一场大的混战再次打响，同时起兵的还有司马颖的旧部公师藩。

司马颖威风一时，由丞相而成皇太弟，成为名正言顺的接班人。然而，风水轮流转，三个月的风光过后，却如丧家之犬般寄人篱下，皇太弟之名被废不说，就连立足之地也无，真是可怜至极。司马颖余部公师藩等见司马颖暂居司马颙篱下，不得善待，心生怜悯，便自称将军，纠集河北士卒起兵，兵有数万人，攻城略地，声势甚为壮观。

此时的司马颖正被司马颙软禁，不得自由，二人的恩怨可谓不浅。司马颙见公师藩起兵，不禁满头思绪，此时的他左右受敌，主要兵力正与司马越周旋，哪里还有闲暇顾及得了公师藩？

公师藩乃司马颖余部，若是被司马颖招降，不仅可以免除后顾之忧，更可增加实力，一同对抗司马越。司马颙想及此，心中不免开朗起来，于是命人将司马颖请来，好生安抚，一番嘘寒问暖，又对以前的种种极力忏悔，表现得极为谦恭。

司马颖已多时未受到这样的礼遇，自然非常受用，况且，能够摆脱司马颙的藩篱，何乐而不为呢？司马颖一口应允，顶着都督河北诸军事的帽子，令卢志与千余士卒入河北招降公师藩去了。

司马颙的乐观未免有些早，却说，晋惠帝永兴二年（公元305年）十二月底，司马颖入洛阳，至此便停留不前了。一来兵力不足，无法渡河北上；二来，司马越的军队已经开进河南阳武，距离洛阳城不足三百里，势如破竹，根本无法阻挡，河间王司马颙大势已去，无法扭转乾坤。

刘乔与司马越的战争打得不可开交，刘乔这边有司马颙命张方、吕朗等领兵援助，司马越这边有王浚部将祁弘领鲜卑、乌桓骑兵为前驱。两军混战数日，司马越军声势一浪高过一浪，渐渐占得优势，连败刘乔及其援军。

司马颙此役可谓是倾全力而战，派出支援刘乔的兵力足有十万之多，以张方为大都督。张方以吕朗等入前线支援刘乔，自己则屯兵灞上，在此盘桓多时，却按兵不动。刘乔兵败的消息传来，张方更加不敢前进。

张方领军十万，军队却无纪律可言，多有纵容部下劫掠之举，张方占领洛阳伙同部署将洛阳劫掠一空便可见一斑，致使军队所在地区民不聊生，怨恨四起。这样一支没有纪律的军队，人心离散，毫无凝聚力可言，战斗力可想而知。更有一些部将在目睹了张方的残暴之后，对其失去信心，便领兵转入司马越的旗下。

司马颙军连连战败，消息传到长安，司马颙见如此光景，也不抱回旋的希望，心中萌生了议和的想法，但是，面对司马颙的议和请求，司马越能否接受？

要性命跑大山

　　三十年河西，三十年河东，风水轮流转。此番正值司马越春风得意之时，当日，振臂一挥，群雄皆揭竿而起，纷纷投奔，足有十万余众，浩浩荡荡，滚滚西行，杀得司马颙畏惧不已，好不快哉。

　　司马越神气十足，司马颙却是焦头烂额，刘乔兵败，士卒离散叛变，一系列的惨事一股脑一拥而上。现下，司马颙也不做其他感想，只寄希望于能与司马越达成和解共识。然而，事情并没有想象中的那么简单，成功与否，这主要取决于两个人，一个是对手司马越，一个是自己人张方。

　　眼见司马越节节战胜，若能与之罢兵，达成和解，以目前光景，这是最好的结局，但是关乎和解，不知司马越做何感想。司马颙这般想着，心中却也无十分的把握。

司马越起兵时打的幌子是"纠集义旅，奉迎天子，还复旧都"，其缘由乃是司马颙与张方挟持晋惠帝迁都长安。"劫迁车驾"的决策者虽然是司马颙，执行者却是张方，所以，一旦和解，张方就会首当其冲，成为众矢之的，而司马颙却可以将罪责撇得干干净净。

毋庸置疑，对于和解，张方抗拒的态度是非常坚决的，因为和解之后，必然会追究他劫掠宫室、劫迁车驾之罪，这不只是关乎前途，更是性命攸关的问题。作为自己的心腹，司马颙不得不考虑张方的处境。另一方面，张方手握重兵，弄不好会拥兵自立，对此司马颙是有几分忌惮的。鉴于此，司马颙有些犹豫不决。

如果说司马颙的犹豫让张方尚有一线存活的生机，张方平时的为人就彻底葬送了自己。当刘乔兵败之时，张方正屯兵灞上，盘桓不前，却不知一场针对自己的阴谋正悄无声息地展开。

张方脾气暴躁，又为人残忍，对下属嬉笑怒骂，从无约束，这样暗地里就得罪了许多人，参军毕垣曾受张方侮辱而对其怀恨在心，一心想要报复。毕垣见大势已去，主张退兵和解，再遭张方训斥，毕垣便向司马颙打报告，指出张方在灞上按兵不动，其实是另有打算，乃因司马越兵力强大，胜券在握，便意图叛变。

司马颙对毕垣所说半信半疑，在他心中，张方始终是心腹将领，不会做出叛逆之事。毕垣见司马颙心存疑虑，唤来张方的亲信郅辅对质。其实，在此之前郅辅已被恐吓，哪里还敢违背毕垣，司马颙问时，郅辅唯唯诺诺，只会点头称是。郅辅的恐惧，似乎更增加了张方叛变的可信度。

事情得到证实，司马颙火冒三丈，对张方的信任立即降到了冰点，恨不得杀之而后快。这时，缪播和缪胤也来插一脚，在旁煽风点火，这二人认为，若想与司马越和解，可以用杀张方来换取。

司马颙一听这主意，心中不免一喜，杀张方以求和解，此事胜算颇大。几人一商量，制定了完整的计谋，决定牺牲张方作为议和的筹码。然而，这只不过是他们的一厢情愿而已，对于此事司马越做何感想这才是事情的症结之处。

人的欲望犹如海底深渊，永无止境。喜报接连传来，胜利在即，在这节骨眼上，司马越怎能止步不前？议和所得与剿灭敌人全胜所得相比，根本没有诱惑力。司马越不会为这眼前的利益而放弃长远利益，放长线钓大鱼这才是他的目的。这些暂不提，我们且看司马颙如何擒得张方。

战场的失利让张方十分懊恼，他的心思里没有议和这样的概念，一心只想在战场上扳回一局。这日，司马颙派人来唤郅辅，张方心生疑虑，郅辅乃自己的亲信，与司马颙素来没有什么交往，此次却来唤他，不知所谓何事。这样的疑虑一闪而过，毕竟有更重要的事情需要他处理。却不知，就是郅辅此去，与司马颙、毕垣商议了计谋，葬送了他的性命。

这日天色已黑，郅辅战战兢兢，带着肮脏的计谋回到灞上，入得张方军帐，张方不免要询问一番，郅辅将一封书信交予张方，说是司马颙交给他的机密文件，张方不疑有他，走至灯前，取信来读。因一心在信上，张方未曾注意到身旁的郅辅已经把刀举起，待有所察觉，却已经脑袋落地，血溅一地，可怜张方死得不明不白。

郅辅心有余悸，提着张方的头颅径自向司马颙复命去，一路上不免提心吊胆。司马颙同样夜不能寐，一心等着郅辅，又担心事情败露，张方叛乱。正焦躁不安之时，听人来报，郅辅前来复命，司马颙一颗心终于落下了，看来事情进展得非常顺利。司马颙见了张方首级，大喜，当即将郅辅晋升为安定太守。

司马颙心愿了却一桩，和解之事，似乎马到成功。司马颙命使者将张方头颅送予司马越，并表达了请和的意愿。然而，事情的发展却没有朝着他的意愿而去，任凭使者如何能言善辩，司马越仍旧没有议和的意愿。使者被扫地出门，司马颙犹如被霜打的茄子，彻底蔫了。

一蹶不振的司马颙在百思而无自救方案之时，司马越的大军已经逼近长安。司马越命祁弘领军入长安，司马越的大军中多有忌惮张方者，今见张方已死，便士气大振，争先恐后攻入长安。

司马颙此时却闻张方并无反叛之心，乃知是毕垣与张方有隙，联合郅辅一同谋害张方，司马颙悔不当初，斩杀二人。派出的将领一个个惨败，司马颙心灰意冷，自知无法抵抗，在士卒还在激战之时，骑马逃入太行山中。

司马越军与司马颙军激战之时，司马颖正在洛阳观望，见司马越气势汹汹而来，便狼狈而逃，西行到华阴，准备寻机回长安，却听闻司马颙杀张方，意图议和。司马颖如同五雷轰耳，顿时呆住，哪里还敢回长安，只得一路西行，出武关，入新野，渡河北上到朝歌，却被冯嵩逮捕押入邺城，交予范阳王司马虓，幸得司马虓念旧恩，不忍杀之，而是将之囚禁起来。

司马越大获全胜，总揽朝政。晋惠帝永兴三年（公元306年）六月，司马越带领百官簇拥晋惠帝，东还洛阳，修葺宫殿、庙宇，颁布诏书，改年号为光熙，大赦天下，论功行赏。晋惠帝以东海王司马越为太傅，录尚书事，以范阳王司马虓为司空，命其镇邺城，至此天下暂归平静。

此起彼伏是大乱

司马越战胜司马颙，携晋惠帝还洛阳，排除异己，安插亲信，总揽朝政，成为八王之乱的最终胜利者。司马越自任太傅、录尚书事，对助其建功者加官晋爵，以司马虓为司空，镇守邺城；平昌公司马模，为镇东大将军，封南阳王，镇守许昌；司马腾为东燕王；王浚为骠骑大将军、都督东夷、河北诸军事，领幽州刺史，自此朝中司马越亲信遍布，专权局面形成。

司马越由衰而盛，东山再起，一步步走至今日之风光。乱世之中，风云变幻，形势片刻即变，一朝得势，一朝衰，司马越一路走来，对这其中的时事自然深有体会，居安思危的理念也深深植根于头脑之中，司马颖与司马颙不除，仍是隐患，难保他日不会东山再起。司马越这样想着，除去二人之心更坚定了。

却说那司马颖被冯嵩抓住，送往邺城，邺城乃范阳王司马虓辖区，司马虓思及两人旧日恩情，不忍将其杀害，便将其囚禁起来。只怪那司马颖命该绝，司马虓驻守邺城不几便病卒。此时邺城并不安稳，时有作乱，司马虓的部属刘舆唯恐作乱者趁机作乱，便密而不丧。

刘舆此人颇有心机，知司马越对司马颖仍有顾忌，便伪造密诏，将司马颖杀掉，这年是晋光熙元年（公元306年），司马颖年仅二十八岁，大好年华，正是建功立业之时，真是让人惋惜。

所谓树倒猢狲散，司马颖在落魄中死去，他的部属避之而不及，唯恐与之有什么牵连，唯有卢志生死不弃，将其安葬。

司马颖死了，司马越的心事也了却了一桩。刘舆的见机行事也给他的前途带来了好处，为表彰他的功绩，司马越将其迁为左长史。

司马越的下一个目标就是逃入太行山中的司马颙。司马颙隐匿于太行山中，风餐露宿，又无定所，日子过得甚是清苦。难得的是，在如此困境之中，司马颙仍心存斗志，抱着东山再起的希望，盼得司马越退兵，悄悄与旧部马瞻、梁迈接上头，并召集残兵，准备杀回长安。

晋惠帝一行离开长安入洛阳以后，长安城由梁柳驻守，司马颙与马瞻、梁迈带领小股骑兵，潜入长安，干掉梁柳，在战乱中马瞻、梁迈战死，长安重归司马颙手中。司马颙虽重夺长安，却是四面受敌，困境重重，弘农、安定皆起兵来袭，而此时的长安城也成了一个一穷二白的烂摊子，如何收拾这样不堪的局面让司马颙头痛不已。

正当司马颙一筹莫展之时，晋惠帝的诏书到了。原来，司马越听闻司马颙重夺长安，甚是不安，便想法子应对，且看他有什么锦囊妙计。

听闻晋惠帝的诏书来了，司马颙心中七上八下，拿不定主意。原来，晋惠帝任他为司徒，让其入朝辅政。乍听，这本是一件好事，但一想这其中蹊跷，又觉得不妥。现下司马越总揽大权，朝中又尽是司马越的耳目，一旦入朝，免不了处处被刁难，性命不保。但是，若不听诏，一来违抗圣意，司马越必然引兵来袭；二来目前状况同样危急。

司马颙左右为难，权衡之下，心一横，便启程奔洛阳去了，是死是活，总要拼一把，或许还有一线生机。抱着这样的想法，司马颙轻装上阵。司马越听闻司马颙奉命入洛阳，嘴角不免升起狡黠的微笑，死神距离司马颙越来越近。

司马颙一行一路相安无事，不免放松了警惕，将至洛阳，却突然杀出了一班人马，不由分说，就是乱杀一气。

司马颙一路奔波，本就疲惫不堪，况且又人少力薄，终究不敌，司马颙战死，被一并杀死的还有他的三个儿子，悲哉。

司马颖与司马颙俱死，司马越本可以高枕无忧了。但是，手中无上的权力仍然让司马越没有安全感，他还需要更多，便打起了晋惠帝的主意。

却说那晋惠帝还宫洛阳以后，终得安生，便只想着及时行乐，终日在后宫与嫔妃作乐，根本无暇顾及朝政。晋惠帝光熙元年（公元306年）初冬的一个傍晚，晋惠帝如同往常一样，尽兴而归，那如痴如醉的神态真令人羡慕。

入得宫中，见圆桌上一盒酥饼，晋惠帝摸摸肚子，脸上一番得意，沉浸于玩乐，却不觉肚子已经咕咕叫。晋惠帝也不挑食，拿了酥饼就吃，一块接着一块，狼吞虎咽，直至觉得肚中隐痛，方才停止。

宫人将晋惠帝扶至床前坐下，稍作休息，晋惠帝肚中却越发疼痛，以至痛苦难忍，只见冷汗从晋惠帝的额头滚下，太医赶来之时，晋惠帝已经口吐白沫，两眼翻白，四体抽搐，一命呜呼了。这年是晋惠帝在位第十六年，他终年四十八岁。依《晋书·惠帝纪》所言，晋惠帝吃的酥饼，乃是司马越进献的，如此看来，晋惠帝乃司马越所害。

晋惠帝的一生可谓悲矣，在位十六年，却不过是他人手中的一个棋子。通过他的手，一切专权便变得名正言顺，正因为有这样的价值，晋惠帝安然度过了一年又一年。晋惠帝的一生是窝囊的，身不由己是他的常态，但是在旁人眼中，他却是一个香饽饽，把他拉入阵营中，便有了挡箭牌，所以被人劫持成了晋惠帝的家常便饭。

一个人不能创造价值，却只有被利用的价值时，他是可悲的，因为当他失去被利用的价值时，也就是性命终结时。司马越不会供养一个没有价值的傀儡，这一刻，晋惠帝的命运已经注定了。

晋惠帝死了，皇宫内外一片诡异的气氛，国不可一日无君，死去的晋惠帝已经无人顾及，皇位的继承人选才是大小官员的焦点所在。为了利益，总会有人惹出些事端。

晋惠帝的皇后羊氏为了当皇太后，想让惠帝的侄子司马覃继承大统，然而，朝中尽是司马越的耳目，顷刻便赶到的司马越与司马炽打破了羊氏的美梦。三天后，司马越拥立司马炽登上皇帝的宝座，是为晋怀帝，而羊氏被尊为惠皇后，司马炽的生母为皇太后。

晋怀帝登基，司马越仍专擅朝政，"朝贤素望，选为佐吏；名将劲卒，充于己府，不臣之迹，四海所知"。然而，不管东海王如何挣扎，西晋政权自八王之乱之后，终究是走向衰退了，当永嘉之乱的狂风袭来，西晋便摇摇欲坠，气息奄奄了。

第二章

蠢蠢欲动：老大没了大家都是主角

西蜀开始乱了

　　洛阳城内不断上演王爷掌权、王爷被杀的好戏，你方唱罢我登场，在晋国版图的西部，也正在上演一出大戏。

　　这就说来话长了。早在晋惠帝元康六年（公元296年），齐万年在晋国的西北部地区一番胡闹，弄得附近的老百姓人人自危，纷纷逃命，往哪儿逃呢？西北不能待了，大家的目光不约而同聚焦在天府之国巴蜀地区。大批流民疯狂逃往汉中，想从汉中进入成都平原。四川这个地方，交通不是很便利，但农业比较发达，在乱世可以避祸，在盛世可以享福，是躲避战乱的不二选择，当年刘备也正是看中了这一点，从而三分天下有其一。

　　流民是一个社会问题，因为没房子、没钱、没吃的，几乎走到哪里就乱到哪里，他们要去巴蜀，晋国朝廷肯定是不乐意，就派侍御史李苾到前方去慰问一番。说是慰问，其实就是监视，目的是堵截流民，让流民不得进入剑阁一步，不能进入剑阁，就等于连巴蜀的大门口都看不见。

李苾拿着皇帝的节杖来了，本来是过来唱红脸的，结果收了贿赂，反而替逃难的流民说话，给朝廷写了一封信，用同情的口吻，表示原计划堵截流民那是根本不必要的。"流人十万余口，非汉中一郡所能振赡，东下荆州，水湍迅险，又无舟船。蜀有仓储，人复丰稔，宜令就食。"中央一看派去的人都这么说，也就准了大量流民逃去巴蜀，为日后的事情埋下了祸根。这人数众多的逃难人中，有一个人不得不介绍，他叫李特。

李特，字玄休，四川人。李特长得高大威猛，骑射功夫极好，还"沉毅有大度"。齐万年在西北一番闹腾，其实跟李特没什么关系，在逃难的队伍里，有快饿死的，有在西北混不下去的，有想去巴蜀看热闹的。李特肯定不属于第一种人，他已经在州郡有了一官半职，至于他为什么随大流去巴蜀，并没有记载，趁乱想去巴蜀开拓一番天地的可能性极高。

跟着流民走到汉中，不能走了，李特看着巴山蜀水的山川形势，想到之前刘禅丢了蜀国，废了刘家的基业，不禁感叹："刘禅有如此之地而面缚于人，岂非庸才邪！"

李特这一声叹息被周围的人听见，大家都觉得李公子不简单。一般人面对前路阻塞的时候都是愁眉不展，他居然还有心情发思古之幽情，从而对他多出几分敬意。

晋永康元年（公元 300 年），司马伦清洗了贾南风的势力，并把丑皇后贾南风赐死，之后招益州刺史赵廞到洛阳当大长秋。这个官职主要是宫里负责管理诏书，处理皇后宫里的事情。从地方到中央任职，应该高兴才是，但是赵廞高兴不起来，因为他是贾南风的亲戚，贾南风都死了，新皇后是孙秀选的人，现在用一个死去的前任皇后的亲戚管理皇后宫里的事情，怎么着都像司马伦不怀好意。

赵廞索性一不做二不休，反正天高皇帝远，不如就在成都当大王。赵廞想了一个方法，四川地区不是来了大批难民吗，他就开仓放粮，让逃难的人敞开肚皮随便吃，这一下，就网罗了大批的民心。这时候李特的身边已经聚集了一批崇拜者、追随者，其实都是李特的老乡，赵廞一看李特跟他的手下都是四川本地人，正是他可以利用的对象，就任用李特为爪牙，打着抓盗贼的名义打击异己，发展自己的势力。

司马伦本来想把赵廞调走，用成都内史耿滕取而代之，没想到赵廞不仅赖着不走还形成了割据势力，耿滕一看大事不好，就给中央写信说流民不能留，还是把流民轰走吧。赵廞听说了，更加讨厌耿滕这个眼中钉，本来益州很多文武官员接到命令，已经去城门外头迎接耿滕这个新上司，没想到赵廞带着人马就来了，在西门外开始厮杀，顺利杀死讨厌鬼耿滕。

赵廞自称大都督、大将军、益州牧，李特带着手下亲戚、朋友、老乡组成的四千人军队表示愿意跟着赵廞混饭吃，赵廞重用的是李特的弟弟李庠，任命他为威寇将军。李庠通晓兵法，用兵有方，治下严谨。赵廞虽然重用他，却也提防他，甚至起过杀心，只不过碍于时机不成熟，没有行动。后来，赵廞手下的人看李庠的势力越来越大，也劝赵廞收拾了李庠以绝后患。

赵廞等的就是这一天，他叫李庠进来问话，李庠本来想拍赵廞马屁，劝赵廞自立，取天下，赵廞一听，假意震怒，说："此岂人臣所宜言！"同时，赵廞手下的人趁机煽风点火，说李庠大逆不道，实在留不得，赵廞趁势杀了李庠，还杀了李庠的侄子等三十多人。又派人去给李特送话，说李庠的下场是咎由自取，但是李特是李特，不会杀他："庠非所宜言，罪应至死，不及兄弟。"

赵廞以为自己不再需要李家人，把李庠的尸首送还李特，并一番言语威胁以此制住李特，他的算盘算是打错了。李特心里恨不得杀了赵廞，但是同样碍于时机，只能带着自己的人马到绵竹等待时机。赵廞解决了李庠，又要提防从洛阳派来的军队，派出重兵在绵竹附近驻守，李特一看，这是给自己送军队来了。就暗中收买了七千余人，趁着夜色偷袭赵廞的部队，赵廞大败，李特用火攻，赵廞的军队伤亡九成，几乎全军覆没。消息传到成都，赵廞顿时傻眼，一直以来都忙着提防李庠，最后却被李特咬住不放。

他手下的人得知消息，带着一家老小跑了，谁也不管赵廞的死活，赵廞也赶紧领着老婆孩子跑了，本来想走水路可能安全点，没想到被下人杀死了。李特率兵进入成都城，让部下尽情抢掠，为的是报赵廞杀死弟弟的仇。

赵廞死了，李特成了成都新的主人。晋朝派出梁州刺史罗尚为平西将军，率领七千多人朝李特进军。李特一听中央来军队了，吓得脸色都变了，让自己的弟弟李骧带着宝物出城迎接，罗尚收了李特的钱，一看李特、李骧这么听话，就放松了警惕，朝中虽然有人一直说要杀了李特，罗尚却顾不了那么多，觉得李特还是应该留着用。

按下葫芦浮起瓢，罗尚虽然暂时没有杀掉李特的意思，但是中央来了文件，要当年从四面八方涌入巴蜀地区的流民各回各家，逃难的人好不容易来到巴蜀，刚过上几天太平日子，才解决了吃饭问题，现在又要回家，还什么好处都没有，连点路费都不给报销，谁愿意回去。李特请求说不然等秋收完了再说吧，这些流民来到巴蜀，多半都在田地给人帮工，等到秋收，不仅巴蜀地区的收成能有保证，流民自己的粮食问题也能解决。

李特的想法虽然有理，但就是没人听他的。在田里干活的人听说朝廷要他们回家，"人人愁怨，不知所为"，又听说李特为他们求情，"皆感而恃之"。流民也知道如果不能等到秋收，他们连上路的盘缠都凑不齐，就天天派代表去找李特，李特就在绵竹建大营，用来安置流民，这下罗尚的手下辛冉看不下去了，贴出告示悬赏缉拿李特等人，李特把大街小巷的告示都揭下来，跟李骧一起，把告示改了改，说："能送六郡之豪李、任、阎、赵、杨、上官及氏、叟侯王一首，赏百匹。"流民本来就不愿意离开巴蜀，现在看到朝廷要对唯一关爱他们的李特动手，纷纷撸胳膊挽袖子站在李特一边，不到一个月的时间，就出来上万人成了李特的队伍。

李特成了巴蜀六郡人推选的首领。李特跟当地人约法三章，"施舍振贷，礼贤拔滞，军政肃然"。老百姓中流传着一句话："李特尚可，罗尚杀我。"罗尚跟李特交手，频频失败，就在水边安营，跟李特对峙。罗尚这边眼看着就不行了，河间王司马颙派督护衙博、广汉太守张征、南夷校尉李毅出兵援救。李特派出两路大军应战，两路军大败罗尚等人，罗尚部死者过半。

晋太安元年（公元302年），李特自称益州牧、都督梁、益二州诸军事、大将军、大都督，还在巴蜀地区推行他自己的年号"建初"，俨然已经形成割据势力。李特进攻张征，战争进行到一半，李特想退兵，李荡跟司马王幸劝谏说："征军连战，士卒伤残，智勇俱竭，宜因其弊遂擒之。若舍而宽之，征养病收亡，余众更合，图之未易也。"李特听从了二人的建议，张征溃败逃走，李荡沿着水路追杀，张征被杀，张征的儿子张存被生擒。

在李特进攻张征的同时，还派出李骧与李攀、任回、李恭应战罗尚。罗尚派人挑战，这不是找死吗？果然，罗尚部再吃败仗。罗尚不甘心，派上千人出战，李骧"大获器甲，攻烧其门"。罗尚一看来硬的不行，就派张兴假意投降，张兴派人送信说李骧不可怕，手下只有两千多人，罗尚一听，高兴得不得了，当夜偷袭李骧大营，李攀战死，李骧力战并率兵杀向罗尚，罗尚顿时傻眼，本来是要偷袭的还被人搞了袭击，真是太意外了，罗尚的军队大乱，只有一两成的军队最后回营。梁州刺史许雄又派人进攻李特，李特不仅大败了许雄，还一举干掉罗尚的水军，罗尚是怎么打都打不过李特，只能遣使求和。

战争打了半天，本来巴蜀的老百姓是希望跟着李特有饭吃，但是李特这人也不是什么好东西，没少使唤老百姓，老百姓甚至去跟李特请命，李特自然是安抚一番。益州从事任明就跟罗尚说："特既凶逆，侵暴百姓，又分人散众，在诸村堡，骄怠无备，是天亡之也。可告诸村，密克期日，内外击之，破之必矣。"

任明希望利用李特内部矛盾，让曾经依附他的老百姓起来推翻李特，罗尚一听觉得可行。任明假意投降，李特有了上次的经验，问了问虚实，任明狡猾，骗过了李特。任明说不想打仗了，想回老家，李特乐得同意。任明回到家乡，开展地下工作，在各个村庄里建立地下组织，号召大家团结起来，把李特打倒。工作进行得差不多了，就给罗尚送信，罗尚与任明约好，一明一暗，一同开始最后的进攻。

晋太安二年（公元303年），荆州刺史宋岱、建平太守孙阜带着增援的部队来了。罗尚一看，时机已经成熟，吹响了总攻的号角，几股力量合围，跟李特大战两天两夜，李特终于不支，大败，罗尚被这突然得来的胜利弄得晕了头，居然引兵退还，给了李特喘息之机，又起兵杀向罗尚。罗尚这次终于不傻了，一个劲儿朝李特开展进攻，直到杀了李特，焚尸，把李特的头送去洛阳，让朝中人传着看。

李特终于死掉了，但是死掉一个李特，并不等于真的"太安"。

老爹死了儿顶上

李特死掉了，队伍虽然折损过半，却尚有战斗力，李特的四弟李流整顿兵马，退守赤祖，跟李特的儿子李雄、李荡一道，打算继承李特未竟的事业，将战斗进行到底。李流同李特一样，自称大将军、大都督、益州牧，毕竟李家在蜀地经营过，只要稍加努力，声势的恢复根本不是什么难事。

李流虽然是李特的弟弟，兄弟俩却完全不同。当年李特让流民从不同的方向进入成都，李流曾经劝李特要重用成都本地的人，不能总是用流民，"深陈纳降若待敌之义"，但是李特不听。李流做了益州牧，也跟罗尚打了几场恶仗，小有胜利，却损失了侄子李荡。

李流想到自己那刚咽气不久的哥哥李特，又看看自己刚刚咽气的侄子李荡，想到前方还有追兵，便坐不住了。这时候太守李含劝李流投降，人脆弱的时候总是容易动心，一番话说得李流也不想打仗了，不如干脆投降了算了。

消息被李雄跟李骧得知，赶紧跑过去劝阻，李流哪里听得进去，光想着怎么投降了。李雄一走，李流就派人把自己的儿子李世跟李含的儿子李胡当作人质，送到罗尚那边。李胡的哥哥李离得知自己的弟弟成了人质，赶紧从梓潼前线往回赶，本想找李含、李流，后来一想，找这两个老头子话也说不到一起去，一转身，去找了李雄。

李雄见李离来访，早就猜到他的用意。李离跟李雄商量用自己的力量跟罗尚对战，李离还诱惑李雄说："若功成事济，约与君三年迭为主。"李离想说，把敌人赶走了，咱俩换着当头儿，这多好。李雄还是有顾虑，毕竟劝他叔叔投降的是李离的父亲李含，他怎么相信李离，就说："今计可定，二翁不从，将若之何？"李离一看，不得不挑明了说："今当制之，若不可制，便行大事。翁虽是君叔，势不得已，老父在君，夫复何言！"李雄一看李离把话都说到这份上了，连自己的父亲都可以贡献，那他还有什么顾虑，不禁"大喜"，可见是乐坏了，带着兵就去找罗尚算账了。

李雄这边一开战，李流不得已，只能也硬着头皮来点

小打小闹，他也是没办法，李雄都动手了，自己不动手那不是等死吗？李流本没有作战的准备，缺乏粮草，"城邑皆空，流野无所略，士众饥困"，碰巧遇见一个大户范长生，家里人多粮食也多，分给李流一点，李流的军队就吃饱了。范长生后来成了李雄的"股肱之臣"，做上了"大成"的丞相。

战事告一段落，侄子长大了翅膀硬了，再也不是一个小孩子，李流知道自己说话已经不再管用，就下令让所有李家的人尊李雄为主，并说："兴吾家者，必此人也。"这时候李流恰好也病了，病重的李流留下遗言："（李雄）骁骑高明仁爱，识断多奇，固足以济大事，然前军英武，殆天所相，可共受事于前军，以为成都王。"说完这句话，恰到好处断了气，时年五十六岁。李雄成了新一代的成都王，李雄自然是推脱了一番，手下的将领自然又是苦苦哀求，李雄于是"不得不"同意，并追李流为秦文王。

李雄，字仲俊，在李特的儿子中排行老三。跟许多古代名人一样，李家生孩子，也有祥瑞。李雄的母亲罗氏，做梦梦见天空有两道美丽的彩虹，两道彩虹像风筝一样，在空中越升越高，越升越高，突然，其中一道彩虹从中断开，罗氏一惊，生下了李雄的哥哥李荡。到了李雄这里，祥瑞也是少不了的。罗氏一天去河边玩水，忽然就进入了梦乡，梦中有大蛇缠着她的身体，等一梦醒来，居然怀孕了！十四个月以后，生下了李雄。

后来有算命的说，您家里这两个儿子吧，肯定有一个得先死，剩下那个命大的，必然是大富大贵。这句话几乎等于白说，死了一个，剩下一个肯定是有什么好处都独享了。前面说了，李荡在战场上死掉了，李雄成了剩下的那个，于是，好事就落在李雄头上了。

李雄是一个美少年，身上还有点侠气，小时候没少打架，但是人家还都觉得李雄这孩子有前途，"识达之士皆器重之"。还有一个叫刘化的道士自告奋勇过来给他算命："关、陇之士皆当南移，李氏子中惟仲俊有奇表，终为人主。"估计这些话都是李雄后来找人编造的，还编得有鼻子有眼的。

晋永兴元年（公元304年），在手下人的强烈"要求"下，李雄坐上了成都王的宝座，在势力范围之内推行新的年号"建兴"，这俨然是成立了一个不受晋朝中央管辖的独立王国。之后废除晋朝的法律，约法七章，就算是制定了新的法律。李雄"以其叔父骧为太傅，兄始为太保，折冲李离为太尉，建威李云为司徒，翊军李璜为司空，材官李国为太宰，其余拜授各有差"。封完了官，又"追尊其曾祖武曰巴郡桓公，祖慕陇西襄王，父特成都景王，母罗氏曰王太后"，这些事情俨然是皇帝派头，就差明说了。晋永兴三年（公元306年），李雄建立了"大成"政权，把年号改为"太武"，给偶像老范封了西山侯，还尊他为"四时八节天地太师"。

讲到这里，就要介绍一下范长生，范长生也称范延久，或者范重久，不过无论他叫哪个名字，意思都是一样的，他长寿，活了一百岁，涪陵人，生于汉献帝建安二十三年（公元218年），听着就很遥远了。经历了东汉、三国蜀国、西晋三个朝代，又做了大成的丞相，这不是最厉害的，最厉害的是他当丞相的时候已经是八十八岁高龄了。

在范长生还是小范的时候，正是东汉末年，天下大乱，民不聊生，百姓因为战乱苦不堪言，小范心里也很不好受。蜀后主延熙十一年（公元248年），老范的家乡涪陵有人起来反抗蜀国的统治，反抗的队伍自然是被镇压，蜀国为了防止再生变乱，就下令让涪陵境内的大户搬到成都去，老范家也在其中。

被迫搬家的人，有的是真的参与了之前的反蜀斗争，有的则很冤枉，但无论是谁，离乡背井的，搬离自己世代居住的家乡，来到人生地不熟的成都，放弃了钱财、祖屋，甚至还有亲朋好友，能不难受吗？苦闷的人们开始思索解决苦痛的良方，他们中的绝大部分人皈依了宗教：天师道。

天师道又称五斗米道，是东汉末年兴起的道教宗派，曾经在汉中地区建立过政教合一的政权，后曹操平定中原后，率十万大军平定汉中，天师教道政合一的政权瓦解了，但是实力仍然存在。到了老范搬家的时候，天师道在成都地区可谓盛极一时，"穷则呼天"，老范加入了天师道，住在成都的青城山上，因为老范博学多才，很快成了天师道的领军人物。

老范既然是宗教大师，成为李雄的偶像自然就不奇怪了。李雄做皇帝的时候，不过是三十多岁的壮年，正是年富力强的时候，老范呢，都八十八岁了，但是这二人很是投缘，成为忘年交，在治国方略等方面有谈不完的话题，老范成了大成政权的总设计师。

老范治国的指导精神是"清心寡欲，敬天爱民"。李雄也是一个厚道人，在大成国内"简刑约法，甚有名称"。大成国建立之初，连成文的法律都没有，手下的官员也没法明确自己的职责，尚书令阎式上书说："夫为国制法，勋尚仍旧。汉、晋故事，惟太尉、大司马执兵，太傅、太保父兄之官，论道之职，司徒、司空掌五教九土之差。秦置丞相，总领万机。汉武之末，越以大将军统政。今国业初建，凡百未备，诸公大将班位有差，降而兢请施置，不与典故相应，宜立制度以为楷式。"李雄觉得有理，这才有了基本的法律条文。

尽管如此，大成国的政府机关设置还是不太科学，

"为国无威仪，官无禄秩，班序不别，君子小人服章不殊；行军无号令，用兵无部队，战胜不相让，败不相救，攻城破邑动以虏获为先"，不能不说是一大失误。

李雄跟范长生还是将大成治理得不错，当时晋国频频内乱，"而蜀独无事，故归之者相寻。"李雄不断发展自己的势力，疆域一度几乎跟蜀国一样大，还兴立学校，发展教化，设立史官，李雄本人也是一个勤政的皇帝，处理政事外"听览之暇，手不释卷"。并在境内推行一系列发展生产的政策："其赋男丁岁谷三斛，女丁半之，户调绢不过数丈，绵数两。"因为赋役比较轻，百姓的钱袋子慢慢鼓了起来，"闾门不闭，无相侵盗"。

老百姓交的税少了，怎么满足李雄开疆拓土的需求呢？将领们拿着钱找李雄，李雄一高兴，少不了给送礼的人加官晋爵。杨褒一看，劝谏说："陛下为天下主，当网罗四海，何有以官买金邪！"李雄也听劝，杨褒一说，他就改正。还有一次，李雄喝多了，把中书令推了一个大跟头，还无故杖责了太官令，杨褒批评说："天子穆穆，诸侯皇皇，安有天子而为酗也！"说他这个样子根本没有皇帝的样儿，说得李雄要多惭愧有多惭愧。

李雄在宫里头待腻了，想出去玩，杨褒拿着矛策飞驰，竟然跑到皇帝的马前面了，李雄一想杨褒不是那种不懂规矩的人，就问缘由，杨褒等的就是李雄问话，他说：

"夫统天下之重，如臣乘恶马而持矛也，急之则虑自伤，缓之则惧其失，是以马驰而不制也。"李雄一听，知道杨褒是故意的，就哪儿也不去了，带着人马往回走。总体上看，李雄还是一个善于纳谏的君主。

在接班人的问题上，李雄有自己的考虑，他选定的太子是哥哥李荡的儿子李班。其实李雄自己有十多个儿子，大臣也都建议李雄立自己亲生的儿子当太子，李雄只是说："起兵之初，举手捍头，本不希帝王之业也。值天下丧乱，晋氏播荡，群情义举，志济涂炭，而诸君遂见推逼，处王公之上。本之基业，功由先帝。吾兄嫡统，丕祚所归，恢懿明睿，殆天报命，大事垂克，薨于戎战。班姿性仁孝，好学夙成，必为名器。"

他一心想的是，这个天下应该是自己哥哥的，如果不是哥哥早死，可能也轮不到自己当皇帝，李雄觉得哥哥李荡那支李氏子孙才是真正的嫡系，这就未免死心眼了点。叔叔李骧也劝他："先王树冢嫡者，所以防篡夺之萌，不可不慎。吴子舍其子而立其弟，所以有专诸之祸；宋宣不立与夷而立穆公，卒有宋督之变。犹子之言，岂若子也？深愿陛下思之。"李骧是个聪明人，把吴国灭亡的原因拿出来讲给李雄听，可是李雄还真就是一个死心眼，抱定了立李班的决心，谁说话他也不听，李骧长叹一声："乱自此始矣！"

至于这句话的故事，那是后话了。

范长生做了十几年丞相到一百岁时死去，他的儿子范贲沾了老范的光，也当了丞相，只不过他最擅长"以妖异惑众"。后人尊老范为"长生大帝"，他长生不老的秘诀，至今都是一个谜，人们还在青城山上立庙拜祭他。李雄呢，活到六十一岁，结束了自己近三十年的皇帝生涯，大病六日而死，庙号太宗。

小人物大闹腾

平叛是需要付出的，如果为了平叛又弄出来一个造反的，那真是再悲剧不过了，而晋国，就这么悲惨，上演了这出悲剧。

李家人在巴蜀闹腾，为了对付李家人，晋国需要大量的士兵，从远处调兵不仅浪费时间又需要粮饷，再者晋国大部分的军队都掌握在各位王爷手里，最好的办法就是在益州附近征兵，这本是正常事，为了一时的需要抓点壮丁不是没人干过。在壬午日这天，晋国张贴诏书，说现在国家有事，需要荆州的"武勇"组成一支新的军队，因为是壬午这天发的诏书，部队的番号就叫壬午兵。

征兵的告示一出，荆州顿时民怨沸腾，智商正常的人都不想被拉去打仗，何况李特等人声势正猛，谁去谁倒霉。但是胳膊拧不过大腿，命令一到，荆州的壮丁还是被拉去做了壬午兵。益州的局势一天比一天紧，朝廷的诏书一道又一道地下，新征来的兵如果在一个地方停留超过五天时间，当地郡守的乌纱帽就得丢，没人敢怠慢，各个郡县的一把手亲自出来赶着壬午兵向益州开拔，荆州人敢怒而不敢言。

壬午兵造反的情绪高涨，需要的只是一个人登高振臂一呼。历史证明，在想造反的地方从来都不缺少领头羊，张昌登高一吼，荆州人也造反了。

张昌是县里一个小官，不是汉族人，但是汉化程度很深。张昌没事喜欢给自己算命，倒腾些占卜之类的事情，每次结果一出来，他都很踌躇满志，因为怎么算，他都觉得命中一定大富大贵，之后到处去显摆自己的占卜结果，如此几次三番，三番几次，谁听谁烦。

李家在益州越闹越欢，张昌坐不住了，他诈称上头要他集结人马讨伐李特，不知道从哪儿弄出来上千号人的队伍，就这么趁乱扩充了自己的力量，可见张昌对自己的算命结果很是自信，并以此为目标。张昌带着自己的队伍去撺掇那些受各方压迫的壬午兵，"武勇"纷纷跟着张昌混饭吃，"屯聚而为劫掠"。大伙一合计，益州肯定不去，恰好当年湖北地区粮食大丰收，张昌的队伍就一股脑窜去湖北找粮食。

晋太安二年（公元303年），张昌将临时基地设在安陆县石岩山，附近的老百姓得知张昌来了，为了躲避战乱和逃避沉重的赋役，或者本来就是流浪要饭的，这些人都跑过来依附张昌。张昌一看人越来越多了，就改名叫李辰，算是正式宣布自己要占山为王。湖北江夏太守弓钦自然不能容忍张昌在自己的地盘上建立另一个独立王国，赶紧组织兵力要剿灭张昌部。一交战，正规军居然被张昌组织的一帮流民打败了。弓钦赶紧往回逃。过了些日子，远近来投奔张昌的人越来越多，张昌的胆子也大了，信心也足了，主动上门找弓钦挑战，弓钦倒是带人应战，结果又是失败。总是输的弓钦索性不继续打了，带着老婆孩子逃往武昌。这样张昌部迎来了第一阶段的胜利。

弓钦跑了，镇南大将军靳满带着部队杀了过来，双方一场大战，镇南大将军大败，落荒而逃，晋国的正规军连张昌都打不过，难怪一直收拾不了李特。靳满一跑，留给张昌不少武器装备，还把江夏城也留给了张昌。张昌有了江夏，想起当年算命的结果，又开始显摆了，只不过这次手底下人多了，不需要他自己显摆，交代一下，大家一起说："当有圣人出。"

跟其他起来造反的人不同的是，别人造谣给自己披上"圣人""天命"之类的外衣，是为了日后自己当皇帝的时候有舆论根据，张昌折腾了这么久，准备了这么久，却从马路上迎来一个丘沈当皇帝。这个丘沈只不过是个小吏，在路上跟张昌擦肩而过，张昌一看，了不得了，圣人终于出现了，将早已准备好的"高级轿车"开过来，把丘沈接到大本营举行登基仪式。

丘沈改名刘尼，诈称自己是汉朝皇帝的后人，张昌做了相国，张昌的哥哥张味做了车骑将军，弟弟张放做了广武将军，张家三兄弟基本上掌握了全部的武装力量。有了政权，自然需要宫殿，石岩山上起高楼盖大房子。张昌让人将竹子弄成一只巨大的鸟形，在旁边放上点肉，成群结队的鸟过来觅食聚集在竹子上，从远处看上去就如同一只大鸟在空中飞翔，张昌趁机制造舆论，说天降凤凰。紧接着下诏书，改元神凤，典章制度都按照汉朝的规矩来。对于不顺从的人，诛杀全族，毫不手软。下一步还是制造舆论，说"江淮已南当图反逆，官军大起，悉诛讨之"。当地的老百姓哪里了解情况，张昌怎么说就是怎么回事儿，一听说长江以南都是一片混乱，谁不是人心惶惶，觉得时局动荡，都收拾东西投奔张昌去了。

前后也就一个月的时间，张昌的队伍迅速扩大到三万人，三万人统一着装，用深红色的头巾抱住头，插着马尾巴毛，一时之间，声势大振。巴蜀的事情没有解决，又来了湖北的张昌作乱，晋国中央有人坐不住了，新野王司马歆上书说："妖贼张昌、刘尼妄称神圣，犬羊万计，绛头毛面，挑刀走戟，其锋不可当。请台敕诸军，三道救助。"

司马歆这个人，是出名的大孝子，"谨身履道"，身上几乎没有富家公子哥的不良习气。赵王司马伦篡位，齐王司马冏起兵讨伐，司马歆起初不知道应该跟哪边，他的男宠王绥劝他："赵亲而强，齐疏而弱，公宜从赵。"参军孙洵又当众煽乎："赵王凶逆，天下当共讨之，大义灭亲，古之明典。"这才使司马歆下了决心，去找司马冏。

齐王司马冏见司马歆亲自来了，就握着他的手说："使我得成大节者，新野公也。"战斗结束后司马冏进入洛阳，是司马歆做的开路先锋，他也因此进新野王，"使持节、都督荆州诸军事、镇南大将军、开府仪同三司"。司马歆还算有点政治头脑，他曾劝司马冏注意成都王司马颖："成都至亲，同建大勋，今宜留之与辅政。若不能尔，当夺其兵权。"可是司马冏不听，后来司马冏被司马颖杀掉，新野王司马歆一看，又跑去向司马颖表忠心。

司马歆都督荆州的军事，张昌在湖北作乱，他自然是看不下去，上书请求用兵是分内的事情。但是此时朝中主政的是长沙王司马乂，司马乂跟司马颖不和，他觉得司马歆是司马颖的人，司马歆现在要他用兵，是想趁机跟成都王司马颖联合起来对付他，就故意不同意。

司马歆为政严苛是出了名的，怎么能容忍张昌在他的眼皮底下一天天地无法无天下去？本来司马歆为人严苛，就得罪了不少当地的土著居民，对张昌这种人，他恨不得赶紧除而后快。从事中郎孙洵也坐不住了，对司马歆说："古人有言，一日纵敌，数世之患。公荷藩屏之任，居推毂之重，拜表辄行，有何不可！而使奸凶滋蔓，祸衅不测，岂维翰王室，镇静方夏之谓乎！"

孙洵的意思很明确，司马歆是一方之主，想用兵就用，轮得着他司马乂同意吗，不用看他的脸色。司马歆于是任用"刘乔率诸军据汝南以御贼，前将军赵骧领精卒八千据宛，助平南将军羊伊距守"，张昌这边也不甘示弱，"遣其将军黄林为大都督，率二万人向豫州，前驱李宫欲掠取汝水居人，乔遣将军李杨逆击"。司马歆这边，是有着必胜的决心的，部将王绥说："昌等小贼，偏裨自足制之，何必违诏命，亲矢石也！"他觉得司马歆动员军队作战是小题大做。张昌这种小丑随便派个人去打一打就行了。可是双方才一交手，晋国的军队又失败了！张昌的部队一路打过来，司马歆要亲自上阵迎击，但是手下的人早就跑光了，新野王就这么成了刀下鬼。

张昌乘胜追击，顺利拿下五个州郡的地盘，往东，打到了江苏；往南，打到了长沙；荆、江、徐、扬、豫五州的大部分地区都成了张昌的地盘，真是迅雷不及掩耳之势。张昌任用自己的人当官，看上去势力一天天壮大，可如果仔细一探究，他的追随者，大多是流氓、地痞、小偷，张昌本人也不懂得节制手下的人。所到之处，不是抢劫就是强奸，本来老百姓跟着张昌是为了有口饭吃，不用负担赋役，现在一看，吃的是有，沉重的负担也的确不再，就是家乡父老快被张昌的部队折腾死了，"人情渐离"，民心一失，张昌的戏也演不了几天了。

陶侃出山了

司马歆死后，负责处理张昌问题的人换成了刘弘。

刘弘的出身还算不错，祖父跟父亲都做过官，年少时，刘家把家安在了洛阳，那时候司马炎还没当上太子，刘家这一搬家，就搬到了司马炎家旁边，两家成了邻居，小刘弘成了司马炎的同学。等司马炎发达了，刘弘因这层关系，做了太子的近臣。刘弘的仕途还是很顺利的，年少时有邻居帮忙，到朝中当官还得到张华的赏识，等到司马衷时代，刘弘已经被封为宣城公。司马歆出兵讨伐张昌，可以说一场胜仗没打，刘弘的分队战绩要好得多了，不仅打了几场胜仗，还收复了点儿失地。等司马歆一死，刘弘自然成了接替司马歆的不二人选，被封为镇南将军、都督荆州诸军事。

刘弘上任后，南蛮长史陶侃得到重用，为大都护。

陶侃，字士行，江西人。说起陶侃，可能有人不是很熟悉，但是说到他的曾孙，那真是耳熟能详了，陶渊明正是他的曾孙。陶侃出身寒门，很小的时候就死了父亲，跟母亲相依为命，母子俩的日子过得清贫而艰苦。但是陶侃的母亲湛氏努力工作，没日没夜地织布，换来钱让陶侃去增长见识，是一位要强的母亲。

有一次，鄱阳的孝廉范逵到陶家串门，范逵事先也没有打招呼，陶家的日子本来就紧巴巴的，连招待范逵吃顿饭的钱都没有。湛氏就将自己的长头发剪掉，让儿子去卖钱，这才凑够了钱招待远来的客人。一桌子菜，有酒有肉，范逵吃得也开心，觉得陶家真是热情好客。吃完饭，陶侃亲自送范逵出门，竟然送了一百多里，范逵深受感动，没见过对人这么真诚的人，就问陶侃想不想当官："卿欲仕郡乎？"陶侃自然是想，但是他出身寒门，在重视出身的晋朝，哪里有步入仕途的门道？陶家那么穷，什么富裕的亲戚都没有，怎么当官？就回答说："欲之，困于无津耳。"范逵听完，也没说什么，等到了庐江，找到太守张夔，把陶侃大大夸奖了一番，张夔听罢，就举荐陶侃做了督邮。

陶侃果然有才学，不久就升为主簿。为了报答张夔的知遇之恩，陶侃在大雪之夜，亲自去百里之外的地方请大夫给张夔的夫人看病，其实这个事情本不需要陶侃去的，但是因为天寒地冻，没人愿意动弹。陶侃站出来说："资于事父以事君。小君，犹母也，安有父母之疾而不尽心乎！"陶侃这么讲义气，张夔很感动，作为回报，推荐陶侃为孝廉，这才算是陶侃跻身仕途的第一个政治资本。

成了孝廉并没有给陶侃带来顺利的仕途，每年各州郡举荐的孝廉那么多，没点门道，仅仅是孝廉也不管用。陶侃兴致勃勃来到洛阳，可是总是不受人待见，张华对陶侃的态度是"初以远人，不甚接遇"，张华显然觉得，陶侃是乡下来的土包子，根本入不得朝堂。陶侃知道张华不待见自己，却不灰心，没事就去找张华，一次不行，两次，两次不行，就三次，任凭张家怎么说，他都"神无忤色"。时间长了，张华终于肯见陶侃了，还推荐他当郎中。

按说成了郎中也算是一个好开端，但是陶侃却成了孙秀的舍人。孙秀虽然被封为伏波将军，却是东吴的宗室，亡国之君的亲戚，在晋朝根本就说不上什么话，也没人愿意理他，谁都以跟着孙秀干事为羞耻。舍人这个"肥差"，就成了陶侃的，不为别的，就因为陶侃出身寒门，只能挑别人剩下的。

陶侃在洛阳混了五六年，最后混到了武冈县令，武冈是荆州南部的一个县，转了一圈，陶侃才做到县令，真是命苦。后来陶侃做了武昌太守，上任那几年，刚好赶上闹饥荒，吃不饱饭的人多成了劫匪，陶侃让人伪装成商船引劫匪上钩，处死了数十人，从此"水陆肃清，流亡者归之盈路"。别看陶侃取得了点儿政绩，但是这些都不是他最终的目标。

在武昌的日子，大体上是比较清闲的，闲得发慌，陶侃就在家里搬砖，清早起来，将几百块砖从屋里搬到屋外，等到晚上，再把砖从屋外搬到屋里，看得周围的人云里雾里，就问陶侃这是干什么，陶侃说："吾方致力中原，过尔优逸，恐不堪事。"原来陶侃是担心过于安逸的生活损伤了自己的目标跟体力，他勤政不敢松懈，为的是有朝一日，能实现自己多年的目标。

被刘弘重用是陶侃人生的一个转折点，晋太安二年（公元 303 年），这一年陶侃已经四十五岁了，在即将知天命的年龄，陶侃终于迎来了这样一个建功立业的机会。他的才学得到发挥，连战连胜，"与昌苦战累日，大破之，纳降万计，昌乃沈窜于下俊山"，第二年秋天，张昌的头颅也被砍下，送去洛阳城里当球传，折腾晋朝多年的张昌之乱总算是得到平息。

陶侃果然如他所愿，立功受奖。刘弘在南方"劝课农桑，宽刑省赋"，被流民折腾得够呛的地方在刘弘的手里，终于"岁用有年，百姓爱悦"，胜利来之不易。刘弘真是一个爱民的好官，半夜听见外面打更人的叹息声，要是别人，根本就不往心里去，但是刘弘竟然半夜披衣而起，仔细询问怎么回事儿。原来打更的老人年过六十，身边没有一男半女，日子过得孤苦无依，刘弘听了，很是难过，还送老人韦袍复帽。

对于陶侃，刘弘也是极力鼓励，说："吾昔为羊公参军，谓吾后当居身处。今观卿，必继老夫矣。"用他自己当年做羊祜参军时候的遭遇鼓励陶侃，估计陶侃也是头一次遇见这么器重自己的人。他在荆州干了十多年，将荆州地区经营得有声有色，也因此成名，后来，还为晋国立了大功，这又是后来的事情了。

刘渊称王

乱世，是一个解构与重组的时代，在这一过程中，一个偌大而崭新的舞台呈现在世人面前。英雄辈出，各路人马大展神通，每个人都想在这乱世之中成就一番事业，李雄是这样，刘渊也是这样。

刘渊，字元海，匈奴人。刘渊其祖为汉初的冒顿单于，冒顿单于与汉高祖的渊源，史书中多有记载，《晋书·刘元海载记》写道："汉高祖以宗女为公主，以妻冒顿，约为兄弟，故其子孙遂冒姓刘氏。"从这段记载中，我们知道，由着与汉高祖的姻亲关系，冒顿单于的子孙便以刘为姓氏。

刘渊其祖迁徙中原始于其祖父於扶罗，匈奴内乱，於扶罗遭排挤，恰逢汉室遭遇黄巾起义，於扶罗便率众助汉廷镇压黄巾军，依附东汉王朝，自此留居中原，并在此自立为单于。依附于东汉王朝的於扶罗并不安分，觊觎中原权势，时时为壮大实力，"兴邦复业"而蛰伏着。瞅准董卓之乱这一良机，於扶罗侵占了太原、河东、河内等郡，成为一股不容小觑的势力。

不料，於扶罗壮志未酬身先死，其弟呼厨泉接手其事业，刘渊的父亲刘豹任职左贤王。正当呼厨泉部如日中天快速发展的时候，曹操掌握了汉廷实权，聪慧如曹操，看出呼厨泉单于虽表面恭顺，却也是野心勃勃，恐日后成为大患，便采取了分瓣梅花计，将呼厨泉部分成左右南北中五部，刘豹任左部帅，率军万余。

呼厨泉部有士卒三万余，刘豹所领左部是其中最大的一支，可谓掌握了部族实权。刘渊这时以质子身份留居洛阳，虽有宏志，却也不敢轻举妄动，毕竟一切均在中原王朝的严密控制之下。刘豹死后，刘渊继承了左部帅的职务，兵权在握，刘渊的野心一发不可收拾了。

据史书记载，刘渊此人，颇有几分传奇色彩。据称，刘渊其母呼延氏曾入龙门求子，在龙门见一条长有两角的奇异大鱼跃龙门，呼延氏喜不胜收，认为是个吉兆。是夜，呼延氏梦到鱼幻化为人形，左手持一物，似卵，非常好看，但听那人道："此是日精，服之生贵子"。十三个月以后，呼延氏得子，这孩子一出生，左手上就写着元海二字，便以这二字为其名，乃是刘渊。关于这段传奇的说法，到底是旁人杜撰，抑或是真有其事，这我们已经无从查证，权当赏乐。

刘渊生于中原，长于汉地，深受汉文化的熏陶。少年时代就刻苦学习，熟读《诗经》《尚书》《周易》等儒家经典，对"《史》《汉》，诸子，无不综览"，更有名师崔游督导。作为一个匈奴人，刘渊文能成章，武更不在话下。刘渊出身武学世家，对领兵打仗无师自通，又酷爱研习兵书，可谓是一个文武全才。

成年的刘渊，已是一个体貌伟岸的大男子汉，"姿仪魁伟，身长八尺四寸，须长三尺余，当心有赤毫毛三根，长三尺六寸"，这样的记载有几分夸张。

能文能武的刘渊，有着良好的素养，深受器重。在洛阳为质子时，刘渊深受晋文帝赏识。晋文帝曾言："刘元海容仪机鉴，虽由余、日䃅无以加也。"言谈之中满是喜悦。然而，晋文帝深切地明白"非我族类，其心必异"这句话的道理，再加上身边大臣的劝诫，晋文帝对刘渊仍心存警惕，终不敢掉以轻心。

晋武帝时，鲜卑部族在凉州起兵，李憙进言，封刘渊为大将军，意图借匈奴之力平定凉州，"诚能发匈奴五部之众，假元海一将军之号，鼓行而西，可指期而定""以匈奴之劲悍，元海之晓兵，奉宣圣威，何不尽之有"。这一提议遭到大臣孔恂的强烈反对，"元海若能平凉州，斩树机能，恐凉州方有难耳。蛟龙得云雨，非复池中物也"。齐王司马攸更是力劝晋武帝："不除刘元海，臣恐并州不得久宁。"刘渊最终未能坐上大将军的位置，但他的才华与霸气却已经通过旁人之口，让我们看得一览无余了。

接掌父亲职务后，刘渊兢兢业业，暗中积蓄着力量，步步为营。太康末年，晋武帝任刘渊为北部都尉。至晋惠帝登位，杨骏辅政时，刘渊领建威将军、五部大都督职务。此时的刘渊越发谦虚，不但轻财好施，更是结交名士，四方之士、五部俊杰之士多有不远千里前来投奔者。一时之间，刘渊名气大震，为他以后的道路一步步铺好了垫脚石。

八王之乱的狂风席卷中原，中原大乱，有不少汉人避乱南迁，汉人势力在中原有所减少。左国城内众匈奴贵族一拍即合，认为"兴邦复业"的时机已经成熟，准备起兵，以坐收渔翁之利。

起兵之事既定，一个有胆略有雄心的领导者是必不可少的，刘渊脱颖而出，成为众人心中的第一人选。

"昔我先人与汉约为兄弟，忧泰同之。自汉亡以来，魏晋代兴，我单于虽有虚号，无复尺土之业，自诸王侯，降同编户。今司马氏骨肉相残，四海鼎沸，兴邦复业，此其时矣。左贤王元海姿器绝人，干宇超世。天若不恢崇单于，终不虚生此人也。"

刘渊就在不知不觉中被赋予了这样一个艰巨而光荣的使命。匈奴贵族刘宣，以呼延攸作为信史，赴邺城，与刘渊共谋大事。刘宣不是简单人物，是刘渊的从祖，也曾任北部都尉、左贤王等要职。

然而，愿望是美好的，道路是曲折的，此时的成都王司马颖坐镇邺城，意图将刘渊收为己用，便上书表刘渊为宁朔将军，监五部军事，以此讨好刘渊。刘渊一时被成都王控制，根本无法脱身，起兵之事更无从谈起。

刘渊以奔丧为由请归，司马颖哪里肯放行。刘渊用尽浑身解数，仍不得归，无奈，只得令呼延攸先行离去，让刘宣密召匈奴五部，做好起兵的准备。刘渊后以帮助司马颖赴难的名义如愿以偿回到了左国城。刘渊此次归来，无异于放虎归山，蛟龙入水，终不能再受人控制。

刘渊归来，便被冠以大单于的名号，以离石为都，在此招募将士，半月之久，便已经聚众五万余人，这年是西晋永兴元年（公元304年）。这年金秋，马肥人壮，刘渊登上王位，自称汉王，入南郊祭天，迁都于左国城。刘渊建立的匈奴汉国政权成为在中原建立起的第一个少数民族政权，仅此一点，刘渊就足以永载史册。

谁让你造反

动乱之中有人可以成事，而有些人尽管有割据之志，却无割据之术，难成大事，历阳的陈敏便是一例。

陈敏，今安徽舒城人氏，齐王司马冏起兵征讨赵王司马伦之时，陈敏任职广陵度支，因后勤工作突出，后领兵镇压石冰、封云，因战功显赫，被提升为广陵相。

任职为广陵相的陈敏，拥兵自重，又自恃有些胆略，不免飘飘然，野心膨胀，做起了割据的美梦。梦想是催人前进的动力，但是不切实际的梦想，却往往让人葬送性命。怀着美好的梦想，陈敏占据历阳，发动兵变，自称都督江东诸军事、大司马，又让其弟陈昶占据乌江，陈恢夺取江州，陈斌攻战三吴，占据大半个江东。

要说陈敏的势力，确也不小，笼络了些人才，江东有威望者甘卓、顾荣、周玘等均入他的旗下，麾下有江东豪杰、名士四十余人。然而，人往高处走，水往低处流，也正是这些人，不仅葬送了陈敏一手打起的事业，更葬送了陈敏的性命。陈敏兵变以后，便真真切切做起了割据一方的霸主，册封将军、郡守，以顾荣为右将军，贺循为丹阳内史，周玘为安丰太守，一时之间陈敏意气风发、威风凛凛。

话说陈敏手下的几员重要人物，却也不平凡。甘卓出自名将之家，乃是甘宁之孙，任职吴王常侍，因感于时局混乱，便辞官归家休养。

却说陈敏与甘卓还颇有些渊源，二人乃是儿女亲家。甘卓有一女，嫁予陈敏之子陈景为妻，以因这层姻亲关系，当陈敏邀请甘卓共事之时，甘卓虽有犹豫，却也不好推辞。

起事之初，甘卓对陈敏的帮助是显而易见的。甘卓弃官归来，应允了陈敏起兵之事，便假传皇太弟指令，任职陈敏为扬州刺史，陈敏以扬州刺史的身份来笼络吴郡人士，为起事壮大了力量。然而，让人感叹的是，利益面前，人人为己，虽有着姻亲这层关系，甘卓看清形势，思量再三后，也不免背叛了陈敏。

陈敏割据江东，成为一方霸主，终得如愿以偿，大业看似进展顺利，却不知，自起事之初，便已经人心离散，矛盾重重。陈敏得势后，收拢江东豪杰名士，封贺循为丹阳内史，周玘为安封太守，奈何这二人并不领情，一个装疯卖傻，一个称病不去上任。陈敏的热脸贴上了人家的冷屁股，心中哪里咽得下这口气？既然不为己用，留着他们还有何用？陈敏一气之下，便想将他们杀掉，幸得顾荣说情，才使得二人幸免。

"中国丧乱，胡夷内侮。观今日之势，不能复振，百姓将无遗种。江南虽经石冰之乱，人物尚全，荣常忧无孙、刘之主有以存之。将军神武不世出，若能信任君子，散芥蒂之怀，塞谗谄之口，则上方数州传檄而定。不然，终不济也。"

在这急需笼络人心的时刻，陈敏却欲意气用事，若真如此，就算起到了杀一儆百的功效，也无法让人真心归附，后患无穷，可见陈敏虽有勇力，却无大智，对人才的驾驭仍然功力不足。

陈敏手下犹如贺循、周玘者不在少数，或有惧怕陈敏淫威者而依附者，或有见机行事依附者，而真心为之效力者不过兄弟几人而已。一旦陈敏失势，心怀二心者不免就成为陈敏的灾星。

陈敏割据自立，朝廷当然不会听之任之，就在他还未站稳脚之际，朝廷就派出了人马前来讨伐。当时朝廷掌权者是河间王司马颙，司马颙以陈光为顺阳太守，率领三万士卒前去镇压陈敏。与此同时，刘弘命江夏太守陈侃领兵五万前去助阵。

陈侃与陈敏是熟识，二人同乡同宗，有着不一般的关系。刘弘下属恐陈侃念旧情不能胜任讨伐陈敏之职，便奏请刘弘更换陈侃以用他人。刘弘对陈侃甚是信任，也不思量，仍坚持用陈侃。

这陈侃自知颇受怀疑，便以其子为质，领兵前去与陈敏周旋。江东多水战，而陈侃所率皆是步兵、骑兵，根本没有战船。而这时，陈敏命陈恢率领两万水军浩浩荡荡在江边摆好了阵势。陈侃焦急不安之时，却见那十几艘运粮船来了，便以运粮船为战船。可以想象，运粮船怎敌战船，陈侃也知这一点，若是硬碰硬地死拼，根本没有获胜的可能，需想一个妙计方可。

这日，陈侃命将领朱伺率领一批士卒，驾着二十艘小船，快速向陈恢方向驶去。陈恢听探子来报，便出来观察形势，却见对方皆是小船，而船上士卒的穿着，也不像是要打仗的阵势，士卒上战场，却不穿铠甲，这不是来送死的吗？

陈恢心生疑惑，却也不敢大意，命士卒摆好阵势迎敌。朱伺率领的船队越来越近，而陈恢的士卒也做好了迎战的准备，就在两军相接之际，却见朱伺率领士卒皆跳入水中，不见了踪影。陈恢这下丈二和尚摸不着头脑了，这朱伺到底搞的是哪出？正当毫无头绪之时，却觉得船只晃动，哪里还能前进，再见整齐的阵势，已经大乱。

原来，朱伺所率士卒，潜入水中，在对方船只上倒腾一番，致使陈恢士卒所用船只进水不能前行，自相大乱。而在这个时候，陈侃率领的大军驾着运粮船赶来，陈恢士卒已经乱作一团，船只尚且不能驾驭，根本没有作战的能力了，陈恢大败，在驾着小船逃亡的混乱局面中被射杀。

陈侃在战胜陈恢之后，便去支援张光。此时，张光正屯兵于长岐，与陈敏派遣而来的钱端大战，两军交战十余回合，张光占据上风，后又得陈侃协助，大胜，钱端大败，落荒而逃，其士卒皆归于张光旗下。

陈侃、张光得胜而归，陈敏势力大减，司马越召集幕僚，商讨对策，准备将陈敏势力歼灭。军谘祭酒华谭建议，以怀柔之策，策反陈敏身边的亲信顾荣、周玘。

"顾彦先、周宣佩等人素来忠正，虽受陈敏官职，不过权宜之计。谭请修书一封去江东，陈以时事，晓以忠义，料江东豪杰必能翻然改图。"

司马越认为此法可行，便委托华谭全权处理此事。华谭修书一封，力陈当今时事，分析现下形势，又大讲忠义之理，可谓是晓之以情动之以理，却不知此法能否奏效。

却说顾荣、周玘收到书信以后，陷入两难之中。顾荣、周玘被当初形势所迫，不得不为陈敏所用。聪明如这二人，自然看得出现下陈敏大势已去，但是，既上贼船，下船却不容易，当进退维谷的二人想起甘卓之时，形势便明朗起来，将甘卓拉入他们的阵营，陈敏便没有了筹码。

顾荣、周玘来到甘卓营中，凭借三寸不烂之舌，将华谭所言又如法炮制一番，其实甘卓见陈敏心无大智，早就有反叛之心，但顾虑女儿安危，一直不敢有所行动。顾荣、周玘见有戏，便这般那般地为甘卓出谋划策。

这日，甘卓病重，邀女儿回家探视，女儿回来了，甘卓也就没有了后顾之忧，所谓的病重，不过是一场骗局。甘卓乃陈敏的心腹，手握大军，甘卓这一反叛，陈敏便是无计可施了。

战场上，愤怒的陈敏嘶喊着向甘卓厮杀而去，终因寡不敌众而被杀，他的几个兄弟也相继被杀，为时一年又三个月的陈敏之乱告终。

年轻人有前途

　　从一个地位低等的奴隶成为一个九五之尊的皇帝，这是难以想象的。但是，石勒却将这个神话变成现实，成为中国历史上唯一一个从奴隶到皇帝的人，这不禁让人对石勒此人产生无尽的遐想，这个人到底是怎样一个人呢？

　　石勒，原名匐勒，羯族人，出生于上党武乡，他的父亲是部族的一位小将领。石勒年少时就才干非凡，不仅勇猛有力，更善于骑射，但是，石勒家境贫穷，被迫去做佃农，后经历战乱，辗转被卖，又险些被杀，幸得贵人相救，才免于被杀。

　　石勒一路奔波，后来入山东，被卖入山东茌平人师懽家中为奴，石勒在师懽家中踏实能干，师懽见此人不同于常人，便免除了石勒的奴隶身份。

在山东茌平，石勒结识了他生命中至关重要的一个人，此人乃是汲桑。师懽的家临近牧马场，闲暇之余，石勒常到此游玩，日积月累便懂得了一些相马的技术，而汲桑乃是此处牧帅，师懽常常与之交往，石勒与汲桑便在此结识，这里也成为他们发家的一个开始。

石勒虽然被免除了奴隶身份，但仍然提心吊胆，因为官兵对于他们这些外族人是见到就绑起，闻到就抓。孑然一身的他，依靠当雇工度日，却要日日提防官兵，说不定在哪一时刻就被抓住，拉去卖了。

二十岁出头的石勒，最大的心愿就是能够安安稳稳过日子，可是天不遂人愿，官逼人反，直逼得石勒造反才能安生。越想越气，石勒已经忍无可忍，扔下手头工作，大步向牧马场方向走去，造反的决心已经在他头脑中下定。

到了牧马场，石勒一番慷慨激昂的演讲，说得人蠢蠢欲动。先有八个人加入他的阵营，乃是王阳、夔安、支雄、冀保、吴豫、刘膺、桃豹、逯明，后来又有郭敖、刘征、刘宝、张暿仆、呼延莫、郭黑略、张越、孔豚、赵鹿、支屈十人加入他们的阵营，这十八人，各骑一骑，号称十八骑。

这十八勇士，成为石勒起家的基本力量，在山东、河北一带，他们劫取不义之财，掠夺丝绸珠宝等宝贝，用此来壮大自己的经济实力，更结交志同道合之士，为他们队

伍的壮大打下基础。

经过一段时间的历练与壮大，石勒所率领的队伍达到了数百人，而牧马场牧帅汲桑也加入他们的队伍中，成为一个将领。

晋惠帝永安元年（公元304年），河间王司马颙、成都王司马颖、东海王司马越打得如火如荼，东瀛公司马腾、安北将军王浚等击败成都王司马颖，河间王司马颙得势，后又被东山再起的东海王司马越击败。就在西晋诸王打得乐此不疲之时，匈奴人刘渊在左国城称王，建立了中原第一个少数民族政权，这真是鹬蚌相争，渔翁得利。

诸王相争，没有谁会注意到一个刚刚崛起的小将领，天下大势朝夕相变，石勒也在日新月异地成长中。石勒拥有百余部属，话说大树底下好乘凉，如此小的阵容独立发展，终究成不了什么气候，石勒与汲桑商议，找个有前途的将领去投靠，以获得更大的发展空间。

恰逢成都王司马颖被打败，他的旧部公师藩便以为司马颖复仇为由起兵，颇有实力。石勒与汲桑见公师藩能成大事，便率领百十人前去投奔，途中，也就是在这个时候，石勒这个名字才叫起来。

公师藩对石勒非常赏识，令其为前队督，攻打邺城，然而石勒这次真是压错了宝，公师藩在战乱中被杀，战争败得一塌糊涂。石勒、汲桑不得不开始了他们的逃亡生涯，这二人逃回牧马场，并不气馁，再接再厉，再次召集人马，准备从头来过。

石勒、汲桑二人用尽各种办法笼络人员，他们带领部属劫狱，救出里面囚徒，将其招为士卒，对于逃亡之人，他们皆收留，更有闻名而来者，不几，他们二人便重新召集起一班人马。石勒、汲桑召集起的这班人马，以汲桑为大将军，石勒在旁协助，成为一支新的战斗队伍。牧马场是他们的发家之地，然而，久居牧马场又非他们的志向。这年是晋永嘉元年（公元307年），汲桑、石勒认为经过一年多的养精蓄锐，是时候实际操练一番了，这二人一个为大将军，一个为前锋，再次攻打邺城。

此时，朝廷当政者是东海王司马越，镇守邺城的是司马越的弟弟东瀛公司马腾。司马腾在邺城并不得人心，八王之乱以来，邺城一直是战争所在地，多次战乱已经让邺城千疮百孔，一穷二白，人民饱受战乱之苦，生活悲惨。与之形成鲜明对比的却是，司马腾日日笙歌，日子过得极尽奢华，人民对他可谓是恨之入骨。

邺城内，司马腾不得人心的形势，对汲桑、石勒来说是十分有利的。在与司马腾一战中，石勒骁勇善战，晋军多次遭遇挫败后终不敌，邺城被攻下，司马腾被杀。

占据邺城以后，汲桑、石勒稍作休息便领兵南下，渡过黄河，浩浩荡荡往兖州方向而去。在行军的过程中，士卒不断增加，阵容不断强大，朝廷为之震动。

邺城被破，司马腾被杀，消息传到长安，司马越甚是震惊，他从未预料星星之火竟然可以成就燎原之势。石勒，一个从奴隶发家的小人物，此时受到了朝廷的充分重视。一旦成为众矢之的，发展的道路便不那么顺畅了，汲桑、石勒面临极大的挑战。

司马越派出几支军队分兵镇压，更由老将苟晞领兵。苟晞此人非同小可，久经沙场，是战场上老手中的老手，此次朝廷能请出他，可见对此次起兵的重视。

经过几个月的对峙，双方也大战了多个回合，最终，汲桑、石勒寡不敌众，败下阵来，首领汲桑在作战中不幸战死，石勒率领余部逃生。

没有立足之地的石勒面临再次的落魄，但他并不心灰意冷，斗志昂扬的他准备积蓄力量，再决雌雄。这次，他要去投奔的是在左国城自称汉王的匈奴人刘渊，刘渊此人我们在前面介绍了，心怀大志，割据一方，可谓是强者。

刘渊汉政权刚刚建立，正值笼络人才之时，见石勒来投奔，自是十分欣喜，晋封石勒为辅汉将军、评晋王，统领所率军队。

石勒杰出的军事指挥才能与超越常人的智慧令刘渊不得不对他刮目相看，刘渊一直有一桩心事，那就是招降驻扎在乐平的乌桓武装。这支军队有两千余众，首领是张伏利度，刘渊屡次招降未果，石勒主动请缨，要求单枪匹马去降服这支骑兵。

这日，落魄的石勒来到张伏利度营寨中，一番诉苦，原来石勒与刘渊闹翻，被赶了出来，无落脚之地，便前来投奔。张伏利度早就听闻石勒大名，见其来投，非常高兴，二人把酒言欢，甚是投缘。

张伏利度以石勒领兵，那是战无不胜攻无不取，而石勒平素又平易近人，对部属十分照顾。石勒的威信渐渐超过了张伏利度，以至于后来士卒拥立石勒为他们的首领，石勒见时机成熟，便率领着这支军队去投奔刘渊。

刘渊见石勒忠诚与智慧兼备，对石勒更加信任，石勒在此扩展实力，为以后的出人头地打下了基础。

匈奴来了，皇帝慌了

石勒的加入，让刘渊如虎添翼，后来又有一些晋人前来投奔，匈奴汉国政权如日中天，为了进一步提升匈奴汉国的政治影响，在臣子刘宣的劝谏下，刘渊在蒲子称帝，登上九五之尊的皇位，这一年是晋永嘉二年（公元308年）。

刘渊登上皇位以后，仍以汉为国号，大赦境内，改元永凤，大封宗室诸侯，效仿汉制，设立三公：大司徒、大司马、大司公。以其子刘和为大将军、大司马；刘聪为车骑大将军，族子刘曜为龙骧大将军。另外，还效仿晋制，"宗室以亲疏为等，悉封郡县王，异姓以勋谋为差，皆封郡县公侯"。封刘和为梁王，刘欢乐为陈留王，呼延翼为雁门郡公。

刘渊称帝的第二年，太史令宣于修之便进言："陛下虽龙兴凤翔。奄受大命，然遗晋未殄，皇居仄陋，紫宫之变，犹钟晋氏，不出三年，必克洛阳。薄子崎岖，非可久安。平阳势有紫气，兼陶唐旧都，愿陛下上迎乾象，下协坤祥。"刘渊听其谏言，便迁都平阳，并将年号改为河瑞。

刘渊虽是匈奴人，但颇受儒家经典熏陶，对鬼神之类怀着敬畏之心，曾在汾水中得王莽时玉玺，便认为是天降祥瑞，自己有当皇帝的命。确也如此，不久之后，刘渊果真登上了皇位，真是应验了天命。现今太史令宣于修之观天象，得出不出三年便可攻克洛阳的预言，对此，刘渊深信不疑，洛阳便成为刘渊的下一个目标。

洛阳城乃是西晋都城，西晋政治中心所在地，一旦洛阳城被攻下，西晋政权就会处于瘫痪的状态，那么西晋灭亡的日子也就不远了。刘渊这样想着，胸中的斗志便燃烧起来了，胜利似乎就在俯首可得的前方。

梦想只在咫尺，现实中却是一载又一载，刘渊攻打洛阳的计划开始了。这年三月，晋军左积弩将军朱诞因在朝中受到排挤，一怒之下带领士卒出走，来投刘渊。朱诞驻扎洛阳久矣，对洛阳城的情况了若指掌，便将其一五一十地告知刘渊，这样洛阳城中的消息尽在刘渊掌握之中。

洛阳城中，东海王司马越专擅皇权，角角落落尽是司马越的耳目，然而，看似平静安稳的朝野，却隐藏着数不尽的矛盾。朝中官员，人人自危，各自为利益而结党营私，同时又为了更大的利益而出卖盟友，今日盟友明日敌人，真真切切应验了那句话，没有永远的敌人和朋友，只有永远的利益。重重矛盾，波涛汹涌，虽然并未浮出水面，却是一触即发，更是一发而不可收，西晋王朝的落寞成为不争的事实。

听闻朱诞所言，刘渊不禁喜上眉梢，真是天助我也，天赐良机，定要好好把握，不可错失。刘渊当机立断，以刘景为灭晋大将军，大都督，以朱诞为前锋，率领大军往洛阳开进。

匈奴汉国军队顺利攻下黎阳，又入延津，却在延津遭遇顽强的抵抗，最终艰难攻下。延津一战，打得颇为费劲，刘景是个急性子，手段残酷，延津一战打得甚是不顺心，让其兽性大发，竟然命士卒将所得俘虏与延津百姓三万余人赶入黄河，淹死者、踩踏而死者不计其数，其残酷可见一斑。

刘景所为完全违背了刘渊的性情，刘渊听闻刘景的血腥行为以后甚是愤怒，一气之下，便将其大都督的职务罢免了。

刘聪顶替刘景，担任大都督一职，与汉人王弥一同领兵，刘聪血气方刚，勇气可嘉，自恃有几分胆量，颇为清高自傲，终究是在作战中栽了个大跟头。刘聪领兵继续往洛阳而去，途中遭遇几股西晋军队，均被刘聪一一击退，司马越派遣来的平北将军曹武、宋抽、彭默等也被刘聪大败，刘聪洋洋自得，长驱直入，过宜阳，直奔洛阳。

却说刘聪在奔洛阳途中，遇到弘农太守垣延，却见垣延并不与之交锋，原来垣延鉴于匈奴汉国兵力强盛、所向无敌，便背叛了晋军前来投靠匈奴汉国。刘聪大喜，对此并不怀疑，也不加以防备。是夜，垣延领兵突袭，刘聪才知垣延诈降，来不及还击，已经没有招架之力，刘聪率领残部狼狈而逃，此次真是给了刘聪一个惨痛的教训。

胜败乃兵家常事，一次不成，便有下一次。经过半年的休整，刘渊再次蠢蠢欲动，做好了进攻洛阳的准备。十月，洛阳城内，欣欣向荣，宫殿中歌舞升平，毫无危机之前的紧张氛围。刘渊上次发兵大败而归，按理说，不可能在短时间内就卷土重来，然而，成大事者，自然懂得出其不意攻其不备的道理，就在西晋朝廷毫无准备的时候，刘渊发兵了。

刘渊以刘聪、王弥、刘曜、刘景等将领率领五万精锐骑兵做前锋，又以呼延翼率领步兵在后，匈奴汉国大军出动，洛阳城内一时之间便乱成一团，宫廷内更是惶恐不安。刘聪进军迅速，西晋朝廷还没有做出反应，匈奴汉国大军已经抵达洛阳城外百里内。

见匈奴汉国士卒来势汹汹，西晋朝廷已经没有抵抗之力，司马越便令将领退守洛阳，不惜任何代价保全洛阳，因为洛阳一旦失守，那便是将大好河山拱手相让，连卷土重来的后路也丧失了。

刘聪领兵屯于洛阳城外，做好了攻城的准备。所谓置之死地而后生，洛阳城内已经没有退路，晋军唯有死拼，夜里晋军护军贾胤率领千余人的敢死队，悄然潜出洛阳城，袭击刘聪军队，面临这突如其来的战事，将军呼延颢领兵对抗，不敌被杀，其部众皆乱成一团，溃败而逃。

呼延翼被杀的消息传到刘渊耳中，刘渊知战事不利，恐怕再而衰，三而竭，便命令刘聪撤兵。此时的刘聪已经杀红了眼，哪里肯撤兵，仍领士卒进攻洛阳，却是节节失利。此种情况之下，刘聪的气势便没有那么旺了，心中已有退兵的念头，但唯恐刘渊怪罪，便不敢回，恰在这时，刘渊召刘聪退兵的诏书到了。原来，宣于修之见胜利无望，便对刘渊道："岁在辛未，当得洛阳。今晋气犹盛，大军不归，必败。"刘渊对此人甚是信任，再次令刘聪退兵。

匈奴汉国退兵，此时的刘渊已经年迈，更无征伐洛阳的精力，可怜他的大志未能达成，便归西了，真是"出师未捷身先死，长使英雄泪满襟"。

新皇登位一把刀

刘渊年迈，自知时日不多，便开始考虑继承人的问题。刘渊将其宠爱的单氏立为皇后，单氏有一子刘义，刘渊将其封为北海王。梁王刘和乃是嫡子，顺理成章被立为太子，而功劳卓越、颇有威望的楚王刘聪被立为大司马兼职大单于。刘渊后事还未办稳妥便撒手人寰，这年是晋永嘉四年（公元 310 年），刘渊终年六十岁。

刘渊精明一世，最后在后事处理上却做得不怎么聪明，致使在其尸骨未寒之时，刘和与刘聪两兄弟就反目为仇，匈奴汉国面临着一场政变。

刘和，字玄泰，据《晋书》记载，此人"身长八尺，雄毅美姿仪，好学夙成，习《毛诗》《左氏春秋》《郑氏易》"。如此看来，刘和同他父亲一样，也是一位熟读儒家经典的儒士，但是，刘和舞文弄墨尚可，却没有带兵打仗的经历，在军中没有威望，手中更没有掌握军事大权。

乱世之中，军队里面出政权，手中掌握军事大权才是硬道理。登上皇位的刘和，虽然有着九五之尊的身份，却是一个光杆司令，对于他，宗室诸王甚是不看在眼里，而刘和，对于这些手握重兵的王爷心中有几分恨意，又兼几分惧怕，刘和这个皇帝做得十分不自在。

匈奴汉国诸王手握军事大权，这让刘和坐立不安，心里十分不踏实。再加上旁人的煽风点火，刘和的委屈便膨胀起来，打起了削弱诸侯王的主意。

刘和的身边聚集了一批意图扳倒宗室诸王的势力，有刘锐、呼延攸、刘乘等人。刘锐乃是刘和为王时，王府的都尉，因为未能担任顾命大臣而心有不甘。呼延攸乃是刘和的舅舅，因才能不佳，德行不善，始终未能得到升迁而怀恨在心。刘乘担任侍中，与刘聪不和，对其不满。这几人因利益二字走到一起，加入刘和的阵营，在刘和耳边进谗言道："先帝不惟轻重之计，而使三王总强兵于内，大司马握十万劲卒居于近郊，陛下今便为寄坐耳。此之祸难，未可测也，顾陛下早为之所。"

刘和早就对宗室诸王不满，听这几人一说，心中的委屈便一下子涌上了头脑，头脑发热的刘和当即与这几人商议斩除诸王事宜。呼延攸手下将领刘盛听闻此事，颇不赞同，表示反对。但是，此时的刘和，估计头脑中装的是满满的仇恨，见其反抗自己，又恐其泄露计划，便令人将刘盛斩了。斩刘盛，起到了一个杀鸡给猴看的效果，其他还有异议的将领，如马景、刘国安、刘钦等见形势如此，便也不敢多说，唯有唯命是从。保住性命为首要要务，哪里还有闲暇去顾及道义？

心动不如行动，第二天，刘和与几个无名小辈密谋的大计划就开始实施了。这几人兵分四路，刘锐率领马景一部，呼延攸率领刘安国一部，刘乘率领刘钦一部，田密率领刘睿一部，浩浩荡荡去征讨大单于刘聪、齐王刘裕、鲁王刘隆、北海王刘义。

刘和身边聚集之人，不过都是一些鼠辈，宗室诸王，尤其是大单于刘聪那是何等老奸巨猾、身经百战，跟这些人作对，没有一些真本事，唯有自讨苦吃。

为刘和效力的这些人，多有心不甘、被胁迫者，一旦有机会，他们便会审时度势，加入更有利的一方中去。田密与刘睿二人见刘和与身边的这几人没有什么本事，难成大事，便领兵投奔刘聪去了，如此一来，刘聪就掌握了实况，不仅做好了迎战的准备，更主动出击，将其余三部主力一网打尽。

愤怒的刘聪直奔皇宫，此时的刘和听闻事情败露，吓得东躲西藏，刘聪领兵将其搜出，一刀砍死，真是自作孽，不可活。刘和皇位还没有坐热，就命丧黄泉，追随刘渊去了，黄泉路上，恐怕这父子二人得抱头痛哭了。

诸王相争，刘聪成为最大的功臣与受益者，而此时皇位空虚，刘聪众望所归，可谓是最佳人选。然而，刘聪要当皇帝，更要当得理所当然，名正言顺。

刘聪是刘渊的第四个儿子，据说他出生时，便与众不同，因左耳有一白毫，长二尺余，甚光泽。此种说法，不知是真是假，我们无从查证。不过刘聪自幼便有天赋，少年时便已经熟读经书，更对兵法有研究，可谓是一个文武全才。

刘聪年少便名气大噪，时任博士的朱奇对他赞叹不已，"年十四，究通经史，兼综百家之言，《孙吴兵法》靡不通之。工草隶，善属文，著述怀诗百余篇、赋颂五十余篇。十五习击刺，猿臂善射，弯弓三百斤，骜力骁捷，冠绝一时"。此中虽有夸张，刘聪的名气却不是盖的。

自从十五岁起，刘聪就开始政治、军事上的历练，在这一过程中，刘聪的政治才能、人脉积累、军事智慧均进入实践性的阶段，为他以后的发展打下了坚实的基础。到刘渊归西时，刘聪已经成为一个身经百战，颇有威望的诸侯王。

诸王相争结束以后，刘聪的敌对者也在这场混乱中死伤殆尽，论实力，刘聪可谓一个大赢家。朝中不可一日无主，皇位人选问题提上日程。

其实，在众人眼中，刘聪是皇位的最佳人选这是毋庸置疑的，但是，刘聪虽然是匈奴人，但是受的教育却是汉人的儒家思想，名正言顺的思想在他的头脑中也是根深蒂固的。

若是讲名正言顺，单皇后之子刘义乃是最佳人选，虽然这个刘义根本就不是当皇帝的料，刘聪仍然还要谦让一下，表面功夫是一定要做足的。刘义也不是傻瓜，尽管刘聪的谦让看似如此真诚，刘义自然是不敢有所奢望的。

不过刘义对这个皇位也许是真的并无觊觎之心，一来，这刘义当时不过是一个十几岁的孩子，对于政治，就算不是一窍不通，也不过是略知皮毛；二来，刘义在诸王之乱中与死神擦肩而过，而自己的势力，根本无法与四哥刘聪相比。

"义与公卿涕泣固请"，在刘义与群臣的一再举荐下，刘聪"勉为其难"地登上了皇位，将刘义立为皇太弟，并承诺在刘义年长以后，便将皇位让给他。刘聪这话不知是出于真心还是在作表面文章，这些都是后话。

却说刘聪上台以后，便继承他父亲的遗愿，仍将攻克洛阳视为目标，而此时的西晋政权正处于风雨飘摇之中，可以说此时的西晋能力所及之地仅就洛阳一城而已，偌大一个西晋竟然被败坏成这般模样，真是让人感慨万千。

第三章

国土沦丧：你的刀剑伤害了我的心

这下要玩完了

从刘渊病死，到其子刘聪杀刘和自立仅仅只有三个月的时间。在这三个月的时间里，匈奴汉国政权内部为解决自家事忙得不可开交，便暂时停止了对洛阳城的进攻。

晋永嘉四年（公元 310 年）十月，刘聪调遣四万大军兵分几路进攻洛阳，洛阳城内顿时惊慌失措，乱作一团。而此时，更让西晋政权雪上加霜的是，羯族人石勒也趁火打劫，加入攻打洛阳的行列中来，洛阳告急。

掌握西晋政权的仍旧是东海王司马越，担任太傅之职的司马越令人征召天下兵马，入京援助洛阳，此令既出，左等右等，却是杳无音信，哪里有一兵一卒前来支援。其实，事情都在预料之中，此时西晋的管辖范围，仅仅为并州、幽州、陇右与洛阳，而这些地区虽有将领把守，却都远在边疆，况且他们也是自顾不暇，对洛阳，他们也是有心无力。

调兵遣将不得，便有人提议迁都避难。朝臣对此议论纷纷，性命攸关，就算有人迷恋洛阳资财，也不得不考虑迁都之事。时任镇东将军、都督扬州的周馥上书晋怀帝，请迁寿春，晋怀帝也是个贪生怕死之辈，见有出路可保性命，便一口应允。

但是，迁都之事半路杀出了个程咬金，主事太傅司马越赶来，坚决不同意迁都避难之说。因为晋怀帝一旦落入周馥手中，司马越手中的这张王牌就会为他人所用，司马越是坚决不允许的。大敌当前，朝中权臣，想到的仍然是个人利益得失，西晋不亡都难。

周馥与司马越向来不和，周馥对司马越的专权颇有怨言，司马越唯恐他再次唆使朝中君臣迁都避难，徒增阻碍，便将其北调，驻守边疆。周馥这下来了性子，将司马越的命令当成耳边风，坚决不从。司马越哪里容忍得了旁人如此蔑视他，便起了杀心。在洛阳城急需要将领士卒的时刻，司马越却将人外放，这真是为个人利益昏了头脑。

周馥万万没有想到，在这样的紧急时刻，会遭遇突袭。淮南太守裴硕来袭，周馥领兵拼死抵抗，一举将裴硕打败，裴硕败走山东东阿，并向司马睿请兵援助，终因寡不敌众，周馥兵败被杀，一场内部闹剧结束。虽然没有司马越的亲自出马，但朝中人尽皆知，此事是由司马越主导，西晋君臣对司马越的专权行径更加不满了。

不同意迁都，就要想办法挡住洛阳城外的敌军，司马越也在日夜盘算着办法。这日，司马越一身戎装走上大殿，请求亲自领兵讨伐石勒。

洛阳城内士卒已经不多，外面又有匈奴汉国刘聪虎视眈眈，司马越在这个时候却要领兵外出，如此一来，洛阳城就成为一座空城，朝中君臣如何自保？晋怀帝对此颇有异议，但是，他的异议对旁人来说，或许还有作用，一旦到了司马越这里就形同空气，根本就约束不到司马越。

司马越的请求也就是命令，他的一意孤行，让洛阳城陷入一种混乱状态。司马越带走了洛阳城内四万甲兵，可以说这已经是倾其所有了。本想绝地反击的司马越，面临的局面却是"公利罄乏，所在寇乱，州郡携贰，上下崩离，祸结衅深"，真是无望了。

洛阳城内，凄凉一片，宫殿内无人驻守，晋怀帝整日担惊受怕，唯恐刘聪的大军攻入洛阳。晋怀帝将他目前的这种状态归结在司马越的头上，又兼平日里对司马越的所作所为甚为不满，便传出密令，杀司马越，却不幸走漏了风声。

正是在司马越焦头烂额、丧失主见之时，却听闻晋怀帝密令要杀自己，本来就满头思绪，这消息就如晴天霹雾。司马越一时气火攻心，竟然一病呜呼了，这年是晋永嘉五年（公元311年）。

司马越死后，与之同行的襄阳王司马范与司马越亲信太尉王衍恐怕军中大乱，将司马越归西的消息压住，密而不丧，准备暗中将其送到东海葬了。

天下没有不漏风的墙，纸也包不住火。司马越归西的消息终究是泄露了，石勒听说了这一消息，大喜，群龙无首的士卒是最好对付的。

石勒率领一支骑兵，围困西晋士卒，乱箭狂风一般射下，西晋士卒抱头鼠窜，哪里还有反击的余地？在战乱中，司马越的灵柩也被烧掉，可怜司马越风光一时，却落得一个不得善终的下场，真是可悲。刘聪部将王璋恰逢这个时候赶来，与石勒一起，几乎将西晋士卒一网打尽，跟随司马越出来的几位西晋高官均被捕，投降的投降，被杀的被杀，可怜至极。

却说洛阳城内，司马越临出征之前，曾委任何伦掌管洛阳事务。何伦懂得见机行事，见出征将领均被围困，遭遇失利，恐自身遭遇不测，便举家逃离京城，京城许多达官贵人也纷纷离开洛阳。

连年的战争，使得洛阳城内破败不堪，百姓无粮可食，逃荒的百姓也纷纷离开洛阳，沦落为流民，百官十有八九也都跑掉。眼见臣子一个个离开洛阳，晋怀帝再也坐不住了，可是，没有卫士，没有牛车，也没有船只，这让晋怀帝如何走？其实，晋怀帝要走，那自然是方便，但是他舍不得宫中的那些资财，若要走，定是要带上的。

最终，困守孤城的晋怀帝幸得青州都督苟晞的帮助，有了十几只船只，准备带着他库存的财产迁都仓垣。一切准备就绪，金银珠宝也都搬运上了船，晋怀帝动身出发，走出皇城，却遭遇了一伙强盗，真是乱世，打劫皇帝还真是鲜见，估计是到了山穷水尽之时了。晋怀帝君臣没有什么侍卫保护，便吓得退回洛阳，终究没有走成。

晋怀帝没有走成，刘聪却已经带领士兵扑面而来，此时担任作战前锋大都督的是卫尉呼延晏，刘聪后来又派刘曜、王弥、石勒前来支援。此时的洛阳已经不堪一击，在支援部队还未到来之前，呼延晏就已经攻破洛阳，紧接着刘曜、王弥、石勒各部纷纷涌入洛阳。

匈奴汉国士卒入了洛阳，便都成了一伙强盗，在将领的纵容下，将洛阳一抢而空，这是洛阳城遭遇的第二次浩劫。

晋怀帝命在旦夕，此时也不在乎他的荣华富贵了，从华林园逃出，准备逃往长安。但是，一出园便被士卒抓住，成为俘虏。皇帝成为阶下囚，西晋政权穷途陌路，名存实亡。

司马氏的皇亲国戚没有逃离京城的，尽被屠杀殆尽，就连晋惠帝的皇后羊氏也成为刘曜的妻子，当洛阳城被洗劫一空，刘曜便一把火将皇宫烧掉，洛阳城内死者无数。没有了战争，洛阳城重归于平静，匈奴汉国满载而归，将领领兵带着成为俘虏的晋怀帝往平阳而去，徒留一只只寒鸦叫的凄凉。

洛阳既被攻下，西晋气数已尽，苟延残喘，时日不多，刘聪乘胜攻击，将长安视为下一个目标。此时镇守长安的是南阳王司马模，司马模手下有一将领赵染，因与司马模不和，便领兵投奔了刘聪，在赵染的带领下，长安城很快就被攻下，司马模被俘。

此时的西晋可以说是已经没有了立锥之地，然而，天不亡司马家，在这关键时刻，司马家另一人物站出来，延续了晋朝的寿命。

峰回路转这一回

在与匈奴汉国的对抗中，晋怀帝成为阶下囚，司马氏几乎被杀光殆尽，据史书记载，为防止司马氏东山再起，石勒仅在宁平城就杀掉了司马氏族中的五十四个王爷，唯有江东司马睿活得安稳。司马睿坐镇建康，在王导的辅助下，渐据江东，为日后东晋的建立打下了基础。

司马睿，字景文，据说司马睿出生时，颇有传奇色彩，《晋书·帝纪》记载："有神光之异，一室尽明，所藉藁如始刈。"到司马睿年纪大些，"白豪生于日角之左，隆准龙颜，目有精曜，顾眄炜如也"。我们知道历史上有不少朝代的开创者，都有一些不同寻常之处，关于司马睿的这些记载不知道是事实，还是为其量身定做的传奇故事。

司马睿出身西晋皇族，是司马懿的曾孙，与晋惠帝、晋怀帝乃是同辈。但是，若是以晋武帝这一宗室来论，到司马睿这一辈，就与皇室的关系疏远了。司马睿的祖父司马伷是司马懿的庶出子，先后担任过散骑常侍、右将军、监兖州诸军事、兖州刺史、征虏将军等职务，官至琅琊王。到司马睿的父亲司马觐这一辈，就没有什么建树了，因为是家中长子，司马觐承袭了他父亲的琅琊王之职。

一辈一辈下来，司马睿与皇室是渐行渐远，然而，时势造英雄，八王之乱的自相残杀与匈奴汉国的大举进攻，让司马睿有机会从一个渐行渐远的皇族登上九五至尊之位，成为东晋政权的开创者。这不得不让人感叹，命运就是如此神奇，掉馅饼的好事随时都有可能发生，就看你是否做好了准备。

司马睿的父亲司马觐在晋太熙元年（公元290年）去世，司马睿便继承了父亲的基业，继承琅琊王之职。这年司马睿十五岁，也恰逢这一年晋武帝司马炎去世，其子司马衷即位，是为晋惠帝。

晋惠帝即位后，不理政事，致使朝中争权夺利、结党营私的动乱频繁，朝中大权由诸王轮流掌握。天下纷争，环境险恶，稍有不慎便有杀身之祸。司马睿非常聪明，"每恭俭退让，以免于祸"，就是通过这样恭俭避让的方式，司马睿以自保。尽管司马睿表现得如此谦卑，仍然有慧眼之人，评价他："琅琊王毛骨非常，殆非人臣之相也。"看来，这司马睿确有不同寻常之处。

司马睿在洛阳并无建树，如果说有什么可以值得纪念的，那就是结交了好友王导，此人在司马睿建立东晋政权的过程中，起着至关重要的作用。王导，是琅琊士族，在琅琊颇有名气，后来为司马睿出谋划策，成为司马睿的得力助手。

乱世之中，很多时候，自保尚且不能，因为有些祸患你不找它，它却自动找上门来。司马睿洁身自保，却也不免被卷入诸王相争的混乱中来。

八王之乱狂风袭来，各王结党，争夺朝廷掌控权，永兴元年成都王司马颖暂占优势，控制朝野，风光一时，晋惠帝以他为都督中外诸军事，又将其封为皇太弟，成为皇位的继承人。所谓高处不胜寒，万人之上的成都王司马颖顿时成为众矢之的，其他诸王便团结起来，一致将矛头指向了司马颖。

时任尚书令的司马越颇有实力，成为司马颖的最大对手。司马睿的封地与东海王司马越封地临近，二人有着不可分割的利益关系，司马越欲领兵征讨司马颖，但又恐后方受到进攻，便将司马睿拉下水，将其任命为平东将军兼职徐州诸军事，留守后方，自己则领兵征讨司马颖去了，这一年司马睿二十九岁。

然而，司马颖毕竟有实力，两军经过激战以后，司马越兵败。司马颖更加专横，将朝中大臣劫持到自己的封地，以此来控制朝政，而司马睿也不能幸免。

到了邺城，司马颖更加专横跋扈，对他稍有违背，便遭杀害。司马睿的叔父东安王司马繇因为不满司马颖独掌朝政，更对兄长晋惠帝无礼，便好言劝诫，这就引发了司马颖的疑心，因为东安王司马繇跟东海王司马越有些交情，司马颖怀疑他有二心，便将其杀害。司马颖这般心狠手辣，令司马睿心中恐惧不安，唯恐事情牵连到自己，便想逃出邺城，去洛阳。

然而，要逃出邺城谈何容易，邺城全面戒严，达官显贵出城是要经过司马颖批准的。这夜，司马睿乔装打扮，换上一身普通装束，抱着侥幸心理，打算趁着夜黑逃出邺城。然而，正如他所担心的，司马睿策马没有走出多远，就被官兵拦住，幸运的是，司马睿有一个聪明的随从，救了他的命。

司马睿随从宋典骑着马从容不迫奔驰而来，见到战战兢兢的司马睿，笑着道："舍长！官禁贵人，汝亦被拘邪！"拦住司马睿的官兵听罢，便以为司马睿跟皇室没有关系，便将他放了。司马睿逃出邺城，直奔洛阳以后，便携带家眷，离开这是非之地，奔琅琊去了。

诸王相争，权势多变，司马越成为最后的胜利者，所幸司马睿与之站在同一个阵营。然而，政局混乱，利益多变，司马越独掌朝政，专权跋扈，朝中不满的声音此起彼伏，世事日新月异，司马越能站至高峰多久，这真的很难预料。

司马越为了获得更大的实权，竟然冒天下之大不韪，将晋惠帝毒杀，真是阴谋四起，不知道哪一刻灾难就会降临到自己身上，司马睿在这样的环境中能否安然，这也是难以预料的。

司马睿的得力助手兼好友王导审时度势，向司马睿进言，中原地区不是久留之地，灾难时刻会降临，而南下却是一个避难的好举措。司马睿的亲身经历也告诉他，暴风雨在片刻的安静之后必然会到来，离开这是非之地才是长远之策。

司马睿听从了王导的建议，向东海王司马越请命镇守建康，而事前，王导已经想尽办法与东海王王妃裴氏达成意见，让其助司马睿一臂之力。东海王并没有什么利益损失，便一口应允，并任命司马睿为安东将军，司马睿领兵南迁。

到达建康以后，司马睿遇到了难以解决的问题，那就是如何对待江南士族，争取他们的支持。初来乍到，司马睿在江南既无威望也无业绩，来到江东的他备受冷落，这让他意识到在这人生地不熟的地方，不争取江南士族的支持，根本无法站稳脚步。司马睿有向江南士族靠拢之心，却无计谋，便向王导问计，二人这般那般一番，便有了方案。

要让司马睿为人所知，被人尊敬，那就要大摆威风，在气势上压倒江南士族，一枝独秀。这日，司马睿华服出游，身后侍从浩浩荡荡，那局面真可谓是排山倒海，引来无数围观者，这样的阵势，江南士族还真是头一回见，不禁对司马睿有了膜拜之情。

司马睿再接再厉，软硬兼施，招贤纳士，笼络人才，当地名门望族顾荣、贺循等均被他收服。司马睿后来又平定了孙弼和杜宣的叛乱，最终在当地站稳了脚跟，此地成为司马睿的大本营，司马睿以此为基地建立起了东晋。

心大路难走

石勒在军事上表现出杰出的才能和智慧，战场上，以攻无不克、克无不胜的显赫功绩赢得了匈奴汉国政权的依赖与信任。同时他也在军中建立起了无上的威望，为他以后的独立发展奠定了基础。

从晋永嘉三年（公元309年）到晋永嘉五年（公元311年），石勒辗转各地，独立作战，可谓是春风得意。随着实力的扩张，石勒的野心也膨胀起来，不再满足于寄人篱下，脱离匈奴汉国的想法渐渐滋长了。

石勒在外作战，牵制西晋兵力，使得匈奴汉国渐渐坐大，刘渊父子对他甚是看重，刘渊在世时封其为镇东大将军。刘聪即位以后，便将其封为征东大将军，可见父子二人对石勒的重视与依赖。

石勒对匈奴汉国的贡献是不容抹杀的，刘渊父子对石勒的拉拢也是显而易见的，但是，二者之间的合作必须有一定的利益基础。所谓强者为王，当石勒的根基扎稳，对石勒来说，脱离匈奴汉国自立，这样的诱惑力更大。

当石勒足以独霸一方，匈奴汉国皇室的指令便一文不值了。刘渊对石勒来说，恩情不浅，但是，刘渊归西后的葬礼上并没有石勒的身影，而之后的石勒也不再出现在匈奴汉国的大殿上，他行动自主，号令自专，石勒这个匈奴汉国臣子，可谓是有名无实了。

当匈奴汉国将领士卒忙于敛夺西晋资财之时，石勒已经再次踏上征途，所谓道不同不相为谋，石勒的志向不在于此。石勒在为扩张实力奔波，这年他又吞并了王弥，正式与匈奴汉国政权决裂。石勒踌躇满志，消灭晋朝，建立自己政权的决心更加强烈，眼见目标将要达成，石勒心花怒放，不觉有些自得。然而，并州刺史刘琨的一封信却犹如一盆冷水浇灌而来，石勒顿时清醒了不少。我们且看信是如何写的：

"军发迹河朔，席卷兖豫，饮马江淮，折冲汉沔，虽自古名将，未足为谕。所以攻城而不有其人，略地而不有其土，翕尔云合，忽复星散，将军岂知其然哉？存亡决在得主，成败要在所附；得主则为义兵，附逆则为贼众。义兵虽败，而功业必成；贼众虽克，而终归殄灭。昔赤眉、黄巾横逆宇宙，所以一旦败亡者，正以兵出无名，聚而为乱。将军以天挺之质，威震宇内，择有德而推崇，随时望而归之，勋义堂堂，长享遐贵。背聪则祸除，向主则福至。采纳往海，翻然改图，天下不足定，蚁寇不足扫。今相授侍中、持节、车骑大将军、领护匈奴中郎将、襄城郡公，总内外之任，兼华戎之号，显封大郡，以表殊能，将军其受之，副远近之望也。自古以来诚无戎人而为帝王者，至于名臣建功业者，则有之矣。今之迟想，盖以天下大乱，当须雄才。遥闻将军攻城野战，合于机神，虽不视兵书，暗与孙吴同契，所谓生而知之者上，学而知之者次。但得精骑五千，以将军之才，何向不摧！……"

刘琨这段话，让石勒醍醐灌顶。刘琨所言不假，石勒这几年辗转战场无数，屡战屡胜，然而，不管走过多少地方，却始终没有一个根据地，就像是黑瞎子掰棒子，掰一个掉一个。如此一来，就只是徒有脚底下这片土地，这样想着，石勒不禁一身冷汗，若不是刘琨这封信，还真是枉费了这么多年来的努力。

石勒虽是羯族人，却也深受汉族儒家文化熏陶，他深知自己的这种作为，就如同游牧民族的首领一样，虽灵活多变，却终究只是小打小闹，成就不了大事。但看历史上的中原政权，哪一个不是首先有了自己的立足地。然后以此为根据地，逐渐发展而来？

这般想着，石勒对以后发展的道路更加明了了，想及此，石勒又有几分庆幸，不免将立足点的事情提上日程。天下之大，群雄争夺，哪里才是他石勒的发家之地呢？

石勒瞅准了江淮与汉江一带，这个地区物产富饶，又处于屏障地带，北可入中原，南可攻琅琊王司马睿。石勒对此地段势在必得，似乎眨眼便是囊中之物，然而，事实证明，情况并非如此。

晋永嘉六年（公元 312 年），春节的气息还没有散去，石勒已经整装待发。心中有梦想的人，总是能够爆发出无尽的热情与能量，石勒向着他的目标去了。

此时在建康的司马睿已经树立起了他个人的威望，成为实际意义上的江东首脑。当石勒兴兵南下的消息传来，司马睿有些措手不及，而江东士族也颇为震动。

司马睿紧急应对，商讨相应的防范措施。此时，石勒已经领兵前来，屯兵在葛陂。葛陂是一个方圆三十里的大湖，在现河南省汝南东南。司马睿出于战略考虑，便任命熟稔水性的纪瞻为扬威将军，并将主力部队屯兵寿春。

葛陂乃是江东门户，一旦失守，后果不堪设想。江东形势险恶，司马睿刚刚扎稳根基，兵力有限，只能以守为攻。

石勒在葛陂修堰筑垒，课农造舟，大有不胜不归的架势，然而，天有不测风云，天气说变就变，大雨扑面而

来，石勒所领士卒皆北方人，这大雨一下，就更加不适应这里的气候环境了。石勒只盼大雨早日停，然而，日子一日一日地过去，雨仍然没有要停的意思，雨就这样时停时下，时大时小地下了足足有三个月，而在这三个月中，石勒所率士卒因不适应这里的环境，生病的不在少数，更因拖延时间太长，粮食供给上不上，造成饥饿。

面对饥饿与疾病的折磨，士卒无精打采，根本没有再战的热情了。石勒见情况如此，也不免心中焦急，便召开紧急会议，让谋臣各抒己见，找个能够脱困的万全之策。

首先进言的是投降派长史刁膺，此人认为应该向琅琊王司马睿投降，并以帮助司马睿平定北方来建功赎罪。此话一说，石勒脸色大变，显然是不同意刁膺的看法，刁膺一看形势不对，便闭口不言。

刁膺说罢，是主战派的孔苌进言，孔苌主张大举进攻寿春，占据寿春，夺取粮草，以此为根基，攻取建业，占据江南。石勒听后，脸上露出赞赏的笑容。雄心壮志固然值得嘉奖，但是，分析当前形势，石勒也知道，此举并不容易，至少不是一朝一夕能完成的，目前困境紧急，不适宜持久战术。

想罢，石勒大叹一口气，转向一言未发的张宾，张宾一口否决了前面二人的看法，认为北攻邺城乃是上策："邺有三台，西接平阳，四塞山河，有喉衿之势，宜北徙据之。"

石勒所领士卒不善水战，以己之短攻他人之长，这必然是没有前途的，所以北方才是才能发挥之地。邺城地理位置优越，又兼物资富庶，自古是兵家必争之地，攻取邺城确实是上策。

石勒听从了张宾的建议，打算撤军北上，但是，司马睿虎视眈眈，谁能料到他会不会在后面插一刀，所以要撤退，还必须想个万全之策才可以。

石勒令一支军队做好了进攻江南的准备，其实只是做个样子罢了，同时让主力部队北上，等纪瞻有所察觉，石勒主力已经跑远，纪瞻乘势追击一百余里，并无所获。如此一来，石勒安然北撤，同时江东也化险为夷。

死了比活着好

晋永嘉五年（公元 311 年），西晋京师被破，刘曜、王弥、石勒相继涌入洛阳，在一番劫掠之后，基本上将司马氏王公贵族杀光殆尽，西晋苟延残喘，距离亡国不远矣。此时九五之尊的晋怀帝在想要逃亡长安的路上被捕，成为阶下囚，被禁于端门。

攻陷洛阳以后，刘曜、王弥等引兵入长安，并将晋怀帝与朝中大臣押往平阳，听凭刘聪处置。因为西晋将领的临阵倒戈，长安很快被匈奴汉国攻陷，然而，长安虽被攻陷，经营好长安城却是一个让人伤脑筋的大难题。

长安被攻陷以后，刘聪便任命刘曜为车骑大将军，镇守长安，就是这位颇有能耐的大将军也未能将长安城治理得井井有条。长安城虽破，朝中官员多数投降，但是老百姓不肯归附者却不在少数，再加上西晋残余势力的号召与领导，便形成一股股力量，这些武装力量时不时就向匈奴汉国势力发动进攻，这让刘曜不胜其烦，刘曜终于把持不住，领兵撤出长安，回平阳去了。

匈奴汉国的另一股力量石勒，此时在外辗转作战，表面上虽然隶属于匈奴汉国，实际上与匈奴汉国的关系却是越来越疏远，就连刘渊的葬礼上也没有看见石勒的身影，直至后来，石勒吞并王弥，这让石勒与匈奴汉国的关系越来越紧张。其实这个时候，石勒脱离匈奴汉国欲自立的想法已经不言而喻了。

刘曜退出长安，王弥归附石勒，此时的匈奴汉国在战事上也算是告一段落，格局基本上定下来了，至此，匈奴汉国的统治区也不过是河东、西河两郡而已，这应该不算大。况且，石勒的实力日益强大，江东司马睿也正日益成长壮大，面临这些威胁，匈奴汉国掌权者刘聪却不思进取，竟然一改往日神勇，贪图享乐起来。

这年是西晋建兴元年（公元313年），刘聪在宫中大摆筵席，宴请群臣，群臣中还有西晋旧臣，看来，这些西晋旧臣在异国他乡过得还不错。席间，觥筹交错，歌舞群起，却见一僮仆身穿青衣立于一旁，轮番为群臣斟酒，群臣细看之下，不禁一惊，此人非同小可，乃是晋怀帝司马炽。

一朝是九五之尊，一朝却沦为僮仆，这真是让人感叹世事无常，福祸难测。晋怀帝坐过金銮殿，做过阶下囚，这人生大起大落也算是经历过了，此时却在这里忍受刘聪君臣的羞辱，不免悲从中来，脸有怒色。

却说晋怀帝刚刚被押解到平阳的时候，还颇受礼遇，刘聪将其封为平阿公，后来又将其晋封为会稽郡公，并与之叙旧，聊家常，还有以下一番对白：

"卿为豫章王时，朕尝与王武子相造，武子示朕于卿，卿言闻其名久矣。以卿所制乐府歌示朕，谓朕曰：'闻君善为辞赋，试为看之。'朕时与武子俱为《盛德颂》，卿称善者久之。又引朕射于皇堂，朕得十二筹，卿与武子俱得九筹，卿赠朕柘弓、银研，卿颇忆否？"

"臣安敢忘之，但恨尔日不早识龙颜。"

"卿家骨肉相残，何其甚也？"

"此殆非人事，皇天之意也。大汉将应乾受历，故为陛下自相驱除。且臣家若能奉武皇之业，九族敦睦，陛下何由得之！"

这段回忆往事的对白，一问一答，但是所处的位置却是调转了，君臣关系的变化，让刘聪洋洋自得。而晋怀帝司马炽却是战战兢兢，小心翼翼来掩饰心中的不愉快。

所幸，刘聪待晋怀帝还算礼遇，见晋怀帝身边无人，又怕他寂寞，便将自己的妃子小刘贵人送给了他。"六刘"在刘聪的后宫最为得宠，而这个小刘贵人乃是其一。这"六刘"乃是太保刘殷的两个女儿和他的四个孙女，当时，这"六刘"同时入宫，刘聪以刘殷的两个女儿为左右贵嫔，以他的四个孙女为贵人，可谓是震撼一时。此时，能够忍痛割爱，将自己宠爱的贵人拱手相让，可见刘聪待晋怀帝还不薄。也正因为刘聪的"宽宏大量"，晋怀帝才能够安然活到今日。

　　也许是人性反复无常，在今日的宴会上，刘聪一改往日的态度，要求晋怀帝司马炽着一身青衣，扮作僮仆，来为在座群臣斟酒。

　　司马炽昔日是什么身份，哪里受过这样的屈辱，自然心中不悦。然而，人在屋檐下，不得不低头，心中不悦不能发泄，便在脸面上表现了出来。

　　司马炽缩手缩脚，奴仆一般，在酒宴上穿梭，为群臣斟酒，而匈奴汉国群臣见此，不免要说些犀利话来侮辱晋怀帝，晋怀帝脸上的怒色更加显而易见了。起哄的声音一浪高过一浪，让在座的晋朝旧臣实在看不下去，庾珉、王隽等十几位大臣再也忍不住，悲从中来，不禁掉下眼泪来。

　　正在兴头上的刘聪见了此情此景，不免扫了兴致，更想起近日来发生的事端，心中便充满了杀意。近日，匈奴汉国军队在作战中屡次被创，吴王司马晏的儿子司马邺在长安被立为皇太子，成为西晋皇室接班人，此事让刘聪甚是气愤。

当年，破洛阳之时，为防止司马氏东山再起，石勒已经尽其可能将司马氏的皇亲国戚杀光。此时却又听闻司马氏再次登上皇位，刘聪不得不心存恨意，斩草除根的想法油然而生。

起先，大怒的刘聪将这些不顺眼的君臣一同赶出了宴席，在这喜庆的日子里，刘聪不想受染血腥。又几日，刘聪听人来报，庚珉、王隽等人与刘琨秘密接触频繁，似乎有起事的端倪。

虽然没有有力的证据，但恐有万一，西晋旧臣与刘琨若是来个里应外合，在平阳城内起事，后果将不堪设想。想及此，晋怀帝与那些不安分的西晋旧臣必须要铲除，刘聪立即让人将庚珉、王隽等人斩杀。后来，刘聪又赐予晋怀帝司马炽一杯毒酒，将其毒杀，这年，晋怀帝司马炽年仅三十，正是人生的好时候。

晋怀帝在平阳城半年便遭鸩杀，晋怀帝在才能上应该是超出晋惠帝的，黄门侍郎傅宣见晋怀帝，曾经感慨："今日复见武帝之世矣！"秘书监荀崧也曾经对人说："怀帝天姿清劭，少著英猷，若遭承平，足为守文佳主。而继惠帝扰乱之后，东海专政，无幽厉之衅，而有流亡之祸。"

　　不管这些夸赞的言辞是拍马屁还是肺腑之言，我们不能不感叹，生不逢时本身就是一种悲剧。

一起来报仇

洛阳失陷以后，晋怀帝司马炽成为俘虏，被押往平阳城，受尽屈辱。国不可一日无主，晋怀帝在平阳受辱，西晋政权虽苟延残喘，却也还有残余势力，那么问题是，谁才是名正言顺的继承人呢？

凡在京师洛阳的司马氏几乎已经被杀光，能有资格成为皇位继承人的人也是凤毛麟角。不过，还真有这么一个人能担此大任，此人乃是司马邺。司马邺，是晋武帝的孙子，其父是吴王司马晏。

司马邺虽是吴王司马晏之子，却自幼被过继给秦王司马柬，后继承司马柬封号，被封为秦王。洛阳沦陷，所幸司马邺逃得快，没有被杀。司马邺逃往许昌，后来在雍州刺史贾疋的帮助下，顺利潜回长安，召集西晋残余兵力，占据长安，并被封为皇太子，成为皇位的合法继承人。

晋怀帝司马炽在平阳城被害的消息传来，司马邺便登上了皇位，将长安定为都城，改年号建兴。司马邺在内忧外患的情形下登上皇位，石勒游击作战，处处与晋国为敌，匈奴汉国政权也是虎视眈眈，所以必须要征召兵力以防御和作战。

在物资方面，长安城甚为缺乏，刘曜在长安的时候，已经将长安劫掠一空。战乱之时，鲜有赋税可收，真是一个一穷二白的烂摊子。

面对这个烂摊子，晋愍帝司马邺企图用军事反击来解决。晋愍帝司马邺的目标是，尽其所能征召西晋残余军队，调动能够调动的人马进攻刘聪、石勒，以达到解除长安困境，进而收复洛阳的目的。

晋愍帝司马邺的目标合情合理，但是战略是否可行就难以保障了。晋愍帝司马邺登基后，便将这一计划提上日程。司马邺下达诏书，声称要："扫除鲸鲵，奉迎梓宫"，并以加封晋爵的方式来拉拢有实力者，琅琊王司马睿、秦州刺史南阳王司马保均在被拉拢范围。这二人被任命为左右丞相，均兼职大都督，负责陕东与陕西军务。

在还没有征召来士卒的情况下，晋愍帝司马邺便下令，兵分三路，进攻匈奴汉国，以司马睿领兵二十万收复洛阳，以司马保领士卒三十万守卫长安城，以幽州王浚与并州刘琨领兵三十万往平阳方向去。晋愍帝司马邺真可谓是雄心壮志，但是，再大的雄心都是要以实力来说话的。愍帝诏书既出，不知结果如何？

王浚此人，一心做着他的皇帝梦，早就有割据自立的想法。并州刘琨一直靠联姻与鲜卑保持利益关系，才得以有了立足之地。而驻守上邦的南阳王司马保尚可依赖，可是他力量薄弱，根本无法成就大事。琅琊王司马睿在江东尚有些实力，可是这司马睿真的肯受制于西晋政权吗？

这日，司马睿正与王导商讨江东事宜，却接到长安传来的诏书，一种不祥的预感涌上心头，却见那诏书是这样写的：

"朕以冲昧，纂承洪绪，未能枭夷凶逆，奉迎梓宫，枕戈烦冤，肝心抽裂。前得魏浚表，知公率先三军，已据寿春，传檄诸侯，协齐威势，想今渐进，已达洛阳。凉州刺史张轨，乃心王室，连旆万里，已到汧陇，梁州刺史张光，亦遣巴汉之卒，屯在骆谷。秦川骁勇，其会如林，间遣使探悉寇踪，具知平阳虚实。且幽并隆盛，余胡衰破，顾彼犹恃险不服，须我大举，未知公今所到此处，是以息兵秣马，未便进军。今若已至洛阳，则乘舆亦当出会，共清中原。公宜思弘谋猷，勖济远略，使山陵旋返，四海有赖，故遣殿中都尉刘蜀苏马等，具宣朕意。公茂德昵属，宣隆东夏，恢融六合，非公而谁？但洛都寝庙，不可空

135

旷，公宜镇抚以绥山东。右丞相当入辅弼，追踪周召以隆中兴也。东西悬隔，跂予望之！"

司马睿读罢，良久未说话，作为臣子，理应出兵，但是江东初步稳定，一动而动全身，战乱会让江东陷入困境之中，如此一来，这刚刚稳定下来的局势就难以收拾了。况且，司马睿的居心是据江东而自立，建立江南小朝廷，即使安于一隅，也比受制于人要来得痛快。另一方面，江东拥立他的门阀士族也不愿意北伐，打乱平静的生活。

琅琊王司马睿以"方平定江东，未暇北伐"为由拒绝了晋愍帝司马邺的调兵命令，但是，一兵不出，又难辞其咎。就在琅琊王司马睿进退维谷之时，祖逖主动请缨，请求北伐。

"晋室之乱，非上无道而下怨叛也。由藩王争权，自相诛灭，遂使戎狄乘隙，毒流中原。今遗黎既被残酷，人有奋击之志。大王诚能发威命将，使若逖等为之统主，则郡国豪杰必因风向赴，沈弱之士欣于来苏，庶几国耻可雪，愿大王图之。"

面对这一番诚恳的言辞，司马睿便顺水推舟，任命他为奋威将军、豫州刺史，却只予一千人的粮食和三千匹布作为北伐物资，没有士卒，没有铠甲，也没有兵器，祖逖就这样上路了。无奈，祖逖只有自己招募士卒，自己铸造兵器，自己生产粮草，其艰难可想而知。

祖逖出生于北方的一个官僚家庭，祖上世代为官，出生在这样官僚世家，祖逖却没有贵公子的娇气，他仗义疏财，乐善好施，在乡里颇有名望。

因北方战乱仍频，祖逖率领亲邻避难来到江东。江东稳定，是个让人忘却战乱的地方，但是祖逖目睹中原落于匈奴之手，山河破碎，国土四分五裂，立志要北上恢复中原。

抱着这样的信念，祖逖闻鸡起舞，时刻都在为此准备，此次晋愍帝司马邺下诏攻打匈奴汉国，祖逖便毛遂自荐，以实现他的宏图伟志。

祖逖带着招募的士卒北上，行军过程中又招得一批流民，约有士卒两千人。等到渡江之时，祖逖中流击楫，信誓旦旦地道："祖逖不能清中原而复济者，有如大江。"中流击楫的故事便流传开来。带着这样的坚定决心与信念，祖逖领兵渡过长江，进入河南境内，在雍丘驻扎下来，雍丘在今河南杞县。

在雍丘驻扎下来以后，祖逖便找来工匠铸造兵器，并入各地招募士卒，河南各地的坞主多有归附者，再加上西晋官府士卒，祖逖的势力也逐渐增强。但是，祖逖并不以此谋私利，也不做伤害百姓的事情，战时打仗，闲时便务农种桑，粮草均是自己生产出来的。祖逖善于体恤民情，因此这支军队备受百姓爱戴。

凭着严明的纪律，领着这支自己招募来士卒的军队，拿着自己铸造的兵器，祖逖收复了黄河以南的大部分土地。正当祖逖踌躇满志，意图继续北上，完成北伐大业，收复中原的时候，朝廷内部却是矛盾丛生，搞起内乱来了，祖逖终究未能完成他的梦想。

这个地盘归我了

石勒与司马睿对峙葛坡，却因连下三个月大雨，士卒水土不服，瘟疫横生，粮草供应不足而被困。后石勒召开紧急会议，听从张宾建议，领兵北上，准备进攻邺城。

张宾，字孟孙，是现今河北高邑县人。此人博古通今，学识渊博，又足智多谋，逢人便言自己的计谋可与张良相媲美。只是，生不逢时，没有遇到像汉高祖刘邦那样的伯乐，怀才不遇的张宾时刻都在等待伯乐的出现。

这年，石勒攻取冀州，礼贤下士，笼络人才，重用汉族知识分子，冀州"衣冠人物"皆投入他的旗下。张宾见石勒有成大事的志向，便对人道："吾历观诸将，无如此胡将军者！可与共成大业。"张宾收拾行囊，告别亲友，便提着剑拜见石勒去了。石勒礼遇待之，张宾也不负所托，"机不虚发，算无遗策"，受到了石勒的重用。

张宾"机不虚发，算无遗策"，所言皆是深思熟虑之后的结果，又兼与石勒志同道合，懂得石勒心中所想，君臣二人形同友人。后来，石勒能够占据中原，张宾的作用不容抹杀。

在北上的途中，仍无粮饷供给，而所过之处，皆是凋零不堪。忍受着饥饿与疾病，士卒士气低落，行军的速度也快不起来，这令石勒头痛不堪。后来，进入河南汲县，才夺得一批军粮，士卒犹如泄了气的气球重新充上了气，顿时振奋了不少。

有了粮草，行军也快了，石勒领兵到达邺城外，但是邺城易守难攻，守卫十分牢固，一时难以攻下，况且长距离的行军之后，士卒疲劳，需要尽早休息。张宾便进言道："邯郸、襄国，赵之旧都，依山凭险，形胜之国，可择此二邑而都之，然后命将四出……王业可图矣。"

石勒体恤民意，见张宾提议可行，便依计行事，出兵襄国，以此为据点扎稳了根基，石勒终于有了自己的根据地，这里成为石勒发家的开始。石勒占据襄国以后，稍作休整，便领兵占领了周边郡县，实力渐渐增强，为后赵的建立打下了根基。

然而，石勒的到来，引起了幽州刺史王浚的不满。王浚一心想要做皇帝，本打算在此地割据自立，这下凭空来了个石勒，意欲抢夺他的地盘，王浚当然不允许。

在石勒还没有扎根于此之前，王浚要先下手为强，抢占先机。这样想着，王浚便与其盟友鲜卑段氏，一同进攻在襄国的石勒。

石勒领兵迎战，生擒鲜卑领袖段末杯，王浚大败而归。如何处置段末杯在军中成为一个有争议的问题，有些将领主张将其杀掉，而石勒与张宾则主张将其放还，并与之讲和。

石勒势力正处于兴起之时，此时不宜与人结怨。鲜卑段氏在辽西也算小有实力，若是这个时候将段末杯杀掉，无异于与鲜卑结怨，这样虽能解一时怨气，却会因小失大，为以后留下祸患，不如放掉他，以实现"必深德我，不复为浚用矣"的目的。

石勒将段末杯礼遇送还，果如石勒所预料，他的怀柔政策发挥了功效，鲜卑段氏与王浚的结盟形同虚设，却更加倾向与石勒交好。如此一来，王浚的势力就大为削弱。

所谓一山不容二虎，石勒与王浚的较量是迟早的事情。但是饿死的骆驼比马大，王浚毕竟掌握了一方军权，没有了鲜卑段氏的帮助，也有不小的军事实力，若是硬碰硬未必能够取胜，另一方面还会大大消耗自身的实力。

如何驱逐王浚，成为石勒面临的一大难题。石勒召集智囊团，商讨对策，最后得出一个智取的方案，那就是先结交王浚，然后出其不意攻其不备，一举将其拿下。然而，若要结交王浚，却是难事，谋臣张宾道："浚名为晋臣，实图自立，但患四海英雄，不肯依附，所以迁延至今。将军威震天下，若卑辞厚礼，与彼交欢，犹惧未信，况如羊陆抗衡，能使彼相信不疑乎？"

在大战一场之后，前去结交王浚。这王浚能在此存活至今，想必也不是个等闲之辈，疑心肯定是会有的，那么如何除去王浚的疑心呢？张宾走至石勒身前，眼中散发出无限的光芒，悠然道："荀息灭虞，勾践沼吴，俱见《春秋左传》。前策具在，奈何不行？"

石勒、张宾默契如此，石勒怎能不明白张宾所言，当即心中大喜，便要依张宾所言办事，并将此事交予张宾全权处理。

张宾知道王浚一心想要做皇帝，只是苦于依附者甚少，才一直推延至今。张宾便投其所好，派使者王子春携带大批奇珍异宝前去拜访王浚，并送上石勒的亲笔文书，文书是这样写的：

"勒本小胡，遭世饥乱，流离屯厄，窜命冀州，窃相保聚，以救性命。今晋祚沦夷，中原无主，殿下州乡贵望，四海所宗，为帝王者，非公其谁？勒所以捐躯起兵，诛讨暴乱者，正欲为殿下驱除尔。伏愿殿下应天顺人，早登皇祚。勒奉戴殿下，如天地父母，殿下察勒微忱，亦当视之如子也。谨此表闻！"

石勒的这份文书，写得甚是诚恳卑微，又将王浚描绘得如此威武强大，这样的迷魂汤，王浚自然很是受用。王浚读罢，不觉已经飘飘然，对石勒的印象也大为改观。见使者王子春谦恭站在一侧，再见带来的那些奇珍异宝，王浚的心情爽到了极点，这些本是属于皇帝的殊荣如今他王浚却在受用，真是一个特大的惊喜。

王浚心花怒放，理智却没有丧失，等欢喜过后，心中不免有了疑惑，便问王子春道："石公亦当世英雄，据有赵魏。今乃向孤称藩，殊为不解。"

这王子春也不是简单人物，甚是能言善辩，早就料想王浚会如此问，腹中早有答案，只见王子春徐徐答道："石将军兵力强盛，诚如圣论，但因殿下中州贵望，威震华夷，石将军自视勿如，所以愿让殿下。况自古到今，胡人为上国名臣，尚有所闻，从未有突然崛起，得为帝王。石将军推功让美，正是明识过人，殿下亦何必多疑呢？"

王子春话一说，王浚的几个幕僚便顺着王子春的话应承一番，王浚的怀疑便去了大半。原来，这王子春是个社交高手，来到王浚处，便已经将王浚的幕僚贿赂了一番，拿了人家的好处，自然要替人家说好话，也就是张张嘴的，耍耍嘴皮子的功夫，这有何不可呢？可是他们不知，虽是动动嘴的事，后果却很严重。

还有一件事情，让王浚对石勒的好感与信任直线上升，那就是王浚的一个部属游统，因为不得王浚重用，便去投靠了石勒。若是平时，石勒肯定会欣然接受，但是，今日见游统，不免心有一计。

石勒令人将游统杀掉，并将游统首级交给王浚，王浚见石勒如此，便相信了石勒归附的事实。石勒的计划一步步实施着，王浚也一步步走入石勒的陷阱中。

这日，石勒命人送来书信，心中希望王浚能够早登大典，并乞求来幽州参加王浚的登基大典。对于当皇帝，王浚早就迫不及待了，此时又有石勒的支持与幕僚的煽风点火，便再也忍不住，准备起登基事宜。

这年是晋建兴二年（公元 314 年），初春，万物复苏的时候，王浚的登基大典将要举行，石勒领兵北上，前往幽州参加大典。

王浚摆下盛宴，准备为石勒接风洗尘，幕僚提醒王浚应当做好两手准备，以免石勒有变，王浚听了愤怒难当，手下人便不敢进言了。当石勒的大军一拥而入，王浚才从皇帝梦中清醒过来，但是，为时已晚，石勒已经领兵进入幽州，来到眼前，王浚皇帝没有做成，却做了俘虏，后被杀害。

安宁只是暂时的

石勒占据襄国，并以此为大本营，逐渐向外扩张，夺取了信都。眼见石勒日益强大，鲜卑、乌桓各部纷纷前来投奔。石勒在此逐步稳定，发展生产，征收赋税，设立太学，建立起了正常的统治秩序。

在石勒忙着扩充实力的时候，匈奴汉国刘聪也没有闲着，对于长安城，他仍然是贼心未死，况且，又听闻秦王司马邺在长安继承皇位，似乎有东山再起的征兆，这就更加激发了刘聪的斗志。刘聪以中山王刘曜为将，以降将赵染为前锋，再次攻打长安。

刘曜手握重兵，且才智与武功兼具。刘曜自小父母双亡，是刘渊把他抚养长大，据史书记载，此人"性拓落高亮，与众不群。读书志于广览，不精思章句，善属文，工草隶。雄武过人，铁厚一寸，射而洞之，于时号为神射。尤好兵书，略皆暗诵"。刘曜文武全能，创立下匈奴汉国的江山，他的功劳不容忽视。只是，这一次，这个文武全才却遭遇了重挫。

赵染在前，刘曜领主力浩浩荡荡奔长安而来。晋愍帝自从即位以来，便忙于战争事务，真是心有不甘。晋愍帝令麹允为冠军将军，在黄白城迎战，但是，实力相差悬殊，麹允与赵染大战几个回合，均遭遇失败，便向晋愍帝求救。

麹允，出身凉州世家大族，永嘉之乱之时，麹允任职安夷护军、始平太守。洛阳沦陷不久，南阳王司马模的部属赵染因欲望得不到满足而投奔匈奴，后竟然带着刘曜攻打长安。

在这样里应外合的攻势下，长安很快便沦陷，麹允便与索綝等人领兵投奔了贾疋，贾疋时任安定太守，这几人召集西晋残余，共谋恢复西晋。在他们的号召下，不愿意投降匈奴的州郡均加入他们的行列中来，统归贾疋领导，一时之间，有众五万。

众人拥戴贾疋为平西将军，领兵前去长安。有了一个统一的号召，一路上又有不少士卒加入，声势更加壮大。而长安城内的百姓也多有不愿意投降匈奴者，便集结起来，共抗匈奴汉国。

刘曜在这样里应外合的攻势下，多次败下阵来，最后，实在不能掌控长安城，便退兵回了平阳。贾疋收复了长安，不几，秦王司马邺入长安，被立为皇太子。后贾疋夺取雍城，被任命为雍城刺史。麴允一路跟随贾疋，在贾疋死后，继承了雍城刺史的职务。

晋怀帝在平阳被杀后，秦王司马邺便登上皇位，大封有功之臣，麴允因护长安有功，被任命为尚书左仆射、录尚书事。尽管结果不错，但当时的战况还是很激烈。

麴允在与匈奴汉国军队大战几个回合以后，皆失败，便退回到黄白城内，筑起高高的壁垒，不肯出来了。赵染领兵督战，奈何易守难攻，根本就攻打不下。赵染本想舍弃黄白城，引兵直接入长安，刘曜却不应允，憋足了劲要将黄白城拿下。

麴允自知与匈奴汉国军队硬拼不过，便想以守为攻，将黄白城牢牢守住，消耗匈奴汉国有生力量。此法甚是有效，麴允站在城楼之上，对刘曜大喊大叫，骂得甚是难听。刘曜气得抓耳挠腮，却也拿他没有办法，二人对骂一番，刘曜气鼓鼓地败下阵来。

麴允像个缩头乌龟一样不肯出来了，刘曜攻城不下，气愤难当。被惹急了的刘曜被激发起了斗志，便命令士卒搭乘云梯入城。这云梯皆是木头所做，麴允便命令守城士卒，将棉被浇上油，将其点燃，火烧云梯。真是你有张良计，我有过墙梯，云梯上的匈奴汉国士卒被烧伤烧死者无数，就在这慌乱之时，城墙之上，万箭齐发，城外顿时乱作一团，死者伤者无数，匈奴汉国士卒皆不敢上前。

不甘心的刘曜又想出了挖地道的主意，刘曜让士卒趁着夜色暗地里挖地道，想通过地道入城。然而，麹允早就有所防备，这挖地道的人刚刚一露头，便被城内士卒抓了去，如此一来，匈奴汉国士卒便不敢前进了。

一计不成，再生一计，这黄白城中粮草有限，麹允总不至于一直躲在城中。刘曜便想以断绝城中粮食供给的方式逼麹允出城迎战，此法不费一兵一卒，却是甚为有效。麹允被困于城中，眼见粮草将尽，将被困死于城中。而出城迎战，兵力不足，必败无疑，这便如何是好，无奈的麹允只有向晋愍帝求救。

却说麹允节节失利的消息传来，晋愍帝心中畏惧，恐抵挡不住，长安城被破便指日可待，便又命索綝为征东大将军，领兵前去援助。此时，长安城中兵力不足一半，若是敌军来袭，那真是岌岌可危。

然而，事情就是那么不顺心，害怕什么就来什么。对于长安城的这种情况，赵染看得十分清晰，他便对刘曜道："麹允索綝，先后继至，长安必定空虚，若往掩袭，一鼓可下。"听了赵染的建议，刘曜认为此法可行，便分给他五千精锐，让他从小道绕行，直入长安，刘曜则领兵与麹允、索綝周旋以掩人耳目。

一路上没有受到太多的阻挠，在这天夜里，赵染非常顺利地来到长安城下，诚如他所预料的，长安城并无兵力可挡。此时正值夜里，夜幕笼罩，长安城内漆黑一片，伸手不见五指。

城外战乱声响起，侍卫才知匈奴汉国军队来袭，卫士慌忙将酣睡中的晋愍帝唤起，晋愍帝身侧无人，一时之间也拿不定主意，慌张的他，急令侍卫往外去打探情形。不消一炷香的时间，侍卫来报，长安城尚且安全，城门还未攻破，此时正派兵支援，然而，长安城中留下来守城的士卒本就不多，这支援的士卒却也无处派遣。

晋愍帝以梁肃、竺恢为将出城迎敌，梁素为前锋，前去挑战，与赵染大战十个回合，大败而归。竺恢上前再战仍旧不敌，大败而归。这二人节节败退，退回城中。

晋愍帝心中不安，一夜未睡，命人燃起烽火，向周围求救，并亲临城门，一同抗敌。城外，赵染见城门守卫森严，一时之间也没有办法入城，便在城外留宿一夜，准备天亮再攻城。然而，就在第二日，阿城守将麹鉴率领五千骑气势汹汹而来。

赵染一路行军而来，在长安城下又与守军作战多时，士卒不得休息，疲惫不堪，而麹鉴一到，匈奴汉国军队便是腹背受敌，如此一来，便难以逃脱了。想及此，赵染也不恋战，便领兵撤退。

却说刘曜这边只等麴允弹尽粮绝不是长远之策，毕竟拖延时间太长，必定会导致自己粮草供应不足而紊乱军心。刘曜便与部属商讨计谋，引麴允出城迎战。

这日，刘曜在营中大摆筵席，欢声笑语，对酒当歌，好不快活，至入夜，三军皆大醉而归，且看那士卒，皆醉醺醺，席地而睡。这样的情形，若是有敌军前来偷袭，如何能迎战？

麴允、索綝二人正在商讨破敌之计，却听闻匈奴汉国营中的欢声笑语，便令人出去打探，这一打探才知，匈奴汉国将领与士卒正大摆筵席。等声音渐渐隐去，麴允又命人去打探，得知匈奴汉国将士均醉酒而睡。

麴允、索綝二人一商议，便要领兵出城，夜袭刘曜。麴允出城却有一种不祥的预感，刘曜素来谨慎，怎会如此大意，莫非这是他的计谋？有了这样的疑惑，麴允又与索綝商议，先派一支队伍前去探个虚实，若真是匈奴汉国轻敌，便率大军入敌营，若是有诈，便可来个内外夹击。

麴允令一支军队入敌营，匈奴汉国士卒突然从醉酒中醒来，大开杀戒，却不知后面还有麴允、索綝率领的大队人马。结果可想而知，刘曜掉进了自己设置的圈套里。

此役让刘曜颜面尽失，攻城不得，却被杀了个措手不及，懊恼不已的刘曜无奈领兵回平阳，有好几个月不敢轻举妄动，关中暂得安宁。

开着羊车去投降

　　刘曜撤兵回平阳城，匈奴暂不敢再犯关中，关中得一时安宁，然而，在这片刻奢侈的安宁过后，一场更大的战乱袭来。西晋王室经历了一次又一次的动乱，根基一次一次被削弱，终于不堪忍受，走向了灭亡。

　　晋建兴四年（公元 316 年），刘聪以刘曜为大元帅，领兵十万，再次进攻长安。这年蝗灾横生，朝廷无粮可征，长安城可谓是凋零至极。刘聪将刘曜送出平阳城门，君臣各自嘱托一番，恋恋不舍地分开。刘曜领兵南下，一路上攻无不克，战无不胜，来到北地，北地太守麹昌战不过，便向晋愍帝求救。

　　晋愍帝接到北地急报，便令麹允为大都督，率兵三万，前去支援。却说这麹允领兵三万，前往北地，却在途中遇到一群逃难北地的百姓，打听之下，才知北地已经沦陷。麹允一听此消息，心中不免有些畏惧，刘曜有兵十万，而麹允却只有三万士卒，这样的悬殊，麹允哪里敢前去挑战？

麹允不再前行，掉头回兵。入得长安才知道，中了刘曜的计谋，原来，刘曜前往北地支援，害怕前后受敌，便传出假消息，让麹允信以为真，不敢前行。就在麹允回军的途中，北地的麹昌因孤立无援战死，全军覆没，北地被刘曜占领。

刘曜攻破了北地，便紧追麹允，麹允边退边战，被刘曜打得抱头鼠窜，狼狈逃回长安去了。刘曜一路追赶而来，破泾阳，入渭北，西晋将领不肯投降者皆被杀害。刘曜长驱直入，直奔长安。

长安被困，麹允、索綝无计可施，只能退守内城，等待奇迹的发生。晋愍帝向司马保求救，这司马保迟迟不肯发兵，在朝廷一催再催的情况下，才派胡崧出兵。这个胡崧作战英勇，却是个有心计的小人，为了个人利益，罔顾国家利益。

胡崧领兵在灵台大破刘曜，灵台距离长安只有四十里，若是胡崧能够乘胜追击，必然能够解除长安困境。然而，此人与麹允、索綝向来不和，唯恐长安之围解除以后，麹允、索綝二人再次把持朝政。抱着这样的想法，胡崧没有乘胜追击，反倒是驻守不动，观望起来。

这个胡崧真是个糊涂人，在这样的危难时刻仍想着为个人谋取私利，却不知这唇亡齿寒的道理。长安一旦被攻破，单枪匹马的他，如何与匈奴汉国的十万大军相对抗，那时天下也不会有他的立足之地。

救兵不来，而城中的粮草已尽，在这弹尽粮绝的时刻，晋愍帝只能吃麦饼煮成的粥为生，而这已经是最为奢侈的东西了。朝中大臣只能以吃野菜为生，那些百姓就可想而知了。关于长安城的情境，史书是这样描述的："内外断绝，城中饥荒，米斗值金二两，人相食，死者大半，亡逃不可制。"这样的境况，真是惨不忍睹。

面临这些，仍有人想要从中谋取私利。索綝见长安城被攻破指日可待，便想从中捞取利益，便令他的儿子去见刘曜，对刘曜说："今城中之粮犹足支一年，未易克也，若许索綝为车骑将军、开府仪同三司、万户郡公，便献城以降。"

长安城中境况如此，索綝竟然能够教唆他的儿子如此大言不惭地说出这样的话来，西晋有如此臣子，怎能不亡？

刘曜最看不起的就是这样的人，这个人现在如此，他投降以后，难保不会用同样的方法来对付自己，毕竟江山易改本性难移。大怒的刘曜说了一段话，一挥手，便将索綝的儿子杀掉了，并将尸体送还索綝，真是大快人心，对待这样的人，理当如此。至于刘曜的这段话，是这样说的：

"帝王行师，所向惟义，孤将兵十五年，未尝以诡计败人，必待他兵穷势竭，然后取之。今索綝所言如此，天下无论何国，若不讲忠义，乱臣贼子，人人得而诛之。如军粮果未尽者，便当勉力固守；如其粮竭兵微，便应早知天命！"

却说晋愍帝整日喝粥来饱腹，不出几日，却到了连粥都喝不上的地步。晋愍帝年仅十七岁，不过是刚刚理事的年纪，何时受过这样的委屈与屈辱，更见长安城内凄凉景象，便再也无法忍受这样非人的折磨。

男儿有泪不轻弹，只是未到伤心处，晋愍帝是伤心了，他哭着对麴允痛诉："今穷厄如此，内无粮草，外无救援，不如忍耻出降，以活士民。"

晋愍帝的这番话，说出了大多数人的心声，多有附和之声。然而，朝中仍有忠义之士，御史中丞冯翊吉朗便是一例，他的想法是："长安内外，尚有兵数万，若势穷力极，祸败必至，便当背城一战，同死社稷，岂可轻弃祖先之业？"

晋愍帝仍然有他的坚持与想法："今守城之兵数日无食，日有饿死之人，虽然有心，也已无力，灞上之兵又观望不进，秦中、江南之兵，朕已不望，死于社稷，是朕事也。然念将士暴离斯酷，今欲因城未陷为羞死之事，庶令黎元免遭屠烂之苦。行矣遣书，朕意已决。"晋愍帝此话一说，既然是为黎民百姓、为将士，哪里还有反对的声音？这样投降的共识便达成了。

在古代，有一套专门的帝王投降仪式，那就是"乘羊车，肉袒，衔璧，舆梓，出东门降"。投降的共识达成以后，晋愍帝亲笔写下了投降文书，令人将其交予刘曜。

这一天，群臣将投降所用之物备置齐全，晋愍帝乘着羊车，露着胸脯，嘴中含着玉，大开城门，缓缓往刘曜大营而去。身后群臣跟随，皆神色忧郁，这样的场面不能不让人动容。

御史中丞冯翊吉朗性格倔强、有忠义，这么硬朗的一个汉子，竟然也忍不住掩面而泣。等他情绪稍作稳定，只见他走向晋愍帝，叩首后，便撞向了城门上的石柱，当即头破血流，不几便气绝身亡，却是死不瞑目，眼中尽是哀伤。

朝臣见此景，皆大惊，不免对吉朗充满了敬佩之情，但是，效仿吉朗殉国却是做不到的。

刘曜见晋愍帝来降，欣然接受。晋愍帝连同群臣皆被送往平阳，犹如前任皇帝晋怀帝一样，晋愍帝跪在刘聪面前叩头谢不杀之恩，这样的屈辱在旁人看来已经难以忍受了，就不要说晋愍帝心中做何感想了。作为臣子的麴允见晋愍帝如此，再也隐忍不住，自杀而亡。

晋建兴四年（公元 316 年），刘聪在光极殿会宴群臣，也像对待怀帝那样，命令愍帝穿上青衣，替大家斟酒、洗杯，甚至在自己小便时，命令愍帝替他揭开便桶盖。陪伴晋愍帝同来的晋朝尚书郎辛宾见皇上受如此受辱，失声大哭。事后，刘聪担心留着愍帝，晋人复国之心不灭，就派人杀死了愍帝。

至此，西晋灭亡，这一年是晋建兴四年（公元 316 年）。

第四章

南渡北归：这条路很难走

晋朝有了新生命

　　愍帝被害的消息很快就传到了建康，晋王司马睿的文武百官都纷纷上书，请司马睿立即称尊。司马睿遂下令大赦，改建武二年为大兴元年。但是，在朝臣的一片劝谏声中，周顗的弟弟，奉朝请周嵩却递入一笺，谏阻登基。周嵩以为现在正值多事之秋，不如秣马厉兵，伺机北伐，将刘聪等人逐出中原之后，再称帝不迟。

　　这话说得义正辞严，弄得司马睿也下不来台。王导遂进言替司马睿解围，大意就是先使四海有主，再行北伐。司马睿既然得到了王氏的支持，也不做扭捏之态了，便决意登基，即皇帝位。而对于之前大唱反调的周嵩，司马睿就把他打发出建康，让他担任新安太守，离开了政治中心，实际上就是遭到了贬职。

司马睿接受百官朝贺之后，却做出了一件十分突兀的事情：让王导和他共坐御床。御床是只有皇帝才能坐的，王导推辞再三，说道："若太阳下同万物，苍生何由仰照。"《世说新语·宠礼》中记载王导的话说得更加直接："使太阳与万物同晖，臣下何以瞻仰？"如果太阳跟万物一模一样，没有什么区分，那天下苍生要仰照谁呢？司马睿这才罢议。东晋的开国皇帝如此礼遇王导，不敢以臣僚视之，所以当时有人说道："王与马，共天下。"王导在江南为司马氏奠定了帝业，琅琊王氏由此和东晋皇室司马氏开启了持续百年的门阀政治的格局。

　　当时除了"王与马，共天下"这句谚语外，还流传着这么一句童谣："五马浮渡江，一马化为龙。"这五马是琅琊王司马睿、西阳王司马羕、南顿王司马宗、汝南王司马祐和彭城王五人。琅琊王司马睿是司马懿的第五子司马伷之子；西阳王司马羕和南顿王司马宗都是司马懿的第四子汝南王司马亮的儿子；而司马祐的父亲司马矩则是汝南王司马亮的长子。

　　至于这个彭城王是谁，是有些分歧的，当时的彭城王是司马雄，也有人认为童谣中所指的彭城王是司马雄的弟弟司马纮。但是《晋书·彭城穆王权传》记载："子元王植立……遂以忧薨。子康王释立……薨，子雄立，坐奔苏峻伏诛，更以释子纮嗣。""建兴末，元帝承制，

160

以纮继高密王据。及帝即位，拜为散骑侍郎……雄之诛也，纮入继本宗。"很明显，司马纮在南渡之初是由司马睿做主，过继给了高密王司马据。而在多年后的苏峻之乱时，司马雄因为投降叛军而被处死，司马纮这时才得以成为彭城王。

其实永嘉之乱以后，南渡的司马宗室远远不止这五个人，还有梁王司马翘、河间王司马钦、谯王司马承、通吉侯司马勋和司马流。河间王司马钦是司马释的儿子，和司马雄、司马纮是兄弟。当时在八王之乱时期，司马释被任命为南中郎将、平南将军，与荆州刺史刘弘同镇荆州。在晋永兴二年（公元305年），东海王司马越起兵讨伐河间王司马颙时，刘弘将彭城王司马释逐至宛城。司马释在晋永嘉三年（公元309年）死后，其三子司马雄、司马纮、司马钦可能不久就渡江南下了，《晋书·河间王颙传》中记载："建兴中，元帝又以彭城王释子钦为融嗣。"实际上，司马钦的王爵，正是在这时才获得的。

相似的情况也发生在司马翘的身上。因为梁王司马肜没有儿子，晋廷就让琅琊王司马伷的二儿子司马澹把他的儿子司马禧过继给司马肜为孙子。后来，司马禧与司马澹都被石勒所俘虏。司马睿在江南时，又改立司马羕的儿子司马俚为司马肜的孙子，但是司马俚却早死。这时司马禧的儿子司马翘却从北方逃了出去，南奔建康，司马睿遂立司马翘为梁王。史称梁王"自石氏归国得立"。

司马承是司马懿的六弟谯王司马进的孙子，在南渡前，谯王承曾"拜奉车都尉、奉朝请，稍迁广威将军、安夷护军，镇安定。从惠帝还洛阳，拜游击将军。永嘉中，天下渐乱，间行依征南将军山简，会简卒，进至武昌。元帝初镇扬州，承归建康。"河间王颙自晋元康九年（公元299年）至晋光熙元年（公元306年）一直镇守关中，而谯王承这期间在安定做官，自然是司马颙的属下。司马颙失败后，谯王承就来到了荆州，依附于山涛之子山简。山简死于晋永嘉六年（公元312年），谯王承不久之后便东下建康了。

而司马睿能够从数"马"之中脱颖而出，一跃成"龙"，更是因为之前他在江东十年的经营，为晋朝保存了半壁江山。若不是当年八王之乱后，司马越派他镇守江南，他也就没有登基称帝的资本。司马睿在王导诸人的辅佐下，取得了大多数江东世族的肯定，他在江南逐渐站稳了脚跟。但是不愿意和司马睿合作的世族大有人在，义兴周玘就对南下的司马氏宗室抱有怀疑的态度。

周玘的父亲，就是"除三害"的周处。当年武帝在位时，周处和梁王司马肜一起讨伐秃发树机能，梁王公报私仇，令周处孤军抵御强敌，导致周处战死沙场。或许因为这层关系，周处死后，周玘在西晋屡次不应州郡征召。周玘在江南一带声望极高，之前石冰、陈敏作乱，都是周玘联合江东世族一起讨平。还有钱璯挟持吴国末代皇帝孙皓的儿子孙充造反一事，也被他用乡里义兵平定。这就是有名的"三定江南"。

周玘每次打完仗，就解散部队，从他这一举措来看，似乎只是为了安定江东乡土，不是为了晋室办事。因为周玘掌握着一部分武装力量，司马睿对他也颇为忌惮，不敢重用他。周玘郁郁不得志。建兴元年时，周玘为吴兴太守，与琅琊王司马睿的亲信刁协又有矛盾。他自思对司马睿既无推戴之功，自己又没有得掌朝政，政权反为北人所垄断，于是想发动吴人叛乱，杀掉诸位当朝执政大臣，改用南方人士。

司马睿发觉周玘的密谋后，也不敢采取公开镇压的办法，便改授周玘为建武将军、南郡司马。紧接着，等他动身准备前往南郡之时，又将其改任为军咨祭酒，撤掉了周玘的实权，只给了他一个闲官。周玘这时候知道自己的密谋已经泄露，遂忧愤而死。临终前，周玘对儿子周勰说："杀我者诸伧子，能复之，乃吾子也。"伧子是南人对北人的蔑称，可见周玘对于北人执掌政权，而南人不得参与政事这点有多愤恨了。

司马睿和王导明知周玘是要造反，但是在他死后，仍然给周玘的谥号为"忠烈"。司马睿和王导希望争端就此收场，但是事情并没有结束。周勰念念不忘父亲的遗言，便令吴兴功曹徐馥诈传自己的叔父、丞相从事中郎周札的命令，起兵讨伐王导、刁协。徐馥家里本来有部队，加上响应的江东土豪，集结了好几千人。

晋建兴三年（公元 315 年）正月，徐馥杀死吴兴太守袁琇，发动事变。吴国末代皇帝孙皓的族人孙弼也在广德起兵，与他呼应。他们打算拥周札为主，周札这时因病待在义兴，听说这个消息后大惊失色，连忙去告诉义兴太守孔侃。周勰见叔父反对，就没敢再进行下一步。

徐馥集结的本来就是乌合之众，此时他们见情况不妙，便倒戈杀死了徐馥，孙弼也被地方官镇压。事变似乎可以结束了，但是周氏族人周续又在阳羡起兵。建康得讯，司马睿想要发兵讨伐，王导认为少发兵是不能平定这场叛乱的，要是多发兵建康就很空虚。

于是王导派周续的族兄周莚带一百名力士，去阳羡平乱。周莚连夜赶路，到了阳羡见到周续后，只说同去见太守，有要事相商。等到了府里，周莚喝令郡吏吴曾在座上就把周续杀死。这场因义兴周氏而引起的事变才就此结束。司马睿对周勰也不追究，周勰见所谋未遂，"失志归家，淫侈纵恣，每谓人曰：'人生几时，但当快意耳！'"

司马睿坐稳皇帝位之后，渐渐感觉到王氏的势力过大，"王与马，共天下"的谚语让司马睿觉得很不是滋味。更为重要的是，在长江上游，建康的门户，此时是王导的族兄王敦控制着。司马睿不满内外皆为王氏左右的局面，他试图收回本应属于他的皇权。

王敦动了歪心思

王导、王敦二人，本来一内一外辅佐元帝司马睿，但是一个家族的势力能够左右朝政，这是皇帝最不愿意看到的。元帝便打算起用原来琅琊王幕府中的两个旧人，刘隗与刁协，分解王导在朝中的政治权力。刁协做过本郡大中正，曾在成都王颖、赵王伦、长沙王乂手下任职。司马睿称帝后，朝制初创，众臣对各种礼仪制度都不熟悉，而刁协因为"久在中朝，谙练旧事，凡所制度，皆裹于协焉，深为当时所称许"，又"性刚悍，与物多忤，每崇上抑下，故为王氏所疾。又使酒放肆，侵毁公卿，见者莫不侧目。然悉力尽心，志在匡救，帝甚信任之"。

刁协能够很好地揣摩到司马睿的心思，知道元帝是要压制王氏，所以才能够为元帝所重用。刘隗在司马睿担任丞相时，被任命为丞相司直。在任期间，护军将军戴渊的士兵因为犯法被建康尉逮捕，却被护军府的将领率兵强行夺回。于是刘隗上疏奏免了戴渊的官。

太子文学王籍之，因为在叔母的丧期时结婚、东阁祭酒颜含在叔父丧期时嫁女、庐江太守梁龛在老婆丧期将尽时候设宴，这些不合时宜的做法都被刘隗所奏。而王敦的哥哥南中郎将王含，曾一次要求他任命参佐和地方守长多达二十多人。刘隗认为一次任命太多不妥，而且这些人的才能、资格又与职位不相符，便向元帝提出了劾奏，这令"王氏深忌疾之"。但是，刘隗的做法却为司马睿所欣赏，史称"与尚书令刁协并为元帝所宠"。

元帝重用刁协、刘隗，疏远王导的做法，王导自己也很不满，但是王导生性淡然，又深识谦抑之道，遂默然居守，不和元帝公然翻脸。但是王导的族兄王敦可就不这么好说话了，他据有长江上游，手握强兵，闻知王导被排斥，心中自然愤恨，便上书司马睿直接表达自己的不满。王敦的奏表中让元帝回忆过去曾说过"吾与卿及茂弘，当管、鲍之交"的话，再看看现在，本来我们王氏兄弟和你应该是管仲和鲍叔牙那样的挚友，结果如今却不信任我们。最后，王敦说现在"天下荒弊，人心易动"，暗示可能会发动动乱。

王敦的奏表送来以后，王导为了避免与司马睿的关系闹僵，就没上报给司马睿，而是把奏表重新退回给了王敦。但是，王敦接到后，又派人送了过去，亲自交到了司马睿的手中。元帝观看完毕王敦的疏奏后，心想虽然王敦在疏奏中口口声声称"臣非敢苟私亲亲，惟欲忠于社稷"，但不臣之心已经显露出来，他把王敦的疏奏又给谯王司马承看了一遍，抱怨说："王敦过去虽有功劳，现在的官职足以酬报他了。可他仍旧不断提出过分的要求，还指点朝政，该拿他怎么办呢？"谯王司马承叹息说道："陛下若不早下手，王敦必为后患。"

王敦这个人虽然豪爽不羁，但是生性残忍，《世说新语》曾记载王敦、王导有一次去石崇家宴饮，石崇派美人劝酒，哪个客人要是没喝酒，石崇就把劝酒的美人给砍了。王导本来不擅饮酒，但是为了不让这些美人冤死，就勉强喝了下去。而王敦想试试石崇是不是舍得杀美人，便死活不肯饮酒。石崇便把给王敦劝酒的美人拉出去杀了，王敦见此还神色不变。王导知道后，叹息说道："处仲若当世，心怀刚忍，非令终也。"司马越当年任命王敦为扬州刺史，其属下潘滔就跟司马越说王敦"蜂目""豺声"，不好驾驭。

王敦能够掌握长江上游的武装力量，这还得从当年司马睿初到建康时说起。晋永嘉五年（公元 311 年），司马睿在建康刚刚立足，江州刺史华轶就以没有看到来自洛阳的诏书为理由，不服从司马睿的命令。这时王敦率兵攻杀华轶，又督率陶侃、周访等人平定了杜弢之乱，稳定了司马睿在长江中游地区的统治。司马睿就表王敦为江州牧。本来的荆州刺史是王敦的族弟王廙，但是因为荆州又起杜曾之乱，王廙一直没有到任。

王敦担心杜曾难制，就跟周访说如果剿灭杜曾，就把荆州刺史一职作为酬劳。周访遂激励自己的下属说："春秋的时候，晋楚城濮之战，楚虽败退，但晋文公以楚国的得臣不死为忧，如今，杜曾不死，也是祸难不已，我当与诸君再接再厉，誓除此贼。"当时长期抵御匈奴刘氏的魏该，因为受到刘曜的逼迫，单骑逃往南阳，原有部众在投降刘曜以后，不堪忍受压迫，又追随魏该到了新野，于是，周访联络魏该率众继续进击，经过多次战斗，都无法取胜。最后，周访命人沿山开出一条山道，出其不意，攻上山来，一举将杜曾部众击溃，生擒杜曾、第五猗等人。

周访想将杜曾送到武昌王敦那里处置，但是，在女观湖一战中被杜曾杀死的朱轨、赵诱的儿子朱昌和赵胤，哭泣哀求要报仇雪恨，周访无奈，将杜曾就地斩首，朱昌和赵胤将杜曾身上的肉乱刀切下吃掉。而第五猗等人被送到武昌以后，周访对王敦说第五猗是晋愍帝所任命的，为杜曾所逼，请求王敦手下留情。但是，王敦不听，还是将第五猗杀了。

荆州恢复平静后，王廙才得以到荆州上任。然而王廙到任以后，却在荆州大肆诛戮陶侃的将佐，弄得人心惶惶。当时，西晋名士皇甫谧的儿子皇甫方回，也在荆州居住，在荆州地区有很大的声望。当时陶侃做荆州刺史的时候，对皇甫方回十分礼遇，每次到皇甫方回的家，离门很远就下车了。王廙到任以后，听说皇甫方回是陶侃所敬之人，为了树立自己的威信，他借口皇甫方回不来觐见自己，将其杀死。

王廙这一系列的举动，"大失荆土之望，人情乖阻"。司马睿也听说了这个事，就把王廙内调为辅国将军，加散骑常侍，晋廷便让周访为荆州刺史。这时候王敦的从事中郎郭舒连忙对王敦说，荆州虽然历经战乱，但是却是用武之地，不能轻易给了别人，不如自己领荆州刺史才是万全之策。周访现在做梁州刺史已经足够了，如果让他兼领荆州，恐怕就成尾大不掉之势了。

王敦一听郭舒这么说，立即上表元帝，让周访留守梁州，愿自领荆州。元帝便同意了，加王敦为荆州牧。此前王敦已经是侍中、大将军、江州牧了，为了避嫌，王敦上书司马睿称："州牧之号，所不敢当，辄送所假侍中貂蝉。"坚决要求推辞荆州牧的称号，司马睿敦喻一番后，也顺水推舟，听任其担任荆州刺史。自始王敦势力更进一步，长江中上游一带都纳入了他的掌握。

周访虽然平素谦逊，从不矜功，但这次王敦竟然出尔反尔，便给王敦写信将其大骂一通。王敦只能送上玉碗、玉镯表示歉意，周访见状大怒，把王敦送来的礼物一并扔到地上，说我周访岂是商贾，我不爱珍宝，王敦竟然拿这些东西来欺我。自此，身在襄阳的周访开始暗中整军，他看出王敦有异志，便对王敦暗加防范。

周访自己手下的官吏空缺了，就选自己的心腹直接任命，然后才给王敦打声招呼。王敦也知道周访的实力，不敢轻举妄动。无奈周访在平定杜曾之乱一年之后就病逝了。周访生前和陶侃友善，这两家还结为儿女姻亲。周访和陶侃还没有出名的时候，庐江有个会相人的陈训，曾经跟二人说两人都当位至方镇，功名也相差不多。但是陶侃活的时间要长点，周访寿命要短点。

周访病死时，年六十一，比陶侃还小一岁，当时这二人都是刺史。朝廷在周访死后，追赠他为征西将军，谥号曰"壮"。周访有两个儿子，大儿子周抚，被司马睿留在建康做官，周访死后，袭爵，改任武昌太守。周抚到武昌后，王敦就把他引入自己的幕府，做自己的从事中郎，自此周抚就成了王敦的爪牙。而周访的次子周光，十一岁的时候去拜见王敦，王敦问他谁能堪当大将？周光说，没有见能超过我的人，王敦听后大笑，便任命周光为宁远将军，浔阳太守。而梁州刺史的空缺就让湘州刺史甘卓继任，兼都督沔北诸军事，镇襄阳。

甘卓还未到襄阳时，王敦已经派遣从事中郎郭舒到了襄阳，去监襄阳军。等甘卓到任后，王敦才召还郭舒。元帝司马睿想征郭舒为右丞，暗中去王敦一臂膀，结果王敦竟然留住郭舒，不让他去建康，王敦叛逆的行迹又显露了一分，元帝也对王氏更加不放心了。

战火就要烧起来了

甘卓既调任为梁州刺史，那以前他所担任的湘州刺史现在就空缺了下来。王敦便上书司马睿，请求调宣城内史沈充为湘州刺史。沈充是吴兴大族，做过王敦的参军，王敦推荐他来担任湘州刺史，显然是为了进一步培植自己的势力。司马睿就把王敦的奏疏交给司马承看，说这些年给王敦的职位已经够多的了，可是现在他还贪心不足，这如何是好。司马承就告诫元帝，让他早做准备，否则必有后患。

司马睿认为湘州位居建康上游，又处于交州、广州和荆州三地的结合地带，历来都是用武之地，战略地位十分重要，交给外人是不放心的，便想让自己的叔父谯王承亲自去做湘州刺史。司马承当然明白元帝这么做是为了牵制王敦，便答应了下来。不过他提醒元帝，湘州经过杜弢之乱，现在已经非常荒残，恐怕要给三年左右的时间，才有出兵平乱的能力。如果这三年中有人谋反，就是他粉身碎骨，恐怕也是没有什么用处的。司马睿也管不了这么多了，毕竟湘州这块地方，如果司马承不去，那就会落在王敦的手里，到时更加棘手。于是便任命司马承为监湘州诸军事、南中郎将、湘州刺史。

当司马承上任路过武昌的时候，他脱下戎装去见王敦。王敦就在酒席上对司马承说："大王雅素佳士，恐非将帅才也。"直指司马承不过是位文士，岂能担任方镇之选。司马承以为王敦是要试探他，就引用东汉班超的名言，从容答道："公未见知耳，铅刀岂不能一割乎！"散席后，王敦对自己的亲信钱凤说此人不知道害怕，就知道学古人的壮语，从这一点就知道他没有什么才能，也就不会有什么作为了。于是，王敦未阻拦司马承，听任他到湘州上任了。

司马承到了湘州以后，厉行节约很得人心。王敦担心会对自己不利，便假称将要北伐，征召湘州境内所有的船只。司马承明白王敦的用意，但是如果不给，王敦很可能就会利用这点当借口，出兵来打湘州，司马承便只送去了一半船只。当时元帝任命司马承为湘州刺史时，就有人预见到了战争的硝烟，湘州主簿邓骞叹息着说道："湘州的灾难，恐怕又要来到了。"

晋大兴四年（公元 321 年），司马睿采用刁协的建议，下诏将在永嘉之乱时，从中原南迁到江东各郡沦落为大族"僮客"的人免除其僮客身份。所谓僮客，实际上就是家奴。对于这些北来流民依附于世家大族，应詹就曾奏疏上所称："下及工商流寓僮仆不亲农桑而游食者，以十万计。"这不仅使得中央的兵源严重短缺，而且也造成了政府税收的大幅减少。免除这些僮客的身份，就是让这些人恢复百姓的地位。

东晋政府之所以采取这些措施，当然不是为僮客着想，而是要把他们从世族手里抢过来，用他们来为政府服兵役、劳役。《晋书·戴若思传》就说："调扬州百姓家奴万人为兵配之。"另外，此时的王敦身为侍中、大将军，都督荆州、江州、扬州、湘州、交州、广州六州诸军事，势力十分膨胀，司马睿采纳刘隗、刁协的意见，变相征发世族的奴客为兵，也是为了防备王敦他日图谋不轨。

为了配合这条政策，司马睿紧接着颁发了占客之令：大幅度削减一品、二品官员的奴仆田客数量。规定一、二品官可占佃客四十户，每低一品减少五户，而佃客按一定比例向主人交纳实物地租，不负担国家课役，佃客不自立户籍，他们的名数按规定要注入主人的户籍中。这两条政策颁布后，因为严重地侵害了世族的利益，史称"众庶怨望之"。王敦曾派人送信给刘隗，表达了对刁协、刘隗制定的这两条政策的不满，说圣上如此信重阁下，今北方大贼未灭，中原鼎沸，本来是想和你一起戮力王室，共静海内。如果大家同心，帝业就得以兴隆，现今你制定的这些政策恐怕天下永无宁日了！刘隗就给王敦回了十二个字：鱼相忘于江湖，人相忘于道术，就是说咱俩永远不可能站到同一条战线上，这惹得王敦大怒。

同年七月，元帝拜戴渊为征西将军，都督兖州、豫州、司州、冀州、雍州、并州六州诸军事，假节，司州刺史，加散骑常侍，以散骑常侍王遐为军司，招募军人一千人，调发扬州百姓家奴一万人组成部队，镇守合肥；以刘隗为镇北将军，都督徐州、青州、幽州、平州四州诸军事，青州刺史，镇守淮阴。这两人外任，表面上是为了防备北方的石勒，实际上却是针对王敦。

司马睿对这二人寄予厚望，部队临出发的时候，司马睿亲自到军营里为二人践行，犒劳将士。建康方面，司马睿给王导加侍中、司空、领中书监，实际上却是以虚衔驾空，剥夺了王导以前的实权。御史中丞周嵩就上书，表示："导忠素竭诚，辅成大业，不宜听孤臣之言，惑疑似之说，亏旧往之恩，招将来之祸。"，劝元帝不要怀疑王导，应该信任如故。元帝看了周嵩的奏疏，也颇有感悟，王导也就没受到进一步的迫害。

就在这时，为王敦所忌惮的豫州刺史祖逖病死。当初祖逖自行北伐前，河南郡太守赵固、司马越的前部将上官巳、司州刺史李矩、颍川郡太守郭默，经常互相攻杀，祖逖就派出使者进行调解，这四人都表示愿意接受祖逖的统一指挥。

祖逖对他的属下，"其有微功，赏不逾日"，而且他的军队纪律严明，秋毫无犯。祖逖在黄河沿岸屯聚粮草，秣马厉兵，时刻准备"推锋越河，扫清冀朔"。祖逖对于新归附的部众，不论贵贱，都一视同仁。这不仅使祖逖得军心还很得民心。有一次祖逖摆下宴席，与百姓宴饮，一些老人热泪纵横，将祖逖比作再生父母，在座上歌曰："幸哉遗黎免俘虏，三辰既朗遇慈父。玄酒忘劳甘瓠脯，何以咏恩歌且舞。"

面对祖逖，石勒也十分忌惮。他为了结交祖逖，特命幽州官府重新整修祖逖的祖坟，并让两家人专门守护祖逖家的墓园。这两家人不向石勒政府交税，而是以赋税作为祭祀和护墓的费用。石勒还写信给祖逖，请求允许互派使节，进行通商贸易。祖逖知道如果给了石勒回信，很可能就会被人抓住通敌的把柄，于是他就派参军王愉与石勒谈判。这一举措，使豫州的税收超过了田赋的十倍，史称："听互市，收利十倍，于是公私丰赡，士马日滋。"

有一次祖逖的牙门将军童建杀了新蔡郡的太守周密，向北投靠了石勒，石勒为了向祖逖示好，就把童建斩首，将人头送给祖逖，还说自己最痛恨的就是那些叛官和逃将，将军所痛恨的就是石勒所痛恨的。因此，祖逖对于后赵叛逃的人，也没有收容，并下令边境的将领不可随意进攻、掳掠石赵境内的居民，因此，边境一带的居民得到了暂时的休息。祖逖稳定了南北的局势，使石勒不敢南下，元帝司马睿也加封祖逖为镇西将军。

但是晋大兴四年（公元 321 年）七月，戴渊以北伐的名义镇守都督豫州军事，戴渊就成了祖逖的上司。祖逖知道戴渊徒有虚名，势必不能和自己完成北伐大业，心中十分郁闷。同时，祖逖也对司马睿与王敦之间的事情略有耳闻，他眼见内乱将至，规复中原渐成泡影，这一切都让祖逖愤懑不已，以致一病不起。

术士戴洋预测祖逖九月当死。术士陈训也对人说西北当折一员大将。九月，立志北伐、规复中原的祖逖，壮志未酬，病死于雍丘，终年五十六岁。豫州的百姓听说祖逖逝世的消息，无不如丧考妣，痛哭流涕，谯郡、梁国的百姓纷纷自发地为祖逖建立祠堂祭祀。司马睿也下诏追赠祖逖为车骑将军，并以祖逖的同母弟弟祖约为平西将军、豫州刺史，带领祖逖之众。

王敦得祖逖死讯，喜出望外，他本来仅忌周访、祖逖二人，现今二人都已病亡，王敦自以为天下无敌，便于晋永昌元年（公元 322 年），以讨伐刘隗为名，在武昌起兵，声称"隗首朝悬，诸军夕退"。

鹿死谁手不一定

王敦起兵前，曾上书朝廷，要求将自己部下在扬州的家属接到荆州。王敦此举分明是为了试探元帝，如果司马睿同意这一要求，自己不仅可以收买人心，而且方便日后起兵时自己的将士没有后顾之忧；如果司马睿拒绝，就可以借此煽动将士的不满，为起兵寻找借口。司马睿在接到王敦的上书以后，不知道该怎么办，就召集刘隗、刁协等人紧急磋商，最后认为王敦既然反叛之心已露，不如拒绝王敦的要求，以王敦部下的家属为人质，拖延他的反叛时间。

王敦见朝廷拒绝了自己的上书，就立即与自己的两位亲信钱凤和沈充秘密磋商，决定让沈充在吴兴起兵，骚扰建康东面。吴兴沈氏与义兴周氏都是江南的武力强宗，当时所谓"江东之豪，莫强周、沈"，而沈充家境十分富裕，这也为王敦的起兵奠定了强大的物质基础。《晋书·食货志》记载："晋自中原丧乱，元帝过江，用孙氏旧钱，轻重杂行，大者谓之比轮，中者谓之四文。吴兴沈充又铸小钱，谓之沈郎钱。"沈充能够自己造钱，足以说明他的经济实力了。义兴周访本来和王敦势不两立，但周访死后，王敦就拉拢了他的两个儿子，让他们成了自己的爪牙。

但是在王敦集团的内部，并不是没有反对的声音。王敦的参军熊甫料到王敦将有异图，便从容劝说王敦要远离小人，王敦就问道："小人是谁？"熊甫不答，向王敦告退后就辞官远走了。记室参军郭璞，在大将军掾陈述去世时，知道王敦将有逆谋，便在吊唁陈述的时候，恸哭失声，边哭边说："嗣祖嗣祖，谁能知道你这不是福气！"嗣祖是陈述的字。除了熊甫和郭璞，还有王敦的长史羊曼和谢鲲，都敏锐地觉察出王了敦的图谋，因此，两人整天喝得不省人事。等王敦将要起兵时，去问谢鲲的意见，谢鲲说："刘隗诚然是祸首，但是，城狐社鼠。"意思就是刘隗就像居住在城墙内的狐狸，不能用水去灌，以免城墙塌陷；他像是祭坛中老鼠，不能用火熏，以免发生火灾。如果出兵的话，要顾及皇帝，投鼠忌器。

就是在王氏家族的内部，也对王敦起兵有异议。豫章太守、广武将军王棱，看到自己的从兄王敦渐渐跋扈，就经常劝说王敦，言语切直，王敦就对他怀恨在心。当初在荆州发动叛乱的王如投降王敦以后，王棱因为喜爱王如骁勇，就将其收到了自己的帐下。后来，王如匪性难改，经常与王棱的部将斗射角力，王棱见此大怒，曾经杖责王如，王如深以为耻。

王敦听说以后，就让人挑拨王如，劝王如找机会杀掉王棱。王如就在一次酒宴中，借机舞剑助兴，慢慢靠近王棱，王棱发觉情况不妙，连呼左右将王如拉出，可是，还没等卫士缓过神来，王如已上前将王棱杀了。听到消息的王敦，假装十分吃惊，命人追捕王如，杀死了王如灭口。

因为王敦的老巢在武昌，为了解除后顾之忧，早在起兵之前，王敦就已经派人与镇守襄阳的甘卓联络好了，甘卓也答应率军与王敦一起，去建康"清君侧"。而在武昌南面的湘州，虽然荒残，王敦也预先将司马承在湘州的船只征调了一半到武昌，但是王敦还是对司马承不放心，就派人说服他。司马承对王敦的使者说道："吾其死矣！地荒民寡，势孤援绝，将何以济！然死得忠义，夫复何求！"一口回绝了王敦。

王敦见司马承态度坚决，就派自己的表弟，南蛮校尉魏义率两万精兵进攻长沙，牵制司马承。岭南的陶侃虽然有实力，但是因为离建康较远，鞭长莫及，王敦也不在意。一切准备就绪，王敦遂起兵东下，沈充也在吴兴响应王敦。王敦任沈充为大都督、督护东吴诸军事。王敦的哥哥、光禄勋王含听说王敦起兵，就逃出了建康，投奔王敦。

元帝得讯大怒，立即下诏："王敦恃宠生骄，敢肆狂逆，疏言无礼，意在幽囚朕躬。是可忍也，孰不可忍！今亲率六军以诛大逆！"并征召戴渊、刘隗率兵入卫建康，封周处之孙、周札侄儿周筵为冠军将军、都督会稽、吴兴、义兴、晋陵、东阳军事，率水军三千人去吴兴讨伐沈充。

这时候先前依附王敦的甘卓老毛病又犯了，开始首鼠两端。当年陈敏之乱时，甘卓与陈敏是儿女亲家。可在顾荣等人的劝说下，他又背叛了陈敏，导致陈敏被杀。王敦出兵之前，曾经派人和甘卓联络，甘卓本来答应得好好的，可是等王敦发布了讨伐刘隗的文书时，甘卓却派来参军孙双，劝说王敦不要东下。王敦一听甘卓要退，大怒说此行只是去除掉奸臣刘隗，你赶紧回去跟甘卓说，事成之后，我保他做三公！孙双快马回到襄阳转达了王敦的意思，甘卓思来想去，还是举棋不定。有人向甘卓献计说不如先假装支持王敦，等王敦兵到建康的时候，再起兵讨伐他。甘卓就说："我过去在陈敏之乱的时候，就是先追随，后来相图，人们就说我反复无常。如果现今我还这样，那谁还能证明我的本心呢？"

司马承见到甘卓犹豫不决，就派主簿邓骞前往襄阳去游说甘卓。邓骞见到甘卓后，就对他说："刘隗虽然失去人心，但是他不是祸害天下的罪魁祸首。王敦因为一点私人恩怨，就向京师举兵，现在正是忠臣义士尽忠报国之时。你为封疆大吏，如果讨伐叛逆，就可以立下齐桓公、晋文公一样的功业。"

甘卓听后大笑，说齐桓公、晋文公那样的功业，自己的能力是达不到。他再想想该怎么办吧。甘卓的参军李梁向甘卓献策："不如暂时按兵不动，如果王敦成功了，肯定会委以重任；如果朝廷胜利了，必定会让您代替王敦的位置。"同时举出东汉初年，窦融保河西的例子来。邓骞反驳，说东汉光武帝刘秀创业之初，隗嚣、窦融二人割据一方，尚可以从容观望。但是今非昔比，如果王敦取胜，回到武昌，增加石城的守军，断绝来自荆州和湘州的粮草，该怎么办？况且身为人臣，国家有难，坐视不救，难道就会安心吗？

邓骞看甘卓还是满腹狐疑，继续劝说道：您现在既不发动义举，又不接受王敦的指挥，大祸肯定会到来，这一点，不管是聪明人还是傻瓜，都看得出来。如今王敦身边的兵力不过一万多人，留守武昌的不会超过五千，而你现有的部队已经是他的一倍了。况且你是以顺讨逆，留守武昌的王含怎么能是你的对手？王敦部队现在已经顺流而下，没法再逆流而上进行自救，拿下武昌，易如反掌。武昌一旦拿下，利用他的粮草武器，荆州江州都会平定，再像当年吕蒙攻下关羽的江陵那样，安抚王敦部队的家属，必然会使王敦部队土崩瓦解。

就在此时，王敦为了进一步说服甘卓，使他下定决心追随自己，便派遣自己的参军乐道融前往襄阳。结果这个乐道融却有"国士之风"，虽然身为王敦的幕僚，但是却怀有忠义之心。当乐道融抵达襄阳以后，针对王敦起兵的借口逐一进行了批驳，劝说甘卓不要助逆。在乐道融和邓骞两人的劝说下，甘卓转疑为喜，说道："君言正合我意，我志决了。"于是，甘卓公开发布了讨伐王敦的文告，数王敦的罪状，派遣巴东监军柳纯、南平郡太守夏侯承、宜都郡太守谭该等十余地方官联名声讨王敦，并率领本部人马东下讨伐王敦。甘卓另派参军司马赞、孙双一起携带奏章，前往建康报告，又派遣罗英到广州约请广州刺史陶侃，同时进军。

广州刺史陶侃接到了甘卓的书信后，立即命令参军高宝领军北上。武昌的守军听到甘卓即将南下的消息大为惊慌，就是王敦听说后方警报，也觉惊心，立即命令王含固守武昌。当时驻守合肥的征西将军戴渊看到了甘卓的奏章后，立即转呈给元帝司马睿。司马睿大喜过望，立即下诏加封甘卓为镇南大将军、侍中，都督荆州、梁州诸军事，荆州牧，陶侃为广州刺史、平南将军，都督交、广二州军事，兼领江州刺史。似乎一瞬之间，情形得以逆转了。

要玩就玩大的

此时身在建康的王导，又是怎么一副情形呢？王导领着自己的堂弟、中领军王邃、左卫将军王廙、王廙的弟弟王彬、被王敦所害的王棱的弟弟王侃等王氏家属二十多人，每天早上都站在皇宫门外等待处罚。顾和很关心王导，但又怕说错什么话惹来麻烦，就写道："王光禄远避流言，明公蒙尘路次，群下不宁，不审尊体起居何如？"含蓄地表达了对王导的关心。

有天早上，尚书周顗入朝办事，王导在宫门前向他呼喊："伯仁，我一家老小一百余口的性命都交给你了！"结果周顗连看都不看王导一眼，就径直进了宫。周顗进宫以后，竭力在元帝司马睿面前述说王导的忠诚。此时的司马睿也是很犹豫是否彻底与王氏决裂。周顗最终说服了司马睿。周顗在宫中与司马睿喝得酩酊大醉，一摇一晃地走出宫门，而此时的王导一家还在宫门外等待处分，他再度向周顗呼喊，想询问结果。然而，再次出乎王导意料的是，周顗还是不予理睬。

王导看到周顗竟翻脸不认人，暗暗切齿。周顗回到家中，仍然担心元帝对王氏的态度会动摇，于是，他又给司马睿上奏疏，言辞恳切地说明王导的无辜，请求司马睿在王敦与王导之间划清界线，不要牵连所有的王氏子弟。司马睿这才打消了对王导的疑虑，命人送还王导朝服，并于宫中召见。王导跪地叩首，说："逆臣贼子，何代无之，不意今者竟出臣族！"元帝闻言连忙下座，光着脚走到王导身边，扶起王导，表示绝对相信他的忠诚。晋永昌元年（公元322年）四月，元帝下诏，以王导为前锋大都督，以戴渊为车骑将军，共讨王敦。同时，又下令征虏将军周札守建康石头城，以刘隗统军守金城。元帝身穿甲胄，亲自出城巡示诸军，表示御驾亲征的决心。

王敦这边，他所派遣的南蛮校尉魏乂已经逼近了湘州刺史司马承的治所——长沙。当时长沙的城墙修建尚未完工，粮草也十分缺乏，听闻王敦大军将至，人心惶惶。司马承的手下建议不如南逃到零陵郡或者桂阳郡，暂避魏乂的锐气。司马承回答，自己举起义旗，就是要以死报国，怎能苟且偷生，做望风而逃的败将。

即使不能成功，也要让天下人知道自己的忠心。

司马承令手下将士绕城修筑堡垒，严密防守。甘卓本来想将司马承派来的邓骞留作参军，与其一起东下，不过邓骞却以家中尚有老母为由谢绝了，于是，甘卓就派邓骞与参军虞冲一起回到了长沙，让司马承继续坚守，并声称自己将从沔口出兵，断绝王敦的归路，这样，长沙之围自然就解除了。但是，等到魏乂的军队抵达了长沙城下时，依然不见甘卓的援军。司马承就给甘卓回信，说中兴草创艰难，不想恶逆竟然出于宠臣。我司马承贵为宗室，突然承受如此重担，虽然万分艰巨，但是我只想尽我的忠心。如果足下能够立即派兵支援，长沙可能还有救，如果仍然满腹狐疑，那你就到死鱼铺子里去找我去吧。末了，司马承写道："书不尽意，绝笔而已。"这八个字显示了当时长沙的危急情况，透露出了司马承对甘卓的失望和谴责。

魏乂带领的是两万精锐甲士，而司马承身边的多为从湘州各郡赶赴的义从，缺乏训练，没有铠甲兵器，城内军粮也不足。春陵令易雄带来了数千义从，与敌人奋战，"士卒死伤者相枕"。司马承派司马虞望领兵出城交战，也互有杀伤，连战数次，虞望中箭身亡，长沙城内又陷入了混乱。

司马承看到形势已经到了千钧一发的危急关头，遂派遣从事周崎与宜都内史周级的侄儿周该，一同越城向周级求救。结果两人在城外被魏乂的巡逻兵抓获，魏乂派人问他们究竟是去何处求救，周崎回答谯王让我们去外面求救，让我们俩自己决定，没安排固定的去处。魏乂怎么能相信，便把周该暂且关押下来，让周崎去传话，周崎表面上答应，等魏乂率众牵着周崎来到长沙城下时，周崎大声喊道："敦军惨败，甘安南克武昌，可速解长沙之围！"恼羞成怒的魏乂赶忙把周崎拉回军营，将其杀死。又严刑拷打周该，但是一直到把周该打死，周该也没有说出向周级求援的事，周级也因此未被牵连。

王敦知道拖得越久对自己就越不利，于是他不顾后方不稳的情况，下决心率兵东下直攻建康。王敦一开始是打算先进攻驻守在金城的刘隗，王敦的部将杜弘就对王敦建议说，刘隗手下的壮士很多，不容易迅速击败，不如先进攻石头城。周札此人对下属刻薄少恩，部队不愿意为他卖命，如果前去进攻他，肯定能够一举攻下。一旦周札被击败，金城的刘隗自然就退却。

这杜弘是当年杜弢之乱时杜弢的属下，杜弢失败后就投降了王敦。王敦遂采纳了杜弘的建议，任命杜弘为先锋，率领部队前去攻打石头城，两下交兵，周札的部将奋威将军侯礼战死，周札见势不妙，立即打开城门投降了王敦，建康的门户石头城就这样被王敦顺利占领了。王敦军拿下了石头城，建康的西门洞开，攻陷建康只是迟早的事了。

王敦登上石头城，俯瞰着建康，不禁叹息一声。这是王敦与元帝的第一次短兵相接，自己的忤逆行为成为了现实，王敦知道这肯定会遭到后世的唾骂。石头城失陷后，元帝立即乱了阵脚，他命令京师的所有部队全部出动，发誓要夺回石头城。于是，各路部队开始向石头城发起进攻，刁协、刘隗、戴渊各自率领部队与王敦军接战，均被打得大败；接着，王导、周颉、郭逸、虞潭等悉数出战，也均遭败绩，建康城能用之兵几乎损失殆尽。太子司马绍听说以后，不禁怒火中烧，想要率领卫士亲自出战。太子中庶子温峤赶忙劝说，司马绍这才作罢。

刁协、刘隗被王敦打败后，狼狈逃回，与司马睿在太极殿的东殿相见，司马睿见到二人痛哭流涕，劝令他们赶紧逃难。二人纷纷表示："臣当守死，不敢有贰。"司马睿命令手下给刘隗与刁协二人准备马匹，让他们各自逃命。刁协年事已高，骑不了马，又素无恩信，招募来的随从走到半道，就一哄而散，只剩下刁协一人，走到江乘时，被人所杀，传首王敦。王敦听任刁协的家人将其收葬。司马睿对刁协之死十分痛惜，后来秘密派人将杀死刁协之人捕杀；刘隗则逃到了淮阴防地，遭到了北中郎将、兖州刺史刘遐的袭击，刘隗无奈之下只得带领家属、亲随二百多人向北投奔石勒，石勒就任命他为从事中郎、太子太傅。

元帝司马睿在与王敦的对决中彻底失败了。刁协伏诛，刘隗北走，王敦本该入宫面君才对。但王敦"拥兵不朝，任士卒劫掠，宫省奔散"，元帝身边只有安东上将军刘超率领部下宿卫宫中，以及两位侍中陪伴着左右。

刘超是琅琊的旧臣，对司马睿忠心耿耿，他本来在服父丧中，因为王敦之变，司马睿特意下诏让刘超赶到建康。司马睿看到京畿之地，王敦和他的属下为所欲为，既愤怒又无奈地对左右说他王敦想得到皇位，何不早说，何苦这样残害百姓。元帝脱掉戎装，身着朝服，派人向王敦传话："公若不忘本朝，则天下尚可共安；如其不然，朕当归琅琊以避贤路。"司马睿俨然做好了退位的准备，立国仅六年的东晋政权就这样拱手让人了吗？

臣子很跋扈，皇帝很无奈

元帝司马睿既然已经表达了可以退位的意思，王敦这时候完全可以乘势幽禁废掉司马睿，但是他并没有这么做。王敦没有搭理司马睿，司马睿也很无奈，只得命公卿百官齐去石头城拜见王敦。王敦与众臣见礼已毕，居于上座，就戏问前日的手下败将戴渊道："前日之战，有余力乎？"戴渊坦言："岂敢有余，但力不足耳！"王敦又问："吾今此举，天下以为如何？"戴渊不卑不亢，语带讥讽地回答道："见形者谓之逆，体诚者谓之忠。"王敦笑道："卿可谓能言之人。"（《晋书·戴若思传》）

戴渊此人，是吴地的数世强宗。"有风仪，性闲爽，少好游侠，不拘细行"。当年陆机带着数船行李去洛阳，戴渊与同行的人看见了，就有意前去抢劫，"戴渊登岸，据胡床，指麾同旅，皆得其宜"。陆机在船上望见，知戴渊非一般人，对戴渊说道："卿才气如此，怎会做此盗贼之事！"戴渊闻言感悟，遂与陆机成为挚交。

问完戴渊，王敦又转头向周颙埋怨道："伯仁，卿负我！"周颙依旧一脸不在乎："公戎车犯顺，下官亲帅六军，不能成功，使王师奔败，以此负公！"这话说得王敦也无从回答。周颙"少有重名，神彩秀彻"，而且好饮酒，在西晋时，能日饮一石，过江后，日日沉醉，略无醒日，时人称周颙为"三日仆射"。有一次，周颙与一位刚从北方逃难来的老友对饮，两人喝掉二石酒，对方竟然活活喝死了。初到江南时，王导曾与周颙豪饮，王导乘醉倚枕在他的腿上，指着他的肚子，戏问这里面有什么呢，周颙就豪语道："此中空洞无物，然足容卿辈数百人！"

王敦见到王导，埋怨王导道："过去你不听我的话，非要立这司马睿做皇帝，你看看，咱们王家差点遭到灭门之祸！"元帝随后下诏任命王敦为丞相、都督中外诸军事、录尚书事、江州牧，封武昌郡公。司马睿知道王敦历来对太常荀崧十分敬重，所以就派荀崧去石头城拜见王敦。

王敦这时候估计余怒未消，不给元帝丝毫面子，"并让不受"。司马睿一看王敦不受封官，内心不安，他在广室殿召见周顗，问道："大事渐息，二宫无恙，诸人平安，王敦无事否？"周顗说一切太平，但做臣子的安危，就不好说了。当时，护军长史郝嘏曾劝周顗避避王敦的风头，周顗慨然答道："吾备位大臣，朝廷丧败，宁可复草间求活，外投胡、越邪！"我周顗是朝廷大臣，朝廷失败，我怎可在荒草中求活，外逃依附于胡越呢？

王敦在这场政治角逐中大获全胜，虽然没有废黜元帝，刘隗和刁协死的死，逃的逃，但是对于这些在建康的朝中大臣，王敦还是很不放心的，毕竟这些人当中大多都是司马睿的羽翼。王敦的参军吕猗，曾经做过尚书郎，戴渊当时为尚书，对此人非常厌恶，因而吕猗一直怀恨在心。吕猗就趁机对王敦进言："周顗、戴渊，这两个人都有很高的名声，足以蛊惑大众。如果不除掉此二人，还让他们执政的话，恐怕日后还要再次起兵，留下后患。"

王敦本来就对这二人颇为忌惮，不过，这二人一个为南人之望，一个是北人领袖，处理起来确实比较棘手。于是，王敦就先找到王导，试探着询问道："戴渊和周顗是南北之望，如果让他们做三公应该可以吧？"王导不答。王敦接着问："尚书令、尚书仆射之类总可以了吧？"王导依然沉默不语。王敦最后说道："如果这也不行的话，那就只有杀掉他们了。"王导还是没有吱声。于是王敦就派遣部将邓岳、缪坦前往逮捕戴渊和周顗。周顗死前大声疾呼："贼臣王敦，颠覆朝廷，枉杀忠良，神明有知，快诛杀此奸贼！"至死仍面不改色。后来王导检阅旧日文书时，方才看到周顗昔日救己的奏疏，王导拿着这些奏疏流涕道："我虽不杀伯仁，伯仁由我而杀，幽冥中负此良友。"

周顗和戴渊的被杀在当时引起了不小的波澜。王敦进驻石头城时曾经跟谢鲲说打算任命周顗为尚书令、戴渊为尚书仆射。在王敦逮捕周、戴二人的当天，王敦问谢鲲近来人心怎么样，此时谢鲲还不知道周、戴二人已经被王敦逮捕，他趁机建言说，如果能重任周顗和戴渊，谣言自然会平息。王敦一听，怒骂道，这俩人已经被抓起来了。谢鲲素来敬重周顗，听了这话，不知所措。王敦的参军王峤也苦谏王敦，王敦大怒，要杀了王峤，一时间没人敢站出来为王峤说话。直到谢鲲求情王敦才罢议。

司马睿派去慰劳王敦的王彬，是王敦的堂弟，王彬一向与周顗关系很好，他到石头城以后，先去城外吊唁周顗，恸哭之后才进城去见王敦。王敦看到王彬这幅情形感到奇怪，就问出了什么事，王彬就说因周顗之死而伤心，接着王彬又责备王敦说兄长你起兵冒犯陛下，杀害贤良大臣，图谋不轨，将要给我们整个家族带来灾祸！

王敦闻言大怒，大喊要杀掉王彬，当时，王导也在座，生怕王敦盛怒之下真的杀掉王彬，赶忙起来解劝，让王彬给王敦认个错，赔个礼。王彬说自从我患了脚病以后，见到天子我都不想下跪，更不用说现在了。况且，我说这话，还有什么好道歉的！王敦冷冷地说道，你跪下来脚痛总比脖子痛要好些！

镇守襄阳的甘卓本来在乐道融和邓骞的劝谏下，率兵东下，他的军队一直前进到猪口。但是就在这时候，甘卓却命令大军停留在猪口，等待各军会合以后，再一同出击，可是，来自荆州各地的部队有远有近，一时间无法全部到齐，所以，甘卓就在猪口整整停留了几十天之久。这时候王敦已经攻破石头城，进驻建康了。

猪口距离沔口不远，王敦感到的压力也越来越大。王敦让参军甘卬前去劝说甘卓。甘卬是甘卓的侄子，见到甘卓后转达了王敦的意思。甘卓又一次动摇了。乐道融苦苦相劝，请求甘卓趁机攻下武昌，甘卓就是不听，乐道融不久就忧愤而死。

甘卓的数万大军驻扎在武昌附近，这一点让王敦仍然不放心。等王敦完全控制了建康后，就派人从皇宫中取出用来解斗的"驺虞幡"，命令甘卓退兵。甘卓已经听到了周颉与戴渊被害的消息，向甘卬哭着说道自己所忧虑的，正是今日之事。过去每次得到朝中人士的书信，都关注胡人的进犯，不想朝中竟然出现了内乱。好在皇上和太子无恙，自己驻守在王敦的上游，他也不敢恣意危害朝廷。自己如果直接占领了武昌，王敦走投无路，肯定会劫持天子。不如暂时回到襄阳，再做打算。当即就命令回师襄阳。击败王敦的最后一点希望也由此破灭了。

当个皇帝很憋屈

回到襄阳后的甘卓，情绪越来越暴躁，有人劝谏，他就勃然大怒，想要杀掉那个人。甘卓有一次照镜子的时候，突然之间看不见自己的脑袋了，这让甘卓很害怕。主簿何无忌、功曹荣建，还有甘卓的家人都劝说甘卓要加强戒备，以免遭到王敦的暗算，但是甘卓还是不肯听劝，反而解散军士，让他们从事农业生产。

襄阳太守周虑为了讨好王敦，趁着甘卓熟睡之际，对甘卓的护卫亲兵谎称湖中鱼很多，让大家都去捕鱼，然后，率众把甘卓杀死在卧室的床上，将首级传给了王敦，并将甘卓的三个儿子悉数处死。王敦攻下石头城后不足一个月，甘卓就被杀了。甘卓死后，王敦任命自己的亲信，原梁州刺史周访的长子周抚都督沔北诸军事，接替了甘卓的位置。

这时候，湘州刺史司马承仍然率领部众在长沙苦苦坚持。继司马虞望战死之后，衡阳太守刘翼也战死了。王敦见司马承不肯屈服，就让朝中的大臣给司马承和长沙城中的其他将领写信，告知建康已经陷落，以瓦解长沙守军的军心。果然，在坚守了近百日之后，长沙军民苦等甘卓援军不得，又得知建康陷落的消息后，都感到没有了希望，士气逐渐低落。很快，长沙城就被魏义大军攻破。魏义将司马承关入囚车，送往武昌。

司马承身边的人都四散奔逃，只有主簿桓雄、西曹韩阶、从事武延扮成奴仆，愿意跟随着囚车陪护司马承。与司马承一起被俘还有春陵令易雄、司马承的长史虞悝。虞悝就是前次战死沙场的虞望的兄长。虞望曾杀死王敦的姐夫湘东太守郑澹，因此，虞悝自知难逃一死。当要被魏义处死的时候，虞悝慨然答道："人生都有一死，全家能成为忠义之鬼，死而无憾！"

被魏义所杀的还有司马承的主簿桓雄。魏义看到桓雄进退有礼，觉得此人绝非奴仆，就把桓雄诛杀。而王敦怕再生意外，就让王廙派人把司马承杀死在送往武昌的途中。司马承死时年五十九岁。韩阶和武延将司马承的尸首收敛好，一直护送到建康，埋葬完毕才回到长沙。只有春陵令易雄被送到了武昌，王敦派人将司马承起兵时，易雄书写的檄文拿给他并回以责备。

王敦当时没有杀掉易雄，而是把他放了。亲朋好友都向易雄道贺，易雄却笑着说昨晚梦见自己坐着车子，车子旁边挂着肉。有肉必有筋，筋就是斤。车旁有斤，那就是个斩字。恐怕自己也将不免了。果然不久之后，王敦就派人将易雄杀掉了。

司马承被杀以后，湘州刺史的位置就空了下来，本来元帝司马睿下诏让陶侃接任，但是王敦不同意。陶侃在王敦之乱中，被司马睿任命为江州刺史，并派高宝出兵，然而，高宝所部直到长沙陷落也没能抵达长沙。王敦知道陶侃有武略，不是司马承这些人可比，于是坚决不能让他在自己的掌控范围内横插一刀。在王敦的要求下，朝廷只好让陶侃继续做他的广州刺史，王敦为了安抚他，给他加了一个散骑常侍的虚衔。

陶侃也知王敦现在势力强盛，遂按兵养晦，徐做计较。而湘州刺史的位置王敦就任命给了南蛮校尉魏乂。魏乂拿下长沙以后，到处派人寻找邓骞的下落，邓骞的家人都为此感到担心，邓骞却主动去见魏乂，魏乂任命邓骞为湘州别驾，没过多久邓骞就托疾引归。

王敦将内外事宜都处置完毕，更加跋扈，他最宠信的沈充和钱凤也鸡犬升天，凡有得罪沈、钱的官员，必死无疑，这二人"大起营府，侵人田宅，发掘古墓，剽掠市道"，使得士庶怨恨，皆望其早败为幸。

王敦之乱的影响非常大，可以说一定程度上左右了东晋的政治走向。司马睿企图打压门阀、恢复皇权的努力，皆付之东流，皇权不振、门阀政治成了东晋一朝的政治特色。而这场内乱也让东晋丧失了短期内进行北伐的基础，让偏安江东逐渐成为现实。"荆扬之争"也逐渐成为门阀世族对抗司马皇权的手段。荆州作为扬州的上游，又是北伐的出发点，重兵多集结在此。后世的世族经常效仿王敦先掌握荆州的权力，进而与东晋朝廷分庭抗礼的做法。

元帝司马睿内迫叛臣，外逼强寇，这时候虽然名为江左天子，实际上号令不出国门。面对跋扈的王敦，元帝无可奈何，遂致忧愤成疾，卧床不起。司马睿在弥留之际召入王导，嘱授遗诏，让他辅佐太子司马绍即位。不久之后，司马睿就病死了。元帝在位五年，年四十七岁，《晋书·元帝纪》说他"恭俭之德虽充，雄武之量不足"，也是确评。

司马睿逝世后，朝臣们要给他议定庙号。王敦仍对死去的司马睿耿耿于怀，不愿意给予司马睿很高的庙号，就派人对大臣们说祖和宗的称号，就先免了吧。据《晋书·李矩传》的记载，当时匈奴刘汉经历靳准之乱时，司马睿曾经派遣太常韩胤去迎接晋怀帝、晋愍帝的棺材，但是，"未至而准已为石勒、刘曜所没"。可知实际上虽有奉迎之举，但并没有迎接回来，王敦所说就是这件事。

太常荀崧认为根据礼法规定，祖是有功，宗是有德。元帝开启中兴，功过汉宣帝，因此，应上尊号为中宗。王敦本来对荀崧很敬重，打算加封其为司空，这时候一看荀崧对司马睿这态度，王敦很恼火，但木已成舟，又不好再说什么，只能听任荀崧的了。而加封荀崧司空的事，王敦也就没再提了。

元帝的长子司马绍即皇帝位，是为明帝，当时司马绍年仅二十四岁。司马绍被立为太子还是经过一定曲折的。司马睿还是为琅琊王的时候，纳妃虞孟母，没有生下儿子，而一个地位低下的宫人荀氏却为司马睿生下了司马绍和司马裒。兄弟二人都由虞孟母抚养。除了这两个兄弟以外，司马睿的石婕妤为司马睿生下了司马冲，王才人生下了司马晞，郑夫人生下了司马焕和后来的简文帝司马昱。

司马绍在年少的时候，的确深得司马睿的喜爱。有一次司马绍坐在司马睿的膝前，正巧长安来了使者，司马睿随口问司马绍太阳与长安哪个距离远？司马绍回答长安近。因为没有听说过人们从太阳那儿来。第二天，司马睿与大臣饮宴，估计是为了显示自己儿子的才能，司马睿当众又问了司马绍同样的问题，这次司马绍却回答太阳近。听到与昨天截然相反的回答，司马睿不禁大惊失色，忙问怎么和昨天说得不一样。司马绍回答："举目则见日，不见长安。"抬起头就能看到太阳，却看不到长安，所以说太阳近。

但是过了几年，司马绍却逐渐失去了司马睿的宠爱。在司马睿登基之初，要立太子的时候，就曾经在司马绍与他的同母弟弟司马裒之间抉择。当时司马睿更偏向司马裒，只是在王导的反复劝说之下，才勉强立了司马绍做太子。不过，即便是在司马绍被立为太子以后，其地位也不稳固。

据《世说新语》记载，司马睿登基以后，宠爱郑夫人，因而十分宠爱自己的小儿子司马昱，打算废掉司马绍另立司马昱为太子。以周顗和王导为首的朝廷大臣都以为废长立少是错误的决定，况且司马绍聪明睿智，应该被立为太子。而刁协却迎合司马睿的意思。司马睿本来想直接下诏改立太子，但是又担心周顗和王导反对。于是元帝就以商议军国大事为由，将王导、周顗、刁协等重臣召入宫中。

当王导、周顗刚进宫门的时候，却有宦官传话说让二人先到东厢暂且休息。原来司马睿想趁着二位滞留宫中之机，让刁协出宫传达诏书。周顗还不明白，正准备走下台阶回身，可王导却猜透司马睿打的什么算盘，他一把推开传达命令的宦官，直接走到司马睿的御床前质问司马睿，司马睿心里有鬼，被问得哑口无言，只得从怀中取出写好的诏书，狠狠地掷到一旁，自此，司马睿才不再提另立储君的事了。周顗叹息着称赞王导说自己经常说比王导能力强，经过今天这件事以后，才知道自己不如王导。

而这历经曲折，方才继承大统的年轻君主，刚一即位，就面临着强臣王敦在自己肘腋之间的情形，他该如何解决司马氏和王氏之间的矛盾呢？他能否夺回本该属于司马氏的皇权，完成父亲的遗愿呢？还是任由王敦在自己头上为所欲为，成为下一个元帝？

野心家也有怕的时候

明帝司马绍登基后，改元太宁。接着，司马绍就特许王敦奏事不名、入朝不趋、剑履上殿。就是说王敦上表奏事的时候，不用署名，入朝见皇帝的时候，不用快步小跑，上殿的时候，不用解下佩剑，也不用脱下木屐。明帝还加给王敦黄钺、班剑，这些都是皇家仪仗，是只有皇帝才能享有的待遇。难道司马绍刚即帝位就向王敦缴械投降，也要步汉献帝、齐王芳的后尘了吗？

实际上，明帝这么做是为了稳住王敦，毕竟自己刚刚上位，羽翼未丰，如果公然和王敦对抗，当然是没有任何胜算的。王敦一看明帝不但没有对己不利，还给予了自己这么多特权，于是，王敦于这年四月出建康，移镇姑熟。

王敦虽然出都了，但实际上并没有放松对中央政府的控制。王敦以前的老巢是武昌，现在改为姑熟，姑熟距离建康比武昌跟建康更近。而且王敦自领任扬州牧。扬州牧以前是王导，王敦虽然把王导由司空提升为司徒，但是却剥夺了他扬州牧的官衔。可见经过上次的叛乱，王敦已经不是很信任王导了。王敦移镇姑熟没多久，又坐不住了，离开了建康始终是不太放心，于是他又"讽朝廷征己"，想试探试探，结果明帝亲自写了封诏书让王敦入京，王敦这时候感到进退两难了。

为了对付王敦，明帝首先拉拢的是流民帅郗鉴。郗鉴是高平金乡人，汉献帝时御史大夫郗虑的玄孙。洛阳沦陷时，郗鉴并没有南渡江南，而是和宗族乡党千余家保据邹山，司马睿委任他为兖州刺史。后来石勒逐渐南侵，郗鉴于晋永昌元年（公元 322 年）退守合肥。纪瞻就表荐郗鉴，司马睿任命他为尚书，入居建康。

经过王敦之乱，东晋中央政府的兵力状况是十分困难的，握有强兵的大多是诸如王敦这样的强藩。除王敦外，有实力的地方官还有陶侃、祖约等人。但是陶侃被王敦压在广州，不能参与荆州和扬州的事态。祖逖死后，他弟弟祖约统领着祖逖的军队，屯驻于寿春。祖逖历来和王敦不和，《世说新语·豪爽》就记载："王大将军始欲下都处分树置，先遣参军告朝廷，讽旨时贤。祖车骑尚未镇寿春，瞋目厉声语使人曰：'卿语阿黑，何敢不逊！催摄而去！

须臾不尔，我将三千兵塑脚令上！'王闻之而止。"

阿黑是王敦的小名，祖逖的意思是，如果王敦敢有对朝廷不利的举动，那我就带着手下就和你大战一场。可惜这时候祖逖已死，而他弟弟祖约和他的志趣完全不同，这路兵马司马绍也是依靠不上的。所以，司马绍就将目光投向了郗鉴，因为郗鉴手下的那些流民已经形成一股不可忽视的军事力量，正好可以拿来为自己所用。于是司马绍拜郗鉴为安西将军、兖州刺史，都督扬州江西诸军事、假节，出屯合肥。

王敦当然不愿司马绍在自己身边安排一个钉子，于是他上书给司马绍，要求改任郗鉴为尚书令，征还京师。郗鉴从合肥返回建康时，路过姑熟，就与王敦相见，随便聊聊。结果话不投机，王敦大怒之下竟将郗鉴扣留下来。王敦的亲信钱凤建议王敦不如借机杀掉郗鉴，可王敦却说，郗鉴是儒雅之士，又很有名望，不能就这么杀死了事。于是没过多久，王敦就把郗鉴放回了建康。

从王敦肯放郗鉴回建康这件事来看，似乎王敦那时是无意于颠覆东晋政权的。郗鉴重回建康后，"与帝谋灭敦"。郗鉴和司马绍讨论如何剿灭王敦的计谋，史籍中却无记载，但是可以肯定的是，司马绍是想借助郗鉴流民帅的身份招揽流民和其他流民帅。十一月，王敦就让自己的兄长，征南大将军王含为征东大将军、都督扬州江西诸军事，接替了郗鉴的位置。王敦又将从弟王舒从廷尉调任为荆州刺史、鹰扬将军、领护南蛮校尉，监荆州沔南诸军事，接替王含的职务，任命从弟王彬为江州刺史、前将军。

此时的王氏，掌控着荆州、江州、扬州、徐州、江西，王敦的爪牙沈充占据着三吴地区。王敦对王彬透露了要兵向建康的打算。王彬苦苦相劝，王敦见王彬和己意不合，就想让左右逮捕王彬。王彬愤怒地说前时你害了兄长，现在还要杀弟弟吗？王敦以前曾把王棱杀了，所以王彬才这么说。王敦一听这话也觉不忍心，就打发王彬做豫章太守。

王敦自己没有孩子，恰巧王舒的二儿子王允之，刚十岁左右，非常聪明，王敦很喜欢这孩子。有一次晚上陪侍王敦宴饮，王允之也喝了点，就先进屋睡了。王敦当时还与钱凤等人在谋划废立大事，这些都被王允之听到了。王允之担心王敦多疑，就用手指抠喉咙，吐出了很多吃的，弄得脸和衣服上一塌糊涂，还伪作鼾声，假装睡觉。钱凤等人走后，王敦果然进屋用蜡烛照视，发现王允之身边十分污秽，又喊了几声，王允之只是翻了个身接着睡觉。王敦以为王允之真的睡着了，才放下心来，自己回去安寝。当时王舒刚刚拜为廷尉，王允之就跟王敦请假，请求回建康看望父亲，王敦答应了。回到了建康，王允之就把王敦的阴谋告诉了王舒，王舒和王导连忙一起将这一情报报告给了明帝司马绍。

王敦还以为自己的逆谋之事没有泄露，紧接着他又把矛头对准了义兴周氏。会稽内史周札在王敦之乱中，开石头城迎降王敦，为王敦顺利攻入建康立下了大功。王敦后来任命周札为光禄勋，很快又转为尚书，迁右将军、会稽内史。周札长兄周靖之子周懋被封为晋陵太守、清流亭侯，周懋弟周莚为征虏将军、吴兴内史，周莚弟周赞为大将军从事中郎、武康县侯，周赞弟周缙为太子文学、都乡侯，周札次兄周玘子周勰为临淮太守、吴程公。当时周氏一门五侯，贵盛无比。周莚的母亲去世时，前来送葬的人多达千人。这反为王敦所忌。恰好这时候王敦生了病，钱凤也劝王敦早除周氏，王敦深以为然。

周颙的弟弟周嵩被王敦引为从事中郎，每次想到兄长无辜遭殃，心里面常常愤愤不平。王敦没有子嗣，曾把王含的儿子王应过继给自己，还让他统领军队。周嵩又是王应的嫂父，他私下对王敦切齿，就说王应年少难主军事。王敦听说周嵩到处这么跟别人说，就更加对周氏不放心了。

当时有一个叫李脱的道士，自称已经八百多岁了，号称为李八百。从中原一直到建康，有很多信徒。他有个弟子李弘自称应谶当王。于是王敦终于找到了一个灭周氏的借口，就让庐江太守李恒上表建康，告发周札等人与李脱图谋不轨。朝廷接到此表，派人逮捕了李脱等人，枭首示众。王敦也在营中将周莚、周嵩杀死，又命令参军贺鸾通知沈充，率兵前往会稽袭杀周札。周札本人贪财好利，沈充的军队兵临城下时，周札的武器库中有大量的精甲利刃，但是，周札却舍不得发给士兵们用，只给了士兵们一些破弊的军械，士卒怎么可能为他所用呢？周札带领着数百人出城拒敌，结果士卒都四散逃跑，周札也被沈充所杀。至此，江南的强宗义兴周氏，被王敦屠灭殆尽了。

徐图缓进除王敦

王敦尽灭周氏之后，他又开始物色丹阳尹的人选。丹阳这个地方在汉末三国的时候就已经为人所重视，曹、孙、刘三家初期都和丹阳兵有关。丹阳人多劲悍，后来的北府兵就都是丹阳人。而且丹阳距离建康很近，对于这样一个重要的地区，王敦不能不考虑再三。

王敦一开始想让"中兴三明"之一的诸葛恢来担任丹阳尹。"中兴三明"分别是颍川荀闿、陈留蔡谟和琅琊诸葛恢。这三人都表字道明，所以合称为"中兴三明"，当时有句谚语：京都三明各有名，蔡氏儒雅荀葛清。诸葛恢的姑姑是元帝司马睿的祖母，而他的祖父，就是在魏国甘露年间，于寿春发动叛乱，为司马昭所杀的诸葛诞。

诸葛诞死后，他的儿子诸葛靓逃奔到吴国，吴国被灭后回到了琅琊。这么看来，诸葛恢似乎和司马氏是世仇，而且诸葛恢与王导关系也很好，两人也经常开玩笑。王氏和诸葛氏都是琅琊的名门望族，有一次王导对诸葛恢说："人们提到咱们两家的时候，都说王葛，没人说葛王的。"潜台词就是，王家在诸葛家前面。诸葛恢回答道："人们也都不说马驴，而说驴马，难道说驴比马强？"这话让王导哑口无言。

后来王导拜为司空的时候，指着司空的官帽对诸葛恢说将来你也会戴着这顶帽子。暗示诸葛恢也有能力成为三公。诸葛恢有能力，和王氏关系很好，但和司马氏却有些隔阂，这些因素汇集在一起，使王敦觉得诸葛恢就是丹阳尹的不二人选。但是诸葛恢却不愿意在王敦和司马绍之间摇摆，他就长期借口有病而不理政事，结果没过多久就被罢免了。

诸葛恢既然不愿意担当此任，王敦又想找温峤。温峤字太真，是刘琨的外甥。刘琨死后，温峤被拜为散骑侍郎，准备南下建康当官。但是他母亲崔氏坚决不同意，死活不让温峤南下。温峤只得"绝裾而去"。后来崔氏病死，温峤想北归给母亲举行葬礼，但是有诏不许，这让温峤很是郁闷。自此之后，晋廷每次给温峤加官晋爵时，在诏书中都特别说明这点。

《世说新语·任诞》记载，温峤丧妻后，从姑刘氏家有一个女儿，长得漂亮而且还很聪慧。温峤的从姑就让温峤给女儿寻觅一个好女婿。偏偏温峤有意自己迎娶，就试探着问从姑道好女婿不好找，如果像自己这样的怎么样？从姑就说乱世流离，能马虎过过日子，老来有个依靠就行了，哪敢指望找个像你这样的。过了几天温峤就说已经有了人选，门第不错，名气和职务和自己差不多，并且送了玉镜台作为订物。从姑见状大喜，就同意了这门亲事。等到结婚那天，行完了婚礼，温峤的小妹用手分开盖头，从姑这才知道女婿原来是自己人。温峤送出的那个玉镜台，是当年温峤做刘琨长史的时候，北征刘聪时所缴获的战利品。

温峤南渡之后，与王导"深自陈结"，王导也"厚相酬纳"，两人关系很融洽。王导素有"江左管夷吾"之称，被视为江左的管仲。这话就是当年温峤见了王导后给予他的。温峤"风仪秀整，美于谈论，见者皆爱悦之"。他与明帝司马绍也为"布衣之交"，与司马绍的内兄庾亮关系也很好。

温峤地位不高的时候好赌，经常与扬州、淮河之间做生意的人赌博，还老是输。有一次，温峤下了很大的赌注，结果还是输了，对方就不让他走。恰巧庾亮也在附近，温峤无奈之下就让庾亮拿钱去赎他。

对于温峤，明帝司马绍和王敦都想把他招揽到自己的麾下。明帝即位以后，就任命温峤为侍中、中书令。王敦怎么可能让温峤这么容易就跟着司马绍了，就找个借口把温峤从明帝身边调离，让他做自己的左司马。温峤到了王敦那里与王敦虚与委蛇，假意为王敦出谋划策，而且厚结钱凤。每次温峤和同僚谈及钱凤时，都称"钱世仪精神满腹"。钱凤被温峤这样的大名士赞扬，当然非常高兴了，就和温峤成了莫逆之交。

丹阳尹这一空缺，温峤立即向王敦建议说丹阳尹责任重大，丹阳又地扼咽喉，应该派遣己方的得力人物去任此职。免得到时晚了一步让朝廷派去了人后悔。王敦就问何人能补此缺，温峤就推荐了钱凤。钱凤作为王敦的谋主，温峤料定王敦是不会让他走的，一旦钱凤走了，王敦身边就没有可以商量的人了。果然钱凤来了后立即推辞，情愿让温峤去当丹阳尹。王敦遂上表推荐温峤做了丹阳尹，让他监视明帝的一举一动。

温峤本来就是想自己做丹阳尹，好进一步和明帝商量如何对付王敦，这下自己的计策成功了，就马上向王敦告辞，前去赴任。王敦就设酒宴，为温峤饯行。当时钱凤也在席上，温峤担心钱凤头脑清醒以后会提醒王敦，派人把自己追回。于是，温峤在酒席上边喝酒边想对策。忽然灵光一现，蓦得一计，就假装喝醉了，起身走到钱凤跟前给钱凤斟酒，并且让钱凤速饮。还没等钱凤举杯，温峤就用手版把钱凤的头巾敲掉,作色说道:"钱凤何人? 温太真行酒,还敢不速饮吗? "弄得钱凤很没面子。

王敦见温峤已经喝醉了,连忙出面劝解,才让二人没有再争执下去。酒席散了以后,温峤和王敦告别,涕泗横流,已经出大营了又回去,如此好几次,才上马离开。温峤走后,钱凤对王敦说,温峤和庾亮有旧交,而且心在朝廷,他要是到了丹阳未必靠得住。王敦冷笑,说太真昨天喝醉了,是稍微不客气了点,但是你怎么能因此就污蔑人家呢? 钱凤碰了一鼻子灰,什么话也不说就退出去了。

温峤顺利回到朝廷后,就把王敦的阴谋报告给了晋明帝,并且和庾亮一起商量讨伐王敦的计划。王敦得到这消息后,勃然大怒,就立即给王导写了一封信,大略是说温峤胆敢负他所望,我一定派人生擒了他,亲自拔了他的舌头。王导此时已经不愿意和王敦站在同一条战线上了,就置之不理。

温峤和郗鉴都已经向明帝司马绍汇报了王敦方面的情况,明帝又问了光禄勋应詹的意见,应詹也赞同出兵讨伐王敦,明帝乃决意兴师。但是王敦的军事情况如何,还没有详细的资料,明帝就想亲自去王敦那里一窥,验明虚实。于是就骑了巴滇骏马,微服出了建康,随身只有一二人,去察看王敦军的营垒。

王敦当时正在睡觉,猛然惊醒,帐外侦查人员进来汇报说有几个人前来窥营，其中一人非常英武，恐怕不是什么寻常的人。王敦不禁从床上跳了起来，说这定是黄须鲜卑奴来探虚实，赶紧派人去追，不要使他们逃跑。这黄须鲜卑奴就是指的明帝司马绍，他的生母荀氏是代郡人，司马绍外表就和鲜卑族人差不多，胡须的颜色微黄，所以王敦称他为黄须奴。

王敦的追兵从营中出来时，明帝已经往回走了，为了制造自己早已远去的假象，明帝就把水浇在马粪上，让马粪湿冷。路旁正巧有个老妪卖饼，明帝买了几枚，还把七宝鞭赠给了老妪，对她说如果后面有骑兵追来，就把这个鞭子展示给他们看。说完就走了。过了一会儿，王敦的追兵赶到这里，问及老妪，老妪就把七宝鞭拿了出来，说人已远去，恐怕难以追及了。王敦的这些追兵只顾把玩七宝鞭，又见马粪已冷，都无心追击，就打道回府了。

明帝安然回到建康后，立即召开会议，并加王导为大都督，领扬州刺史，丹阳尹温峤为中垒将军，和右将军卞敦共守石头城。光禄勋应詹为护军将军，都督前锋及朱雀桥南诸军事。尚书令都鉴行卫将军，都督从驾诸军事。中书监庾亮，领左卫将军。尚书卞壶，行中军将军。又下诏征徐州刺史王邃、豫州刺史祖约、兖州刺史刘遐、临淮太守苏峻、广陵太守陶瞻等人，立即率军入卫建康。

明帝的军事安排妥当后，准备下诏列出王敦的罪行，好师出有名。这时候王导听说王敦已经得病，就建议诈称王敦已死，嫁罪给钱凤、沈充等人，使将士不生畏惧之心。王导就率领着王氏子弟在建康为王敦举哀。这些消息传到姑熟，惹得王敦十分恼怒，结果弄得病上加病，以致不能支持了。